茂叶遒枝蓄芳华

科研院所党建研究成果选编（二）

王庭大　何　岩◎主编

科学出版社
北　京

图书在版编目(CIP)数据

茂叶遒枝蓄芳华：科研院所党建研究成果选编.二/王庭大，何岩主编.
—北京：科学出版社，2018.1

ISBN 978-7-03-055119-1

Ⅰ.①茂… Ⅱ.①王… ②何… Ⅲ.①中国共产党-科研院所-党的建设-研究成果-文集 Ⅳ.①D267.6-53

中国版本图书馆 CIP 数据核字（2017）第268669号

责任编辑：张 莉 刘巧巧 / 责任校对：何艳萍
责任印制：张克忠 / 封面设计：有道文化
编辑部电话：010-64035853
E-mail:houjunlin@mail.sciencep.com

科学出版社 出版
北京东黄城根北街16号
邮政编码：100717
http://www.sciencep.com

中国科学院印刷厂 印刷

科学出版社发行 各地新华书店经销

*

2018年1月第 一 版 开本：720×1000 1/16
2018年1月第一次印刷 印张：38 1/4
字数：706 000

定价：128.00元

（如有印装质量问题，我社负责调换）

编　委　会

序

适逢党的十九大召开前夕，全国党建研究会科研院所专委会将该专委会2014～2016年的60余项党建课题研究优秀成果论文汇集成书，书名为《茂叶遒枝蓄芳华：科研院所党建研究成果选编（二）》，以此向党的十九大献礼。在该书即将付梓之际，专委会主任委员王庭大同志请我作序，我谨代表全国党建研究会对科研院所专委会近年来取得的研究成果表示热烈祝贺！

科研院所专委会成立于2009年，是全国党建研究会9个专委会中成立较晚的一个。但该专委会的工作却做得有声有色，用他们自己的话说是锐意进取，“后来争上”。早在2014年就将建会前5年的70余项党建研究优秀课题成果论文集汇编成册，以《春风细雨润芳华：科研院所党建研究成果选编》为书名出版。这次又将近几年的60余项党建研究优秀课题成果论文结集出版，8年累计取得140余项党建研究优秀成果，真可谓春华秋实，硕果累累，确实可喜可贺。

这本文集收录的党建研究成果，既有该专委会承担并组织完成的全国党建研究会下达的重点研究课题，也有各成员单位党委、党组牵头组织完成的重点研究课题。这些研究课题选题视野开阔，坚持问题导向，内容丰富多样。紧紧抓住贯彻落实党的十八大以来中央的新部署、新要求这个重点，紧密联系科研院所科技创新和党建工作实际，紧紧抓住研以致用的关键环节，并且形成了一套具有科研院所专委会特点的研究机制。其多项成果获得全国党建研究会的奖励和专委会评选的优秀成果称号。部分研究成果以文章的形式在《人民日报》《光明日报》《求是》《党建研究》等重要报刊上发表。

该专委会成立8年来，很好地发挥了组织、推动、促进各成员单位党建研究的作用，同时也为各成员单位及其党务工作者提供了学习、研讨、交流的平台，为提升科研院所的党建工作科学化水平做出了积极的贡献。纵览这些成果，我认为有三个鲜明的特点。

一是大局意识。习近平总书记2014年6月9日在中国科学院第十七次院士大会、中国工程院第十二次院士大会上讲话指出："在推进科技体制改革的过程中，我们要注意一个问题，就是我国社会主义制度能够集中力量办大事是我们成就事业的重要法宝。"2014年8月18日在中央财经领导小组第七次会议上讲话指出，要加强党对科技工作的领导，把握方向，突出重点，形成拳头，狠抓落实。这些重要论述，深刻揭示了加强党的建设的重大意义，明确了党的建设的基本思路，阐明了加强科研院所党建工作的主要任务。在课题研究中，科研院所专委会认真学习中央精神，推动中央重大决策部署在科研院所的落地落实。加强学习型、服务型、创新型党组织建设，强化科研院所党内监督、强化科研院所基层党组织整体功能、优化科研院所党员队伍结构、提升党员队伍质量等方面的课题研究，均较好地体现了大局意识。

二是问题导向。党的领导是中国特色的国家现代科研院所制度的本质特征，党组织是中国特色科研院所治理体系的重要组成部分。改革开放以来，对于实行院（所）长负责制的科研院所党的建设，党中央先后下发了多个文件，提出了明确要求，其中重要的是"党组织要发挥政治核心作用"，要"保证、监督党和国家各项方针政策的贯彻，促进科技创新任务的完成"。在全面从严治党的形势下，科研院所党的建设只能加强不能削弱。通过加强党建工作，要保证创新驱动发展战略的落实，教育和引导广大科技人员安心致研、勇于创新、报效国家，更好地推动科研院所出成果、出人才、出思想。科研院所党建研究，就要针对制约科研院所党建工作规范、有序、创新发展的重大问题进行研究，并形成有效对策。"科研骨干兼任的党支部书记如何做好党支部工作研究""'80后'青年科技工作者思想、工作状况研究""科研院所党务干部队伍建设研究"等课题，均较好地体现了问题导向。

三是科学方法。在党建研究领域，最为经典的研究方法就是马克思主义的研究方法，如阶级分析、经济分析、历史分析、利益分析、系统分析、调查研究等。近年来，当代人文社会科学的研究方法也被党建研究者使用，如文献研究、历史研究、哲学研究、定性研究等规范研究方法，以及问卷调查、案例研究、比较研究、统计研究、实地调查、访谈研究、叙事研究等实证研究方法。可以说，在运用科学方法开展党建研究方面，科研院所具有"近水楼台"的优势。

我们欣喜地看到，科研院所的党建研究者不仅熟练掌握和运用了上述各类研究方法，在借用科学理论、科学方法进行党建研究方面，也进行了全方位的探索，如“科学运用互联网技术推进科研院所基层党支部建设工作研究”“心理管理视角下的科研院所党建工作创新研究”“基于胜任力模型的科研院所兼职党务干部素质研究”“‘治未病’理念指导下的科研院所中青年党员思想动态预警防控体系研究”“中医观在‘三严三实’专题教育中的应用研究”等。我们希望，这些方法对全国的党建研究能发挥示范带动作用。

该书正式出版之时，已是党的十九大胜利闭幕之后。希望科研院所专委会认真学习、深刻领会党的十九大精神，紧密结合科技领域及各科研院所实际，精心策划，精心组织，在研究科研院所如何深入贯彻落实好十九大精神上狠下功夫，为进一步提高科研院所党建科学化水平，推动我国科技创新发展和创新型国家建设做出更大贡献。

全国党建研究会会长　李景田

2017 年 10 月 12 日

前　言

在本书出版之际，我们科研院所专委会特别感谢全国党建研究会会长李景田同志欣然应邀作序。特别感谢中国科学院党组书记、院长白春礼同志应邀欣然命笔题写书名。

作为全国党建研究会的一个分支机构，科研院所专委会成立于2009年，吸收和凝聚了一大批全国性研究机构。八年来，科研院所专委会认真学习贯彻党的十八大及各次全会精神，认真学习贯彻习近平总书记的系列重要讲话精神，在全国党建研究会的领导下，在挂靠单位中国科学院的鼎力支持下，在各成员单位的积极参与和共同努力下，志存高远，唯实求真，突出特色，深入研究，在党建研究方面取得了丰硕的成果。

2014年，在科研院所专委会成立五周年之际，我们以《春风细雨润芳华：科研院所党建研究成果选编》为题编辑出版了一本论文集，收录了自2009年科研院所专委会成立之后五年间，获得全国党建研究会奖励和科研院所专委会奖励的优秀党建课题论文70余篇。这次，我们将2014～2016年获得全国党建研究会奖励的和科研院所专委会奖励的优秀党建课题论文再度结集出版，书名为《茂叶遒枝蓄芳华：科研院所党建研究成果选编（二）》，作为首部论文集的续集。本集共收录了优秀党建课题论文近70篇，其中绝大部分是在科研院所专委会的组织指导下，各成员单位完成的党建课题论文，也有科研院所专委会课题组完成的党建课题论文。科研院所专委会主任委员王庭大同志近几年在《人民日报》《求是》杂志上发表的部分党建文章，亦属科研院所专委会党建研究成果，故一并予以收录。本书编辑过程中适逢党的十九大胜利召开，我们谨以这些党建研究成果向党的十九大献礼！

科研院所专委会主任委员王庭大、副主任委员何岩同志审阅了全书；副主任委员沈颖同志作为执行主编负责全书的选编工作；秘书长马扬同志对本书出版给予策划指导，副秘书长项国英同志审阅了课题论文；科研院所专委会秘书处贾宝余、蔡晨曦同志为本书的编辑出版做了大量的前期工作；科学出版社科学人文分社对本书的出版给予了热情支持和业务指导，在此一并表示诚挚的谢意。

全国党建研究会科研院所专委会

2017年10月

用好批评和自我批评这个利器[①]

王庭大

在党的群众路线教育实践活动中，广大党员干部以整风精神开展批评和自我批评，特别是在专题民主生活会和组织生活会上，自我批评揭短亮丑、反思深刻，相互批评直击痛处、见筋见骨，体现了党内政治生活的原则性和严肃性，批评和自我批评这个“钝器”又成了“利器”，其主要做法和成功经验值得认真梳理总结。

一、打牢开展批评和自我批评的坚实基础

认真学习，把提高认识、增强素质作为思想前提。学习教育是基础，是前提。学习教育抓不好，批评和自我批评就无从谈起。大家普遍反映，通过学习教育，明确了标准，找到了差距，提高了觉悟，查出了问题，为开展批评和自我批评奠定了牢固的思想基础。一是领导干部带头学，切实发挥表率和示范作用。二是针对重点问题学，分析查找“四风”现象及其思想根源，重点学习习近平总书记重要讲话和其他指定篇目，组织专题教育。三是交流研讨相互学，在研讨中相互学习，共同进步。四是创新形式深入学，扩大学习教育的效果。

消除顾虑，把放下包袱、轻装上阵作为先决条件。实践证明，开展批评和自我批评必须卸掉思想包袱，变压力为动力。民主生活会召开之前，一些同志心里有顾虑：怕不说成绩、只检查问题，会被认为毛病多，在领导面前留下不好的印象；怕把问题谈多了、说深了，不好收场，查摆问题的分寸不好把握；怕给别人提意见，说浅了不符合要求，说深了得罪人；等等。针对这些思想顾虑，党组织

---

① 原载于《求是》2015年第1期。

从解决认识问题入手，不断加强学习，反复做思想工作，使党员干部认识到，开展批评和自我批评不是整人，而是加强党性锻炼的自我教育，经常检查自己的不足和缺点，及时加以改进和纠正，提高自身的觉悟和素质。大家普遍增强了抛开面子的勇气，及时发现缺点，勇于纠正错误，从而主动开展批评和自我批评。

坚持正确方向，把惩前毖后、治病救人作为重要原则。从团结的愿望出发，采取正确的原则和方法，帮助同志认识和改正错误，是为了惩前毖后、治病救人，是对同志的真正爱护关心。很多地方在活动中坚持“三个有利于”标准，达到了预期效果。一是有利于增进团结。将批评和自我批评作为增进团结的重要手段，既感到“脸红了”“出汗了”，又感受到集体的温暖和同志的关怀，达到了“团结—批评—团结”的目的。二是有利于改进工作作风。通过召开高质量的民主生活会，进行积极健康的思想交锋，深挖了“四风”的深层次根源。三是有利于增强党性。把批评和自我批评作为增强党性修养、加强党性锻炼的有效手段，以坚强的党性抵御“四风”的侵袭。

二、营造开展批评和自我批评的良好氛围

个人层面强调消除思想顾虑。很多同志谈到，过去担心批评同志伤感情，自我批评伤自尊，现在看来只要心底坦荡、消除杂念，批评和自我批评武器并没有想象中那么难。大家说，批评意见虽然听着有些刺耳，但说开了、说透了，反而拉近了距离，心里敞亮了。活动中，有的党委书记承认自己存在“家长制”“一言堂”问题，研究工作时，定调子、不给别人说话机会，特别是听到不符合自己想法的意见时，就脸色难看，甚至不让人家把话说完，这样的氛围怎能让大家畅所欲言，更不要说提批评意见了。真诚地开展自我批评，才能消除大家的思想顾虑，使党员干部放下思想包袱，勇敢拿起批评和自我批评有力武器。

组织层面强调上级正确引导。上级党委普遍做到了“三个正确看待”：正确看待敢于批评和自我批评的党组织，把愿不愿、敢不敢揭露矛盾作为衡量一级组织是否讲政治、讲党性的标志；正确看待批评和自我批评中暴露出的问题，不因开展批评提到的问题轻易下“班子不团结、作风不过硬”的结论；正确看待坚持原则开展批评的党员干部，对他们的热情给予充分保护。参加下级民主生活会时，引导大家争先恐后发言，查问题、谈实情、讲教训，形成人人敢讲话、人

人讲真话的正确导向和良好氛围。事实证明，只要氛围好，大家就能做到畅所欲言，知无不言，言无不尽；如果氛围不好，就是撬开他的嘴，他也不会发声。

环境层面强调舆论适度配合。中央和地方党组织用好报刊、电视、广播和网络等多种舆论工具，宣传中央政治局常委带头开展批评和自我批评，全程参加亲自指导一个县的常委班子专题民主生活会，省、市、县各级领导分别向下延伸两个层级参加民主生活会，为下级党组织把关定向。宣传各级领导干部层层带头示范，为下级党组织作出表率。宣传各地拿起并用好批评和自我批评武器，推动党员干部特别是领导干部改进作风、服务群众、推动发展的实际成效。在全社会营造自觉接受批评、真诚欢迎批评、勇于自我批评的良好舆论氛围，使批评和自我批评真正成为保持党的生机与活力的强大动力。

三、注重开展批评和自我批评的方式方法

谈心谈话是有效步骤。谈心谈话，是党员过民主生活的一种重要方法，也是用好批评和自我批评武器的一个有效步骤。实践表明，“拉拉袖子”提个醒，“亮剑揭短”喝一声，都是出于对同志的关心爱护，只要双方开诚布公，敞开心扉，就能把批评和自我批评真正开展起来。活动中，有的提出谈心不受时间限制，要掰开揉碎地谈；有的虚心接受其他同志的批评，心悦诚服地将批评转化成为自我批评；有的在谈心中修正了原来的批评意见，使之更准确，更有说服力。这些做法都丰富和完善了谈心谈话的方式方法，效果很好。

主要领导干部自我批评是关键环节。领导带头、以上率下，既是活动成功的关键，也是以整风精神开展批评和自我批评取得实效的关键。活动中，主要领导干部带头剖析自己，营造敞开心扉亮思想、推心置腹论长短的氛围，起到了很好的带头示范作用。“一把手”有了向我看齐、向我开炮的勇气，敢于先揭自己的“短”、亮自己的“丑”，敢于先说自己的“问题”、查找自己的“毛病”，打消了班子成员的顾虑。实践证明，只要“一把手”自觉拿起批评和自我批评这一武器，特别是主动自觉真诚地进行自我批评，本地区、本单位、本部门就能形成讲真话、讲实话的良好环境和氛围，批评和自我批评就能真正开展起来。

相互批评讲究方式方法。只有从团结的愿望出发开展积极的批评，才有团结和谐的党内关系。一是区分轻重。原则问题上分清是非，又不纠缠细枝末节。二

是全面客观。既不能把具体问题说成是原则问题，也不能把偶然的、个别的错误说成是一贯的、系统的错误，做到有理有据，让被批评者心悦诚服。三是区别对象。对承受能力较弱的同志，更重视会前的谈心；对身陷迷途的同志，进行警醒式批评，使其悬崖勒马。

见人见物见思想是开好民主生活会的重要标志。民主生活会开得好不好，关键是看能不能拿起并用好批评和自我批评这个武器，做到见人见物见思想。一是开门见山。直接提出批评意见，举事例说明，不穿靴戴帽，不拐弯抹角。二是实事求是。开展批评实打实、不夸大、不缩小，有什么问题就说什么问题，有多少问题就说多少问题。三是坦诚深刻。自我批评既开门见山、直奔主题，又讲具体表现和典型事例，还分析了主观认识和思想根源；相互批评不留情面、辛辣坦诚，既“红了脸”“出了汗”，又加了油、鼓了劲，有的同志还流了泪。

四、以整风精神开展批评和自我批评的有益启示

坚持认真精神是基本要求。“四风”具有很强的顽固性，很容易复发，只能靠认真较劲才能纠正。一是坚持认真的态度，以踏石留印、抓铁有痕的标准和劲头，直面作风建设中的矛盾和问题，对大是大非敢于“亮剑”，对困难危机敢于挺身而出，对失误错误敢于承担责任，对歪风邪气敢于坚决斗争。二是坚持严肃的党内生活，用好批评和自我批评有力武器，通过积极健康的思想斗争，触及每一个党员干部的思想灵魂，既“红脸”“出汗”，又治病救人。三是坚持认真的精神，拿出钉钉子、拧螺丝的劲头，一锤一锤地敲、一扣一扣地拧，把承诺当成军令状，立说立行，即知即改。

坚持开门整风是有效手段。群众的眼睛是雪亮的，党员干部身上的问题，群众看得最清楚、最有发言权。一是广泛参与。各级党组织坚持开门搞活动，每个环节都组织群众有序参与，让群众监督和评议，不搞闭门修炼、体内循环。二是形式多样。通过走访座谈、信息直通车等多种途径，真正敞开大门，请群众帮助找准、找实问题。三是借助外力。各级党组织加大督导力度，坚持标准，严格把关；各级督导组严督实导，保证活动不走过场。

坚持问题导向是基本原则。坚持问题导向，从问题出发，由问题入手，针对“四风”问题，回应群众关切，是这次活动始终把握的一条基本原则，也是活动

取得成功的重要经验。一是找准问题。各地不用笼统的抽象问题代替具体的实际问题，不用工作差错问题代替“四风”方面的突出问题，也不用形式主义、官僚主义问题代替享乐主义、奢靡之风问题。二是抓住主要问题。强调实效性，什么问题突出就着重解决什么问题，什么问题紧迫就抓紧解决什么问题。三是强调解决问题。以突出问题为导向，自始至终着力解决问题。

坚持边整边改是重中之重。在教育实践活动中，各地普遍注重发现问题、研究问题和解决问题。一是认真查摆问题。查摆问题是为了解决问题，指出不足是为了改正不足。不能只查找不整改，只有唱功没有做功。只有言行一致，言必信行必果，才能承诺兑现。二是聚焦“四风”问题。这次活动始终围绕作风问题，始终聚焦“四风”查找问题、解决问题，在全党全社会弘扬了正气。三是边整边改。如果只查摆问题不解决问题，那查摆就没有丝毫意义。无论你怎么“脸红”“出汗”，不进行整改，群众还是不会满意的。因此，必须回应征求到的群众意见、回应查摆出的突出问题、回应生活会上的批评意见、回应上级和督导组点明的问题，立行立改，以实际行动取信于民。

教育实践活动的经验表明，党内政治生活是否健康和严肃，靠的就是批评和自我批评。我们党能否依靠自身力量解决自身问题，同样取决于是否真正拿起并用好批评和自我批评这个利器。

把全面从严治党落到实处[①]

王庭大

“两学一做”学习教育是继党的群众路线教育实践活动、“三严三实”专题教育之后深化党内教育的又一次重要实践，是贯彻落实全面从严治党要求的重要部署，也是推动党内教育从“关键少数”向广大党员拓展、从集中性教育向经常性教育延伸的重要举措。习近平同志强调：“‘两学一做’学习教育是加强党的思想政治建设的一项重大部署。”通过锲而不舍加强党的思想政治建设，坚持全面从严治党，使我们党始终成为有理想、有信念的马克思主义政党，实现“两个一百年”奋斗目标、实现中国梦就有了坚实的政治和组织保证。

贯彻落实全面从严治党要求的重大部署。全面从严治党是保持和发展党的先进性和纯洁性的本质要求，是巩固党的执政基础、实现党的执政使命的战略举措。2014年，以习近平同志为总书记的党中央适应时代发展和实践要求，深刻总结中外政党兴衰成败的经验和教训，在我们党的历史上第一次鲜明地提出全面从严治党。全面从严治党覆盖党的建设各个领域、各个环节、各个部门，其“全面”体现在内容上、对象上、措施上。从内容上看，涵盖党的思想建设、组织建设、作风建设、反腐倡廉建设、制度建设；从对象上看，涵盖各级各类党组织、全体共产党员；从措施上看，涵盖教育、管理、考核、监督、巡视、执纪等。党的十八大以来，以习近平同志为总书记的党中央坚定不移推进全面从严治党，严出了新的气象、严出了党的威信，赢得了人民群众的信任，也赢得了国际社会的尊重。但必须看到，当前党的建设中存在的问题仍不可小视，尤其是一些党员干部身上存在的理想信念模糊动摇、党的意识淡化、宗旨观念淡薄、精神不振等问题亟待解决。这表明，全面从严治党永远在路上，尤其是思想政治建设更不可能

---

① 原载于2016年8月14日《人民日报》。

毕其功于一役，要有韧劲、有恒心。习近平同志在纪念中国共产党成立 95 周年大会上提出“不忘初心、继续前进”八个方面要求。如何做到“不忘初心”？关键是加强思想政治建设。“两学一做”学习教育着眼于管全党、治全党，在目的方向、目标对象、内容要求等各方面都充分体现了全面从严治党的新内涵、新要求，是加强党的思想政治建设的重大部署，旨在使我们党始终成为有理想、有信念的马克思主义政党。

从“关键少数”向广大党员拓展。全面从严治党，需要抓住领导干部这个“关键少数”，从严教育管理领导干部。党的十八大以来，以领导干部为重点的党的群众路线教育实践活动和以领导干部为对象的“三严三实”专题教育，取得了明显成效，群众充分认同，党内外积极评价。但还要看到，党员是党的肌体的细胞，党员合格党的组织才能坚强有力；党的基层组织是党全部工作和战斗力的基础，是党的执政之基、力量之源，基础不牢、地动山摇。我们党有 8800 多万名党员、440 多万个党组织，党员队伍和基层党组织状况如何，直接关系党的创造力、凝聚力、战斗力。加强党员队伍建设使党员充分发挥先锋模范作用，加强基层党组织建设使其充分发挥战斗堡垒作用，是全面从严治党的重要内容。全覆盖全方位是全面从严治党的题中应有之义。“两学一做”学习教育作为党内教育从“关键少数”向广大党员拓展的重要举措，其实质就是全面从严治党从“关键少数”向基层延伸、向广大党员拓展。通过严格党员教育管理、深化党内思想教育，把“严”的要求落实到每个基层党组织、每名党员，让全面从严治党的要求在基层落地生根，让党的每个细胞都健康、每个组织都坚强，我们党才能永葆先进性和纯洁性。这既是人民群众的热切期盼，是管党治党的现实所需，也是改革攻坚必不可少的政治和组织保证。

从集中性教育向经常性教育延伸。“两学一做”学习教育是党内的经常性教育，不是一次活动，不同于党的群众路线教育实践活动，也不完全等同于“三严三实”专题教育。经常性教育是针对日常遇到的现实问题而开展的基础性教育，坚持“润物细无声”，具有长期性、系统性、自主性等特点。如果说集中性教育更多的是下猛药、出重拳的“集中治疗”，那么，经常性教育则是长流水不断线的“日常保健”。党内教育既要有每个时期的“集中治疗”，更要有经常性的“日常保健”。开展“两学一做”学习教育，要遵循经常性教育的特点和规律，用好日常的教育途径、教育方法。比如，经常性教育要坚持以党支部为基本单位，以

“三会一课”、组织生活会、民主评议党员等党的组织生活为基本形式，以落实党员教育管理制度为基本依托，针对党员的不同情况作出安排，真正把党员学习教育抓在日常、严在经常，让党章党规和习近平同志系列重要讲话精神深深刻印在每个党员的头脑里、流淌在每个党员的血液中、体现在每个党员的行动上。经常性教育也要充分借鉴集中性教育的成功经验，比如，突出重点、聚焦问题，领导带头、以上率下，以知促行、以行促知，严字当头、从严从实，层层压紧、上下互动，相信群众、敞开大门。在“两学一做”学习教育中要坚持和运用好其中适合经常性教育的经验，努力提高经常性教育的质量和效果。

严肃党内政治生活重在增强“四性”①

王庭大

党的十八届六中全会通过的《关于新形势下党内政治生活的若干准则》（以下简称《准则》），为加强和规范党内政治生活提供了重要遵循。党内政治生活是党组织教育管理党员和党员进行党性锻炼的主要平台，严肃党内政治生活是全面从严治党的根本性基础性工作，是全党的重大任务。认真学习贯彻《准则》精神，严肃党内政治生活，必须在增强党内政治生活的政治性、时代性、原则性、战斗性上下功夫。

一、严肃党内政治生活是我们党的优良传统

严肃党内政治生活，是我们党作为马克思主义政党区别于其他政党的重要特征，是我们党的优良传统和政治优势。95 年来，我们党之所以能永葆先进性和纯洁性，一个重要原因就是坚持开展严肃认真的党内政治生活，增强党内政治生活的政治性、时代性、原则性、战斗性，不断提高党组织的创造力、凝聚力、战斗力，不断提高党员的思想觉悟、增强党员的党性观念。

我们党早在 1926 年的中央文件中就开始使用“党的生活”的概念。1929 年的《古田会议决议》中就提出，教育党员使党员的思想和党内的生活都政治化、科学化。1935 年遵义会议恢复了党的民主集中制原则，实行集体讨论、集体决策，党内政治生活出现了新局面。延安整风后，我们党形成了理论联系实际、密切联系群众、批评和自我批评三大优良作风，确立了“惩前毖后、治病救人”的方针和“思想批评从严、组织处理从宽”的原则，为党内政治生活提供了指导原

① 原载于 2016 年 12 月 27 日《人民日报》。

则和实践形式。1957 年毛泽东同志提出了党和国家政治生活的目标。他说，我们的目标，是想造成一个又有集中又有民主，又有纪律又有自由，又有统一意志又有个人心情舒畅、生动活泼那样一种政治局面。1980 年党的十一届五中全会通过的《关于党内政治生活的若干准则》，正式采用“党内政治生活”的表述，成为我们党的历史上第一个全面规范党内政治生活的重要法规。此后的十二大党章在总纲中明确提出，“党在自己的政治生活中正确地开展批评和自我批评，在原则问题上进行思想斗争，坚持真理，修正错误”。以后的党章都作了这样的表述。我们党在长期实践中逐步形成了以实事求是、理论联系实际、密切联系群众、批评和自我批评、民主集中制、严明党的纪律等为主要内容的党内政治生活基本规范。党的十八大以来，以习近平同志为核心的党中央身体力行、率先垂范，坚定不移推进全面从严治党，坚持思想建党和制度治党紧密结合，集中整饬党风，严厉惩治腐败，净化党内政治生态，党内政治生活展现新气象，赢得了党心民心，为开创党和国家事业新局面提供了重要保证。党的十八大以来全面从严治党之所以能取得如此显著的成效，与党内政治生活不断增强政治性、时代性、原则性、战斗性密切相关。

二、解决党内政治生活中存在的突出问题必须增强“四性”

严肃党内政治生活是我们党坚持党的性质和宗旨、保持党的先进性和纯洁性的重要法宝，是解决党内矛盾和问题的“金钥匙”，是广大党员、干部锻炼党性的“大熔炉”，是纯洁党风的“净化器”。严肃党内政治生活既是加强党的建设的重要内容，又是全面从严治党的基础。习近平同志指出：“严肃党内政治生活是全面从严治党的基础。党要管党，首先要从党内政治生活管起；从严治党，首先要从党内政治生活严起。”这是对我们党管党治党规律的科学总结，从中可以看出严肃党内政治生活在从严管党治党中的重要地位。

新形势下，我们党的党内政治生活状况总体是好的。但不可否认，一个时期以来，党内政治生活中也出现了一些突出问题。比如，一些党员、干部包括高级干部，理想信念不坚定、对党不忠诚、纪律松弛、脱离群众、独断专行、弄虚作假、庸懒无为；任人唯亲、跑官要官、买官卖官、拉票贿选现象屡禁不止，滥用权力、贪污受贿、腐化堕落、违法乱纪现象滋生蔓延；等等。这些问题严重侵蚀党的思想道德基础，严重破坏党的团结和集中统一，严重损害党内政治生态和党的形象，严重影响党和人民事业发展，对我们党的伤害很大。可见，不严肃党内政治生活，就没有良好的政治生态，就没有党和党所领导的事业的兴旺发达。如果党内政治生活严肃认真、健康有序，党和党所领导的事业就会充满生机活力；即使犯了错误、出了偏差，也能及时纠正。如果党内政治生活遭到削弱和破坏，党和党所领导的事业就会遭受挫折。那么，如何才能严肃党内政治生活？重要的是增强党内政治生活的政治性、时代性、原则性、战斗性。实践表明，党内政治生活只有增强“四性”，才能发挥教育管理党员、帮助党员进行党性锻炼的作用，才能使我们党不断提高自我净化、自我完善、自我革新、自我提高的能力，永葆先进性和纯洁性，不断增强创造力、凝聚力和战斗力。

三、把增强政治性、时代性、原则性、战斗性落到实处

党的十八届六中全会通过的《准则》，既是党章规定和要求的具体化，也是近年来全面从严治党实践中形成的一系列规定和举措的系统化。《准则》针对党内存在的突出矛盾和问题，从 12 个方面作出规定，既指出了病症，也开出了药方；既有治标举措，也有治本方略。严肃党内政治生活，必须学习贯彻《准则》精神，把增强党内政治生活的政治性、时代性、原则性、战斗性落到实处。

着力强化党的意识，增强党内政治生活的政治性。我们党是马克思主义政党，必须旗帜鲜明地讲政治。党内政治生活增强政治性，党才能更好凝心聚魂、强身健体。党内政治生活要为党员坚守政治灵魂增强定力，使党员坚定马克思主义信仰、坚定社会主义和共产主义信念，不断拧紧世界观、人生观、价值观这个“总开关”；要为党员坚定正确的政治方向增强定力，使党员坚定中国特色社会主义道路自信、理论自信、制度自信、文化自信；要为党员严格遵守党的政治纪律增强定力，使党员自觉在思想上、政治上、行动上同以习近平同志为核心的党中央保持高度一致；要为党员坚定政治立场增强定力，坚持以人民为中心，一切为了人民、一切依靠人民，全心全意为人民服务。要达到这些目的，党内政治生活必须强化党的意识、增强政治性，使党员、干部做到坚守政治信仰、站稳政治立场、把准政治方向。党员要通过参加党内政治生活，自觉接受教育，加强党性锻炼，提高政治觉悟。党组织要在党内政治生活中加强对党员的教育和管理，不断

增强党组织的创造力、凝聚力和战斗力。

始终坚持与时俱进，增强党内政治生活的时代性。时代性是我们党党内政治生活的一个显著特点。我们党始终站在时代潮头，善于聆听时代声音，勇于回答时代课题，以改革创新精神推进党的建设。中国特色社会主义事业是前无古人的事业，作为领导这一事业的党一定要坚持与时俱进，始终走在时代前列，永葆先进性和纯洁性。因此，党内政治生活既要继承又要创新。要在继承和坚持党内政治生活优良传统和成功做法的基础上，立足新的实际改革创新，善于以新的经验指导新的实践，使党内政治生活与进行具有许多新的历史特点的伟大斗争相适应，不断丰富党内政治生活的内容和形式。当前，增强党内政治生活的时代性，最重要的是用中国特色社会主义理论体系特别是习近平同志系列重要讲话精神武装全党。这也是党内政治生活增强时代性的根本保证。

认真贯彻执行党章党规，增强党内政治生活的原则性。所谓原则就是说话、办事所依据的法则、标准。原则问题必须坚持，不能让步。党内政治生活理所当然要强调增强原则性，在原则问题上必须旗帜鲜明、敢于碰硬、激浊扬清。对一切否定党的领导、否定社会主义制度、否定改革开放的言行，对一切违背党的基本路线的言行，都必须旗帜鲜明地反对和抵制。党章党规规定的原则，全党都必须坚决遵守。比如，党章规定的党员个人服从党的组织、少数服从多数、下级组织服从上级组织、全党各个组织和全体党员服从党的全国代表大会和中央委员会这“四个服从”，是我们党的重要原则，必须严格遵守、自觉执行。《准则》的12个方面内容也是原则问题，必须认真遵守、严格执行。比如，民主集中制原则就是党内政治生活中的重要内容。党员、干部要严格按民主集中制办事，对违反民主集中制的现象要做坚决的斗争。

开展积极的思想斗争，增强党内政治生活的战斗性。我们党是领导革命、建设、改革的党，是一支战斗的队伍，需要不断增强创造力、凝聚力和战斗力。党的战斗力同党内政治生活密切相关，党组织有没有战斗力很大程度上取决于能不能严肃党内政治生活。增强党内政治生活的战斗性，就要严明党的纪律特别是政治纪律，同违反党的纪律的行为作斗争；就要坚决同消极腐败现象作斗争，坚持无禁区、全覆盖、零容忍，“老虎”“苍蝇”一起打。当前，增强党内政治生活的战斗性，特别需要用好批评和自我批评这个武器。批评和自我批评是我们党区别于其他政党的显著标志，是开展积极思想斗争的有效方法，是解决党内矛盾和保持党的肌体健康的有力武器。党内政治生活的质量在很大程度上取决于批评和自我批评这个武器用得怎么样。批评和自我批评这个武器，要大胆使用、经常使用、用够用好，使批评和自我批评成为一种习惯、一种自觉、一种责任。

目　　录

2014年

2015年

2016年

2014年

科研院所加强服务型党组织建设的实践与探索

中国科学院

★ ★ ★

加强基层服务型党组织建设，是党的十八大和十八届三中全会提出的一项重大任务，是贯彻落实党要管党、从严治党方针的必然要求，是推进国家治理体系和治理能力现代化的重大举措。为贯彻落实党中央的部署和要求，本课题结合中国科学院实际，深入研究了科研院所加强服务型党组织建设的现状、问题和对策建议。为深入了解党员干部和科技人员对服务型党组织建设的认识及需求，课题组面向中国科学院院内职工开展了问卷调查，共发出问卷 1009 份，回收 977 份，回收率达 96.8%，覆盖京内外 50 个研究所，覆盖到 48% 的院属科研机构。调查对象中男性占 60%，女性占 40%，党员占 85.66%。中青年科技人员为调查对象的主体，其中 35 岁以下的占 53.13%，36 ～ 45 岁的占 31.18%，科研人员占 59.32%（其中有 32.46% 的科研人员兼职从事党务工作）。问卷中有选项式和开放式两类问题。同时借助党员干部研讨培训、基层党委考评等契机进行了访谈，受访对象包括研究所中层干部、科研骨干、基层党支部书记和职工代表，共 500 余人。这些不同方式的调研，积累了一手资料，为本课题研究奠定了基础。

一、科研院所加强服务型党组织建设的重大意义

党的十八大报告提出，“以服务群众、做群众工作为主要任务，加强基层服

务型党组织建设”。中共中央办公厅2014年印发的《关于加强基层服务型党组织建设的意见》提出，“建设基层服务型党组织，要坚持服务改革、服务发展、服务民生、服务群众、服务党员”“以服务型党组织建设引领基层党建工作，使服务成为基层党组织建设的鲜明主题”。对科研院所而言，加强服务型党组织建设具有重大意义。

一是服务和保障科技创新工作的必然要求。科研院所的中心任务是推进科技创新。科研院所的各级党组织“围绕中心、服务大局”具体体现为“围绕创新、服务创新、促进创新”，即党建工作要按照科技创新的要求进行，围绕科技创新的任务展开，朝着科技创新的总目标加强。要始终坚持以人为本的核心理念，把服务科技创新作为党组织的重要任务，把群众满意作为党建工作的检验标准，着力提高科研院所党组织服务群众、凝聚人心、促进创新的能力。科研院所党组织贯彻落实服务型党组织建设的要求，必须准确把握党建工作定位，站在完成党的执政兴国使命、实施创新驱动发展战略的高度来谋划科研院所党建工作，找准党建工作与科研活动的结合点，在“渗透”和“融入”上下功夫，增强党建工作的针对性和实效性，努力使科研院所党的建设更加适应科技创新规律，为科技创新提供可靠的政治和组织保障。

二是完善现代科研院所治理体系的客观需要。科研院所实行院（所）长负责制，实行民主讨论基础上的院（所）长决策制度，党政定位及其关系有其自身特点和特殊性。党委在上级党组织的领导下，围绕中心，服务大局，支持院（所）长与行政领导集体依法行使职权，发挥政治核心和保证监督作用，促进研究院所的改革与发展。由于科研院所的领导体制是院（所）长负责制，党组织是政治核心不是领导核心，加之基层党务工作者队伍中兼职数量较多，所以党组织有着独特的发挥作用的途径，服务和保障是党建工作中应有之义。加强服务型党组织建设，有利于纠正对院（所）长负责制理解的偏差，找准党组织的地位，理顺与法人治理结构的关系，为党组织充分发挥“政治核心和保障监督作用”提供制度保证。

三是提升基层党组织凝聚力和战斗力的重要举措。党中央对加强基层服务型党组织建设已经全面部署，要求“大力推进基层党组织强化服务功能、改进服务作风、提高服务能力、完善服务保障，不断增强创造力凝聚力战斗力，充分发挥基层党组织战斗堡垒作用和党员先锋模范作用”。科研院所各级党组织要认真贯彻落实这一新要求，充分认识加强基层服务型党组织建设的重要性和紧迫性，以服务型党组织建设引领基层党建工作，使服务成为基层党组织建设的鲜明主题，推动基层党组织在强化服务中更好地发挥应有作用。虽然科研院所党建工作总的情况是好的，但一部分基层党组织工作创新不够，活动吸引力、影响力有待加强，党建与科研结合不紧密，存在“两张皮”的现象。这就需要按照服务型党组织建设的要求，面向科研人员需求和科研管理实际，坚持“需求导向”的原则，有针对性地跟进党建工作。

二、中国科学院开展服务型党组织建设的主要做法

近年来，中国科学院党组认真贯彻党的十七大和十八大精神，先后下发了《关于贯彻落实党的十七大精神，进一步加强和改进党的建设的决定》《关于贯彻落实十八大精神，进一步加强党的建设的意见》《关于加强党的基层组织建设的指导意见》等文件，对学习型、服务型、创新型党组织建设作出了部署。经过各级党组织和广大党员的不懈努力，各基层单位党委的政治核心和保证监督作用、基层党支部的战斗堡垒作用和广大党员的先锋模范作用都得到了进一步发挥，为确保“创新 2020”和“一三五”规划顺利推进及《“率先行动”计划暨全面深化改革纲要》启动实施，实现“出成果、出人才、出思想”的战略使命做出了积极贡献。在开展服务型党组织建设方面，较好地回答了五个问题，即为何服务、谁来服务、为谁服务、服务什么、怎样服务。

（一）加强学习实践，提升服务型党组织建设的内在动力，回答好“为何服务”的问题

院党组及所属各级党组织以党的十七大和十七届四中全会、十八大和十八届三中全会等一系列重要会议精神为指导，从科研院所的特点和实际出发，以改革创新精神全面加强基层党组织建设。经过多年探索和努力，正式颁布《中国科学院研究所综合管理条例》，制定了《研究所所长负责制实施细则》《研究所党委工作实施细则》，明确了党政的职能定位，进一步明晰了二者的工作边界，防止和克服了“中心”与“核心”的“两张皮”现象，为研究所党委发挥政治核心作用提供了有效的制度保证。以此为依据，从党组织功能定位角度较好地回答了“为何服务”的问题。目前，中国科学院各研究院所基层党组织的政治核心和保证监督作用及战斗堡垒作用，主要体现在保障党的路线、方针、政策在本单位的贯彻落实，坚持党管干部、党管人才、积极参与单位重大问题的决策，支持院（所）长和行政领导班子依法行使职权，促进单位的改革与发展。

多年来，各级党组织始终坚持把围绕中心、服务大局作为党建工作的根本原则，把“围绕创新、服务创新、促进创新”作为开展工作的出发点和落脚点。通过学习、教育、培训，广大党员特别是各级党务工作者的观念得到转变，认识不

断提高，“围绕创新”的意识不断强化，“促进创新”的本领不断增强，“围绕创新抓党建，抓好党建促创新”，已经成为全院各级党组织和广大党员的共识和自觉行动。各级党组织着力推进党建工作与中国科学院“创新2020”、“一三五”规划和《“率先行动”计划暨全面深化改革纲要》的有机结合，努力克服党建工作与科技创新“两张皮”的现象，为科技创新事业提供了强大的思想、政治和组织保障。

（二）强化队伍建设，建立服务型党组织建设的基本保障，回答好“谁来服务”的问题

基层党组织是服务型党组织建设的基本阵地，党员干部特别是党务干部，是服务型党组织建设的主体，是党联系基层党组织、广大党员和职工群众的重要桥梁和纽带。院和分院党组注重把加强党务干部队伍建设作为人才建设的重要部分，将其列入重要议事日程，研究制定党务干部队伍建设规划并抓好落实。建立、完善党委书记和副书记专兼结合的制度，即科研型的党委书记一般配备一名管理型的党委副书记，同时，在一些规模较大、党员数量较多的研究所，设立专职的党委书记和兼职的党委副书记，使基层研究所党委工作得到一定分解，确保人员到位、时间到位、精力到位。还要进一步规范所级党务工作机构和人员设置。从实际出发，建立健全党委办事机构，针对不同情况，对合署办公形式和单独设置机构、专兼职党务干部（指党办主任和党务主管）选配等提出明确要求，确保机构和人员到位。为保证基层党委正确履行职能、充分发挥政治核心和保证监督作用，按照有利于体现党组织在基层单位的地位、有利于发挥党组织的作用和有利于党组织开展工作的原则，院党组专门下发《关于加强党的基层组织建设的指导意见》等一系列指导性文件，对所级党委办事机构的设置加以规范，明确规定：党员人数超过300人的单位，应单独设置党委办事机构，配备专职党务干部；因党员人数较少，综合设置党委办事机构的，如只配备兼职党务干部，也必须以党务工作为主，确保党委的日常工作有人负责、落到实处。目前，这一文件在基层研究所得到了较好的贯彻落实。调查显示，73.35%的调查对象认为党务干部选用得当，具有责任心和号召力；79.32%的调查对象认为在科研骨干中发展党员工作得到了很好的落实。

坚持各类党务干部的岗前和岗中培训制度，通过党校教育、短期培训、工作交流和到经济发达地区及境外考察学习等方式，为党务干部提供必要的资源和服务。加强工作交流和研讨，启发思路，促进经验共享，提高党务干部的实际工作能力。为保证党务干部履职有为，连续多年评选表彰先进基层党组织、优秀共产党员和优秀党务工作者，广泛宣传先进事迹，充分发挥先进典型的引领和示范作用。不断开展和完善对基层党委及党支部的考核评价工作。不断完善“党建工作

创新奖”评选机制，发挥党务干部在党建创新中的激励引导作用。京区党委连续 11 年坚持开展“党建工作创新奖”的评选活动，党委书记（副书记）、党办主任带头登台讲党建工作创新点，其影响力也越来越大，也为党务干部提供了一个广阔的舞台，得到了各基层单位的高度认可。

（三）实施分类推进，细化服务型党组织的目标职责，回答好“为谁服务”的问题

院党组在《关于贯彻落实十八大精神，进一步加强党的建设的意见》中，对建设学习型、服务型、创新型基层党组织作出了具体部署，要求各级党组织“不断强化服务功能，以‘服务基层、服务群众、服务发展’为目标，不断提升服务功能、服务能力、民主水平、工作水平和群众满意度”。各单位结合各自实际进行实践和探索，党组织履职尽责的能力和服务水平不断提升。调查显示，科研人员认为，建设服务型党组织，“最重要”的任务之一是“明确服务对象，面向科研搞好服务”（占调查对象的 26.77%）。在开展创先争优活动中，京区党委组织京区各单位，以创建“五个好”先进基层党组织和“五带头”优秀共产党员为主要内容，确立了“创先争优为‘创新 2020’提供可靠保证，科学家为国家和人民服务，我为科学家和创新跨越服务”（即“一保证两服务”）的活动载体，在“推动科技创新、促进和谐奋进、服务职工群众、加强基层组织”四个方面取得明显成效。

中国科学院院属单位数量多、体量大、分布地域广，涉及研究所、企业、学校、报社等不同类型和性质的机构，党建工作不能“一锅煮”。院党组坚持分类指导，着眼于不同类型单位的实际和各类服务对象的不同需求，坚持以人为本，心系党员群众，服务科技创新，实行“点、线、面”结合，有针对性的服务措施。从“点”的方面来看，要求各单位党委及支部在开展工作时要关注到本单位的历史传统、学科特色、队伍结构和发展现状，有针对性地开展工作；从“线”的方面来看，要求注重发挥各分院和协作片区的积极性，基于“地域相近、性质相似”的特点，加强交流，互通有无；从“面”的方面来看，通过评选表彰，推进基层党建工作在方式、方法、载体、平台等方面的创新，更好地落实党建工作责任制。京区党委根据不同类型的研究所、学校、企业和支撑单位等不同特点，制定了分类型的《党建工作综合评价考核指标体系》，考评结果以“红皮书”形式在年度工作会上反馈给各单位。京区党委与企业党组联合制定了《关于院属直接投资企业围绕中心发挥政治核心作用的指导意见》，进一步明确了企业党组织发挥作用的基本内涵、途径方式和工作机制，对企业党组织有效服务和促进企业经营发展起到了积极作用。

（四）着眼发展需求，丰富服务型党组织建设内容，回答好“服务什么”的问题

中国科学院以科技创新为中心、科技工作者为主体的实际，有针对性地加强服务型党组织建设，在深化和拓展服务内容上下功夫。调查显示，科研人员反映突出的是科研模式和个人发展问题，25% 的人认为“各课题组各自为战，很难形成创新的合力”，28.82% 的人认为“青年科研人员生活压力大，发展空间小”。近年来，各级党组织主动协调配合行政领导班子，深入推进科研院所体制机制改革，服务改革、服务发展、服务职工，卓有成效。

一是强化战略引领，服务国家创新体系建设。根据党和政府对科技创新的部署，深入研判科技创新的战略环境，分析世界科技革命的新趋势，明确中国科学院在国家创新体系全局中的战略地位，把握好全院发展的“方向盘”。科研院所各单位党组织始终坚持以不断推进科技创新为崇高使命，牢牢把握科技创新的大局和方向，把参与战略规划、引导创新方向作为自身的重要职责，持续推动发展战略研究，不断明晰发展目标、战略重点和工作思路，深化体制机制改革，促进和保证以科研为中心的各项任务圆满完成。各级党组织主动参与、协调、配合知识创新工程、“创新 2020”、“一三五”规划和《“率先行动”计划暨全面深化改革纲要》等发展战略的制定，积极提供思想、组织和政治保障，为中国科学院改革、创新、发展做出重要贡献。

二是始终坚持以人为本，促进人的全面发展。科技创新事业是一项系统工程，只有充分发挥广大党员和科技人员的积极性、创造性，才能确保创新活力竞相迸发、创新人才茁壮成长、创新成果大量涌现，完成“出成果、出人才、出思想”的战略使命。为此，各级党组织自觉践行党的群众路线，把理解人、关心人、尊重人、培养人和发展人融会贯穿于党的各项工作中。时刻关心群众的切身利益，倾听发展诉求，加强人文关怀，切实解决群众关心和反映的突出问题，扎扎实实地为职工群众做好事、办实事、解难事。中国科学院党组在 2011 年明确提出了建设创新生态系统，重点实施“3H”工程。各级党组织积极响应，为建设较为完善的“大后勤”支撑体系献计献策，上下合力推动“3H”工程实施。此举受到科技人员的普遍欢迎，激发了大家科教兴国、创新为民的积极性。各单位认真做好党员发展和服务工作，高度重视科研骨干入党问题。把发展优秀科研骨干入党作为党建工作的重点和难点，将其摆在各单位党建工作的重要位置，并采取有力措施着力解决。关于科技骨干入党问题的专题调研报告，获得了中央国家机关优秀调研成果一等奖。注重对党员的关心关爱，在重大节日期间组织慰问老党员和困难党员，建立健全帮扶机制。此外，

以尊重、关心、培养和爱护为着眼点，做好离退休干部和研究生思想政治工作，以凝聚力量、增强活力为着力点，全面提升统战、群众工作水平，职工之家建设、科技骨干专项体检和疗休养、职工心理健康咨询等活动制度化，拓展服务领域，深化服务内容。

（五）创新服务载体，加强服务品牌建设，回答好“怎样服务”的问题

各级党组织注重从观念、机制、方法、手段等方面推进党建工作创新，提出了党建工作“围绕创新、服务创新、促进创新”的十二字指导原则。坚持党建工作要按照科技创新和单位发展的要求来进行，围绕科技创新和企业发展的任务来展开，朝着科技创新和单位发展的总目标来加强，把促进科技创新和单位发展的成效作为最终检验党组织发挥作用的重要标准。通过开展基层党委工作考核评价、加强党支部年度考核、组织开展“永葆党员先进性”主题教育和“我为创新做贡献”主题实践活动、党建工作创新奖评选、抓好研究生思想政治教育等，使基层党组织的活力进一步增强，有力地促进了党的建设和各项工作的开展，其已经成为基层党建创新的系列品牌。

在开展深入学习实践科学发展观活动中，京区党委认真组织京区各单位以“推动科技创新、促进科学发展”为载体，抓住所级领导班子和处级以上党员领导干部这个重点，紧密结合知识创新工程实践，按照中央部署的学习实践活动三个阶段、十一个环节，精心组织实施，使学习实践活动有序推进，呈现出“紧密联系实际、工作扎实深入，问计科学发展、破解发展难题，坚持边查边改、体现实践成果，领导表率示范、务求活动实效”的特点，达到了“提高思想认识、解决突出问题、创新体制机制、促进科学发展”的目标要求。随着知识创新工程的深入推进和全面深化改革的启动，在京区科研院所适时组织开展“聚焦献力”（向“一三五”聚焦、为“创新 2020”、《“率先行动”计划暨全面深化改革纲要》献力）主题实践活动，扎实推进京区服务型党组织建设，取得了良好效果。有的支部以“放飞心声、传递青春”为主题，寄语“中国梦”“科技梦”“我的梦”；有的支部组织党员谈创新、谈聚焦、谈献力，与支部“科技之星”共同分享齐心协力、并肩作战的团队精神；有的支部以“我为实验室发展献一计”为主题，就加强团队建设和科技创新集思广益。上海分院党组针对廉政教育受众面不大、科研人员工作繁忙等现状，整合各方资源，在摸清研究所需求的基础上，把课程一一送到科研人员手中；武汉分院党组、直属单位党委自 2013 年以来，结合基层组织建设年活动，组织开展了“走进基层党支部、总结支部工作法”活动；院党建工作领导小组办公室通过编印《基层党支部工作手册》并抓好落实，促进基

层党建工作规范化、标准化建设。

各级党组织以加强创新文化建设为抓手，不断丰富党建工作新内涵。创新文化建设与党的建设紧密结合，使中国科学院党建工作更具鲜明特色并不断保持活力。认真总结实施知识创新工程以来创新文化建设的经验，组织制定了《中国科学院2010—2020年创新文化建设纲要》，进一步明确了创新文化建设的目标任务和工作重点。大力宣传和弘扬“服务国家、造福人民，追求真理、勇攀高峰，自强不息、艰苦奋斗，淡泊名利、团结协作，实事求是、科学民主”的“科学院精神”，使之成为全院创新发展的精神支柱和动力源泉。北京分院、京区党委积极创建“创新文化广场”，将思想建设、知识服务和科学文化传播有机结合，推动学科交叉渗透和人文科学与自然科学互相融合。创办《科苑人》内刊，编辑《创新案例》，出版《创新文化之歌》，梳理创新思路和创新方法，宣传科学人物和科学精神，对传播科学理念和科学精神起到了积极的促进作用。进一步开展创新文化建设理论研究，积极探索创新生态系统建设的思路，并形成了一批理论研究成果。其中，部分研究成果受到全国思想政治工作研究会和中央国家机关党建研究会的表彰。

三、科研院所开展服务型党组织建设面临的挑战和问题

尽管中国科学院及其他科研院所在开展服务型党组织建设中，均进行了有益的尝试和探索，但在实施过程中也面临很多亟待解决的问题和困难。根据调查问卷及访谈情况，服务型党组织建设中存在的不足主要表现在以下方面。

（一）服务意识和服务能力有待提高

在院（所）长负责制的体制下，党政关系协调是党组织面临的永恒课题，党建工作与科技工作怎样紧密结合、有机融合，如何更好地促进科技创新，确保党组织应有作用得到充分发挥，需要持续深入探索。调查发现，个别单位对院（所）长负责制理解仍有偏差，对民主集中制执行不够好，民主的氛围不浓，而党委的参与和监督又得不到应有的保障，致使重大问题没有经过班子集体研究，形成了事实上的一个人说了算。有的研究所党委服务、保证、监督作用未能充分发挥和体现，工作的显示度和影响力有待增强。与群众建立互信互动的和谐关系是服务型党组织建设能够持续深入的关键。“有困难找组织”这句话曾是广大党员群众耳熟能详的，深入人心，党组织也经常被喻为党员群众的贴心人和娘家人。但本次调查显示，在工作中遇到不顺心的事情或困难时，超过一半的

调查对象不会向党组织诉说（占调查对象的 50.2%），经常诉说的仅占 3.9%。其中，党组织很难解决实际问题（占调查对象的 52.3%），职责不明（占调查对象的 21.3%）和过于严肃（占调查对象的 10.8%）是党组织与群众拉开距离的主要原因。

（二）服务内容与需求的对接有待加强

当前，科技体制改革和科研管理模式的新变化对党组织的设置形式、管理模式、工作方式提出了新的、更高的要求，但部分基层党组织未适应这种新变化，由此导致党组织的工作与职工群众和科研人员的需求之间还有一定距离，影响了党建与科研的紧密结合和党组织作用的有效发挥。准确对接服务需求，是提高服务型党组织建设针对性、有效性的关键。面向科研人员的调查显示，大家认为建设服务型党组织最应加强的工作包括“细化服务内容，做好事关职工群众利益的‘3H’工程等工作”（占调查对象的 27.29%），“落实服务要求，在落细、落小、落实上下功夫”（占调查对象的 26.25%），“加强工作统筹，处理好服务与管理、领导的关系”（占调查对象的 12.26%）。

（三）服务方式方法创新有待深化

一些基层党组织工作创新不够，活动吸引力、影响力有待加强。党建与科研结合不紧密，出现“两张皮”的现象。部分青年党员干部存在理想信念动摇、宗旨意识淡薄的问题。一些单位发展科研骨干入党工作，存在着重视不够、措施不到位、吸引力不足、针对性教育不强等问题。如何进一步发展党内民主，发挥党员的主体作用，增强基层党组织创造力、凝聚力、战斗力，需要深入研究和探索。一些党组织对思想政治建设重视不够，组织活动和开展思想政治工作流于形式，缺乏鲜活性，缺少吸引力、凝聚力和感召力，针对性和实效性有待于进一步加强。如何加强科技创新中的思想政治工作，加强对各类人群的思想引导、心理疏导、生活关爱，值得深入研究探讨。深化思想政治工作和创新文化建设，营造创新生态系统，调动广大职工和研究生等各方面的积极性，保证科技创新的顺利推进，还有大量工作要做。调查显示，62.63% 的调查对象认为党组织在“认真落实组织生活制度”方面比较到位，这符合严肃党内政治生活的要求，但大家认为当前党建工作的突出问题包括“内容和方式跟不上形势发展”（占调查对象的 15.2%），“党组织缺乏号召力和影响力”（占调查对象的 19%），造成党员对组织的归属感、认同感降低。

（四）服务保障机制有待完善

科研院所的考核评价体系以科研业务为主导，党务工作难以量化、与科研业务不挂钩的特点使党务干部很难有事业发展的平台，半数以上的调查对象认为党务干部发展空间不大或不够明朗（占调查对象的53.3%）。近年来，专职的、经验丰富的党务工作者由于年龄原因陆续离开岗位，新老更替后年轻一代的党务工作者多数兼职行政和科研工作，这给如何有效推进党建工作提出了新课题。一方面，科研单位比较优秀的党委书记和党办主任的后备人选缺乏，面临青黄不接的问题；另一方面，基层党支部书记兼职化比较普遍，面临工作缺乏有效抓手和载体。多数研究所的专职党务干部数量偏少，独立的党务部门机构难以保证，党务干部兼职偏多偏杂，这直接影响了党建工作在基层的真正落实。此外，党建工作的主要经费来源是党费和科研院所配套的行政经费，但考虑到党员队伍人数的逐年增加、物价连年上涨，而经费始终来源单一、递增缓慢等因素，由此导致“活动经费不足”（占调查对象的16.4%）成为党建工作中的问题之一，服务党员和职工群众的力度也受到一定影响。

四、进一步加强科研院所服务型党组织建设的对策和建议

中央《关于加强基层服务型党组织建设的意见》对新形势下服务型党组织建设作出全面部署，同时针对科研院所的特点提出具体要求：“事业单位党组织要围绕深化分类改革、促进事业发展搞好服务，做好思想政治工作，激发党员和各类人才创新创造活力，推动公益服务水平不断提升。”要紧紧围绕中央的总体部署要求，密切联系科研院所的实际，特别是适应中国科学院启动实施《“率先行动”计划暨全面深化改革纲要》的需要，发扬成绩，纠正不足，改革创新，以服务型党组织建设引领基层党建工作，使服务成为基层党组织建设的鲜明主题，推进服务型党组织建设深入发展，为实现“四个率先”目标，为把我国建成世界科技强国，实现中华民族伟大复兴的中国梦，提供有力支撑和可靠保证。

（一）主动适应“率先行动”计划要求，服务和保障重大改革举措顺利实施

中国科学院作为我国科学技术领域的国家队和火车头，在落实创新驱动发展战略、提高自主创新能力、加快建设科技强国的进程中发挥着重要作用。新一届中央领导对中国科学院寄予厚望，习近平同志要求中国科学院牢记责任，率先实

现科学技术跨越发展，率先建成国家创新人才高地，率先建成国家高水平科技智库，率先建设国际一流科研机构（简称“四个率先”）。2014年7月7日，国家科技体制改革和创新体系建设领导小组第7次会议审议通过了中国科学院《“率先行动”计划暨全面深化改革纲要》。习近平等党和国家领导人对该纲要作出重要批示，给予充分肯定。目前，该纲要已正式启动实施。落实该纲要，需要统一思想、凝聚共识，切实增强全面深化改革的自觉性和坚定性。调查显示，大家对该纲要中加强党建工作有着较高的期待，认为最重要的工作包括将党建工作与科技创新结合起来，同步规划，同步推进（占调查对象的12.82%）。问卷调查显示，一线科研人员对我院各级党组织和党建工作的最大期待就是“突出服务功能，帮助科研人员解决后顾之忧”（占调查对象的21.78%）、“找准工作定位，促进党建工作更好地围绕创新、服务创新、促进创新”（占调查对象的19.01%）。

对中国科学院各级党组织来说，做好《“率先行动”计划暨全面深化改革纲要》的学习、宣传、动员，积极主动回应干部职工普遍关心、关注的问题，帮助广大干部职工深刻认识实施该纲要的重要性、必要性和紧迫性，不断增强改革的主动性、创造性成为各级党组织首要的任务。全院各级党组织加强服务型党组织建设，要始终结合该纲要，围绕科技创新这一中心任务，面向科研人员这一核心群体，着眼于他们的需求开展工作，发挥好思想动员和组织协调的作用，努力让科学家满意。要确保“率先行动”团队成员状态有序平稳调整，既要激励科技骨干加入，又要做好调出人员的思想工作和善后保障；要做好本单位“率先行动”团队外科技创新队伍的稳定与发展工作，既要引导大家正确对待，又要进行制度创新，共享改革成果，更要配合行政班子进一步凝练聚焦新的目标、组建新的队伍，以内部的质变来迎接“率先行动”的机遇与挑战。

（二）推动基层党组织回归服务本位，集中精力服务科技创新

实行院（所）长负责制，以科技创新为中心，是科研院所的显著特征，也是党组织发挥作用的重要背景和基本前提。为此，各级党组织要在坚持和完善院（所）长负责制的前提下，通过制度化的设计，进一步拓展围绕中心、服务大局的内涵，把工作重点放在如何更好地服务、保障和促进科技创新上。在开放式建议中，有调查对象提出，“目前状态下，研究所党委除了日常党务工作外，对研究所的发展及布局没有参与决策或知情的权利，这不利于党委在围绕中心、服务大局中发挥作用。应加强党政一体决策的方针，使党委能对重大事务有知情权和决策权”。因此，要进一步发挥党组织的政治核心作用，明确基层党委参与研究所重大决策，特别是关系研究所长远发展战略规划的工作机制

与程序，既要做好充分酝酿，更要坚持组织决策程序。一要贯彻落实《中共中央国务院关于分类推进事业单位改革的指导意见》，进一步完善法人治理结构，明晰党政职能定位和权力运行边界，使党组织在有效参与决策中发挥作用。二要明确党组织参与重大问题决策的具体方式，紧密围绕科技创新开展活动，保证党的路线方针政策的贯彻落实，保证各单位的创新发展，有效发挥政治核心和保证监督作用。以坚持和完善民主集中制为核心，进一步建立健全科研院所重大问题议事决策机制，重点是规范和完善党委会、党政联席会、所（院）务会、所（院）长办公会等会议的职责权限和决策程序，尤其要根据不同内容确定党组织参与重大问题决策的具体方式，使党组织的意志在决策层面得到体现。三要不断提高党组织参与决策的能力和水平。决策前，要通过支部会、工青妇、民主党派和无党派人士座谈会等途径，广泛听取党内外群众和专家的意见，形成真正有价值的意见建议。决策中，要协助院（所）长组织好讨论，认真执行集体议事的有关规则和程序，使领导集体决策真正成为集思广益、达成共识的过程。决策后，要对重大决策组织深入开展广泛的宣传教育，认真细致地做好广大干部职工的思想政治工作，增强对发展目标和改革举措的认同。同时，在执行的过程中，要注意收集重大决策实施的情况，及时了解群众的困难、意见、建议，并向行政领导反馈，积极协助化解其中可能出现的矛盾，以保证科研院所重大决策的实施。

科研院所党建工作必须围绕创新、服务创新、促进创新，按照科技创新的要求进行，围绕科技创新的任务展开，朝着科技创新的总目标加强。科研院所党组织要准确把握党建工作定位，站在完成党的执政兴国使命、实施创新驱动发展战略的高度来谋划科研院所党建工作，找准党建工作与科研活动的结合点，在“渗透”和“融入”上下功夫，增强党建工作的针对性和实效性，努力使科研院所党的建设更加符合服务型党组织建设的新要求，更加适应科技创新规律，为科技创新提供可靠的政治和组织保障。在座谈和开放式的建议中，有调查对象提出，“基层组织是党联系群众的桥梁纽带，只有重服务才能聚民心”“我院的首要工作重心便是面向国家战略需求，面向世界科技前沿，加强原始科学创新，加强关键技术创新与集成，攀登世界科技高峰，为国家经济建设、国家安全和社会可持续发展不断作出基础性战略性前沿性的重大创新贡献。所以我们应肩挑重担，专啃别人不愿啃的硬骨头，而不是利用国家给予的优势资源去圈钱占地，我认为党建工作可围绕这一方面开展一些工作。”这些言辞恳切的表述说明，科研人员对于党组织如何有效组织和推动科研力量面向、聚焦国家需求有着较大的期待，科研院所党组织在这方面承担着责无旁贷的使命和任务。

（三）坚持生活关怀与思想教育并重，切实提高服务针对性和有效性

各级党组织要贯彻落实加强基层服务型党组织建设的新要求，始终坚持以人为本、促进人的全面发展的核心理念，把群众满意作为党建工作的着眼点和检验标准，着力提高科研院所党组织服务科技创新、服务单位发展、服务党员群众的能力。要坚持走群众路线，加强民主和作风建设，深入基层，深入群众，问政问计于民，汲取创新源泉。要把理解人、关心人、尊重人、培养人和发展人融会贯穿于党的各项工作中，时刻关心群众的切身利益，倾听发展诉求，加强人文关怀，切实解决群众关心和反映的突出问题。了解需求才能做好针对性的服务。科研院所党组织要通过设立意见箱、开通电子邮件和发放征求意见表等方式，广泛征求干部职工的意见和建议，了解他们的诉求，根据不同对象确定不同的服务重点，制订相应的服务工作方案。对于作为科研院所主体的科研人员，党组织要树立“科学家为国家和人民服务，我为科学家服务”的理念，建立与科研管理部门和课题组的定期沟通交流机制，了解科研人员的思想状况和面临的困难，提供提高科研人员业务能力和专业技术的平台，帮助解决子女入学、住房等后顾之忧，保障科研人员有充足的时间和精力从事科研。例如，有调查对象在开放式建议中写道，“要多做调研，多下基层真正了解需求，让政策和实际贴近”“我们的党组织应定期了解每位职工的具体困难和想法，化解职工之间、职工和研究所存在的矛盾，使我们整个研究所都能和谐团结向前发展。”对于一些新的情况和问题，调查对象也有着期待，“科研人员作为研究所发展的基本力量，耗费了大量时间精力在经费如何合理合法使用上，应帮助大家合理合法地利用好国家科技资源，保障科研人员的需求，加快创新步伐。希望党组织为保持科研工作的纯洁性，从三元工资结构等入手，创造更宽松的氛围”。这种新情况、新问题层出不穷，只有有效的调查研究机制，才能一一解决。

要采取切实可行措施，切实提升思想政治工作实效。着眼于实现人的全面发展，要从以往过多地关注物质性成果转变为更多地注重以人为本、促进人的全面发展，更多地把理解人、关心人、尊重人、培养人和发展人融会贯穿于党的各项工作之中。科技创新事业是一项系统工程，只有充分发挥广大党员和科技人员的积极性、创造性，才能确保创新活力竞相迸发、创新人才茁壮成长、创新成果大量涌现，完成“出成果、出人才、出思想”的战略使命。实施《“率先行动”计划暨全面深化改革纲要》是前所未有的伟大事业，只有充分调动各方面的积极因素，团结一切可以团结的力量，才能保证这一宏伟事业的顺利发展和最终目标的实现。有调查对象认为，除了住房等实际生活问题，科研人员的思想教育工作，也是服务型党组织建设的重要任务甚至重点，“党组织

最应做好的一件事，是加强对党员的思想教育工作，真正起到模范带头作用。”这种思想教育，并不是传统意义上的说教，而是结合实际、突出重点，“不断激发青年科技人员的创新能力，引导青年坚定理想信念，积极投身创新发展，实践创新符合青年特点的组织和活动方式，拒绝形式主义，使党建工作落到实处，并且做到务实、高效，营造良好的青年科研人员科技创新氛围和环境，努力帮助其解决思想和工作生活中的实际问题，为青年创新发展提供形式多样的平台。”要坚持弘扬主旋律，传播正能量，激发团结奋进的强大力量。增强正面宣传教育的吸引力和感染力，充分发挥其鼓舞人、激励人的作用。要遵循科研工作规律，根据科技人员的特点和思想变化，增强思想政治工作的针对性和实效性，把思想政治工作渗透到科技工作实践中去，做到群众最关心、最容易产生思想问题的环节中去。要重视发挥行政业务领导和学术带头人在思想政治工作中的特殊作用，将深入细致的思想政治工作同严格管理结合起来，将谈心交心、心理疏导同解决实际问题结合起来，充分发挥思想政治工作的优势和威力，为科技创新不断注入精神动力和创新创造活力。

（四）深入推进科研院所党建创新，不断强化基层党组织服务功能

要紧密结合科研院所实际，把握科研活动规律，符合科研人员特点，创新务实管用的服务载体和工作模式，以服务型党组织建设引领基层党建工作，促进和推动党建工作水平全面提升。

一是要贯彻落实党的十八大关于“扩大党组织和党的工作覆盖面”的部署，以扩大覆盖面、增强影响力为目标，按照组织健全、制度落实、队伍优化、活动经常的总体要求，围绕科技创新活动的组织布局进行基层党组织的调整或重新组合。根据中国科学院启动实施的卓越中心、创新研究院等四类科研机构的分类改革，按照科研工作性质特点、实体规模、党员人数及基层骨干党员干部的分布情况合理设置党组织，重视发挥党支部和党小组的作用，实行分类指导，注重工作实效，努力促进基层党建工作与科研工作的有机融合。

二是要着力拓宽党组织服务群众的渠道，深化党建带工会、共青团、妇联等群团组织建设活动，以党组织服务带动其他各类组织服务，形成党组织与群团组织共同服务群众的强大合力。不仅要整合现有资源、搭建服务平台、设计服务载体、拓宽服务领域、改进服务方式、提升服务效果，更要着力于建立健全服务型党组织建设的长效机制。要及时总结推广加强服务型党组织建设的好做法和好经验，对于服务工作做得好、能让基层和群众满意、能促进科技创新发展的做法，要及时以制度形式固定下来并不断丰富其内涵。

三是要进一步发扬民主，保障党员的主体地位和职工群众的知情权、参与

权，改变以往一讲信息公开仅仅就是结果公告、上网的闭门决策惯例和信息自上而下的单向流动，适时推行既有民主的信息多维度交流，又有集中决策的工作机制，使“决策预告、调研论证、群众参与、草案征求意见、重大事项职工代表审议、所务会党委会集体表决通过”的决策程序制度化。

四是要以网络党建为抓手创新党组织活动方式和党员教育管理。要针对科研人员知识水平普遍较高、接受能力普遍很强的特点，充分利用现代信息技术，大力发展电子党务，建立党建网站，拓展新时期党建工作阵地。

五是要不断深化创新文化建设，进一步加大反腐倡廉建设和科研道德建设的力度，为改革创新、和谐奋进营造良好的政治生态环境。要加强核心价值体系建设，加强创新文化建设先进典型事迹的宣传和工作经验的推广，抓好学风和科研道德建设。要把推进创新文化建设同实践“依法办院、以德兴院”的治院方略紧密结合起来，不断完善创新文化，建设持续发展的工作体系和运行机制，建立健全反腐倡廉风险防控机制，努力营造风清气正、安心致研的良好氛围，保证科研院所创新跨越和持续健康发展。

六是要健全完善考核评议机制，以群众满意为根本标准，建立完善考核指标体系，形成组织评价和群众评价有机统一的服务绩效评价机制，切实把服务成效作为党组织履职尽责的重要考核指标，作为党员干部考核奖惩、选拔任用的重要参考，作为党员是否发挥作用的主要考评依据。

课题组组长：马　扬
课题组成员：李浩然　贾宝余　崔志民　刘红辉　谢京红　马　强　翟　涛
赵　岩　许　冬　滕启治　陈志谦

科研院所党内组织生活存在的问题与对策建议

中国社会科学院

★★★

2014 年 11 月 20 ～ 28 日，课题组按调研计划赴贵州进行了调研。在 9 天的时间里，考察组先后奔赴贵州省贵阳市、贵安新区、黔东南苗族侗族自治州、遵义市等地，深入机关、科研院所、企事业单位、城乡社区及村寨，通过现场考察、调研座谈、入户访谈及问卷调查等形式，就如何严格党内组织生活这一重大问题求教于贵州各族干部群众。

在调研考察期间，课题组一再向贵州的同志明确表示，这次调研不是要他们查摆自己在党内生活方面存在的问题，而是要他们就当前各级组织尤其是基层组织在过好党内生活方面存在的主要问题谈谈自己的看法和体会，并就如何过好组织生活多建言献策，多提供他们自己的经验。贵州的同志们对这次调研给予了热情配合，谈了不少情况，提供了不少材料。课题组对这次调研所掌握的情况与材料进行了整理，最终形成了以下中期调研报告。课题组还分赴中国科学院、中国农业科学院、中国水利水电科学研究院、中国林业科学研究院进行调研，并完成最终的调研报告。

一、党内组织生活目前存在的主要问题

从调研的情况看，党内组织生活主要存在以下几个主要问题。

（一）党内生活不经常、不认真、不严肃

虽然贵州广大党员干部对党内生活的基本内容和基本要求比较清楚，但他们也坦率地承认自己在具体落实上还存在一些差距，主要表现就是党内生活不经常、不认真、不严肃。有的支部把过党内生活看作是“软指标”，随意挤占组织生活时间的现象比较突出，往往闲时活动，忙时不动，或者上级党组织有布置就活动，没有布置就不活动。有的支部对党内生活走过场，敷衍塞责，应付了事，不认真执行党内生活制度，不严格按照要求组织党内生活，遇到矛盾绕道走，碰到阻力就拐弯，处理棘手问题看风头，看来头，看势头，不敢动真，不敢碰硬，大事化小，小事化了，使党员没有得到严格的党内生活锻炼。有的支部对错误的东西不批评，不抵制，对正确的东西不支持，不宣扬，既不扶正气，又不祛邪气，是非不分，赏罚不明。有的支部党内生活极不严肃，讲面子不讲真理，讲人情不讲原则，含混其词，模棱两可，瞻前顾后，左顾右盼，甚至搞人身依附，把党内关系弄得很庸俗。有的支部党内生活则群居终日，言不及义，说工作多、谈思想少；说成绩多、谈问题少；说自己多、批评别人少。简言之，“多栽花、少栽刺”的“老好人”思想盛行，“自我批评谈情况，批评别人谈希望”的现象较多。

（二）党内生活形式单一、内容陈旧，效果不佳

不少支部把党内生活的形式局限于上传下达，以会议形式为主，由支部书记或是组织者以灌输说教的方式开展学习教育活动，形成“一人说，众人听”的现象。党内生活的内容则是以读报纸、学文件的政治学习为主，读书读“封面”，看报看“标题”，泛泛而谈，丝毫不联系改革、发展的形势，不联系本单位、本部门的实际，特别是丝毫不联系支部党员们的思想、工作实际，形成了党内生活与实际生活“两张皮”的现象。这种形式单一、内容陈旧且脱离实际的党内生活，缺少必要的民主性空间和互动性载体，导致党员之间双向沟通交流少，不能满足党员的现实需求，很难调动和激发党员的积极性，使组织活动失去吸引力，效果大打折扣。不少党员反映，对他们来说，这种党内生活“开与不开一个样，开了也等于白开”。

（三）组织活动经费缺少必要的保障

许多身处农村的党员反映，一些村寨集体经济薄弱，集体积累处于空壳或负债状态，加之在各级财政转移支付中没有明确党建工作经费，导致这些村寨的党支部尤其缺少经费保障。不少基层机关和企事业单位的党员干部也普遍反映，党

建经费来源不固定，经费多少不固定，获得时间不固定，目前还没有单独列入各单位的财政预算，往往是“党费返还一点，单位管理费挤一点”。基层党建经费无保障严重影响了基层党内生活的正常开展，导致“无钱办事”的问题相当突出。不少基层党员干部表示，虽然他们也想开展一些积极健康的活动，例如，为党员干部订阅理论知识读本，或看望生病住院的老党员，表彰奖励工作成绩突出的党员，等等，但苦于经费无法保证和落实，最终导致许多想法和思路都“落空”了。

（四）退休党员和流动党员参加组织生活存在难度

有的退休党员身体不好，腿脚不方便，眼睛看不清，参加党组织生活十分困难。有的退休党员长期跟随子女在外地长期居住，因为各种原因，不愿意转党组织关系，也很少有机会回来参加组织生活。有的退休党员与在职党员同在一个支部，业务工作会议和党组织生活会议基本都没有明显界线，有时会因业务工作的原因不通知退休党员参加，有时通知其参加，退休党员也因某些原因而不愿参加。流动党员也因为这样那样的原因，不回来参加组织生活。

二、党内组织生活存在问题的主要原因

党内组织生活之所以存在上述问题，大致有以下三个主要原因。

一是不少党组织和党员干部对过好组织生活的重要性认识不到位。部分党组织缺乏全局观念，不能真正从战略和政治的高度上充分认识组织好党内生活的重要意义，重经济、轻党建的思想突出，认为抓业务工作才是“硬指标”，开展组织生活是“软任务”，责任意识不强，形成党务工作“说起来重要、做起来次要、忙起来不要”的尴尬局面。不少党员领导干部党性观念、党员主体意识弱化，消极地对待组织生活，把组织生活等同于一般工作会议，仅停留在执行制度的要求上，可有可无的思想比较严重，甚至把参加组织生活当成一种额外负担，被动应对。他们丰富党内生活的内容，创新党内生活的形式，提高党内生活质量的动力更是无从谈起。

二是上级党组织对下级党组织过好组织生活的帮助和监督力度不够。贵州不少基层的党员干部反映，上级党组织对他们过好党内生活的帮助力度不够，不仅经费支持少，而且对基层支部党员干部和党务工作者的理论培训严重不足，高水平的理论宣讲和党课往往进不了村到不了寨，这使基层支部的党员干部理论水平普遍偏低。也有不少党员干部表示，虽然上级党组织的党建工作目标管理纳入

了下级组织过好组织生活的内容，但往往长期不考核、不通报、不讲评下级组织党内生活质量和效果的有关情况，以致造成一些基层党组织在党内生活制度落实上存在的问题不能及时得到克服纠正。在少数基层党组织，尽管党内组织生活开展不规范、效果不明显，但由于上级党组织缺少有效的监督方式和评价手段，搞与不搞一个样、搞好搞坏一个样，致使基层党内组织生活质量长期得不到改善提高，降低了党组织的凝聚力和影响力。

三是服务党员做得很不到位。贵州不少党员干部认为，一些支部党内生活不经常、不认真、不严肃，其中一个很重要的原因就在于，他们过于强调组织的战斗力，忽视组织的凝聚力，过于强调对党员的管理，忽视对党员的关心服务，过分强调党员对外部困难群体的帮扶，而忽视组织内部部分党员的实际困难，造成基层党组织服务关心党员不够，党员的一些困难得不到解决，正当的需求得不到保障。他们还指出，在关心服务党员队伍方面，基层党组织存在的不足主要体现为"五个不够"，即生活关心不够、家庭关心不够、健康关心不够、思想关心不够、个人发展关心不够。

三、严格党内生活的几点建议

一要严肃党内生活纪律，着力解决好制度成摆设的问题。党的组织生活是党内进行教育、开展批评、实施监督的重要载体和实践平台，必须按照从严的要求，使之真正严格起来。要严格坚持"三会一课"、主题党日、组织生活会、谈心交心、思想汇报、民主评议党员、党员党性定期分析和党员领导干部民主生活会、党员领导干部双重组织生活等具体制度，保持一项不落。要坚持一个标准，党员无论党龄长短、职务高低、贡献大小，都必须参加党的生活，绝不允许当游离于组织之外的特殊党员。对于没有正当理由不参加组织生活、不交纳党费的党员，要按照党章规定及时处置。要坚持一以贯之，做到年有计划、月有安排、周有活动，遇有临时性工作和突击性任务，善于因地制宜搞活动、见缝插针抓落实。

二要切实增强党内生活的政治性、原则性和战斗性。党内生活一旦丧失政治性、原则性和战斗性，流于形式，那就没有任何意义。要健全和认真落实民主集中制的各项具体制度，促使全党同志按照民主集中制办事，促使各级领导干部特别是主要领导干部带头执行民主集中制。要对广大党员干部加强民主集中制的教育培训，使他们正确认识和坚持民主集中制。要建立民主集中制执行情况考核评估机制，严格责任追究，克服"家长制""一言堂""议而不决""决而不行"等现象，不断推进党内生活科学化，增强党的创造活力。要大力倡导勇于开展批评与自我批评的优良作风，坚决反对党内生活中的自由主义、好人主义。要在党内生活中大力营造发现问题是能力、揭露问题是党性、正视问题是觉悟的浓厚氛围。要严格坚持不抓辫子、不扣帽子、不打棍子的“三不主义”，在坚持少数服从多数原则的基础上，尊重党内少数人的意见。要努力拓宽广大党员反映和表达意见的渠道，使党内各种不同的意见能够平等地进行讨论，各抒己见，要努力完善和健全讲真话的保障机制、激励机制、监督约束机制和不讲真话的惩戒机制。

三要严格党内生活的考核评比。要将党内组织生活开展情况纳入党建目标管理工作考核范围，要在党建目标管理中增加基层党组织生活的分量和分值，党建目标考核要更加科学，从仅仅考查记录、定性考核等形式上的内容，转到更加注重考核组织生活的质量和效果，要设置组织生活质量、效果满意度测评等定量指标。要把基层领导干部讲党课的情况、质量和效果，以及领导干部在党内生活中的示范作用，纳入党建目标管理测评。要在党建目标管理中对基层党组织活动经费的保障情况进行考核。要严格对照相关规定的具体要求，按照党组织隶属关系，由上一级党组织实施考核，考核结果作为党组织集体、党组织负责人考核的重要内容。要把是否经过严格的党内生活锻炼，作为识人用人的重要考量。对各级领导班子、领导干部的集中考核、日常考核，要把遵守组织制度好不好、执行组织纪律严不严，作为重要评价标准和考核内容，纳入综合评价体系。对那些讲规矩、守规矩，党内生活严格有效的，要重点关注、重点使用；对那些不讲规矩，搞形式主义、庸俗哲学的“圆滑官”“老好人”“推拉门”“墙头草”，要加强教育诫勉，必要时坚决调整；出现重大偏差和失误的，要严肃追究责任。要探索开展“最佳组织生活”评比、“我最喜欢的组织生活”、“党课擂台”等各具特色的评比活动，以点带面，推广经验，不断提升党内组织生活工作质量。

四要丰富和创新党的组织生活的内容和形式。要积极适应新情况，善于运用新手段，认真研究设计党内生活的内容、形式和方法，并与各个领域的行政管理、行业管理、社会管理结合起来，与各项工作、与党员群众的需求结合起来，使其能够在新形势下适应过好党内生活的各项要求。

要在抓好政治理论学习的基础上，突出业务知识、法律知识、计算机知识、时事政治、心理学、管理学等重点内容，努力将党内组织生活打造成为党员提升素质、增长知识、陶冶情操的综合平台。

要学习借鉴管理科学的理论和组织行为学关于团队建设的理论成果，创新党内生活形式，使党内生活形式更富有时代气息，更好地为内容服务，提高组织生活的吸引力和感染力。要强化理论武装，抓好传统的集中学习的形式，积极开展“读一本好书”“读一篇好文章”活动。积极开展“大家谈”“大讨论”等活动，引导党员干部围绕当前党内重要工作、党员关心的热点问题等开展专题讨论，积极引导党员主动思考、主动学习，有效提高党员学习的积极性。要努力构建专家开讲座、领导上党课、党员谈体会的多彩党课格局，尤其要认真落实领导干部上党课制度和积极开展“党课大家讲”活动，组织党员走上讲台畅谈个人学习和认识，给党员提供展示自身才华的平台。要充分利用党员电化教育平台、干部远程教育频道等党员教育资源，组织观看党员电教片、收看党内重要活动专题报道、先进事迹报告会等，用鲜活的事例、生动的内容让党员接受最直观的教育。要适时把党内组织生活场所搬到室外，组织党员走出“空调房”，到工作第一线去感受，到先进基层组织去体验，到艰苦一线去锻炼，让党员有对比、有体会、有目标、有行动。要广泛开展各类知识竞赛、党小组综合评比等活动和各类达标争创活动，将学习内容融入活动之中，通过活动促进学习，加深学习效果，营造浓厚氛围。

要创新党的组织生活形态，扩大组织活动参与对象和范围，支持不同领域、不同单位的多个党支部联合开展活动，发挥不同支部和党员的优势及特长，提高组织生活的开放性和共享性。

五要建立健全党内激励、关怀和帮扶长效机制，着力解决好老党员、生活困难党员、下岗失业党员、外出流动党员的实际困难。不少老党员、生活困难党员、下岗失业党员、外出流动党员长期感受不到党组织的温暖，久而久之，他们当一名党员的光荣感、自豪感、责任感就逐渐丧失了，他们参加党内生活的意识也逐渐淡漠了。要改变这种状况，必须实实在在地关心每一位党员，让党的阳光普照每一位党员。在这方面，贵州省赤水市进行了探索，其主要做法有以下几点。一是建立党员慰问制度，每年春节、建党节等重大节日分别对生活困难、70周岁以上且党龄在30年以上和无固定收入的党员进行慰问；二是建立吊唁亡故党员制度，对去世的老党员采取送花圈或针对情况给予家属一定的生活经费补贴；三是建立老龄党员年体检制度，完善老龄党员健康档案，每年组织乡镇卫生院干部对农村老龄党员进行1次免费体检；四是建立定期谈心制度，以“面对面谈心”“一对一谈心”为主，要求支部成员定期与党员谈话，使每名党员拥有向组织反映意见、建议和要求的机会。

课题组成员：郑奎兴　师智全　张　君　邓　颖　周丽丹

新时期加强中国农业科学院党支部工作创新研究

中国农业科学院

一、加强党支部工作创新研究的重要意义

加强党支部工作创新，就是要找准党支部开展活动的着力点，使党支部建设符合院所科研事业发展规律、满足广大党员的实际需求，充分发挥党支部在“建设世界一流科研院所”进程中推动发展、服务科研、凝聚人心、促进和谐的作用。因此，深入探索党支部工作创新的内容和创新的举措具有十分重要的意义。

（一）加强党支部工作创新，是贯彻落实“全面从严治党”战略布局的需要

创新是民族进步的灵魂，是时代发展的要求，也是我党在长期执政中探索形成的加强自身建设的基本经验。中国农业科学院作为国家级农业科研院所，承载着推动农业科技创新的使命。党支部作为党的“基本细胞”，必须以改革创新精神加强自身建设，这样才能真正将干部职工的思想行动统一到“全面从严治党”战略布局上来，统一到促进中国农业科学院各项事业又好又快发展上来。

（二）加强党支部工作创新，是中国农业科学院各级党组织和党员保持先进性与生机活力的内在要求

党的先进性不是一劳永逸、一成不变的。党支部的工作方式方法也不能故步自封。中国农业科学院党支部是联系广大科研骨干、管理人员的桥梁和纽带，是对党员进行教育管理的最直接、最有效的载体。加强中国农业科学院党支部工作创新，在继承优良传统的基础上，用创新的理念和方法提升党支部建设的高度、深度和针对性，使党支部的管理更加科学化、合理化，使其真正成为党员发挥模范作用的前沿阵地。

（三）加强党支部工作创新，是助力科技创新工程顺利实施的需要

随着党支部的不断壮大，中国农业科学院高学历、高技能、具有海外生活经历的党员数量逐年上升，党员队伍呈现出知识化、年轻化、多元化的发展趋势。特别是在 2013 年，中国农业科学院正式启动了农业科技创新工程，科研团队的遴选和调整，使党支部的设置、支部带头人选任和党员的工作分工都相应地发生了变化。这就要求我们在党支部的建设上不能因循守旧，必须走创新之路，充分发挥党员的积极性和创造性，激发党支部新的活力，为科技创新工程的顺利实施提供有力保证。

（四）加强党支部工作创新，是推进院所各项事业跨越式发展的需要

新时期，党建工作水平的高低已经成为考察各单位、各部门发展状况的重要指标之一，这就对提高各支部工作水平提出了更高的要求。因此，为了充分发挥党建工作为院所各项事业保驾护航的作用，应努力在党支部工作中取得新的突破，寻求党支部工作创新模式，以此来提高核心竞争力，并增强凝聚力和创造力，从根本上推动院所各项事业的跨越式发展。

二、加强和改进党支部工作的经验和成效

中国农业科学院的党支部大多分布在科研第一线，近年来，在“以改革创新精神加强党的建设”指导思想的指引下，基层党支部将服务科研、培养人才两大任务贯穿始终，勇于探索、大胆实践，推动党支部在创新中发展和完善，获得了中国农业科学院党支部建设的工作经验，取得了一些成效。

（一）加强学习教育，提高创新能力

学习是创新的基础，只有积累了丰富的知识，才能为创新打下坚实的基础。要使学习成为一种责任、一种生活方式，需不断培养和提高党员干部的学习和创新能力。

一是开展学习型党组织建设。起草下发《关于推进学习型党组织建设的实施方案》，要求学习型党组织的建设要坚持以创建学习型党支部为基础，健全务实管用的学习制度，改进学习考核方式，营造崇尚学习的浓厚氛围，推动党员干部向书本学习、向实践学习、向群众学习。各支部坚持自学与集中学习相结合，定期组织研讨会，畅谈学习体会，交流学习心得。同时，充分利用院所网页、院报、《农科党建》等媒体的宣传作用，扩大学习成果的交流与运用，使学习成果成为指导工作的强大思想武器。

二是每年组织支部书记培训班。通过经常化、制度化的培训，提升支部书记的政治工作素质，增强服务科研工作的能力。近年来，中国农业科学院不断创新培训内容和方式，探索分期举办培训班、情景模拟、体验式教学等模式，提高了党务干部参加培训的积极性，增强了培训效果。

三是坚持领导干部讲党课。认真落实“三会一课”制度，各级领导干部针对本单位、本部门的特点和党员干部的需求，围绕党史党纪、国家政策、宏观形势、时事热点、科技前沿等方面每年至少讲 1 次党课。支部也结合每年工作安排，邀请本支部科学家给年轻人传授自己的工作体会和心得，增强年轻同志做好科研、管理等工作的责任感和使命感。

四是宣传优秀农科院人的先进事迹。为进一步弘扬中国农业科学院杰出科学家的可贵精神和优秀品质，对中国农业科学院建院以来的两院院士和获得国家级奖项的 61 位先进个人及 2 个集体的事迹材料进行汇编，出版了两版《农科英才》。该书的出版在全院职工中引起了热烈反响，目前已经成为新职工入职培训的必读书目，也是各支部学习优秀农科院人、传承我院核心价值和优良传统的宝贵资料。

（二）注重组织建设，筑牢党建基础

我们深刻认识到，党的组织建设是党全部工作和战斗力的基础。中国农业科学院的党支部建设，必须坚持围绕中心、服务大局，才能充分发挥党支部的战斗堡垒作用。

一是健全党支部组织机构。按照党支部工作原则，健全了以处室为单位的各支部设置。各支部成立支委会，支委会任期届满或支部委员有人员变动时，在上级党委的指导下按规定及时换届或补选，始终保证党支部旺盛的活力。

二是深入开展创先争优活动。围绕中央创先争优活动“五个好”“五带头”的总体要求和农业部党组“强化组织基础、提高队伍素质、立足本职岗位、服务三农事业”的主题，联系农业科技创新工作特点，各支部开展了以“增强党性作表率，科技创新当先锋”为主题的争创活动，实现了我院争创活动与科研工作的有机融合。同时，适时表彰先进，营造“学先进、赶先进、做贡献、当表率”的良好风气。

三是注重发展党员的质量。重视吸收科研骨干、学术带头人、留学归国人员中的优秀分子入党，增强党员队伍的生机活力。近 5 年来，中国农业科学院党员人数每年以 4.6% 的速度增长，其中研究生学历的党员比例平均每年增长 1.2%。

四是选好党支部带头人。按照守信念、有本领、重品行、讲奉献的要求，加强党支部书记队伍建设。结合中国农业科学院实际，明确了党支部书记一般由研究室主任或行政处室负责人担任的选任原则，确保了党支部工作更好地融入业务工作中。

（三）注重制度建设，规范党支部工作

健全党支部工作制度，是使党支部工作规范化、长效化、常态化的重要保证。因此，我们应对制度建设常抓不懈。

一是认真贯彻执行中央有关制度。我院各党支部坚持认真组织学习贯彻《中国共产党章程》和《中国共产党党和国家机关基层组织工作条例》，并通过开展知识竞赛、举办专题辅导讲座、自查等活动，加深广大党员对制度规定的理解和掌握。

二是编制了《党的基层组织工作手册》。对中国农业科学院研究所党委、机关党支部换届选举工作程序、发展党员、民主评议党员、党员领导干部民主生活会和中心组学习等工作程序做出了规范，提高党支部工作的规范化水平。同时，该手册增加了具体问答内容，有利于解决支委会成员在工作中遇到的实际问题。

三是修订和完善了《党支部工作细则》。该细则涉及党支部的职责和任务、党支部主要职责、党员的教育和管理、思想政治工作、党费收缴等 10 个方面的 52 条内容，为支委会成员做好支部工作提供了有益指导。

四是建立考核激励机制。研究出台了《研究所党的建设综合评价指标体系》，对党组织工作开展情况进行考核，落实了党建工作责任制。每年结合年底工作总结和“两优一先”评选，对各支部工作进行全面考核评比，表彰和奖励先进党支部。

（四）注重典型引路，发挥支部建设示范带动作用

自 1981 年起，中国农业科学院长期坚持开展“两优一先”评选活动，形成了一套培育典型、挖掘典型、宣传典型、发挥典型作用的良好工作机制。每次评选都将先进基层党支部的事迹汇编成册，以便互相学习、交流借鉴。此外，在全院开展“支部工作法”评选交流活动，组织各个党支部总结工作经验，评选先进的支部工作法。这一活动的开展，不仅总结提炼了一批可供学习、借鉴、推广的党支部工作法，也深化了党支部书记和党务干部对党支部工作规律性的认识，探索了党建工作与业务工作相融合的有效抓手。特色做法如下。

1.“一切从实际出发”工作方法

蔬菜花卉研究所第一党支部结合科研一线特点，注重继承发扬优良传统，形成了一套“一切从实际出发”的支部工作方法。该支部组织了“五多两讲”活动，“五多”即多读书、多钻研、多总结、多到田间地头、多出成绩，“两讲”即讲正气、讲服务。该支部还开展了以“艰苦奋斗、求实创新、谦虚谨慎、团结奉献”为主题的文化建设系列活动，包括召开“立足岗位，提高技能，服务三农”专题讨论会，参观顺义农场的甘蓝、白菜、黄瓜和青花菜的试验地，等等。该支部在历任支部书记的带领下，逐步形成了“艰苦奋斗、勇于创新、勇于奉献、团结一致”的优良传统，成为支部不断学习进步并取得成绩的法宝。

2.“三字经”工作方法

生物技术研究所第二党支部坚持以“把好思想阵地，献身科研事业”为宗旨，结合科研实际，在工作实践中总结出了一套“三字经”工作方法。“三字经”工作方法以“讲学习”为先导，着力提高党员的思想政治素质，增强党员敬业奉献、拼搏创新的理想信念；以“带队伍”为支撑，不断加强党员队伍和人才队伍建设，充分发挥党员的先锋模范作用；以“促规范”为保障，大力推进支部制度化和规范化建设，确保支部工作的推进和落实；以“重互动”为基石，搭建沟通交流平台，积极开展特色活动，不断增强支部的凝聚力和战斗力。实践证明，“三字经”工作方法符合支部工作实际，使党的工作很好地融入科研工作当中，实现了党的工作和科研工作的紧密结合，促进了支部建设和科研工作的顺利开展。该支部党员所在的科研团队取得了以转基因抗虫棉、转植酸酶基因玉米等为代表的一系列重大创新成果，为推进我国生物技术产业化，以及农业增效和农民增收做出了重大贡献。

3.“四坚持”工作方法

作物科学研究所第五党支部紧紧围绕出成果、出人才等中心任务，充分发

挥党员的先锋模范作用和支部战斗堡垒作用，总结形成了一套务实有效的“四坚持”党支部工作方法。坚持求实创新，把理论与时政学习常态化。该支部根据小麦科研工作季节性强、试验区域分布广等特点，充分利用电子邮件、QQ 和手机短信等现代通信手段，及时准确地将上级党组织的各项任务和指示精神传达到位。坚持强基固本，使组织制度建设科学化。注重对在实践中证明行之有效的、体现科研机构党的建设内在规律、符合科研发展要求的创新成果和基本经验进行总结提炼，固化为制度。坚持创先争优，立足本职岗位比做贡献。近年来，支部有 2 名党员分别获得国家科学技术进步奖一等奖，1 名党员获得中华农业科技奖科技成果二等奖。坚持典型引领，激励党员服务“三农”，争创一流业绩。支部有 1 名党员先后获得“中央国家机关五一劳动奖章先进个人”“中央国家机关优秀共产党员”，1 名党员先后获得“中华农业科技奖优秀创新团队成果奖”和农业部直属机关“优秀共产党员”荣誉称号。通过“四坚持”，该支部做到了将党和政府的重大发展战略思想贯彻于党员的科研工作中，有效推动了高水平农业科技成果的持续产出和加速应用，为依靠科技解决粮食安全和农民增收等重大民生问题做出了积极贡献。

三、党支部工作存在的主要问题及原因分析

尽管中国农业科学院党支部建设有着良好的工作基础，但调查发现，有些支部工作仍然面临一些问题和困难，主要表现在以下几个方面。

（一）各研究所对党支部建设重视程度不平衡

有些单位的领导班子对党支部工作的重要性认识不足，存在“重科研、轻党建”的倾向。对党支部工作的理解、支持和参与不够，有的领导班子仅将支部工作作为开展思想政治工作的抓手，有些单位的支部工作则流于形式。调查显示，21.4% 的被调查者所在单位的所局级以上领导干部很少参加支部活动，33% 的被调查者所在党支部缺少必要的活动经费保障，14% 的被调查者所在单位的支部工作缺乏有效的考核和激励措施。

（二）党支部开展工作的内容和方式方法缺乏吸引力

随着科研事业的发展，科研任务日益繁重，科研支部特别是包含多个研究室的科研支部开展集体活动的难度加大，参与党支部活动的人员、时间、内容、效果难以保证。此外，开展活动的形式和内容比较死板，不能满足党员的实际

需求，一些党员参加活动的兴趣不大、积极性不高。调查显示，54.8% 的被调查者认为支部建设的主要问题是缺乏活动载体和活动平台，79.6% 的被调查者认为加强支部工作的关键是创新支部活动形式和载体。

（三）党务干部队伍建设有待进一步加强

有些单位仅将支部书记职位作为锻炼年轻干部的平台，或者由年轻干部承担具体的党务工作，实际从事支部工作的人员缺乏工作经验和调动资源的能力。造成这种情况的主要原因是支部工作一方面需要新鲜血液，另一方面对于支部年轻工作干部的培训没有跟上，以往的支部工作培训大多数由支部书记参加，支部委员则缺乏交流和指导。67.6% 的被调查者认为选配研究室、行政部门的负责人支部书记的同时，应选任年轻干部从事具体工作，这样更有利于支部建设。

四、在新形势下加强中国农业科学院基层党支部工作创新的思考与对策

要做好新形势下的党支部工作，必须用创新的精神不断研究新情况，解决新问题，突破传统的思维定式和工作模式，不断探索符合中国农业科学院实际的有效方法和途径，根据党员队伍的变化，审时度势地进行改进创新。

（一）党支部工作创新应重点把握的几个方面

1. 在思想理念上要创新

思想理念是行动的指南，有了先进的思想理念，工作才会有新的举措。要破除守旧的、封闭的、消极的、不符合实际的和惯性的思维模式，深入学习中央关于建立学习型、服务型、创新型党组织的精神，明确党支部工作中需要改进的内容和创新的方向，使党支部创新工作扎实推进。

2. 在工作运行机制上要创新

合理确定工作目标，探索目标管理方式。每年年初确定全年党支部工作任务，与上级党组织签订工作目标责任书。要对目标责任制的落实情况实行全程管理，对其做到有布置、有检查、有评估、有总结，切实形成党委领导有力、保障到位，支部书记带头抓、支部委员分工抓，一级抓一级、层层抓落实的工作运行机制。

3. 在党支部活动方式方法上要创新

以提高党员素质、充分发挥党员模范带头作用、发挥党支部战斗堡垒作用、

促进中心工作科学发展为目标，抓好党支部建设。做到学习培训有计划、实践活动有内容、组织生活有要求。针对在职职工、离退休职工、学生党员等不同群体，入党积极分子、党员和党员领导干部等不同层次分类细化开展活动，提高党支部工作的实效性和针对性。

4. 在强化服务功能上要创新

强化党支部服务功能，是党支部建设工作思路创新和方式方法转型的必由之路。中国农业科学院的党支部建设，要围绕实施科技创新工程、推动事业单位分类改革、促进各项事业发展搞好服务，围绕“三农”、党员和职工群众搞好服务，激发党员和各类人才的创新创造活力，推动公益服务水平的不断提升。

（二）加强中国农业科学院党支部工作创新的对策措施

根据中央要求，中国农业科学院实行的是院所长负责制。研究所党委主要发挥政治核心作用，认真履行《中国共产党章程》和有关规定明确的职责任务，围绕中心、服务大局，坚持民主集中制原则，支持所长和行政领导班子依法行使职权，推动农业科技创新，出成果，出人才，促进研究所的改革与发展。党支部作为研究所最基层的党组织，必须按照这个总要求，从所在单位的实际出发，找准定位，履行职能，充分发挥作用。

1. 提高研究所党委对党支部工作重要性的认识

切实加强对党支部工作的领导，把党支部工作摆上议事日程。针对有的党支部工作不力甚至工作涣散等现象和有的党支部书记、党支部委员对党支部作用发挥缺乏了解，认为手中不掌握权力，不好开展工作等模糊认识，一方面要加强教育引导，提高思想认识；另一方面，要认真总结本单位、本部门先进党支部的工作方法，推广先进支部开展工作的经验，树典型、立标杆，以提供借鉴和参考。研究所党委还要形成必要的制度，定期研究分析党支部工作中出现的问题，并在日常工作中给予指导和协调。

2. 进一步明确党支部的定位、职能和作用

《中国共产党章程》规定，党的基层组织是党在社会基层组织中的战斗堡垒，是党的全部工作和战斗力的基础。党的十八大强调，党的基层组织要充分发挥推动发展、服务群众、凝聚人心、促进和谐的作用，以党的基层组织建设带动其他各类基层组织建设。2014 年 7 月 8 日，中国农业科学院直属机关党委印发了《中国农业科学院直属机关党支部工作细则》，对党支部的设置、基本任务、主要职责、基本制度、党内监督、发展党员、思想政治工作、党费收缴

8个方面的内容作出了详细而具体的规定。研究所党委要组织本单位党支部书记、党务工作者和全体党员认真学习该细则和上级有关文件精神，结合实际做好本单位党支部工作，达到统一思想、明确定位、履行职能、充分发挥作用的要求。

3. 为党支部工作的良好开展创造条件

《中国共产党党和国家机关基层组织工作条例》规定，基层党组织的活动经费，列入行政经费预算，以保障工作需要。《中国农科院党组关于加强党的工作有关问题的意见》（农科院党组发〔2012〕24号）要求，院属各单位党组织在年初要制订本单位本年度党的工作计划，根据《中国共产党党和国家机关基层组织工作条例》的规定，将每年的党建工作经费列入单位年度经费预算，以保障工作需要。积极创造条件，因地制宜地建设党员学习和活动场所。研究所党委要认真抓好这些规定的落实，除了用好留所党费外，应主动与所长等行政领导协调，争取各方面资源，使党支部开展活动有时间、经费、场地等条件保障。党支部书记也要积极与课题组组长、室主任、团队首席等科研业务领导沟通，使他们了解党政工作目标的一致性，从而得到更多的理解和支持。

4. 科学合理设置党支部

在科研单位，研究室（课题组、创新团队）是科技创新的最基层单位，是推动科技创新的主力军，他们作用发挥得好坏，直接影响着中国农业科学院科技创新和跨越式发展的大局。研究所党委要从有利于党支部工作开展，有利于党员参加组织生活的角度出发，坚持把党支部建在研究室（课题组、创新团队），以便于业务背景相同的党员能够集中时间、集中精力开展学习和组织活动，便于党支部结合自身业务优势充分发挥作用。党员人数多的研究室（课题组、创新团队）可单独成立党支部，党员人数少的研究室（课题组、创新团队）可联合成立党支部。研究所行政管理人员可依托处室成立党支部。

5. 进一步优化党支部书记和党支部委员的配备原则

党支部工作开展得如何，能不能使党支部的作用得到充分发挥，关键在于党支部书记、支部委员的选拔和培养。针对有的单位把党务工作岗位当作锻炼青年人平台的情况，建议明确规定，研究所科研党支部书记一般由研究室主任（课题组组长、创新团队首席）或在党员群众中具有较高威信的业务尖子担任；行政党支部书记一般由行政业务领导（处长、副所长）担任。同时，为了解决这些科研骨干担任党内职务后工作任务更加繁重，没有时间和精力具体开展党务工作的问题，建议党支部副书记、委员可以由一些满足党务干部配备要求的年轻党员担任，积极协助党支部书记开展党支部工作。要更加重视党支部书记和党支部委员培训，定期开展业务交流，努力提高他们的政治素质和党务工作能力，以高素质的党务干部队伍提高党支部工作水平。同时建立相应的工作约束激励机制、量化绩效考核标准等，使党支部书记和支部委员有职有权又有责。

6. 不断创新学习形式，丰富学习内容

科研单位的科研人员工作繁忙（出差、调研、做实验等），很难有时间集中在一起学习。要充分考虑科研人员的工作特点，充分认识科研人员高学历、高素质、思想敏锐的现状，充分利用电子邮件、QQ 群、微信、微博等现代化信息交流手段，开展学习。学习中要紧密结合各自单位的实际，将中央精神提纲挈领地总结提炼出来，将深奥的理论观点转变为党员干部易于理解的主题思想，用鲜活、生动的语言教育党员干部，这样既节约了时间、转变了作风，又能为党员干部所接收。

7. 建立健全党支部工作制度

党支部工作要想高效有序运转，必须要有完善的组织制度。党支部要按照《中国共产党章程》及其他党内法规、院党组和院直属机关党委以及本单位党组织的要求，结合支部工作实际，建立健全各项制度，包括“三会一课”、理论学习、组织生活会、民主评议党员、创先争优、发展党员以及党员教育管理等方面的制度，使党支部工作逐步走上制度化、规范化的轨道。研究所党委做好检查指导和督促落实，保证党的各项制度在党支部得到全面贯彻落实。

8. 深入开展服务型党支部建设

一是服务改革。贯彻落实事业单位深化分类改革、现代院所建设等重大部署，做好宣传引导工作，统一思想认识，协调处理改革发展中涉及的切身利益问题，组织动员支部党员并且带领职工群众理解改革、支持改革、参与改革、贡献力量。二是服务科研。党支部建设的各项工作都要紧紧围绕培育科研成果、解决科技难题等中心工作来开展，把党支部的战斗堡垒作用充分体现在为科技创新保驾护航上，把党员的先锋模范作用充分体现在推动科研事业发展最需要的方面。三是服务“三农”。积极开展科技兴农活动，充分发挥中国农业科学院科技、人才、成果的优势，组织开展培训、咨询、专项整治等科技服务活动，为职业农民、家庭农场、中小涉农企业等新型农业生产主体提供科技服务。探索与村党支部结对共建模式，切实帮助农村解决农业生产技术难题。四是服务职工群众。深入群众中了解群众最关心的、涉及切身利益的问题，真心实意地为职工群众做好事、办实事、解难事。让群众真正感受到党组织的关怀、享受到院所发展的成果，增强职工的凝聚力。五是服务党员。党支部活动要注重提高党员自身的素质，全力引导党员做本单位、本部门改革与发展的主力军，引导党员树立奉献、敬业、求实、创新，为农业科技事业发展贡献力量的价值观。尊重党员的主体地位，保障党员民主权利，从党员政治、思想、工作、生活等方面关心党员，增强党员的归属感、光荣感、责任感。六是服务社会公益事业。鼓励党员积极参与社会公益事业，树立良好的社会风尚，为和谐社会建设贡献力量。开展资助贫困儿童上学、帮助孤寡老人等困难群体的活动。在地区遭受重大自然灾害时以捐助特殊党费、捐衣捐物等形式帮助受灾地区的群众渡过难关、重建家园。

课题组组长：高士军

课题组成员：吕春生　宋恒春　马秀勇　韩　姝　李明轩　徐雷鸣　赵令卓

关于构建科研院所重点领域关键环节廉政风险防控体系的探析

——以中国水利水电科学研究院实践为例

中国水利水电科学研究院

科研院所廉政风险是指科研院所内部各级各类人员在科研活动中发生腐败行为的可能性。近年来，某些科研院所的科研人员因贪腐被立案判刑，除因社会、市场环境等外部不良因素影响外，还说明科研活动或科研行为在资金使用、监管中存在诸多薄弱环节和风险漏洞。因此，如何适应新形势，建立有效的廉政风险防控体系，在一定程度上遏制腐败现象的滋生蔓延，既是现阶段科研院所加强党建的重大课题，也是推进反腐倡廉建设的重要手段。

本课题以中国水利水电科学研究院（简称中国水科院）职能部门、院属非营利所（中心）、科技企业为对象，灵活采用召开座谈会、实地走访、资料查阅、发放调查表及数据分析等多种方法，结合实际明确涉及对象、责任主体，以全面梳理业务流程为中心，排查重点领域的廉政风险，制定行之有效的防控措施，积极探索构建适合科研院所自身特点的廉政风险防控机制，有效实现预防腐败关口的前移，最大限度地减少廉政风险。

一、构建廉政风险防控体系的理论基础与重要意义

（一）廉政风险防控的理论基础

廉政风险防控是借鉴金融业和保险业比较成熟的现代管理科学理念，将风险管理理论和质量管理方法引入预防腐败工作之中，利用风险防范规划、风险识别、风险评价、风险处理和风险监控手段，通过计划、执行、考核、修正四个环节，在加强预防腐败工作领域大胆创新，使预防和控制腐败工作落实到具体的岗位和人，初步形成预防腐败工作的新机制。廉政风险防控工作的主要目标是查找廉政风险点，立足点是防止腐败行为的发生，落脚点在业务工作上。风险防控贯穿于业务工作的全过程，需要全体人员的参与，对可能发生腐败的领域和环节早发现、早预防、早解决，降低其发生的可能性及危害程度。

（二）构建廉政风险防控体系的重要意义

1. 构建廉政风险防控体系是新时期预防腐败工作的重要举措

当前是实施“十二五”规划承前启后的重要时期，也是贯彻落实中央加快水利改革发展决策部署的关键时期，水利行业正处于跨越式发展的黄金时期。中国水科院作为水利行业的科研院所肩负着水利水电科研发展的重任，随着科研任务量的增多，科研资金来源渠道的多元化，需要合力营造一个风清气正的科研环境，使科研人员能够抵制外界不良环境和因素的影响。构建廉政风险防控体系正是新时期预防腐败的新途径和新方式，且已在实践中初见成效。

2. 构建廉政风险防控体系是提高反腐倡廉科学化水平的有效手段

廉政风险防控是用发展的思路和改革的办法推进反腐倡廉建设，是将风险管理和全面质量管理等现代管理理念和科学方法引入反腐倡廉的实践，是突破传统思维、习惯做法的有益尝试和积极探索。其基于对权力运行中的风险和薄弱环节的监督关口前移，实现主动预防，掌握反腐倡廉建设的主动权，增强反腐倡廉的预见性、可操作性和实效性，有效提高反腐倡廉的科学化水平。

3. 构建廉政风险防控体系是科研院所落实党风廉政建设“两个责任”的客观需要

十八届三中全会明确提出，落实党风廉政建设责任制，党委负主体责任，纪委负监督责任。科研院所要严格贯彻落实主体责任和监督责任，廉政风险防控体系是其有力抓手。一是目标一致。科研院所基层党组织不仅要承担反腐倡廉的政治责任，还要带头推动、组织本单位或部门廉政风险防控各项工作的实施，两者的最终目的均是有效预防腐败。二是相互促进。落实党风廉政建设责任制为廉政风险防控体系构建提供良好的组织基础和环境保障，廉政风险防控体系构建则有

利于党风廉政建设责任明确、落实到人。2014 年，中国水科院对 3 个“一把手”不是支部书记的院属研究所进行了调整，截至目前，院属单位 98% 以上的“一把手”既是本单位业务工作主要负责人，又是党风廉政建设第一责任人，这为落实主体责任提供了组织保障。

二、重点领域关键环节工作流程梳理与风险防控分析

中国水科院构建具有自身特点的符合科研业务实际的廉政风险防控体系是从理论层面应用到水利水电科研院所实践的一次有益尝试和探索，这需要在实践中不断修正和完善。课题组通过发放和回收中国水科院处级干部岗位廉政风险点及防控措施一览表，查找出权力行使、制度机制和思想道德等方面的廉政风险点 520 个，分析确定了科研项目、干部人事、基建项目和资金资产管理四个廉政风险防控重点领域，力图通过举例分析现阶段重点领域亟须关注的关键环节，查找廉政风险点，明确其涉及对象与责任主体，提出有效的防控措施。

（一）科研项目管理领域：外协合同管理廉政风险与防控措施

中国水科院非常重视科研项目管理工作，从合同管理入手，形成了包括项目管理、诚信管理、创新激励管理等在内的制度体系。同时，研发建立了科研系统管理平台，运用信息化的手段使合同审批、招投标、政府采购等管理工作在网络上运行，实现业务审批的实时监控、合同管理的公开透明，大大提高了科研项目的管理水平。

调研显示，现阶段科研项目管理领域腐败发生可能性较高的环节为外协合同管理。外协合同管理主要包括合同订立、合同履行、合同验收三个阶段，大致分为谈判、拟订合同文本，提交申请、逐级审批，合同签订，合同履行与结算，合同验收，合同资料归档 6 个环节（图 1）。

以外协合同签订环节为例，查找存在的主要廉政风险点，提出防控措施（表 1）。

1. 严格审批程序

严格控制签订范围，外协合同必须要在主合同或项目任务书中注明，包括委托单位名称、承担的任务、委托金额等；按照“四个不准”规定要求，院属单位承担的纵向课题不准再分签到院属各公司。运用科研管理系统平台严格执行合同签订逐级审批程序，项目经办人提出申请，经项目负责人、科研计划处、财资处、主管院长审核，最后院长审批通过后完成合同盖章；根据《中国水科院经济

合同审签与备案管理办法》规定，百万元以上合同还需经监审处审签，这进一步加强了对经济合同的规范化管理。

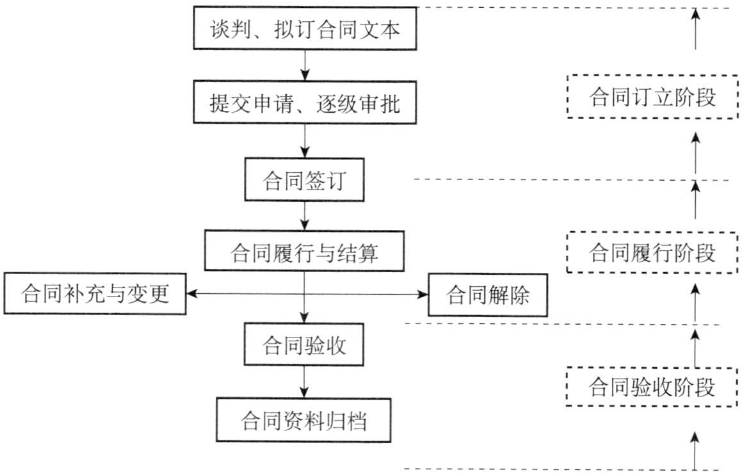

图 1　外协合同管理流程图

表 1　外协合同签订廉政风险防控表

关键环节	廉政风险点	防控措施	涉及对象	责任主体
合同文本拟定	故意隐瞒所知事实，造成单位利益损失	1.合同谈判要有两人以上参加； 2.项目承担单位要加强审核监督； 3.重大经济合同签订前应聘请法律顾问参与并审查合同条款	项目经办人、项目承担单位	项目承担单位
	故意隐瞒重大疏漏或欺诈，造成单位利益损失	1.采用标准合同文本； 2.项目承担单位、科研计划处等部门加强对合同文本的审查； 3.重大经济合同签订前应由科学技术委员会的相关专家和聘请的法律顾问联合审查合同条款	项目承担单位科研计划处、科学技术委员会	项目承担单位科研计划处、科学技术委员会
合同签订	签订虚假合同，转移套取资金；委托单位为本单位职工及其亲属设立的公司或企业	1.严格履行合同逐级审签程序，提出申请时应提供对方单位的营业执照、法人证书及相关资质证书； 2.百万元以上合同还需经监审处审签； 3.50万元以上合同，要签订项目廉政责任协议，项目完成后还应提交经社会中介机构出具的审计报告； 4.一经发现，严肃处理	项目承担单位科研计划处、监审处	项目承担单位科研计划处、监审处

续表

关键环节	廉政风险点	防控措施	涉及对象	责任主体
合同签订	与无承担该项目资质的单位签订合同	1.项目承担单位应充分论证对外委托的可行性，并留有论证原始资料； 2.严格执行公开招标或合同审批程序； 3.严格审查资料，并验证真伪	项目承担单位项目负责人、科研计划处	项目承担单位科研计划处、项目负责人
	应招标而不招标，擅自委托，或将项目化整为零规避招标	1.公开招标方式要由招投标领导小组集体讨论决定，进行必要的论证程序，不招标的应履行审批程序； 2.对标段划分论证要充分，并要有相关记录	项目承担单位项目负责人、招投标领导小组	项目承担单位项目负责人、招投标领导小组
	与招标代理机构有利益关联，或是对其经验和业绩资质不符合项目要求进行隐瞒	1.坚持招投标领导小组集体选择招标代理机构的制度； 2.严格审核代理机构的资质及相关资料； 3.建立相关的责任追究制度	招投标领导小组	招投标领导小组

2. 科学确定委托方

外协合同中的采购业务，10 万～ 50 万元的项目由主管院领导任组长，职能部门主要负责人、项目组成员组成招投标领导小组，对符合资质要求的相关外协单位按程序比选，择优确定。50 万元以上的项目，依据《中华人民共和国招标投标法》要求必须公开招标确定委托单位，项目组不得擅自委托，更不能化整为零或以其他任何方式规避招标。

3. 签订廉政协议

根据资金性质和额度，双方还要签订项目廉政协议，将其作为合同内容的一部分。廉政协议规定了双方的廉政责任和义务，以及双方违反协议条款将依纪依规进行处理等。

4. 实施跟踪审计

对国家高技术研究发展计划（简称“863 计划”）、国家重点基础研究发展计划（简称“973 计划”）、行业专项等重大科技项目，依据项目进度，坚持跟踪审计，尤其关注对外委托部分的资金拨转、招投标、政府采购等关键环节，及早发现问题，及时完成整改。

（二）干部人事管理领域：干部考察考核廉政风险及防控措施

在干部选拔任用管理上，认真贯彻执行《党政领导干部选拔任用工作条例》，坚持选拔干部采用公开选拔、竞争上岗、差额选举的办法，严格履行考核聘用、任前公示、任职试用期的工作制度，坚持用制度规范干部的选拔任用。严格执行个人重大事项报告、新提拔处级干部任前集体廉政谈话制度，提出廉政要求，发放廉政手册等，加强对干部的管理和监督。同时，加强对干部任职前承担的科研项目经费支出审计、领导干部离任经济责任审计，将审计结果作为干部提拔任用的重要依据。以干部考察环节为重点，排查存在的廉政风险，提出有针对性的防控措施（表2）。

表2　干部考察考核廉政风险防控表

关键环节	廉政风险点	防控措施	涉及对象	责任主体
考察组成立	不按规定组建考察组	1.考察组应有组织、人事和监察三个部门具有较高素质和相应资格的人员组成，不得少于两人； 2.考察组组长应当由思想政治素质高、有较丰富工作经验并熟悉干部工作的人员担任； 3.考察组成员与考察对象实行回避制度	党委办公室、人事处、监审处	人事处
考察方案制定	考察方案不符合规定	干部考察方案须经人事处处长审核	考察组成员	考察组
考察公告发布	不按规定发布干部考察公告	通过院内网在全院范围内发布干部考察预告，不发布预告，不得进行考察	考察组	考察组
实施过程	不按规定的程序考察；考察范围具有倾向性，不能全面、客观反映情况	1.明确考察组组长、成员的责任，考察范围要符合规定要求，不能带有倾向性，发生问题严厉追究相应人员责任； 2.考察记录由考察组成员签名后交人事处干部科留存	考察组成员	考察组
	更改、伪造民主测评结果；隐瞒、歪曲、泄露考察情况	1.由2名以上考察组成员汇总民主测评情况，并经考察组全体成员签字确认； 2.考察材料要全面客观如实反映，不能歪曲考察情况	考察组成员	考察组
	不认真审核考察干部的档案，导致干部信息不准确	1.严格干部档案审核程序，确保干部信息准确真实； 2.凡重要信息错误造成严重影响的，要追究当事人的责任	考察组成员	考察组
	接受考察对象等相关人员的财物或安排的消费活动，以及接受考察对象所在单位特殊接待	公布举报信箱和电话，发现可能影响考察组成员公正判断的事项或问题，及时更换考察组成员或取消考察对象资格	考察组成员	考察组
	按规定应当回避而未回避的	由考察组负责人监督，严格执行回避制度	考察组成员	考察组

续表

关键环节	廉政风险点	防控措施	涉及对象	责任主体
报告考察情况	不如实报告民主测评、考察情况	考察材料须经考察组全体成员签字确认	考察组成员	考察组
试用期考核	对线索清晰、内容具体的举报或群众反映不进行调查核实或不如实报告	1.对举报或群众反映要认真进行调查核实，并形成书面材料； 2.及时向院党委汇报举报、反映事项及调查核实情况	考察组成员	考察组
	不按规定实行试用期制度	凡提拔的处级以上领导干部，必须执行实行一年试用期制度	考察组成员、人事处	考察组、人事处
	不按规定程序和要求进行试用期考核	不经试用期满考核或考核不合格的，不得办理正式任职手续，不得“带病”任用提拔	考察组成员、人事处	考察组、人事处

（三）基建项目管理领域：项目验收廉政风险与防控措施

近年来，中国水科院基本建设任务增多，资金投入加大。基本建设项目具有自身的特殊性，一是项目实施过程较长，常常跨年度；二是专业性强、资金量大，监管较为困难；三是涉及部门多，项目资料归集难度大。因此，对基建项目全过程的管理和控制尤为重要，具体工作流程如图 2 所示。

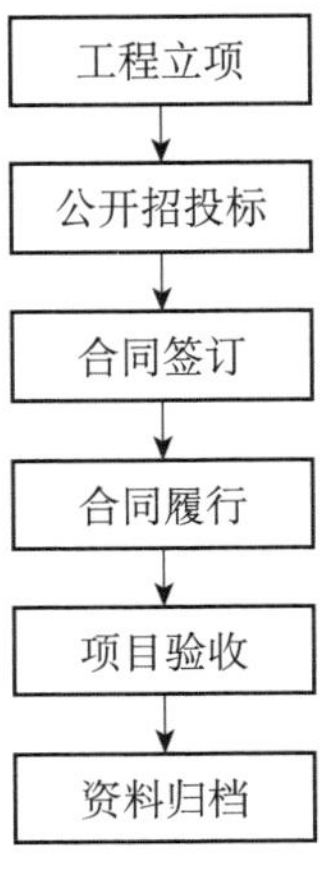

图 2　基建项目管理流程图

在基建项目管理上，成立由分管院长任组长、总会计师任副组长、职能管理部门及南北小区负责人为成员的基建与设备领导小组，负责指导全院基本建设和仪器设备管理工作，院科研计划处的基建办具体负责协调联系工作；制定《中国水利水电科学研究院基本建设项目管理工作规定》，实行“项目合同制、法人责任制、招标投标制、工程监理制”四项工作制度，进一步规范对工程立项、招投标、合同管理、工程实施、竣工财务决算、竣工决算审计、项目验收及资料归档等的管理，明确相关部门的责任。因此，为进一步防范廉政风险，仅以基建项目验收为例，排查廉政风险，制定防控措施（表3）。

表3　基建项目验收廉政风险防控表

关键环节	廉政风险点	防控措施	涉及对象	责任主体
财务决算编制	财务决算编制不及时，导致延误验收	1.制定竣工财务决算管理办法，明确决算编制责任人； 2.财资处应及时督促指导项目组完成决算编制	项目组成员、财资处	项目负责人、财资处
资产交付	资产未完成交付使用	1.项目竣工后，应及时办理资产交付使用手续； 2.加强资产交付使用管理，资产交付应进行实物现场盘点，确保账实相符，并做到由专人保管使用	项目成成员、财资处	项目负责人、财资处
竣工决算审计	不按规定要求履行竣工决算审计程序	1.严格执行项目竣工决算审计工作流程，项目竣工编制决算后，在10日内提交审计申请； 2.监审处审核后报水利部审计室，并负责协助其完成审计工作； 3.项目组不得自行委托事务所审计，违反规定影响项目验收的追究其责任	项目组成员、监审处	项目负责人、监审处
	未能按照审计意见按时完成整改，延误项目验收	1.项目负责人按照意见要求，制定整改实施方案，并会同有关部门完成整改； 2.整改不到位的，推迟项目验收，降低单位和项目负责人的绩效系数，并将整改情况与干部选拔任用挂钩，与评优评先等挂钩	项目组成员、科研计划处、基建办、财资处、监审处	项目负责人、基建办、财资处

续表

关键环节	廉政风险点	防控措施	涉及对象	责任主体
验收过程	验收条件、依据、程序不符合验收标准	1.验收小组严格把关； 2.验收依据、程序公开	验收小组成员	验收小组
	不满足验收条件或未到达委托要求的项目通过验收	1.严格基建项目验收管理程序； 2.建立基建项目验收结论公示制，拓宽监督渠道	验收小组成员	验收小组
	验收所需资料不完整、不规范，或存在明显虚假	严格审核项目资料，存在虚假的，不得准予验收	项目组、监理单位	项目组、监理单位
廉政要求	收受项目组的财物等	制定责任追究制度，对发现的问题要严肃处理	验收小组成员、监理单位	验收小组、监理单位

（四）资金资产管理领域：资金支出廉政风险与防控措施

根据相关规定和要求，强化科研资金预算管理，严格规范水利资金使用。预算管理包括预算规划、编制与批复、预算执行、验收与绩效评价。其中，预算执行中的支出管理是重中之重。

在规范资金使用方面，严格贯彻落实中央八项规定，认真执行《党政机关厉行节约反对浪费条例》，制定“四禁止一整改”和“四不准”，对资金使用做出严格要求，禁止公车私用、禁止用公款购买购物卡、禁止私设“小金库”等。运用财务管理信息系统网上办理各类财务事项，如借款、结算报销、设备购置等，实现对各类科研资金的实时预算控制和监督。资金支出环节的廉政风险与防控措施见表4。

表4　资金支出廉政风险防控表

关键环节	廉政风险点	防控措施	涉及对象	责任主体
资金支付与结算	假发票或发票不符合报销规定	1. 1000元以上的发票报销，应在国税、地税等网站查验发票真伪，并将查验结果附在报销单后； 2.财务报销人员应严格审核，不符合规定的发票不得办理报销手续	经办人、项目负责人、单位负责人、财资处	单位负责人、财资处

续表

关键环节	廉政风险点	防控措施	涉及对象	责任主体
资金支付与结算	以购买办公用品、配件、材料等名义虚开发票或购买礼品卡	1.购置需附供货单位开具的明细清单，发票需为正规发票； 2.购置的物品需由部门验收后统一保管和分配使用； 3.1万元以上大宗物品的采购应签订购销合同	购置部门负责人及经办人、财资处	购置部门负责人
	违规支付应由个人承担的相关费用	严格遵守财经纪律和院各项规章制度，加强对票据的审核，对不合规支出一概不予报销	单位负责人、经办人、财资处	单位负责人
	会议、培训费支出内容不真实，以会议费等名义支出挂账，套取、转移资金	1.严格执行会议、培训预算审批程序； 2.会议培训开支报销需提供预算、决算及通知、签到表、会议纪要、会议或培训举办单位开具的消费清单	单位负责人、经办人、财资处	单位负责人
	虚报车辆运行维护费（加油费、汽车修理、保险等），套取资金，或公车私用	1.严格执行《中国水利水电科学研究院公车使用管理规定》，车辆运行维护费报销需提供原始记录； 2.公务车实行专人管理，公车加油实行定点、一车一卡制度； 3.加强对公车使用管理规定执行情况的监督检查，加强定期统计分析，严格控制运行维护成本	单位负责人、经办人、财资处、监审处	单位负责人
	以专家、学生等名义虚假开支劳务费、咨询费，套取资金	1.严格执行劳务费、咨询费申报审批程序，并加强预算控制； 2.劳务费、咨询费支出要实名签字，并注明身份证号码、银行卡卡号； 3.使用银行卡发放方式，减少现金使用	项目组成员、人事处、财资处	劳务咨询主办单位或部门
	虚假公务接待，或超标准接待	1.严格贯彻执行中央八项规定，按照《中国水利水电科学研究院公务接待管理办法》的要求，厉行勤俭节约，严格控制公务接待范围和标准，不得超标准接待； 2.1000元以上的公务接待，应注明接待事项与人数	项目组成员、接待单位、经办人、财资处	接待单位负责人

续表

关键环节	廉政风险点	防控措施	涉及对象	责任主体
资金支付与结算	超标准、超范围报销会议费、差旅费、咨询劳务费	1.按照国家新要求和规定，修订完善会议费、差旅费、咨询劳务费管理办法，进一步明确范围和标准； 2.执行申报审批程序，严格报销标准，超出部分不予报销	项目组成员、财资处	单位负责人
	虚假出差、调研，套取资金	1.出差、调研应履行审批手续，项目负责人应对其真实性负责，单位负责人审批同意后履行财务报销手续； 2.严格审核报销的飞机、火车票等票据，未附登机牌等票据不得报销	项目组成员、财资处	单位负责人
	超范围使用现金	按照现金管理使用实施细则要求，严格控制现金使用范围，1000元以上的资金结算应通过银行转账或公务卡结算	项目组成员、财资处	单位负责人

三、廉政风险防控体系构建的几点思考

科研院所构建的廉政风险防控体系要切实有效，必须同科研实际紧密结合，将廉政风险防控渗入业务工作的每个环节，实现业务工作和廉政风险防控的相互带动、相互促进。

（一）领导重视，提供廉政风险防控的组织保证

廉政风险防控体系构建，领导重视是关键。廉政风险防控体系构建是中国水科院贯彻落实中央和水利部反腐倡廉决策部署，进一步完善惩防体系建设的具体行动，是加强党风廉政建设的一项重要基础性工作。中国水科院专门成立廉政风险防控工作领导小组，由院长、党委书记匡尚富同志任组长，院班子成员为副组长，各职能部门负责人为成员，全面负责廉政风险防控管理工作。领导小组办公室设在监审处，负责协调廉政风险防控的具体工作。院属基层党组织与群众联系最紧密、接触最广泛、相互影响也最直接，因此要切实负起主要责任。党政“一把手”要以身作则，率先垂范，带头梳理和排查自身及管辖范围内的廉政风险，制定相应的防控措施，切实担负起本单位风险防控的领导责任。

（二）强化宣贯，扩大廉政风险防控的受众范围

廉政风险防控理念得以深入，体系得以构建，宣传教育是重要手段。中国水科院按照中央和水利部要求，及时下发《关于开展重点领域廉政风险防控工作的通知》，召开院属单位支部书记会部署廉政风险防控工作，发放《水利行业廉政风险防控手册》，并将其作为学习指南，要求各单位认真学习。当然，宣传教育要取得实效，必须分类分层施教，以领导干部和重点岗位人员为重点，有针对性地开展广泛宣传。院领导班子及成员带头学习，关键岗位人员集中学习，增强廉政风险防控意识，树立正确的用权观念和从政理念。同时，为扩大教育覆盖面，在院内网“党风廉政建设之窗”网页设立“廉政风险防控”专栏，适时更新内容，筑牢党员干部拒腐防变的思想防线。

（三）建章立制，夯实廉政风险防控的管理基础

风险存在不可怕，可怕的是当风险转变为现实，就会带来无法挽回的损失。加强对权力运行的管理和监督、防范廉政风险的有效手段就是制度配套完善、执行有力，把权力关进制度的笼子里，使权力在阳光下运行。中国水科院一直致力于制度设计的广度和深度，制定了《中国水利水电科学研究院科技项目管理办法》《中国水利水电科学研究院基本建设项目管理工作规定》《中国水利水电科学研究院差旅费管理细则》等一系列规章制度和管理办法，内容囊括科研、基建、资金等管理的各个领域，并根据实际及时补充完善，真正实现管理的精细化、规范化，为预防廉政风险发挥积极作用。

（四）注重创新，探索廉政风险防控的有效手段

廉政风险防控不是一蹴而就的一次性工作，而是一个需要常抓常管的动态管理过程，需要与时俱进，需要持续改进，需要方法途径的探索创新。一是以党风廉政建设责任制落实为抓手，推动廉政风险防控体系的良性运行，真正使院属单位的各级领导班子和领导干部切实负起廉政风险防控的领导责任，形成全院上下一心、齐抓共管的反腐倡廉工作格局；二是搭建重点领域动态信息化监管平台，跟踪项目实施、资金使用、干部管理等廉政风险发生发展的全过程，并能对风险实施有效处理，真正做到关口前移，保证“四个安全”；三是充分利用 ISO 9001 质量管理体系贴近科研业务工作、精细化和规范化管理的优势，不断查缺补漏，及时修正完善，实现风险防控与流程的优化双赢。

（五）监督检查，突显廉政风险防控的效果成效

廉政风险防控体系构建，最终还是要落实到效果上，监督检查是效果评价的重要手段。一是要按照谁主管、谁负责的原则，将廉政风险防控与业务工作同部署，同检查，同考核，围绕责任主体进行逐个流程、逐个环节、逐个风险点的检查。二是加大责任追究力度，将防控检查结果与干部个人晋升、评优评先，以及年底单位绩效挂钩。对效果不明显的，要督促其改正；对因工作不力、监管不到位、权力运行不规范造成违规违纪发生的，要严肃追究领导责任。三是要将对廉政风险防控的监督检查与党内监督、群众监督，与年底业务考核、党支部考核相结合，提高检查评估的维度和广度，确保廉政风险防控工作能够扎实推进、取得实效。

四、结论

廉政风险防控体系构建是党建工作的重要组成部分，是新形势下基层党组织进一步落实党风廉政建设主体责任的主要内容。随着责任主体的增多，市场诱惑的加深，只有从强化管理入手，有效防范、控制和消除风险，才能实现科研院所科研事业和中心任务的健康可持续发展。当然，课题组也充分认识到廉政风险防控是一个系统工程，受现阶段实践应用的限制，因此，中国水科院廉政风险防控范围还需进一步扩大，措施尚需进一步深入。目前，覆盖科研业务活动全过程的廉政防控体系正在稳步推进和积极探索中。

课题组组长：陈祥建
课题组成员：丁绍辉　杨月洁　王　晓　王　兵　张秀春

新形势下加强科研院所基层服务型党组织建设的探索与思考

中国科学院武汉分院

党的十八大提出的“以服务群众、做群众工作为主要任务，加强基层服务型党组织建设”对新时期探索建立基层党组织联系群众机制，进一步增强基层党组织的创造力、凝聚力具有重要意义。

中国科学院武汉分院（简称武汉分院）各级党组织紧密围绕实现“四个率先”目标，围绕促进重大科技产出，主动思考，大胆实践，努力寻求增强基层党组织服务功能的新思路和新模式，在加强科研院所基层服务型党组织建设方面做了有益的探索和深入的思考。

一、 突出服务特色是科研院所基层服务型党组织的工作重点

武汉分院党组立足“围绕创新、促进创新”，认真抓好分院党组自身、各单位党委、党支部三个层面的基层党组织建设，明确服务创新、服务党员、服务群众三个主体，突出科研院所党建工作的服务特色，努力提升基层党组织的服务能力和水平。

（一）分院党组：抓机制、抓体系、抓载体，充分发挥组织协调作用

中国科学院实行院（所）长负责制的领导体制，党的关系和党的工作实行属

地化管理原则，分院党组是院党组的派出机构。在多年的工作实践中，我们深刻地认识到，分院党组必须明确其功能定位，切实担负起对所在地区各单位党建工作的组织协调、指导服务、督促推动等职责，通过建立健全工作机制，通过有特色、有实效的工作，才能完成中国科学院赋予分院党组的重要使命，才能有力地服务和保证研究所健康有序地科学发展。

1. 建立服务机制

分院党组坚持党的工作服务于“创新 2020”和“一三五”规划实施，加强对研究所党委工作的组织指导，牵头协调，通过建立健全工作研究部署、工作交流研讨、工作总结推进、工作通报协调、工作督促检查和工作表彰激励六大工作机制，促进研究所党委围绕中心、服务大局，增强党的工作与科研工作的融合性，推动地区党的工作协同共进，形成积极向上、创新和谐的良好氛围。

2. 健全服务体系

一是建立分院党组、研究所党委、基层党支部三层党组织服务层级，严格按照《中国共产党章程》，健全各级组织。二是开展以服务为主题的党建带工建、带团建、带妇建活动，做好分类指导，充分发挥群团组织的影响和服务群众的作用。三是作为基地型分院，加强与社区党组织的联系，做好党员进社区为群众服务工作，通过思想教育、文化宣传和困难帮扶等措施，提升党组织在群众中的感召力和辐射力。四是协调各部门，持续推进“3H”（housing，住房；home，家庭；health，健康）工程建设，积极做好引进人才的待遇落实、配偶工作交叉安置、子女入园入学等关系切身利益的服务工作，把党组织的温暖送到科技骨干的心坎上。逐步形成以党组织为核心，各级组织共同参与、职责重点明确的服务网络。

3. 运用服务载体

分院党组通过召开专题报告会、座谈交流会等方式，坚持组织党组中心组（扩大）学习研讨会、创新报告会、党支部工作培训班、党的知识培训班等思想教育活动，通过组织分院系统的党建工作交叉检查、表彰先进等工作，激发广大党员职工实施“创新 2020”“一三五”规划的主动性和创造性，为支撑创新驱动发展战略、完成“四个率先”任务提供强劲动力。

（二）党委：建构架、建队伍、建环境，发挥保障监督指导作用

各单位党委要着重发挥好政治导向、政治保障、政治协调、政治稳定作用，积极寻找党建工作与科研工作的结合点和切入点，主动参与本单位的改革创新发展，把握方向，凝心聚力，做好保发展、保稳定的各项工作，在研究所

形成奋发向上、协力创新的良好氛围，开展一些独具特色的工作。

1. 创新服务组织架构

党支部是基层服务型党组织建设的最基本单位，也是服务科技创新的最基础单元，如何科学设置党支部是研究所党建工作的关键环节。中国科学院武汉岩土力学研究所（简称武汉岩土所）按照“一三五”组织构架重新设置党支部，在3个中心设立了3个支部，每个支部平均涉及4个学科方向组，在5个培育方向上设立1个支部，涉及5个学科方向组，使党支部设置更加适应科研一线的工作实际，人员规模和结构更加优化合理。同时，针对野外工作多的特点，把党小组建在野外工地、生产现场，做到哪里有群众，哪里就有党的工作。

2. 配强服务骨干队伍

“群雁高飞头雁领”，选优配强党支部书记，是建设坚实基层组织的保障。中国科学院武汉物理与数学研究所（简称武汉物数所）把支部书记作为研究所所级后备干部培养的重要岗位，让科研背景好、业务能力强的学科带头人和优秀的管理部门负责人担任党支部书记，既促进了支部工作和科研业务工作的结合，又让支部工作成为他们展示和提升政治理论水平及组织协调能力的平台。同时，为他们选配相对年轻的支部副书记，既可以帮助支部书记分担支部工作，又可以建立形成一支支部书记的后续队伍。同时，组织选派党支部书记参加上级组织的业务培训，提高支部工作能力和水平。

3. 完善指导服务工作

武汉物数所党委结合单位实际和支部需求，建立并推行党支部量化考核评价体系，设支委会工作、党员队伍情况、支部活动与机制、群众基础、工作业绩5大类20个子项的考核指标。通过量化考核评价，采取由党办牵头，党支部书记交叉检查的面对面考核、集体评分方式。考核指标的设定使党支部工作的抽象任务具体化，由“虚”变“实”，促进党支部工作向更具目标性和方向性开展。交叉检查把评价过程变成了支部间学习与交流的过程，帮助党支部总结亮点、查找问题、探讨改进措施、明确工作思路，化“虚”为“实”，对提高党支部的工作水平起到了良好的促进作用。

4. 营造良好服务氛围

一是面向科研一线，开展“结对共建”。一方面，研究所党委负责人带头深入基层，深入工地，不定期组织带领机关职能部门负责人到科研工地现场了解一线科研人员的思想状况和党建工作，根据一线需求进行现场办公，切实解决一线困难；另一方面，组织机关支部与一线课题组开展以“送学习、送服务、促发展、促宣传”为主题的“结对共建”活动，推进机关部门了解一线，学习一线，服务一线，形成优势互补、相互促进、共同提高的工作格局，增强党组织的影响力、吸引力和凝聚力。

二是开展服务科研的创新活动。中国科学院水生生物研究所从 2009 年起，由各党支部轮流主办青年科学家论坛，主要面向武汉地区科研院所的青年教师和在读研究生，旨在鼓励创新性研究，提高学术修养，促进兄弟院校间的科研交流与合作，为青年科学家和研究生提供一个展现自我风采的平台，其在武汉地区产生了日益广泛的影响。

三是践行“创新为民”的服务理念。中国科学院测量与地球物理研究所党委高度重视引导广大科技人员将创新为民的科技价值观融入服务国家的战略需求和民生科技之中。汶川、玉树、芦山等灾情发生后，他们反应迅速，主动请战，通力协作，高效服务，利用研究积累、技术储备及手段和设备，开展了地震应急响应研究，并深入地震灾区一线开展科技救灾工作。其提交的专报材料，得到了刘延东同志等党和国家领导人的批示。相关党员和科技人员在《中国科学地球科学》、SRL、GJI 等期刊上发表了多篇专题文章，在学界引起了广泛关注。

（三）党支部：拓形式、拓平台、拓内容，发挥战斗堡垒作用

基层党支部是党的肌体的基本细胞，只有基本细胞充满活力，工作才有生机，这也是分院党组和研究所党委高度重视党支部建设的重要原因。

1. 创新党支部活动形式

中国科学院武汉病毒研究所科研党支部坚持每月举办一次党员科技论坛，以激发党员创新活力。每次由 2 名党员进行主旨发言，主要就科学发展前沿问题和科研技术发展进行研讨，同时就党员日常遇到的热点、难点问题进行交流和讨论，使得支部活动不仅提升了大家的科研能力，也积极地为党员反映问题、解决问题。

2. 拓展党支部交流平台

武汉岩土所党支部根据研究所野外项目多、党员出差时间长、集中学习比较困难的特点，通过 QQ 群、微博、微信等方式开展党的活动，下达会议通知，传输各类学习材料，传达党的政策信息。党员之间也可以通过 QQ 群讨论某阶段的活动，发布学术会议信息及开展小范围学术交流等，这成为一种相互学习的好途径，也促进了支部党员间的情感沟通，拓宽了基层党组织服务工作的网络阵地。

3. 丰富党支部工作内容

研究所党员学科带头人帮助年轻党员制定科研发展规划，从思想和业务上做好“传帮带”，引导年轻党员将个人的兴趣与国家的需求相结合，这使得研究所的科研工作与个人的成长得到了共同的发展。

4. 延伸党支部服务影响

中国科学院武汉植物园基层党支部以科普工作为载体，长年深入高校、社区、街道开展科普宣传活动，范围覆盖武汉三镇，每年受众达万人以上。向群众传播科普知识，倡导健康环保的生活方式，受到了市民的广泛好评。

二、科研院所基层服务型党组织建设任重道远

作为国家战略科技力量的中国科学院，加强基层服务型党组织建设是凝聚各方力量实现世界科技强国重大战略任务的迫切需要，是科研院所自身创新跨越发展的内在要求。

“创新 2020”实施以来，我国经济社会发展的形势、世界科技和经济发展的形势都有了较大的变化。国家对我们的定位和使命，特别是在创新驱动发展方面，也有了更高的要求。2013 年 7 月 17 日，习近平同志视察中国科学院并发表重要讲话，对中国科学院未来发展提出了“四个率先”的要求，集中体现了党和国家对中国科学院的新期待、新要求，这也是新时期赋予中国科学院的新使命、新任务。为了贯彻落实习近平同志视察中国科学院时重要讲话精神和党的十八届三中全会精神，院党组组织力量研究制定了中国科学院《“率先行动”计划暨全面深化改革纲要》，并已经国家科技体制改革和创新体系建设领导小组第 7 次会议审议通过，这标志着中国科学院新一轮全面改革拉开序幕。

中国科学院成立 60 多年来取得了世人瞩目的科技成就，但我们也应清醒地认识到，中国科学院的科技创新能力与我们科技国家队的定位和使命要求，与国家重大战略需求和国际先进水平相比还有较大的差距。作为科研院所的基层党组织，在这场攻坚克难的全面深化改革中，必须进一步明确在实施中国科学院“率先行动”计划中服务大局、保证监督的政治责任，进一步强化基层党组织的服务职能，进一步发挥各级党组织的服务保障作用。

（一）树立大服务的理念是基层党组织应确立的价值取向和功能定位

科研院所党组织是政治核心，根据新时期服务型党组织建设的定位，必须明确以下三点。

一是服务创新。院所党组（党委）必须紧密围绕国家科技创新发展大局，积极推进“率先行动”计划中战略性先导科技专项等重大科技任务和卓越创新中心等科研平台建设，做好宣传引导、统一思想工作，进一步增强改革创新发展的责任感和紧迫感。坚持国家需求牵引，重大目标导向，突出研究所特色和水平，努力推进研究所分类改革。大力弘扬“创新科技、服务国家、造福人民”的核心价值理念，积极推进体制机制创新，最大限度地激发科研人员的创新活力。扎实推进党建与中心工作的深度融合，做到哪里有科技创新发展的重点任务，哪里就有党建工作的服务和保障，科技创新发展需要在哪里突破，党建工作就在哪里发挥作用。科研工作要依靠党的工作保证和促进，彼此建立一个双向交流的机制和渠道，形成一种相辅相成和水乳交融的关系。

二是服务科技人员。科技创新，以人为本。作为服务型组织，要围绕最大限度调动人的积极性做文章，始终把握三点，即努力建设有利于科技发展的创新生态系统，为每个人的发展提供公平的机会，让每个人有梦想、有机会、有奋斗、有发展。梦想和奋斗要靠个人，能否有公平发展的机会，主要在组织。人才工作是否到位，不在于引进几个人才，而在于让每个人在合适岗位上人尽其才，才尽其用，人人成才。

三是服务职工群众。基层党组织要自觉践行党的根本宗旨和群众路线，党的各级领导干部要进一步改进管理和服务方式，加强与职工群众的联系，关爱党员，了解职工的所思所想，解决群众关心的热点和难点问题，把工作做到家。做到讲形势、讲政策，以优质、便捷、高效的服务，凝心聚力谋发展，共同完成创新驱动发展科技国家队的使命。同时，加强党员队伍建设和管理，注重发挥党员的先锋模范作用，把党员培养成服务骨干。

（二）建设坚强有力的党支部是落实基层党组织实现服务功能的落脚点

党支部是党在社会基层单位中的战斗堡垒，是党的全部工作和战斗力的基础，党支部建设是我们党建工作的重中之重。

一是调整优化党支部设置模式。围绕研究所为适应“一三五”所做的科研管理体制的变化，按照“便于党员活动、便于加强管理、便于发挥作用”的原则，合理调整优化党支部设置模式，进一步规范支部建设，有效增强其服务功能。

二是选优配强党支部书记。党支部书记的综合素养、业务水平、工作能力、人格魅力决定了支部工作的影响力。把支部书记作为研究所所级后备干部培养的重要岗位，让科研背景好、业务能力强的学科带头人和优秀的管理部门负责人担任党支部书记。党支部书记的权威性容易在党员职工中形成凝聚力，有利于党支部活动的开展，更有利于党支部工作和中心工作的结合。

三是创新党支部工作方式。党支部工作应当打破思维定式，坚持以科研为中心，根据自身特点创新工作思路，丰富活动内容和形式。如通过生日学术报告会、党的知识竞赛、社会热点问题讨论、主题实践活动、工作午餐会、支部自助帮扶活动、支部 QQ 交流群、支部微博等，实现支部活动的特色鲜明、精彩纷呈，不断增强党支部的吸引力、号召力和凝聚力。

四是实行党支部工作量化评价。建立支部工作量化考核评价体系，通过全面的指标体系细化党支部工作内容，通过分值导向吸引党支部关注和完成重点工作任务，促使支部工作由“虚”变“实”，更加具体化、规范化和系统化。

（三）创新文化建设是基层党组织服务于构建良好创新生态系统的重要抓手和载体

创新文化是一面旗帜，它所倡导的核心价值观，传承了老一辈科学家的爱国奉献精神和科学院精神，深化引领了知识创新工程的发展方向，是新时期党建工作的重要载体。

一是党组织要从凝练符合“创新 2020”要求的“创新科技、服务国家、造福人民”科技价值观入手，在构建创新生态系统、推进“四个率先”行动中，坚持继承优良传统和弘扬时代精神，增强科研人员的使命感，倡导创新自信，锐意改革，树立爱国情怀，增强攻坚克难的勇气和信心。

二是党组织要通过宣传教育活动，弘扬主旋律，传递正能量，团结凝聚广大干部职工激发创新热情，调动一切积极因素，达成最大共识，构建创新生态系统，为“率先行动”计划提供文化引领和精神支撑，从而服务科技工作者专心致研、创新发展。

三是要结合创新论坛、人文讲座、专家报告会等，完善创新文化广场等平台的建设，加强科学文化、科学理念、科学精神的传播，增强其辐射和带动作用。

（四）加强党务干部选拔培养是提高基层党组织服务水平的重要因素

一个单位党的工作水平与党委书记本人的工作能力、工作投入状况密切相关，新时期党支部工作对支部一班人的能力和素质也提出了更高的要求。要选拔党性强、能力强、改革意识强、服务意识强的党员担任党组织书记，要加强党务工作者队伍建设，引导他们专心致志做好本职工作、履行服务职责。针对党委书记、党办主任、支部书记等不同群体，根据专职和兼职的不同特点，采取多种方式开展培训教育，逐步完善党务干部培训体系，从组织建设上保证党的服务功能的落实。

一是在院层面组织党委书记上岗培训班，加强党性修养、现代管理知识、党的知识、群众工作、应急管理、个人魅力和学习能力等方面的培训。

二是分院党组和各单位党委应进一步完善培养方式，通过每年定期举办党支部工作培训班，利用理论报告、专题讲座、经验介绍、角色扮演、小组讨论、现场考察等多种形式，对党办主任、党务主管和支部书记加强党务工作知识、技能和执行力的培训。

三是加强工作交流和研讨，利用工作交流会、点评会、研讨会等多种形式，互相启发借鉴，不断提高工作水平。

课题组组长：陈平平
课题组成员：尚纳新　宋海岚

科研院所党员继续社会化问题探究

——从社会角色的角度对中国水利水电科学研究院的分析

中国水利水电科学研究院

在社会学视野下，科研院所党员是一种社会角色，让科研院所党员不断习得角色所应有的技能、规范，适应新形势提出的角色要求而进行学习的过程，就是继续社会化。以往对科研院所党员队伍建设多从发展党员、加强党员教育、党员管理等入手，联系党员职业实际，从社会角色的角度对科研院所党员继续社会化的研究甚少。从个人发展角度来看，继续社会化是不断学习、接受新的文化内容及适应角色变化的过程；从组织发展角度来看，继续社会化是贯彻落实科学发展观、保持党的先进性的必然要求，是进一步保持党内和谐统一、提高党的执政能力建设、创新党建工作的又一强大推手。因此，科研院所党员继续社会化对于促进党员队伍建设，提高党员队伍素质，探索一条适合科研院所党员自身需求的继续社会化道路具有重要意义。

一、科研院所党员继续社会化现状分析

本次调查主要对科研院所党员在理想信念、职业价值内化、职业技能掌握、职业性格形成等方面进行综合评估（共发放问卷 480 份，回收问卷 476 份，有效问卷 476 份，有效率达 99%），并结合中国水利水电科学研究院（简称中国水科院）在党员继续社会化道路的具体实践进行综合分析。

（一）科研院所党员继续社会化总体向好

1. 价值取向合理

价值取向决定行动方向，在社会价值取向多元化的新形势下，党员尤其需要以正确的价值取向来引领自己的人生追求，自觉带头践行社会主义核心价值体系。中国水科院始终坚持用马克思主义中国化最新成果武装广大党员的头脑，强化价值认同。深入开展了学习贯彻“三个代表”重要思想、保持共产党员先进性、学习实践科学发展观、群众路线教育实践活动等重大教育活动，大力践行社会主义核心价值，弘扬行业精神，不断加强和改进理论武装。调查中，67% 的党员“坚信最终可以实现共产主义”，72% 的党员表示从事科研工作要“为党和国家奉献”，78% 的党员认可“勤政、敬业、奉献，为人民群众办实事、办好事 ”的人生价值取向。调查数据表明，中国水科院在党员世界观、人生观、价值观的塑造上取得了一定成效。

2. 职业态度端正

职业态度是指个人对职业选择所持的观念和态度，它与工作作风有着紧密联系，工作作风是工作态度的反映和外在表现。中国水科院党员始终保持昂扬向上的精神状态，以“创新、求实、敬业、奉献”的精神推进民生水利新发展，始终坚持把主要心思和精力用在工作上，不为名利所累，不为地位所困，不为诱惑所动。调查中，80% 的党员认为“职业道德在科研人员的工作中有重要作用，是科研人员的行为规范”，86.3% 的党员对违反科研道德的行为持反对态度，认为应该严肃处理。此外，中国水科院党员始终保持高尚纯洁的道德情操，在汶川特大地震、玉树地震、舟曲特大洪水泥石流、雅安地震、鲁甸地震等灾难面前，各专家，尤其是党员，不顾个人安危、废寝忘食、夜以继日，深入一线进行实地调研、综合判断，提出一系列具有综合性、前瞻性的意见和建议，为党和国家救灾决策提供了有价值的参考。这表明科研院所党员有着端正的职业态度和良好的工作作风，经得起考验，保持了高尚的精神追求。

3. 技能认知较高

科研院所党员不仅在政治、思想、道德品质方面要做表率、争先锋，更要在从事的各项工作领域做表率、尽职责，充分发挥党员的先锋模范带头作用。自身素质高低是技能认知的因素之一，中国水科院 78% 的党员具有硕士或博士学历，他们学历高，思维活跃，认识和接受新鲜事物能力强，对从事科研工作需要的技能学得快，消化得好，并能快速投入科研工作和融入工作氛围。此外，中国水科院一贯重视党员的岗前培训，每年坚持举办入院新职工教育培训班，重点在院所文化、制度、部门职能等方面进行培训学习，使新职工能尽快投入工作、融入集体，迅速进入角色。调查显示，66% 的党员 1 ～ 2 年就能适应工作，这说明除了自身素质的因素之外，岗前培训对技能认知提高的作用也不可小觑。

4. 从业心态乐观

健康向上的从业心态有利于激发个人积极成长的动力，燃起追求卓越的欲望，提振主动进取的野心。中国水科院注重党员人文关怀，努力营造轻松、活跃、开放的科研工作氛围，积极拓展广阔的发展空间，搭建施展才智的国内、国际平台，满足他们对创建和谐工作团队的需求、个人发展空间的需求、科学绩效评估机制的需求，使他们在科研工作领域看到希望，看到科研工作的美好前景，感受到自身才华被社会认可和肯定带来的满足。调查中，77% 的党员对科研工作的前景表示乐观，71% 的党员愿意同团队一起工作并相互配合协作，77% 的党员在单位有归属感，调查数据表明，中国水科院党员从业心态比较乐观。

（二）科研院所党员继续社会化存在的问题

随着我国科研事业蓬勃发展，市场化进程日益加快，科研院所党员继续社会化道路也面临着挑战。通过调查我们发现，科研院所党员的角色素质和社会期望之间仍存在差距。

1. 理想信念有待进一步坚定

虽然大多数党员政治思想积极，坚定共产主义的理想信念，坚定建设中国特色社会主义的信心，但我们不能忽视还有少数党员出现了不同程度的思想迷惘，一些人淡漠、动摇了对马克思主义的信仰，缺乏建设中国特色社会主义的信心。调查显示，仍有 30% 的党员对“最终实现共产主义”的态度是“也许会实现”，25% 的党员对“2020 年我国能够实现全面建成小康社会目标”的态度是“也许可以”。

2. 职业价值内化程度有待进一步提高

职业价值是否内化是难以衡量的，现代社会对科研人员职业价值的内化通常以科研人员的价值取向和价值观为衡量标准。从调查结果看，有少数年轻党员干部存在过于崇尚自我、注重个人所得、忽视为集体付出和奉献的倾向。在被问到如果离开本单位的主要原因时，35% 的年轻党员干部选择“收入低、福利待遇不够好”。他们对自我评价偏高，对于所追求的一切都赋予很高的期望值，如果期望不能实现或受阻时，就将责任归咎于他人或外部环境，缺少主观反省。调查数据表明，在年轻的科研党员中更容易出现职业价值取向偏离和职业价值内化程度较低的现象。

3. 职业技能有待进一步提升

随着当代科学技术的飞速发展，科研工作出现了多领域、多学科交叉融合和相互渗透的局面，面对新形势对科研人员提出的新要求，新的职业技能学习是不能停止的，而技能提升中科研道德诚信也是不能忽视的。调查发现，86% 的党员表示需要技能提升，其中，75% 的党员需要“科研专业知识拓展”方面的培训，9% 的党员需要“科研道德修养”和“思想情绪疏导”方面的培训。还有 15% 的年轻党员不能胜任自己的工作，经常感到无从下手。

4. 职业性格塑造有待进一步强化

大多数科研人员的职业性格都是在实际科研工作中养成的，但仍有少数人职业性格尚未形成。调查中，仍有 9% 的党员认为自己不适合做科研，8% 的党员对科研工作前景持悲观心态，7% 的党员很少与同事交流或基本没有交流，还有 7% 的党员完全没有归属感。

二、影响科研院所党员继续社会化的因素

社会化的本质是角色承担，角色素质是在角色扮演中实现的，即角色扮演是胜任角色的一个重要手段，是实现继续社会化的一个重要途径。科研院所党员继续社会化通过一定的社会方式实现，同时也受到各种环境因素的影响。

（一）继续社会化方式对科研院所党员继续社会化的影响

1. 职前培训

职前培训是科研院所党员初入职场继续社会化最快速的方式。成功的职前培训能帮助职场新兵快速、顺利地融入科研单位，用最短的时间度过适应期，建立起对科研单位核心价值观的认同，增强新职工的归属感和责任感。同时，对科研院所工作流程、规章制度、专业研究氛围进行全面、系统的了解，将进一步提升职场新兵的思想素质、职业品质和责任意识，产生对本单位的凝聚力和向心力，自觉维护其声誉和利益。

2. 以老带新

以老带新对科研院所党员继续社会化有很大影响。科研院所年轻党员对水利科研事业有诚心、有激情，他们学历高，专业知识丰富、扎实，但实际科研经验欠缺，即使有一定水利行业经历的党员，在面对新环境、新对象、新要求的时候，也

需要一个有效的引导适应过程。而经验丰富、科研成果丰富的老专家的“传帮带”，必然成为帮助他们快速成长的方式之一。以老带新，可以带思想、带业务、带作风，使其牢固树立崇高的科研职业精神，顺利将理论专业知识与科学研究有机结合，迅速进入科研角色并成功扮演角色。

3. 自我内化

自我内化是指个人单独面对各种科研工作情景，从探索、试误中学习，追求主动的继续社会化。科研院所党员的专业技能是在实际科研工作中逐步提升和加强的，所形成的职业信念与态度需要亲身经历体验，才能逐步稳固下来。此时，科研院所党员自身既是社会化的客体，也是社会化的主体。因此，科研院所党员继续社会化又可以通过自我内化来实现，即自我领会社会对科研人员的期望，将其内化为自己的需要，形成信念，化为行动。自我内化可以说是科研院所党员继续社会化最常见的方式，也是谋求自身发展最主要的方式。

（二）环境因素对科研院所党员继续社会化的影响

1. 单位文化

科研单位文化是指经过长期的积淀，在单位内以科研人员为主体，创造并形成的共同价值体系，是一个科研单位精神氛围的集中体现。科研单位文化能将全体科研人员的思想和行动统一到组织发展的目标上来，不仅对单位成员的心理、性格、行为起导向作用，而且对单位整体的价值取向和行为起导向作用，能够使成员看到单位的特点和优点，认识并形成对单位的荣誉感、自豪感，从而把个人融合于集体，形成归属感，增强凝聚力。

2. 重要他人

重要他人指一个人在发展过程中与他建立了重要的相互作用关系，通过言行给予他重要影响，甚至被当作角色模式的人。科研院所党员的重要他人，可以是同事、单位领导、优秀专家和前辈等，他们对科研院所党员的社会化有重要影响。单位领导在科研人员成长过程中帮助其解决困难、在科研工作中给予帮助，这些都能促进科研人员职业角色的社会化。优秀专家、老前辈等通常具有丰富的科研实践经验，能够灵活处理在科研工作中遇到的难题，能模范遵守职业规范，具有很高的科研道德修养，潜移默化中使其他科研人员在从业态度上受到感染，进而坚定科研攻关信心，认识到自己工作的价值，在观察和模仿中学到处理问题的方法和技能，促进专业成长。

三、科研院所党员继续社会化的对策建议

根据科研院所党员继续社会化现状及影响因素分析，科研院所党员继续社会化主要可以通过环境改善和自主发展两方面进行。

（一）环境改善

1. 创建良好的科研院所文化

第一，继续倡导优良文化。许多科研院所建院时间较早，经过长期的文化积累和沉淀，已形成自有的区别于其他单位的独特性文化。要继续保持科研人员严谨求实的工作作风，这种作风是科研院所必备的文化特质，是科研院所在长期科研工作中形成的宝贵精神财富。要继续提升科研院所诚信可靠的社会形象，在行业及职工行为上大力贯彻诚信的理念，这是科研院所参与竞争、赢得市场的重要优势之一。要继续加强科研院所高度的社会责任感和强烈的事业奋斗精神，消除把“利润最大化”作为唯一目标的思想观念，牢固树立为国家科学事业奋斗的职业精神。

第二，科学创新科研文化。文化是人类知识的结晶、文明的象征，创新是文化的本质特征。创新科研文化要从物质文化、精神文化、制度文化、行为文化四个维度进行。在基础层面，要塑造理念先进、特色鲜明的组织形象，信息畅达、设施先进的工作平台，和谐质朴、优雅宜人的园区环境，包括园区建设、形象标识、支撑体系等；在制度层面，要具有系统严密、科学合理的制度规范，包括制度的制定、坚持和持续改进等；在精神层面，要形成以科技报国为核心、以遵循科学精神和尊重民主传统为导向的价值观；在行为层面，通过模仿、示范、社会学习等方式，在职业手段的掌握、职业价值的内化、职业道德规范的认同等方面向科研老专家、老前辈学习。

第三，加强文化宣传教育。把文化建设融入精神文明建设和职工教育全过程，动员广大职工积极参与、研讨问题、达成共识、提升观念、改进行为，把创建文化的理念通过单位内部的各类活动展现出来，处理好相互的关系和定位，互相补充、互相促进、互相融合，使创建文化理念真正深入人心。

2. 完善科研院所制度机制

第一，完善奖惩机制。奖励和惩戒机制是一个组织通过表扬先进、鞭策后进，使其工作人员提高工作效率的一种有效机制。奖惩要注重程序上的公平公正，要与福利待遇的兑现联系起来，与奖金、津贴等相关待遇挂钩，与干部的使用挂钩。让受奖励的科研人员干劲高涨，受处分的人心服口服。

第二，完善科学合理的人才成长机制。要营造和谐的成长氛围，切实关心科研人员，尤其是长期在一线工作的科研人员的工作与生活，掌握他们的思想动态，及时答疑解惑。要因地制宜地开展丰富多彩的业余文化生活，满足科研人员的精神文化需求，活跃工作氛围，增强他们的归属感。要建立适宜的约束机制，抓住对技术骨干的管理不放松，定期了解其学习与工作的进展，根据实际提出新要求，制定新目标，逐渐提高学习进度和增加工作任务，并放手让科研骨干承担有挑战性的任务。同时，进行专项考评，形成综合报告，将其作为晋升依据，促使科研骨干快速成长。

3. 促进科研院所党员社会互动

第一，促进科研院所党员与党支部的互动。要充分搭载党支部平台，通过三会一课、组织谈心制度等，将院所近期发展目标、规划和动向及时向各党员传达汇报。要充分发挥党支部书记和各党务人员业务及行政桥梁的纽带作用，掌握基层科研党员心理动态，发现问题及时答疑解惑，讲明政策，消除误会，疏导情绪，并适时向有关部门反映情况。

第二，促进科研院所党员与行业专家之间的双向互动。要通过名家讲坛、专家学术交流会、专家下基层等形式，邀请各行业学识渊博、经验丰富的专家名家为初出茅庐的党员授业解惑，亲身感受老专家、老前辈求实敬业奉献的科学精神，丰富自身科研实践经验，提升专业理论水平。要加大年轻党员与专家、前辈合作的机会，年轻一代生长在一个较新的社会环境中，受传统束缚较少，他们精力充沛，受过正规高等教育，敢于思考、敢于创新，专家、前辈在与他们科研合作过程中，可以重新认识和理解青年文化，将新时代文化融于科研，并继续发展和升华。

4. 构建多领域、多形式、多元化的培训体系

第一，坚持灵活培训。要创新授课形式，做到“三结合”：集中面授与网上授课相结合，专家讲解与自学相结合，收视与答疑相结合，理论学习与教学观摩相结合。要开展“点对点”培训，针对科研院所职工由于科研需要出差和在工程一线较多的现状，在单位本部和各工程现场安排多个小型培训阵地，采取播放电教片、邀请专家辅导、收看视频讲座等形式定期开展培训，由职工自主安排培训时间，有效解决工学矛盾。要丰富培训环节，采取观看录像、案例分析、小组讨论、自我反思、经验交流、课题研修和实践考察等形式，提高培训的整体质量和吸引力。

第二，坚持按需培训。要紧跟形势政策，强化政治理论培训，采取专题培训、学习研讨、宣讲辅导、理论对谈等方式，强化中国特色社会主义理论体系教育培训。要紧跟干部需求，强化岗位技能培训，根据干部岗位职责要求，合理设置培训班次，科学设置培训内容，分类分层开展培训，实现培训内容与干部的需求相吻合、与干部的层次相一致。要紧贴重点科研项目，开展专项业务培训，结合科研院所所承接的各项重点科研项目和工程，举办项目实施单位干部职工、专业技术人员及党员参加的专项业务培训，为重点项目的顺利实施提供有效保证。

第三，坚持开放培训。要重视党校培训的核心阵地，定期邀请党校专家到院内开展培训、进行学术交流等，同时，积极推行党员定期到党校集中学习制度，加强干部职工思想政治素质的提升。要联结兄弟单位，定期组织行业内的学术交流、实地观摩等，加强沟通交流，碰撞出学术火花。要搭载社会培训机构平台，丰富培训内容，加以岗位技能培训、生活技能培训、社会法律培训等主题培训，积极培养复合型人才。

（二）自主发展

1. 坚守党员角色信念

科研院所党员角色信念，是科研院所党员坚守科学研究阵地，保持科学探索精神的灵魂，是凝聚广大科研人员智慧，不断进行科技创新的追求。科研院所党员在坚定共产主义理想信念的同时，还要坚定不移地为我国走特色自主创新道路而奋斗。要加强理论学习，用科学的理论武装头脑，引领科研、学术的良性发展。要牢记全心全意为人民服务的宗旨，树立马克思主义的世界观、人生观、价值观及正确的权力观、地位观、利益观，努力提高理论修养和政治素质，使科研原始驱动力更为纯洁，并使这种信念扎根于头脑，深刻于内心，体现在言行。

2. 正确领会角色期望

为了更好地承担社会角色，科研院所党员应尽力了解社会或他人对这一角色的要求和期望。社会对科研院所党员的角色期望表现在党员作风、知识技能、行为规范、价值观念等方面，具体就是要能够内化职业价值、掌握职业技能、认同职业规范和形成良好的职业性格，通过学习职业规范等理解职业角色，通过观察学习、人际互动等形式领会外界对自己的角色期待。

3. 自觉进行角色实践

对角色的实践是角色领悟的进一步发展，是在个人实际行动中表现出来的角色。科研院所党员要充分发挥科技发展先锋模范带头作用，加强政治理论学习，树立为我国科技发展无私奉献的职业理念。要加强专业知识学习，提高自身专业技能，加强学术交流，丰富学科知识，提高科研成果质量。要加强创新意识，多领域、多层面、多角度创新科研成果。

4. 持续缩小角色距离

角色距离是一个人自身素质、能力、水平与他所要扮演的角色之间的差异现象。要利用好继续社会化方式，如入职培训、以老带新、以新促老等，主动参与，认真实践，力争实效，完成自己的继续社会化任务。要利用好各种继续社会化因素的积极作用，在这些因素潜移默化的影响下提高自己的职业素质。要善于学习、积极反思、主动探索，从而更新思想、提高认识，认识到科研工作对国家、对社会发展的意义，认识到职业规范对科研工作职业的作用，同时使自己的职业知识技能获得提高，并通过反思，认识自身职业素质存在的不足，以及时采取应对措施。

四、结语

科研院所党员继续社会化内涵深远。本课题仅从社会角色的角度运用社会学理论对科研院所党员继续社会化作出初步尝试和探索，分析研究尚不足以全面阐释科研院所党员继续社会化的内涵和深度。为此，我们希望有更多的社会学专家关心和从事科研院所党建工作，与更多的理论工作者和党务工作者一道，为研究、宣传科研院所党建工作开启更多的研究领域和方向。

课题组组长：陈祥建
课题组成员：肖　芳　况黎丹　吉梦喆　张萌萌　王　伟　马　静　李　磊
焦　伟　杨尧娟　韩　芳　王　禄

以问题为导向的研究所党支部建设实践与探索

中国科学院武汉物理与数学研究所

本文着眼于科研院所党支部建设当前存在的现实问题，以中国科学院武汉物理与数学研究所（简称物数所）党支部工作实践为例，尝试为加强研究所党支部建设提供实践探索参考和建议。

一、研究所党支部建设面临的问题

研究所党支部在上级党组织的坚强领导下，积极贯彻党的路线、方针和政策，紧紧围绕科技创新，在统一思想、营造创新文化氛围、保障改革发展稳定等方面发挥了重要作用。面对创新驱动发展新形势，对照建设学习型、服务型、创新型党组织的要求，物数所党支部建设仍面临以下问题。

（一）党建和业务工作相互融合不够

党建工作与业务工作之间存在相互脱节的现象，党支部服务、推动和保障部门中心工作的作用发挥不显著。在工作评价上存在党建和业务相分离的现象，业绩评价、职务晋升、人才选拔等工作对科技人员的思想品质和行为表现重视不够，在一定程度上存在业务好一切都好的现象。

（二）党支部保持党员先进性的作用有待加强

党内生活缺乏相互帮助、共同提高的机制与办法，批评与自我批评氛围不足。党支部活动的内容和形式不够丰富，针对性不强。有的党员认为支部活动消耗了一些时间和精力，对参加组织生活缺乏积极性。党员意识弱化，不少党员缺乏作为一名党员的荣誉感，思想觉悟与群众差别不大，没有发挥党员的先锋模范作用。总体表现为党支部在保持党员先进性方面发挥作用不足。

（三）支部活动在一定程度上存在重形式、轻实效的现象

作为基层党组织，研究所党的工作不仅接受中国科学院党组、分院党组的指导，同时要按照属地化管理的要求，落实上级党组织布置的工作，党务工作头绪较多。研究所党支部一般能做到落实规定动作，表面上看起来活动较多，但在规定动作中与所在部门实际情况结合不够，自主开展的特色活动较少，这在一定程度上影响了党支部工作的实际效果。

（四）党支部书记开展工作底气不足

在所长负责制体制下，党支部书记与部门行政负责人相比，可支配的资源和权限有限，能够解决群众切身利益的话语权很少。党务工作不如科研有显示度、不如管理有权威性的现象较为普遍。因而，对比部门行政负责人，党支部书记岗位的认可度偏低，影响力较小，这导致支部书记开展工作缺乏条件和底气。同时，支部书记的劳动付出得不到合理的承认和薪酬体现，这些都制约了党支部书记影响力的发挥。

二、解决研究所党支部工作现实问题的实践和思考

在新的历史时期，研究所面临着深化改革、实施“率先行动”计划的巨大压力和机遇，如何加强“三型”党支部建设，团结和带领广大职工完成历史赋予的新使命和新任务，给研究所党组织提出了更高的要求。结合物数所党支部工作体会，就如何加强研究所党支部建设提出以下思考。

（一）按照有利于促进科技创新的原则设置党支部、建设党支部干部队伍

1. 按照科技创新的组织布局优化研究所基层党支部设置

“团结、组织党内外的干部和群众，努力完成本单位所担负的任务”是《中

国共产党章程》规定的党的基层组织的基本任务之一。在研究所，党支部的中心任务就是促进以科技创新为中心的业务工作，党组织要主动寻找党支部工作与中心工作的结合点。按照科技创新的组织布局优化研究所基层党支部设置，在有条件的业务单元独立设立职工党支部，例如，按“一三五”项目设置、按学科属性设置、按照研究或业务性质设置等。目的就是促进党支部工作与中心业务和人才培养的结合，促进党支部围绕科技创新抓党建。

2. 挑选思想政治素质高、业务能力强、群众基础好的部门行政负责人担任党支部书记

部门负责人兼任党支部书记有利于党支部在科研和管理工作中了解并融入中心工作，把解决思想问题和解决实际问题结合起来，提高党支部工作的实际效果。把党的主张落实到具体的科研活动工作环节中，是党支部取得工作实效的关键，也是需要党支部书记在行政负责人岗位上发挥作用的重要原因。

3. 加强党支部书记队伍的培养和管理

党支部书记兼职化的现实情况要求党组织加强党支部书记的选拔、培养和管理。要着力帮助党支部书记掌握党建知识和工作方法，提高党建工作能力、领导协调能力和战略思维能力。减少党支部书记过多的兼职，保障党支部书记对党务工作的时间和精力投入。党支部书记岗位应参照类似岗位享受岗位津贴，这体现组织对党支部书记工作价值的肯定。把基层党支部干部任职经历作为党委委员、党委负责人的任职条件，为党支部书记设计职业发展前景。物数所严格选拔程序、强化岗位培训和锻炼，培养了一支平均年龄为 36 岁、全部具有博士学位、群众基础好、绝大部分兼任部门负责人的党支部书记队伍。2013 年 4 位新任的所长助理全部具有党支部干部任职经历。党支部书记成为研究所培养所级后备干部的重要岗位。

（二）在研究所考核评价体系中增强党建元素，从制度上保障党建工作的落实与推进

1. 在业务单元与个人考评标准中增强党建元素

考核评价标准是组织表达工作重点和价值导向的强烈信号。如果党的工作长期在考核评价中被忽略或弱化，党支部工作将会失去越来越多的职工和研究生的重视甚至支持。物数所把党群活动、创新文化、廉洁从业、信息宣传等工作列入部门综合评价指标，并把部门考核结果与职工的绩效挂钩。在集体与个人考评标准中增强党建元素，只有实现党建和科技业务一起总结、一起检查、一起评价，才能从制度上保障干部和职工对党支部工作的重视和支持。

2. 加强对党支部和党支部书记工作的考核

加强对党支部的考核，并在其考核评价体系中强调特色活动指标，促进党支部结合科技工作实际创新工作和发挥作用。在党支部书记个人考核中明确党务工作内容，把党务工作成绩体现在其个人年度考核结果中，并与绩效奖励挂钩。依靠考核体系的明确导向保证党员和干部对党支部工作的积极性。

（三）根据党支部的特点开展特色活动，提高党支部的工作实效

1. 探索党支部组织生活与中心业务的融合方式

党支部的具体情况各不相同，有不同的中心业务、不同的人员群体、不同的工作环境。党支部要结合科技创新实际和特点，帮助党员和群众解决在工作、学习和生活中遇到的实际问题，寻找支部党员感兴趣、能为党员成长发展提供帮助的活动载体，发挥服务党员、服务群众、服务科技创新的作用。

物数所原子分子光物理学科党支部（简称原分支部）75% 的党员年龄在 35 岁以下。青年人的职业发展压力大，迫切希望提升自身能力。原分支部顺应这一需求，举办生日学术报告会。在年初确定全年安排，研究员 1 人 1 场，副高职称人员 2 人 1 场，助理研究员 3 人 1 场。当月过生日的科研人员作报告，大家再一起讨论，提问题，谈建议，交流学术知识、思想和方法；一起分享蛋糕，祝福过生日的科研人员。生日报告会把支部建成了能够感受组织关怀、提高党员素质能力的精神家园。

2. 根据部门中心工作的需要，开展体现自身特色的创新文化建设

组织文化具有价值导向、精神激励、文化凝聚、心理约束的功能，其潜移默化促进思想观念转变的方式，比起灌输性的思想政治工作，更容易被研究所高学历、高职称的人员群体所认同。物数所原子频标学科多承担国家重大高技术任务，往往任务重、时间紧、压力大，党支部大力弘扬“团结拼搏、甘于寂寞、报效祖国”的航天精神，为保质保量按时完成产品研制任务提供思想和组织保证。磁共振学科以基础研究为主，人才聚集，个人科研能力强，个性突出，党支部着力引导科技人员“负责任、做主人、快乐地工作”，弘扬“追求真理、民主开放、宽容失败”的科学精神。管理和支撑部门的党支部则重点强化“追求卓越、服务为本”的工作理念。通过倡导和凝练符合本部门科技创新实际的价值理念和行为准则，为中心业务提供精神动力、营造良好氛围、造就创新人才，推动科技创新的可持续发展。

3. 利用现代信息技术拓展党支部组织生活的空间和时间

研究所党员具有年轻化、高学历的特点，很容易接受高科技传播手段。党员

普遍工作任务重、时间紧，有的人还经常出差。通过开设党支部QQ群、微信等网络平台，跨越时空限制快捷传递党支部工作信息，传播党的理论知识，让党员在宽松的环境下主动表达意见、释放情绪，开展网上讨论、互动交流，增强党支部的工作效率和凝聚力。物数所高技术创新和发展中心党支部通过QQ视频使经常出差的党员也能参加支部会，共享党员出差在外的见闻图片和思考，把QQ群建成为密切联系党员、进行渗透式和互动式教育的支部工作阵地。

（四）强化党支部和支部书记发挥作用的工作机制

1. 结合新时期党员的实际情况，以创新的工作方法传承党的优良传统，增强党支部保持党员先进性的作用

其一，加强政治理论学习的可接受性和针对性。改进单向灌输的党员教育方式，提高党员的参与度和主动性，针对支部成员关心的热点问题和需要解决的思想问题，有的放矢地、经常性地组织党员教育活动。物数所研究生党支部定期开展特色主题研讨会，研讨学习生活中的困惑、社会热点新闻、国内外重大时政问题等。每次研讨会选取一个主题，设三个主题发言人，分别阐述自己的观点，全体与会党员轮流发言，对主题发言进行讨论和辩论。此种研讨会通过民主开放的交流方式引导党员用主流的价值观进行思考和判断。

其二，努力在组织生活中培育批评与自我批评的风气，形成党员自我革新、相互帮助、共同提高的重要机制。发挥领导干部的示范带头作用，做好思想动员，教育党员掌握批评与自我批评的方法。物数所管理部门党支部专题组织生活会开场时，党委负责人和支部书记分别发言，动员支部成员勇于开展批评与自我批评。所领导带头做自我检查，并对部门负责人存在的问题进行点评。中层干部随后逐一剖析自我，谏言他人。领导干部以身作则，普通党员也紧跟发言。会议真正起到了帮助同志、增进团结、促进工作的作用。

其三，树立党员身边的典型，以鲜活的事例感召党员为科技事业做贡献。党支部要及时发现、表扬、奖励、宣传党组织所倡导的思想和行为，使其不断得到强化或重复，让党员学有榜样、比有参照、赶有目标。物数所组织本所国家技术发明奖获得者龚顺生等先进典型在“七一”全所党员大会上作先进事迹报告；在所内网上刊发《十载艰辛路，科苑傲梅香》《潜心科教谱华章》《奋斗的青春最美丽》等文章，对国防重大专项专家梅刚华、“973计划”项目首席科学家高克林、国家重大仪器研制专项首席科学家周欣等所内模范的事迹进行重点宣传；开展“远学孙家栋，近学梅刚华”“物数青年志，共筑中国梦”等主题活动，以可见可感的先进事迹激励全所党员创先争优。

2. 赋予党支部书记更多的知情权、话语权和投票权

组织党支部书记参与研究所发展、学科建设等重大问题的讨论；让党支部书记担任考核职工、评选先进的评委，在干部和人才选拔工作中注意征求党支部书记的意见。通过类似的工作机制为党支部书记提供平台，把党组织倡导的价值理念通过有效的组织行动贯彻落实到实际工作中，不断强化，并将其转化为职工、研究生的共同价值观。

保障党支部书记反映群众意见、解决群众意见或跟踪群众意见落实反馈情况的责任、权利与渠道。在科技创新事业快速发展的今天，新的发展不断带来新的问题，而党支部建在最基层，最了解一线群众的想法，畅通党支部向所领导反映群众意见的渠道，使党员和群众获得跳过一般指令链表达意见、获取沟通信息的直接通道十分重要。研究所在出台重要文件前，如果涉及群众切身利益和日常工作的规章制度，可先向党支部书记宣讲，再由党支部书记到所在部门征求意见，发挥党支部宣传贯彻研究所工作精神、统一思想、凝聚共识的作用。为发挥党支部在畅通群众意见方面的作用，所党委要求强化以下三个工作环节：一是组织党支部书记参与群众意见的讨论落实答复工作；二是发挥党委委员联系党支部，调研民情民意，提供工作建议的作用；三是所党委不定期集中讨论各支部反映的问题和现象，提出反馈和落实意见，并组织实施。强化党支部书记畅通群众意见的责任和权利，有利于发挥党支部的服务功能，凝聚党员意愿和主张、激发党员的积极性和创造性，并以党内民主带动研究所的民主建设。

课题组组长：喻　明
课题组成员：周　欣　陈新晓　孙智波

加强科研院所党外人才队伍建设研究

中国林业科学研究院

近年来，科研院所党外人才队伍如民主党派、无党派人士持续增加，逐渐成为不容忽视的群体，所以如何加强党外人才队伍建设、充分发挥党外人才队伍的作用是我们需要研究的重要课题。

一、研究目的、方法及意义

本课题对中国林业科学研究院（简称林科院）民主党派和无党派现状进行了调查研究，选取院党外人才（民主党派、无党派）群体相关信息为样本，对本单位党外人才队伍展开全面调查。为做好本研究，课题组采取召开座谈、电话访谈、邮件交流及发放问卷调查等方法，调查对象涉及党外人士和基层党务工作者。通过调查研究，努力探索加强党外人才队伍建设的主要路径，寻求发挥党外人才队伍作用的途径，为进一步做好统战工作创造条件，也为院改革发展创造稳定和谐的创新环境。

党的十八大对新时期的统战工作提出了新的更高的要求，认真做好科研院所统一战线工作，成为我们面临的一项新课题。切实重视和加强科研院所党外人才队伍建设，不仅对巩固和壮大新时期党的统一战线意义重大，而且对发展及加强我国多党合作和政治协商制度也将产生十分深远的影响。

二、林科院党外人才队伍建设概况

林科院现成立了中国民主同盟、中国民主促进会、中国农工民主党、九三学社四个民主党派基层组织，加上中国国民党革命委员会、中国民主建国会、中国致公党等，民主党派成员共有150多人，无党派专家290多名。其中，硕士以上学历占53%。这说明林科院党外人士不仅人数众多，而且学历层次高，是科研院所的重要力量。在院党外专家中，共有10多人分别当选或担任了全国、北京市、海淀区的人大代表、政协委员或中央、省级民主党派领导职务。

林科院党外人士注意利用自身的学科优势、特殊身份发挥作用。

首先，利用学科优势发挥作用。深厚的学术背景，让林科院党外专家在参与调研和考察时，能够抓住重点，较好地完成任务。例如，林科院海淀区政协常委段新芳研究员，参与了南水北调中线工程水源地保护的调研，形成了《南水北调中线工程水源地保护问题与对策》调研报告。该报告作为中国农工民主党中央全国“两会”上的党派提案，在当年召开的国务院南水北调中线工程会议上，温家宝同志采纳了报告中提出的8条建议。

其次，关注社会热点发挥作用。党外专家关注社会问题，勇于承担社会责任。林科院党外专家满腔热情地为院、海淀区、北京市乃至国家的建设和发展忘我地工作。例如，林科院北京市人民代表大会常务委员会委员江泽平研究员，就缓解北京市交通拥堵问题，提出治理交通拥堵需要标本兼治，不断强化政府服务职能，同时也要摆脱单纯依靠政府行政管理的模式。

最后，利用特殊身份发挥作用。林科院党外专家对政治有着独特的见解，宽松良好的政治环境为他们参政议政创造了良好条件。例如，全国政协委员、林科院森林保护学专家杨忠岐教授通过广泛调研，在征求有关单位和部门意见的基础上认真进行提炼，在2014年全国“两会”期间提交了7项议案，其中3项议案被采纳。

三、加强党外人才队伍建设的基本做法与经验成效

院分党组和各级党组织历来重视党外人才队伍建设，注重调动广大党外人才的积极性，为院所改革发展创造稳定和谐的环境。

（一）加强党外人才队伍建设的基本做法

1. 建立完善统战工作制度

林科院统战工作在院分党组领导下，由京区党委和各所（中心）党委负责。

院分党组书记分管统战工作，院党政领导每人重点联系 2 ～ 4 位党外代表性人士。

2. 及时掌握统战对象信息

建立党外专家信息库，每年不断更新完善，及时了解和掌握本单位统战对象动态，与党外人士代表保持经常性联系。

3. 畅通党外人士监督渠道

每年在院工作会上总结上一年、部署下一年统战工作。每年召开 1 ～ 2 次统战工作通报会或联谊会，及时向党外专家通报院重大事项。每次院领导民主生活会期间专门召开民主党派和党外人士代表征求意见座谈会，收集意见建议。

4. 创造党外专家成长条件

近年来，林科院选派了 10 多名党外专家参加中央统战部举办的各类培训班，还向中共中央统一战线工作部、中国全国归国华侨联合会、中国民主促进会中央委员会、中国农工民主党中央委员会等推荐专家参加考察调研。国务院参事、中国科学院院士唐守正（无党派人士）多次应邀参加党外院士服务团赴全国各地开展服务活动，多次受到中共中央统一战线工作部的表扬。

5. 注重与党外专家感情联络

对党外专家在工作上给予关注，生活上给予关心，政治上给予支持。院各级党组织领导也会应邀参加院民主党派有关会议，加强沟通和联系，创造良好工作氛围。

（二）加强党外人才队伍建设的经验成效

林科院加强党外人才队伍建设的经验主要是“三给、三抓、三融入”。

1. 三给：给舞台、给条件、给责任

给舞台，就是为党外人士开展学术研究、参政议政搭建平台；给条件，就是为党外人士组织开展活动给予支持；给责任，就是发挥党外人士的优势，让他们承担起一定的社会责任与任务。在“三给”的基础之上，通过多种途径扩大其社会影响力。例如，中国农工民主党中央常委杨忠岐教授 2013 年当选为全国政协委员、无党派人士江泽平研究员 2013 年当选为北京市第十四届人民代表大会常务委员会委员。2012 年，九三学社北京市海淀区委副主委王彦辉、中国农工民主党北京市海淀区委副主委段新芳、无党派人士黄清麟连任海淀区第九届政协委员。

2. 三抓：抓领导、抓典型、抓管理

抓领导，就是加强对民主党派与无党派人士的领导，使其正确贯彻党的方针

政策路线、贯彻多党合作，形成团结协作的机制。抓典型，就是利用网络等宣传媒体，大力宣传党外专家如王涛院士、唐守正院士，以及杨忠岐、卢琦、崔丽娟等的先进事迹。抓管理，就是院分党组和各级党组织结合中心工作，推动党建工作与统战工作同研究、同部署、同落实。全院形成院分党组统一领导、京区党委牵头协调、各所（中心）和职能部门密切配合，层层负责、重重把关的统战工作新机制。

3. 三融入：中心任务、党建工作和干部队伍建设

一是在完成院所中心任务基础上，给党外专家压担子，调动他们的积极性，充分发挥他们在各自领域、各自行业的带头作用。二是把统战工作作为党建工作的重要内容，每年有研究、有部署、有落实、有总结、有反馈。三是在干部队伍建设上，注重把优秀的党外人才放在重要岗位培养和锻炼。例如，九三学社王浩杰被聘为林科院亚热带林业研究所所长，中国民主促进会中央特邀研究员卢琦被聘为林科院荒漠化研究所所长，九三学社中央特邀研究员、九三学社北京市海淀区常委崔丽娟被聘为林科院湿地研究所副所长。

四、党外人才队伍建设存在的问题及原因分析

林科院在加强党外人才队伍建设上取得了一定成效，但也面临一些问题，主要体现在以下几方面。

（一）民主党派人才队伍建设难点

1. 成员人数整体较少

林科院部分民主党派人数偏少，如中国国民党革命委员会 3 人，中国民主建国会 1 人，中国致公党 1 人，共有 150 多名民主党派成员，相对于拥有 2400 多名中共党员的林科院来说，民主党派人数较少。

2. 老龄化比较严重

如果党员年龄偏大，老年党员过多，必然影响和制约党的生机及活力。九三学社现有的 25 名成员中就有 15 名退休成员。中国国民党革命委员会和中国民主建国会成员全是退休老职工，中国民主同盟 30% 的成员为退休职工。

3. 对人才队伍建设认识有差距

个别单位对多党合作有关方面的政策和要求不够了解，在党外人士的推荐、培养等方面还欠主动。

（二）无党派人才队伍建设难点

1. 缺乏组织系统

在此次调查中，有 80% 的无党派人士反映，由于没有自身组织，长期以来处于游离状态，这影响了无党派人才队伍培养和无党派人士群体作用的发挥。

2. 无党派身份认证问题

在本次调查中，有 50%的无党派人士认为，其认证不像民主党派成员，没有统一的认证主体，认证原则和标准也不明确，影响了作用发挥。

3. 政治理论学习不够

在本次调研中发现，很多无党派人士承担重要科研任务，业务忙、压力大，对理论学习相对忽视，许多人对当前的政治形势和热点不太了解。

4. 选拔培养人才滞后

尽管无党派人士在林科院人数较多，但培养、选拔高素质无党派人才队伍的难度在加大。

5. 代表人士新老交替困难

近年来，各民主党派等党外人士新老交替加快，无党派代表人士也存在同样问题。林科院老一辈无党派人士王涛已逝世、唐守正年事已高，虽然新一代无党派人士江泽平、唐小明、陆元昌、黄清麟等在参政议政的履职过程成绩斐然，成为新一代中坚力量，但在青年骨干中，这股力量尚未形成。

五、加强党外人才队伍建设的思路与对策

（一）提高认识，加强对统战工作的领导

一是加强党对统战工作的政治领导。科研院所党政主要领导要加强和改善党组织对民主党派、无党派人士的政治领导，围绕科研院所服务发展、服务社会的主题，帮助其加强自身组织和思想建设，推动全院的中心工作。二是建立保证工作顺利开展的有效机制。目前，林科院已先后建立了院分党组成员与党外人士联系制度，重要工作座谈通报制度，民主党派组织发展、班子换届事先沟通制度，民主党派骨干成员学习制度等，保障统战工作的规范进行，使统战工作向纵深发展。三是加强对党务干部的宣传引导。进一步加强对党务干部的宣传引导，

提高党务干部特别是党委书记、党办主任对新时期科研院所统战工作重要意义的认识，提升自身业务素质。四是强化对广大党员的引导带动作用。在深入贯彻党的十八大与十八届三中全会、四中全会精神的前提下，使广大普通党员和群众了解、支持统战工作。

（二）营造氛围，创造党外人才成长的条件

一是做好党外人士的照顾和帮扶工作。当前，科研人员的工作生活条件都有了较大改善，但一些党外人士因为家庭、身体和年龄等原因，应该被给予更多关心和帮助，应为他们排忧解难。二是努力创造党外人士成长的良好环境。党委统战部门要充分利用现有渠道，搭建新平台，为党外人才提供更多的机会，充分利用党外人才的专业特长，拓展其服务范围。三是协助做好统战基层组织工作。统战基层组织也要同各自联系的成员保持密切联系，协调好各民主党派基层组织之间、民主党派成员内部、民主党派成员与其他知识分子的关系，为院改革发展创造和谐稳定的环境。

（三）明确重点，加强党外人才队伍培养

一是加强参政议政人才培养和队伍建设。在统战工作开展中，要注意发现和培养参政议政的人才，积极向上级统战部门推荐。有目的地重点发展短缺的专业人才，通过多种途径为社会公益事业、经济建设、生态文明建设、科学普及等做贡献。二是促进党外专家参政议政工作的沟通和交流。对统战专家要给予关注，尽早进行有针对性的培养，及时进行交流，使他们真正成为政治上靠得住、学识上有造诣、品行上能服众、对社会有贡献的代表人物。

（四）引导配合，支持民主党派组织建设

一是要建好制度。严格各民主党派组织发展工作程序，有计划地发展党派新成员。通过严格制度，确保组织生活正常开展，促使各项工作有序推进。二是要选好班子。林科院中国民主促进会、中国农工民主党、九三学社多年来的工作实践告诉我们，挑选好一名基层领导尤为重要。三是要搞好活动。有活动才有活力，要根据成员特点、需求创新活动形式，使大家乐意参加，并在活动中受到教育。四是做好服务。社会服务是履行参政职能的重要工作，通过社会服务活动，履行围绕中心、服务大局、服务社会的职能。

（五）力求实效，探索无党派工作新途径

一是突出工作重点。各级党组织要为无党派人士开展工作提供必要支持，

对其中的代表性人士，要建立交流沟通平台。二是巩固思想政治基础。各级统战部门要有针对性地开展思想政治工作，让其树立践行社会主义核心价值体系，巩固与中国共产党共同团结奋斗的思想政治基础。三是加强培养选拔。做好无党派代表人士特别是新一代代表人士的培养、教育和选拔工作。四是充分发挥作用。进一步加强与无党派代表人士的联系和沟通，为其充分发挥作用创造更多条件和机会。

课题组：中国林业科学研究院

新形势下科研院所青年职工的思想状况研究

——以中国医学科学院在京科研院所青年职工为例

中国医学科学院

习近平同志指出：青年一代有理想、有担当，国家就有前途，民族就有希望，实现中华民族伟大复兴就有源源不断的强大力量。青年兴则国家兴，青年强则国家强。青年决定国家、民族的未来，青年职工是科研院所的未来。加强和改进科研院所青年职工思想政治工作，具有重大而深远的意义。

在新形势下，青年职工的思想状况呈现出多样化发展的态势，加强青年职工的思想教育工作是新形势下思想政治工作的需要，同时也是科研事业发展和青年职工个人自身发展的需要。因此，切实把握当下青年职工的思想状况，对青年职工给予合理的引导，对于实现青年职工个人价值与科研院所的发展，以及破解科研院所“四个不相适应”具有深远的现实意义。

一、研究对象与方法

（一）研究对象

调研对象为中国医学科学院（简称医科院）在京的九家单位（机关、基础医学研究所、药物研究所、医学信息研究所、医药生物技术研究所、医学实验动物研究所、药用植物研究所、病原生物学研究所、护理学院）的青年职工。共发放问卷300份，回收有效问卷280份，有效应答率为93.33%。

（二）研究方法

本课题主要采用问卷调查法，同时辅之以文献法和访谈法。问卷调查共包含49个题目，分为四个维度，第一维度为“调查对象基本信息”，包括性别、年龄、工作年限、政治面貌、学历、学位、职称、婚姻和工作岗位；第二个维度为“调查对象思想与价值观”，包括信仰、价值观、现实思想实际及影响因素、理想信念各因素的影响程度、思想教育工作的内容和形式；第三个维度为“调查对象的工作与学习”，包括工作的选择、状态、同事关系、压力来源及解决途径、成功和激励，以及学习的倾向、时间和目的等；第四个维度为“调查对象关于青年活动”，包括对青年活动的意愿、活动时间、内容和形式等。

结构化访谈的对象为医科院机关的青年职工，共23人。访谈对象选取不同工作阶段的青年，访谈内容为青年职工的生活、工作等实际状况，青年职工的现实需求与夙愿，以及工作以来青年职工对单位的希望和建议等。

二、研究结果与讨论

（一）被调查青年职工的基本情况

根据调查问卷的统计结果观察，被调查的青年职工有以下三个特点。①青年科研人员女性职工比例偏高，67.9%的调查对象为女性青年职工；②近3年的青年职工引进数量较大，调查对象中工作3年以内的青年职工占46.5%；③青年科研人员学历普遍较高，75%的调查对象的最高学位在硕士以上。

（二）被调查青年职工思想状况的特征及影响因素分析

1. 被调查青年职工思想状况的特征

通过对调查问卷的描述性统计分析，发现医科院在京青年职工整体上呈现出积极向上的思想状况，经过梳理总结，发现具有以下两个特征。

（1）自我实现意识突出，才华发挥和服务社会并重。从图1中可以看出，在人生价值评判标准的认同问题上，108人选择了“自我对人生的满意度”，占总数的38.6%，75人和82人分别选择了“才华得以发挥的程度”和“对社会贡献的大小”，分别占总数的26.8%和29.3%。这说明，经历了市场经济的建立和发展时期，青年职工追求自我实现的价值已经定型，其程度日益深化，在此基础上，青年职工对才华得以发挥的程度和对社会贡献的大小认同度较高。整体上不难发现青年职工具有高度的责任感和使命感。

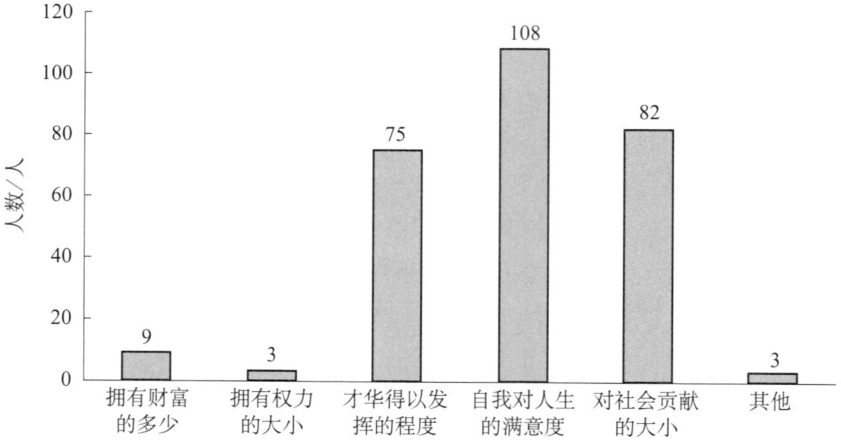

图 1　人生价值评判标准的认同

（2）自我保护与乐于助人并存。从图 2 中可以看出，191 名青年职工选择了“在不损害自己利益的情况下，愿意帮助别人”，占总人数的 68.2%，24 名青年职工选择了“为了他人利益，可以牺牲自己利益”，占总人数的 8.6%。随着经济社会的发展，我国的社会利益关系更加复杂，利益多元化、分层化现象日益突出，不同利益主体之间的矛盾明显增多，利益陷阱层出不穷，在这样的现实环境中，确实需要我们去辨别审视。有 191 名青年职工选择了自我利益的保护是可以理解的，在他们内心深处依然是愿意帮助别人的，甚至有 24 名青年职工在利益损害

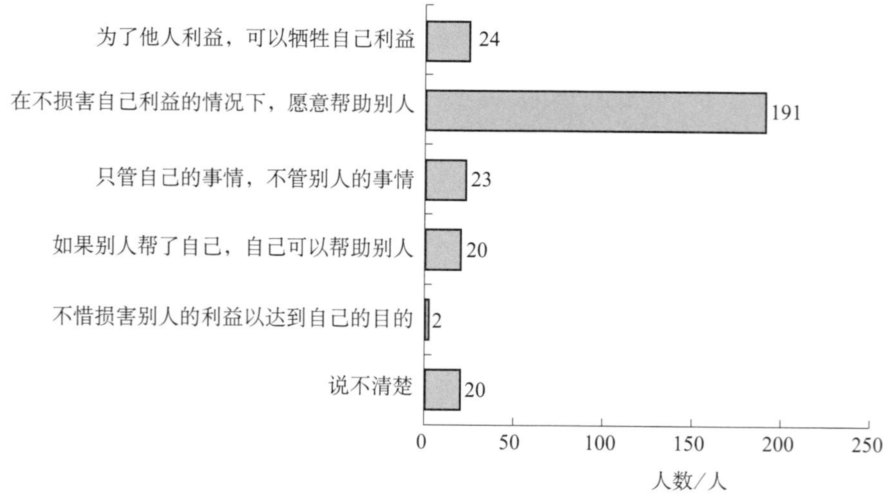

图 2　最符合现在多数青年职工的思想实际

与帮助别人面前，仍然选择了帮助别人。23 名青年职工选择了“只管自己的事情，不管别人的事情”，占总人数的 8.2%，20 名青年职工选择了“如果别人帮了自己，自己可以帮助别人”，占总人数的 7.1%。43 名青年职工在帮助别人面前选择了被动，需要在组织上的合理引导和社会管理化的加强下给予正确的引导。

2. 被调查青年职工思想状况的影响因素分析

（1）亲身经历、家庭环境和社会观念是影响青年职工思想状况变化的三大因素。通过图 3 可以看出，在对个人思想变化影响最大因素的选择上，33% 的青年职工选择了“亲身经历”，25% 的青年职工选择了“社会观念”，21% 的青年职工选择了“家庭环境”。人的社会实践是改造客观世界的活动，是主观见之于客观的东西。实践具有把思想和客观世界联系起来的特性，对个人思想变化的影响较为深刻，占比最高。

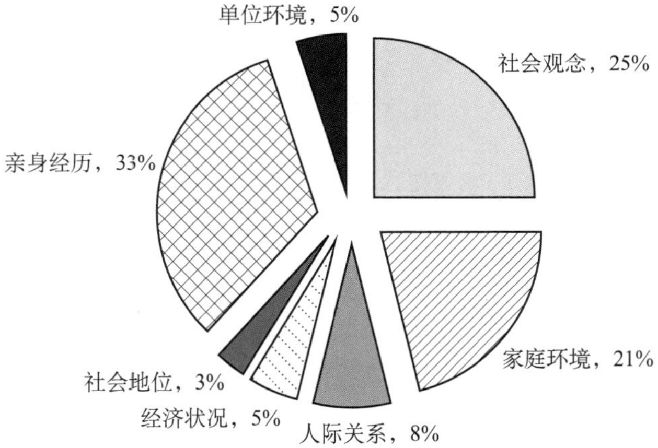

图 3　对个人思想变化影响最大的因素

（2）环境对青年职工理想信念的影响程度最大。从图 4 可以看出，认为工作、家庭（父母）、学校和社会分别对青年职工的理想信念影响程度很大及以上的，分别占比 89.3%、86.8%、82.5% 和 78.2%。通过观察发现，上述四个因素都是青年职工成长成才所经历的环境。人的思想是社会环境的产物，同时又受到社会环境的制约，因此，环境对理想信念的影响程度较大也是必然的。

（三）被调查青年职工的思想状况影响因素间的差异性分析

1. 不同性别对个人职业发展最大的困惑方面有所不同

青年男职工最大的困惑主要集中在自身知识不足，青年女职工则认为自身知识不足和学习机会少是主要困惑，青年女职工认为发展的困惑在自身进取精神较弱方面比青年男职工的感觉要强（表1）。

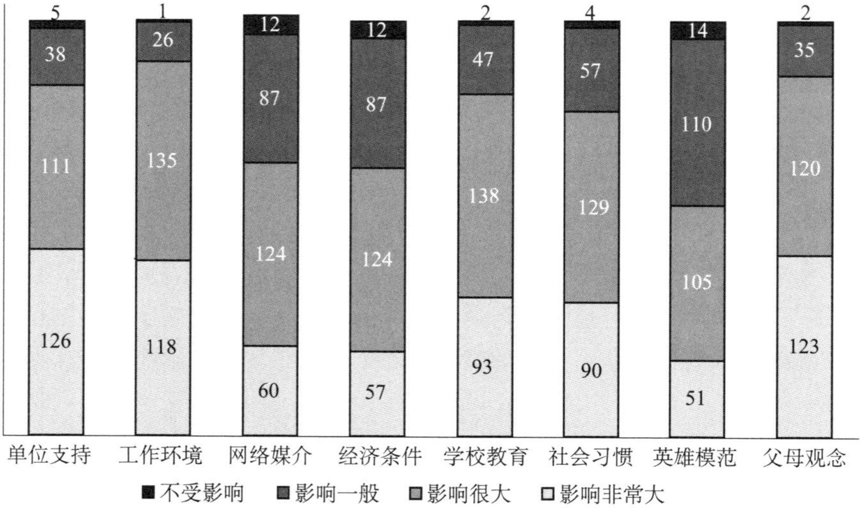

图4 理想信念影响程度比例表

表1 影响个人职业发展最大的困惑 （单位：人）

性别	自身知识不足	单位提供机会少	学习机会少	自身的进取精神较弱	对单位没有信心
男	41	23	19	2	5
女	69	43	50	23	5

2. 不同学历的青年职工思想实际有所不同

高学历青年职工更愿意帮助别人，低学历青年职工则更关注自己的事情。从表2中可以看出，149名研究生和41名本科及以下青年职工选择“在不损害自己利益的情况下，愿意帮助别人”，分别占比74.8%、50.6%；13名研究生和11名本科及以下青年职工选择了“只管自己的事情，不管别人的事情”，分别占比6.5%、13.6%。

表2 多数青年职工思想实际 （单位：人）

学历	为了他人利益，可以牺牲自己利益	在不损害自己利益的情况下，愿意帮助别人	只管自己的事情，不管别人的事情	如果别人帮了自己，自己可以帮助别人	不惜损害别人的利益以达到自己的目的	说不清楚
研究生	17	149	13	6	1	13
本科及以下	7	41	11	14	1	7

3. 不同工作岗位的青年希望得到的激励有所不同

管理岗位的青年职工最希望得到的激励为给予发展机会，比教研岗位明显，教研岗位在晋职（级）和加薪方面希望得到的激励比管理岗位明显（表 3）。

表 3　工作中取得重大业绩时，最希望得到的激励

岗位	晋职（级）	加薪	授予荣誉	给予发展机会
教研	39	30	5	86
管理	11	11	6	72
工勤	7	3	1	9

4. 不同工作年限的青年职工每天的学习时间有所不同

随着工作年限的递增，职工每天的学习时间有所递减。通过观察表 4 可以看出，＜ 3 年的工作年限中，40.5% 的青年职工平均每天学习 2 个小时以上；＞ 10 年工作年限的青年职工平均每天学习 2 个小时以上者占 11.1%。

表 4　每天用在读书和业务学习的时间　　（单位：小时）

工作年限	平均每天2个小时以上	平均每天1～2 个小时	平均每天1小时以内	想起来就学习，想不起来就不学习
＜3	53	44	21	13
4～6	23	28	17	15
7～10	4	10	8	17
＞10	3	5	8	11

三、研究结论与建议

青年职工是医科院职工队伍的重要组成部分，是推动医科院事业发展、办好人民满意的医疗卫生事业的重要力量。根据本次课题调查研究，我们发现了青年职工在工作和生活实际中存在的一些问题，对青年职工的思想状况有了一定的了解和认识。从总体上来看，青年职工呈现出蓬勃向上、积极进取的思想状态，然而也有一些地方需要青年职工自我反思并提高认识，同时需要单位给予大力的支持和积极正确的引导。以下是做好青年职工思想工作的几点思考。

（一）高度重视青年职工的思想政治工作

青年职工是事业发展的不竭动力，是事业追求创新的力量源泉。加强青年职工的思想政治工作，是科研事业发展的必然要求，同时也是青年职工思想的现实需要。通过图 5 发现，青年职工在认为当代青年自身存在的最突出问题上，“奉献意识不强”“责任意识较差”“缺乏理想信念”和“过分强调自我、集体意识不强”的选择分别占 23.2%、26.1%、19.3% 和 20.0%。通过数据可以清晰地发现在当代青年身上存在的突出问题，这更加强了我们对青年职工思想政治工作高度重视的迫切性。

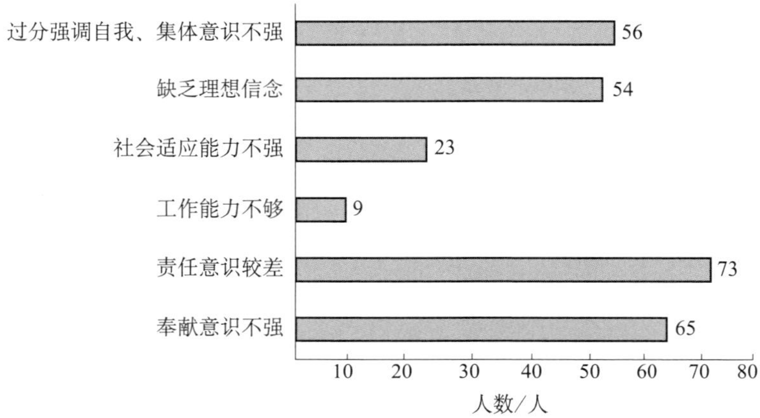

图 5　当代青年存在的最突出问题

（二）切实加强青年职工的思想教育引导

青年职工由于受社会环境的影响，加之正处于价值观、世界观和人生观的形成时期，在一些事物变化面前缺乏足够的识别能力，因此，要切实加强青年职工的思想引导。通过图 6 可以发现，41.1% 的青年职工选择“要充实丰富思想政治教育内容”，35.4% 的青年职工选择“要改革思想政治教育方式”，15.4% 的青年职工选择“加强业务培训与考核”，这为我们切实加强青年职工的思想教育引导，指明了具体的引导方向。

（三）加大青年职工的队伍建设力度

青年职工的队伍日益庞大，加强队伍建设是教育管理和服务好这批青年职工的必然要求，这对于提高青年职工的综合素质，并发挥他们在工作中积极进取的精神，具有重大的实际意义。通过图 7 发现，目前有 42.9% 的职工在未来职业发展规划方面表示目标不明确，需要单位给予足够的重视，并在今后的工作中注重加强人才队伍建设，积极做好职业发展培训，为青年发展提供更多空间，提高青年职工奋发进取的斗志。

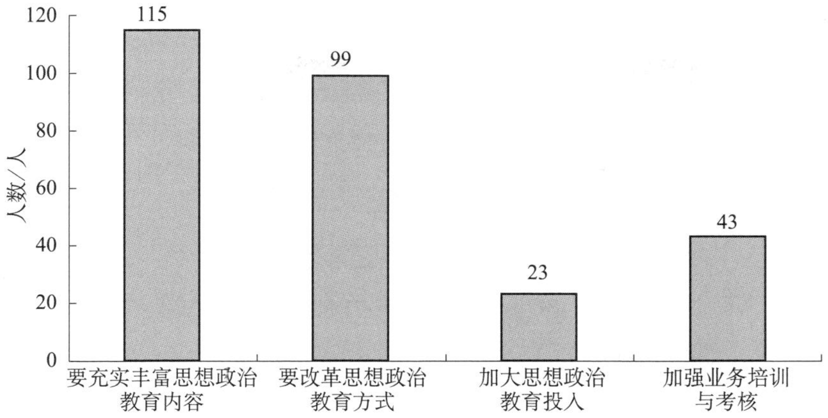

图 6 当前青年职工的思想工作主要方面

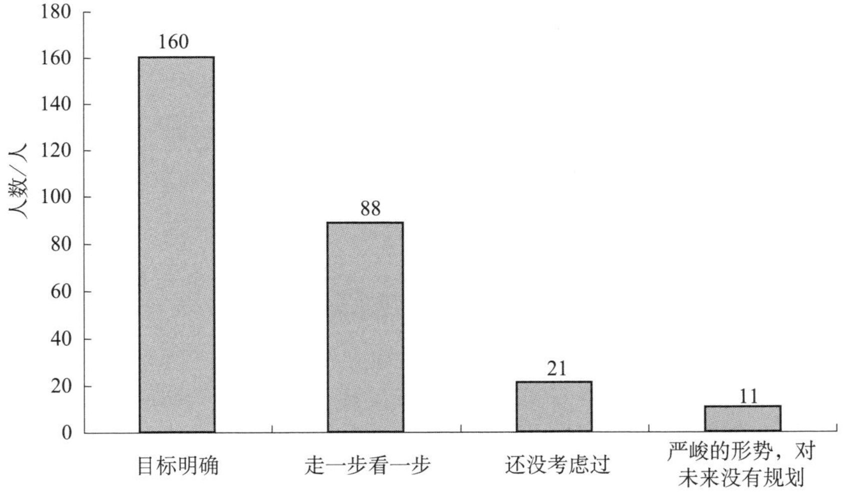

图 7 对未来的职业发展规划

（四）拓宽青年职工的工作思路

青年职工的思维活跃，对新事物的接受能力较强，为了更好地做好青年职工的工作，适应青年职工的各项要求，需要积极拓宽青年职工的工作思路。通过问卷调查和访谈，在思想政治教育的内容方面，通过观察图 8 我们发现，青年职工对人文和时事政治颇感兴趣；在青年职工的思想教育活动形式方面，通过观察图 9 我们发现，青年职工对参观交流、典型人物现身说法、读书活动比较喜欢。问卷和访谈内容为我们今后的工作路径提供了强有力的参考，我们会结合工作政策和青年职工的想法，努力做好青年职工的思想教育活动。

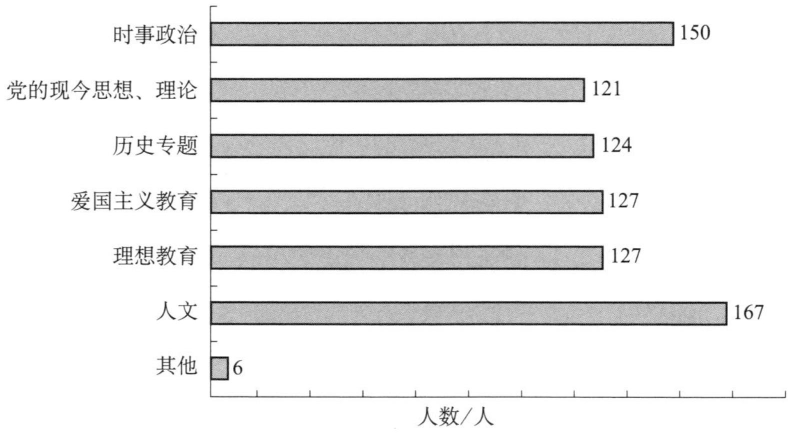

图 8　青年职工思想教育内容

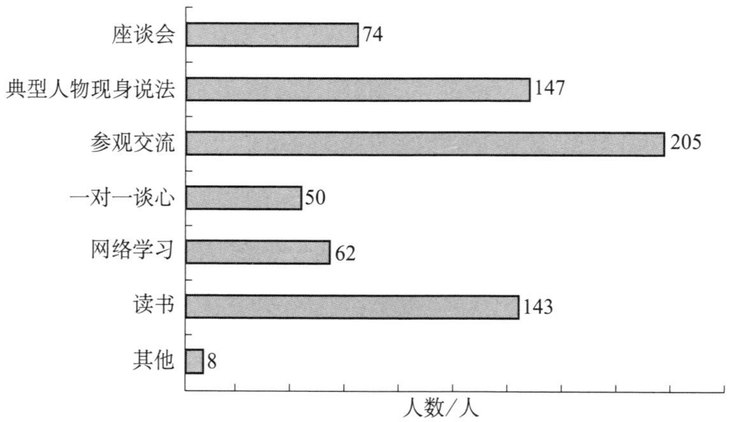

图 9　青年职工思想教育活动形式倾向

（五）着力解决青年职工的实际需求

通过调研，我们发现了一些青年职工在学习、工作和生活中共性的实际需求，在职责范围内，我们会尽最大努力去满足青年职工的各项需求，从而焕发青年职工的活力与激情，让青年职工以更加饱满的热情积极投身于科研事业的发展中。

课题组组长：姚龙山

课题组成员：冯　敬　徐宝义　姜　铁

基层党组织服务基础医学创新的现状、问题和对策研究

中国医学科学院基础医学研究所

在医学创新过程中，中国医学科学院基础医学研究所（简称基础所）科研人员的压力、才能发挥、创新环境状况如何不仅仅是政策制定者、管理者或科学家的事情，也是科研院所基层党组织建设的重要内容。

一、 研究方法和执行过程

（一）调研目标

本次党建课题研究采用了倒退法，即在识别基础所科研队伍的基本现状及对压力、才能发挥、科研诚信和科研环境的认知和态度基础上，为基层党建服务于中心工作找准切入点，探寻基层党组织推动基础医学创新的思路和途径。具体调研目标内容包括以下两点。

第一，互动学习，凝聚共识。在广大师生参与党建课题设计、访谈、座谈和问卷调查中进一步明确基层党组织如何服务于科技创新。不同学科背景和科研经历的课题组成员之间取长补短，凝聚集体智慧，传承协和文化，揭示创新真谛，提炼基础医学创新核心价值。

第二，加强并改进基础所党建研究。探索基层党组织与科研工作结合的新渠道、新结合点，提高党建工作水平。

（二）研究方法及实施

本次调研主要采用 4 种方法：文献搜集和分析、问卷调查、专题座谈会、典型案例分析。课题组通过访谈、座谈会、实验室观察等方式，识别基础所科研人员对基础医学创新现状、困难或困惑及其根源的认识和态度。

1. 访谈

2014 年 4 ～ 11 月，课题组在基础所内外共开展了 9 次深度访谈。被访谈者包括政策研究专家、基础医学科学家、青年科研人员和在校研究生等。每次访谈时间均在 2 个小时左右，访谈材料均有记录和整理，这为问卷设计和数据结果分析提供了第一手的材料和启发。

2. 问卷调查

在访谈、座谈会和文献分析的基础上，课题组自行设计了问卷调查表，内容包括个人信息、工作压力、才能发挥、科研诚信和基层党建等。

调研对象包括：在职科研 / 教学人员，科研支撑人员，二、三年级的研究生（排除了机关行政人员、后勤人员、一年级研究生和离退休人员）。发放问卷 570 份，回收有效问卷 510 份，有效回收率为 89.5%。

被调查的男性占 39.1%，女性占 60.9%，女性占大多数。年龄在 25 ～ 29 岁的人员比例最大，为 43.5%；党员和预备党员占 48.0%，拥有高级职称的占 11.9%。月收入 8000 元以上的占 7.7%，教学、科研和技术人员占 41.3%，研究生群体占 58.4%。

二、科研压力源及缓解策略

减轻科研人员压力和增进科研才能发挥、促进科研诚信，对改善科研环境有较大帮助，因此要减轻科研压力，增强创新动力。这方面的调研旨在识别科研压力源，探索基层党组织服务科研的突破口。

（一）科研压力源

1. 学习、工作压力大

总体来看，选择学习或工作压力很小或小的占 13.0%，选择学习或工作压力大的占 64.9%，选择学习或工作压力很大的占 22.1%。

压力大小在不同年龄段有显著差异：年龄在 30 岁以下的人中，84.0% 的感到压力大；年龄在 30 ～ 44 岁的人中，95.3% 的感到压力大；而年龄在 45 岁以上的人，压力感又降低到 80.6%。拥有高级职称者感到压力大的比例高于中级及以下职称者（分别为 94.4%、85.4%）。职工中感到压力大的占 89.1%，学生中感到压力大的占 85.4%。没有海外留学经历的人中 86.5% 的人感到压力大，有海外留学经历的人中 90.1% 的人感到压力大。

2. 科研任务重和收入待遇低

当论及学习、工作的主要压力源时，选择“科研任务”的人数最多，占 75.3%，选择“收入待遇”的人数次之，占 40.4%，选择“职称晋升”（23.1%）和“学业繁重”（22.4%）的仅占两成多，选择“家庭负担”“岗位竞争”和“人际关系”的在一成左右。职工与学生的第二、第三压力源有所不同。职工并列第二的主要压力源分别是职称晋升与收入待遇（均为 50.5%），而学生的主要压力源则是学业繁重（36.9%）和收入待遇（32.9%）（图 1）。

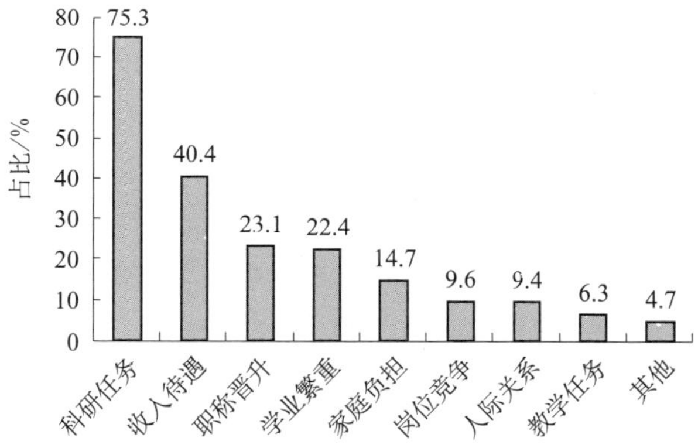

图 1　学习、工作压力源分布

通常，适当的科研压力可以转化为创新动力。对于主要压力源，职工和学生选择的共同点主要是希望提高福利待遇和改善工作条件，中青年被访者呼声更为强烈，这可能与前几年基础所为争取优质生源大幅提高了研究生待遇有关。被调查的研究生面临着学习和工作双重压力源，学业繁重、科研任务重、收入待遇低；教学人员的教学任务重，同时科研任务也很繁重。

（二）主要缓解策略

1. 缓解学习、科研压力主要靠家人和同学

当被问及在缓解学习或工作压力过程中谁提供了实质性帮助时，80.0% 的人选择了家人 / 亲戚，选择同学 / 朋友的比例也高达 75.7%，选择导师的比例为 39.4%，而选择党团组织、工会和其他的比例合计为 16.9%。被调查的女性中，83.1% 的人选择了家人或亲戚，比男性高出 8 个百分点。年龄在 30 岁以下的人中，86.5% 的人选择了同学、朋友，而年龄在 45 岁以上的人中，仅有 65.1% 的人选择了同学、朋友。

2. 亟待改善收入待遇和工作条件

当被问及自己最需要改善的地方时，选择收入待遇的占 65.9%，选择工作条件的占 39.8%，选择居住条件的占 27.1%，选择文体娱乐的占 22.7%，选择心理辅导的占 8.8%。男性被调查者称亟须提高收入待遇的比例比女性高出近 15 个百分点（分别为 74.6%、60.1%），而有海外学习或留学经历的人期望改善工作条件的比例比无海外经历者高 21 个百分点（分别为 56.4%、35.1%）。

三、科研才能发挥

（一）近三成被调查者称才能得到充分发挥

调查显示，27.6% 的人称自己在当前岗位上能够充分发挥才能，67.9% 的人选择能部分发挥才能，4.5% 的人选择未发挥才能。31.5% 的男性被调查者称才能得到充分发挥，而女性中只有 25.2% 的被调查者称才能得到充分发挥。随着年龄的增加，感到才能得到发挥的比例不断增加。党员才能充分发挥的占 22.5%，而非党员中才能充分发挥的有 31.8%。职工中感到才能得到充分发挥的占 36.7%，高出学生群体 16 个百分点。有海外学习或留学经历的人中，39.0% 的人感到才能得到充分发挥，高出没有海外学习或留学经历者 15 个百分点。

（二）对“探索精神”和“科研基本功”的需求最大

调查显示，48.6% 的人认为最需要加强培养的能力是探索精神，40.2% 的人选择科研基本功，29% 的人选择科研兴趣，28.4% 选择团队合作，只有 5.9% 的人选择社会责任。男性中认为最需要加强科研基本功的占 35.4%，而女性中达到 42.8%。男性对探索精神的需要占 41.9%，而在女性中达到了 53.3%。年龄段越低，对科研基本功和探索精神的需求越高。有海外学习或留学经历的人中，20.8% 的人称自己需要提高科研基本功，对照组中为 45.8%；有海外学习或留学经历的人中，38.6% 的人感到自己需要培养科研合作能力，而对照组降低到 26.0%。

（三）提高科研能力的途径是多元的

调查显示，69.8% 的人认为学术交流是提高自身科研能力的主要途径，43.7% 的人选择了自学，42.4% 的人选择了导师指导，14.9% 的人选择了组会，4.5% 的人选择了课堂学习。75% 的女性称学术交流是提高自身科研能力的主要途径，高出男性 14 个百分点。男性中选择自学的占 56.6%，高出女性 21 个百分点。有海外学习或留学经历的人中，82.2% 的人选择了学术交流，50.5% 的人选择了自学。

（四）技术人员的定位有待明晰，技术支撑平台的作用有待加强

调查显示，23.9% 的人认为技术人员在所（院）的定位明晰，33.7% 的人认为定位不明晰，而选择说不清的占 42.4%。职工中称技术人员定位明确的占 24.2%，38.4% 的人表示不清楚。学生中表示不清楚的占 46.1%。

一般情况下，技术人员应在研究想法凝练、新仪器的搭建、实验数据的测量、科研论文数据的解释和说明等环节发挥积极作用，但调查显示，28.5% 的人称技术支撑平台在所（院）医学创新的作用发挥较好，63.6% 的人选择了“一般”，7.9% 的人选择了“差”。在职工群体中，10.5% 的人称技术支撑平台在所（院）医学创新的作用发挥较差，在学生群体中，6.1% 的人也认为如此，而感到发挥得较好的分别占 29.5% 和 27.5%。

四、医学科研诚信建设

关于科研人员对诚信规范的认知程度如何，对科研不端行为的诱因态度如何，党组织在科研诚信建设中应该发挥怎样的作用，本次党建课题对此开展了专项调研。

（一）了解医学科研诚信规范的超过六成

调查显示，62.7% 的人对科研诚信规范基本了解，32.9% 的人有些了解，4.3% 的人不了解。30 ～ 44 岁的人中基本了解的占 71.1%，高出其他年龄段 10 多个百分点。党员中基本了解科研诚信规范的占 2/3。高级职称者中，3/4 的人基本了解科研诚信规范，高出对照组 15 个百分点。职工中基本了解科研诚信规范的占 67.3%，有海外经历者中，3/4 的人表示基本了解科研诚信规范，而对照组仅占 60.3%。绝大部分被调查者对科研诚信了解较多的原因是多方面的。基础所教育处每年都会组织研究生到人民大会堂听名师讲科学道德与学风建设讲座，开展学生入学、新职工入所教育，科研处还给每位老师和学生印发了国家自然科学基金委员会有关科研诚信的书籍。

（二）医学科研不端行为的突出表现

调查显示，70.4% 的人称医学科研不端行为主要发生的科研环节是“数

据造假、篡改”，排在第二的是“申请、评审、评奖中牟私利”（43.7%），选择“虚报、冒领和挪用科研经费”（36.3%）和“项目申请材料不真”（31.8%）的也超过了三成，而选择“论文发表违反出版规范”的不超过一成（图 2）。

党员中称医学科研不端行为主要发生的环节是“数据造假、篡改”的占 73.0%，高出非党员 6 个百分点；有海外学习或留学经历的人中，51.1% 的人认为是“申请、评审、评奖中牟私利”，高出对照组 10 个百分点。科学研究要遵循公认的行动规范，研究数据要真实，不得捏造、篡改数据。显然，基础所师生在这方面做得较为出色。调查显示，83.4% 的被调查者认为实验室数据、资料、样本得到了妥善保存。

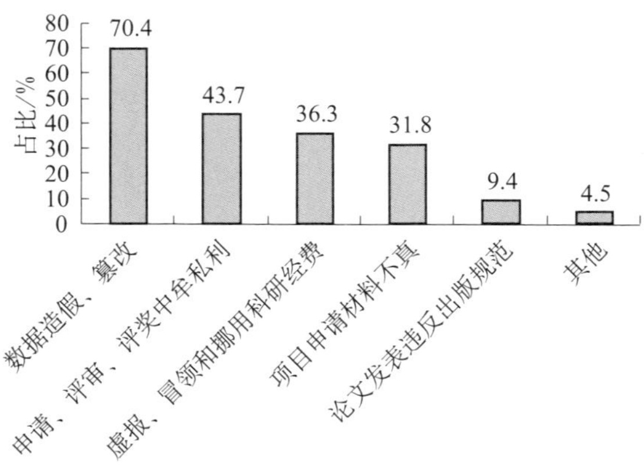

图 2　医学科研不端行为主要发生的环节

（三）科研诚信建设的重点

调查显示，对于科研诚信的建设重点，59.2% 的人认为是“改进评价机制”，56.5% 的人认为是“加大监督”，而选择“加大处罚”（30.4%）和“宣传教育”（20.4%）的比例偏低。2011 年基础所的同类调查结果显示，五成的人认为“改进评价机制”和“加大监督”、“加大处罚”是科研诚信建设的关键，如今选择这两方面的仍然排在前两名。年龄越大，越希望把“加大监督”和“加大处罚”作为重要措施；而年龄越低，越把“宣传教育”视为诚信建设的重点。党员和有海外学习或留学经历的人中，分别有 63.7% 和 65.3% 的人把“改进评价机制”作为诚信建设的重点（表 1）。

表 1　加强科研诚信建设的重点

选项		宣传教育	加大监督	加大处罚	改进评价机制	其他
年龄	≤29岁	23.9	57.8	25.3	60.2	1.4
	30～44岁	17.1	55.3	32.9	64.5	2.0
	≥45岁	13.4	53.7	44.8	44.8	1.5
政治面貌	党员	21.6	55.1	26.5	63.7	2.0
	非党员	19.4	57.4	33.8	55.1	1.1
人员类型	职工	17.5	55.2	35.4	54.2	1.9
	学生	22.6	57.6	26.6	62.6	1.1
海外学习或留学经历	无	21.4	57.5	29.9	58.2	1.7
	有	16.8	52.5	30.7	65.3	1.0

注：限选择2项以内

调查显示，若确切知道某人有上述不端行为，27.8% 的人会举报，14.0% 的人不会举报，58.3% 的人选择说不清。若确切知道某人有上述不端行为，31.8% 的男性称自己会举报，高出男性 6 个百分点。年龄在 45 岁及以上的人中，31.3% 的人选择会举报科研不端行为，比其他年龄段高出了 4 个百分点。在岗职工回答会举报的比例比研究生高出 6 个百分点。党员和非党员在举报不端行为的态度上甚至比非党员群体还要低 1 个百分点。

（四）党组织在科研诚信中发挥的作用不足四成

调查显示，21.9% 的人认为党组织在预防、处理科研不端行为上的作用很小，41.2% 的人认为作用小，30.6% 的人认为作用大，6.4% 的人认为作用很大。70.3% 的被调查职工称党组织在预防、处理科研不端行为上发挥的作用较小，66.1% 的党员有同感。在访谈中发现，基础所党委对科研诚信建设高度重视，不但邀请院士作专题讲座，还开展新生科研诚信教育，及时处理科研不端行为。不过，宣传力度还不够，在广大师生中的知晓度不高。

五、医学科研环境状况

（一）科技创新氛围总体较好

调查显示，14.7% 的人称基础所的科技创新氛围很好，57.6% 的人认为科技创新氛围较好，27.7% 的人认为科技创新氛围差或较差。七成感到科技创新氛围较好、年龄在 30 岁以下的人中，3/4 的人感到科技创新氛围较好，而在年龄高于 45 岁的人中，感到科技创新氛围较好的降低到了 2/3。63.3% 的高级职称者感到科技创新氛围较好，低于初中级或无定级人员 11 个百分点。

当论及基础所的“传帮带”氛围状况时，选择很好的占 38.3%，选择较好的占 28.3%，选择差或较差的占 33.4%。2/3 的人感到“传帮带”氛围较好。协和的科研平台高，知名专家教授多、院士多、师资力量雄厚，这些得天独厚的学术资源通过“传帮带”才能转化为青年科研人员和研究生的知识积累和科研能力的提高。在协和人身上能明显感到自己的使命感和历史责任感，在“传帮带”过程中传承协和精神。

（二）不同学系间交流合作状况不佳

调查显示，10.6% 的人认为基础所（院）不同学系间交流合作状况好，有 63.8% 的人认为学系间交流合作状况一般，认为合作状况差的占 25.6%。男性中 14.1% 的人称学系间交流合作较好，高于女性的 8.5%。党员群体中感到不同学系之间交流合作较差的占 28.6%，而非党员组中占 23.0%。职工中认为不同学系之间交流合作较差的占 28.4%，比对照组高了 5 个百分点。基础所举办学术沙龙，邀请中外知名专家讲学，分享科研经验，提供跨学科合作的机会。一位年轻教师说：“今年在协和就有两次机会亲自聆听诺贝尔奖获得者讲学，机会太难得了。”

（三）兴趣是从事科研工作的主要动力

调查显示，66.3% 的被调查者称自己从事科研工作的主要动力是“科研兴趣”，高居榜首；而其他选项均不超过三成。排在第二、第三位的分别是“就业前景”（27.6%）和“发表文章”（21.2%）（图 3）。

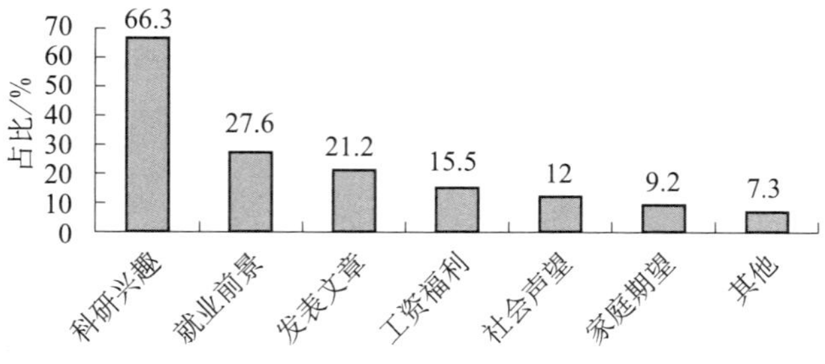

图 3　从事科研工作的动力状况

当被问及从事科研工作的主要动力时，男性选择“科研兴趣”的占 70.2%，比女性高出 6 个百分点，而女性选择“就业前景”的占 31.6%，比男性高出 11 个百分点。非党员中选择“工资福利”的占 17.5%，比党员群体高了 4 个百分点；年龄在 30 ～ 44 岁的选择“科研兴趣”的占 3/4，比其他年龄段高出 10 多个百分点；职工群体的科研兴趣比学生群体要浓厚，而有海外经历者中高达 85.0% 的人选择了“科研兴趣”。

（四）制约医学创新能力发挥的根本因素是机制

当被问及制约医学创新能力发挥的根本因素时，47.8% 的人认为是缺乏激励机制，36.5% 的人认为是评价机制不合理，33.5% 的人认为是科研创新氛围差，30.0% 的人认为是缺乏带头人，26.7% 的人认为缺乏资金，12.5% 的人认为硬件设备差是根本因素。44.3% 的人称“评价机制不合理”是制约医学创新能力发挥的根本因素，比学生组高出 13 个百分点。非高级职称者中，30.8% 的人选择了“缺乏带头人”，而高级职称者中却仅有 25.6% 的人有同样的选择。可见，科研评价、激励机制是制约医学创新能力发挥的根本因素。

六、基层党组织建设

本次调研希望了解到基础所广大师生是否了解一年来党支部开展的活动，对党员尤其是优秀党员标准的认知状况如何，对党组织促进科技诚信有何建议或意见。这些调研结果结合对科研压力、才能发挥、科研诚信、科研环境等方面的调研结果进行综合分析，提出加强并改进科研院所基层党建的对策建议。

（一）党支部的活动主要体现在“发展党员”和“宣传教育”上

调查显示，68.0% 的人称，一年来本学系所在党支部开展的主要活动是（可多选）“发展党员”（68.0%）和“宣传教育”（56.5%），而选择“文体活动”（35.9%）、“促进教学科研”（27.5%）和“排忧解难”（12.4%）的均不超过四成（图 4）。

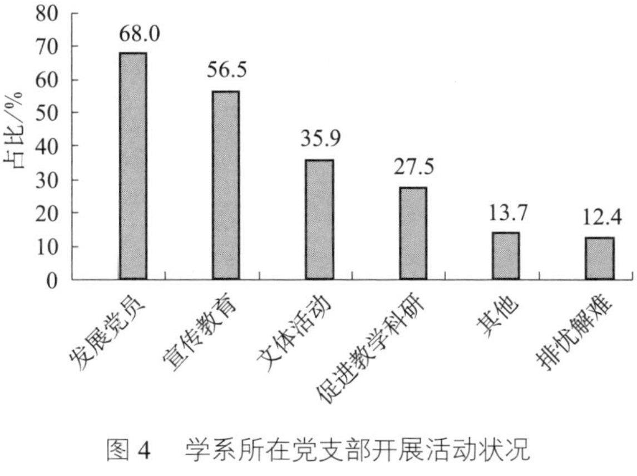

图 4　学系所在党支部开展活动状况

交叉分析结果显示，72.1% 的学生称所在学系的党支部一年来开展的主要活动是“发展党员”（72.1%），比职工群体高出 10 个百分点，同样，学生中选择

“宣传教育”的占 62.0%，也比职工群体高出 14 个百分点。无论是职工还是学生，选择“促进教学科研”和“ 排忧解难”的比例均不高。65.2% 的党员称党支部开展了“宣传教育”，而在非党员中占 47.9%；81.1% 的党员选择了“发展党员”，而在非党员中占 55.5%。在非党员中，选择“其他”的占 20.9%。在开放问题中，有相当比例的非党员对加强并改进基层党组织提出了宝贵的意见。

党员群体对党支部开展的活动认知程度明显高于非党员群体。发展党员、宣传教育等党的活动对象通常限于党员的范围之内，基层党支部组织的有些文体活动也仅限于党员参加，非党员不太了解。党支部的有些活动会让入党积极分子参加，而入党积极分子以学生居多，因而学生群体对“文体活动”的选择比职工要高 14 个百分点。关于党支部组织的活动是否会促进教学科研等中心工作，无论是党员还是非党员，也无论是职工还是学生，均有不超过三成的人给予了肯定回答，在排忧解难方面，得到一成人员的认同。

（二）发展党员的首要标准是“道德品行”，而衡量优秀共产党员的主要标准是“奉献精神”和“廉洁自律”

调查显示，85.1% 的人认为所（院）发展党员首先需要考虑的是“道德品行”，42.4% 的人认为首要考虑的是“理想信念”，而认为首要考虑“群众基础”的占 22%，认为首要考虑“工作成绩”的占 16.5%。89.3% 的女性称首先需要考虑的是“道德品行”，比男性高出 11 个百分点。年龄在 45 岁及以上的人中，31.3% 的人称首先需要考虑的是“理想信念”，比其他年龄段低 10 多个百分点。被调查群体对“工作业绩”的要求均不超过两成（表 2）。

表 2 发展党员首要需要考虑的因素

分类	选项	工作成绩	道德品行	理想信念	群众基础
性别	男	18.3	78.7	43.7	22.3
	女	15.3	89.3	41.9	21.4
年龄	≤29岁	15.3	85.4	44.8	23.6
	30～44岁	17.1	86.2	42.8	17.8
	≥45岁	19.4	80.6	31.3	25.4
政治面貌	党员	16.0	89.3	43.9	22.5
	非党员	16.7	81.0	41.1	21.3
人员类型	职工	16.6	84.8	42.7	20.9
	学生	16.2	85.2	42.4	22.9
海外经历	无	15.5	85.0	41.6	24.2
	有	18.8	84.2	46.5	13.9

注：限选择 2 项以内；排除“其他”选项

在衡量一位优秀共产党员的首要标准方面，56.7% 的人认为是奉献精神，50.6% 的人认为是廉洁自律，35.9% 的人认为是政治素养，17.3% 的人认为是群众基础，12.2% 的人认为是工作成绩。党员群体在政治素养、群众基础、奉献精神和工作成绩等方面的选择比例均高于非党员，而在廉洁自律方面低于非党员 9 个百分点。此外，有海外学习或工作经历的人中，60.4% 的人称廉洁自律是衡量优秀党员的首要标准，比对照组高了 13 个百分点。与发展党员的标准类似，被调查者群体中仅有一成或两成的人称优秀党员的标准是群众基础或工作成绩。

（三）党组织服务于医学创新的建议归类

本次调查的最后一题是“您认为，党组织如何才能更好地服务于医学创新”。在回收的 510 份有效问卷中，填写反馈意见的有 231 份，占总量的 45%。课题组对这些建议或意见进行了分类，并列举了一些典型。总体来讲，被调查师生关注最多的有以下 6 个方面。①促进交流合作；②开展宣传教育，弘扬科学精神；③加强监督管理，走群众路线；④促进医学创新；⑤减轻科研压力，促进才能发挥；⑥优化科研环境。

（四）加强并改进基层党建的策略

基础所党委和各基层党支部要深入科研一线，了解教学、科研项目进行中的问题，明确党组织在科研教学工作中的定位，做教职员工的贴心人，帮助他们在思想和工作上不断取得进步。要经常组织党员活动，在党员中间增强医学创新的概念，让党员在科研创新中发挥模范带头作用。以支部为单位，小范围、多角度宣传医学创新。具体建议如下。

一是联合党支部要促进不同学系之间的学术交流合作。联合党支部定期开展科研交流活动，发挥党员模范带头作用，让党员之间相互学习，促进各学系、各教研室的学生及基层科研人员的交流。以党组织为纽带，开展党员间学术交流。组织本学系资深科学家及教师开展科研创新思路或学科发展历史讲座。党委要促进青年科研人员参与学术交流，为青年教师量身打造出国研修计划。

二是党委要加强党员的宣传教育和监督管理，推进科研诚信建设。对现有党员多进行宣传教育，以提升其道德修养和奉献精神。完善监督机制，发展新党员时严格把关，将唯利是图者拒之门外。在学术委员会内部设立纪检监督岗位。加强监督，防微杜渐。鼓励科研创新，完善评估体系，宽严并济，从细节上监督医学创新。认真学习贯彻《医学科研诚信和相关行为规范》，党委可举办科研诚信规范知识问答，举办预防科研不端行为的座谈会和研讨会。

三是改进课堂教学内容和形式，注重培养学生的科研素养，为基础所研究生群体营造良好的学术氛围。课堂学习要成为一种享受，知识只有被学生充分吸收了才能升华，学生求知欲望才能被激发。老师的教学理念与教学方法非常重要。让最好的老师回归讲台，把最前沿的科研成果带到课堂，让学生享受最优质的教学资源。注重引导、启发学生积极参与课堂教学，全力培养学生的判断、思考、提问能力。鼓励基础所研究生积极主动学习，改进 DJ Club，增加经验交流，分享人生体会、科研体会。在师生交流中，对前沿意义和历史回顾关注，讨论为何要这样做。科研不仅是一项学业或任务，而是一种艺术，需培养浓厚的兴趣。研究生支部和基础所研究生会定期组织协和老专家以通俗便捷的方式让研究生了解协和科研人员的科研动态、心得体会和学术思想。

四是减轻科研压力，促进才能发挥。党组织组织学术讨论，相互交流课题经验。了解实验过程中的基本困难，进行心理疏导，减轻科研压力。保证科研项目中申请机会公平公正，抛弃偏见，加强改进评价机制，营造良好氛围。党组织要善于识别人才，选好学系主任和党支部书记，促进各类人才才能的发挥。建立合理的人才评价及激励机制，促进学科交叉及院系合作，集中优势资源，扩大院系影响力，巩固学术地位。党委要关心青年科研后备人才队伍的未来，为青年学者创造成长通道。

五是总结老专家的科研故事，推进科技创新案例的编研传播。在党委统一部署下，由老干部处牵头，由新成立的基础所研究生会配合，在第一期协和老教授名录编写的基础上，扎实推进老专家和部分在岗科学家科技创新案例的编撰，挖掘研发过程和成果的创新点，还要挖掘成果取得的艰辛历程和科学思想、科学态度。基础所研究生会或研究生支部可以组织党员学生参与收集基础所老专家教授的材料。

六是进一步明确技术支撑平台的功能和技术人员的定位。技术支撑平台和技术人员在基础医学知识生产的各个阶段中扮演着主要角色。技术人员在研究想法凝练、新仪器的搭建、实验数据的测量、科研论文数据的解释和说明，以及论文撰写等环节发挥着积极作用，承担着与科研人员不同的角色，应从政策和制度上给予技术人员高正平的待遇和应有地位。

课题组组长：张新庆
课题组成员：王　恒　安道彩　许彩民　姜晶梅　廖　巍

新形势下加强职工思想政治工作研究

中国水产科学研究院

思想政治工作是我们党的优良传统和政治优势。长期以来，我们党一直用“生命线”来概括和表述思想政治工作在革命、建设和改革中的重要地位和作用。2014年，中国水产科学研究院（简称水产院）机关党委结合党建工作调研、巡视工作，对院属各单位的思想政治工作进行了实地调研。本文结合水产院调研实例，探讨如何加强和改进职工思想政治工作，充分发挥党的政治优势，探索思想政治工作的新路子。

一、职工思想状况现状分析

（一）科研事业单位职工类型分析

思想政治工作要坚持以人为本，准确把握和分析职工思想状况是做好思想政治工作的基础。通过调查分析我们发现，科研事业单位职工主要有以下几种类型。

1. 积极向上“冲锋陷阵”型

这部分人员是干部职工的主流。他们大都思想进步、上进心强、有责任心、工作努力，工作能力也相对较高，在本单位的管理、科研等各个方面都发挥着重要作用。他们普遍具有开拓进取精神，对单位的忠诚度高，能全力支持和参与本单位的各项管理及科研工作。无论单位如何发展与变化，无论自己被安排到什么岗位，他们都有为本单位持续、稳步发展做出贡献的愿望。他们工作积极，踏实肯干，并能创造性地开展工作，是单位的骨干力量和未来发展的希望。实践证明，对于这部分积极向上“冲锋陷阵”型的干部职工，由于他们对自身要求高、善学要学，只要单位管理层重视，那么在这部分人群中开展思想政治工作并非难事。

2. 安于现状“温室”型

这部分职工占全部职工的大部分。他们具有一定的进取心，工作积极性尚可，对本职工作能按时、按量完成，但对本单位的管理和发展缺乏热情，思想上安于现状，工作上得过且过，发展上满足于混得过去就行。现实表明，单位在对这部分安于现状的“温室”型职工开展思想政治工作时，需要加大工作力度，也即单位要求高，他们就做得好；单位要求低，他们就“得过且过”。

3. 随波逐流“不倒翁”型

这部分职工对本单位的依存度不高，工作不求精益求精，只图马马虎虎过得去，一切都是“跟着感觉走”。他们对本单位的发展与否抱着无所谓的态度，既不支持也不反对，随波逐流怎样都行。对于这部分干部职工，单位管理层往往要花上加倍的时间和精力来完成思想政治工作。

（二）职工思想状况分析

从调研的情况看，科研单位职工的思想状况总体上是稳定积极、健康向上的。围绕院所中心工作和部门重点工作，干部职工能够各司其职、团结协作。对党的群众路线教育实践活动的各项部署，能够积极响应，扎实推进。对当前国际热点、社会敏感事件、网络热议事件等，能够客观冷静，理性对待，不盲目跟风。绝大多数职工热爱单位，理解发展中存在的困难，并且表现出勇于克服困难、勤奋工作、爱岗敬业的工作状态。

同时，随着国际国内形势的变化和对工作效率、质量的要求越来越高，职工普遍感觉工作压力明显增大，工作量饱和，有时甚至超负荷运转，一些职工出现厌倦和懈怠情绪。同时，由于管理有所松懈、制度执行力度不够等，一些部门工作中的“庸懒散木推”现象重又抬头。

当前形势下，人才竞争日益激烈，作为农业系统的科研单位，不仅在引进和培养人才方面缺少必要的政策和条件保障，即便是现有人才，也出现了流失速度加快现象。由于个人职务职称晋升缓慢、收入相对较低等，一些青年骨干选择离开，到国家机关、省市机关工作，或者到银行等高收入单位工作。这一现象对其他青年职工的思想有所影响。

一些老职工已近退休年龄，但由于技术职务指标有限、工作岗位不在科研主流岗位等，技术职务晋升难，影响了工作的积极性。

科研单位所属企业职工经营压力大，长期在企业工作，缺乏单位归属感和认同感；科研单位的企业发展前景不明，有的职工对企业发展没有期待，容易产生情绪波动。

大多数职工能够正确对待改革、正确对待利益的再分配，但在期盼改革带来生机、活力的同时，也担心利益受损，重点关注的是自身收入是否增长。虽然近年来职工在工资收入方面有所提高，但仍比不上物价的上涨，职工普遍感觉生活成本较高，生活压力较大，希望进一步提高福利待遇。

二、职工思想政治工作中存在的主要问题

随着我国社会主义市场经济的不断深入和发展，多样化和复杂化的思想观念正在日益显现。然而，由于推进思想政治工作创新发展的相对滞后，我们面临的一些掣肘和瓶颈问题依然存在。

（一）思想政治工作认识不到位，重视程度不够

部分领导干部没有完全正确处理业务工作与思想政治工作的关系，片面强调业务工作，不注重调动干部职工的积极性和创造性，喜欢把主要精力放在抓业务工作上，不愿做耐心的解释疏导工作，使得“一手硬，一手软”的现象普遍存在，也使得思想政治工作常常处在“说时重要，干时次要，忙时不要”的尴尬境地。

（二）思想政治工作缺乏科学规划，针对性不强

多数单位的思想政治工作没有长远规划，缺少前瞻性，目标不明、责任不清，未能形成有机统一的工作体系和完善的监督约束机制。由于思想政治工作缺乏针对性和预见性，往往只能是出了问题事后补救，忙于头痛医头，脚痛医脚，治得了标却治不了本。基层党的组织和群团组织主动开展深入细致的思想政治工作不够，思想政治工作仍停留在“你读我听”的被动式说教阶段，教育缺乏针对性，干部职工参与学习的积极性不高，教育效果不明显。

（三）思想政治工作方法传统陈旧，缺少交流沟通

思想政治工作缺乏新思路、新观点，方法单一、内容枯燥，找不准切入点，习惯用“一把钥匙开百锁”。主要表现在两方面。一方面，经常性的思想教育缺

少有效的载体，习惯于充当“传话筒”；在开展思想政治工作时，只停留在开大会、作报告、读报纸、发文件的层面上，能引起职工共鸣互动的话题很少。另一方面，习惯于走过场，不愿意开展真正的批评与自我批评，缺少心灵的沟通。有的单位里领导与领导、领导与下属、同事与同事之间表面上看起来是“一团和气”，实际上是处于一种凝滞、凝固的状态，缺少真诚的交流与互动，部分职工不愿敞开心扉，不愿说心里话，严重地影响了单位的凝聚力。

（四）思想政治工作缺乏实效，感召力不强

一些单位的思想政治工作未能与中心工作很好地结合起来，职工的思想问题和实际困难没有得到很好的解决，做思想政治工作往往是要求得多，疏导得少；管理得多，教育得少；检查得多，帮助得少；表面的多，实际的少，“两张皮”现象严重，犹如“沙滩流水不到头”。职工看不到思想政治工作解决实际问题的作用和效果，自然就造成了思想政治工作“上头热，中间温，职工冷”的局面。真正解决职工工作和生活中的实际困难、化解职工心结、调动职工积极性、提高思想政治工作的渗透力和感召力是当务之急。

（五）思想政治工作者工作压力大，为难情绪重

绝大部分单位的思想政治工作由政工人员在做，他们在一些具体工作上只有建议权，因而对职工提出的一些实际困难只能以说服和说教为主，有时只能当传话筒，难以解决实际问题，因此在工作上的为难情绪很重，其承受的压力也是可想而知的。另外，大部分的政工人员在从事思想政治工作的同时又兼职其他业务工作，有时忙于应付日常事务而影响到思想政治工作的开展，影响到对新形势下如何做好思想政治工作的思考。

三、加强职工思想政治工作的具体做法

近年来，在农业部党组的坚强领导下，水产院党组积极探索思想政治工作的规律和方法，不断激发全院科技创新和科研人员的活力，为科技创新能力的快速提升提供有力保障。

（一）发挥中心组学习引领作用，牢牢把握正确的政治方向

中心组学习是领导班子和党员干部学习理论、加强思想政治建设的重要形式。水产院党组高度重视思想政治工作，充分发挥中心组学习引领示范作用，不

断强化对职工的思想政治教育，牢牢把握正确的政治方向。贯彻落实《中国共产党党和国家机关基层组织工作条例》，紧密结合院工作实际，制定了《关于改进院所中心组学习的指导意见》等规章制度，不断提升中心组学习的规范性、科学性和实效性。同时，用中心组学习的引领作用带动学习型党组织、服务型党组织建设活动，组织党员、职工深入学习贯彻中国特色社会主义理论，加强理想信念、党性党风党纪和道德品行教育，把职工思想认识统一到党中央、农业部党组决策部署上来，统一到提升科技创新能力、服务渔业产业发展上来，把学习成果转化为工作思路、工作举措，不断研究重点工作，解决难点工作，推进中心工作。

（二）注重人文关怀和心理疏导，努力营造和谐的发展氛围

随着当前科技体制改革的不断深化，事业单位分类改革的推进和绩效工资的全面推行，加上长期存在的职称晋升困难、同城不同酬等问题，水产院在改革发展中的各种压力日益增大，职工思想和情绪也随之出现了波动。为了稳定职工队伍，促进单位和谐发展，水产院在落实人文关怀和心理疏导方面进行了积极探索和尝试。一是在结合党员领导干部民主生活会、民主评议党员、为职工办实事等工作中广泛听取群众意见，在了解思想动态的同时，通过深入职工调研，以及网站、QQ群、微信等网络平台沟通交流，及时把握职工心理诉求和现实需要。二是将职工个人发展需求与单位发展需求相统一，推进“5511”人才工程、人才分类评价、青年职工培养导师制等工作深入开展，为职工成长成才搭建平台。三是开展帮扶活动，定期对困难职工走访慰问，切实解决他们的实际困难。四是邀请专家举办心理讲座，缓解心理压力与危机。通过各项工作的开展，培育职工自尊自信、理性平和、积极向上的心态，营造良好的和谐发展氛围。

（三）加强廉政文化建设，营造风清气正的发展环境

加强廉政文化建设是党中央加强党风廉政建设和反腐败工作的重要创新举措。水产院把廉政文化建设作为加强职工政治思想工作、构建和谐单位的重要内容，着力推进。院党组高度重视廉政文化建设，每年召开党风廉政建设工作专题会议，研究部署全院年度党风廉政建设工作；落实党风廉政建设党委“主体责任”、纪委“监督责任”，查找廉政风险点，制定落实廉政风险防控措施，建立健全廉政风险防控体系；深入开展党的群众路线教育实践活动，加强党员干部工作作风建设；把廉政教育作为中心组及党支部学习的重要内容，及时传达学习党中央、农业部党组有关党风廉政工作部署，通报近年来科研单位发生的多起案件，

组织职工进行大讨论，开展廉政警示教育；通过网络、微信等平台，发送廉政短信，开展廉政知识竞赛活动。廉政文化建设活动的深入开展，在全院营造了风清气正的发展环境。

（四）学习宣传先进典型，激发创新发展正能量

典型就是旗帜，具有明确的导向性。水产院重视先进典型的表彰、总结、宣传工作，每年组织开展先进集体、先进工作者、先进党支部、优秀共产党员等评选表彰工作。结合庆祝中华人民共和国成立 60 周年、建党 90 周年和 91 周年，以及群众路线教育实践活动，先后 4 次邀请先进集体和先进个人代表在院机关和全院作事迹报告，如“以海为家、与鱼相伴，执着追求发展海水鱼类养殖事业”的雷霁霖院士，东海水产研究所的“盐碱地精神”，南海水产研究所的“南极精神”等，在广大党员、职工中形成了强烈反响。学习宣传先进典型，充分发挥先进典型的示范带头作用，有力激励全院职工立足岗位创先争优，为推动全院各项事业的跨越式发展凝聚正能量。

（五）加强创新文化建设，培育和弘扬核心价值观

核心价值观是文化软实力的灵魂，也是科研院所创新文化建设的重点。水产院在推进创新文化建设过程中，组织全院职工开展了“核心价值观”大讨论活动，凝练形成了“科研为本、求是创新、团结奉献、富民强渔”的核心价值观，并通过主题演讲比赛、墙报、文艺活动等形式和载体，加强对核心价值观的宣传教育，积极引导职工追求高尚的道德理想，不断夯实思想道德基础。院属各单位也纷纷结合实际凝练形成了本单位的核心价值观，并形成了各具特色的创新文化，例如，淡水渔业研究中心创建“幸福中心、美丽渔院”等，凝聚职工思想，提供科学发展的精神支柱。同时，发挥共青团、妇联等群团组织作用，积极组织职工广泛开展形式多样的文体活动。开展职工运动会、登山、健步走、定点投篮、跳绳、拓展、读书会、卡拉 OK 比赛等活动，既提高了职工身心健康和素质，又增强了团队意识和集体荣誉感；秉承“传递关爱”的价值理念，开展关爱孤残儿童等公益活动，引导职工投身公益，传递正能量；开展职工兴趣小组活动，为兴趣相通的职工提供互相学习和切磋的机会及交流的平台。以活动为载体，将思想道德教育内化于中，提高思想政治工作的实效性。

四、加强职工思想政治工作的意见建议

（一）提高认识，思想政治工作要常抓不懈

新形势对思想政治工作提出了新的、更高的要求。农业科研单位的党政领导要充分认识到加强思想政治工作的重要性、必要性，要加强对思想政治工作的领导，把思想政治工作与业务工作相结合，解决“两张皮”的问题。要充分认识到新形势下思想政治工作的难度和复杂性，为思想政治工作提供必要的人、财、物保障，为开展工作创造良好的环境。要切实掌握思想政治工作的进展程度和效果，发挥好思想政治工作对推进科研创新、稳定职工队伍、促进单位健康发展的重要作用。同时要加强思想政治工作人员队伍建设，提高其业务素质、能力和工作积极性。

（二）贴近实际，增强思想政治工作前瞻性

职工思想政治工作要始终坚持实事求是和以人为本的原则，敢于抓“热点”、碰“难点”、解“疑点”，使思想政治工作在实际工作中富有生命力和战斗力。对职工中可能出现的思想问题进行科学的、前瞻性的判断和分析，超前预防，提出解决办法，把工作做在前面，防患于未然。要做到与时俱进，加强调查研究，主动积极地发现苗头性倾向，并采取有效的解决措施，提前化解矛盾。

（三）继承传统，重视对科研人员的教育引导

在思想政治工作中，要重视对科研人员的教育，注重舆论的引导，营造良好风气。要下大力气梳理总结和宣传老一辈科学家传承下来的优良传统，继续发挥典型的引路作用，用优秀的品格和高尚的精神鼓舞科研人员，引导科研人员正确对待自己、他人和社会，正确对待困难、挫折和荣誉，使科研人员树立爱国主义的民族精神，提高诚信意识和学术道德，具备良好的思想道德和素质。

（四）创新方法，使思想政治工作深入人心

新形势下，思想政治工作的方式方法要灵活多样，要打破以往反复说教、读书念报的简单模式，采取灵活多样的形式。要进一步发挥媒体作用，充分利用手机和网络等现代通信工具，以及思想座谈会、交流论坛和 QQ 群、微信、易信平台等有效载体，建立覆盖全体职工的现代化思想政治工作网络，将思想政治工作更好地融入科研活动中。对思想政治工作的内容，要根据时代变化不断地赋予其新的内涵，寓教于乐，使职工在潜移默化中接受教育。

（五）落实制度，确保思想政治工作落到实处

坚持定期听取群众意见的制度，建立和畅通干部职工思想反映的渠道。坚持为职工办实事制度，专题研究解决群众关心的问题和诉求，对暂时不能解决或因客观原因限制无法解决的问题，及时向群众做好解释工作。坚持领导班子成员之间、领导干部与干部职工之间的谈心制度，通过谈心促进团结、消除误解、推进工作。坚持职工思想状况分析制度，每年开展职工思想状况分析，了解职工思想动态，分析原因，提出措施。坚持督促检查制度，把思想政治工作纳入党建工作、领导班子考核范围，作为文明单位、先进基层党组织等评选的重要内容。同时，将思想政治工作纳入院绩效管理指标体系，年终进行评估，督促院属各单位重视和加强思想政治工作。

课题组组长：柳　正
课题组成员：程　洁　郭燕梅　崔　鹤　李著伟　胡海彦　张万全　顾旭蕾

科研院所加强基层服务型党组织建设的实践与思考

中国科学院微电子研究所

2014年5月，中共中央办公厅印发的《关于加强基层服务型党组织建设的意见》提出，要以服务型党组织建设引领基层党建工作，使服务成为基层党组织建设的鲜明主题。本文对中国科学院微电子研究所（简称微电子所）近年来开展基层服务型党组织建设的具体实践进行总结回顾，并对科研院所加强基层服务型党组织建设、推动基层党建创新进行思考探索。

一、科研院所加强基层服务型党组织建设的重要意义

新形势下，基层党组织服务群众、做群众工作的任务更加繁重，加强基层服务型党组织建设，意义更加重大。从全党角度看，加强基层服务型党组织建设是贯彻落实党要管党、从严治党方针的必然要求，是推进国家治理体系和治理能力现代化的重大举措，是建设学习型、服务型、创新型马克思主义执政党的基础工程，是保持党同人民群众的血肉联系、巩固党的执政基础的客观需要。对于中国科学院院属科研单位而言，加强基层服务型党组织建设，在以下三个方面具有重要意义。

（一）加强基层服务型党组织建设是创新基层党组织工作方式的必然要求

长期以来，有些基层党组织工作方式方法陈旧落后，思想政治工作和业务工作脱皮脱节，党组织的活动变成了党内的自娱自乐，缺乏对党员群众的吸引力和凝聚力，也得不到行政领导和资源的支持。因此，创新工作方式，使党的工作贴近业务、贴近群众、接地气、聚人气是基层党组织开展工作的当务之急。自知识创新工程实施以来，中国科学院院属科研单位大多依据科研团队布局设置基层党组织，党建工作与科研工作实现了比较紧密的结合。可以说，基层党组织的战斗堡垒作用发挥得好坏直接影响着科研团队的创新实践，基层党组织的创造力和凝聚力的高低直接影响着科研团队的成果产出。面向科技创新实际需求，加强基层服务型党组织建设，创新基层党建工作思路和方式方法，将有助于提升基层党组织的创造力和凝聚力。

（二）加强基层服务型党组织建设是实施“率先行动”计划、实现“四个率先”目标的坚实保障

习近平同志 2013 年 7 月 17 日在中国科学院考察工作时，要求中国科学院“率先实现科学技术跨越发展，率先建成国家创新人才高地，率先建成国家高水平科技智库，率先建设国际一流科研机构”。为贯彻落实习近平同志提出的“四个率先”要求，贯彻落实党的十八大和十八届三中全会精神，中国科学院研究制定了《“率先行动”计划暨全面深化改革纲要》，从 5 个方面提出了 25 条具体改革措施，明确指出要“坚持围绕创新、服务创新、促进创新，进一步加强和改进各级党组织建设，充分发挥党组织的政治核心作用”。实施《“率先行动”计划暨全面深化改革纲要》，基层党组织要责无旁贷地担当重任。

（三）加强基层服务型党组织建设是完善现代科研院所治理体系的重要举措

在实施《“率先行动”计划暨全面深化改革纲要》、推进研究所分类改革、构建适应国家发展要求、有利于重大成果产出的现代科研院所治理体系过程中，基层党组织既要做好推动改革的中坚力量，又要做自身改革的先行者，充分发挥强有力的政治优势和组织优势，推动《中国科学院章程》《中国科学院研究所综合管理条例》，以及中国科学院北京分院系统研究所《所长负责制实施细则》《党委工作实施细则》《职工代表大会实施细则》《学术委员会实施细则》的有效实施，支持所长和行政领导班子依法行使职权，有力推动研究所的改革与发展。

同时，在改革中，党组织要找准定位，立足围绕中心、服务大局，把党的工作有机地融入科研和管理工作之中，使党组织成为现代科研院所治理体系的重要组成部分。

二、科研院所基层服务型党组织的功能定位

微电子所党委认为，科研院所基层党组织应该始终围绕中心、服务大局，始终将“科技创新”作为一切工作的出发点和落脚点，始终将保障“科研成果产出”作为最大的“政治”，聚焦科研活动，聚焦人才成长，充分发挥其政治核心和监督保障作用，为科技创新保驾护航。

（一）基层服务型党组织要服务科研活动

在思想引领、制度建设、行政管理、后勤支撑、条件保障、安全生产、文化建设等方面下功夫，为科研活动创造一个目标明确、管理科学、运行高效、信息通畅、设施齐备、环境优美、服务到位的科研生态。

（二）基层服务型党组织要服务于人才成长

在选贤任能、人才培养、业务培训、推先树优、政策激励、人文关怀等方面下功夫，为全体员工营造一个潜心致研、施展才干、人尽其才、才尽其用、团结和谐、舒心工作的人文氛围。

三、微电子所开展基层服务型党组织建设的具体实践

近年来，在中国科学院党组、京区党委和北京分院党组的领导下，微电子所党委带领各党支部，切实履行职责，扎实推进基层服务型党组织建设，取得了实效。

（一）牢固树立服务意识，转变管理部门工作作风

建设基层服务型党组织，要牢牢树立服务意识，积极投身到改革发展的实际工作中，为改革发展添砖加瓦、排忧解难。在微电子所，党政领导班子多年来配合默契、分工明确，所长是科研带头人，主抓科研；党委是“后勤部长”，主抓行政管理和政治工作。研究所管理部门一直以来存在着衙门作风、官僚作风，服务意识不强，认为自己是管理者，科研人员来办事是有求于自己，所以科研人

员很有意见。微电子所党委狠抓机关建设，从转变服务态度、转变工作作风入手，明确宣布科研及科研人员是立所之本，是研究所一切活动的核心，机关管理部门是二线，围绕中心、服务大局，不能本末颠倒。机关党支部以转变机关工作作风为抓手开展党员教育活动，考核机关管理部门的工作以科研人员的满意度为标准。有了这些理念，管理人员的位置摆正了、态度端正了，各部门急科研之所急、想科研人员之所想，变“管、卡、压”为主动服务，纷纷制定服务指南，绘制办事流程图，定期培训各研究室文书，提高了工作效率，促进了科研发展。

（二）围绕改革发展，办实事求实效

微电子所党委积极参与研究所重大问题决策、推动改革发展，支持、配合行政领导班子转变发展思路、调整学科布局、凝练发展目标，全力保障所长任期目标的实现。把党的工作与所里的行政工作有机结合，既保证了行政管理工作有效实施，又提高了党组织在群众中的威信。加强基本建设和条件保障，组织完成净化实验室改造，争取到“十二五”基建项目和修购专项经费 6400 万元，实施“中国下一代互联网示范工程”项目，组织编制《后勤支撑体系建设实施方案》，协调专业公司提供优质物业服务，努力为科研当好“后勤部长”。狠抓安全生产，重视细节管理，健全完善研究所安全管理体系，十年来未发生重大安全责任事故。加强科研资质建设，顺利通过国家保密资质认证、质量体系认证和科研生产许可证认证，建立良好的科研秩序。加强内部审计，扎实开展科研经济业务真实性和合法性审计、“小金库”专项治理等，有效保证科研经费的安全合理使用。重视处理历史遗留问题，圆满完成华严里 2 号楼搬迁腾退工作，保证院党组指示的贯彻落实；妥善解决离退休同志工资调增问题，解除职工医疗费报销“封顶”限制，消除离退休同志看病就医的后顾之忧。通过上述办实事、求实效的工作，为科技创新营造出和谐的工作环境。

（三）重视思想建设，创新服务理念

建设基层服务型党组织，要坚持不懈地加强职工思想教育工作，引导广大党员干部不断适应改革发展的新形势，在服务中践行社会主义核心价值理念。微电子所党委注重加强理论学习，坚持每季度至少组织一次党委中心组（扩大）学习，先后邀请院党组副书记方新、郭传杰，中共中央纪律检查委员会驻中国科学院纪检组组长李志刚、王庭大，院副秘书长何岩、潘教峰等领导同志，以及杨乐院士、吴德馨院士等科学家，就党的建设、党的群众路线、反腐倡廉、科研道德和学风建设等进行党课教育及专题辅导；组织领导干部参加中央党校、中央国家机关党校、中国科学院党校及“中国干部网络学院”举办的各项培训，不断提

高领导干部的政治理论水平和战略思维能力。注重加强舆论引导，通过情况通报会、所工作简报《芯天地》、所网站、所 OA 系统、宣传栏等多种载体形式，及时传达中央重要决策精神和中国科学院重大部署，通报研究所各项工作的最新进展，就职工群众关心的改革问题进行说明解释，使舆论引导始终为改革开路，统一职工思想，增强信心，保障各项改革措施顺利推进。注重加强社会主义核心价值观教育，以建党 90 周年、中华人民共和国成立 60 周年、中华人民共和国成立 65 周年、中国科学院建院 60 周年、中国科学院建院 65 周年等为契机，通过举行升旗仪式、召开主题座谈会、参观成就展、观看主题教育片、举办知识竞赛、举办征文比赛等形式，开展以“爱党、爱国、爱院、爱所、爱岗”为核心的“五爱”教育，组织学习“井冈山精神”“延安精神”“雷锋精神”，关注青年职工党员思想状况。通过这些形式多样的教育，在职工中树立好风气、传递正能量。注重加强警示教育，组织中层及以上干部、科研和管理骨干、党务干部参观司法部燕城监狱、北京市海淀区看守所等廉政教育基地，举办反腐倡廉专题讲座、图片展，循环播放反腐倡廉警示片，让他们增强法律意识，提高拒腐防变能力。同时，通过加强内部制度建设、定期培训和内部审计等形式，教育引导科研和重点管理领域从业人员进行风险防控，保障科研和各项经费的合理合法使用。

（四）强化制度建设，健全服务机制

建设基层服务型党组织，要建立以服务为导向、需求为目标的服务制度和工作机制。坚持和完善民主集中制，微电子所党委开好领导班子民主生活会，会前广泛征求各方面意见，会上开诚布公查找不足、提出建议，会后采取切实举措推动落实。坚持所务公开、党务公开，推进科学民主管理，通过《芯天地》、所 OA 系统、宣传栏等及时将所内重大决策、重要事项向全所传达。以制度建设和精细化管理为抓手，不断提升管理水平。倡导“依法治所”，加强制度梳理，五年来，全所新制定、修订各类制度规定 92 项，使各项工作有章可循、有制可依、有据可查。推动“精细化管理”，努力打造“管理人性化、职能清晰化、工作流程化、培训常态化、考核标准化、管理信息化”的研究所精细化管理模式。推动廉洁从业风险防控，加强经济活动内部控制，组织各部门梳理查找风险点、绘制优化流程图、优化防控流程、完善防控措施、健全制度规范，编制《微电子所风险防控控制流程汇编》和《微电子所经济活动内部防控流程汇编》，关口前移、注重预防，保障科研人员、科学家在科研活动和经费使用中不违规、不犯错。认真开展党的群众路线教育实践活动，以“牢记宗旨、强化责任，转变作风、创新为民”为目标，坚持“开门搞活动”，通过近 700 人次参加的 21 个座谈会、党组织民主生活会共征集到意见、建议 438 条。本着“整改

突出问题、注重长效机制建立、注重研究所科学发展”的原则，所党政联席会讨论制定了《整改方案》《专项整治方案》和《制度建设计划》，明确了每项整改任务牵头负责的所领导、落实部门和整改时限，受到了京区督导组和职工群众的认可及肯定。

（五）加强队伍建设，提高服务能力

建设基层服务型党组织，需要建立一支服务意识强、服务能力优、服务作风好、服务水平高的队伍，解决“谁来服务”“会不会服务”的问题。微电子所党委高度重视“三支队伍”建设，即党委班子队伍、党务干部队伍和党员队伍。打造坚强有力的领导班子，所党委注重加强自身建设，明确党委委员工作分工和履职要求，严格党委会议事规则，坚持所党委委员联系党支部制度；所党委通过党委中心组学习、党政联席会、班子成员谈心等形式加强所领导班子思想建设、组织建设、制度建设和作风建设，以良好的班风带出良好的所风。打造业务过硬的党务干部队伍，把党的思想政治工作和业务管理工作高度融合。选好配强党支部班子，选拔党性观念强、业务水平高、热爱党务工作、具有一定行政职务的党员担任党支部书记，将想干事、能干事、干成事的青年党员作为党务后备干部跟踪培养，选派科研一线党支部书记参加各类专题培训，不断增强业务能力。全所 14 个在职党支部 20 名正副支部书记中有 12 人是中层干部。目前，全所共有专兼职党务干部 106 名，使党的工作规模化、正规化和制度化。党风建设成为带动研究所作风转变的正能量。打造高素质的党员队伍，以促进个人事业发展为着眼点，把骨干发展为党员，将党员培养成骨干。2009 年以来，全所共发展党员 65 人。截至 2014 年 10 月 31 日，全所共有党员 816 名。广大党员积极投身科技创新，发挥了先锋模范作用。全所现任 67 名中层及以上干部中，党员占 61.2%；272 名副高级及以上专业技术职务人员中，党员占 47.1%。2009 年以来评选出的 50 名年度“十佳先进工作者”中，党员占 54%。党员的先锋模范作用得以充分显现。

（六）创新载体建设，拓展服务平台

建设基层服务型党组织，要创新贴近科研、贴近实际、贴近群众的工作抓手，解决“怎样服务”的问题。凝练并实践核心价值理念，微电子所党委坚持“惟精惟一、求是求新”的所训，凝练并践行“团结协作、和谐奋进、共创大业，相互尊重、相互支持、变竞争为竞赛”的研究所核心价值观，倡导管理部门与科研部门“互相依存、共生共荣”，倡导“谋事者受尊重，谋人者无市场，多谋事少谋人”，营造出团结向上的和谐氛围。建立人才保障机制，5 年来，全所共引

进各类人员 883 人，其中副高级及以上职称人员 102 人，包括“千人计划”入选者 12 人、“百人计划”入选者 16 人。为保证人尽其才、才尽其用，所党委政治上关心、业务上支持、生活上照顾各类人才，加强职工培训，提出工作期望与要求，传授工作方法与经验，引导职业规划与设计，锻造广大职工精湛的业务技能和良好的职业素养；积极推进“3H”工程，在子女入托入学、医疗、住房等方面争取各项政策支持，建立起“广泛参与、部门合作、上下联动、人事协调”的行之有效的人才工作机制和保障机制。扎实开展“创先争优”活动，所党委以“五个好”“五带头”为争创目标，精心设计了“创建学习型组织”“讲党性、重品行、做表率”“践行‘科学院精神’，为创新做贡献”“如何发挥‘火车头’作用”等实践载体，引导各党支部、广大党员立足本职、创先争优，取得了良好成效。开展“向‘一三五’聚焦，为‘创新 2020’献力”活动，各党支部紧密结合实际，聚焦科技创新前沿、献力国家战略需求，开展创建“党员先锋岗”等活动，充分发挥战斗堡垒作用。一室党支部在中国科学院京区纪念建党 93 周年暨推进“聚焦献力”主题实践活动经验交流会上作了典型发言，并被推荐参加中央国家机关“基层服务型党组织宣传典型”评选。打造创新文化品牌，始终将创新文化建设放在重要位置，将其作为推动研究所科学发展的软实力、作为党组织投身科技创新的主阵地，依托《芯天地》、所中英文网站、《微电子信息》等宣传平台，公众科学日、科技开放日等有效载体，新华社、《人民日报》、中央电视台、《科技日报》等新闻媒体，外树形象、内聚人心，展示科技创新的最新成果，扩大研究所的知名度和社会影响力，传播科学文化，弘扬“科学院精神”，传递正能量。充分发挥群众组织作用，工青妇老学是党的工作的重要组成部分，充分发挥群团组织的作用，使党的工作全面活跃。职代会和工会以推动民主管理、加强民主监督、维护职工合法权益为着力点，组织实施“重大疾病筛查”和“重大疾病互助保障计划”；坚持开展“送温暖”走访慰问，五年来累计慰问困难同志 500 余人次，发放慰问金 75 万元。所团委以广大团员青年的需求和成长成才为出发点和落脚点，组织开展“岗位大练兵暨青年技术能手大赛”等系列活动。所妇委会以提高广大女职工、女学生的整体素质为目标，坚持开展“巾帼建功”创建活动。

微电子所加强基层服务型党组织建设的各项举措，取得了实实在在的成绩，微电子所党委连续五年获评“中科院（京区）党建工作创新奖”。5 年来，微电子所共获得国家科学技术进步奖 2 项、国家技术发明奖 3 项、国防科技进步奖 2 项、北京市科学技术奖 2 项，已成为国内微电子领域学科方向布局最完整的综合研究与开发机构，成为中国科学院首批进入“创新 2020”“整体择优”支持的研究所之一，正处于历史上难得的快速发展时期。

四、进一步加强科研院所基层服务型党组织建设的思考

通过开展基层服务型党组织建设的具体实践，我们认为，要进一步加强科研院所基层服务型党组织建设，必须在国家科技体制创新改革的新形势下，以创新的思维和创新的形式开展工作。

（一）紧密结合科技创新实际，创新基层党组织设置方式

中国科学院“率先行动”计划已正式启动，创新研究院、卓越创新中心、大科学研究中心、特色研究所四种机构分类改革的目标定位、设立标准、启动程序与共性政策也已出台，在今后一段时间内，现有科研院所将进行较大力度的系统调整和精简优化，现代科研院所制度和治理体系将逐步建立。在这种情况下，必须及时跟进，以学科布局调整为导向，紧紧围绕新的创新单元的组织方式、运行方式设置基层党组织，扩大组织覆盖面，构建起灵活高效、贴近需求的党的基层组织服务体系，充分发挥战斗堡垒作用。

（二）切实提高组织生活质量，增强基层党组织吸引力、凝聚力和战斗力

在坚持传统组织生活的同时，要针对不同群体、不同部门、不同岗位的党员开展主题鲜明、形式新颖的活动，摆脱单一、简单的理论说教，杜绝组织生活娱乐化，将支部活动与业务工作有机结合，做到“两手抓、两不误、两促进”。要注重发挥每位党员的作用，鼓励他们发挥个人特长、积极设计活动方案、为支部工作献计献力。要健全党内激励、关怀、帮扶机制，加强正向激励、引导、示范，充分发挥支部委员和老党员的“传帮带”作用，为青年职工党员配备优秀党员、老专家作为指导老师，在思想上予以引导，在业务工作上给予指导，帮助他们尽快成长。通过高质量的组织生活，吸引要求进步、各方面表现优秀的职工加入党组织，不断增强党支部的先进性。吸引广大党员参加支部组织生活，不断增强党支部的吸引力、凝聚力和战斗力，使党支部真正成为成长乐园。

（三）有效运用新技术和新媒体，提高基层党建工作信息化水平

要充分运用互联网、移动通信等迅猛发展的信息技术及QQ、微信等新媒体，发挥其信息量大、即时便捷、互动性强、精准性高、形式多样等特点，探索建立网络党组织，拓宽党建工作网络阵地。建立“网上党校”，丰富栏目设置，动态更新内容，覆盖文字、视频、音频、图片等多种学习媒介，方便他们自主、自由

学习，搭建党员网络教育平台；开辟书记信箱，建立党员BBS，开展网上问卷调查，广开言路，了解需求，征集建议，及时反馈，答疑解惑；建立网上党支部，通过支部QQ群、MSN群、微信群等，发布信息，沟通情况，加强交流，减少空间的约束和限制，拉近党员间的距离；定期编制并推送党员手机报，内容涵盖党务动态、所务动态、科研进展、创新文化等，让他们更便捷地了解研究所动态。同时，注重加强舆论引导和正面引导，牢牢把握网络宣传阵地的主动权，弘扬主旋律，传播正能量，抓好精神家园建设。

（四）持续推进创新文化建设，优化创新生态系统

文化的力量不可小觑，在一个组织的发展中具有不可替代的作用。要大力弘扬社会主义核心价值观，深入推进创新文化建设，往精里走、往实处做，内化于心、外化于行；加强对各科研团队特别是新成立科研团队的文化建设指导，推动开展跨部门、跨支部的交流活动，构建“充满活力、包容兼蓄、和谐有序、开放互动”的创新生态系统。要统筹科学传播工作，积极传播科学思想、科学文化和科学精神，大力倡导学术道德和科研诚信，营造和维护勇于创新、鼓励成功、宽容失败的科研环境。

课题组成员：李培金　马　强

加强科研院所党内监督的对策研究

中国科学院信息工程研究所

一、科研院所党内监督工作的特点

科研院所虽然在部门设置、履行职责、办事程序等方面与政府机关和高校有类似之处，但党委处于政治核心，有别于党政机关的“党委领导”和高校的“党委领导下的校长负责制”。相应来说，科研院所的党内监督有别于党政机关和大学的党内监督，有其独特的地位和特点。

（一）以民主集中制原则为基础，以研究所民主管理为切入点

民主集中制是我党根本的组织制度和领导制度，也是党内监督机制运行应遵循的基本准则之一。科研院所是知识分子高度密集的地方，知识分子比其他社会成员具有更强烈的民主法治和公平正义的诉求，具备开展党内监督工作的良好基础。中国科学院研究所“实行所长负责制，实行民主讨论基础上的所长决策制度。研究所党委起着政治核心和保证监督作用”[①]。党委不直接参与对研究所行政事务的管理，而是通过对民主集中制的行使和监督，实现研究所民主管理，促进各项工作的开展。坚持所长负责制与民主集中制的协调统一，确保各项决策真正符合党的路线方针政策，符合科研院所改革发展的实际，做到民主决策、科学决策。通过所务会、党委会、职代会、学术委员会等工作制度决定研究所发展战略

① 《中国科学院研究所综合管理条例》（2008 年 1 月 11 日中国科学院院务会议审议通过）。

与规划、科技布局、财务管理、资源分配、干部管理、职工权益、学术评议等重大事项。

（二）以党委为主导，以纪委为核心力量

各级党组织和包括党的各级领导干部在内的广大党员干部都是党内监督的主体。《中国共产党党内监督条例》规定纪委是党内监督的专门机构。但在实际运行过程中，科研院所的党内监督以党委为主导，以纪委为核心力量，依托党委办公室、纪委办公室承担党内监督的职能。党委、纪委办公室多与办公室合署办公。此外，研究所纪委书记一般为同级党政领导班子成员兼任。纪委在同级党委、上级纪委领导下，实现对权力的监督与制约。课题组为此做了一项调研，涉及中国科学院京区的 15 家研究所。在这些研究所中，只有 2 家研究所单独设党委办公室、1 家研究所单独设纪委办公室。纪委书记由党委书记兼任的有 4 家研究所，由党委副书记或副所长兼任的有 11 家研究所。

（三）以领导干部和科研骨干为重点对象

《中国共产党党内监督条例》规定“党内监督的重点对象是党的领导机关和领导干部”。与行政机关相比，科研单位的权力结构较为分散，权力重心相对较低。此外，科研院所不同于国家行政机关，不具备公权力，因此党内监督更多的是对研究院所落实民主决策的监督，以及对科研环节和管理环节的过程进行监督。一般地，研究院所按管理层级分为研究所、实验室、课题组三级组织模式。研究所行政领导主要负责研究所级事务的决策，包括研究所的发展规划、目标定位、发展方向与规模、学科设置、基本建设、所级采购等。根据中国科学院的特点，所级行政领导大部分是从科研业务中涌现和选拔出来的。在担任行政领导期间多数仍从事科研工作，完全脱离科研方向专职从事行政管理的所级行政领导少之又少。研究所职能部门负责人主要负责本部门负责事务的决策，包括执行所领导的决策部署及研究所例行性工作等；实验室和课题组负责人对本部门、本课题组事务进行决策，包括行使一定的资源分配权、一定的人事权和财权。因此，领导干部（包括所行政领导、职能部门负责人）和科研骨干是党内监督的重点对象。

（四）党内监督与行政监督高度配合、协同作战

在科研院所中，党内监督并不是一个封闭的体系，其与行政监督在要素上具有交叉性，在功能上具有互补性。一般地，在各级领导岗位上担任重要职务的以党员居多，维护党纪和政纪具有内在的一致性，从调研所涉及的 15 家研究所的

情况看，科研院所的纪检部门与监察部门往往采取合署办公的形式，纪检部门同时履行监察职能的为 100%，纪委在对党员作出党纪处分的同时，给予行政处分，以显示监督的强制性和威慑力。

二、科研院所党内监督工作存在的问题

近一段时期，科研院所内贪污腐败和挪用公款等违法乱纪行为多发，在一定程度上反映了党内监督是科研院所党建工作中的薄弱环节之一。与目前中央从严治党的形势需要和科研院所的使命责任相比，科研院所党内监督的有效实现还有一定的差距。如果不解决好，甚至会成为影响建设现代化科研院所的瓶颈。经过调研，目前科研院所党内监督的问题主要体现在以下方面。

（一）思想不统一，监督意识不到位

科研院所党内监督中，无论是各级党组织还是普通党员、党员领导干部，对党内监督都不同程度地存在一些模糊认识。一些领导干部认为本单位的中心任务是科技创新，对党内监督不够重视，过分强调体制原因和外部环境的影响，对违纪违规行为监管缺位，惩处不力。有的管理人员对业务范围内的监管责任缺乏担当精神，认为党内监督是党组织的事，上级的事，纪委的事，奉行好人主义，“事不关己，高高挂起；明知不对，少说为佳；明哲保身，但求无过”①。部分科研人员党性观念淡薄，存在自由主义的倾向，认为强化党内监督是“左”的一套，是对科研业务工作的干涉，是搞形式主义。

（二）对监督内容认识过窄，缺乏针对性

《中国共产党党内监督条例》对监督的内容作了明确规定，主要是因为不少单位和党员对监督内容认识过窄。他们把廉政建设当成是科研院所党内监督的最重要甚至是唯一的内容，所以一谈监督，往往强调是纪律惩处，忽视对包括行政负责人在内的每个党员在执行党的路线、方针、政策，正确行使权力，密切联系群众，贯彻党的民主集中制等方面的监督。

（三）党内监督在一定程度上受行政管理制约，机构缺乏独立性

科研院所中的决策力和执行力往往大于监督力，监督机构必须要在执行机构之中寻求权力支点。这种强弱不等的监督关系，实际上使决策层处于“虚监”的

① 毛泽东：《反对自由主义》，1937 年 9 月 7 日。

境地。一方面，研究院所普遍实行行政领导负责人制，基层党组织、纪检组织的编制、经费都由行政管理予以支持；另一方面，从事监督工作的人员考核评价、职务晋升均受制于监督客体，同时监督与干部管理相对脱节，党委、纪委在研究院所的主要工作中有弱化的趋势，党委、纪委履行监督职能的手段与途径、监督结果的处置都不够有力，监督工作难以真正到位。

（四）监督责权不明确、渠道不畅通，执行乏力

一是党内监督与行政监督的责权不明确。绝大多数科研单位实行行政主管负责制。“行政线”在研究所管理中发挥着主导作用，党委发挥政治核心和保障监督作用。但在具体落实监督责任时，党内监督和行政监督的关系没有厘清，一些方面不可避免地存在着交叉监督的现象，另一些方面则又存在着监督失位的现象。

二是对重点领域和要害部门的监督难以深入。科研院所的主要工作都围绕科学研究这一中心开展，在规范院所治理结构方面均以科技创新为导向。因此，科研院所往往重视科研计划、产业开发、成果推广等工作，纪检部门虽然被赋予了党内监督专门机构的职能，但在实际工作中却难以与其他业务部门相互融合、合作互补，无法真正参与到中心工作中去，更没有建议权、决策权和否决权。在部门之间协调机制尚不健全的情况下，容易因为沟通不及时、信息交换不充分而丧失监管的主动权。

三是监督缺乏强制性，监督执行困难。党内监督本质上是对权力的控制，应该具备一定的强制性，但科研院所中的党内监督制度设计，往往是建立在党员干部自觉接受监督的基础上的，以党性原则为前提，是一种柔性监督机制。例如，党内民主监督主要靠党性驱动，通过民主生活会、民主评议党员活动、开展批评与自我批评，强化党员的先锋模范作用，使党员不断坚定共产主义理想信念，改造自己的主观世界，增强党性修养和锻炼。这种监督没有任何强制性措施，极易受一些不良因素影响，造成监督乏力。

四是监督制度不完善，可操作性差。一些党内监督制度执行乏力。有些制度过于抽象笼统，缺乏具体的实施细则，执行比较困难。有些制度只有定性规定，没有定量规定，执行中弹性过大。有些制度只是实体规定，缺乏必要的程序规定。这些导致监督人员往往凭借个人关系、个人素质发挥监督功能，对党的领导干部无法构成体制上的监督、制约，导致监督活动也存在时紧时松、时强时弱的情况，甚至因人而异。

五是基层党组织监督缺位，党支部组织生活不健全。组织生活会是贯彻党的民主集中制及加强党和群众联系的重要制度，通过开展批评与自我批评及听取党员群众意见来实现党风政风的持续改进。在调研中，一些党支部没有定期召开组

织生活会，召开时也不注重程序的规范性；有些党支部的活动与文化娱乐活动合二为一，在一定程度上削弱了党内生活的政治性；同时党支部对党员领导干部的考察、任免、提拔和奖惩等工作普遍缺乏参与力度，监督结果也很难运用到干部管理中去。

三、加强和改进科研院所党内监督的可行性对策

我们探讨可行性对策，无外乎是在正确的时间做正确的事情。政治不是实现“最优”的艺术，而是关于“可能”“次优”的艺术。在加强和改进党内监督的过程中，对于一些必须取得突破但一时还不那么有把握的改革，要摸着石头过河，认真进行试点探索。同时，还要讲究策略方法，先易后难，不搞一刀切，不求齐步走，从党情、国情出发，与科研院所的发展进程相适应。

（一）以党风廉政建设责任制为抓手，建立党内监督领导工作责任制，加强监督评估

建立党内监督领导工作责任制，融入党风廉政建设责任制要求。一是着力构建权责对等的责任分解体系。明确院所法定代表人是本单位反腐倡廉建设第一责任人。党委书记在党风廉政建设中承担主要责任，与法定代表人共同抓好领导班子党风廉政建设主体责任落实。进一步明确各部门和岗位的职责权限，围绕深化廉洁从业风险防控工作，把落实主体责任作为监督防控的重要内容，建立岗位职责管理网络图和职权目录，划清责任红线，做到定位准确、边界清晰、人事相符、权责一致。实行层层签订个性化党风廉政或反腐倡廉责任书制度，做到传递责任、传导压力，并将其作为责任考核和责任追究的依据。

二是明确各单位党委主要负责同志为抓党内监督工作第一责任人，并把履行职责的考察情况纳入对领导班子和主要领导干部的考核评价中。由院相关部门下达考核指标，统一标准，将党内监督的工作量化，综合考虑执行党的路线、方针、政策，正确行使权力，密切联系群众，贯彻党的民主集中制、参与组织生活等方面。扩大普通党员群众的参与面，由纪委、党员代表和职代会代表组成考评小组进行综合评价。

三是加强监督结果的使用。把各级领导干部的评价结果在一定范围内公示，并把评价与党员干部的培养、使用结合起来，扩大党员群众参与推荐、评议的范围，使群众在干部选任中真正拥有知情权和发言权，最大限度地调动和保护党员群众爱岗敬业的热情。

（二）科学配置权力，形成合理的权力制衡机制

一是加强党政配合。长期以来，“上级监督太远，同级监督太软，下级监督太难”是普遍存在的现象。在实现职务交叉的基础上，保证权力的合理流向，实现决策的民主化、科学化是解决这一问题的有效途径。这就要求我们打破原有的单向任职模式，使党委的纪检、宣传、组织等部门人员与相关行政部门联合办公，在人员分配上可以“兼职”。

二是重点岗位适时调整轮岗，消除长期用权弊端。一项权力长期由个别人行使，势必给廉政带来更多风险。因此，实行干部轮岗制对于降低廉政风险，保护和培养锻炼干部非常重要。对廉洁从业风险防控工作中定为高风险的岗位，严格按照规定的任职期限进行轮岗，积极推动干部在所内、所际或更大范围内交流。

三是保障纪委独立行使监督权。建立纪检人员履职保障机制。比如，可以选取一些单位，由上级纪委派驻纪检专员（亦可将一名纪检专员派驻到多个单位）。纪检专员主要负责监督研究所党内监督的落实情况，特别是在受理涉及研究所党政领导同志的信访举报时，由若干纪检专员组成调查组，在研究所纪委的配合下，核实和查处有关情况。为保证工作的相对独立性，这些纪检专员由上级纪委聘用，人事关系、工资关系等挂靠上级纪委。上级纪委组织开展对纪检专员的考核评价，包括综合评价岗位职责履行情况、监督工作质量和效果，建立绩效工资与办案数量、质量挂钩的绩效考核机制。这样做可以从实际上根本消除纪检人员的后顾之忧，认真履行党内监督的职能。

（三）健全民主管理制度，构建决策议事的刚性规则

细化量化决策议事规则等制度内容。

一要明确决策议事范围，凡涉及人、财、物等“三重一大”问题，都必须经过集体讨论决定，并以会议表决形式体现领导集体意志，不得以传阅会签或个别征求意见等形式代替集体议事和会议表决。对干部任免等表决事项，必须全部实行无记名投票方式表决。

二要明确决策议事按设定的程序进行，会前应向与会成员通报决策内容，保障其有调查酝酿过程；表决应按少数服从多数原则，执行一人一票表决制，对重大而敏感的问题应实行票决制；会后应将决策过程和结果按规定的方式予以公开，接受普通党员监督，切实发挥程序和权利对重点对象行使权力的制约监督功能。

三要明确决策议事的监督主体和监督程序，确保党组织和纪委对执行决策议

事规则情况的有效监督，决策行为一旦违反操作程序，不管主观意愿和客观效果如何，都是无效的、违规的。

（四）深化党务公开

知情是监督的前提，在科研院所中，党内民主还是有一定基础的，但是研究所的民主管理发展必须依靠党务公开。党务公开对于扩大党员群众的参与，畅通各级党组织倾听民声、民意，实现广大党员群众依法行使民主选举、民主管理和民主监督的权利有着积极作用。

一是明确党务公开的内容。我们定义的党务公开是一种宽泛的范畴，鉴于党内监督和行政监督的密切集合，党务公开与所务公开是高度重合的，凡属于《中国共产党党内监督条例》和其他党内法规要求公开的内容，凡是本单位党员干部群众关注的重大事项和热点问题，只要不违反保密规定，都应予以公开。包括预算和决算信息、政府采购文件、采购预算、中标成交结果、采购合同，国内公务接待的批次、人数、经费总额等情况，会议的名称、主要内容、支出金额，培训的项目、内容、人数、经费，办公用房建设、维修改造、使用、运行费用支出，公务支出和公款消费的审计结果。

二是明确党务信息公开的方式和程序。具体要做到：一是政策性规定长期公开，二是经常性工作定期公开，三是阶段性工作逐段公开，四是临时性工作及时公开。

课题组成员：孟　丹　闫　杰　孙莎菲

“治未病”理念指导下的科研院所中青年党员思想动态预警防控体系研究

中国中医科学院

★ ★ ★

科研院所中青年党员是科研工作的主力军，更是聚集优秀精英的队伍。加强和改进思想政治教育工作的方式、方法和手段，切实把思想工作做到中青年党员的心坎上，是新时期科研院所思想政治教育工作的新课题、新要求。

预警防控是指根据事物过去和现在的发展状态，把握事物发展所蕴藏的规律，预先采取相应的防范措施，进而预测和防范事物发展未来的科学实践活动。其核心强调的是早发现、早治理。而这恰恰与中医“治未病”的理念不谋而合。“治未病”是中国传统健康文化的核心内容，主张“未病先防”“有病早治”“已病防变”“病盛防危”“新愈防复”，它所具有的以人为本、崇尚自然的特性对完善和巩固党员思想动态预警防控体系建设具有很好的启示和指导作用。

一、科研院所中青年党员思想动态现状及专家论证情况

（一）科研院所中青年党员思想动态现状

随着改革开放的不断深入，社会主义市场经济的发展，多元化精神文化需求日益增长，中西方思想文化意识相互激荡与碰撞，加强科研院所中青年党员队伍建设，有利于保持党员的先进性和纯洁性。为了及时掌握科研院所中青年党员

思想动态，我们对科研院所中青年党员进行了无记名问卷调查，发放问卷 73 份，有效问卷 71 份。结果显示，94.2% 的中青年党员能够积极主动交纳党费、学习党的政治理论、参加组织生活，正确认识当前腐败问题，高度认可当前党员教育工作，诚恳批评犯错误的同志，具有坚定的政治信仰、共产主义信念和严明的组织纪律性，全心全意为人民服务，以报效祖国为己任。这是科研院所中青年党员的主流思想价值取向。但是，在中青年党员队伍中尚有 5.8% 的个别党员思想上还存在着一些个性化的问题，处于“亚健康”状态，尤其是无法正确认识当前的腐败问题，偏激地认为当前的腐败问题十分严重，无法根除，对当前党员教育工作也认为是形式主义，不切实际，是可搞可不搞的事情。个别党员处于这种状态的原因，有以下四点。

一是共产主义理想信念淡化。从抽样调查问卷结果来看，5.2% 的中青年党员共产主义理想信念淡化，主要表现在极个别党员入党动机不纯，对当前党和政府存在的个别问题缺乏正确的认识，认为权力运行过程中缺乏有效监管，党和政府腐败问题严重，难以根除，加之目前我国处于社会主义初级阶段，通往共产主义的道路上将布满荆棘，使得其自我意识消磨，甚至影响到周围的同志，进而丧失为祖国、为人民、为共产主义事业奋斗终生的动力。

二是好人主义盛行。从抽样调查问卷结果来看，8.3% 的中青年党员在党内充当“老好人”，主要表现为在党内民主生活会中，对于自身周围犯错误的同志，不能及时诚恳地指出其所犯的错误，即使是指出其错误，也是蜻蜓点水，若隐若现，打擦边球。此外，个别党员视民主生活会为歌功颂德的机会，不但不进行批评与自我批评，反而一味地奉承上级领导。这些行为将影响党内民主生活中批评与自我批评的效果，不利于党员干部的进步。

三是组织纪律观念淡薄。从抽样调查问卷结果来看，0.2% 的中青年党员组织纪律观念淡薄，主要表现为不愿意接受组织纪律的约束，生活态度消极，行为散漫，不按时交纳党费，不积极参加组织活动及政治理论学习。个别党员出现党组织活动不经请假就擅自不参加，参加活动过程中消极怠慢或中途退场，遇有工作任务就推诿不作为，工作拖拉，不能按时按质按量完成工作任务的情况。这些行为在中青年党员队伍和人民群众中造成了不良影响，给组织抹了黑。

四是为人民服务的意识淡化。从抽样调查问卷结果来看，10% 的中青年党员全心全意为人民服务的意识淡化，主要表现为个别党员受“功、名、利、禄”的诱惑，以“人人为我，我为人人”的错误价值观为导向，缺乏主人翁意识，私欲膨胀，贪图享受，淡化奉献精神与服务意识，追求“实惠”，索取“回报”，出现“不作为”与“乱作为”两种极端现象。这种求实惠、索回报的服务方式，不利于党群、干群的鱼水关系。

（二）专家组论证情况

为确保课题研究的科学性和严谨性，课题组专门聘请了从事思想政治教育理论研究和中医药文化理论研究的 17 位相关专家及工作在思想政治教育一线的专职人员对课题进行全面的指导和论证。通过发放调查问卷、召开论证会和座谈会等形式，与专家们进行多层面、多角度的沟通和交流。

专家普遍表示，当前科研院所中青年党员的整体思想动态是健康向上的，但同时也存在着一些不可忽视的现实问题，如集体意识淡化、责任观念弱化、服务意识不强、功利思想抬头等。面对上述问题，积极运用“治未病”理论，将严早、严小、严预防的理念与思想政治教育工作结合，实现对中青年党员思想动态的全程监测、全程管理，既满足思想政治教育工作的实际需要，也顺应中青年发展的自身需求，更是发挥中医药文化影响力的有效途径，应予以大力支持和推广。在发放的问卷中，有 98% 的专家对“治未病”熟悉，认为科研院所中青年党员的整体思想动态比较健康，一致认为保证科研院所中青年党员思想健康要以预防为主，对建立“科研院所中青年党员思想动态预警防控体系”持支持态度，认为“治未病”理念可以应用到“科研院所中青年党员思想动态预警防控体系”的研究中。

二、构建科研院所中青年党员思想动态预警防控体系的必要性

党的十八大以来，党中央积极推进党风廉政建设和反腐败斗争，特别是党的群众路线教育实践活动开展以来，查摆纠正了诸多“四风”问题，一批领导干部因违纪违法相继被查处。这充分反映了我党解决党内问题的决心和信心，同时也给一些在理想信念、思想素质、工作作风上处于“亚健康”状态的中青年党员敲响了警钟。

古语云，“凡事预则立，不预则废”“人无远虑，必有近忧”。治疗中青年党员的“亚健康”问题，不仅要治标，更要治本，从源头抓起。2014 年 5 月 4 日，习近平同志在参加北京大学师生座谈会上强调：青年价值观的形成和确立“就像穿衣服扣扣子一样，如果第一粒扣子扣错了，剩余的扣子都会扣错。人生的扣子从一开始就要扣好。”在思想政治教育工作中构建预警防控体系，就是要扣好第一粒扣子，争取工作主动权，抓实日常监督，扫清思想障碍，防止矛盾激化，把积极影响扩大到最大，把消极影响减小到最小，避免出现不良思想或错误行为积习成性、根深蒂固，积重难返，无从下手，处处被动、防不胜防的尴尬局面，做足“严早、严小、严预防”的文章，做好“保健医生”。具体而言，构建科研院所中青年党员思想动态预警防控体系的必要性主要体现在三个方面。

（一）建立预警防控体系符合中青年党员自身成长的发展需要

随着社会经济的迅速发展和现代科学技术的日益更新，竞争和创新已经成为推动社会进步和个人发展的关键因素。竞争和创新导致人们的生活方式、工作方式和生产方式更加复杂多变，未来发展的不确定因素逐渐增加。中青年人只有努力实现自身的全面发展才能更好地适应现代社会对人才的要求。现代社会的这一特点和人类趋利避害的本性，自然会促使中青年人更加关心自己的前途和命运，迫切希望对未来的变化发展趋势进行预测，对影响自身发展的不利因素进行预防，进而能够更好地抓住机遇、规避风险。针对上述情况，及时开展适时有效的预警防控管理与教育，引导中青年党员思想动态良性发展，符合中青年党员对自身发展的要求和期望。

（二）建立预警防控体系契合思想政治教育规律运行的实际需要

一个国家、民族的生存与发展离不开精神支柱。这种精神支柱所体现的价值观，就是国家、民族的灵魂。中青年党员正处于人生上升期，思想观念处于不断变化之中，可塑性较强，应不断加强引导，使其价值观朝着理性、正确、健康的方向发展。这就要求思想政治教育工作既要突出刚性的规范和标准，明确什么能做，什么不能做，又要强调以人为本、人性化管理，在潜移默化中达到润物细无声的效果。建立预警防控体系一方面做到了“防患于未然”，在不良思想和错误行为发生之前进行有效阻止，避免了不必要的损失；另一方面做到了“防微杜渐”，将不良思想和错误行为消灭在萌芽状态，防止其发展和蔓延，满足了思想政治教育工作刚柔并济的需要，更利于及时了解中青年党员的思想现状，促进中青年党员的身心健康和人际关系发展，增强集体的凝聚力和向心力。

（三）建立预警防控体系满足科研院所思想教育工作的现实需要

科研院所中青年党员作为高知识人群的代表，具有接受能力强、知识视野宽、思考速度快等特点，特别是在信息爆炸、大众传媒迅速发展的今天，各种形形色色的社会思潮通过不同的途径出现在他们面前，虽然拓宽了其眼界，提升了其素养，但也使他们对一些错误、腐朽的东西感到困惑和不解。特别是青年党员，他们刚刚踏出校园，在心理、价值取向和责任意识上还不是很成熟。如果在此阶段对一些错误的思想缺乏正确的判断力和抵抗力，不仅会对自身成长产生负面影响，还会给本职工作带来诸多干扰，严重的会影响其一生的发展。而这些仅仅依靠传统教育方法是得不到完全解决的，因为在固有的传统教育中，经常存在“头痛医头”的事中矫正和“痛定思痛”的事后反思，在一定程度上忽视了“未雨绸缪”的事前防范，造成了短期行为，遏制了预测、防范和疏导功能的发挥。正所谓“防为上、救为次、戒为下”，要增强思想政治教育工作的预见性、主动性和时效性，推动其由事后应对向事前防范的转变、由滞后处理向超前处理的转变、由矫正反思向预测防范的转变、由效果不佳向良性循环的转变，建立预警防控体系，开展跟踪教育是一种有效的管理途径。

三、中医“治未病”理论对预警防控体系建设的启示

截至 2014 年年底，我党拥有 8779.3 万名党员，如此巨大的组织构成，就像人吃五谷杂粮，生病是不可避免的，但是我们要积极预防，减少生病。有了病就要积极治疗，该吃药的吃药，该动手术的动手术，这样才能恢复健康。讳疾忌医是不行的，正所谓“匿病者不得良医”。“良医治未病”尤为难得。《素问・四气调神大论》明确提出了“治未病”理念，并阐明了“治未病”的重要性，指出“是故圣人不治已病治未病，不治已乱治未乱，此之谓也。夫病已成而后药之，乱已成而后治之，譬犹渴而穿井，斗而铸锥，不亦晚乎”。“治未病”思想是中国传统健康文化的核心内容，包含“未病先防”“有病早治”“已病防变”“病盛防危”“新愈防复”五个方面。这个思想启示我们，在科研院所中青年党员思想健康问题上，必须辨证诊治，分析思想问题产生的原因，辨明是“标证”还是“本证”，是要“急治”还是“缓治”，通过集思广益的辨证，给出诊断与治疗方案，以切实落实科学预警理念，建立长效机制，不断创新预警思路、预警措施、预警方式，提高预警效能，完善预警防控体系，确保科研院所中青年党员思想积极，健康向上。

“未病先防”是“治未病”最根本、最省时、最省力的措施，也是最高明医者的体现。将“未病先防”运用到科研院所中青年党员思想建设预警工作中，要求我们必须有发现“未病”的能力、“补益气血”的本领、治疗“未病”的预警措施。社会在不断发展，物质生活日益丰富，形形色色的诱惑日益增多，形式主义、官僚主义、享乐主义和奢靡之风不断侵袭中青年党员肌体，国际形势日益变化，西方思潮不断涌入，如果不善于根据变化着的形势及时采取预警措施，就难免顾此失彼，无法保障科研院所中青年党员的先进性和纯洁性，无法保障科研事业的健康稳步发展。作为科研院所的党务工作者，要善于探寻科研院所工作的规律，善于调查研究，善于发现中青年党员思想问题的苗头和动向，尤其是大家普遍关注的“35 岁现象”，提早预警，防止“疾病”的进一步发展。

“有病早治”是“治未病”的重要环节，不仅要求我们要善于发现“未病”，而且要求我们要及时诊出“疾病”之根，将其消灭于萌芽之中。“有病早治”要在“气机未乱时，随时维护气机平衡”，保证肌体尽早康复。良医治病于萌芽比巧手化重疾更为重要，因为其治疗难度低，成本少，病程短，疗效好，危害小。“有病早治”的时机论和方法论，要求在科研院所中青年党员思想建设过程中，必须做到科学选择时机，不断创新预警措施，做到早发现、早治疗。无论是与科研院所中青年党员思想建设密切相关的党务工作者，还是肩负科研任务的领导者，都需要用“有病早治”的思路，仔细审视中青年党员存在的问题，有效化解阻碍其发展的不利因素，促进其健康平稳发展。

“已病防变”是“治未病”的重要组成部分，要求我们善于“发现疾病”，更要善于运用“化瘀行血”“养血润燥”等措施“治疗疾病”，防止疾病的传变。中医整体观念强调事物整体的联系性、有机性和不可分割性，一方面与外界有机联系在一起，另一方面自身也是一个不可分割的统一体。“人非圣贤，孰能无过，过而能改，善莫大焉”，我们不但要敢于正视科研院所中青年党员在思想政治上存在的缺点和错误，还要善于帮助其改正缺点和错误。中青年党员不是一个独立的阶段，在开展思想政治教育的过程中，不能局限于中青年阶段，而忽略了党员成长的整个过程。同时，影响科研院所中青年党员思想政治健康的因素，不仅仅有科研院所的因素，也包括家庭、社会等因素。要联系、有机地看待影响中青年党员思想政治健康的因素，不能人为地割裂个体前期成长阶段及其他外部因素对于中青年党员发展的影响。对确实存在思想政治健康问题的中青年党员个体，应该从个体发展的整个过程、整个环境去研究、发现影响思想政治健康的因素，有了小病，及时治疗。

“病盛防危”是“治未病”更深层次的体现，要求我们对病盛的科研院所中青年党员，采取“祛毒排脓”“壮筋续骨”等积极有效的救治措施，迅速阻断侵袭中青年党员的已盛邪毒，阻止病势的蔓延，防其危变，使思想政治严重偏离党员标准的科研院所中青年党员得到救治。在科研院所中青年党员思想政治领域的教育与监管工作中，党委要负主体责任，要切实把工作做到位，将关口前移，否则本来还可以挽救的中青年党员，却因为没有及时采取措施，而活生生地被毁。俗话说：“十年树木，百年树人。”培养一个中青年党员不容易，组织上要考查教育多年，他本人也需要付出很多的努力，但真的要毁起来，就像“病来如山倒”，说倒下就倒下，其中的教训值得我们深思。

“新愈防复”是“治未病”不可忽视的环节，要求我们更加关注“治愈”的科研院所中青年党员的思想政治动态。科研院所中青年党员思想政治领域疾病初愈，正确的思想政治素养尚未完全恢复，机体功能尚未完全康复，应

“固本培元”，补益正气，促进康复。同时，加强思想动态的监督，若不注意其思想政治动态的变化，容易导致原有思想政治问题复发，甚至加重，进而危及生命。对于既往存在思想政治问题的中青年党员，党委、纪委、部门负责人要在日常工作中加以提醒和监督，更要与有关部门紧密协作，加大惩处力度，发挥惩处的威慑力和警示作用，营造风清气正的工作环境，使其体会到“手莫伸，伸手必被抓”，做到“别人亡羊，自己补牢”，这样才能促进中青年党员的健康成长。

实践证明，“治未病”思想具有“天人合一”的整体观特征，提倡“正气存内，邪不可干”的预防思想，以培养正确的世界观、价值观、人生观，提高抵御不良思想侵袭的能力；倡导“恬淡虚无，病安从来”的健康理念，以养成平和、稳重的心态，抗拒形形色色的诱惑；注重人与自然、社会和谐的健康模式，体现了“以人为本”的科学发展观和崇尚自然的“绿色健康”理念。这为科研院所中青年党员预警防控体系的建立提供了重要的借鉴意义。

四、基于中医“治未病”理念，对我国科研院所中青年党员预警防控体系的建议

（一）未病先防，防患未然，建立多级监测网络系统，加强信息收集机制建设

信息沟通机制是指教育主体与教育对象之间信息流通、信息反馈的方式、方法和制度规定。只有建立畅通的信息沟通机制，思想政治教育才能实现及时预警、有的放矢，做到“未病先防”“防患未然”。一是建立信息控制系统，充分利用院报、橱窗、网站等媒介平台开展内容丰富、形式多样、思想活泼的宣传教育活动，同时突出中青年特色，契合中青年心理需求，充分调动中青年党员的主动性和积极性。设立党政团联席会议制度、领导接访日制度及基层信息员制度，形成信息共享、协调周到、方便快捷的工作机制，自上而下地确保预警功能的发挥。二是建立思想跟踪巡检制度。地区差异、性别区别、学历专业及家庭状况的不同，决定了中青年党员的思想状况不可能等齐划一。这就需要工作人员深入基层、贴近实际，既要统一要求，又要区别对待，及时发现问题、解决问题。同时，对中青年党员的思想情绪要及时跟踪，定期巡检。巡检的制度可以多样化，根据不同的具体情况分为月度巡检、季度巡检和年度巡检。三是建立思想动态分析制度。万物皆流，无物长驻。人的思想也是这样，尤其是中青年党员的思想更容易受到影响而产生变化，其可塑性极强。因此，在思想政治教育工作中，有必要建立思想动态分析制度，对

中青年党员的思想走势要进行深入分析，第一时间找出倾向性问题，并针对发现的问题制定正确的应对措施。

（二）有病早治，防变防危，建立及时危机处理系统，将“损失”影响降低到最小

危机处理系统的建立主要是基于跟踪教育后，在个体状况没有明显好转甚至趋于恶化的状态下，通过危机处理系统的运行，试图将中青年党员个体“损失”、党员个体对党员群体的影响降低到最低程度。危机处理系统包括危机处理小组和危机处理机制。危机处理小组主要由单位党委、纪委负责人，专职思想政治教育工作人员，党支部书记组成，主要负责危机处理的领导工作，并对个案进行分析，部署工作任务。危机处理机制包括沟通机制、上报机制、落实机制和警示机制。沟通机制强调要对各类危机信息进行全面掌控，有效收集党员个体信息，制订完整的危机干预方案，并确保干预方案的贯彻落实。上报机制是指危机处理小组视“危机事件”轻重，及时上报上级主管部门，争取上级的决策与支持，这也是当前各单位开展维稳工作的基本要求。落实机制是确保对“危机事件”进行有效干预的关键，要求危机处理小组工作人员分工明确，责任到人，层层落实。警示机制主要是通过“危机事件”，举一反三，及时在单位开展个案警示教育，防止“危机事件”的影响扩大。

（三）新愈防复，固本培元，建立平等协商对话机制，加强个体教育的针对性

平等协商对话机制体现了民主平等和以人为本的现代教育理念，它对于融洽教育双方关系，消除不必要的矛盾冲突，及时补充和巩固教育效果作用重大。通过开展协商对话，可以实现主动传达教育消息、进行思想干预和价值支援的目的，可以及时将教育对象反馈回的信息进行分析研究，消弭危机，巩固成果，优化思想政治教育工作的效果。一是要按时对话沟通。建立定期的对话沟通制度，事前双方要做好充分的准备，不能敷衍了事。本着实事求是、讲求实效的原则认真予以对待。对话沟通的级别和层次不能过于单一，从党委、纪委、党支部梯次进行。对话的内容是多元的，涉及思想、工作、生活等不同方面。二是要定时梳理情绪。针对中青年党员思想活跃、容易变化、容易冲动的特点，可以定时召开专门会议，对一些出现过思想问题、思想倾向和思想困惑，特别是出现过思想波动和动摇的人员，重点予以排查、梳理和引导，以保证中青年党员沿着健康的思想道路成长。三是要及时消除疑虑。中青年党员乐于思考，可塑性强，但由于知

识储备、社会阅历的不足以及工作生活带来的多重压力，极容易出现思想疑虑、走极端的现象，如果问题得不到及时解决，这对他们自身成长是十分不利的。因此，必须及时消除疑虑，对于疑虑的解答更要合情合理、有理有据，必要时应聘请知名专家进行讲解和疏导。四是要适时调整工作策略。针对对话过程中出现的问题，及时地调整策略予以积极应对，反对僵化的教条主义。

课题组：中国中医科学院

科研骨干兼任的党支部书记如何做好党支部工作研究

中国地质科学院

★ ★ ★

党支部书记兼职化是当前科研单位普遍采取的一种模式，支部书记大多由部门领导、科研和业务骨干兼任。科研骨干兼任的党支部书记能否切实发挥作用，对于科研院所在新形势下加强党的执政能力建设和先进性建设，推动科技各项工作的健康发展，使党建和业务有机融合，做到双抓双促进，具有重要的意义。

本课题通过对中国地质科学院（简称地科院）所属 7 个研究所党支部委员进行问卷调查和个别访谈，对科研骨干兼任党支部书记的履职情况展开调研，研究科研骨干兼任党支部委员发挥作用的热点、难点问题，分析探索他们的工作经验及工作规律，提出促进科研骨干兼任党支部书记做好工作的思路和方法。

一、研究对象与方法

本课题采用问卷调查和个别访谈相结合的方法。

调研对象为地科院所属 7 个研究所的党支部委员。其中，共发放问卷 90 份，回收有效问卷 81 份，有效应答率为 90%。

问卷内容包括支部组织生活开展情况，支部制度建设情况，支部活动经费是否有保障，支部工作的热点、难点问题等。个别访谈的对象是在京院属 4 个研究所的支部委员和党办主任，共 20 人，支部委员访谈内容包括开展支部工作的主要经验、存在问题和对策建议，支部工作与科研工作如何有机结合、相互促进，以及为进一步做好支部工作，希望组织在哪些方面提供支持等；党办主任访谈内容包括本单位科研骨干兼任党支部书记情况，以及科研骨干兼任党支部书记的利弊、存在问题及建议等。

二、地科院科研骨干兼任党支部书记履职情况的调查分析

（一）科研骨干兼任支部书记基本情况

中青年科研骨干是创新主体，是创新发展的中坚力量。近几年，地科院党委紧紧抓住基层党支部建设这个难点作为突破口，明确要求做好在优秀青年科技人员、学术带头人、管理骨干中发展党员工作，大力选配科研骨干、学科带头人担任党支部书记，体现党员队伍先进性。此次调查中的院属 7 个单位、55 个业务党支部，都是由科研骨干或学科带头人担任支部书记。

（二）支部工作开展情况

关于组织生活开展情况，47% 的支部每季度进行一次组织生活，36% 的支部每半年进行一次组织生活，15% 的支部每月进行一次组织生活，2% 的支部一年未进行组织生活。关于支部制度建设情况，50% 以上的支部健全了制度并严格执行，38% 的支部建立了制度但是并未实行，7% 的支部制定了制度也进行了贯彻执行，但效果不佳。关于支部活动经费是否有保障，47% 的支部活动经费有保障。

（三）支部工作热点、难点问题

关于支部工作中存在的最大困难，63% 的调查对象认为是人员繁忙，较难聚齐，43% 的调查对象认为缺少有效载体，活动没有凝聚力，40% 的调查对象认为缺少经费、场地和人员。关于支部工作中存在的突出问题，79% 的调查对象认为载体不丰富，49% 的调查对象认为经费人员等客观条件无法保证，46% 的调查对象认为科研人员重视程度不够，22% 的调查对象认为支部战斗堡垒作用发挥不明显和工作机制不健全。对此，在个人访谈中，支部委员认为，他们具有较强的工作积极性和责任感，也非常希望利用党建工作凝聚力量，促进和谐。但一方面，繁忙的业务工作影响了党务工作的及时开展；另一方面，很多党务工作方法陈旧、形式单一，支部活动主要是落实上级布置的任务，组织学习、开展活动，而这些任务，又以思想教育和学习文件为主，内容机械呆板，被动性的、执行性的

因素比较多，调动主观能动性的、结合业务工作的因素较少，活动缺少吸引力和渗透力。同时，有限的活动经费也限制了活动的多元化开展。

（四）对支部工作的建议

关于科研单位党支部工作最需要加强的工作，68% 的调查对象认为当前科研院所党建工作最需要加强的是创新工作载体，然后分别是提高组织生活质量（65%），保障活动经费（47%），提高支部工作人员业务素质（31%）和发挥党员先锋模范作用（23%）。

（五）开展支部工作的经验

在对在京 4 个院属单位进行的个别访谈中，各单位的党办主任和支部委员分享了各具特色、卓有成效的工作经验。

1. 建立野外党支部

地质工作的一大特点是野外工作时间长，一名普通的科研人员，平均每年有 3 个月时间在野外，而且野外工作经常地处艰险边远地区，环境恶劣。针对这种特殊情况，资源所党委把党建工作延伸到野外科研工作一线，亲临现场指导，使党建工作方式更加灵活机动，更符合行业实情。2009 年，资源所党委为健全野外临时党支部制度，指导支部工作，理顺野外临时党支部的各方面关系和程序，建立《野外临时党支部（党小组）工作制度（试行）》，用制度来保障支部的发展与建设。野外临时党支部的建立把发挥支部战斗堡垒作用和推进地质科技事业发展紧密地联系在一起，把支部建设作为科研团队建设的重要抓手，把党建工作全面融入凝聚集体、鼓舞士气、培养人才、促进工作各个环节，激励地质科技工作者用对党的事业的忠诚和对科研事业的热爱，忘我工作，践行对地质事业的承诺。

2. 实施党支部工作目标化考核

党支部目标管理是基层党建工作的一个有效载体，是基层党组织抓好党建工作的一项行之有效的制度。2001 年以来，矿产资源研究所党委为加强全所党建工作，制定和完善了综合考核办法，对各支部开展的工作进行了定量评价和评比，把自评、互评、点评结合起来，同时，将综合考评结果纳入年终奖励。实施党支部工作目标化考核，进一步明确党支部的工作职责，能起到以制度促管理、以考评促发展的积极作用。

3. 建设学习型党支部

党支部是建设学习型党组织的基础。各单位的党支部将党建和业务相融合，始终坚持紧密围绕科研业务工作开展党建工作，通过开展形式多样、内容丰富的学习培训和团队建设，达到提高素质、增强理解、促进团结的目的，同时也提升了党支部的吸引力和凝聚力。以地质研究所为例，地层古生物研究室党支部书记与研究室主任密切配合，高举推进新机制、开展“358”“两面旗帜”，坚持理论联系实际，积极探索以党建工作促进科研业务工作的方式和方法，先后组织开展了“地层古生物研究室2009年度学术交流会”、“青藏高原能源矿产勘探中地学研究的机遇与挑战”青年地质专家研讨会、“进一步提高地层古生物学的研究水平，为地质找矿工作提供技术支持”主题讨论会、“地层古生物研究室2010年度学术交流会”等活动。针对单个党支部人员不足、业务工作单一的问题，多个党支部联合开展活动，既促进了单位各部门之间的沟通了解，碰撞了不同业务之间思想的火花，也吸收了多方的生机和活力，增强了党建工作的吸引力。以地质力学研究所为例，经常有多个党支部联合开展活动，以文化沙龙为形式，设计不同主题，围绕科学发展潮流、业务工作方法、当下社会热点等话题进行自由探讨。

三、促进科研骨干兼任党支部书记做好工作的思路和建议

根据问卷调查和个别访谈的分析，可以说，地科院科研骨干兼任党支部书记履职情况整体良好，主要表现在：第一，科研骨干兼任党支部书记这一群体有较好的个人素质，政治觉悟高、业务精良、勤勉敬业，又有做好党建工作的责任感和使命感，他们工作在基层党组织的第一线，发挥着重要作用；第二，各单位在长期的摸索实践中，形成了一套与本单位实际密切结合、各具特色、行之有效的做法，有促进科研骨干兼任党支部书记做好工作的良好环境和氛围，同时，各单位对党建工作高度重视，在人员配置、制度保障、经费拨付等方面给予了支持和指导。

但问题也不容忽视，各单位支部工作发展不平衡，部分科研骨干兼任支部书记工作方法陈旧、思路单一，支部活动内容不能与时俱进，吸引力和渗透力不足，支部委员的工作能动性不强，支部的战斗堡垒作用不能充分发挥。为此，还需要从以下五个方面加强和改进。

（一）注重宏观把握，明确党建服务地质科技工作的作用

一是明确党建工作服务科技创新发展战略的作用，促进科技创新成果。党的十八大提出实施创新驱动发展战略，将科技创新摆在国家发展全局的核心位置；党的十八届三中全会提出深化科技体制改革，建设国际一流科研机构。习

近平同志将实施创新驱动发展战略提到决定中华民族前途命运的高度，在“两院”院士大会、视察中国科学院、批示“率先行动”实施方案等不同场合，对科技创新提出了新思想、新论断、新要求，强调必须增强紧迫感，紧紧抓住机遇，全面增强自主创新能力，显著提高我国科技创新水平。兼任党支部书记的科研骨干肩负着科技创新的历史使命，要尽快树立创新驱动发展的工作理念，将为什么要实施创新驱动发展战略、怎样实施创新驱动发展战略和实施创新驱动发展战略的重点工作等内容贯彻在支部活动中，在具体的科研工作中大幅提升科技创新成果的质量和水平，注重科研成果转化，服务生态文明建设，提升科技进步对经济社会发展的贡献率，为创新驱动发展提供有力的知识基础和发展动力。

二是明确党建工作服务找矿突破战略行动的作用，促进地质调查成果产出。2014 年 1 月 13 日，张高丽同志在地质科技工作者座谈会上提出，要以改革创新精神推动地质科技工作再上新台阶。地科院兼任党支部书记的科研骨干都是地质调查主战场的生力军，应全力以赴推进党建工作、地质调查工作与科学研究一体化，将党建工作的“源头活水”引入地质调查的“广阔田地”，围绕中心、服务大局，以创新地球科学理论、发展现代地质科技、引领找矿突破、支撑国土资源和地质调查、服务生态文明建设为己任，着力解决资源环境关键科技问题，为找矿突破、减灾防灾及经济社会可持续发展做出新的更大贡献。

（二）建立教育培训机制，加强党务干部队伍建设

加强支部工作，主体是支部委员队伍，应着力建立健全支部委员教育培养管理机制，不断提升党支部委员的理论素养和工作能力。在问卷调查和个人访谈中，支部委员表达了对学习培训的迫切愿望，支部委员虽然是业务尖子，但是对于党务工作的理论和方法却没有系统认识。因此，要做好上岗前的集中培训、上岗后的系统培训，定期举办党支部工作培训班，利用专题讲座、经验交流、参观考察等多种形式，明确党支部工作的各项职责和工作程序，党支部思想建设、组织建设和制度建设的基本要求，掌握如何做好党支部委员的具体工作方法和技巧。同时，通过经验交流使基层党支部互相学习，查找差距，开拓思路。此外，还应注重支部党务工作的“传帮带”，在支部委员中配备年轻干部，形成支部委员的人才梯队。

（三）明确党支部的功能定位，进一步加强制度保障

党支部应始终“围绕中心、服务大局、融入业务、推动发展”。“围绕中心、

服务大局”，即党支部要发挥党调查民意、掌握民心、紧密联系群众的桥梁和纽带作用，使党支部工作服从、服务于党的政治路线和地质科技的根本任务；“融入业务、推动发展”就是要防止“一般化”“两张皮”现象，防止党务和业务工作脱节，要使党支部工作紧密结合地质科技业务。

对于制度保障，要建立党支部工作目标管理制、考核奖励制、野外党支部工作制、信息反馈制，并将党务工作和行政及业务工作一同考核评价，提高做好支部工作的积极性和规范性。对于支部开展活动，要有一定的经费保障。鉴于支部委员多为兼职，本身业务工作相当繁重，可通过评比、培训、经费补贴等方式对其给予鼓励，建立相应的激励政策。

（四）加强党务干部与业务管理干部的交流与融合

基层党务干部成长空间狭隘，没有晋升渠道，这是造成部分党务干部缺乏主观能动性的原因之一。在实际调查中，很多基层党务干部在岗位上辛勤工作几十年甚至一辈子，默默无闻，无私奉献，却得不到上级领导的重视与肯定，这从另一个侧面反映了党建工作“说起来重要、干起来次要、忙起来不要”的突出问题。如何提高基层党务干部的积极性，是做好基层党建的重要环节。应从以下几方面着手。①曾经担任支部委员是选拔中层干部的必备条件之一，并优先选聘；②党务干部与业务干部定期轮岗；③设立党务干部津贴。

（五）创新工作方法和载体，推动信息化管理

党支部工作要始终围绕单位中心工作，结合业务特点，不断创新活动载体，丰富活动内容，切实推进学习型、服务型、创新型党支部建设。同时，由于信息技术迅猛发展，将现代信息技术融入党务工作，是提高基层支部工作质量和效率，适应形势发展需求的必然要求。应充分利用党建网站、论坛、微信、微博、QQ、电子邮件等形式，开创支部工作新阵地，及时发布工作信息，快捷完成分享交流、政策咨询、谈心交心等工作，增强党的基层组织的凝聚力和创新力。

课题组组长：王　洁
课题组成员：徐丛荣

党建工作带动医院行风建设的调查研究

中国中医科学院眼科医院

★ ★ ★

卫生事业是党和国家工作大局的重要组成部分，是十分重要的民生工程。《中共中央国务院关于深化医药卫生体制改革的意见》把“坚持以人为本，把维护人民健康权益放在第一位”作为深化医药卫生体制改革的基本原则，进一步强调要“加强医德医风建设，重视医务人员人文素养培养和职业素质教育，大力弘扬救死扶伤精神”。深入研究和不断加强医德医风建设，对于医院提供优质的医疗服务、树立医院良好的社会形象、赢得群众和患者的信任至关重要，也是落实新医改的重要任务。

加强医德医风建设是一项系统工程，本文仅就党建工作如何带动行风建设开展研究。

一、党建工作带动行风建设的重要意义

（一）党建工作带动行风建设是坚持全心全意为人民服务宗旨的必然要求

党建工作是医疗卫生系统行风建设的坚强基石，医疗卫生职业道德建设是充分体现我党全心全意为人民服务宗旨的重要组成部分，行风建设就像是反映党建工作好坏的一栋建筑，是社会道德风尚的风向标。

以党建工作带动行风建设，引领和支持医德医风建设依照党的要求，遵从行

业发展需要和规章，充分发挥医药护技全行业人员的影响力、作用力和主观能动性，以良好的自身建设推动科学发展，把党的正确主张内化为自身的行为准则自觉行动，让党的先进性在医疗卫生领域得到充分体现。医德医风建设的好坏与民生保障、社会和谐息息相关，为了满足广大人民群众日益增长的对维护生命和健康、获得良好医疗保障的需要，充分体现党全心全意为人民服务的宗旨，必须坚持加强党建工作促进医德医风建设。

（二）党建工作带动行风建设是发挥党组织优势加强党建工作的重要任务

党的十八大报告指出，在新的历史条件下夺取中国特色社会主义新胜利，必须牢牢把握“八个必须”的基本要求，其中之一就是“必须坚持党的领导”。办好中国的事情，关键在党，坚持党的领导把党建设好，国家就会繁荣。党的建设的基本内容主要有思想建设、组织建设、作风建设、制度建设、党风廉政建设和机关党的思想政治工作、机关精神文明建设等内容。而行风建设同样需要进行思想建设、组织建设、作风建设和反腐倡廉建设。以党建工作为指导、带动和监督行风建设并贯穿于行风建设始终的一根红线，有效地动员和组织广大医护人员投身医改、弘扬良好医德医风的建设中，是形成良好医德医风的有力保障，也是党建工作必不可少的一项重要内容。

（三）党建工作带动行风建设是弘扬社会先进文化、践行社会主义核心价值观的基本要求

党的十八大提出，倡导富强、民主、文明、和谐，倡导自由、平等、公正、法治，倡导爱国、敬业、诚信、友善，积极培育和践行社会主义核心价值观。促进开创全民族文化创造力持续迸发、社会文化生活更加丰富多彩、人民基本文化权益得到更好保障、人民思想道德素质和科学文化素质全面提高、中华文化国际影响力不断增强的新局面。做好党建工作，发扬党在社会主义建设中的引领作用，带动党风廉政文化，提高精神风尚，弘扬“以人为本”“大医精诚”的医德医风，是培育和践行社会主义核心价值观的基本要求，也是丰富社会主义核心价值观内涵的重要手段。

二、现阶段党建工作带动行风建设的实际情况

制定《党风廉政建设责任制实施细则》，将党风廉政建设纳入目标管理考核

中，落实“一岗双责”。严格执行个人收入、出国考察、干部任用、重大事项申报等规定。完善党风廉政及行风建设工作体系：一是规范运作出院病员问卷函调，建立卫生行风监督员、党风联络员制度，并在各单位建立兼职纪检监督员队伍等；二是加强廉政文化建设，发放倡廉卡，所有办公电脑统一安装构建勤廉卫生保护屏，设置专门的院务公开公示栏；三是开展卫生服务献真情、处方套餐制；四是组织开展全面加强效能建设，打造人民满意卫生主题教育活动和排查廉政风险、建立防控机制专项活动、实施问廉问责行动等，健全监督约束机制，医疗药品等服务信息要公开，制定《物价管理奖惩办法》《处方管理办法》，工程建设、医疗设备招标采购要公开。医院与处、科室相关责任人签署党风廉政行业作风建设责任书，责任考核及责任追究实施细则；与所有药品供应商签署承诺书，明确提出，严禁提供和收受药品回扣，否则将取消供货合同等。

2013 年 12 月 26 日，针对医疗卫生方面群众反映强烈的突出问题，国家卫生和计划生育委员会（简称国家卫计委）、国家中医药管理局制定了《加强医疗卫生行风建设“九不准”》（简称“九不准”）。国家卫计委同时发出通知，将执行“九不准”的情况作为医疗卫生机构及人员年度考核、医德考评和医师定期考核的重要内容，作为职称晋升、评优评先的重要依据。

三、目前医院行风建设存在的问题

（一）行业内部体制、管理、流程存在弊端

在我国现阶段的社会变革过程中，消极腐败现象仍将持续一段时间。卫生系统必然受到这样的大环境、大气候、大趋势的影响，社会上的种种不正之风必然会渗透和反映到医疗服务工作中来。在党风、政风及整个社会风气未见根本好转的情况下，这必然会为卫生系统的行风问题及消极腐败现象的滋生蔓延提供条件。

医药卫生行业在快速发展的同时，暴露出来的问题值得关注。调查数据显示，2008 ～ 2012 年，北京市检察机关共查办医药卫生领域犯罪案件 75 件，涉及 92 人，占同期查办案件总人数的 3.98%（表 1）。初步分析呈现以下几个特点。①案件集中在医药购销环节；②案件类型集中在贿赂、贪污、挪用公款犯罪；③涉案主体多为单位和部门负责人；④犯罪窝案、串案突出；⑤医药卫生领域管理制度存在漏洞。

贿赂型犯罪是医药卫生领域职务犯罪的主要形式，涉案的 92 人中 58 人是单位、部门的领导或科室负责人，占涉案人数的 63.04%（表 2）。

表 1　2008 ～ 2012 年北京医药卫生领域职务犯罪发案环节分析

分类	案件数/件	占比/%	人数/人	占比/%
医药购销	38	50.67	43	46.74
财务管理（药品管理）	12	16.00	15	16.30
医药监管	8	10.67	8	8.70
医疗退费	2	2.67	6	6.52
工程建设	4	5.33	7	7.61
新型农村合作医疗	1	1.33	1	1.09
涉密信息泄露	1	1.33	3	3.26
其他	9	12.00	9	9.78

表 2　2008 ～ 2012 年北京医药卫生领域职务犯罪发案类型分析

分类	案件数/件	占比/%	人数/人	占比/%
贿赂犯罪	51	68.00	59	64.13
贪污犯罪	17	22.67	22	23.91
挪用公款	5	6.67	7	7.61
泄露机密	2	2.67	3	3.26
玩忽职守	1	1.33	1	1.09

（二）医患关系紧张成为行风建设问题的突出表现

来自国家卫计委的数据显示，2013 年全国医疗机构门诊接待数量为 73 亿人次，发生医疗纠纷 7 万件左右。2011 年 5 月，北京市成立了医疗纠纷人民调解委员会（简称医调委）。作为第三方调解机构，几年来，医调委共受理 4900 多件医疗纠纷。医务人员（医生、护士、医技人员、管理人员）认为医患关系紧张的比例均在七成以上。医患关系信任度调查显示，有 46.4% 的患者表示信任自己的医生，26.0% 的医生认为患者信任自己。一方面，医生觉得自己不受患者信任；另一方面，也反映出医生不敢信任患者。15.9% 的患者怀疑自己做了不该做的检查项目，9.8% 的人怀疑自己吃了不该吃的药，“过度医疗”是他们内心无法绕过的坎（表 3）。

调查影响医患关系主要因素的结果显示，患者认为影响医患关系的主要因素排列在前三位的是医生诊疗行为、医院管理行为和医疗保障制度；医生认为影响医患关系的主要因素排列在前三位的是政府管理行为、媒体报道和医疗保障制度（表 4）。

表 3　医生患者相互信任度调查

调查对象	信任度 / %		
	不信任	一般	信任
患者对医生	9.1	46.5	46.4
医生对患者	12.1	61.9	26.0

表 4　医患双方对影响医患关系主要因素的认识

因素	患者 / %	医生 / %
医生诊疗行为	63.79	30.41
患者就医行为	28.15	34.71
政府管理行为	33.95	48.73
媒体报道	10.10	48.41
医院管理行为	51.90	20.07
药品流通体制	29.14	28.82
医疗保障制度	40.45	45.70

四、现阶段医院行风建设存在问题的原因分析

（一）为追求高额药物利润，药厂、药品批发公司和医药代表主动进行营销公关

药厂、药品批发公司和医药代表为了追求高额利润，层层加码推高药品价，药品生产成本实际只占药价的 30%，流通成本占到 40%，医院和零售商的利润只占全部药价的 30%。药品公司以行贿、红包、回扣等多种形式进行主动营销。

（二）现行医疗体制仍有许多弊端，医药监管松散

现在，医院在药品销售过程中能够取得较高利润，药价越高利润越大，这刺激了高药价，多开药。同时，医药监管管理松散起到“助推”作用。

（三）部分医院医务人员缺乏管理、教育，放任自流

医务人员对法律法规了解不足，认为医药回扣顺理成章、由来已久、法不责众，从而放松了对自己的要求。而管理监察部门管理不严，整改时一阵风，过后

老问题照旧，没有从严格制度升级到思想防控的认识上。

（四）医生职业的高风险与收入待遇低之间的矛盾

医疗行业风险高，医护人员处在高强度工作压力下，得不到应有回报，这种高风险低回报造成部分从业人员心理失衡，从而突破道德底线，违反法律法规。

五、加强党建工作带动行风建设的思路与对策

（一）党建工作要把握方向，围绕中心服务大局，加强医院文化建设、精神文明建设，践行医院核心价值观

基层党委党组织要充分发挥政治核心和战斗堡垒作用，贯彻执行和宣传党的路线、方针政策，让每一位党员都有正确的理想信念。习近平同志提出理想信念就是共产党人精神上的“钙”，没有理想信念，理想信念不坚定，精神上就会缺“钙”。有了坚定的理想信念，就能坚持正确的政治方向，在胜利和顺境时不骄傲不急躁，在困难和逆境时不消沉不动摇，能经受住各种风险和困难的考验，自觉抵御各种腐朽思想的侵蚀，永葆共产党人的本色。

医院文化和医院精神文明建设的核心是医院精神，医院党建工作要抓住服务百姓健康这一中心任务，抓精神文明，抓文化建设，促进全体职工价值观、人生观、道德观的高度统一。

（二）党建工作要注重党风廉政建设，构建医疗机构科学合理的权力运行机制、风险防控机制，规范医药监管部门的权力运行

习近平同志在党的十八届中央纪律监察委员会第二次全体会议上强调，要加强对权力运行的制约和监督，把权力关进制度的笼子里，形成不敢腐的惩戒机制、不能腐的防范机制、不易腐的保障机制，坚持“老虎”“苍蝇”一起打，推进惩治和防治体系建设。一是要实现制度建设的科学化，二是要实现党内制度的系统化，三是要增强党内制度的可操作性。这要求基层党组织要充分参与医药、医疗方面的决策决议。制度建设，还要建立完备的操作性强的惩防体系，规范监管权力运行。

（三）党建工作要注重干部队伍建设，坚持党管人才的原则，选拔、培养、任用、监管规范，营造良好、和谐、利于成长的工作环境

“尚贤者，政之本也”，党建工作要注重干部队伍建设。习近平同志提

出好干部要“信念坚定、为民服务、勤政务实、敢于担当、清正廉洁”；对各级干部提出“三严三实”的要求，打铁还需自身硬。层级式的领导体制决定了干部的重要性，其行为具有较强的导向性、示范性。

基层党组织要发挥培育领导干部和业务骨干的摇篮作用，“宰相必起于州部，猛将必发于卒伍”。重视从基层选拔干部，从基层选干部符合国情党情。选拔干部以德为先，基层党组织主动营造环境锻炼培养干部。

（四）党建工作要注重党风建设，加强医药卫生从业人员廉洁自律教育，监督执行医务人员行为规范和医德医风考评

党的作风是一个政党及其成员在政治、思想、组织、工作、生活等方面表现出来的一贯态度和行为，它体现着一个政党的性质和宗旨。党的作风主要包括思想作风、工作作风、学习作风、领导作风和生活作风等。党只有表现出良好的作风，才能塑造良好的党的形象，具有良好的形象才能赢得人民的支持和拥护。医务人员要做到“心不动于微利之诱，目不眩于五色之惑”，严格执行医务人员行为规范，树立良好医德医风。

六、以评促建，建设服务型基层党组织，促进医德医风建设

构建基层党支部考评体系，以评促建，加强党建带动行风建设。评价考核涵盖党的思想作风、制度、反腐倡廉建设及行风考评等，坚持责任分清、实际可行的标准，构建体现医疗卫生党建工作特色，以围绕中心服务群众为目标，促进单位医德医风建设向好发展的党建工作考评体系。

课题组成员：严　京　付晨阳　吴建秋　肖文铮

关于基层党组织在建设和谐医患关系中的作用与实践途径的研究

中国中医科学院望京医院

一、研究目的

通过对基层医护人员、党支部委员、患者进行大样本调查问卷分析，对目前所面临的医患关系不和谐的形势背景及深层次的原因进行分析，并对如何在医院范围内发挥党支部战斗堡垒作用、促进医患关系的和谐进行探讨，从而达到医疗环境的和谐发展，最终为医疗体系的和谐发展建设使其最终服务于人这一理念的实施提供一些新的、可行的建议。

二、研究背景

有调查显示，近年来医患纠纷每年以 20% 的速度递增，全国有 73.33% 的医院出现过患者及其家属暴力殴打、威胁、辱骂医务人员的情况；有 59.63% 的医院发生过因患者对治疗结果不满意，纠集多人在医院内围攻、威胁医护人员的情况；有 76.67% 的医院发生过患者及其家属在诊疗结束后拒绝出院和不缴纳住院费用的情况；有 61.48% 的医院发生过患者去世后，患者家属因对医院治疗过程不满意，在医院内摆设花圈、烧纸、设置灵堂等情况。

中共十六届三中全会明确提出构建社会主义和谐社会。构建社会主义和谐社会，作为中国特色社会主义事业的重要组成部分，在党的十八大报告中再次被提上议程。党的十八大报告首先对和谐社会的建设成果进行了回顾，总结了和谐社会建设的经验，丰富了和谐社会的内涵，并对构建和谐社会提出了新的要求和新的展望。党的十八大报告指出，健康是促进人全面发展的必然要求，要“为群众提供安全有效方便价廉的公共卫生和基本医疗服务”。身体健康是人的根本利益之一，而人民群众的根本利益是党和国家一切工作的出发点和落脚点。健康的国民可以降低国家的医疗卫生负担，国民健康与经济发展和社会稳定息息相关。因此，推进医疗保障、医疗服务、公共卫生、药品供应、监管体制综合改革，提升医疗服务能力和公共卫生服务均等化水平已成为必然趋势。作为实现这一改革构想首当其冲的医院，便成了最为重要的一环，因此应不断进行自身状态调整，创造和谐氛围以至最终达到和谐状态，进而更好地为社会的发展提供服务。

构建和谐医患关系是构建社会主义和谐社会的重要组成部分，是医疗行为的文化载体和重要保障。和谐医患关系简单讲是指以医护为中心的群体（医方）与以患者为中心的群体（患方）在医学活动中建立起来的协调匀称的相互关系。通俗讲就是指在医学活动的过程中医生与患者之间结成的和睦、融洽、相互理解信任的人际关系。目前，医方和患方之间缺乏良好的沟通，无论是患者还是医护人员都不同程度地认为医患关系不和谐。当前医患关系紧张的原因主要有：①患者对个人健康越来越重视，且对医生的期望值越来越高；②医生与患者之间沟通不够；③个别媒体的片面报道也成为影响医患关系紧张的一个重要原因，成为医患双方发生矛盾和冲突的催化剂。因此，媒体报道医患关系的公正性也直接关系到医患关系的和谐。

目前研究中存在的主要问题如下。①就理论分类而言，医患关系构建是介于医院管理、党员思想政治教育之间的边缘问题，在医疗体系中，它所处的地位并不显著，在理论的归属上，往往很难将其置于一个令人瞩目的位置上，理论思维的不显著导致理论研究的匮乏和研究成果的短缺。②在现实研究中，许多医护人员对医患关系在现行医疗体制和行医过程中的重要性认识不够，在医疗过程中缺少人文关怀，只重视治“病”，忽视医生与患者的交流，特别是在较大的医疗机构，医疗活动过分强调依赖仪器设备的情况比较严重。③构建和谐医患关系的研究成果大都散见于医院管理或思想政治教育的论著中，由于医患关系涉及范围较广，涉及问题较多，难以简单概括，缺乏全面深入的思考，只将其视为思想政治教育的一部分，加之从事研究的人员绝大多数都是从医疗体制改革或本专业需要出发去从事科研，发表专业论文，这样就形成了相关的研究成果层次较低、数量较少的现状。④构建和谐医患关系，如何在和谐社会建设中发挥党组织引领科学进步、健康向上的优势，推进以人为本的社会理念形成。本课题将就以上这些问题进行大样本问卷调查和研究。

三、研究目标

通过对中国中医科学院望京医院（简称望京医院）基层医护人员、党支部委员、患者双向发放调查问卷的形式，总结医患双方对当前医患关系的理解与思考，从理论上对医患关系发展的机制与模式进行构建，提出可供实践借鉴和参考价值的操作案例及对策措施。发挥党组织的政治核心和党员的模范带头作用，调动医护人员的积极性，从就医流程、环境及工作效率方面进行引导，提高医疗服务水平。

四、研究内容

在思路上主要通过对构建和谐医患关系概念、内涵和特征的概括，以及对当前医疗体系中医患关系的不和谐现象进行分析，并就如何建设和谐医患关系及发挥党组织的政治核心和党员的模范带头作用，提出具有现实意义的一些措施。具体思路为：首先，对医患关系的内涵进行概括，通过展现医患关系与医疗行为的联系，分析建设和谐医患关系的意义；其次，结合实际调查，分析医患关系不和谐的现状，深入探讨影响其产生的原因，分析构建和谐医患关系面临的新挑战；最后，提出构建医疗体系中和谐医患关系的可行性方案及基层党组织的引领作用。

五、研究方法

（1）调查对象。分为医护人员及患者两部分：医护人员包括临床一线医护人员及各党支部委员；患者包括门诊患者和住院患者。

（2）调查方法。调查问卷法：分层随机抽样，分患者调查问卷和医护人员调查问卷两种，均采用无记名问卷调查形式。所有医护调查人员均经各支部统一培训后进行问卷填写，由各支部书记统一回收。

六、研究结果及结论

（一）医患关系方面

（1）患者对医患关系的评价。在门诊患者中，55.00% 的认为满意，43.33% 的认为一般，1.67% 的认为不满意；在住院患者中，86.30% 的认为满意，11.87% 的认为一般，1.83% 的认为不满意。总体上看，患者的评价是较好的，住院患者对医患关系的满意度明显高于门诊患者，其原因在于住院患者与医生的关系更为固定，医生能随时观测患者的情况，而患者也能及时向医生反映自己目前的病情、提出自己的疑问，所以住院患者对医患关系现状的评价更为乐观。

（2）门诊和住院患者对望京医院医护人员最不满意的是使用过多医学专业术语，不乐意与患者或家属沟通（23.33% 及 47.82%）和就诊手续太繁杂，医护人员不细心引导（21.67% 及 43.48%）。所以，作为医生应该用通俗的语言向患者解释其病情，细心、耐心、认真地与患者及其家属沟通。作为引导人员要合理分诊，用亲切的态度消除患者就医时的紧张感；作为医院应该使就诊手续简单化，让患者能够安心、舒心地来医院看病。

（3）医护人员认为医患矛盾集中表现在：就诊环境（30.68% 及 27.66%）、医疗费用（25.0% 及 27.66%）、诊疗水平（23.86% 及 24.69%）、服务态度（15.91% 及 15.74%）。可见，主要矛盾集中在就诊环境与医疗费用上，医疗费用的制定是由国家规定的，作为医院方面无权干涉，所以目前的首要任务是提高就诊环境，扩大医院的建设规模，提供舒心的就诊环境，更好地满足人民群众的就医需要，发挥医院的医疗实力，扩大医院影响力，打下良好的群众基础，促进和谐医院进一步发展。

（4）现在医患关系紧张，医护方认为患者方面的责任主要是受不良诱导过多，缺乏理性思考（39.25% 及 29.66%）；其次是缺乏对医护人员的信任（31.31% 及 36.44%）；再者相关知识欠缺，检查治疗依从性差（22.43% 及 29.66%）。通过问卷调查，医护人员认为患者方面导致医患关系紧张的主要原因是缺乏理性思考及信任。在现实社会中，媒体及网络对事件的快速传播，虚假的社会报道，使人们看待问题缺乏一些理性的思考。要改善医患关系紧张的现状，作为医护人员无法左右大众的想法，只能从自身做起，建立患者对医务工作者的信任，这也是我们势在必行的责任。我们要用真诚的态度服务患者，善于分析自身的问题，优化服务环境，转变服务理念，改善服务态度，增进服务效果。以患者为中心，不断深化改革，提高医疗质量，千方百计地减轻群众的负担，多与患者进行一些感情沟通，多给患者一些人文关爱，多替患者着想，并尽其所能减轻患者痛苦。这样才能形成和谐的医患关系，才能缓解医患矛盾。

患者认为医护方面的责任主要是不乐意与患者及家属沟通（18.97% 及 19.90%）；服务意识不强（15.52% 及 23.98%）；用语太专业（14.37% 及 14.80%）；技术水平不能满足患者需求（24.14% 及 13.78%）；缺乏责任心（14.37% 及 16.33%）。医生和护士观点稍有差别，医生认为主要是技术水平不能满足患者需求，护士认为多是服务意识不强，这说明医护人员能从自身反思，寻找医患关系紧张的原因，这是一个积极的信号。要改善医患关系紧张这一问题，医护人员必须不断提高自身业务水平及服务水平，培养科学严谨的工作作风，建立良好的工作习惯，树立较强的责任心，规范、标准地进行操作，提高对检验结果综合分析的能力。作为医院，要使收入分配向技术、服务好的医生或护士倾斜，从而鼓励医务工作者把提高技术水平和服务质量放在首位，更好地满足人民群众的基本医疗卫生需求。

要提高患者对医患关系的满意度，无论是门诊医生还是住院医生都要做到快速、准确诊断疾病，尽快有针对性地提出治疗方案，告知患者预后及防护措施，认真听取患者意见，提高医疗服务质量，构建和谐医疗环境。

（二）医疗费用方面

在门诊患者中，77% 的认为医疗费用还可以，17% 的认为过高，6% 的认为不高；在住院患者中，72.2% 的认为医疗费用还可以，9.4% 的认为不高，7.3% 的认为过高。这说明患者对目前医疗费用基本满意。在控制医疗费用方面可以采取以下措施。①充分利用计算机信息管理系统，实行动态监控，对疑点费用和高额费用有针对性地进行检查、核实；②建立强有力的外部监督，包括聘请社会特邀监察员，组织医疗专家和医疗社会保险经办机构对医院病历、处方等档案进行检查；③设立医疗服务及医疗保险投诉举报中心等。

（三）看病难方面

门诊及住院患者认为，看病难主要是检查、诊疗、候诊等待时间太长（49.23% 及 55.83%）；其次是看病流程麻烦（32.31% 及 25.0%）；再次是挂不上号（12.3% 及 16.67%）；最后是医护人员态度差、诊疗马虎（6.15% 及 2.5%）。解决看病难的问题，首要应将就诊流程合理化，分时段预约挂号就诊，减少患者的院内候诊时间，设立电话预约，建立网络预约平台，增加门诊专家数量，根据病情分配接诊医师，轻病、小病患者选择在社区医院等初级医院就诊，重病、大病患者安排快速就诊。如此合理利用医生资源，才能使患者以最快的速度看上病，看好病。

（四）存在的不足

通过问卷调查发现，要做到全心全意为患者服务，人才培养和学科建设是首要任务。首先，人才是医疗质量管理的基础，是最根本的要素，要提高医疗质量管理，先要提高人员素质。望京医院十分重视人才培养，并把它作为重要战略工程来抓，在搞好人才引进的同时，采取多种途径、多种方式抓好年轻医务人员的培养，实行年度考核，鼓励撰写学术论文，参加院内外学术交流，不断提高业务素质。科主任和护士长不仅要有过硬的业务技术，还要加强管理知识的学习、运用，努力提高管理水平，充分发挥本级质量管理的作用。其次，仪器设备是开展医疗工作和保证医疗质量管理的基础。多年来，尽管经费紧张，但望京医院仍积极想办法，加强硬件建设，多渠道引进先进医疗设备。

（五）改善医患关系的意见和建议

医生及护士共同认为，首先应建立和完善医患沟通制度，促进医患沟通（30.26%及24.46%）；其次要严格医院质量管理，确保医疗安全（21.49%及24.82%）；再次要建立医疗告知制度，公示医疗服务信息（17.98%及20.14%）；最后是以人性化服务为中心，寻找服务创新点（17.54%及17.99%）及坚持社会效益准则，打造诚信医院（17.54%及17.99%），这都更有助于改善医患关系。

在目前医院的医疗环境下，医生和护士最希望医院做的事情如下：做好医护人员沟通能力培养（37.58%及31.67%），加强对医护人员职业情感教育（31.54%及24.44%），以及加强医院文化建设、构建和谐医患关系（18.12%及32.22%）。

缓解医患关系紧张的医方对策如下：加强医患沟通，提供人性化服务；提高医疗技术水平，保证医疗质量；加强医德医风建设，树立健康卫士形象；改善医疗环境，完善各项制度。

七、基层党组织在建设和谐医患关系中的作用

和谐医患关系是医患双方共同追求的目标，只有医患双方相互信任、相互尊重、相互理解、关系融洽，医者才能大胆探索，不断攀登医学高峰，攻克医学难题，患者才能在和谐的环境中接受超值的医疗服务。为此，作为医方，我们要本着诚信、尚德的原则，特别是要充分发挥基层党组织的作用，为构建和谐医患关系做出自己的贡献。

（一）充分发挥党支部的战斗堡垒作用和党员的先锋模范作用

要想确保优质的医疗服务，就要充分发挥党支部的战斗堡垒作用和党员的先

锋模范作用。我们党的宗旨就是全心全意为人民服务，党组织要通过教育党员，带动所有医务人员一起提高服务质量，让患者怀着希望来，带着满意去。

（二）开展优质服务，发挥示范作用

通过设置“党员示范窗口”“党员示范岗”“文明服务示范窗口”等，使服务流程更优化，服务用语更文明，服务行为更规范，充分发挥党组织和党员在构建和谐医患关系中的示范作用。

（三）提高医疗技能，发挥保障作用

基层党组织要加强对党员干部的临床技能培训，提高党员干部的操作技能。通过举办医护技能大赛，发现人才，为人才的脱颖而出营造浓厚氛围，从而充分发挥党组织和党员在构建和谐医患关系中的保障作用。

（四）规范医疗行为，发挥模范作用

基层党组织对党员干部要进行卫生法律法规知识培训，规范执业行为，做到依法行医。对党员干部进行职业道德教育，规范诊疗行为，做到用药、检查、治疗、收费“四合理”。同时，进行廉洁行医警示教育，规范服务行为，杜绝收受“红包”等不良行为。

（五）增强医患沟通能力，致力于构建和谐医患关系

基层党组织对党员干部要进行医患沟通技巧培训，让党员干部掌握言语沟通和非言语沟通的要领，提高防范和化解医疗纠纷的能力。

（六）加强基层党组织建设，致力于增强构建和谐医患关系的组织基础

建立门急诊、病房党支部与患者沟通机制，定期进行电话回访，互相沟通情况，及时了解患者对医院及医生、护士的意见和建议，把矛盾消灭在萌芽中。

（七）建设和谐医患关系的途径

1. 建立医患关系和谐坐标体系，形成构建和谐医患关系的理论基础

建立医患关系和谐坐标体系，横坐标是患者需求项目，纵坐标是应具备的服务能力。体现“以患者为中心”的服务理念，也是构建和谐医患关系的理论基础。

2. 关注患者需求与就医体验，培养医护人员应有的基本服务能力

这种能力培养主要包括：要有给患者带来安全感的能力、医患沟通能力、情

绪控制能力、人文关怀的实施能力等。

3. 加强医院品牌建设，搭建和谐医患关系的诚信平台

人们消费需求的改变，带来了市场环境的改变，人们希望有更多的医疗选择。患者在关注医疗技术的同时，对服务的关注度也在增加。医院品牌是一种医患关系的承诺，是一种医疗质量的保证。医院品牌可以使医院与患者建立一种特殊关系，好的医院品牌可以引导医疗消费，得到尊重与赞誉，也是搭建和谐医患关系诚信平台的基础。

4. 强化基层党支部服务意识，为构建和谐医患关系提供保障

在社会主义市场经济的大潮下，建立和谐的医患关系是实现医院经济效益、建设和谐医院的根本途径。因此，要建设一个和谐的医患关系，就要充分发挥党支部的凝聚力，强化服务意识，着力改善目前紧张的医患关系。要把服务群众作为支部党建的落脚点，要始终根据党员、职工和患者的迫切需求入手，把服务患者、满足党员和职工生活工作及发展的需求作为支部工作的抓手，实实在在地为他们排忧解难、提供方便，使党支部的工作富有促进和谐医患关系建设的生命力。

基层党支部要在强化服务意识的基础上不断强化服务功能，努力完善服务方式，积极拓展服务内容，真心打造服务品牌。党支部可以在医疗、教学、科研、护理、人才培养、学科建设等方面积极拓展服务工作的平台，既关心职工的思想政治建设，也关心他们的精神文化生活；既关心他们的日常医疗工作，又关心他们的学习、科研、成长状况，及时地为他们创建有利于工作和发展的小环境，带动并以感受得到的工作推动他们更好地工作、更快地成长。

党支部也可以在调查研究的基础上，充分发挥党员群众的积极性和创造力，多开展便民利民惠民的服务项目，以“党员服务”的品牌建设推动党支部的服务水平，从而发挥出党支部在医疗服务和学科建设中的核心作用，起到凝聚党员、吸引群众、惠及患者的作用，不断增强党支部在构建和谐医患关系中的凝聚力和创新力。

课题组组长：程爱华

课题组成员：冯　利　高　音　王秀英　刘金花　曹艳霞　何生奇　王　芳　毕　然　于建华

疾控中心研究生学术道德现况及教育对策研究

中国疾病预防控制中心

★ ★ ★

2013 年 4 月，刘延东同志到中国疾病预防控制中心（简称中心）考察人感染 H7N9 禽流感防控工作，针对中心的发展提出了明确要求，即把中心建设成为集疾病预防控制、卫生应急、科学研究、人才培养功能于一身的“四位一体”综合性公共卫生机构。中心承担的研究生教育培养工作是“四位一体”建设的关键一环，研究生培养的质量关系着中心人才培养的整体水平和科学研究的传承与发展，而健康的科学研究氛围是推进科学研究发展繁荣的基本前提和重要保证，这要求中心党组织切实发挥作用，在全中心营造良好的学术环境，为中心研究生学术道德教育保驾护航，促进中心研究生整体素质的提高，推进中心科学研究的繁荣发展。

为适应中心研究生教育的发展，更好地发挥中心党组织的作用，有针对性地开展学术道德教育，筑牢中心研究生学术道德防线，中心党委在单位内部以“电子问卷调查”的形式开展了一次针对研究生学术道德现况的调查。

一、探索与成效

多年来，中心党委在国家卫生和计划生育委员会（简称国家卫计委）的领导下，充分发挥基层党组织的政治核心和战斗堡垒作用，带领中心各级党组织和全体党员，全面加强党的思想、组织、制度、作风和反腐倡廉建设。同时，根据不同群体的特点，开展各具特色的思想教育活动和组织管理工作。中心党委结合研究生群体的实际情况，通过丰富思想教育形式、发挥典型示范作用、强化学生支部角色、增加实践锻炼机会、协调部门合作等多种途径，提高中心研究生思想道德素质，端正其科研态度，反对学术不端行为，在中心形成了和谐、健康、向上的学术环境。通过本次调查也了解到，中心九成以上的研究生表示，在实际学术活动中自己从来没有出现过学术道德缺失的现象。

（一）抓好中心研究生的思想教育工作

一是中心党委按照中央精神和上级党组织要求，结合理论热点和形势需要，带领中心各级党组织和广大党员干部职工，积极开展培育和践行社会主义核心价值观、学习宣传贯彻《中共中央关于全面推进依法治国若干重大问题的决定》等一系列活动，抓住有利契机，加强舆论引导，在全中心形成了诚实守信、依法守法的浓厚氛围，有效提升了中心研究生的政治觉悟、法律意识和道德素质，促进了良好学术道德环境的形成。二是通过举办“读书讲心得·共筑中国梦”主题演讲比赛、“学法律·讲道德”主题知识竞赛和网络答题活动、“走进清华园”主题党日活动、“与信仰对话·飞 Young 疾控梦”主题团日活动等一系列年轻人易于接受的思想教育活动，提高研究生群体参与中心思想教育活动的积极性和主动性，进一步激发中心研究生坚定信念、牢记宗旨，创新突破、开拓进取的精神。三是中心成立了“学雷锋志愿者队”等公益团体，通过开展志愿服务、捐资助学、义务植树等活动，引领中心研究生积极投身公益事业，提升思想道德水准。

（二）发挥模范典型对中心研究生的示范引领作用

中心党委在坚持组织学习各条战线先锋模范的同时，注重挖掘宣传全国疾控系统内的先进典型人物。在严重急性呼吸综合征、甲型 H1N1 流感、脊髓灰质炎、禽流感等疫情及汶川地震、玉树地震、甘肃舟曲特大泥石流、鲁甸地震等重大灾害的严峻挑战面前，在援疆援外、基层蹲点的艰苦环境之中，在基层一线防疫工作的平凡岗位上，全国疾控系统涌现出一大批事迹突出的先进集体和个人。中心党委充分利用座谈会、先进事迹报告会等多种活动形式，《中国疾控中心报》、中心网站及工作简报等中心各类舆论载体，人民网·中国共产党新闻网、群众路线教育网等国家重点新闻网站，广泛宣传先进典范，引导中心研究生学习他们在完成急难险重任务的紧要关头不畏艰险勇于攀登的精神，学习他们忠于职守、兢兢业业，为保障人民群众生命健康而忘我工作、无私奉献的精神，进而帮助中心研究生树立不怕苦、不怕累，积极进取、敢于拼搏的学术道德观念。当前，在党中央、国务院和国家卫计委的统一部署下，中心先后派出多批专家援助非洲抗击埃博拉疫情，这些战斗在疫情防控一线的英雄们用实际行动再次为干部职工特别是青年学生树立起学习榜样，他们勇挑重担、无所畏惧的精神感染着中心广大研究生及干部职工，在中心传递着一股新的正能量。

（三）强化学生党支部在学风建设中的角色

中心党委重视发挥学生党支部在加强研究生思想教育方面的优势和作用。在中心党委开展的保持党员先进性教育活动、深入学习实践科学发展观活动、深入开展创先争优活动、深入开展党的群众路线教育实践活动等一系列党的思想政治教育活动的引导下，学生党支部自发地开展了“创先进、争先锋、求突破、建佳绩”主题研讨会，“服务人民健康”主题特色教育活动，“促进同学了解，建设和谐集体”主题班级活动，“赏红叶，重温红色记忆；健体魄，服务人民健康”主题教育活动，“忆历史，望未来——为祖国努力学习，健康工作”主题教育活动，“论党性、讲党史”读书报告会，“我的中国梦”主题征文活动，“游双清别墅·忆峥嵘岁月”主题爱国主义教育活动等思想教育活动，充分发挥学生的优势，切实地承担起号召学生、发动学生、组织学生的职责，以党员带群众、以党性带学风，推动良好学风的建设。

（四）注重在实践活动中发挥中心研究生的作用

一是在政治生活方面，中心党委充分考虑研究生群体的特殊性，尽可能为中心研究生提供参与中心重大政治生活的机会，使其充分表达研究生群体的政治意愿。通过选取研究生代表切实参与到中心的组织建设、制度制定等重大事件的决策中，更好地了解研究生群体的实际需求，为他们提供良好的学习和生活环境。例如，在中心刚刚完成的党组织换届选举工作中，中心党代会的主席团成员和列席代表中均有研究生党员代表，他们代表中心研究生群体行使政治权利，为中心的组织建设建言献策。二是在学术实践活动方面，相较于高校的研究生培养工作，中心研究生培养具有其独特的优势，能够为研究生提供更多的学术实践机会。通过多种形式让研究生参与到重大疫情防控和重大自然灾害应对工作中，让他们感受公共卫生事业在保护人民群众健康方面的重大意义，这有利于激发他们的科研兴趣，磨炼他们的意志，培养高尚的道德情操。

（五）齐抓共管加强中心研究生管理

中心研究生管理工作主要分为两个阶段：第一阶段为理论课程学习阶段，由中心研究生院及教育培训处等部门负责统一管理；第二阶段为学术实践阶段，由中心各个业务科室和教育培训处共同管理。为保证研究生党员能够按时参加组织生活，中心党委也相应地制定了分阶段的组织生活管理模式，分别由中心机关第二总支和研究生培养单位所在党组织负责管理不同阶段研究生党员的组织生活。在中心党委的统一领导下，中心各级党组织，中心科技处、教育培训处、党委办公室、纪检监察室、群众工作处等多个行政管理部门及中心各个业务单位在研究生培养的不同阶段，各司其职、齐抓共管、形成合力。通过增大教育投入，改善教学环境，提高师生待遇，出台《中国疾病预防控制中心伦理委员会工作管理办法（试行）》《中国疾病预防控制中心工作人员行为规范（试行）》《中国疾病预防控制中心研究生辅导员管理办法（试行）》等规章制度，以及举办科研诚信主题讲座等，共同加强中心研究生的管理工作，做好研究生的思想引导。近日，为加强中心的科学道德能力建设，规范科技论文发表管理，明确论文作者责任和所在单位管理职责，制定了《中国疾病预防控制中心科技论文发表管理办法》。同时，为进一步强化和完善中心科研成果的管理，规范成果奖励申报，加速优秀成果的转化和推广，营造良好的科研成果申报管理的环境和氛围，组织印发了《中国疾病预防控制中心成果管理规定》。

二、问题及原因

当前，在我国高等教育事业跨越式发展、科学研究大踏步前进的同时，我国研究生学术道德方面的一些问题在中心也显现端倪。自 20 世纪 90 年代以来，关于研究生学术道德缺失事件的报道频出，这引发了社会对研究生学术道德状况的质疑和担忧。在此次调查过程中，我们也发现中心个别少数研究生在学术道德方面存在一些苗头性的问题，对待部分学术道德缺失问题不能予以正确判断。25.7% 的被调查者表示“在平时的论文写作中存在摘抄或引用他人的作品却没有注明出处的现象”；28.1% 的被调查者表示“在面对有可能拿不到学位的压力时，有可能会选择修改数据”；24.84% 的被调查者表示基本赞成“天下文章一大抄，看谁抄得高不高”的说法；36.28% 的被调查者认为“一稿多投只要不造成一稿多发，就不属于违反学术道德规范的行为”。

通过查阅相关文献资料发现，导致少数研究生学术道德出现问题的原因是多方面的，大部分研究生将其归纳为客观原因和主观原因两个层面。客观原因主要有学术评价体制存在片面性、监督惩戒机制不到位、学术出版市场管理不规范、网络的便利降低越轨成本、学术道德教育的缺失、导师的影响等；主观原因主要有急功近利的科研态度、缺乏对学术道德规范的认识、自身对外部环境的抵抗力弱、侥幸心理等。通过比较本次问卷调查中列举的上述影响因素，我们发现相较于客观因素的影响，绝大部分的被调查者认为主观方面的因素是导致部分研究生学术道德存在问题的主要原因。

（一）急功近利的科研态度

在本次问卷中列举的可能导致研究生出现学术道德缺失现象的众多影响因素中，有 86.93% 的被调查者认为急功近利的科研态度是其中最重要的因素。主要是因为部分研究生存在功利主义的学术价值观，他们选择读研深造并非出于兴趣或努力提升自身素质的需要，而是从功利主义的角度考虑，为了得到一张文凭以期将来得到更好的经济效益。通过调查也发现，问及当初考研或考博的原因，74.84% 的被调查选择“为了使自己得到更广阔的发展空间”，选择“对科学研究感兴趣，适合做研究”的被调查者仅占 13.4%。

（二）缺乏对学术道德规范的认识

通过调查了解到，有 54.25% 的被调查者认为缺乏对学术道德规范的认识是导致研究生学术道德缺失的重要因素。研究生对学术道德规范缺乏认识，虽然有客观方面的原因，但我们不能忽视研究生主观方面的原因。从主观方面看，表现为研究生获取学术道德规范认知的主动性、积极性不足。从本次问卷调查的结果来看，97.06% 的被调查者认为有必要了解学术道德规范，83.99% 的被调查者认为中心有必要制定专门的研究生学术道德规范，但有 28.43% 的被调查者表示没有阅读过任何学术道德规范。由此可见，虽然目前大部分研究生认为有必要了解学术道德规范，但因缺乏主动学习、了解学术道德规范的积极性，导致部分研究生对学术道德规范缺乏认识。

（三）对外部环境的抵抗力较低

我国社会经济正处于高速发展的时期，市场的诱惑、利益的诱导、多元化思想的冲击，使社会在一定程度上存在着实用主义、拜金主义、享乐主义等腐朽思想，作为研究生也不免受到这些现象的影响。调查发现，分别有 53.59% 和 44.77% 的被调查者认为“利益的引导”和“自身对外部环境的抵抗力弱”是导致研究生学术道德缺失的重要因素；65.36% 的被调查者认为会受到周围同学学术道德缺失现象的影响。但外因终究需要通过内因来发挥作用，面对来自各方的诱惑和影响，之所以出现学术道德缺失的现象，自身的抵抗力和免疫力低才是问题的症结所在。

（四）缺乏道德自律

从本次调查的结果看，有 51.31% 的被调查者认为“侥幸心理”是导致学术道德缺失的重要因素。违反学术规范的人都存有自己的学术越界行为不会被别人关注到的侥幸心理，尤其是在自身或了解到周围的人有过“成功的体验”时，更会给自己带来很大的“鼓舞”，认为如此众多的学术期刊，每年发表论文的研究生更是不计其数，自己违反学术规范的行为被关注到的概率小到可以忽略。正是这种假设性的侥幸推断，才使得小部分研究生敢于以身犯险。

三、建议与对策

通过对上述研究生学术道德缺失的原因分析，我们发现，解决少数研究生主观方面存在的一些错误认识，关键在于加强教育，即充分发挥内因相对于外因的决定性作用。这就要求中心各级党组织充分发挥战斗堡垒作用、党员先锋模范作用，发挥研究生辅导员的思想教育与指导作用，通过多种形式营造良好的学术道德环境，加强学术道德教育，促使研究生将学术道德意识内化，形成正确的学术价值观，产生符合社会舆论和道德风尚的态度和行为，让研究生不仅真诚地信服、接受并遵守学术道德规范，并且自觉地将学术道德观念和行为规范纳入自身思想、情感和行为中去。

（一）全面营造良好的学术道德环境

人的发展离不开一定的环境，环境可以教育人、影响人、感染人、塑造人。外界的环境对人们的观念、态度与行为方式的形成有着重要的影响。好的环境引导人积极向上，知荣辱，懂道德，自觉维护集体和社会的利益。反之，不好的环境则诱使人误入歧途，漠视道德和伦理，不遵守集体和社会的行为规范。因此，要促使研究生具有良好的学术道德，必须首先努力营造和谐、健康、向上的学术道德环境。一是中心各级党组织继续以培育和践行社会主义核心价值观及学习宣传贯彻党的十八届四中全会精神等活动为载体，在传统活动形式的基础上，积极采取网络普及、座谈讨论、案例警示等研究生喜闻乐见的宣传教育模式，利用 QQ 群、微博、微信等研究生便于获取的宣传教育媒介，向研究生提供科研诚信的宣传与教育，在全中心营造积极、健康、自由的学术风气。二是进一步总结中心研究生教育十多年来的文化传统，提炼中心研究生教育的指导思想、治学精神、育人目标，构建具有中心特色的研究生教育文化。例如，在全中心范围内开展研究生教育文化大讨论活动，多方征集并确定具有中心特色的研究生院院训、院风、教风、学风，充分发挥教育文化凝聚人心、激励人心、提升内涵、树立形象的作用。

（二）继续挖掘身边的先进典型，发挥榜样的力量

在继续深入宣传全国各条战线，尤其是疾控系统内部先进典型的同时，进一步挖掘中心导师群体和研究生群体内部的先进事迹及先进人物，树立研究生身边的典型形象，利用榜样的力量引导研究生良好学风的形成。在导师和研究生中树立起先进典型，以研究生导师和身边优秀学生为学习典范，采取多种形式在研究生中大力宣传他们的事迹，为学生设立参照人物，建立行为坐标。例如，设立“学术道德讲堂”，开展“良师益友”评选活动等，在中心选出那些思想道德素质过硬同时又在本专业领域有一定研究成果的导师或研究生，安排他们去讲自己从事学术研究的心得，为广大研究生提供一个学术和思想交流的重要平台。通过大家看得见、摸得着的自己身边的人和事，教育、引导、激励学生，既能促进研究生更扎实地学习专业知识，又有利于促进形成一个良好的学术文化氛围，推动学风建设。

（三）更好地发挥研究生党支部在促进优良学风中的作用

研究生党支部置身于广大研究生当中，进一步了解研究生自身的需要和处理问题的出发点及适合的方式、方法，能够更好地针对研究生进行思想宣传和教育引导，是优良学风建设的直接组织者、实践者和推动者。只有充分发挥研究生党支部的优势和作用，研究生的学术道德教育才能更好地落到实处。一是注重发挥学生党员干部的带头作用和先锋模范作用，通过以身作则，激励学生奋发向上，开创学风建设的新局面。二是严把党员发展质量，加强对入党积极分子教育培养，细化考核内容，将学术道德情况作为入党积极分子考核的重要方面。三是党支部活动在加强思想政治教育的同时，要注重与加强学术道德教育相结合，综合研究生的实际情况，把人文素质和科学精神等融入组织生活中去。

（四）大力加强研究生思想教育队伍建设

研究生思想教育队伍是研究生思想教育的组织者和实施者，关系着研究生思想教育内容的科学设计、方法的正确选择，关系着思想教育活动能否取得好的成效，它是实现研究生思想教育目标的组织保证。在中心研究生教育快速发展的形式下，建设一支什么样的研究生思想道德教育队伍，如何建设好这支队伍，是一项十分紧迫的任务。一是中心已印发《中国疾病预防控制中心研究生辅导员管理办法（试行）》，中心研究生主管部门将会同中心党委办公室制订中心辅导员队

伍建设和培训计划，加强研究生思想教育队伍建设的组织领导。二是各级党组织选取思想政治素质过硬的党务干部担任研究生辅导员，通过与职责范围内的研究生保持联系，定期安排召开班级会议，动态了解研究生的思想动态，在加强研究生思想政治教育的同时，加强心理人文关怀和心理疏导，使思想政治觉悟和心理健康素质同步提高。三是注重加强对研究生导师的培训，进一步发挥导师在研究生学术道德教育中的作用，进而将学术道德教育贯穿于研究生学术活动的整个过程，使理论和实践有机地结合，思想道德教育与学术研究工作有机结合，使广大研究生在学术道德教育的氛围下开展学术活动，形成思想道德教育和学术研究相互促进的良性循环。

课题组组长：孟宪平
课题组成员：项　春　曾　彦　郭伟龙

科研骨干兼任支部书记如何更好地开展党支部工作

中国疾病预防控制中心寄生虫病预防控制所

科研骨干兼任党支部书记是基层党支部始终保持锐意进取、奋发向上精神状态的重要保障，同时可以促进业务工作的发展，避免业务与思想政治工作出现“两张皮”的现象；但同时，科研骨干也肩负着繁重的科研任务，时间紧张，在思想素质、政策水平和群众工作能力上也需要加强学习和提高。科研骨干兼任的党支部书记如何在完成繁重科研工作的同时做好党支部工作是一个值得探讨的课题。

一、调研系统的一般情况分析

（一）问卷情况

本次参与调研的人员包括上海市卫生和计划生育委员会及科教系统支部书记（117 名）、党员（79 名）、入党积极分子（31 名），共计回收问卷 227 份。问卷分为 A 卷和 B 卷，分别由支部书记和党员、积极分子填写。

（二）科研骨干的界定

本次问卷在关于科研骨干的界定上，70.89% 的党员认为应该是“主要从事科研工作，并取得较好的成绩（专利、论文、课题，三者至少有一项）”，认为是“能将科研工作思维运用于疾控工作”的占 15.19%。因此，我们将第一个答案作为本研究中对科研骨干的定义。

（三）参加本次调研的人员情况分析

参与本次问卷调研的 117 名支部书记以中青年为主，30 ～ 50 岁的占 78%；职称以高级（副高和正高）为主，占了 65%；作为课题负责人的占 91.45%，其中市级及以上课题的占 67.52%；近 5 年内没有以第一作者或通讯作者发表论文的只有 2 人，没有课题的只有 10 人，具体数据见图 1。本群体符合问卷中关于科研骨干的界定。79 名党员来自中国疾病预防控制中心寄生虫病预防控制所，31 名入党积极分子来自上海卫生和计划生育委员会系统。

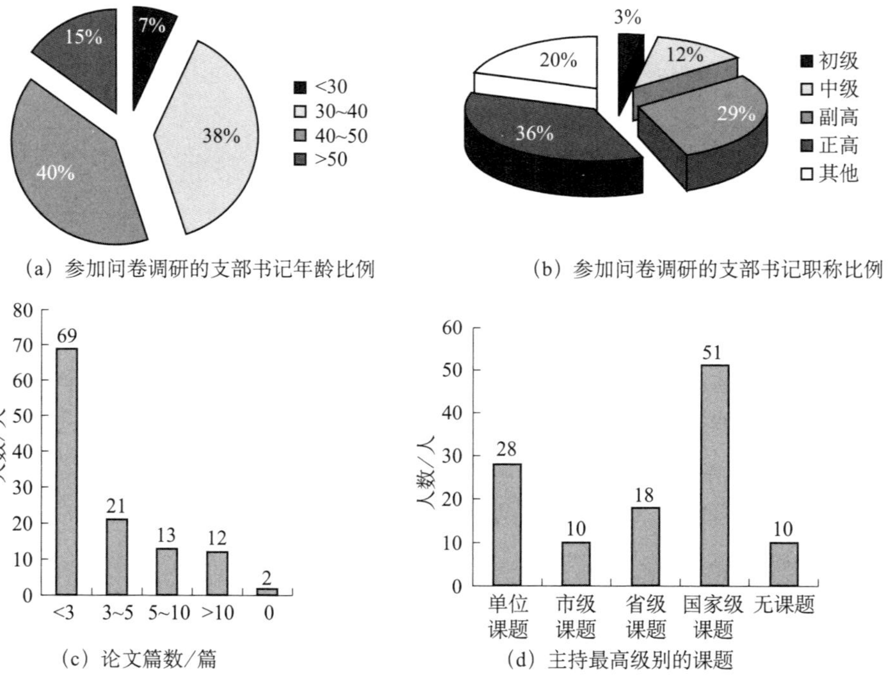

图 1　参加本次问卷调研的支部书记一般情况分析

二、问卷调查结果

（一）支部工作开展情况

1. 支部书记

支部书记群体认为支部工作应有计划，并完全执行或基本执行的占

77.78%。支部活动形式多样，其中听报告占了41.03%，市内参观占28.21%，主题交流占23.08%，外省市考察和比赛类相对较少。与群众谈心频次以每月1～3次占的比例最高，为41.03%，每月3次以上的为35.89%，少于1次的也有22.22%。这说明支部工作有计划，形式多样，但谈心工作次数较少，与党员、群众交流不够。

2. 党员、入党积极分子

关于科研骨干兼任的支部书记开展工作的主要特点，党员、入党积极分子群体认为“支部工作与业务结合的比较多”的占63.29%。在工作最主要的优势上，认为“了解科研人员的思想动态”的占74.68%，认为“工作能力强”“业务过硬”“有创新精神”的分别只占10.13%、6.33%、6.33%。在主要不足的问题上，认为“时间不足”的占50.63%，认为“支撑支部工作资源有限”的占25.32%，认为“群众工作经验不足”和“对党务工作不熟悉”的分别占12.66%和10.13%。支部书记在关心党员、群众的问题上，62.03%的党员认为“比较关心”，31.65%的党员认为“非常关心”。

上述结果表明，科研骨干兼任的支部书记工作认真负责，能够与党员、群众保持密切联系，基本能够做到党务与业务工作相结合。科研骨干兼任的支部书记了解科研人员的思想动态，在科研人员中开展思想政治工作具有较好的优势，但时间不足、支撑支部工作资源有限是科研骨干兼任支部书记的主要短板。

（二）支部书记在工作中存在的困惑及困难

科研骨干兼任的支部书记在工作中最主要的思想困惑，“面对网络上的大量负面新闻，如何进行正面引导”占的比例最高，达31.62%；“面对付出与回报不平衡的现状，如何调动科研工作者的积极性”占28.21%；“支部书记在科室里行政管理工作的定位”和“如何争取部门行政领导的支持与配合”的比例依次为23.08%和16.24%。结果显示，支部书记在工作中的主要思想困惑来自社会大环境，也有来自科室小环境。

在最主要的困难问题上，“如何密切联系业务开展工作”占的比例最高，为29.91%；其次为“在经费不足的情况下，如何开展活动”，占27.35%；再次是“如何扭转科研人员重科研轻党务的思想状况”，占23.93%；最后是“如何增加支部的凝聚力和吸引力”，占18.80%。结果显示，科研骨干兼任的支部书记更关注党务与业务问题的密切结合。

（三）支部书记的能力和作用

1. 支部书记

支部书记群体认为在支部书记首先最应该具备的能力问题上，“协调各方面关系的能力”所占比例显著高于其他，达到 68.38%；其次才是“过硬的业务工作能力”，达到 17.95%。在支部书记在科室管理工作中的作用问题上，“加强支部建设，督促党员发挥好模范带头作用”的比例最高，达到 43.59%；其次是“做好党员、群众的思想工作”，占 31.62%；最后是“协助科室领导提升部门职工的业务工作水平”，占 17.09%。结果显示，一个好的支部书记，首先要具有很强的协调能力，业务能力强是第二位的，即科研骨干可以努力成为一个好的支部书记，但好的支部书记不一定要是科研骨干。督促党员发挥示范作用，是支部书记们一致认可的重要本职工作。

2. 党员、入党积极分子

在支部书记最应具备的素质上，党员、入党积极分子群体认为是“具有服务意识”和“乐于奉献，乐于助人”的分别占 44.30% 和 40.51%。在支部书记最应具备的能力上，认为是“协调各方面关系的能力”的占 73.42%。支部书记在科室管理工作中的作用，认为是“加强支部建设，督促党员发挥好模范带头作用”的占 44.30%，认为是“协助科室领导提升部门职工的业务水平”和“做好党员群众的思想工作”的分别占 24.05% 和 20.25%。支部书记在科室工作中最需要发挥的作用，认为是“促进团结与和谐的凝聚作用”的占 49.37%，认为是“业务上的模范带头作用”的占 32.91%。

关于科研骨干兼任的支部书记最需要提高的能力，“双培养能力”（把科研骨干培养成入党积极分子，把入党积极分子培养成科研骨干）、“科研和思想政治工作平衡的把握能力”和“借鉴科研思维创新支部工作的能力”所占比例依次为 35.44%、27.85%、24.05%，“协调沟通能力”只占 11.39%。支部书记最需要开展的工作，认为“加强科研骨干的素质与能力培养”的占 58.23%。

上述结果显示，支部书记最需要具备的素质是服务意识，要乐于助人，乐于奉献。“促进团结与和谐的凝聚作用”和“加强支部建设，督促党员发挥好模范带头作用”是支部书记在科室管理工作中最需要发挥的作用。在这个问题上，支部书记、党员和入党积极分子看法一致。

支部书记最应该具备的能力，支部书记认为主要是协调各方面的关系，而党员、入党积极分子认为是“双培养能力”。结果显示，党员、入党积极分子对科研骨干兼任的支部书记的希望是能结合自身的特长和经历，将更多的科研骨干培养成入党积极分子，或将更多的入党积极分子培养成科研骨干。

（四）开展支部工作的建议

1. 支部书记

在支部书记做思想工作最好的方式问题上，选择“平时经常的交心、谈心”的占 41.03%，选择“多开展活动，在活动中交流”的占 29.06%。在促进党员交流的最好方式上，选择“多开展活动，在活动中交流”和“针对主题，开展交流”的比例最高，分别占 41.88% 和 41.03%。

2. 党员、入党积极分子

在做思想工作最适合的方式上，选择“多开展活动，在活动中交流”和“平时进行交心、谈心”的分别占 39.24% 和 29.11%。在促进党员交流的方式上，选择“多开展活动，在活动中交流”的占 54.43%，选择“利用现代信息平台交流”的占 26.58%。在从事科研工作和党务工作时间比例上，选择“7 ∶ 3”的占 53.16%。

结果显示，在工作方式上，党员更倾向于“多开展活动”和“平时的交心、谈心”，其次是“利用现代信息平台进行交流”，而传统的“针对主题开展交流”和“请专家作报告后交流”，并没有很强的吸引力。科研骨干兼任的支部书记需要提高把握业务与党务工作平衡的能力，最佳时间比例是 7 ∶ 3。

（五）支部书记个人发展规划

在支部书记个人发展这个问题上，“换届后愿意继续担任支部书记”“换届后选择专心从事科研工作”“以上皆可”这三个答案的比例相近，依次是 30.77%、33.33%、30.77%。这个答案还与支部书记的年龄有显著的相关性，一般年龄在 40 岁以上的科研工作者倾向于换届后选择专心从事科研工作；年龄在 30 岁以下者倾向于选择继续担任支部书记；年龄在 30 ～ 40 岁的两者均有。结果显示，年轻的科研骨干更倾向于借助支部书记这个平台提升自己各方面的能力（图 2）。

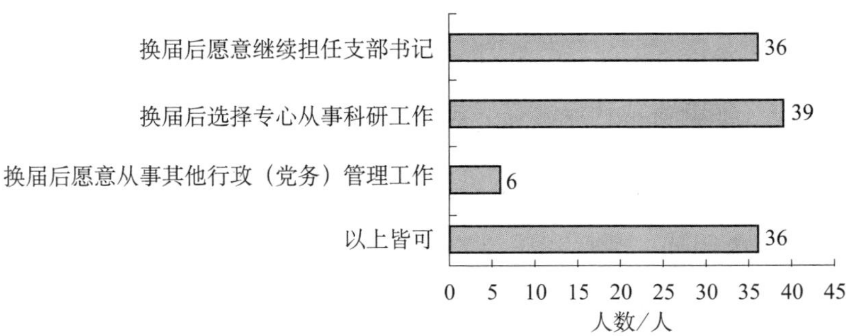

图 2　支部书记个人发展规划

三、问题与对策

本文发现，科研骨干兼任的支部书记工作认真负责，支部工作有计划，形式多样，且了解科研骨干的思想动态，重视党务与业务工作相结合，但也存在一些问题。主要问题有以下几个方面。一是科研骨干性格多较内向，沟通和协调能力不足；二是科研骨干做支部书记，对党务工作不熟悉，缺乏管理和党务知识；三是时间相对不足，党务和业务工作的平衡度很难把握；四是提升支部吸引力和凝聚力的办法不多，支撑支部工作资源有限；五是在经费不足的情况下，不知如何开展活动；六是在科室管理工作中如何定位，如何做到不越位、不缺位比较难把握。

主要对策有以下几点。一是党组织要善于选拔合适人选担任支部书记，需要选有服务意识、乐于助人、乐于奉献、善于沟通的科研骨干担任支部书记。二是对支部书记进行系统的教育培训，提高他们的思想政治素质、理论政策水平和群众工作能力。三是把握好科研工作和支部党务工作的平衡度，最佳比例是 7∶3。四是根据科研工作特点，多开展活动，并注重与党员的交心和谈心。每年可选取 1 ～ 2 个自选动作做突破，循序渐进，提升支部的吸引力和凝聚力。五是善于发现和利用社会、网络等各种资源，加强单位内外的合作，按照少花钱、多办事的原则，开展有实际意义并受党员欢迎的各类活动（如人文、健康、学术讲座，参观公益场馆活动等）。六是把“促进团结与和谐的凝聚”作为支部书记在科室管理工作中的首要任务。

课题组成员：胡　媛　徐仁发　王　漪　陈军虎　蔡玉春

中国科学院南京分院“80后”青年科技工作者思想、工作状况调研分析报告

中国科学院南京分院

为了解中国科学院南京分院（以下简称南京分院）“80后”青年科技工作者思想、工作和生活状况，以增强青年工作的针对性和有效性，提升为社会主义建设事业培养高素质人才的思想政治工作水平，本调研课题选取南京分院系统1980～1989年出生的青年职工开展调研，采取调查问卷形式并综合座谈会、个别访谈征求的意见和建议，完成本调研报告，以期为进一步加强青年思想政治工作提供参考。

一、科研院所青年科技人员群体的特殊性、思想状况

截至2013年年底，南京分院在职职工2170人，共有250名青年职工参与本次调研问卷的填写，占全体在职职工人数的11.5%。本次调研课题面向1980～1989年的青年职工，不包括在学研究生。目前，多数单位对新入职人员学历要求提高（具有硕士或博士学位），92.4%的调研对象在26岁以上，成家立业的紧迫感更加强烈（表1、表2）。

表 1　调研对象的政治面貌情况

选项	人数/人	比例/%
团员	50	20.0
中共党员	151	60.4
其他	49	19.6

表 2　调研对象从事工作岗位情况

选项	人数/人	比例/%
科研生产岗	172	68.8
管理岗	45	18.0
机关	11	4.4
其他	22	8.8

（一）青年职工积极进取、上进心强，有强烈的实现自我价值的愿望

根据调查，大多数青年职工工作热情高、求知欲望强，不畏艰辛，愿意通过个人努力取得良好发展前景（表 3）。对于加强青年思想政治工作，61.6% 的青年职工认为很重要（表 4），对于提升自身思想政治素质、科技文化素质和身心素质有着迫切要求。超过 70% 的调研对象，对加入中国共产党持积极争取的态度（表 5）。

表 3　调研对象认为当代青年艰苦奋斗的精神状况（单选题）

选项	人数/人	比例/%
强	32	12.8
比较强	121	48.4
比较差	91	36.4
很差	6	2.4

表 4　调研对象认为加强青年思想政治建设的重要性（单选题）

选项	人数/人	比例/%
很重要	154	61.6
必要但不重要	69	27.6
没有必要	12	4.8
可有可无	15	6.0

表 5　调研对象对入党的态度（单选题）

选项	人数/人	比例/%
积极争取	176	70.4
无所谓	60	24.0
不清楚	14	5.6

对当代青年存在的不良思想倾向，调研对象认为急功近利（70%）；精神空虚、没有信仰（37.6%）是最突出的问题（表 6）。同时，过分强调自我（38.4%）和责任意识较差（56.4%），也是青年群体普遍存在的问题（表 7）。

表 6　当代青年有哪些较为突出的不良思想倾向（多选题）

选项	人数/人	比例/%
拜金主义	86	34.4
急功近利	175	70.0
官本位现象	33	13.2
追逐权力、逃避责任	77	30.8
缺乏诚信	35	14.0
精神空虚、没有信仰	94	37.6

表 7　青年群体普遍存在哪些问题（多选题）

选项	人数/人	比例/%
敢闯敢拼的劲头不足	93	37.2
责任意识较差	141	56.4
工作能力不够	16	6.4
社会适应能力不强	52	20.8
缺乏理想信念	102	40.8
过分强调自我	96	38.4

（二）对国家发展前景充满信心

调查表明，青年职工知识面广，思维活跃，对国家全面建成小康社会的目标高度认同（表 8）。

表 8　对当前经济形势的看法（单选题）

选项	人数/人	比例/%
乐观	18	7.2
比较乐观	172	68.8
比较悲观	60	24.0

他们关注公众利益和重大事件，认识到只有把自己的发展融入国家、民族、社会的发展，才能充分实现自己的人生价值，对中国的政治前景充满信心（表 9）。

表 9　对全面深化改革的看法（单选题）

选项	人数/人	比例/%
有信心	55	22.0
比较有信心	151	60.4
缺乏信心	44	17.6

（三）青年职工对目前收入的满意度一般

绝大多数青年科技工作者所在团队执行的薪酬制度为三元工资结构，多数调研对象的月工资收入为 3000 ～ 8000 元。由于青年职工面临成家、立业的巨大压力，仅有 14.4% 的调研对象对工资收入满意，认为工资收入不满意和收入一般的分别占 36.8% 和 48.8%（表 10）。40.8% 的调查对象认为目前收入与同行业横向比较属于偏低状况（表 11）。

表 10　调研对象对目前的收入是否满意（单选题）

选项	人数/人	比例/%
满意	36	14.4
一般	122	48.8
不满意	92	36.8

表 11　调研对象认为凭借自己的学识才能，现有收入与同行业相比（单选题）

选项	人数/人	比例/%
很高	0	0
偏高	1	0.4
差不多	81	32.4
不清楚	38	15.2
偏低	102	40.8
很低	28	11.2

二、青年职工对单位的认同感较强

（一）青年职工对单位具有归属感

调研对象为 1980 ～ 1989 年出生的职工，参加工作时间一般为 1 ～ 6 年（65.6%），多数人对所从事的工作及单位有自豪感（61.6%，表 12）。同时，超过 63% 的"80 后"对目前工作和生活总体感到比较幸福和很幸福（表 13），对单位具有强烈的归属感（61.6%，表 14）。

表 12　调研对象对所从事的工作及单位是否有自豪感（单选题）

选项	人数/人	比例/%
有	154	61.6
说不清楚	65	26.0
没有	31	12.4

表 13　调研对象目前对工作和生活的总体感受（单选题）

选项	人数/人	比例/%
感到很幸福	21	8.4
感到比较幸福	138	55.2
一般，没有感到幸福	86	34.4
不幸福	5	2.0

表 14 调研对象对单位有无归属感（单选题）

选项	人数/人	比例/%
有	154	61.6
没有	37	14.8
说不清楚	59	23.6

（二）青年职工对岗位工作满意程度有待提高

对于目前从事的工作，仅有 61.2% 的调研对象表示满意、很满意（表 15）。同时，36.8% 的青年职工认为自己的才能在目前工作岗位中稍微有所发挥或根本没有发挥（表 16）。

表 15 调研对象对目前工作是否满意（单选题）

选项	人数/人	比例/%
很满意	28	11.2
满意	125	50.0
说不清	68	27.2
不满意	26	10.4
很不满意	3	1.2

表 16 调研对象认为自己的才能在目前工作岗位中发挥的程度（单选题）

选项	人数/人	比例/%
全部发挥	18	7.2
基本已发挥	140	56.0
稍微有所发挥	84	33.6
根本没有发挥	8	3.2

（三）所在单位为青年人发展提供机会和舞台情况

由于“80 后”参加工作时间较短，目前多数为中级、初级及以下职称（80.4%，表 17）。所在单位具有让年轻人脱颖而出的机制，但各项制度和措施的执行效果不理想（56%）（表 18）。

表 17　调研对象职称（科研支撑或双肩挑人员）

选项	人数/人	比例/%
初级及以下	70	28.0
中级	131	52.4
高级	23	9.2
（空）	26	10.4

表 18　调研对象认为本单位是否有让青年人脱颖而出的机制（单选题）

选项	人数/人	比例/%
有健全的机制	69	27.6
有部分制度和措施，但执行效果不理想	140	56.0
没有有效的机制和制度	41	16.4

（四）青年职工希望党群组织发挥更大作用

青年职工对党群组织开展活动普遍持欢迎态度，愿意参加和积极参加的比例高达 92.8%（表 19），同时希望党群组织能够发挥更大作用（表 20）。

表 19　调研对象对党群组织开展活动的态度（单选题）

选项	人数/人	比例/%
非常欢迎，积极参加	112	44.8
如果与个人的事情不冲突，愿意参加	120	48.0
不太愿意，被动参加	5	2.0
参加不参加无所谓	12	4.8
从不参加	1	0.4

表 20　调研对象对党群组织的作用发挥程度评价（单选题）

选项	人数/人	比例/%
好	24	9.6
比较好	91	36.4
一般	105	42.0
比较差	30	12.0

三、进一步加强青年职工工作的探讨

（一）提高工作的针对性和有效性

关于单位领导对青年职工的工作和生活的关心重视程度，多数青年职工还是认可的，仅有 12% 的调研对象认为单位领导不关心青年职工（表 21）。影响当前单位青年思想工作的最突出问题是没有形成共同参与的体系（31.2%）、形式单调（29.6%）、缺乏针对性和层次性（29.2%）（表 22）。这就要求我们拓展传统工作方法，从青年人身边的事情做起，为青年人办实事、解难题，消除青年人的抵触心理，拉近和青年人的距离。随着信息网络技术的飞速发展，网络、手机等信息传播媒体，已经渗透到了青年职工生活的方方面面。青年工作应根据青年职工的特点，避免空洞的说教，创新教育内容和形式，把传统教育方式和现代教育手段相结合，并有机融入职场教育和培训中，发挥动态多媒体的趣味性、有效性，把教育工作和关心职工生活结合起来、和开展健康有益的文化娱乐活动结合起来，树立坚定的政治信仰和正确的人生观、价值观，提升青年工作的针对性和有效性。

表 21　调研对象认为单位领导对青年职工工作和生活的关注度（单选题）

选项	人数/人	比例/%
非常关心	29	11.6
比较关心	90	36.0
一般	101	40.4
不关心	30	12.0

表 22　调研对象认为影响当前单位青年思想工作最突出的问题（单选题）

选项	人数/人	比例/%
形式单调	74	29.6
缺乏针对性和层次性	73	29.2
没有形成共同参与的体系	78	31.2
领导重业务（经济）轻思想	21	8.4
其他（请说明）	4	1.6

（二）大力开展青年社团活动，增强青年职工凝聚力

调研结果显示，青年社团活动和业务知识培训活动最受青年职工欢迎（表 23）。有的单位由于工作分工特点，同事间的沟通交流机会较少，特别是青年同

事刚进单位，有些还不认识。目前南京分院系统研究所成立了多个文体活动协会，如羽毛球、足球、摄影、瑜伽协会等，为青年人强身健体、加强沟通交往提供了良好的平台（表24）。

表23　调研对象最希望党群组织开展哪项活动（多选题）

选项	人数/人	比例/%
思想政治学习	9	3.6
心理健康指导与服务	84	33.6
职业生涯导航	84	33.6
青年社团活动	171	68.4
业务知识培训	141	56.4
其他	11	4.4

表24　调研对象希望党群组织可以为提供什么样的帮助（单选题）

选项	人数/人	比例/%
增进同事之间的了解和友谊	109	43.6
爱好特长的发挥和体现	60	24.0
提供晋升平台	31	12.4
提高自身业务水平	47	18.8
其他	3	1.2

（三）关注青年科技工作者婚姻和住房问题

绝大多数青年科技工作者选择对象的最主要标准是“性格脾气”能合得来（表25）。由于工作时间投入较多，接触面较窄，“同学和同事中发展”“亲戚朋友介绍”成为结识婚恋对象的主要途径（表26）。青年科技工作者希望单位能帮助扩大同龄人交往范围，并为配偶工作和子女入学尽可能提供帮助。

表25　青年职工选择对象的最主要标准（单选题）

选项	人数/人	比例/%
文化程度	9	5.0
家庭背景	4	2.2
相貌身材	7	3.9
身体健康	4	2.2
性格脾气	155	86.6

表 26　青年职工结识婚恋对象的主要途径（单选题）

选项	人数/人	比例/%
亲戚朋友介绍	49	27.4
交友聚会	12	6.7
网络	14	7.8
同学和同事中发展	85	47.5
偶遇	8	4.5
其他	11	6.2

目前房贷成为青年科技工作者生活的主要压力之一，超过一半的青年科技工作者希望能提高住房补贴，39.1% 的受访者希望能提供经济适用房（表 27）。

表 27　希望青年职工研究所对住房问题给予怎样的帮助（单选题）

选项	人数/人	比例/%
提供较低的房租	4	2.2
条件允许，提供经济适用房	70	39.1
提高住房补贴	92	51.4
提供宿舍	9	5.0
其他	4	2.2

（四）鼓励青年科技工作者加强体育锻炼

青年科技工作者由于种种原因，参加工作后体育锻炼时间和频次较少。科研院所应加大体育健身工作设施投入，采取推广工间操等简单易行的锻炼方式，结合经常性、集体性的体育健身活动和体育友谊比赛，让青年科技工作者在工作之余能更方便地参加强身健体活动。此外，在已有的每年一次的体检基础上，针对科技工作者高发病症重点开展预防性体检，及时发现并消除重要的健康隐患。

（五）发挥人文关怀作用，缓解青年职工心理压力

青年职工目前最大的压力来源于子女入托、入学教育和住房问题（表 28、表 29）。中国科学院“3H”工程为青年职工带来了希望和曙光。结合推动“3H”工程，加强心理人文关怀和心理疏导，鼓励青年人自信自强，从而拥有一个健康的

心理去承载繁重的工作、激烈的竞争，在当前显得尤为重要。

表 28　调研对象对生活压力的感受（单选题）

选项	人数/人	比例/%
很大	75	30.0
较大	126	50.4
一般	46	18.4
较小	3	1.2
很小	0	0.0

表 29　调研对象目前最迫切的事情（单选题）

选项	人数/人	比例/%
成家立业	19	7.6
职称晋级	43	17.2
学习技能	59	23.6
增加收入	89	35.6
改善住房	24	9.6
职务晋升	5	2.0
入党	3	1.2
和谐人际关系	2	0.8
其他	6	2.4

（六）为激励青年职工成长成才创造条件

青年职工希望通过自身的努力和组织培养（表 30），在岗位工作中获得更大的发展（表 31）。对于岗位发展规划，亦有明确的目标（表 32）。组织开展有针对性的青年活动，帮助青年加深自我认识，找到合理的努力方向。提供明确的岗位晋升机制、多一些竞岗机会，以此激励青年职工树立奋斗目标。此外，及时提供职业培训，多一些学习机会。对于在外面报名参加的学历提升或技能提升学习给予一定的经费支持，因为学习的这些东西最终会用到工作中。对于积极主动去学习提升个人职业技能的青年职工给予一些经费支持，这也是对青年职工积极进取的一种鼓励。

表 30　调研对象对青年成才的关键的认识（多选题）

选项	人数/人	比例/%
自身努力	221	88.4
组织培养	84	33.6
机遇	130	52.0
敢闯敢干	25	10.0
人际关系	40	16.0

表 31　调研对象对自己未来发展的规划（单选题）

选项	人数/人	比例/%
努力工作，提高能力，争取在工作中获得更大的发展	209	83.6
没有目标，只求做好本职工作	7	2.8
练好本领，熬几年再说	24	9.6
不清楚自己的未来发展期望	3	1.2
如有合适机会，准备在近年内跳槽到其他单位	7	2.8

表 32　调研对象对自己的职业生涯有无明确规划（单选题）

选项	人数/人	比例/%
有，正按部就班朝目标努力	154	61.6
不明确，先干干再说	73	29.2
暂时没有，不清楚职业生涯规划的意思，需要指点	14	5.6
没有，不考虑那么远	9	3.6

近年来，科技领域在对科技工作者进行工作绩效评估时越来越重视各项量化指标，各类机构之间的竞争也加剧了指标追求。青年科技工作者希望设置合理的考核制度，根据考核对象的特点指定不同的考核指标，考核周期应适当放长，并根据学科和研究重点设置不同的创新目标（表 33）。

表 33　调研对象对改善目前考核制度评价标准的建议（单选题）

选项	人数/人	比例/%
设置不同的创新目标	23	12.9
制定不同的考核指标	96	53.6
放长考核周期	50	27.9
其他	10	5.6

（七）党建带群团组织建设，发挥整体工作合力

党组织发挥领导和保障作用，整合队伍、信息、培训资源，根据不断变化的科技创新实践要求，充分发挥基层党群组织和群众团体的骨干作用，搞好群团活动的配套建设，为诸如职工之家、青年之家、妇女之家等活动提供平台（表 34）。党组织要支持群团组织充分利用本单位的活动场所，因地制宜地开展适合青年职工特点和需求的活动，使有限的组织工作资源能够集约化使用，提高工作效率。尤其是要注意有效整合培训资源，通过联合办班、代办代训等形式，减少培训成本、提高培训质量（表 35）。

表 34　目前，你最希望单位为你提供什么（多选题）

选项	人数/人	比例/%
高层次培训	97	38.8
学历提升机会	58	23.2
提高薪酬待遇	160	64.0
更具挑战性的发展平台	74	29.6
职务晋升	59	23.6
出国等考察机会	48	19.2
其他（请说明）	4	1.6

表 35　调研对象最希望党群组织帮助解决的问题（多选题）

选项	人数/人	比例/%
提高自己的业务能力	115	46.0
组织培养，推优入党	19	7.6
解决婚恋	11	4.4
搞好文体活动，丰富业余生活	215	86.0
维护权益	140	56.0

（八）积极组织青年职工社会实践活动，增强责任感和使命感

调研结果显示，社会实践调查等活动普遍受到青年职工欢迎（76.4%）（表36），通过社会实践“了解社会、增长知识”，在活动中了解和接触社会，开阔眼界，受到教育，增长才干，从而增强作为一个科研工作者肩上的责任感和使命感。大力倡导并组织青年职工参加志愿者服务，是社会实践的一个重要方式，不仅是为他人和社会服务，同时提高自身参与社会、贡献社会的意识，培养服务意识，提高动手和人际沟通交往能力。

表 36　调研对象最乐意接受的党群组织开展活动的方式（多选题）

选项	人数/人	比例/%
典型人物现身说法	69	27.6
上课，学文件	17	6.8
看录像、电影	106	42.4
开交流研讨会	77	30.8
开展谈心和善意批评	33	13.2
参观访问	191	76.4
其他	7	2.8

在新形势下，要充分了解青年职工的思想特点，改进工作方式，充实工作内容，更好地教育、服务青年职工，为“科技创新跨越发展”的实施提供新鲜的血液，促进科研院所和谐稳定、健康发展。

课题组组长：张兴中　朱怀诚

课题组成员：肖　伟　陈红玲　顾承东　胡妍妍　许　平　蒋其鳌　黄文钰
吕　伟　齐金英　谢立华　华　伟　朱　慧　张明杰　张永红
曾光强　袁艳明　赵　鹏　张俊华　范晓松　杨　绒　王启飞

执　笔　人：王启飞

科研院所创新文化建设研究

中国环境科学研究院清洁生产与循环经济研究中心

一、科研院所创新文化概述

（一）内涵及建设要素

根据创新主体的分工不同，创新文化通常分为政府创新文化、企业创新文化和科技创新文化。其中，科技创新文化是大学、科研院所在科技活动中所产生的、与整体价值准则相关的群体创新精神及其表现形式的总和。科技创新文化主体是科研院所和大学，其目的是激发大家探索未知和追求新知识、创造新成果，以科研组织模式及科技创新单元为基础，涉及的人群主要是科技人员、支撑人员和科技管理人员。

为了保证创新文化的健康成长，需要提供适宜其生长发育的条件和环境，从生态学角度看，这类似于将其置于生态群落中，综合研究其生产发育所需要的时空结构、空气、土壤及与其他物种之间的关系。在社会学中，创新文化建设中的群落是指文化所在的组织，包括组织结构、组织的激励与评价体系、组织内部成员的价值观与信念、组织与外界环境的关系等，以上即为开展创新文化建设的四个要素。

（二）科研院所创新文化建设的特征

虽然各科研院所研究方向、所属上级单位、单位性质存在差异，但仍具有大体一致的组织机构形式、相近的激励评价体系，其成员具有相近的工作目标、价值追求及共同的信仰和伦理规范，因此在开展创新文化建设中，各科研院所均归属于科技创新文化群落。从创新文化建设的四个要素入手，比较科技创新文化群落与政府创新文化群落和企业创新文化群落的差异（表 1）。

表 1　三种创新文化的差异比较

项目 \ 群落分类	政府创新文化群落	企业创新文化群落	科技创新文化群落
组织机构特征	执行不同职能的行政机关，按照一定的原则和程序，结成严密的系统；具有明确的上下层级	根据产品生产环节分为不同的部门或车间，各司其职，协作完成任务	大学被分为不同的系别；研究机构分为不同学科的研究所
激励与评价特征	以发现并解决民生问题的成效为准，给予荣誉授予为主的激励	以为企业创造的有形和无形效益为准，进行层级或薪酬的激励	被统一的标准化业绩指标（论文、认可、实用等）驱动
价值观特征	维护、保卫、扶助、管制、服务、发展	创造效益	追求真理
环境适应性特征	影响范围广、作用大，可以引导社会培育良好的创新文化氛围	对外界环境变化敏感，决策程序的灵活性和迅速性突出	具有高度创新性

为提高综合国力，落实社会管理职能，政府创新文化群落起表率和保障作用，政府从发展战略、法律政策和资金投入等方面入手，逐步构建一个有利于企业创新和科技创新的文化环境；作为追求经济效益的企业，以将产品不断推陈出新占领市场份额或提高服务质量获得更多消费群体认可来谋取更大利益为动力，开展以生产技术创新和凝练可持续发展的企业文化为侧重点的创新文化建设；作为创新的主战场，科技创新文化群落起引领作用，这个群落最直接依靠科技创新，从而需要完成前瞻的基础性研究和科技前沿制高点的技术研发。在国家创新体系中，随着经济社会发展和产学研的相互融合，三个群落之间的相互依存关系越发紧密，要素特征相互独立和相互渗透。

二、中国环境科学研究院创新文化建设

（一）院所概况

中国环境科学研究院（简称环科院）于1978年12月31日正式成立，隶属于环境保护部，是国家级社会公益非营利性环境保护科研机构。环科院围绕国家可持续发展战略，开展创新性、基础性重大环境保护科学研究，致力于为国家经济社会发展和环境决策提供战略性、前瞻性和全局性的科技支撑，服务于经济社会发展中重大环境问题的工程技术与咨询需要，在国家可持续发展战略和环境保护事业中发挥重要作用。

环科院在环境科学基础理论、应用基础理论和高新技术研发等方面取得了大批重大国家科技成果，已经在环境容量、酸雨防治、湖泊富营养化防治、水污染治理与控制、大气污染治理与控制、固体废物污染防治、生态环境保护、清洁生产和循环经济等领域取得了显著成绩，为国家解决重大环境问题、建立环境管理制度、制定环境保护技术法规和标准、开发污染防治技术、制定生态保护对策措施，以及促进经济增长方式和建设环境友好型社会等方面做出重要贡献。

环科院目前拥有5名中国工程院院士、1个国家重点实验室、7个国家环境保护重点实验室、5个硕士学位授予点，与北京师范大学联合共建环境科学与工程博士点、1个博士后工作站。科研成果先后获得国家科学技术进步奖、国家技术发明奖近20项、省部级科技进步奖100余项。

（二）创新文化建设内容

1. 组织结构建设

开放性、灵活性和适应性的组织结构有助于系统思维的形成、团队效能的发挥，以及科学知识的共享。作为环境保护部的直属事业单位，环科院在部门设置中有与部委环境管理领域技术支撑衔接紧密的4个科研事业单位，有作为先导创新性研究主战场的6大类科技创新基地，有突出产学研和市场服务的2个技术服务机构，还有在体制改革中出新的2个企业。现阶段，环科院各单位划分为院职能管理、科技创新基地、科研事业单位、技术服务机构、企业、物业管理共6类部门，下设18个一级学科方向，二级学科也在进一步深化建设中。

在创新平台提升方面，通过整合现有科研力量，2011年10月正式建设跨学科的环境基准与风险评估国家重点实验室，并于2014年4月顺利通过科技部组织专家的验收。除各类重点实验室外，环科院还建成了秦岭生物多样性、准噶

尔荒漠生态系统、洞庭湖水生态环境和井冈山生态环境等野外环境观测研究站。

2. 价值观建设

核心价值观是科研院所创新文化建设的关键要素，包括创新思想、价值信念、创新案例，以及鼓励冒险、支持变革、宽容失败等，它能够有效激发创造性，使科研工作者愿意接受挑战，并逐渐促成科研院所的长期战略和发展愿景。环科院作为环保科研单位，崇尚自然与人类的和谐，这不仅体现在院内良好的自然环境，更多的是将自然和谐的精神融入日常工作中，从工作目的和工作关系中得到彰显。同时重视创新主体的培养，倡导全体科研工作者在知识量和知识结构方面不断提升，搭建宽松的学习环境，将在职或全日制教育与自身工作内容紧密结合，为此提出了“自然和谐、厚积薄发”的发展理念。现阶段，环科院实施“人才、科技创新、环境标准”三大战略，并提出“求真、继承、包容、引领”的学术精神，这更需要广大科研工作者不断自觉提高自身业务水平，甘于奉献，勇于创新，并将科研诚信贯穿于工作的方方面面。

3. 激励与评价体系建设

科学合理的组织激励与评价体系，可以引导或激发工作者积极投身创新实践，并对变革者和冒险者给予更多的支持、宽容和激励。进入“十二五”时期以来，环科院顺应时代需要，结合《国家中长期人才发展规划纲要（2010—2020年）》颁布契机，在人才战略的指引下，先后制定了《海外高层次人才短期引进管理办法（试行）》《职工岗位季度绩效考核管理办法》《岗位设置和岗位聘任管理实施办法》《岗位设置和岗位初评实施方案》《博士后申请国家自然科学基金项目的管理规定（试行）》《刘鸿亮院士奖学金奖评选及奖励办法（试行）》《创新人才培养与创新团队培育方案》《科学技术奖励办法》等一系列调动职工工作积极性、提升科研能力、推进管理体制和运行机制改革的规章制度，对在岗位上不懈努力的前沿探索者给予更大的资源配置倾向，弘扬了“开拓进取、勇于创新、刻苦钻研、成才有为”的科研精神。

4. 环境适应性建设

组织的环境适应性是指对环境变化的高度敏感及决策程序的灵活性和迅速性。在发展过程中，通过吸收其他群体和环境的优点，可以保持组织高度的创新性。环科院自建院以来，在不同历史时期均体现了对环境的适应性。20 世纪 70 年代末，在国务院环保办公室的领导下，环科院选择了洼里乡立水桥这片荒凉的土地，短短一年时间里，遵循“艰苦创业、多学科融合搞环保”的创业原则，从全国各地各行业选调 100 余人初步组建了由水、气、生态、环境情报为框架方向的科研队伍。

20世纪80年代初，环科院的工作重心开始由“以基建为主”向“边建设、边科研”转移，科研内容也逐步扩展到环境监测、环境管理、环境规划、分析测试等领域，以“面向经济建设，服务环境管理”为科技工作主导，开展了一批为环境管理服务的研究课题，承担了国家“六五”和“七五”科技攻关重大项目20余项，提出了一批具有国际水平、高应用价值的学术成果，这些研究工作带动环科院形成了自己的学术特色和技术优势，加强了与同行科研院所、高校和地方环保部门的合作交流。

在建立社会主义市场经济体制过程中，按照“稳住一头、放开一片”的指导原则，环科院调整了方向和任务，以开展环境科学技术研究、环境规划及工程设计、环境污染控制和环境工程技术开发为基础，适应环境管理、环境建设的需要，承担国家重大科研项目，研究解决跨地区、跨行业并具有全局性、方向性、战略性的重大环境问题，为环境保护部的环境管理和环境决策提供科学依据和技术支持。同时，积极探索机构改革和人员调整，调动职工服务全局、服务社会的积极性。

进入21世纪以来，环科院紧密围绕国家环境保护重大战略政策和环境保护部的中心工作，以科技创新为龙头开展了第二次科技体制改革，努力实现两个转变。一是由跟踪应急型研究向先导创新型研究转变，重点开展国家层面上全局性、战略性、前瞻性、创新性的重大环境问题研究；二是在运作机制和运行驱动力上，由计划管理方式为主向以市场为导向、建立新型人事、分配制度为主的方向转变，进一步调动科研工作者的主观能动性。

在推进环评体制改革工作中，环科院积极响应环境保护部的号召，于2013年5月正式成立了北京中环国宏环境资源科技有限公司，成为全国第一批事业单位环境影响评价体制改革试点单位。在加快构建新型产学研战略联盟中，环科院充分利用技术和人才优势，与一批有实力的企业和政府建立了合作关系，建立了城市矿产开发工程技术中心，促进科研成果产业化、规模化、市场化，并培育、提升了科技人员和企业技术人员的创新能力、工程应用能力，建立了高效的产学研运行机制。在国际交流与合作方面，环科院服务于国家政治外交和环保中心工作，为国家环境保护管理与决策提供技术支撑，与韩国、日本、德国、法国、意大利、新西兰、美国、加拿大、英国、瑞典等国家开展了合作交流。2013年，环科院作为牵头单位成功申请欧盟环境可持续项目“松花江—辽河流域水质改善污染排放管理示范项目”，作为我国的环保系统科研机构首次加盟北极大学，并成功申请到AXA安盛研究基金的海外特聘专家项目和博士后奖学金。同时，环科院邀请了南非、尼泊尔和蒙古国的相关官员及科研人员来院，对我院人员进行培训，并以此为平台向南南国家推广、宣传和展示我国先进的环境技术和环境管理理念。

三、中国环境科学研究院创新文化建设与党建工作的衔接

环科院作为科研事业单位，紧紧围绕国家环境保护工作总体安排，按照全国环境保护工作会议的总体部署，深入学习贯彻党的十八大和十八届三中全会精神，积极开展党的群众路线教育实践活动，以推进生态文明建设为统领，以实施中央八项规定为切入点，以国家科技重大专项和重点项目为依托，持续推进科技创新，夯实科技支撑能力，主动服务国家环境保护中心工作，积极推进科技体制改革，努力践行生态文明和“五位一体”的国家发展战略，为国家环境管理向“容量总量控制、环境质量改善、环境风险管理”战略转型提供科技支撑，全面推动整体和谐发展。

（一）以党建工作带动全面工作开展

1. 学习贯彻落实党的十八大和十八届三中全会精神

党的十八大和十八届三中全会召开以后，环科院先后四次召开大会集中学习十八大和十八届三中全会报告，并制定了深入学习贯彻十八大精神的时间表和路线图。院领导带头谈学习体会，部分党支部的代表就“推进生态文明、建设美丽中国”进行了典型发言，并成立了《科技创新服务美丽中国和生态文明建设行动纲领》编写工作组，在探索环境保护新路中构建环境保护“六个体系”，在推进生态文明中心建设中实现“四化同步”，分别由院领导牵头，组成十个团队进行研究，理顺贯彻落实的思路和措施。

2. 深入贯彻落实中央八项规定

环科院积极响应党中央号召，根据环境保护部党组的统一部署，深入贯彻落实中央八项规定。一是根据中央和环境保护部的实施办法，制定实施细则和有关工作措施；二是切实贯彻院领导下基层工作制度；三是对照中央八项规定要求，完善院所规章制度，印发业务接待费、科研活动和公务用车等管理办法。

3. 积极开展党的群众路线教育实践活动

2013 年以来，按照中央和环境保护部党组的统一部署，在环境保护部第二督导组的指导下，环科院积极投入党的群众路线教育实践活动中。经过动员大会、领导班子民主生活会和总结大会，目前已进入活动的整改落实阶段。截至 2014

年9月，已完成“两方案一计划”① 中的13项整改措施、2项整治方案和2个办法，并起草12项规章制度。

（二）围绕国家环保中心任务，发挥科技支撑作用

近年来，环科院重点通过水体污染控制与治理科技重大专项、国家科技支撑计划项目和科技基础性工作专项、国家自然科学基金、环保公益性行业科研专项实现对国家环保领域顶层设计的科技支撑作用，同时通过咨询、规划、工程设计、评估等手段对地方环保工作提供技术支持。作为环保系统科研事业单位，环科院科研工作者在不断追求真理的道路上，充分尊重科研文化的特有属性，实现学术自由，助力科技创新，将科技创新与国家环保中心任务紧密结合，以解决影响可持续发展和损害群众健康的突出环境问题为重点，不断发挥科技创新优化经济发展和保障改善民生的作用。2013年1月，美国宾夕法尼亚大学“智库与公民社会项目”发布了最新年度研究报告——《2012年全球一流智库报告与政策建议》，环科院位居入围的环境领域国内智库之首。这既是对环科院科研创新工作的肯定，也是一种鞭策。

四、中国环境科学研究院创新文化建设发展方向

未来，环科院将继续紧密团结在以习近平同志为核心的党中央周围，加强创新能力建设，为实现环境管理战略转型提供科技引领和支撑。在组织机构和激励与评价建设方面，努力构建全面支撑排放控制、质量控制、风险控制、产业发展、政策标准制定、执法监督等的学科体系，加强人才培养、科研平台及产学研联盟建设；在价值观和环境适应性建设中，着力改进作风，坚持马克思主义思想，弘扬中国环保精神，对常规性问题加大力度解决、遗留问题集中攻坚解决、新发现问题及时跟进解决，实现重点工作突破，为改善环境质量、推进生态文明、建设美丽中国、探索和践行环境保护新路做出新的更大的贡献！

课题组组长：刘景洋

课题组成员：刘景洋　方　琳

① 即《中共国家发展改革委党组党的群众路线教育实践活动整改落实方案》《中共国家发展改革委党组党的群众路线教育实践活动专项整治方案》和《中共国家发展改革委党组党的群众路线教育实践活动制度建设计划》。

心理管理视角下的科研院所党建工作创新研究

中国工程物理研究院

心理管理是近年来发展起来的，以促进员工心理健康及组织和谐发展为目标的先进管理理念，是遵循人的心理发展特点、规律，根据人的认知、情绪、个性、动力与行为风格，有意识、有目的地借助各科学的规则、程序、载体进行的，以促进员工心理健康，以及组织和谐发展为目标的管理活动。心理管理是组织内部管理方式，是管理者、员工、组织三者互动融入组织建设中，成为组织健康发展的一种常态职能。

在知识型员工密集的科研院所，把心理管理理念与方法植入党建工作，是科研院所建设学习型、服务型、创新型党组织，创新党建工作机制与方法的有益补充和完善，对推动科研院所创新发展以及促进国家科技进步具有重要意义。

本课题组从心理管理的新视角出发，遵循科研院所职工心理发展特点、规律，以科研院所职工心理健康和组织健康发展为核心，以问题为导向，探讨影响科研院所职工心理健康的主要压力和影响科研院所组织和谐发展的主要因素，从而促进提高科研院所心理管理的途径与方法，并将这一管理方法作为党建工作的重要职能和职责，创新科研院所党建工作的新内涵和新途径。

一、新时期科研院所党建工作及组织管理面临的压力与挑战

（一）科研院所党建工作的角色转换与挑战

多年来，科研院所党组织充分发挥政治核心作用，通过不断加强和改进党的建设，探索出了一整套行之有效的方法和措施。然而，随着科技创新工作的逐步推进和改革的不断深入，科研院所党建工作也面临着新的任务和挑战。与全面贯彻落实科学发展观的要求相比，科研院所党建工作仍存在一些问题和不足，需要在实践中认真查找并解决。

科研院所党建工作的内涵、职能、工作机制与方法也是一个与时俱进的发展过程，随着改革开放后社会的不断发展，科研院所的工作重心逐步转到科技服务及社会服务上来，尤其是基层党支部，其主要职能就是为科研院所的发展提供服务，管理职能进一步淡化，支部书记多数同时还是技术骨干。在科研院所的飞速发展过程中，同时出现了两个问题：一是在科研院所中党建工作到底是干什么，很多科研院所职工反映，几乎感受不到党建工作的存在，除了交党费外，包括支部书记，其工作重心也多在科研工作中，科研院所党建工作何去何从已经引起社会广泛关注；二是在科研院所发展的同时，员工的科学技术水平提升受内外部环境影响发展较快，硕果累累，但与此同时，科研人员“厌世”“仇能”“抑郁”等心理健康问题层出不穷，科研人员的心理健康问题同样引起了社会的广泛关注。

因此，科研院所的党建工作，应顺应时代的需求，转换角色，聚焦切实影响科研院所发展的重要问题，发扬我党政治思想工作的优良传统，以人为本，关注职工心理健康和组织健康发展，为科研院所党建工作的创新发展走出新路。

（二）员工与组织的压力上升明显，心理资本较低，心理管理需求迫切

课题组运用心理管理的调研方法，选取中国工程物理研究院某研究所作为样本，对员工心理健康普查、员工心理资本和组织压力三个方面进行了网络在线测评评估。同时，又以深度访谈和召开座谈会的形式收集相关印证数据。其中，员工心理健康普查问卷共回收 742 份，有效问卷 700 份；员工心理资本评估问卷共回收 742 份，有效问卷 719 份；组织压力评估测验问卷共回收 698 份，有效问卷 666 份。

1. 员工与组织的压力指数上升明显，特色鲜明

员工压力指数是指员工感知到的来自组织管理行为的压力感受程度，员工压

力的增加会直接影响员工的身心发展状态、员工的职业倦怠状况及员工对组织效能的认知。整体而言，上述某所职工的压力水平一般，但高于企业平均水平，压力指数在 2.46 分及以上。压力源由高到低分别为工作特性、组织管理、管理风格、价值评定、职业发展、关系协同、生活压力、工作分配（图 1）。

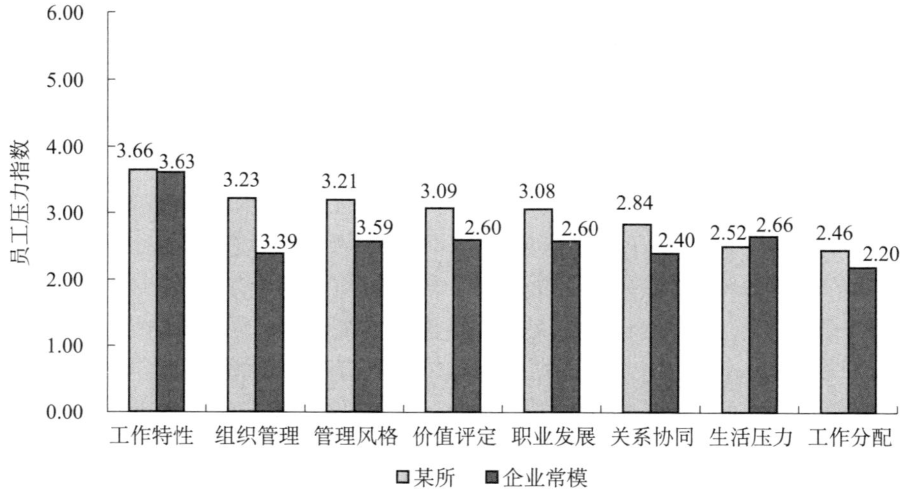

图 1 某所职工压力水平整体分析

相较于一般企业，科研院所的组织压力特征有所不同，具体而言：①研究所职工和一般企业员工的首要压力源都是工作特性；②研究所职工感受到的次要压力主要来自管理行为，包括组织的管理氛围和领导的管理风格，而一般企业员工的次要压力主要来自生活和经济方面；③在价值评定和职业发展方面，研究所职工的压力感受要略高于一般企业员工。

2. 心理资本整体偏低，亟待进一步提升

心理资本是员工应对压力和解决问题、促进个人成长和绩效提升的一种核心心理要素，是组织除了财力、人力、社会三大资本以外的第四大资本，员工优秀的心理素质、积极的工作态度、良好的精神面貌和高度的责任心都可以为组织带来直接绩效的提高，间接为组织创造人力资源的财富。

某所职工的心理资本整体特征详见图 2。整体而言，某所职工的心理资本略低于企业平均水平。由图 2 可知，相较于一般企业，科研院所心理资本特征有所不同，具体而言：①在动机取向方面，工作支配与主导（支配性）、自我价值实现（进取性）、善解人意与信任他人（亲和性），与一般企业员工相差较大，比例平均相差超过了 15%，这和科研院所的性质及对职工的要求与一般企业差异较大有关；②在工作尽心尽责（尽责性）、独立决定负责（独立性）、自我冲动控制

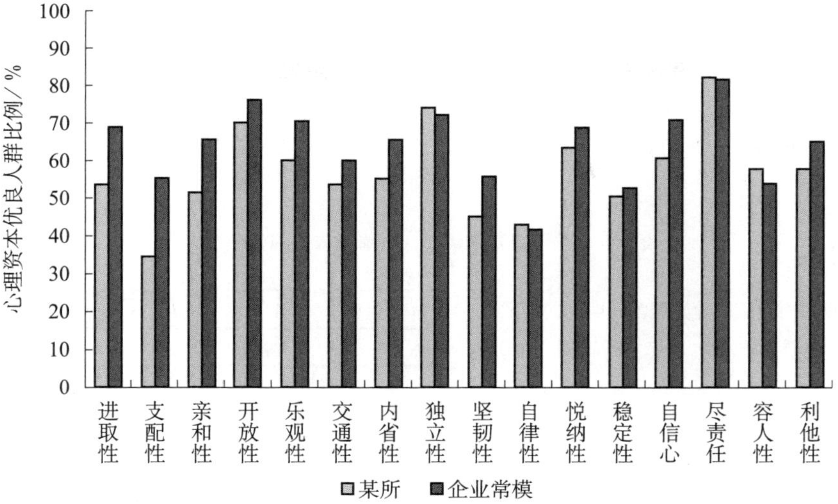

图 2 某所职工心理资本优良人群比例

（自律性）和包容他人不足（容人性）四个方面，表现要优于一般企业员工，比例相差不足 5%。

综上所述，当前科研院所员工压力指数较一般企业高，且相较于企业来说，其物质压力指数影响较小；在心理资本方面较企业低，理论上，科研院所职工普遍受过高等教育，或多或少都接受过心理方面的相关教育，其心理资本应较一般企业高。因此，基于研究所压力指数与心理资本的鲜明特征，在科研院所党建工作中引入心理管理的理念与方法就显得尤为迫切和必要。

二、心理管理视角下的科研院所党建工作创新探索

课题组通过对调查问卷、测评报告进行统计，同时辅以深度访谈及小组座谈，经过综合分析，认为在心理管理的三个核心层面，即职业生涯规划、群际管理、心理资本增值方面，党建工作有必要在心理管理视角下进行探索创新。

（一）关注职业发展与工作分配压力，与员工一起做好职业生涯规划

职业生涯规划是指个人和组织相结合，对个人兴趣、爱好、能力、特长、经历、不足等因素进行综合分析与权衡，结合时代特点，根据个人职业倾向，确定其最佳的职业奋斗目标，并为实现这一目标做出行之有效的安排的过程。其主要构成是职业发展期望与职业适应（工作分配）。

职业发展是组织用来帮助员工获取当前及将来工作所需的技能、知识的一种

规划。从图 1 可以看出，职业发展带给某所职工的压力强度较大，压力指数达到了 3.08 分。主要表现为：单位对职工的职业发展没有明确的规划，职工缺少职业发展方面相应的专业支持；学习成长的机会不尽如人意；看不到自己的发展方向和空间。两部分压力显著人群比例超过了 30%，且极大压力人群平均比例达 10%（图 3）。

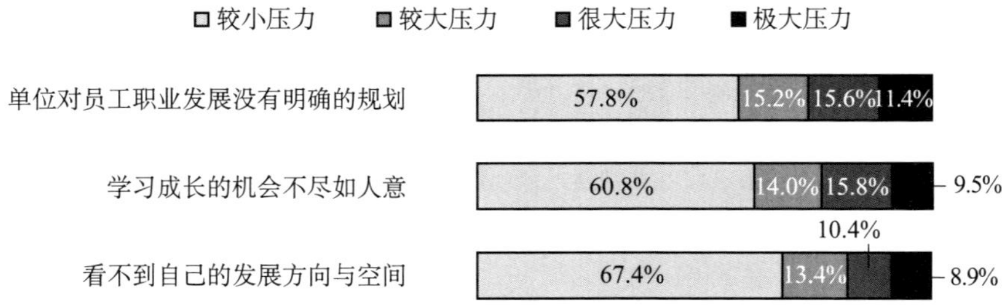

图 3　某所在职业发展方面压力显著人群比例

工作分配对员工压力感受的影响主要包括角色清晰和角色匹配两个方面。从图 1 可以看出，整体来看，目前工作分配带给科研院所职工的压力强度较低，压力指数为 2.20 分。但应该注意到，仍然有 20% 左右的人认为在“现在的工作不是我所擅长的”方面具有较大压力（图 4）。

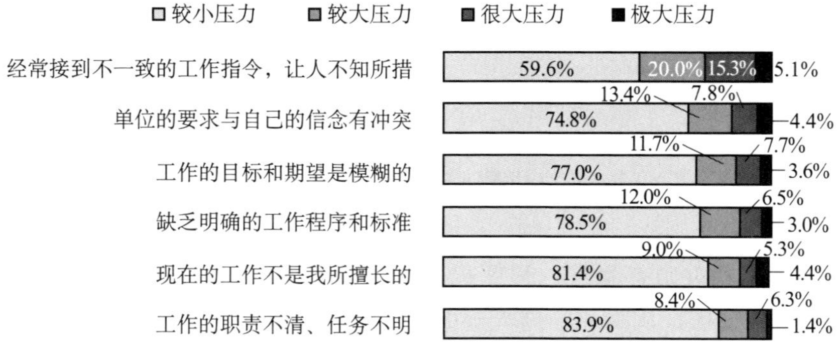

图 4　某所在工作分配方面压力显著人群比例

美国心理学教授约翰·霍兰德认为个人职业性可分为实际型、研究型、艺术型、社会型、开拓型、常规型六种。在科研院所内，肯定不可能只存在一种类型的人才，同时也不会只需要一种类型的人才。与此同时，不同的人对职业发展的期望也有很大差别，因此，党建工作者应该关注员工的职业发展压力的具体表现，根据员工的职业性特性，与员工一起做好职业生涯规划的设计、规划、执行、评估、反馈和修正过程。同时，让职工成为主角，优化职工职业发展通道，明确职业发展规则，强化各级领导干部对团队培养的注重，建立职工成长机制，鼓励职工多元发展，共同推进组织与员工的健康发展。

（二）创新激励机制、改进管理风格，促进组织群际关系和谐发展

群际关系是指人们把自己看作不同社会群体的成员而非单独的个体而发生的相互作用，具有易冲突性的特点，影响群际关系的主要因素包括社会类别化、相对被剥夺感、威胁与反威胁、信任与不信任。对科研院所来说，群际关系主要体现在群际价值评定、管理风格、协同关系等方面。从调查结果来看，协同关系方面的压力较小，其他两个方面存在较大压力。

从图 1 可以看出，价值评定带给某所职工的压力强度较大，压力指数达到了 3.09 分。职工在价值评定方面感受到的压力主要表现为：自己的付出没有得到匹配的报酬，承担的职责和应有的权利不匹配等方面（图 5）。同时从调研中还得知，科研院所职工的生活压力低于一般企业，在科研院所激励机制的设计上更应该注重物质奖励的公正、公平，同时创新激励方式，根据员工个性特征，采取不同的激励手段，注意物质奖励与精神奖励的结合。

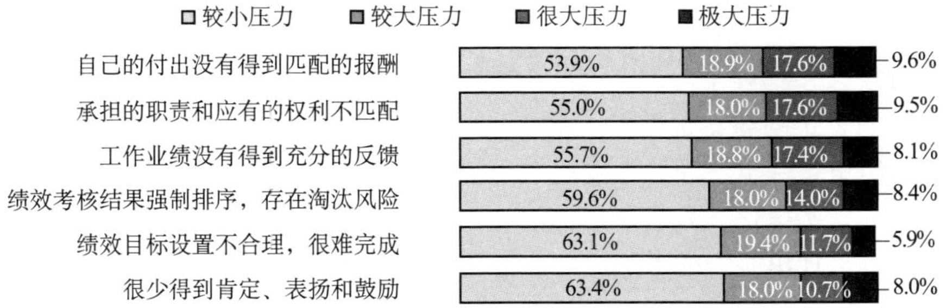

图 5　某所在价值评定方面压力显著人群比例

尽管在科研院所，领导与员工的层级关系并不那么明显，但是，受中国传统文化影响，管理者的风格仍然对职工压力具有较大影响。管理风格压力源主要是指管理者的行为风格对员工压力感受的影响，包括开放民主和亲和影响。由图 1 可以看出，管理风格带给科研院所职工的压力强度较大，压力指数达到了 3.21 分。主要表现为：①领导很少关心职工的个人情况；②领导对职工的错误处罚严厉。两方面压力显著人群比例均超过了 30%，且极大压力人群比例达到了 10% 左右（图 6）。因此，科研院所的管理人员应该转变管理风格，加强心理管理知识与技能的学习，注重心理管理与情感关怀相结合，重视倾听职工心声，关心职工的个人情况，从人性化的角度帮助职工适应组织的要求。

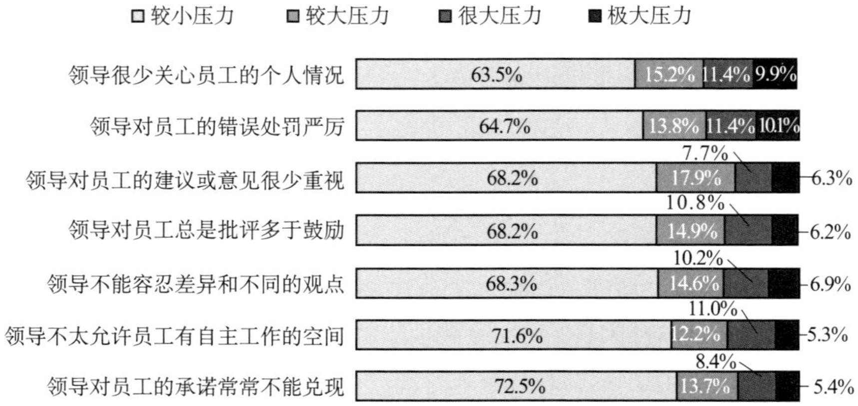

图 6　某所在管理风格方面压力显著人群比例

（三）以全新视角与方法开展思想政治教育工作，推进广大党员、职工与干部队伍心理资本增值

由图 2 可知，科研院所的心理资本还有待进一步提升，心理资本的提升一方面是依靠个人自我效能的开发，另一方面主要是以心理管理为基本理论的培训教育。

作为教育人、引导人、培养人、塑造人的思想政治教育工作，其主要目的就是解决人的思想问题，也就是人的心理问题的一种。传统的思想政治教育工作，在特定的历史条件下，为社会发展做出了卓越贡献，积累了丰富经验。但在社会生活构成元素多样化，人的理想、信念、态度和行为复杂化的今天，思想政治教育工作已经呈现出一定的不适应性，必须创新发展，必须与心理学的理论和技术密切结合起来，将传统信仰教育与个人发展信念相结合，以心理关怀为主，把握员工的认知方式、潜在需求、人格特点、行为规律、目标取向等心理活动特点，遵循员工心理发展规律去关心员工、尊重员工、理解员工、发展员工、成就员工，从而促进员工与组织的心理资本增值。

要杜绝高校腐败、学术腐败、科研经费腐败的发生，一方面需要完善规章制度，另一方面加强思想政治教育仍然必不可少。由于科研院所领导干部与普通员工比一般人员学历层次更高，心理反应更复杂，其思想政治教育难度更大，因此，更有必要应用心理管理。坚持党在长期的反腐倡廉实践中形成的一系列符合心理学规律、行之有效的方法和措施。①坚持正面典型的引导作用，并开展警示教育，在心理上强化榜样的示范作用和犯罪惩戒的震慑作用；②强调党员干部的廉洁自律，通过对价值观和法律规范的“内化”，使党员干部通过自我观察、自我评价和自我强化加强拒腐防变的行为自觉性；③强调思想预防的意义，坚持思想反腐为先导，在心理上抗拒腐败观念的影响；④加强“荣辱观”教育。

对某研究所员工的心理特性调查，以及对科研院所员工的心理特性的统计分析表明，目前科研院所的压力指数明显上升，心理资本需要进一步提升。本课题从心理管理的三个核心层面（职业生涯规划、群际关系、心理资本增值）对心理管理视角下的科研院所党建工作进行创新探索，提出初步的方法与途径。

心理管理理念拓宽了党建工作视野，心理管理技能完善和发展了党建工作具体职能，在党建工作中引入心理管理，有助于使传统党建工作向体系化、制度化的管理模式迈进。运用心理管理的手段，加强科研院所党建工作，是提高党建科学化水平的重要手段。

课题组：中国工程物理研究院

科研骨干兼任党支部书记如何做好党支部工作研究

中国工程物理研究院激光聚变研究中心

党支部书记是党支部日常工作的领导者、组织者，对做好党支部工作有直接和重要影响。与全国其他科研院所一样，随着管理体制的不断深化，党支部书记一般由科研骨干兼任，在中国工程物理研究院（简称中物院）的兼任比例达到90%。这些兼职的党支部书记面临职责多、任务多的情况，尽管多数同志能够比较好地平衡各方面事务，涌现出不少的先进党支部和先进典型事例，但也有部分同志在日常工作中出现了时间和精力相对矛盾的问题，工作中顾此失彼的现象也时有发生，给支部工作造成了一定的影响。因此，研究兼职党支部书记做党支部工作的优势与不足，总结先进党支部探索积累的工作经验，对所有兼职党支部书记发挥优势、克服不足，落实好加强基层服务型组织建设的要求，做好科研单位的党支部工作具有现实意义。

为了保证研究工作的代表性和研究结论的适用性，课题组主要从四个方面开展研究。

第一是以问卷调查方式，广泛收集并研究与党支部工作直接相关的所党委委员、党支部书记、支委委员、党员、群众的意见。调查涉及 11 个研究所的党委委员、82 个科研室党支部。共发放问卷 1000 余份，回收有效问卷 793 份。第二是总结先进党支部的成功经验。第三是与党支部书记面对面交流。第四是研究总结先进基层党组织激光技术工程部党支部的工作经验。

在上述四方面工作的基础上，课题组通过反复讨论、共性凝练，结合笔者近几年兼任党支部书记的体会，对科研骨干兼任党支部书记的优势与不足，以及在当前形势下如何做好党支部工作形成了以下一些看法和意见。

一、科研骨干兼任党支部书记对做好党支部工作的主要优势

从研究结果来看，科研骨干兼任党支部书记具有以下三大优势。

优势之一是更易理解职工的诉求，更好地服务于群众。70% 以上的被调查者（超过 90% 的党委委员）认为这是科研骨干兼任党支部书记的优势。党支部书记的重任之一就是做好思想工作，主要面对的是一线科研职工在科研生活中对一些问题的看法和意见，需要通过交流沟通来统一意见或思想，如果党支部书记有较丰富的科研经历，容易理解这些看法和意见的实质、产生的根源，更容易准确把握群众的想法。

优势之二是更容易将党支部工作与科研工作有机结合，更好地实现支部党工作服务于科研。这是与 15 位党支部书记面对面交流时共同形成的看法，大家认为科研骨干熟悉和了解部门科研工作，知道部门科研工作的难点和重点，知道在什么时间、以什么方式开展什么样的支部活动，更能有效发挥支部的战斗堡垒作用和党员的先锋模范作用，促进科研工作的完成。

优势之三是有专业优势，容易服众。有 60% 的党委委员和党支部书记都认为这是兼职党支部书记的优势。科研单位是知识分子云集的地方，知识分子有其特有的气质，特别是近几年大量高学历和海归人才不断增加，由专业技术方面有一定成就的人员兼任党支部书记，开展党支部工作更容易被大家从内心接受。

二、科研骨干兼任党支部书记做好党支部工作存在的不足

从研究结果来看，科研骨干兼任党支部书记存在以下三方面不足。

不足之一是容易出现“时间和精力矛盾”的问题。目前，各方面工作节奏都比较快，兼职党支部书记在日常工作中容易出现时间冲突的问题。在被调查的党支部书记中，有 37% 的被调查者认为经常遇到时间冲突的问题，59% 的被调查者回答会偶尔碰到。在面对面交流中，党支部书记普遍反映存在一定程度的时间和精力冲突的问题。

不足之二是容易出现“重视专业工作，弱化支部工作”的现象，87% 的党委委员认为存在这样的现象。这些从专业技术研究中成长起来的党支部书记，由于

长期的科研磨炼形成了一定的思维和工作习惯，容易出现将更多精力花在科研工作上的问题。特别是目前院所对科研工作有较为完善的考评体系，考评频次和力度都较大，更加剧了这种现象的发生。在这次受访者中，只有51%的党支部书记会在年终考评中将支部工作作为重点内容汇报，这也从一个角度反映出部分单位存在重视专业工作的情况。

不足之三是“政治理论系统学习和思想政治工作技能培训不足”的问题。此次参与调查的82位党支部书记中，22%的党支部书记因为各种原因没有参加针对性的上岗培训，在担任党支部书记期间，有13%的同志没有参加过有关培训。

三、兼职党支部书记做好党支部工作需要把握的六个方面

从前面的分析可以看出，科研骨干兼任党支部书记有其优势，也有其不足，在现有的科研单位管理及考评体系下，客观上也会面临一些现实的困难。在此情况下，兼职党支部书记该如何发挥优势，弥补不足，克服困难，从而确保做好党支部工作，是我们需要重点关注的问题。我们对收集到的党建工作先进经验和调查问卷反馈的意见进行分析研究，结合笔者这几年做兼职党支部书记的体会和认识，认为科研骨干兼任党支部书记要重点把握好以下六个方面。

（一）加强党性修养和政治理论学习，提高政治素质，增强感召力

一位党委委员在调查问卷中写道：“党的工作同样需要专业态度和职业素养。”作为一名基层的党支部书记，首先需要具备良好的政治素质。作为党支部书记，谁都希望群众能把自己当党支部书记对待，但群众首先是把你当党支部书记要求，党支部书记意味着要有比普通党员更高的党性修养和政治理论水平。大家的眼睛都在看，耳朵都在听，观察党支部书记表现出来的党性修养是否达到了要求。这是多数党支部书记的感受和体会。

对多数从科研骨干成长起来的党支部书记来讲，一方面，党支部书记上岗前的培训时间一般不会很长，无论是政治理论培训还是岗位经验培训，一般不可能非常系统和全面，深度也不可能很深，这需要我们不断地学习。在此次调研中，66%的党支部书记认为改进和提高支部工作首先需要加强政治理论学习。其次，要特别重视不断进取，完善自我，加强党性修养，努力在日常工作中发挥应有的榜样示范作用。只有不断地学习进取，在平时的工作生活中严于律己，宽以待人，率先垂范，使自己成为党员群众的楷模，才能在职工群众中有感召力。

（二）发挥懂科研、了解科研的优势，围绕科研这个中心策划支部工作，将“服务科研”的要求做实

服务科研就是要以单位科研为中心，紧密围绕搞好科研工作策划、组织开展支部工作。作为兼职党支部书记，要发挥熟悉科研、了解科研的优势，根据科研任务的特点和单位实际，策划开展支部工作，将支部工作与科研工作有机融合，从而促进科研任务的完成。从调研结果来看，34% 的支部工作主要是完成上级党委的要求和安排，科研骨干的优势没有完全发挥好。从先进支部的经验来看，可以重点开展好以下几方面的工作。

做好科研项目启动前的思想动员。从经验来看，一是重大关键科研项目，二是繁重的科研任务，在这两种情况下，参研职工容易有精神压力甚至产生思想波动，需要重视和发挥好思想动员的作用。院级大型试验前进行思想动员有很好的传统，我们支部在每年年初要开会进行一次全室思想动员，对难度较大的项目进行专门的思想动员已成为固定模式，这些工作对这几年繁重任务的完成起到了很好的促进作用。

实施过程中要发挥支部的战斗堡垒作用和党员的先锋模范作用。作为党支部书记，要分析当前科研工作中有哪些危、重、险岗位，哪些课题存在较大困难需要集智攻关，根据分析结果进行策划安排支部活动，确保在危、重、险岗位的党员能够站得出、顶得住。在科研项目攻坚克难的关键环节，必要时以组织党员突击队等方式，发挥支部的战斗堡垒作用，促进科研任务的完成。神光－Ⅲ主机装置集成调试突击队就是典型的案例。神光－Ⅲ主机装置是一项难度极高的庞大的科学工程，涉及上百家单位的协作，受国内相关技术水平的限制，外协加工进度远远落后于工程计划，严重压缩了总体集成调试的时间，给总体集成团队造成了巨大压力。面对众多困难，部分同志在心理上出现一定程度的畏难情绪。针对这种情况，党支部及时组织成立了“神光－Ⅲ主机装置集成调试突击队”，由 16 名党员同志和 4 名非党员同志组成突击队，要求突击队成员主动争取任务，勇挑重担，解决集成调试中的难点问题；及时组织开展相关技术问题讨论，集智攻关；主动帮助他人。突击队充分发挥了党员的先锋模范作用，在有限的两个月时间内，圆满完成了首束出光的目标，得到了各方面的高度肯定和赞扬。202 室党支部是中物院 2010 ～ 2013 年的党建先进集体，某工程项目在 2011 年迎接国家竣工验收的最后冲刺阶段，碰上日本发生“3.11”福岛核泄漏事件，职工群众的思想难免受到一定的影响。在这样的特殊背景下，党支部及时以“奋战 100 天，圆满完成国家工程，项目竣工验收”为主题开展活动，有重点地选择动员、典型示范、劳动竞赛、“金点子”建议活动等切入点，组织党员突击队，打了一场国家

专项工程的攻坚战，圆满完成了建设任务，获得院所党委嘉奖。

做好项目完成后及时的表彰和鼓励工作。对在危、重、险岗位和科研攻关活动中表现突出的同志进行表彰和鼓励，树立先进典型。吸收表现特别优秀的先进分子进组织。2008 年“5・12”汶川地震中，中物院在抗震救灾和灾后恢复中表现突出的优秀分子被吸收入党是最好的案例，支部平时在发展党员时，要重点关注科技攻关活动中涌现出来的先进典型。

帮助党员提升综合素质，促其成为科研能手、高手。当代科学技术发展日新月异，新技术、新思想不断涌现，部分老职工党员面临知识更新、技术更新的问题；近两年大量刚从高校毕业参加工作的新职工党员，面临着环境适应、角色变换和实际工作能力提升的要求。作为党支部书记，要根据科研生产需求和职工党员的特点，营造有利于党员提升综合素质的环境，创造成长成才的机会和平台。我们通过创建“党员园地”为新老党员提供一个交流学习的环境，促进新老党员能力的提升，增强党支部的凝聚力和感召力。

（三）按照现代管理思想，建立必要的规范和评价机制，实行计划管理

现代科技能够快速发展，很重要的一个因素就是现代管理技术的发展。同样，在快节奏的科研环境下做好党支部工作，也需要引入科研管理的一些现代管理方法。

在前面的分析中已经谈到，兼职党支部书记做好支部工作需要发挥团队的力量，发挥总体协调调度的作用。要当好这个总调度，支部书记要借鉴现代管理技术，做好三方面的工作。

首先是要建立支部工作规范。支部工作与科研工作一样，有的复杂，有的简单，要保证支部工作的质量，需要建立一定的规范。中物院建立了基层党支部工作细则，成为各支部工作的指导性文件。对支部而言，要结合单位的实际情况，建立自己的细化管理规范，以便规范地开展活动。

其次是要有工作计划。当前科研任务繁忙，支部工作的难点之一就是时间难协调，克服这一问题的最好办法就是加强计划。各单位的科研工作一般都有计划，如果我们的支部工作也能进行较为系统的策划，制订相应的工作计划，将支部工作计划与科研工作计划进行适当的协调，则支部工作就比较好安排。因此，党支部书记应该花大力气做好支部的年度工作计划。

最后还需要建立评价机制。党支部工作的落实和管理，如果只有布置，没有督促、检查和评价，就难以落实或者影响实施的效果。当然，开展考核评价工作要注意两方面的问题。一是必须要求前面提出的规范及计划两项工作，没有规范

就无法建立评价标准，没有计划就找不到评价的依据；二是要与科研工作考核相结合，即考核内容和考核结果的应用要与科研工作考核结果相结合。

（四）系统策划，合理分工，发挥好党委委员、支委委员、党员和课题组组长在支部工作中的作用

党支部书记要将有限的精力重点花在支部工作的系统策划上，在此基础上，充分发挥党委委员、支委委员、党员及课题组组长的优势和条件，参与分担相应的支部工作。

第一是要发挥好上级党委委员的作用。在我国现有的管理体制下，上级党委委员不仅在政策理解和掌握上更深、更透、更准，而且拥有较多的资源，因此，在日常的支部工作中，必要时得到党委委员的直接支持和帮助对搞好支部工作有事半功倍的作用，甚至是关键作用。从此次调研结果来看，多数党委委员了解支部工作情况主要是通过年终考评获得，这表明支部向党委汇报不够，平常的支部活动发挥作用不够。因此，应注意两点：一是年初的支部工作策划和安排，要向主管领导汇报；二是重要的大政方针政策的学习讨论，邀请主管领导参与解读和辅导，能够提升支部的活动质量。

第二是要发挥好支委委员的作用。支委是支部工作的领导班子，支委委员既要参加支部工作的决策，更要主动花精力和心思考虑支部工作，积极参与日常工作的组织和落实。此次受访者中，40% 的支委委员只是被动落实支部书记安排的工作，在这种情况下，大量的工作都会压在支部书记身上，影响支部工作的效果和质量。因此，首先要根据各位委员的业务压力情况，合理分配支部工作；其次支部书记要注意总体协调和调动好各位支委委员，从策划开始，按照分工负责原则分别落实，支部书记做好督促检查和总体协调工作，调动支委委员的主动性。中物院十所激光技术研究室党支部是中物院 2010 ～ 2013 年的党建先进集体，他们通过制定党支部工作职责，充分发挥每一个支委的作用，取得了很好的效果。

第三是要发挥好党员的作用。党员既是被服务对象，也是支部活动的主体。按照党的十八大提出的建设服务型党支部要求，党员既是服务科研生产的主体，也是服务群众的主体，因此，只有将党员的作用发挥好，支部工作才能做好。分布在各课题组的党员拥有快速了解群众信息和化解群众矛盾的天然优势，在支部工作中，要充分发挥这一优势。中物院 204 室党支部就建立了党员职责网络，每一名党员负责自己工作关联的 2 ～ 3 名群众的意见收集和沟通工作。该责任网络建立以来，职工群众间发生矛盾的次数大幅减少。

第四是要发挥好课题组组长的作用。作为兼职党支部书记要掌握和了解群众

的需求、疑惑或困难，除了要发挥支委委员、党员的作用外，在现有的科研管理体制下，需要发挥好课题组组长的作用。科研活动以课题为单位，课题组组长对课题组成员的日常工作安排及动向掌握得最具体和及时，直接面对着课题组成员每天的工作安排，天天与课题组成员工作在一起，对大家的工作情况最为了解。我们支部探索了党支部书记与课题组组长定期交流沟通机制，通过课题组组长及时了解掌握课题组成员的思想动态，取得了很好的效果。

（五）领导好分工会、团支部工作

分工会、团支部在年轻人的成长和增强团队凝聚力方面有其独特的优势及条件，党支部书记要领导和支持本单位工会、团支部按照章程，独立组织开展各自的工作，充分调动他们的积极性。

领导好分工会、团支部工作，就是要把握好分工会、团支部工作的大方向，围绕当前工作重点，将分工会、团支部工作的中心目标与党支部保持一致，发挥各自优势，从不同角度发力，服务于科研生产，服务于单位发展。

（六）加强自身综合管理能力培养，提升工作效率，确保各方面工作圆满完成

支部工作重点是人的思想认识与沟通，科研实施管理工作重点是资源的协调与配置，科研工作重点是技术问题的处置及客观规律的发掘，需要不同的知识及技能，这对党支部书记的综合管理能力提出了较高的要求。

科研单位的兼职党支部书记绝大多数是从研究人员成长起来的，在成长过程中，研究能力经过了较多的培养和锻炼，管理能力特别是综合管理能力的培养和锻炼较少。此次受访的人中，近 22% 的党支部书记缺乏针对性的上岗培训，近 90% 的党支部书记认为自身需要定期的综合能力培训。

兼职党支部书记的综合管理能力提升，一方面要尽量争取机会参加专门的培训，更重要的是党支部书记本人要有主动学习提升的意识和行动，在工作中学习，边干边学，向书本学习，向先进学习，不断地总结提高。

四、小结

科研骨干兼任基层党支部书记是我国科研院所的普遍现象，课题组在分析科研院所兼职党支部书记具有的三大优势和面临的三点不足的基础上，以发挥优势、弥补不足、做好党支部工作为目标，通过问卷调查、面对面交流和先进典型

案例收集等方式广泛收集资料，从中分析凝练共性，提出了“加强党性修养和政治理论学习，提高政治素质，增强感召力”“发挥懂科研、了解科研的优势，围绕科研这个中心策划支部工作，将‘服务科研’的要求做实”“按照现代管理思想，建立必要的规范和评价机制，实行计划管理”“系统策划，合理分工，发挥好党委委员、支委委员、党员和课题组组长在支部工作中的作用”“领导好分工会、团支部工作”“加强自身综合管理能力培养，提升工作效率，确保各方面工作圆满完成”做好支部工作的六方面经验。

本课题研究得到了中物院政治部、中国科学院上海光学精密机械研究所、中国科学院西安光学精密机械研究所，以及中物院一所、二所、三所、四所、五所、六所、八所、十所、十二所党委委员及其82个党支部的无私帮助和大力支持，在此表示由衷的感谢。在调查问卷的统计工作中也得到了激光聚变研究中心光学工程教研室在读研究生的帮助，一并表示感谢。

课题组成员：郑奎兴　师智全　张　君　邓　颖　周丽丹

2015 年

加强和改进科研单位基层党委考评工作的思考

中国科学院

做好基层党委考评工作，是科研院所落实党建工作责任制的重要保证，也是全面提升党建工作科学化水平的有效举措。新形势下，健全评价体系、改进考评工作，既是中国科学院加强党建工作、落实全面从严治党要求的客观要求，又是以考核评价为动力，发挥基层党组织政治优势，引导和促进院属单位实施“率先行动”计划、实现改革创新发展的迫切需要。为此，课题组回顾总结了中国科学院系统 2006 年以来开展基层党委工作考核评价的做法和经验，调查分析了考评工作现状及存在的难点问题，研究探讨了新时期加强和改进基层党委考评工作的对策措施，力求为完善考评体系、提升考评成效、形成长效机制提供参考借鉴。

一、开展基层党委考评的成功实践

（一）实践过程

中国科学院党组对基层党委考评工作十分重视，在 20 世纪 90 年代，制定下发了《加强和改进研究所党建工作的若干实施意见（试行）》，“院党组责成京区党委，在 2000 年初拟订出中国科学院研究所党建工作综合评价考核指标体系，并在全院选择 1/10 的研究所进行试点”。由此开始，中国科学院系统开展基层党委考评工作，经历了一个实践探索、全面铺开、改进提升的过程。从 20 世纪 90

年代开始，京区党委在总结党支部工作考评经验的基础上，着手制定包括党委工作评价体系在内的党建工作综合评价考核指标体系，开展了基层党委考评工作试点；2006 年 1 月，京区党委在所属单位全面推行基层党委考评工作；到 2010 年 2 月，京区党委下发《关于进一步改进和完善基层党委考核评价实施办法的通知》，对考评的时间、组织、步骤及结果运用等加以规范。2015 年，京区党委在中央国家机关工作委员会组织的述职评议考核工作中，又对考核办法进行了修订和完善。中国科学院党组及时总结推广了京区党委各阶段的成功做法和经验，其他分院各单位的这项工作也陆续展开。

（二）工作成效

基层党委考评全面展开近 10 年来，工作越做越好，取得明显成效，已经成为基层党组织保持先进性的一项长效机制。特别是各基层党委越来越重视这项工作，将其作为总结经验、查找问题、改进工作、推动党组织更好发挥作用的重要举措。各单位以改革创新精神全面加强和改进基层党的思想建设、组织建设、作风建设、制度建设和反腐倡廉建设，不断促进党委工作科学化、规范化水平的提升，以及自我完善、自我净化、自我革新、自我提高能力的完善，为有效应对新时期党委工作的新任务、新问题提供了切实保障和有力抓手。通过密切联系广大党员群众，基层党委的吸引力和凝聚力得到进一步提升，政治核心和保证监督作用得以充分发挥。

（三）操作模式

经过多年的实践探索，党委考评工作逐渐形成一套较为合理的评价体系和基本成熟的操作模式。

1. 考评的指导思想

以《中国共产党章程》《中国科学院研究所党委工作条例》等党建工作有关规定为准则，着眼于全面加强基层党组织建设，促进党委工作目标的全面落实和基层党建工作创新，更好地发挥基层党委的政治核心作用、党支部的战斗堡垒作用和党员的先锋模范作用，保证以科研工作为中心的各项工作顺利推进，努力实现院所的创新跨越、持续发展。

2. 考评的基本原则

（1）科学规范的原则。考评采取定性与定量相结合的方法，以定性为主，合理设置考评项目、内容和指标，实现衡量尺度的统一性，力求科学规范。这是搞好党委考评的重要基础和前提。

（2）简便易行的原则。简化考评方法是保持考评活动健康发展的需要。随着基层党政领导班子改为五年一届，党委考评由开始每两年组织一次，调整为结合班子届中、届满考核（党委换届）一并进行。

（3）注重实效的原则。这是考评应遵循的一条重要原则，是衡量党委工作目标实现情况的主要依据和标准。要注重党委工作在以改革创新精神推进党的建设，围绕中心、服务大局、找准定位、发挥作用等方面，完成的实际工作和达到的实际效果。

（4）整体评价的原则。党委工作考评主旨是促进基层党委工作，推进全院党建工作协调发展。考评中要进行横向和纵向的整体比较分析，充分肯定基层党委工作近几年取得的新进展，考评分数不作为党委工作考评结果好坏的唯一标准。

3. 考评的主要内容

专门设计了《基层党委工作考核评价表》，将党委的日常工作进行系统总结分类，凝练为 8 个项目模块进行考评，按 100 分计算，分别为政治核心作用和保证监督作用（25 分）、领导班子建设（20 分）、党支部和党员队伍建设（15 分）、反腐倡廉建设（10 分）、统战工作（10 分）、群众工作（10 分）、离退休工作（5 分）、研究生思想政治教育工作（5 分）。考评体系针对每部分内容进行了指标细化，提炼出若干核心项目，并根据各自权重赋予一定分值。随着科研院所形势任务和党建工作要求的变化，考评项目、内容及分值有相应调整。

4. 考评的组织实施

（1）党委自评。党委认真总结工作，提交各党支部讨论，征求党员意见。在此基础上，召开党委会，党委委员对照基层党委工作考核评价表，对党委工作做出自我评价。

（2）民主评议。由上级党委组成的考评组主持，相关参会人员对照基层党委工作考核评价表进行评议打分。各单位参加评议人员的组成要发扬民主，体现广泛性，人员包括领导班子成员、纪委委员、中层干部（研究室正副主任、管理部门正副处长等）、党支部书记、工青妇组织负责人和职工代表大会常设主席团成员、正高级专业技术职称的党员同志、民主党派人士、无党派人士和研究生、青年党员的代表等。对于在职党员少于 50 人的单位，应增加副高级专业技术职称和 5 级职员的党员参加评议。

（3）综合评价。第一步，上级党委参考基层党委自评和民主评议结果及平时工作情况，对照基层党委工作考核评价表作出评价。第二步，按照基层党委自评占 20%、民主评议占 50%、上级党委评价占 30% 的权重，汇总统计考评分数，根据各单位实际情况进行综合评价，并提出改进工作的意见建议。

5. 考评结果的运用

上级党委将考评结果适时向基层党委领导沟通反馈，并在分院年度工作会议上公布，进一步增加考评工作的透明度，同时作为评价领导干部工作实绩的重要依据，不断增强党委考评的实效性和影响力。

对于工作成绩显著、评价结果好的党委，分院党组（京区党委）进行表彰奖励；对工作较薄弱的党委，将责成其整改，并加大指导力度。通过树立典型、以点带面，全面推进基层党组织建设协调发展。

对于工作成绩显著、评价结果好的党委进行表彰奖励，对于工作薄弱的党委提出改进意见，并责成其限期整改，同时加大指导帮助力度。通过这些工作，真正达到树立典型，表彰先进，分类指导，带动全局，全面推进基层党组织建设协调发展的目的。据统计，以京区党委所辖基层党委为例，自 2006 年以来，先后有 50 多个单位受到通报表彰，9 个单位受到通报批评并责令限期整改。

二、基层党委考评尚待解决的几个问题

在对基层党委考评工作予以充分肯定的同时，必须客观认识到：一方面，从考评实施过程中存在的缺陷与不足来看，不同程度地影响了基层党委的工作积极性和应有作用的充分发挥；另一方面，从全面深化改革和全面从严治党的新形势、新要求来看，原有的基层党委考评工作体系有待改进完善。因此，有必要在总结以往成功做法和经验的基础上，分析存在的问题和原因，为探索新的办法和对策、提高基层党委考评工作实效性打牢基础。

（一）考评内容的科学性

在“考什么”方面，党建工作硬性指标偏少，更多的是定性评价和直观感觉。一些指标设计内容不是很科学，重点也不是很突出。现有考评表中的具体内容有的笼统模糊，未能对考评项目充分细化量化，虽然按权重对不同项目进行了赋分，但总体上仍属于简单的定性分析，主观裁量权过大。由于考评具体指标不明确，作为一般的党员和职工群众评议打分时很难理解和把握，实践中也难以鉴定评价等次，加之没有附带与分值对应的评价标准，导致参加测评的人员往往无据可依。

基层党委工作考评中存在就党建考核党建工作的现象，未能充分体现“围绕科技创新抓党建”的核心思想，党建工作与科研等中心工作的有机融合不够。具体的考评指标设计上没有完全体现“围绕中心、服务大局”的定位和要求，往往

习惯和局限于纯党务内容的考核，难以有效衡量党委工作对中心工作的促进推动作用，容易诱发科研党建“两张皮”、党建工作纯党务化的倾向。

（二）考评方法的民主性

基层党委工作考评，在强调“围绕中心，服务大局”、突出保证单位改革创新发展的实绩考评的同时，对基层党建基础工作和生机活力的考评尤为重要。因此，必须尽可能体现对党委工作的全面和客观评价，体现基层党组织“拓宽领域、强化功能”的理念。当前，考评多是侧重于基层党组织抓党建工作的过程考评，把党组织制定的长远规划、年度计划、组织实施、督促检查、调查研究，以及如何组织学习、开展活动等工作过程作为考评重点，并细化为大量的过程指标，而缺少对党组织工作实际效果的考评。这造成了党建工作重形式、轻实效，也往往使考评指标过于繁杂，影响重点工作的落实。

党委考评选择在届中或届满时进行，这是经多年实践证明行之有效的方式，应充分肯定其积极意义。同时也要认识到这种方式存在的弊端与不足。考评的核心意义在于系统地收集信息，在此基础上做出价值判断，而当前这种“静态”“一次性”考评缺乏对党委工作全过程的关注及具体信息的掌握，考评由于时间紧、任务重，难以获得足够详细的第一手资料，考评组往往更加倚重考评对象的工作报告及其他汇报材料，却难以验证其真实程度，致使考评结果易受人为因素影响，出现走马观花的情况。民主测评要求在短时间内集中进行填表，参评人员受时间、空间等条件限制，缺乏一个免于干扰、充分思考的外部环境，很难真实表达自己的意愿，加之对相关情况未必了解，往往凭主观臆断和个人好恶、平时感觉等作出评定，打出的都是印象分，不仅欠缺足够的客观性和准确性，而且易受晕轮效应、近因效应的影响。

（三）考评结果的权威性

从考评的成效看，其结果运用缺乏刚性，应有的激励促进作用还没有充分发挥出来，未能实现最大限度地激发党委工作活力的预期。相对科研业绩考核，党建工作考评的激励功能、监督功能、约束功能发挥还较为薄弱，责任追究还不到位。考评的着力点不在于考和评本身，而在于通过考评有效促进党委工作的全面优化提升，然而由于当前缺乏与之配套的相关制度条件，党委考评结果的运用力度不足，仅限于结果公布、先进表彰、后进督促等基本手段，一方面，与单位全面建设整体评价及资源配置有效挂钩不够；另一方面，与党员干部最关心的政治待遇、升降去留、工资福利等关联度不高，因此无法发挥有效的激励促进作用。

尤其是对工作开展不力的基层党委，缺乏有效的督促机制，往往是搞平衡、照顾，“重视团结甚于重视原则”，惩处手段也是不疼不痒、无关紧要。此外，在对考评结果进行横向比较的同时，缺乏对同一考评对象历次考评结果的纵向比较，导致同一类不足年年有、相同的问题次次出，使考评工作走了过场，没有充分发挥其应有的管理、监督作用。

（四）考评体系的创新性

近年来，特别是党的十八大以来，党和国家全面深化改革的步伐明显加快，全面从严治党成为四个重要战略布局之一；中国科学院贯彻落实习近平同志“四个率先”的要求，启动实施“率先行动”计划。面对不断发展变化的新形势，科研院所党建工作必须与时俱进，基层党委考评工作也要体现基层党建面临的新挑战、新要求。这方面存在的主要问题是，当前的考评体系已延续多年，考评内容僵化不变，未能针对党中央最新要求和中国科学院当前重点工作进行有效的改进更新，诸如党的十八大提出的“三型”组织建设、新时期党的作风建设、群众路线教育实践活动等内容均未在考评中充分体现，造成考评内容与当前工作有一定程度的脱节和滞后。

另外，考评结果运用不理想还表现在，考评机构对考评结果的分析不够深入，对考评对象反馈的信息不够全面、及时、严肃，考评的“诊治”功能较弱，尤其是存在重“诊”轻“治”的现象。

存在上述问题的原因是多方面的。首先是基层党委自身的重视程度还不够高，特别是党委书记作为基层党建第一责任人，在党建方面未能尽职尽责，投入精力明显不足，往往将考评作为一种负担，采取临时应对的态度，即使考评结果不理想，也对个人不会产生多大影响。在实行所长负责制的体制下，处理好党政关系始终是基层党建工作面临的难点，虽然基层党委发挥政治核心作用的定位是明确的，但发挥政治核心作用还缺乏具体的途径和强有力的保证。其次是党建工作固有的“柔性化”特点，客观上增强了考评工作的难度。党建工作是以人和思想工作为主要对象，侧重于“软实力”建设，具有柔性管理、渗透引导、长期见效的特点，党建工作在很大程度要靠党组织工作人员的工作艺术甚至是个人魅力，不同于行政班子决策、执行和科研管理绩效的具体可量化考核，这也是影响基层党委工作考评的客观因素。最后是基层党组织自身建设还存在一些与党建工作发展要求不相适应的地方，必然对基层党委考评产生不利影响。有些基层党组织对党建工作责任、党组织发挥政治核心作用和战斗堡垒作用的认识还存在偏差；一些党务工作者的素质和能力还不能跟上新时期党建工作的要求；个别单位还存在党组织机构不健全、党建考核评价工作的开展相对滞后等问题，既影响了基层党建工作责任制的落实，也加大了对基层党委工作成效评价的难度。

三、提升党委考评工作实效的对策建议

加强和改进基层党委考评工作，进一步提高其实效性、权威性和影响力，必须以党的十八大和十八届三中全会、四中全会、五中全会精神为指导，贯彻落实全面从严治党的部署和要求，坚持责任清晰、目标明确、方法科学、运行有效的原则，改进构建体现科研院所特色、服务“率先行动”计划、激发党建工作活力的基层党委工作考核评价体系，健全完善基层党组织保持先进性长效机制，为新形势下建立完善党建工作责任制、提高党建工作科学化水平发挥积极的引导和激励作用。

（一）充分认识基层党委考评的目的意义，作为贯彻落实全面从严治党要求的重要举措来抓

习近平同志强调指出：各级党委要把从严治党责任承担好、落实好，坚持党建工作和中心工作一起谋划、一起部署、一起考核，把每条战线、每个领域、每个环节的党建工作抓具体、抓深入，坚决防止“一手硬、一手软”。对各级各部门党组织负责人特别是党委（党组）书记的考核，首先要看抓党建的实效，考核其他党员领导干部工作也要加大这方面的权重。搞好新形势下的基层党委考评工作，必须认真贯彻习近平同志的重要讲话精神，充分体现全面从严治党的新要求。以《中共中国科学院党组关于落实全面从严治党要求实施细则》为指导，以落实全面从严治党为主线，重新定位基层党委考评工作，强化基层党委从严治党主体责任，促进和保证党建责任制落实。要结合加强和改进基层党委考评，认真研究解决基层党建工作中存在的突出问题，结合以科技创新为中心的特点，围绕创新、服务创新、促进创新，不断提高基层党建工作规范化和科学化水平，为保障“率先行动”计划提供思想、政治和组织保证。

院党组、分院和基层党委从上到下都要高度重视基层党委考评工作，像基层行政班子考核一样认真对待，严密组织，并提供相应的制度保障，努力实现基层党政领导班子考评工作一起谋划、一起部署、一起考核、一起讲评。

要建立健全以基层党委考评为主的党建述职评议考核机制。按照述职述党建、评议评党建、考核考党建、任用干部看党建的要求，对各级党组织和党员的考评统筹规划。上级党组织结合各类考评活动，考核评议下级党组织党建工作。全体党员都要向所在支部述职，支部对党员进行考评。

各基层党委要切实将考评作为一项“重点工程”抓紧抓好，积极贯彻上级党委的各项要求部署，集中智慧力量，早谋划、早准备、稳推进；要与基层行政班子保持有效的联系沟通，积极取得支持配合，确保在所级层面能够思想统一、步调一致、资源共享，从而使考评工作推进有保障、奖惩有力度。要通过集中开会、组织学习等形式，教育引导全体员工严肃认真地投入党委考评工作中，提高责任意识和心理素质，客观准确地提供信息、做出评判；畅通沟通反馈的渠道与平台，充分听取各类参评主体的意见建议，努力将大家吸引凝聚到考评工作中，真正做到发动群众提建议、依靠群众谋改进、服务群众显实效。

（二）准确把握新时期基层党委的职能定位，完善科学合理、导向正确的考评体系

解决坚持党委考评的科学性问题，关键是针对科研院所所长负责制和以科研为中心的特点，着眼于实施“率先行动”计划对党建工作的新要求，进一步理清基层党委的工作职责和发挥作用的有效途径，对考评内容进行必要的修改、补充和完善。根据《中国科学院研究所综合管理条例》的有关规定，研究所党委发挥政治核心和保证监督作用，围绕中心、服务大局，坚持民主集中制原则，支持所长和行政领导班子依法行使职权，促进研究所的改革与发展。坚持以科技创新为中心、推动研究所跨越发展、促进单位和谐奋进，始终是事关全局的根本性问题，始终是基层党组织最重要的任务。因此，要实现“就党建工作本身考核党建工作到围绕中心考核党建工作”的根本转变，把党建工作纳入全局性工作来考核，将推动改革创新发展的成效作为评价党建工作和党组织战斗力的重要依据，坚持围绕科研抓党建，抓好党建促科研，促进党建与科研的有机融合。

从以往的经验教训看，考评是否科学合理，导向是否正确，与党建工作考核评价指标如何设计有重要关系。要构筑一个全方位的、立体化的考核评价主体体系，从不同角度、不同层面、不同侧重点对基层党建工作进行综合评价，全面了解考评对象的工作成效。从宏观层面讲，在基层党委工作考评时，首先要以“推动发展、服务群众、凝聚人心、促进和谐”为重要内容，落实到围绕创新（科技创新）、融入创新、服务创新、保证创新上。其次要体现基层党组织“拓宽领域、强化功能”的理念，把扩大基层党组织覆盖面、推进基层党组织工作创新、增强党员队伍生机活力、建设高素质基层党组织带头人队伍、构建符合科研院所特点的基层党建新格局等作为重要考评内容。同时，也应把民主建设、文明建设、文化建设、政治生态建设等作为考评指标。

从微观或从具体操作层面讲，党建工作考核评价可细化为基本评价指标、创

新评价指标和约束评价指标三大类。基本评价指标，是指对于党建工作的“规定动作”，每项指标赋予一定分值，评价时，根据评价要点和评价标准算出基本得分。创新评价指标，是指对于党建工作“自选动作”进行加分评价，引导和鼓励各单位创新党建工作方式方法和活动载体，增强生机活力，创造性地推动单位的改革创新发展。约束评价指标，是指“控制型”指标，主要强调树立“红线”意识，划定底线要求，强化对党建工作重大纪律和重要工作的约束性要求，体现的是“硬杠杠”，触碰或冲破“红线”和底线的，实行扣分，严重的甚至可以一票否决。

（三）进一步拓宽民主评议、民主监督渠道，确保考评全过程公平、公正、公开

考评内容是导向，考评方式更是重要导向。要构筑一个全方位的、立体化的考核评价体系，进一步探索完善、管用的考评方式，实现“侧重党建工作过程考核到重视党建工作实际效果考核”的转变。通过从不同角度、不同层面、不同侧重点对基层党建工作进行综合评价，全面、客观了解考评对象的工作成效。

一是适当扩大参加评议的各方面代表的范围。召开基层党委工作考评会时，根据上级党委统一制作的考核评价表，由各方面人员代表进行民主评议、测评打分。按照以往的经验，党外人士参加评议所占比例微乎其微，不利于对基层党委工作的全面、客观评价。尽管党外人士对党务活动不大了解，但从党群关系和群众满意度的角度，也有必要、有可能作出评价。这也是建设基层服务型党组织，落实服务群众要求的具体体现。为便于党内外人员对基层党委工作的了解，更好地接受民主监督，要依托先进技术促进党务公开，加大现代信息技术对考评工作的辅助支撑。

二是增加事前公示、座谈了解和实地考察环节。首先，要借鉴行政领导班子届中、届满考核及巡视的做法，建立基层党委组织事前公示制度，增加考评的严肃性和公众的参与度。其次，在现场评议打分的基础上，要采取座谈会和个别谈话等形式，进一步征求对本单位党委工作的意见。参加人员可从所务会成员、党委委员、纪委委员、支部书记、科研骨干、离退休职工代表中产生。另外，要通过查看记录、实地验证、抽查党支部工作情况等多种途径，多角度、多层面了解党建工作情况，同时听取纪检监察审计部门意见，使用不同方法相互印证，以便于对基层党委工作的真实性和全面性等做出客观评价。

三是单位最终考评结果与平时工作适度挂钩。上级党委对基层党委作出综合评价时，除了现场考核测评适当增加座谈了解和实地考察等环节以外，还应将各

单位平时党建工作情况作为重要参考，防止“一评定终身”。这样，一方面有利于促进基层党委经常性、基础性党建工作落实；另一方面有利于上级党委改进工作作风，经常深入基层，随时掌握情况，加强具体指导。京区党委实行多年的各单位年度党建工作和工会工作基础性工作一览表，简单实用，在每年度工作会上与单位党政主要领导见面，效果不错，可作为基层党委综合考评的参考。实践表明，这样做有利于强化重基础、重日常、重规范的导向，推动基层把基础性、常规性工作做实做好。

（四）充分发挥考评结果的基础性作用，提升考评的实效性、权威性和影响力

基层党委考评只是一种重要手段，通过考评促进工作、激发活力才是根本目的。从一定意义上讲，考评结果的充分运用是考核评价工作的生命。所以，考评结果怎么处理，如何起到应有作用，是内部掌握或通报考核结果，还是作为单位及个人奖惩评价的重要依据，值得认真研究。当前和今后一个时期，要认真做好以下工作，切实体现“四个紧密挂钩”。

一是考评结果与行政领导班子评价紧密挂钩。根据《中国科学院研究所领导班子建设与干部管理办法》规定，行政领导班子考核包括任期届满考核和届中考核，考核程序大体分为经济责任审计、考核预告、考核准备、考核大会、个别谈话、综合分析并形成考核评价意见、反馈、整改等几个环节。现实中，在所长负责制的体制下，各级对行政领导班子的考核十分重视，坚持多年，程序规范，经验丰富，而对基层党委的考核则相对存在较大差距和不足。实践证明，基层党委建设的好坏和作用发挥的强弱，与行政领导班子及单位的整体建设联系紧密，不容分割，党政协调配合成为好的领导班子和先进单位的重要标志之一。因此，应当将党政领导班子考核评议联系起来，统一筹划，分别进行，做到考核方式相互借鉴，考评结果相互参考，防止各搞各的，互不相干，防止出现“两张皮”现象。这样，各级对基层党委考评的重视程度必将显著提升，考评的质量及其实效性和影响力也会明显增强。

二是考评结果与单位整体评价紧密挂钩。按照规定，基层党委在科研院所发挥政治核心和监督保证作用。其作用发挥如何，其中十分重要的一点，要通过所在单位改革创新发展的成效来体现。此外，基层党委建设及全部党建工作，是基层全面建设的重要组成部分；以科研为中心的各项任务完成，离不开党建工作通过精神动力和思想政治工作做保障。所以，要“坚持党建工作和中心工作一起谋划、一起部署、一起考核”，把基层党委考评结果作为单位整体评价的重要内容，与之紧密挂钩，成为上级综合评估及资源配置的指标和依据之一。通过这样的努

力，促进党建与科研的有机融合，最终实现“党建强、发展强”互促互进。

三是考评结果与干部待遇紧密挂钩。习近平同志指出：“对各级各部门党组织负责人特别是党委（党组）书记的考核，首先要看抓党建的实效，考核其他党员领导干部工作也要加大这方面的权重。”考评结果运用要贯彻并充分体现这一要求，“把抓好党建作为最大的政绩”的正确导向牢固树立起来。要把考评结果作为教育、管理和使用党务干部特别是党委书记、副书记的重要抓手，动真格，求实效，切实把干部的“优”与“劣”同“奖”与“惩”有机结合起来，使考评结果在奖惩机制中得到充分运用。包括干部任免、薪酬分配、评先选优、奖励处分等，都要参考基层党委考评结果。在党委委员层面，要强化党委领导班子成员角色意识，重点强化党委书记管党治党第一责任人意识和抓好党建是最大政绩的意识，同时细化副书记和其他委员的党内职责分工，探索制定党委委员抓党建的任务清单和责任清单，使落实党建责任、抓好党建工作真正有章可循，扭转党委委员只抓业务不抓党建的不正常状况。党员领导干部考核可结合基层党委考核进行，重点考核党内履职尽责情况，年度考核也要适当增加这方面的内容，使之成为述职的必选项。

四是考评结果与推动基层党建工作责任制落实紧密挂钩。中央对建立健全地方党委、部门党组、党委抓基层党建工作责任制有明确要求，成为基层党委考评的重要依据。在全面深化改革的新形势下，习近平同志对各级党组织落实从严治党责任作了进一步强调：“从严治党，必须增强管党治党意识、落实管党治党责任。历史和现实特别是这次活动都告诉我们，不明确责任，不落实责任，不追究责任，从严治党是做不到的。”我们要认真学习贯彻习近平同志的重要讲话精神，把基层党委考评作为促进责任制落实的重要举措，把考评结果作为责任追究的重要依据。要通过考评工作开展和考评结果的充分运用，努力形成责任明确、领导有力、运转有序、保障到位的工作机制，促进基层党建工作科学化、制度化和规范化，不断增强基层党组织的创造力、凝聚力和战斗力，在实施“率先行动”计划中发挥更大作用、做出应有贡献。

上级党委要加强对基层党委考评工作的领导和具体指导，注重研究工作中遇到的新情况、新问题，同时注意与其他考评机制相衔接，如党建工作创新奖评选、党支部工作考核等，使基层党委考评结果真正起到推进基层党建工作、激发工作活力的作用。要适当扩大考评结果的反馈范围，不仅限于党委书记、副书记个别人知道。根据考评结果搞好分类指导，做好抓先帮后的工作。对问题较多的单位，本级党委要进行集中整顿，上级要组成工作组进行重点帮助，必要时结合进行组织调整。事后，还要通过专项督查的方式，检查督促基层党组织限期整改。同时，依据党建工作责任制的规定，对不履行责任或履行责任不到位的单位和责任人，要进行通报批评、执纪追责。通过建立奖优罚劣的激励约束机制和督促提高的反馈整改机制，进一步激发基层党建工作活力，不断提升党建工作整体水平。

课题组组长：马　扬
课题组副组长：陈运法
课题组成员：李浩然　崔志民　尤慧春　窦红光　张　辉　陈志谦
滕启治　贾宝余

现代科研院所治理体系和治理能力建设中党组织发挥作用研究

中国农业科学院

我国科技体制改革自1985年起，一直致力于探索和实践治理体系和治理能力的建设及改革，取得了重要进展。党的十八届三中全会、四中全会对推进国家治理体系和治理能力现代化及全面推进依法治国作出了全面动员部署，为科研院所进一步深入研究和全面推进现代院所治理体系及治理能力建设指明了方向，坚定了信心，赋予了力量。

当前，世界农业科学技术正孕育着新的革命性突破，农业科技创新活动的时代特征要求传统的科研机构必须向目标明确、管理规范、分工清晰、协作紧密的现代科研院所转变。现代科研院所治理体系和治理能力是适应“国家治理体系和治理能力现代化”发展要求的具体体现，是科研院所体制改革和施政水平的跨越发展的要求。面对新形势、新任务，深入研究、创新探索现代科研院所治理体系和治理能力建设，特别是探讨党组织在其中如何发挥好政治核心作用，应该成为科研院所党建研究的重要课题之一。

为此，中国农业科学院直属机关党委课题组把“现代科研院所治理体系和治理能力建设中党组织发挥作用研究”作为2015年重点研究课题之一。在查阅文献资料基础上，为准确获得第一手资料，课题组在中国农业科学院直属的35个党委、6个总支和部分地方农业科学院中，采取了问卷调查、座谈讨论、个别访

① 此课题为中国农业科学院2015年中央级公益性科研院所基本科研业务费专项课题主要成果之一。

谈、实地调研等方式进行了调研。发放调查问卷 145 份，回收问卷 143 份，回收率近 99%。

一、现代科研院所治理体系和治理能力的科学内涵

现代科研院所治理体系是由治理理念、治理结构、治理体制和治理方法组成的有机整体。一个合理有效的治理体系应当包括先进的治理理念、稳定的治理结构、健全的体制机制和有效的治理方法，具体表现为以下几个方面。

在治理理念上，强调创新、民主、开放、服务四种理念。创新理念，就是不断推进体制机制创新，拥有符合改革发展的一系列用人、考核、分配、激励政策，通过事业单位分类改革和依托“科技创新工程”①，对体制机制进行再造和重构，敢于打破既有格局，勇于攻坚克难，全力推进院所的全面改革和发展。民主理念，就是把民主管理和民主监督贯彻于院所改革发展的全过程，更加注重健全民主制度、丰富民主形式，民主决策、民主参与、民主监督三者不可或缺，保证职工的知情权、参与权和监督权，激发内动力，使职工具有强烈的责任感和主人翁愿望，为科技创新贡献力量。开放理念，就是要引入“外脑”“走出去请进来”，推动双向开放，加强与各科研院所、高校、企业等机构单位在治理体系和治理能力建设上的经验交流，引进和借鉴国内外先进治理方式、管理经验，秉承“取其精华、去其糟粕”“博采众长、为我所用”的原则，真正实现“开放办院”。服务理念，作为现代院所治理体系及治理能力建设的出发点及落脚点，就是要强化人才、资金、平台和思想保障能力的责任意识，全心全意为科研工作，为一线科技人员、为出成果出效益服务，努力创造公开、透明、高效、宽松、优质的服务环境，建设科研服务型的管理部门和管理人才方式。

在治理结构上，以决策层及其领导下的管理层为主要架构，由一系列激励和约束机制组成的制度安排，核心是建立不以举办权为基础的决策机制，实现决策权、执行权和监督权科学运行、相互协调。建立完善法人治理结构，包括院所独立的法人地位和独立的财产权，逐步淡化实际存在的行政级别和行政化管理模式。明确以健全完善院所长负责制为主导，党组织的政治核心为保障，学术委员会、职工代表大会为基础的“四位一体”管理体制和监督体系，各职能主体在明确责权基础上，相互支持、相互配合，逐步形成现代农业科研院所治理体系。

在治理机制上，强调厘清事权、激发活力。绝大多数科研院所是上级行政部

---

① 中国农业科学院启动实施的科技创新工程于 2013 年在财政部、农业部等国家有关部委的大力支持下启动实施。突出体制机制创新，调整优化学科布局，加强人才团队建设，改善科研条件，全面提升创新能力，凸显中国农业科学院改革排头兵、创新国家队、决策智囊团的地位作用。

门的直属事业单位，但由于具有科研院所的自身特殊性和规律性，因此厘清行政机构、科研管理部门、研究所事权应成为治理体系建设的基础性工作。规范管理者及研究所内部组织等各方的责、权、利，建立规范科学的决策与协商机制，使院所既在国家法律法规框架下建立自觉、自律的行为规范，又能充分自主、充满活力地开展各项科技创新活动，形成科学、民主、开放、规范的体制机制。具体是要构建在院所长负责制和党组织发挥政治核心作用下治理院所的制度体系，包括科学研究、人事人才、条件平台、成果转化、基本建设、国际交流合作、财务、党的建设和纪检监察等各领域体制机制、规章制度安排，是一整套紧密相连、相互协调的现代院所制度。

在治理方法上，强调坚持“四结合”。一是坚持将顶层设计和群策群力、集思广益相结合，整体推进和重点突破相促进的方法，以事业单位分类改革为契机，逐步完善适合农业科技发展规律的体制机制，调整优化学科布局，加强人才团队建设，改善科研条件，全面提升创新能力和效率；二是坚持院部与研究所联动相结合的方法，战略规划部门负责整体设计、统筹协调、整体推进、督促落实，研究所则要将各项规章制度和改革措施落到实处、执行到位，各单位各部门要各司其职、各负其责，相互支持、相互协作，形成合力；三是坚持试点探索与全面推广相结合的方法，鼓励各单位和广大职工大胆探索，及时总结经验，全面推广成熟的现代院所治理体系模式；四是坚持阶段性、局部性目标与长期性、全局性目标相结合的方法，通过实施科技创新工程，力争在重要领域和关键环节改革上取得决定性成果，建立健全较为成熟、完备的制度体系，形成科研、人事人才、国际合作、成果转化、基本建设、财务、党建、纪检监察和后勤保障等系统完备、科学规范、运行有效的制度体系，使各方面制度更加成熟、稳定。

“治理能力反映的是国家治理行为的水平和质量，是对国家治理模式稳定性、有效性和合法性的直观度量，较高的治理国家对经济社会运行具有较强的调节能力，能够较好地规避市场失灵，提高社会成员的总体福利水平。”参照这一定义，在科研院所中，治理能力即为贯彻落实、扎实推进各项制度管理院所各方面事务和工作的组织能力、协调能力、执行能力及快速反应能力，提高院所整体运行效率。这种能力体现在改革发展稳定、科技创新、人事人才管理、国际交流与合作、成果转化、党的建设等各个方面。治理能力的关键是人，特别是领导干部的综合能力及思维方式，因此要努力建设适应科技创新和院所改革发展要求的高素质干部队伍，提高领导干部的治理水平和执政能力。

现代院所治理体系和治理能力是一个有机整体，相辅相成，两者决定着一个单位的治理效能。治理体系决定着治理能力发挥的空间，有了一套完备良好的治理体系，才能提高院所的治理能力；提高了治理能力，才能充分发挥治理体系的总体效能，不断提高院所政治上的决断力、凝聚力，行政上的执行力、公信力，整个科研院所的整合力、团结力。

二、加强和完善现代科研院所治理体系与治理能力建设的方向及目标

现代科研院所治理体系和治理能力建设要借鉴科技发达国家科研管理运行机制的经验，并且要充分考虑适应我国国情及科研院所自身特点。目前，科研院所存在着法人治理结构不完善、存在不符合科学研究规律的过度行政化管理、偏离科技创新规律的评价机制、管理运行效率不高、推崇人情社会的行为原则等问题，这些都严重制约了科技生产力的发展。这些问题都将成为现代科研院所治理体系和治理能力建设亟待改善的重要内容。

公权力的“法无授权不可为”和私权力的“法无禁止即可为”是国家治理体系建设的应有之义。国立科研院所不同于国家政府机关，主要原因在于它的管理权虽在一定范围有政府授予的少量公权力，但更多和更侧重的是私权力，因此科研院所的治理体系建设必须强调“法无禁止即可为”，要严宽相济，“严”即严格遵守党的政策规定和国家的法律法规；“宽”即在守住底线的基础上，尽可能地创造符合科学研究规律的宽松治理环境，营造良好的学术生态环境。

因此，现代科研院所治理体系和治理能力建设的目标就是要遵循农业发展规律、科技发展规律，建立“定位明确、法人治理、政研分开、评价科学、管理高效”的制度体系，实现农业科研机构组织结构、决策机制、评价体系、管理制度等方面的制度创新，从而提高我国科技创新的整体效率。具体解释如下。

定位明确：坚持和完善科研院所作为独立的事业单位法人定位，拥有法人自主权，独立决策、执行，落实用人权、用工权和分配权，真正成为自我管理、自我约束、自我发展的法人实体。

法人治理：逐步建立理事会制度，确保院所长作为法定代表人的治理权，发挥党委政治核心、学术委员会决策咨询、职工代表大会民主管理的作用。

政研分开：行政隶属主管部门实施简政放权的宏观调控手段，相关业务主管部门提供更有利的创新条件与发挥平台作用，科研院所内部行政管理手段灵活高效。

评价科学：实行科研院所分类综合评价、多元化科研项目评价方式和科研人员岗位分类评价。例如，实行国际化的评价机制，邀请国外本领域著名科研机构负责人、知名科学家对研究所进行定期评议。

管理高效：采取以绩效管理为核心的人事管理制度，实施科学规范的科研管理制度（规范项目管理、强化平台管理），实施符合科研特征的财务管理制度，建立以市场为导向的成果转化管理制度，树立民主、开放办院（所）的管理理念。

三、党组织在现代科研院所治理体系和治理能力建设中发挥作用的途径及不足

目前，科研院所的党组织在现代院所治理体系和治理能力建设中发挥政治核心作用主要有以下五条途径。在法治环境和法治建设中发挥教育引导作用，确保党的方针政策和国家的法律法规在本单位得到宣贯与落实；在规章制度建设上发挥党的制度优势，严格执行民主集中制度，坚持立改废释并举健全完善党内制度，主动参与院所改革发展机制体制建设；在监督检察体系建设中提供政治和纪律保证，认真落实“两个责任”，加强对干部职工的监督管理等；在干部队伍和人才队伍建设中提供组织人才保证，通过学习培训切实加强干部队伍建设，参与做好人才队伍工作；在行政组织运行中发挥保驾护航作用，加强党的组织建设并积极探索参与决策的途径和方法，不断完善党委决策机制。

但目前党组织发挥的作用仍存在不足之处，主要体现在以下几个方面。

一是思想认识不到位。各级党组织中，或多或少缺乏对科研院所法人治理结构重要性、必要性的认识和理论学习，对现代科技创新的规律和特点、现代科研院所的治理体系研究不够深入，理解不透彻；在推动和促进治理体系建设中的新思路、新理念、新方法不多；忽视政策方针、规章制度的学习，对制度体系的宣贯和落实不到位。

二是党组织参政能力和水平有待于进一步提升。有的党组织还进行着违背科学规律、过度行政化的管理，不能尊重科研院所特点开展工作；有的党组织以行政思维执行党内制度，以行政工作会议或党政联席会议代替党委会，严重影响了党委决策的权威性、民主性和科学性；有的党组织对政策制度执行力不够，坐等观望，等靠要，小富即安、得过且过、应付了事。

三是民主管理和民主监督体系有待进一步完善。尽管院所两级一直在探索建立完善民主监督的制度与机制，但在实践中还存在一定的问题，例如，缺乏多方协作监督机制，党务政务公开欠缺，核心权力部门的运作情况知晓度低，对“一把手”的权力运行难以监督，公众监督的渠道有限，诉求难以得到回应，等等。调研中，有 30.9% 的受访者认为职工代表大会参与民主管理的作用为“一般”和“不满

意”，70.3% 的受访者“很少参加”或“从未参加”单位制度建设征求意见工作的情况，在单位制定制度的过程中，职工意见、建议的表达面和参与面并不充分。

四是存在“不严”乱作为与“不宽”不作为的问题。存在部分领导干部依规办事观念不强、能力不足，以言代法、以权压法的现象；存在少数党员干部脱离群众，对群众反映的问题置之不理，不能充分发挥先锋模范作用的现象；存在部分单位在对许多政策性制度理解不到位，导致许多好的政策制度难以推进。47.8% 的受访者认为本单位在各项制度的落实和执行力的表现方面“一般，较多制度执行缓慢”。

四、党组织在现代院所治理体系和治理能力建设中发挥作用的对策建议

党组织要把加强与完善现代科研院所治理体系和治理能力建设的方向、目标作为出发点、着力点和切入点，形成党的独特优势与现代院所治理体系和治理能力建设之间的良性互动。

（一）加强对治理体系和治理能力的理论引领，充分发挥党的教育引导优势

1. 加强系统理论学习和引导

认真学习事业单位分类改革等相关文件精神，把握改革全局，自觉破除一切与改革要求不相适应的思想观念和模糊认识，把思想认识统一到中央决策部署上来，增强工作的责任感和使命感。在科技工作者中，协调做好对科研管理、绩效考核等关键环节和重点领域的政策宣贯，指导科技工作者对各种文件精神“吃深吃透”，把政策规定“用足用好”。在广大职工中，继续加强社会主义核心价值观的教育宣传和思想动员，把法治教育纳入职工思想政治教育和精神文明建设，增强广大职工厉行法治的积极性和主动性，引导广大职工成为现代院所治理体系和治理能力建设的实践者与创造者。

2. 充分发挥组织优势和政治把关能力

党组织要充分发挥好组织优势，深入开展现代院所治理体系和治理能力建设的理论研究及实践操作，特别是加强对现代科研院所体制机制的探索、对现代科技创新的规律和特点、对法人治理结构的实践开展深入调查研究和经验总结，为顶层设计和行政职能部门的决策提供新思路、新理念、新方法。

（二）加强和改进党对治理体系建设的领导、组织和服务，为现代院所治理体系和治理能力建设提供坚强保证

1. 提高党的领导科学化水平

党的领导能力决定了现代院所治理体系和治理能力建设的好坏。党的领导科学化水平必须与治理体系建设的要求相契合。具体来说，就是要提高领导深化改革能力的科学化水平，提高领导运用制度能力的科学化水平，提高领导治理体系中各方资源整合能力的科学化水平。

2. 正确处理党组织与法人治理的关系

在科研院所理事会、学术委员会等决策机构中，党委（党组）成员应占到一定比例，党委（党组）书记应成为决策机构的负责人之一。科研院所党组织要支持理事会、学术委员会等管理层开展工作，围绕院所科技创新和中心任务，充分发挥政治核心作用，领导和支持工青妇组织积极开展工作，保证党的路线方针政策在本单位的贯彻执行。

3. 纳入服务型党组织建设的重要内容

党组织的核心主要体现在“总揽全局、协调各方”上，把处于割裂、联系不多的各机构、各部门组织动员起来，整合力量，建立联席会议制度，发挥这些机构和部门的合力。通过党的政策制度和教育理论正确引导，加强各机构、部门的能力，建立起合作机制，推动和促进现代科研院所治理体系建设。

4. 提供良好的政治环境

现代院所治理体系和治理能力建设要坚持试点先行、分类指导、分步实施，处理好改革、发展、稳定的关系。在试点工作的基础上，总结和推广好的做法及经验。在重点领域和关键环节上着重实施，认真指导，逐步研究完善相关政策措施，为科研院所全面推进现代院所治理体系和治理能力建设保驾护航。

（三）强化民主管理和民主监督，逐步实现决策的民主化和科学化

1. 推动建立多方协作的监管格局

党组织要作为社会协同和公众参与的积极推动者。社会协同，要引入社会中介组织（审计、评估、行业协会）和新闻媒体，对科研院所的业务活动、资质行为和诚信建设等情况进行评估、监督。公众参与，对外要引入科研院所外部人员，特别是服务对象参与决策和监督，确保科研院所的公益属性；对内要通过职工代表大会制度，问计于一线的科技工作者，问计于广大职工群众，听取他们的

真知灼见，使职工真正拥有民主参与、民主管理的权利。

2. 加大制度执行和监督检查力度

进一步畅通信访、网络、电话、意见箱等监督渠道，让群众监督制度执行。加强考核评价，把制度执行情况和是否做到廉洁、担当、作为，纳入院所领导班子、领导干部考核和党风廉政建设责任制考核的重要内容，作为领导干部选拔任用、奖励惩处的重要依据。推行建立权力清单制度，既要整治乱作为，也要整治不作为。增强议事决策的透明度，确保广大职工享有政务、党务的知情权、参与权和监督权。

3. 强化党务政务公开力度

加强对“一把手”和领导班子的监督，严格规范党政一把手的权力，形成相互制约的权力结构。加强对实权部门和关键岗位的监督，对关键岗位工作人员实行定期轮换，对于科研活动中容易出现的腐败现象，能公开的全部公开，确保权力在阳光下运行。加大党务政务公开畅通监督渠道，针对民生、科研、人事等各项事件（保密信息除外）公开信息。

（四）加强干部人才队伍建设，营造和谐、务实、宽松的学术生态环境

1. 深化人事制度改革

选好配强科研院所领导班子成员，打破行政化用人标准，“不拘一格降人才”，特别是在所长人选上，可以实行主要科学家轮流担任所长、聘请外籍科学家担任所长①等灵活多样的方式，搞活科研院所的选人用人机制。以推行聘用制度和岗位管理为主要内容，赋予研究所法人较充分的用人自主权，推行形式多样的人员分类管理制度，探索建立人员能进能出、职位能上能下的用人机制。

2. 强化领导干部能力建设

通过学习教育和监督管理，使领导干部明确底线、守住底线，引导他们解放思想、提高认识，加强现代院所治理体系等理论和经验的交流学习，增强治理院所的能力和勇气。

3. 营造激励原创、宽容失败的学术氛围

维护科技人员开展科技创新的合法权益，充分发挥经济利益和社会荣誉价值的双重激励作用。提高科技人才的住房、医疗、待遇、福利和子女入学等实际问

① 中国科学院在这方面已经进行了有益的尝试。

题。实施学术休假制度，促进科技人才进行自由、宽松的学术交流。建立良好的科研人文关怀环境，特别是领导、创新团队首席、学科带头人等要率先垂范，关心每位职工的成长成才。通过各项举措营造尊重科学、宽容失败、激励创新的学术生态环境。

课题组组长：高士军

课题主持人：汤承超

课题组成员：吕春生　赵红梅　刘　燕　韩　进　赵令卓

科研院所研究生思想政治工作探析

中国林业科学研究院

新形势下如何做好科研院所研究生的思想政治工作，已经成为科研院所各级党组织的一个重要课题。本研究以习近平同志在全国高等学校党的建设工作会议上的重要讲话精神为指导，通过深入调研和问卷调查，总结了当前科研院所在读研究生的共同特征，分析了研究生思想政治工作存在的问题，提出了加强科研院所研究生思想政治工作的途径和对策。

为全面了解研究生的思想状况，我们设计了调研问卷，发放调查问卷 1200 份，回收 1140 份，回收率达 95%，调查结果具有一定的代表性。

一、科研院所研究生的共同特点

通过对部分在京科研院所研究生教育情况的调研，可以发现目前科研院所的研究生有以下共同特点。

（一）分散式管理，流动性大

目前，我国硕士、博士研究生学习年限一般均为 3 年，硕博连读生一般为 5 年。科研单位研究生入学后，除了第一年集中在一起上课外，其余大部分时间都是分散在不同所（中心）的各个研究室，在各自导师的指导下独立自主开展研究工作。另外，我国大多数国家级科研院的下属所（中心）分布在全国各地，招收的研究生除第一年集中在一起上课、最后毕业典礼集中外，很难再有集中学习和生活的机会。有些研究生，即使在同一个大院，由于学科、导师、参与科研项目不同，出差或野外工作时间多，也很少能有机会聚集在一起，这导致研究生人员学习生活分散，流动性大。

（二）受新媒体影响，思想活跃

随着多媒体技术的日益完善和发达，微博、微信、QQ不断升级换代，作为新时代的年轻学子，易于接受新鲜事物和各种外来思想，理想和追求较多，价值取向和意识形态大多趋于多样化，很多学生见识宽广、见解独特。作为低头一族，参考文献甚至有些实验数据直接从网上查找和下载，国内外新闻通过微博、微信、QQ随时可看。在这些新媒体的作用下，西方多元化和复杂化的思想意识、价值观念、生活方式等无时无刻不在对科研院所的研究生们的思想和行为产生强烈的冲击，这导致他们思想相当活跃。

（三）个体差异大，个性突出

近几年来，科研院所招收的研究生生源打破了原有的单一化情况，既有本系统本专业的，也有综合性大学、综合性专业的；既有本科毕业直接考研，没有社会工作经历的，也有大学毕业后参加过工作或大学毕业后短时间没有找到工作的。他们中大多数为独生子女，一直享受父母甚至祖辈的万般宠爱，他们带着强烈的高校文化烙印、地区文化的差异和自身个性的不同，集中在同一个院区内，表现出明显的个性差异。

二、科研院所研究生思想政治工作存在的问题

随着改革开放的不断深入和社会转型的加速，各种思潮、观念不断涌入，年轻学子越来越追求个性发展，这使得科研院所研究生的思想政治工作也出现了一些不容忽视的问题。

（一）思想政治教育队伍不健全，思想政治工作难以形成合力

虽然科研院所都在研究生中成立了党团组织、学生会、各类社团等，但是受各种因素的影响，思想政治教育工作很难形成合力。

一是对研究生思想政治教育工作重视不够。大部分科研院所虽然都制定了加强研究生思想政治教育工作的相关制度办法，但是并没有把研究生思想政治

教育工作放在重要的位置，导致这些制度办法多数只是停留在纸面上，或者只是口头强调。只有学生中出现苗头性问题时，才把思想政治教育工作提上重要议事日程。

二是研究生思想政治教育队伍不健全。大多数科研院所虽然设有研究生班主任和辅导员，但由于受事业编制限制，基本上都是兼职的，多数班主任和辅导员整天忙于自身管理或业务工作，与学生之间缺乏有效沟通和交流，难以发挥作用（表1、表2）。

表1　班主任和辅导员与学生每月交流次数调查

项目	没有交流	1～3次	4～5次	5次以上
比例/%	65.5	24.3	5.1	5.1

表2　当学生遇到困惑或难以调整时最希望求助的对象调查

项目	家人	同学或朋友	导师	班主任或辅导员
比例/%	39.5	56.5	11.3	2.3

三是导师职责不完善。科研院所研究生导师都承担着繁重的科研任务，且有的导师带的研究生较多，导师基本上只管学生的学习和论文，很少过问他们的思想状况。有的导师想抓学生思想教育工作，但心有余而力不足；有的导师自身不重视思想政治理论的学习；有的导师认为思想教育可有可无；甚至个别导师以影响学习和科研为理由，不支持学生参加相关的政治学习和集体活动（表3）。

表3　导师对研究生学业和思想的关心度

项目	比例/%
导师既能帮助解决学业问题，又能帮助解决思想问题	60.5
导师只能帮助解决学业问题，很少关心、解决思想问题	23.7
导师只能帮助解决学业问题，从来不关心、解决思想问题	5.1
导师在学业和思想上都没有给予很好的帮助	10.7

四是思想教育的方式方法缺乏创新和特色。大多数科研院所思想政治教育内容单调，方式单一，缺少特色，主要是听政治理论报告、组织参观学习，不能很好地与当代研究生的特点和学科设置有机结合起来，即使有一些思想政治教育的创新手段，也由于“人气”不足，难以收到预期效果

（表 4）。

表 4　科研院所研究理想信念教育状况

项目	比例/%
积极开展理想信念教育，提高学生思想觉悟	42.9
能开展理想信念教育，但往往就是听报告、读文章，效果不明显	38.4
理想信念教育只是口头说说，枯燥无味，没有效果	18.6

（二）研究生论文课题任务繁重，思想政治教育时间难以保证

科研院所的主要职能是开展科学研究、产品研发和技术推广等，与繁重的科研任务相比，科研力量相对不足，研究生往往是导师相关科研项目的成员之一，有的甚至成为科研工作的重要力量。因此，即使党团组织开展思想政治教育活动，学生也很难抽出时间、静下心来参加，这也导致思想政治教育效果很不理想（表 5）。

表 5　研究生学习、生活状况

项目	比例/%
很充实，自己能学到很多东西	49.2
一般，比较清闲	17.5
很累，经常帮导师做课题	30.9
很郁闷，无聊散漫，对未来发展方向没有准确定位	2.4

在科研院所，业务水平和科研能力几乎成了检验研究生培养质量和衡量研究生是否优秀的唯一标准。因此，研究生既要学习，又要做实验、写论文，还要完成导师或研究室的其他事务性工作，多数时间处于“学习兼工作”中，他们往往较多注重显性的、直接的结果，如发表了几篇论文，参与了多少课题等。这导致多数研究生重科研，轻政治；重专业文化知识学习，轻思想政治理论知识学习。研究生参与科研项目多，任务重，有些人把大部分时间和精力都放在专业学习和科研上（表 6），对政治理论学习没有时间保证，甚至有些研究生党员连正常的党组织生活都不能按时参加。

表 6　研究生每天花在学习科研上的时间

项目	7小时以上	5～7小时	1～3小时	1小时以下
比例/%	30.5	40.1	26.6	2.8

（三）研究生就业形势日益严峻，焦虑浮躁情绪缺乏释放途径

由于部分用人单位只招收“985 工程”“211 工程”院校毕业的学生，虽然科研院所培养的研究生质量不低于这些高校，但是在就业市场上还是受到不公平的待遇。随着国家科技体制改革进一步推进，科研单位的编制越来越紧张，科研院所毕业的研究生就业形势日趋严峻。

面对严峻的就业形势，研究生一入学就开始担心就业问题，心理压力普遍较大，再加上学业和生活等方面压力，长时间做实验、写论文，以及外界急功近利风气、社会浮躁诱惑的影响，个别研究生思想和生活上长期处于紧张、焦虑和浮躁之中，缺乏行之有效的疏导（表 7、表 8）。

表 7　研究生最大苦恼问题调查

项目	比例/%	项目	比例/%
学习压力大	45.8	找不到学习动力	20.3
经济压力大	50.3	个人感情问题	11.3
就业压力大	59.3	人际关系紧张	6.8
集体缺少温暖	13.0	学习环境不满意	23.2
教学质量不满意	19.8	健康状况欠佳	10.0

表 8　研究生希望提供就业服务情况调查

项目	比例/%	项目	比例/%
求职技巧培训	53.1	招聘信息	58.2
职业生涯规划	44.1	创业支持	31.1
就业政策、形势分析	46.8	就业心理辅导	17.5

三、加强研究生思想政治教育的途径和对策

针对研究生这个特殊群体和研究生思想政治工作中普遍存在的问题，科研院所应该树立以人为本的理念，把教书与育人结合起来，从研究生关心的热点、难点入手，使思想政治教育完全融入研究生的思想、学习和生活之中，增强思想政治教育的实效性。同时，要充分利用现代科技平台这一有效载体，开展思想政治工作。充分发挥各种思想文化阵地的作用，营造有利于开展研究生思想政治教育的氛围，确保研究生思想政治工作落到实处。

（一）加强研究生思想政治教育的人才队伍建设

1. 加强班主任和辅导员队伍建设

国家教育委员会、中共中央宣传部在《关于加强研究生思想政治工作的几点意见》中指出："发展建立一支以少量专职人员为骨干、与较多兼职人员相结合的研究生思想政治工作队伍。"班主任和辅导员作为研究生思想教育工作的重要力量，科研院所应该根据实际，在建立一支政治素养高、知识结构合理、专兼结合的管理人员队伍的同时，要经过认真筛选和审核，真正组建一支政治强、业务精、作风正、责任心强并且相对稳定的研究生思想政治教育队伍。要确保每个研究生班级有 1 名班主任，每 5 ～ 10 名研究生有 1 名辅导员，这些班主任和辅导员要能积极参加班级和党支部的各项活动，定期与学生谈心，及时了解学生的思想、学习和生活情况，引导研究生正确处理各种问题，及时化解各种矛盾，帮助他们解决学习和生活中的实际问题。作为研究生管理部门，要定期给予班主任和辅导员一定的补贴，每学期要不定期召开班主任和辅导员会议，听取他们的工作汇报，每学年要对班主任和辅导员进行全面考核，对优秀班主任和辅导员要进行一定的表彰和奖励，对不合格的班主任和辅导员要取消其资格。

2. 加强研究生教学和导师队伍建设

作为研究生的管理部门，要认真开展研究生教学和指导教师的遴选工作，遴选出来的教学和指导老师，除了其自身要有高尚的道德情操、扎实的业务功底外，还要有端庄正派、治学严谨、学风端正、为人师表的职业规范。作为教学和指导老师，既要设计完成规定的教学内容，又要指导研究生开展科学研究和学位论文写作；既要关心研究生的学习和生活，又要做好研究生的思想教育工作，切实做到教书育人两不误、两促进。研究生管理部门要定期开展优秀任课老师和导师的评选活动，对优秀任课老师和导师要进行适当表彰和奖励，并将评选结果作为导师遴选、年度招生指标、优质课程及研究生教材出版资助的重要条件。

（二）充分发挥研究生党团组织和学生会的作用

1. 发挥研究生党团组织的作用

研究生党支部、团支部作为开展研究生思想政治教育的重要组织之一，具有突出的政治优势、组织优势和教育优势，抓好研究生党支部、团支部工作是加强研究生思想政治教育的有效途径和切入点。因此，每年研究生报到后，研究生党团组织要彻底摸清研究生的思想状况，及时将每名党员、团员研究生编入相应的党支部、团支部，尽早开展研究生学前思想政治、党情国情教育。每年下半年新生开学后，举办研究生党支部、团支部委员培训班，明确党支部、团支部委员的职责和分工，为其开展思想政治工作奠定基础。

2. 发挥学生会、研究生会的作用

学生会、研究生会是学生自我服务、自我管理、自我教育的主体组织，是开展研究生思想政治工作的主要阵地，是科研院所、研究生管理部门联系广大学生的主要桥梁和纽带。在培养研究生综合素质、营造积极向上的院所文化、推动院所精神文明建设等方面发挥着非常重要的作用。因此，各科研院所要充分利用好学生会、研究生会这些平台，并应用于研究生的思想教育工作中。要规范学生会、研究生会的学生干部产生、配备和机构设置，着力完善基层学生组织体系和工作体系，鼓励他们多组织寓教于乐、学习教育相结合的学术活动、文体活动等，努力形成院、所（中心）、班级三级联动的工作格局。要加强学生干部队伍建设，不断强化学生干部的群众意识、责任意识、奉献意识，以实际行动做好广大同学的表率，赢得广大同学的信赖。

3. 发挥各类学生社团组织的作用

科研院所研究生管理部门要充分认识社团组织在教育、团结和联系研究生方面的优势，要针对研究生的特点，通过各类研究生社团组织，打造理论学习、科技创新、文化交流、实践服务等各类富有思想性和教育性的活动。要完善激励研究生参加社团活动的奖励机制，将研究生参加相关社团活动纳入研究生综合测评中，作为研究生评优评奖的重要依据，从而鼓励更多的研究生参加社团活动，为研究生理论实践创新提供广阔的平台。

（三）重视寓教于乐的文化体育和社会实践活动

1. 积极开展健康向上的文体活动

研究生思想政治教育是一项系统工程，它需要吸收各类学科的营养，更需要寓教于乐、潜移默化的教育。因此，在抓好研究生专业学习，提高专业素质的同时，还要高度重视他们的人文素质。一方面，要通过开设各种必修、选修课程，丰富他们的知识内涵，优化他们的知识结构，健全他们的知识体系，使他们在无形之中增强鉴别是非、分清美丑的能力；另一方面，要创新研究生思想政治教育工作的有效载体，充分利用各种场所，通过各种生动活泼、易于接受的文体活动，如党史知识竞赛、爱国歌曲比赛、社会热点问题辩论、人文艺术演讲等，向他们灌输思想政治理论知识，坚定他们的政治立场，陶冶他们的道德情操，增强他们正确分析问题、解决问题的能力，从而达到提高其思想政治素质的目的。

2. 广泛开展社会实践活动

社会实践是研究生培养过程中必不可少的重要环节，也是加强科研院所与基层单位、科研一线合作的重要桥梁和纽带。各类社团组织应根据研究生关心的热点难点问题，不定期开展就业指导讲座、心理疏导和拓展交友等社会实践活动，为研究生提供更多的接触社会的机会，让他们在实践中受教育、长才干。对个别个性较强、思想动荡较大的学生通过重点辅导和关注，引导他们多深入基层一线，开阔视野，增长见识，培养情操，实现角色互换。

（四）充分利用新媒体平台占领思想教育主阵地

随着信息时代的到来，互联网已成为研究生学习、生活的重要组成部分，并且在很大程度上主导和影响着他们的学习方式、生活态度、思想观念。本次调查发现，85% 以上的研究生都是通过网络查阅资料、了解新闻、娱乐休闲等。互联网已成为研究生思想政治教育的重要载体，意识形态领域的新型阵地。各科研院所必须充分认识网络对研究生思想政治教育带来的重大影响，要主动占领这一新阵地，切实把握网络思想政治教育的主动权。当今研究生党员的学习交流在很大程度上依赖于网络。因此，研究生党、团支部可以通过开设专门的研究生活动宣传微信群、QQ 群等，构建网上意识形态阵地，对研究生关心的热点问题、国内外时事政治及党团理论进行交流，发表意见。

课题组组长：叶　智
课题组成员：李岩泉　王登举　贺顺钦　付红梅
执　笔　人：贺顺钦

新形势下提高科研院所党组织战斗力的研究

中国林业科学研究院林产化学工业研究所

一、提高科研院所党组织战斗力的重要意义

党的十八大以来，实现“两个一百年”的奋斗目标、实现中华民族伟大复兴的中国梦，是当今所有中国人的共同追求，更是中国共产党的神圣责任和历史使命。中国共产党的核心领导地位和肩负的重任要求我们党要不断提高并始终保持强有力的战斗力、号召力、凝聚力，这样才能领导全国人民实现最强大国家的宏图伟业。

新形势下，我们要提高科研院所党组织战斗力，要认真学习领会与贯彻执行党的十八大以来中央文件精神和习近平同志系列讲话精神，以实现“两个一百年”奋斗目标和中华民族伟大复兴的中国梦为己任，深刻记取“奢靡之始，危亡之渐”的警示，落实全面从严治党的新要求；要紧密结合推动和促进科研院所各项工作迈上新台阶的实际，发挥应有作用、履行应尽职责，展示党组织的地位；提高党组织综合素质和能力水平，尤其是提高攻坚克难的能力水平，并将党的组织意图贯穿于科研院所工作的各个重要方面，并取得成绩，体现党组织的能力；支持和指导群团组织的各项工作，支持和配合民主党派的工作，引领他们开展健康有趣、丰富多彩的活动，弘扬社会主义核心价值观，唱响科研院所思想和精神

文明建设的主旋律，突显党组织的积极作为。重视并加强对新形势下提高科研院所党组织战斗力重要性的认识和研究，具有十分重要的现实意义。

（一）履行职责发挥作用的前提条件

1. 能发挥与地位职责相对应的作用

1985 年，中共中央出台《中共中央关于科学技术体制改革的决定》，在明确科研院所实行所长负责制的同时，强调指出："研究所的党组织应该通过思想政治工作，保证、监督各项方针政策的贯彻，支持所长负责制的有效实施，促进科学技术工作的发展。" 2012 年，十八大新修订的《中国共产党章程》强调"实行行政领导人负责制的事业单位中党的基层组织，发挥政治核心作用"。由此可见，中央对科研院所党组织发挥政治核心和保证监督作用的职责要求是一贯的、明确的。科研院所党组织要认真贯彻执行中央文件精神和党章规定，在着力提高党组织的战斗力上用真功见实效，展现科研院所党组织地位和战斗力的实际作为。

2. 能增添保驾护航的力量

如果在新形势下科研院所党组织的战斗力没有提高，那么就必然会导致党组织的应有地位、应发挥的能力作用、应展现的积极作为被削减；党组织存在的基础就会被削弱和动摇；将导致党的路线、方针、政策在科研院所得不到贯彻执行，科研人员失去精神支柱、人心涣散、迷失前进的目标方向，科研院所的各项工作就不会有很好的发展。只有提高科研院所党组织的战斗力，围绕党和国家工作的大目标，把握大方向，凝聚人心和力量，才能完成好党组织在科研院所改革发展、科技创新工作中的重要任务，才能帮助科技人员实现自己的事业发展目标和人生价值。

（二）落实全面从严治党的根本要求

1. 与落实中央全面从严治党的新举措互为促进

提高党组织战斗力能保证实施全面从严治党工作取得实效，而落实全面从严治党的措施又能有力提高党组织战斗力。新形势下，科研院所党组织要从事关党的存亡、党的事业成败的高度，着力提高党组织战斗力，增强凝聚力和号召力，推进落实全面从严治党工作。要继续推动和深化学习型、服务型、创新型党组织建设，巩固与拓展党的群众路线教育实践活动和"三严三实"专题教育工作取得的成果经验，以顺应新形势下全面从严治党的新要求，展示全面从严治党的新面貌，开辟全面从严治党的新路径。要以充实和丰富党建工作的内容形式，紧扣主题，弘扬时代精神，注重针对性和实效性，激发党员干部的干劲和激情，凝聚党心民心，进一步提升党组织战斗力。

2. 作用和效果有新提升

科研院所自身具有知识密集、人才密集、思想活跃的优势。科研院所党组织要充分发挥利用好这些有利因素，以中央全面从严治党新举措为指导，使提高党组织战斗力的行动显现更大的作用和更好的效果。党员和干部能更加坚定道路自信、理论自信、制度自信的决心；能更加坚守全心全意为人民服务，人民福祉高于一切的宗旨，密切党和群众的血肉联系；能更加坚持在思想和行动上自觉落实践行“三严三实”要求；能更加注重新形势下在理论创新实践创新方面有新举措新作为。着力提高党组织战斗力，也有利于推动和促进科研院所党组织自身建设与发展、提升能力素质。

（三）发挥先锋模范作用的现实需要

提高科研院所党组织战斗力，要以全面从严治党的要求为指导，教育引导每个党员提高和加强政治觉悟、组织观念、党性修养、能力素质，保持与发扬党的先进性和纯洁性；要调动与发挥每个党员的积极性和先锋模范作用，激发正能量，进一步提高党组织集体的战斗力；要以提高党组织战斗力为抓手、充分发挥每个党员的先锋模范行为对党组织建设、工作、学习、社会活动及带动经济发展等各个方面的示范引领作用。推动经济增长的是新知识、新科技及企业家给市场带来的创新产品和服务。要充分发挥科研院所的新科技和创新成果对促进社会经济增长的积极作用，要积极宣传、褒奖党员专家的聪明才智和能力贡献，体现党员先锋模范作用。

二、科研院所党组织战斗力的现状与存在的问题

党组织战斗力建设是基层党组织建设中根本性、长期性、基础性的重要工作。在新形势下科研院所以科研为中心任务，以推进改革发展、科技创新为重点工作是普遍共识，而要提高党组织战斗力，提升党建工作水平与科研工作两手抓、两手都要硬，避免“两张皮”现象，并得到全体党员的重视和身体力行，科研院所党组织肩负着极其重要的责任和使命，结合中国林业科学研究院林产化学工业研究所此次进行的关于提高和加强研院所党组织战斗力调查问卷、座谈讨论、个别访谈等得到的第一手调研资料，我们了解到目前科研院所党组织科研院所建设、发挥的基本情况与存在的问题大致如下。

（一）组织建设方面

1. 地位和作用有被弱化的倾向

中华民族要走向繁荣、富强，就必须有一个坚强的领导核心，这个领导核心无可替代，那就是中国共产党。科研院所实行所长负责制，以及正在推行实

施的科研院所分类定位改革措施，使得科研院所干部和职工对所长的地位与作用尤为关注，把所长这个掌舵人视为科研工作的依靠，对所长的地位与作用极为看重。但是，党组织的地位和作用则相反，似乎是无关紧要的，表现出明显的“跷跷板”效应。例如，在党组织参与对科研院所的科研生产、利益分配、人事管理、重大投资等重大问题决策方面，在党组织参与对中层以上管理人员的选拔任用和管理监督、人才培养的规划和措施的制定、建立健全党风廉政建设责任制等重大问题的决策实施有效的保障监督方面，党组织的地位和作用偏弱。问卷调查结果显示，认为加强党组织战斗力的核心是加强党组织自身建设的占39%，党组织战斗力的核心是积极履行党组织应发挥作用的占20%。

2. 组织机构建设有被轻视的现象

由于对中央规定实施的科研院所实行所长负责制缺乏全面认识和深刻理解，以及对科研院所考核评价的主要指标是科研工作，有些科研院所对党组织的建设与作用的发挥有轻视忽略倾向。对党组织的机构设置与党务干部及工作人员有兼并精简的做法，使得党组织的队伍不稳定、专职党务干部配置不达标；党务活动的经费开支被压缩，使得正常开展的党务活动受到影响。问卷调查结果显示，对自己所在党组织的组织活动的质量和效果满意的占45%、基本满意的占48%；接受党建专题业务培训的机会少，工作视野受限；党务工作者缺乏足够的时间和精力从事党务工作，组织机构建设呈现敷衍应付的苗头。随着中央全面从严治党工作的深入开展，之前出现的各类情况和做法已发生改变，科研院所党组织的机构建设重新得到应有的重视和加强。

3. 党员发展的目标方向正确，但需注重提高质量

科研院所的党员发展工作，按照中央提出的“控制总量、优化结构、提高质量、发挥作用”的总要求规范，都十分重视吸收科研骨干、优秀科技人员、品学兼优的研究生入党。拟发展的党员，往往更注重他们业务能力和水平的表现，但在对党忠诚、保持先进性与纯洁性、发挥先进模范作用方面，在坚定社会主义理论自信、制度自信、道路自信，弘扬社会主义核心价值观方面，忽视了对他们要坚持更高的标准和更严格的要求，致使少数新党员在这方面的质量有所下降。

（二）纪律与作风建设方面

纪律与作风是党组织的生命线，是战斗力建设的最重要方面。科研院所党组织能够高度重视和认真对待党的纪律建设，尤其是政治纪律方面，始终坚持同党中央保持高度一致，自觉维护中央权威。但有的党员和干部在坚持按党的制度规

矩办事，遵守党规党纪，坚持民主集中制方面要求不高，纪律性不强；有的党员和干部思想不正，工作作风缺乏严与实的精神，对中央提出的作风建设永远在路上、“三严三实”专题教育工作的要求，思想上认识和重视不够，行动上存在被动和应付的现象。这与在思想上、行动上自觉学习践行“三严三实”教育工作的要求，及使作风建设永远在路上的要求存在不小的差距。

（三）思想与政治建设方面

科研院所普遍存在着重业务、轻党建，重形式、轻结果的现象。科研院所的科技人员专注于科研业务水平的提高和发展，注重于科研成果的产生、转让和科研论文的发表，工作的主动性和积极性高，取得成绩的意义更大、名利的获得感更实在。科技人员中的党员和干部把思想与政治建设工作视为锦上添花，自然就影响到科研院所党组织开展思想与政治建设工作的实效，容易在党员和干部队伍中产生党性修养缺失、个人利益至上，大局观差，理想信念动摇、信仰迷茫、精神迷失，宗旨意识淡薄等错误问题，造成极其严重的危害。问卷调查结果显示，认为当前党员最需要解决的问题是信仰问题的占37%，是组织观念问题的占33%。这样就对党组织的思想与政治建设工作提出了更高的要求，也指出了提高党组织战斗力需要着力加强的薄弱方面。

三、提高科研院所党组织战斗力的对策建议

提高科研院所党组织战斗力，要着力于与科研工作紧密结合、有机融合，更好地促进科研院所改革发展、科技创新，从而确保党组织战斗力更强大、更有生命力。

（一）把思想政治教育放在首位

基层党组织担负着对广大干部职工进行思想和政治教育的重要职责。必须加强和改进思想工作，充分发挥服务群众、凝聚人心、促进和谐的作用。要坚定不移地学习、宣传、贯彻党中央的各项路线、方针、政策，提高干部职工的道路自信、理论自信、制度自信。

（二）着力加强党的队伍建设

努力建设一支高素质的党务工作队伍，积极营造党建工作的良好氛围，大力推动党建工作创新，使党组织体系健全、设置合理、制度完善、机制灵活，领导班子和人才队伍充满活力，形成科研院所党建工作新格局，为构建现代一流科研

院所提供保障。

（三）不断强化党风廉政建设

党组织必须积极贯彻落实好党的各项规章制度，按照中央全面从严治党的新要求，把党员和干部讲政治、守纪律、重规矩摆在重要位置。认真落实党风廉政建设责任制，履行党委主体责任和纪委监督责任，强化对重要部门、关键岗位资金和项目的管理与监督。要特别注重充分运用职工民主监督、舆论监督及纪检财务审计监督等手段，对领导干部实施有效的监督。

（四）在重大问题决策中发挥作用

坚持和完善党政联席会议制度，就重要事务，特别是涉及“三重一大”（重大决策、重要干部任免、重大项目安排、大额度资金的使用）的问题进行集体讨论决策。党组织必须对其他重要工作进行参与和监督，如必须参与对所长任期目标、研究所发展战略与规划、组织机构调整方案和重要规章制度、年度预算与决算、大额固定资产购置、职工收入分配与福利等事项的规划研讨和方案实施的监督，并强化党组织的作用。

（五）重视民主参与和民主决策

党组织要参与制定科研院所各项制度、规定和办法，通过所长办公会、所党委会、所务会、党支部书记、职工代表大会、各类座谈会等形式，广泛听取和征求多方意见建议，进行严密细致的科学论证，经集体研究民主决策制定形成科研院所的各项制度、规定和办法。召开好职工代表大会，保障职工民主管理权力和职工切身利益。

（六）创新党日活动的内容和方式

注重新形势下加强科研院所精神文明建设和思想政治工作的新思路、新方法，不断创新工作方法，通过开展党建主题征文、演讲或辩论赛、网络党建主题论坛，科研院所自身精神的学习宣讲活动，组织青年党员、团员下基层体验科研实践，参加“红色之旅”接受革命传统教育，以及丰富多彩的体育、健身、歌会、舞会活动，扩大参与面，激发职工积极性，提高党组织主题活动的关注度和参与率。

课题组组长：蒋剑春
课题组成员：黄立新　葛华仁　刘明山　王沁沁　廖圣良

关于新形势下提高基层党组织战斗力的若干思考

国家林业局泡桐研究开发中心

党的基层组织是党执政的基础，发挥并担负着推动发展、维护稳定、促进和谐的重要作用。加强基层党组织建设，是新形势下党对基层工作进行领导的有效方式。基层党组织建设要随着形势的变化，不断加强自身建设，适应新要求、新任务。积极探索新形势下提高基层党组织战斗力的有效途径和方法。

一、新形势下基层党组织建设面临的新挑战

（一）国内环境的深刻变化带来的新挑战

随着经济体制的深刻变革，我国社会结构已经由过去比较单一的社会结构向多元、复杂的社会结构转变，社会阶层结构发生深刻变化，越来越多的“单位人”变成“社会人”，社会构成复杂多元，城乡人口流动频繁。随着社会经济成分、组织形式、就业方式、利益关系和分配方式日益多样化，利益格局出现了深刻调整，人们的社会心理由改革开放初期人心思变和较低的社会预期向对改革发展的社会预期普遍提高、对分享改革发展成果的要求明显增强转变，就业、教育、医疗、住房、环保、社会保障等问题成为各社会阶层和利益群体的格外关心的问题，这些不同的利益诉求，既相互交织，又相互冲突，统筹协调各方面利益关系的难度加大，对基层党组织的战斗力提出了新的挑战。

（二）国际环境的深刻变化带来的新挑战

随着国与国之间相互依存关系日益紧密，世界范围内各种思想文化交流、交融、交锋日益频繁，各种思想文化在更大范围、更深层次相互激荡、彼此碰撞，我们将长期面临西方国家在经济、科技和文化传播方面占优势的压力，意识形态领域渗透和反渗透的斗争仍然十分尖锐复杂。与此同时，随着经济体制的深刻变革、社会结构的深刻变动、利益格局的深刻调整，人们思想活动的独立性、选择性、多变性、差异性明显增强，社会思想意识日益活跃。尤其是互联网等新兴媒体的兴起带来了传播方式的深刻变革，各种价值观念、文化思潮、利益诉求的表达和传播更为便捷，各种非马克思主义的思想观念有所滋长，一些“非主流”的意识形态大行其道，混淆视听，严重挑战党的战斗力。

二、基层党组织战斗力弱化的主要表现

习近平同志指出：“这些年来，我们全面推进党的建设新的伟大工程，党的执政能力得到新的提高，党的先进性和纯洁性得到保持和发展，党的领导得到加强和改善。同时，与国内外形势发展变化相比，与党所承担的历史任务相比，党的领导水平和执政水平，党组织建设状况和党员干部素质、能力、作风都还有不小差距。特别是新形势下加强和改进党的建设面临‘四大考验’、‘四种危险’，落实党要管党、从严治党的任务比以往任何时候都更为繁重更为紧迫。”比如，一些基层党组织发挥作用不够好，有的甚至处于软弱涣散状态；一些领域党的组织和工作覆盖面不广，特别是非公企业、社会组织有不少空白点；一些基层党组织制度不健全、不完善，有的制度执行落实不好；一些基层党组织开展活动与中心任务结合不紧密，存在自娱自乐、自我循环的现象；一些地方基层党建工作基础保障不到位；一些地方党员教育管理失之于松、失之于软，先锋模范作用发挥不够好；一些基层党组织党内生活流于形式，甚至有庸俗化、娱乐化的现象；一些基层干部作风不严不实，存在不少问题，甚至一些党员、干部对马克思主义信仰不够坚定，对中国特色社会主义缺乏信心，理想信念动摇；一些党员干部法治意识、纪律观念淡薄；一些领导班子推动科学发展、处理复杂问题能力不够，部分党员意识淡化、先锋模范作用发挥得不明显；有些领导干部宗旨意识淡薄、脱离群众、脱离实际、不讲原则、不负责任、言行不一、弄虚作假、铺张浪费、奢靡享乐，个人主义突出，形式主义、官僚主义严重；一些领导干部特别是高级干部中发生的腐败案件影响恶劣等。归纳起来，这些问题主要表现为以下五个方面。

（一）基层党组织政治功能“弱化”

基层党组织是我们党全部工作和战斗力的基础，习近平同志指出，党的基层组织建设制度改革，着力点是使每个基层党组织都成为坚强战斗堡垒。但是这些年来，一些地方和单位对这个问题强调的少了，特别是在推进基层服务型党组织建设中，个别单位对党建工作重视不够，存在重服务、轻党建的倾向，对党建工作责任制执行不力，党建工作“第一责任人”意识不强，“一岗双责”落实不到位。少数同志不愿意做党务工作，主要精力集中抓经济工作及业务工作，对党建工作只是应付、被动地去做，对党建工作组织不力，抓得不紧。建设基层服务型党组织，是功能上的一个要求，但总的是战斗堡垒，不能变成纯服务的组织，它的政治功能要充分发挥，职能要强化不能弱化。

（二）党内政治生活不正常

党内政治生活是党组织教育管理党员和党员进行党性锻炼的主要平台。正常的党内政治生活对党员具有教育作用、改造作用、管理作用和监督作用，对党组织具有凝聚作用，对领导班子具有民主决策功能和权威维系功能，对全党具有统一意志、统一步调的作用。而非正常的党内政治生活，则会使党的组织涣散、纪律松弛，使领导班子失去正确决策的能力和威信，使整个党失去凝聚力、创造力和战斗力，失去群众信任。当前，党内好人主义比较严重，往往是对下级哄着护着，对上级捧着托着，同级之间包着让着；有的“抗干扰”能力弱，处理问题不同程度地存在着利益问题“本位化”、热点问题“感情化”、党性问题“庸俗化”的现象；有的对党员干部中出现的不良倾向和违纪问题不敢较真碰硬，甚至弄虚作假，报喜藏忧；有的党员干部遇到困难问题不找组织而是找关系；有的利用手中权力插手干预干群敏感的问题，拿原则做交易，政治意识淡化、奉献精神淡化、党性原则淡化，一些地方和部门党内政治生活搞假大空 、随意化、平淡化、娱乐化、庸俗化，搞团伙、拉帮派，少数党员散布政治谣言，宣传与党的政治主张不一样的东西，甚至散布与党的主张相抵触的理论。他们根本没有意识到这是违反党的政治准则的，反而认为是自己的理论更加高明，认为这是他们的言论自由；有的人对自己有利的就执行，对自己不利的就阳奉阴违，上有政策，下有对策；有的地方对民主生活会这个概念不是很清楚，流于走过场，或者是“哥俩好”，你不批评我，我也不批评你。这些严重影响了基层党组织的战斗力。

（三）党员意识“淡化”

增强党员意识是一个人在思想上入党的根本条件。一个人加入党组织，表现在思想和组织两个方面，现实中，一些党员虽然在组织上入了党，但在思想上并未真正入党。一些基层党组织不注重发挥党员先锋模范作用，致使个别党员放松了对自己的要求。有的党员党性淡薄，在日常工作中只顾局部利益，缺乏全局观念；有的党员工作缺乏热情和积极性，得过且过，工作上不求进取，少数党员只交纳党费不参加组织生活；有的党员党费也要催交，还有的甚至连党费也不愿意按规定标准交纳。这些严重影响了党的形象，影响了工作的健康发展，对此，我们必须认真加以改进和解决。

（四）党员干部教育管理“虚化”

党员必须加入党的组织，并参加党的组织生活，这是马克思主义建党思想的基本原则。在对党员的管理方面，党的基层组织中存在的主要问题是，一些党的基层组织对所属党员疏于管理，对党员的政治、思想、作风及日常的行为缺乏有效的规范制约，存在着重党员发展、轻党员管理的倾向。一些基层党组织制度不完善，管理松懈，支部组织生活不健全，“三会一课”制度坚持不好，个别支部存在着行政会、业务会与支部会兼顾开，支部大会不规范、不严肃；在对党员管理结果的衡量上，往往把行政业务工作开展得好坏，作为评价全年工作成绩的主要依据，而对政治表现、自身综合素质等难以实施准确的评价考核；有的党务工作者从未经过系统的培训，党务知识懂得不多，对党员的教育管理手段比较落后，管理缺乏力度。

（五）基层干部作风不实

作风建设是党的建设的重要组成部分，是影响党的战斗力的核心要素。当前，有些基层党员干部作风不够扎实；一些地方干部成天赶“秀场”、挂横幅、登台面、上镜头；一些地方干部埋头于文山会海、检查评比、总结汇报；一些地方干部下基层调研走马观花，坐在车上转，隔着玻璃看，只看“门面”和“窗口”，不看“后院”和“角落”；一些地方干部脱离实际、脱离群众，高高在上、漠视现实，对人民群众的疾苦或心中无数或视而不见，麻木不仁、置若罔闻；一些地方干部官气十足，唯我独尊，专横跋扈，听不得不同意见；一些地方干部遇事推诿、怕担责任，办事拖拉、敷衍塞责，门难进、脸难看、话难听、事难办；一些地方干部意志消沉、信念动摇，认为“理想是空的，政治是假的，吃喝玩乐才是真”；他们奉行及时行乐的人生哲学，“今朝有酒今朝醉”“人生得意须尽欢”，追求吃得好、玩得痛快、住得舒服，享受所谓的“人间乐趣”；一些地方干部为了追求“舒适”目标，不惜铤而走险，大肆索贿受贿，最终沦为人民的罪人；一些地方干部要求超规格接待，住豪华酒店，吃山珍海味，喝美酒佳酿；一些地方干部在高档场所、名山秀水流连忘返、乐不思蜀；还有一些地方干部将地方财政经费拿来乱花，甚至扶贫款项也敢拿来挥霍。

三、提高基层党组织战斗力的对策思考

党的十八大以来，中央高度重视党建工作，特别是把全面从严治党提到前所未有的高度，强调要全面落实管党治党责任，把抓好党建作为最大的政绩。基层党组织建设是党的建设的重要组成部分，是团结带领群众、凝聚党的力量、夯实党的执政根基的关键所在。加强基层党组织建设，必须紧紧扭住责任这条主线，从严落实基层党建工作责任制，把党要管党、从严治党的要求落到实处。

（一）落实基层党组织建设责任

习近平同志在中央党的群众路线教育实践活动总结大会上指出："各级各部门党委（党组）必须树立正确政绩观，坚持从巩固党的执政地位的大局看问题，把抓好党建作为最大的政绩。"习近平同志的这段话，为深入抓好党建工作指明了方向。只有牢记责任，把基层党建工作紧紧抓在手上，牢牢扛在肩上，才能把党赋予的使命和任务承担好、落实好。特别是党组织负责人要进一步强化"抓好党建是本职、不抓党建是失职、抓不好党建不称职"的理念，切实担负起抓好基层党建的政治责任，彻底改变以往抓党建工作务虚的错误观念，突出基层党建的政治功能，加强基层服务型党组织建设，整顿软弱涣散基层党组织，使每个基层党组织都成为坚强的战斗堡垒。

（二）明确基层党组织建设任务

当前党建工作任务很多，无论是组织建设、作风建设、思想建设还是制度建设都面临许多新情况和新问题。在新形势下，要强化问题导向，结合巩固和拓展党的群众路线教育实践活动成果和全面深化改革的重点任务，着力解决好当前党建工作中存在的突出问题。要把做好思想政治工作作为重要基础，切实解决好党员干部理想信念方面存在的问题。在加强基层组织建设工作中，要突出解决好基层党组织书记对党建工作不会抓、抓不好的问题，党员教育管理不到位的问题，基层党组织服务群众能力不强的问题。把严格党内生活和严肃党的纪律认真执行到位。要把提高党员干部的法治思维和依法办事能力作为重要任务，努力提高党员干部的法治素养，切实发挥基层党组织在全面推进依法治国中的战斗堡垒作用。

（三）创新基层党组织方法

提高基层党组织战斗力，重在务实、贵在创新。应做到三个“善于”，即善于总结经验，善于探索创新，善于典型引路，只有不断完善工作思路，改进工作方法，创新活动载体，才能不断提高基层党组织战斗力。一是创新基层党建工作理念。牢固树立“抓好党建是最大政绩”的主导理念，认真倾听群众的呼声建议，落实好民情恳谈、群众工作日等制度，努力使基层党组织真正成为广大群众的“主心骨”。二是创新基层党组织活动方式。围绕创建服务型党组织，深入推进区域化党建工作，全面深化“网格化管理、组团式服务”，整合社会公共服务资源，组建党员服务团队。三是创新党员教育管理方法。办好“专题课堂”，本着实际、实用原则，依托各级党校，定期举办理想信念教育、基层党组织书记学历培训；办好“党课大讲堂”，提高党员的综合素质和致富本领；利用“远程课堂”，把课堂搬到党员身边，用身边事教育身边人，引导党员充分发挥先锋模范作用。创新党员管理手段，实现网上办公、交纳党费、转接组织关系、学习培训等功能，建立起开放式、互动性、立体化的党建工作模式。创新永无止境，在学习方式上、在党员教育管理上，可以根据自己的实际情况进行探索，每个单位的情况不一样，要制定出符合本单位实际的办法和措施。

（四）加强基层党组织制度建设

营造党内生活新常态，就要从严格执行制度入手，用制度建设保驾护航。一是完善管党责任述职评议制度。把述职和评议情况作为领导班子和领导干部考核使用的重要依据，确保各级党委始终站在抓党建工作的主战场和最前沿。二是完善党员领导干部联系点制度。组织各级党员领导干部建立基层联系点，通过联系一个点、抓好一条线、促进一大片，真正形成过得硬、叫得响、推得开的基层党组织。三是完善基层党建考核评价制度。制定严密可行的考核程序，科学设置考核内容和指标，注重综合考核和单项考核相结合，年度考核和日常考核相结合，体现科学性、导向性和适度超前性，使考核形成一个环环相扣、衔接紧密、优化高效的程序链条，确保考核评价不虚、不空、不偏、不走过场。四是完善督查通报制度。组织部门对基层党建工作进行专项督查，对工作不力、成效不明显的督促抓好落实，不断增强基层党组织抓党建工作的责任感和紧迫感，要把制度作为硬规范，执行到位，使基层党建工作真正做到有组织、有活动、有阵地、有作为。

（五）抓好党员队伍建设

加强党员队伍建设要着重抓好以下几个方面的工作。一是狠抓理论学习，全面提高党员综合素质。将中国特色社会主义理论体系及党的十八大、十八届三中、十八届四中全会精神等列入学习的重点内容，用正确的理论武装广大党员头脑，使广大党员保持奋发有为的精神状态。二是狠抓思想管理，增强党性观念。党员的政治意识和思想素质是其履行职能、发挥作用的前提和基础。要紧密结合党员自身工作实际，把党员思想政治教育作为重要任务来抓。三是要进一步完善发展党员工作机制。严把入口关，将政治立场坚定、积极进取、向组织靠拢的人员吸纳进党组织中，使党员队伍不断壮大，整体素质逐步得到提高。四是狠抓激励机制，凸显党员的奉献精神。通过开展无职党员设岗定责活动，充分发挥党员在生产岗位建设和发展中的作用，下一步将创造条件，提供一切可能的机会，让更多的党员发挥自身特长，积极参与到和谐发展的建设当中来。对模范作用发挥好的党员在物质上给予一定的奖励，激发他们的热情，调动他们的能动性。四是要进一步健全党组织生活和管理制度，贯彻民主集中制原则，规范党内民主生活，构建良好议事、共事机制，加强重大事项民主决策、和谐决策、科学决策，不断提高班子的领导能力。五是抓好党员业务培训，提高党员业务水平。

（六）强化基层党组织建设保障

建立和完善党员干部激励和保障机制，使基层党员干部思想有高度，工作有盼头、有劲头、无后顾之忧，集中精力干实事，一心一意谋发展；完善流动党员管理机制，优化党组织设置，扩大基层党组织覆盖面，加快推进创新型党建工作，积极探索新形势下党的与时俱进等工作，做到哪里有党员哪里就有先锋队，哪里有党组织哪里就有健全的组织生活，不断增强党组织的影响力、凝聚力和号召力。同时，基层党组织要不断拓宽渠道，保障经费投入。要加大队伍建设、阵地建设、制度建设等经费投入，建立有效机制，加大业绩考核力度，建立健全党小组党建工作考核机制，进一步完善基层党建目标考核办法，把工作落实到位，确保党建工作抓出成效、抓出特色。此外，要建立完善各种机制，如领导机制、协调机制、推进机制、宣传机制、检查机制等。同时，要坚持不懈地落实从严治党要求，抓党建工作不能紧一阵松一阵，应该作为常态化、长效化工作始终如一地认真抓好，抓出成效。

（七）落实基层党组织建设责任制

坚持有责必究、从严问责，使各级党委和党员领导干部牢记责任不放松，履行职责不含糊，以责任落实推动工作落实。要充分发挥考核的“指挥棒”作用，把抓基层党建工作成效作为评价基层党委班子特别是党委书记政治上强不强、实绩好不好、作风正不正、称职不称职的重要标准，督促各级党委和党员领导干部聚精会神抓党建，防止出现重经济轻党建、一手硬一手软的现象。要加大问责追责力度，对思想上不重视、工作上不研究、精力投入少、不真抓实干、不解决实际问题，甚至空喊口号、摆花架子、造势作秀的要求其限期整改，情况严重的要严肃问责。同时，进一步完善“民主集中制、严肃党内政治生活、干部选拔任用、反腐倡廉”四项基本制度，进一步规范“权力规范运行、监督检查问责”两项机制，进一步明确“主体责任、监督责任”两个责任，坚决维护制度的严肃性和权威性，努力创建良好的政治生态环境，切实保障科学、客观、公正、透明的工作秩序，推动践行“三严三实”要求制度化、常态化、长效化。

课题组组长：朱　彤
课题组成员：樊金山　庞　辉　王卫东　孟　伟

论科研院所民主监督机制的完善和有效实施

中国林业科学研究院亚热带林业研究所

科研院所作为一个知识和人才密集的特定集体，建立健全民主监督机制，具有极其重要的意义。本文系统地阐述了民主监督机制在科研院所建设中的重要作用，分析了目前我国科研院所民主监督的现状与存在的问题，提出了推进科研院所民主监督机制的完善与有效实施的途径和对策。

一、民主监督机制在科研院所建设中的作用

（一）民主监督机制推动科研院所改革发展与和谐稳定

我国科技体制改革的逐步深入，必然对科研院所的民主管理与民主监督工作提出更高的要求。改革就意味着格局要调整，有限的资源也会面临再分配，这样，新的问题就会不断凸显。比如，中央财政科研项目和资金管理动大手术，各省科研项目也在突出重大需求和问题导向，这将引发科研院所科研项目来源发生较大改变，科研院所必须与时俱进谋划学科布局，对人、财、物进行新的配套设计。这些顶层设计需要广大科技人员的智慧力量和理解支持，它不是少数人闭门造车，也不是少数人的利益谋划，而是根据创新驱动发展和依法行政的要求，系统梳理现有规章制度，提出新的规章调整重点和方向，以保障科研院所能够更好地实现国家目标，更好地调动广大科技人员的积极性和创造性。规章制度不仅是

管理者手中的工具和意志体现，更是全体职工和单位长远发展的使命体现，因此，制度建设必须公开透明，群策群力；随着事业单位养老保险制度的施行，科研院所在职人员合同聘用、能进能出、能上能下的局面将进一步形成，但是，如果科研院所职工的合法权益和切身利益得不到有效保障，那么科技人员波动较大等情况就会明显增加；正是这些矛盾的存在，使得民主监督和管理的作用不可小觑。科研院所体制改革的目的之一是进一步调动广大职工的积极性，促进单位的发展，这就需要通过民主管理与监督，让广大职工知晓、了解，投身其中，科研院所上下联动，共同努力，才能推动科研院所的和谐、健康发展。

（二）民主监督机制体现科技人员的主人翁地位

党的十八大报告中指出：坚持人民当家做主，就必须“更加注重健全民主制度、丰富民主形式，保证人民依法实行民主选举、民主决策、民主管理、民主监督”。我国科研院所党委、行政、工会组织的根本任务和目标是一致的，搞好民主管理与民主监督，保障科技人员的主人翁地位，是党、政、工、青、妇组织的共同职责。

科研院所的行政管理体系和科技创新体系各有侧重。以院（所）长负责制为核心的行政管理体系是权力主体和协调中心，科技人员是科技成果的产出主体和推广主体。科研院所的科研任务主要是专家团队争取来的，是按照国家和地方的项目合同及规范进行项目推进和完成的。国家直接下达给科研院所的大项目很少，科研院所依靠行政力量顶层设计、对科研项目和人员进行整合集成的能力和成效并不明显；科研院所管理层和服务部门的现存价值是为了科研项目的更好完成做好配套支持，是保障和监督项目实施，这是一个共同管理、相互监督的体系。只有广大职工以其强烈的担当意识和高度的主人翁责任感，积极投身科研院所的改革与发展中，自觉肩负起科研院所的国家目标和行业重托，才能使科研院所的精神面貌和各项工作蒸蒸日上。

（三）民主监督机制是科研院所民主管理的重要组成部分

人民代表大会的民主监督是体现人民意志的“自上而下”的权力性监督，而职工群众监督、民主党派和无党派人士的监督是“自下而上”的非权力监督。随着我国政治体制改革的深入发展和社会主义市场经济体制的建立，民主管理与民主监督已不再是一句口号，而是被纳入法律的轨道。在科研院所，一种新型的行政统一领导、党委的保障监督、职工代表大会的民主管理三位一体的管理体制，已成为科研院所体制构成中不可分割的整体。科研院所的领导应当十分重视职工代表大会，职工代表大会是民主监督的一种形式，也是职工代表履行职责最经常、最直接、最便捷、最有效的形式，更是促进科研院所科学化决策、民主化管理的重要渠道。职工代表大会的召开宗旨就是紧密围绕单位的总体工作思路和职工最关心的问题，解决职工的实际困难，召开职工代表大会，是职工主人翁地位的充分体现和单位民主管理水平的重要体现。

二、科研院所的民主监督的现状与存在问题

（一）缺乏民主监督的有效机制与有效方式

科研院所民主监督的主要机制是党委统一领导，纪委组织协调，党内监督与党外监督结合，组织监督和群众监督结合。而现实的情况是，上级不太看重党委坚强有力，只希望党委配合有力；科研院所行政班子只希望党委保障有力，不需要党委监督有力；群众希望公开公平正义，而有些热点难点常遇“冷处理”；纪委的监督往往是事后查处，而没有把工作重点放在预防性监督上。这种缺乏独立性和权威性的监督体制使得单位的监督软弱，造成“上级监督太远，同级监督太软，下级监督太难，法纪监督太晚”的局面，监督者往往顾虑重重，上怕得罪领导，下怕得罪群众，大大削弱了监督的作用。近年来，科研院所虽不断发展创新，但单位内部还是存在一些制度不完善之处。例如，有的单位“一言堂”、家长作风仍存在，不尊重班子的其他成员，决策者是单位的“一把手”，使得单位决策在有效监督上存在一定的难度；有的单位个别领导干部和管理部门落实党风廉政责任不积极，甚至把任人唯亲、小圈子的作风传到干部队伍中，导致民主监督无人执行，无法执行；有的单位在重大决策、重大项目管理、选人用人、资金使用和工程建设等腐败易发多发的重点领域缺乏监督。这些监督不到位的方面既影响了单位的发展，也损害了单位职工的利益。

（二）政务公开较为随意，难以取得成效

政务公开，狭义上是指政府信息公开，广义上也包括事业单位公开其行政事务，属于办事制度层面的公开。科研院所主要通过单位职工代表大会、网站、报刊、广播、电视、信息公告栏、电子信息屏等方式公开政务信息。由于对公开程度把握得不同，各单位的政务公开取得的成效也有差异。由于领导干部的认识不到位，认为政务公开增加了工作的环节，影响工作效率，并且没有具体的政务公开的规定，故不去落实；有的认为政务公开是限制自身的自由，是对自身实施民主监督，因而不愿公开；甚至有的认为政务公开是自找麻烦，可以走走形式，不必太认真等。

（三）管理干部素质参差不齐，职工的民主监督意识淡薄

权力崇拜、等级观念、依附思想等传统政治文化中的消极因素，影响着科研院所民主监督效能的发挥。目前，无论是作为监督主体的单位职工，还是作为监督对象的领导干部，监督意识都比较薄弱。就职工而言，相当多的职工存在着“民不管官”的传统观念，特别是在科研院所，政治等级并不强烈，相较于政治理论，更强调科研产出；科研成果更胜于精神文明建设，使得单位职工政治冷漠，责任感较差，不能主动地行使其监督权利，只有当自身利益受到侵害时才投诉。就管理干部的队伍来说，有的对组织的政策和方针的制定，不善于积极参加讨论或提出建议，大多是听从领导安排，听之任之，谈不上监督。就领导干部而言，一些人没有真正认识到权力的来源，只对上级领导负责，不愿接受职工的监督。

三、科研院所民主监督机制完善的有效途径

（一）贯彻落实《事业单位领导人员管理暂行规定》

中共中央组织部 2015 年 5 月 28 日颁发的《事业单位领导人员管理暂行规定》明确了党管干部的原则：党对事业单位领导以德为先，群众公认、群众威信高等的要求，对正职领导全局能力、带队伍、民主作风好的要求。在其第七章“监督约束”中，规定了各类监督的位置和方式、重点，党委（党组）及纪检监察机关、组织（人事）部门、行业主管部门按照管理权限和职责分工，履行对事业单位领导班子和领导人员的监督责任。监督的重点内容是，贯彻执行党的理论和路线方针政策，依法依规办事，执行民主集中制，履行职责，行风建设，选人用人，国有资产管理，收入分配，职业操守，廉洁自律等情况。发挥党内监督、民主监督、法律监督、审计监督和舆论监督等作用，综合运用考察考核、述职述廉、民主生活会、巡视、提醒、函询、诫勉等措施，对领导班子和领导人员进行监督。同时强调，严格实行干部选拔任用工作“一报告两评议”、领导干部报告个人有关事项、经济责任审计、问责和任职回避等制度。

（二）推行政务公开制度

党的十八届四中全会明确要求“全面推进政务公开”。坚持以公开为常态、不公开为例外原则，推进决策公开、执行公开、管理公开、结果公开等；重点推进财政预算、公共资源配置、重大建设项目批准和实施、社会公益事业建设等领域的政府信息公开；推进政务公开信息化，加强互联网政务信息数据服务平台和

便民服务平台建设。对于涉及科研院所的干部选拔、职称评审、财务管理、重大项目管理、科研项目管理、制度建设等有关单位发展、涉及职工切身利益的重大事项，特别是在界定不公开事项的内容和范围时，应坚持“公开是常态，不公开是例外”的原则。无论公开什么、怎样公开，在执行的过程中都要制定程序、严守规制，以确保公开的实效性。遵循“事前公开、征求意见；决策公开、民主讨论；结果公开、接受监督”的程序规定，坚持规定性工作定期公开，阶段性工作逐渐公开，临时性工作随时公开，紧急事项及时公开的程序规定，严格限定公开事项审批责任人和公开工作执行人，并明确各自职责。

（三）疏通和拓宽民主监督的渠道

科研院所的民主监督管理，在充分发挥党委和纪委作用的同时，还应该畅通职工代表大会、群众监督、民主党派的监督等民主监督渠道，拓宽民主监督。

1. 强化党委和纪委监督

党委作为科研院所民主监督的重要机构，发挥着政治核心和保证监督的作用，本着“围绕中心、服务大局，坚持民主集中制”的原则，保证和监督党的路线、方针、政策及国家的法律、法规在科研院所的贯彻执行。纪委协助党委加强党风廉政建设和反腐倡廉建设，检查党的路线、方针、政策和决议在科研院所的执行情况，加强对权力运行的制约和监督，加强对重点领域和重点环节的监督。

2. 加强职工代表大会监督

职工代表大会是科研院所实行民主管理的基本形式，是职工行使民主管理权力的机构，科研院所坚持职工代表大会制度，通过民主管理、民主参与，激发职工的积极性、参与度和创造力，增强单位的凝聚力和竞争力，充分尊重职工代表的权力，就一定能够使职工代表大会制度在单位的民主管理中发挥积极而重大的作用。

3. 支持民主党派履行监督职能

科研院所党外知识分子的思想素质、文化背景和知识层次决定了他们具有很强的民主观念、社会参与意识和政治诉求。邓小平同志曾指出：“有监督比没有监督好，一部分人出主意不如大家出主意。共产党总是从一个角度看问题，民主党派就可以从另一个角度看问题，出主意。这样，反映的问题更多，处理问题会更全面，对下决心会更有利，制定的方针政策会比较恰当。”这说明，民主党派在重大决策中发挥的作用也是一种监督。

4. 发挥学术委员会的监督作用

科研院所的学术委员会是由各个学科专业的专家组成的学术团体，代表着科研院所的最高学术水平，是行使学术权力、进行民主管理的重要载体，充分发挥学术委员会的作用，意义重大。学术委员会的主要职能包括审议重大问题、开展学术咨询、学术交流、学术评议、维护学术道德，主要对重大科研项目立项、中期评审、结题验收、成果鉴定、成果报奖、科技骨干人员的科技工作与学术水平、科技布局等提出评议意见。

5. 重视广大职工的舆论监督

科研院所应通过网站、宣传栏等媒介适时公开政务活动，使职工广泛参与重大事项的决策，提出意见和建议，对领导干部的决策进行监督，从而提高广大职工民主监督的积极性，吸引广大职工参政议政，促进领导干部决策的民主化与科学化；领导班子定期或不定期召开情况通报会，主动征询和认真听取职工的意见和建议。

（四）强化民主监督的预防与惩治机制

1. 加强重点环节的民主监督

民主监督的重点环节主要包括在监督对象、监督内容、监督部位和监督权力等方面。科研院所的民主监督主要以领导干部为重点，以管钱、制权、用人等岗位为主线，把监督渗透于人财物管理、使用、调配的全过程，防止权力失控、决策失误、行为失范。重点加强对领导机关和领导干部，特别是各级领导班子主要负责人的监督。

2. 强化事前监督、事中监督、事后监督

各个环节具有不同的功能，加强事前防范，以主动监督、关口前移为思路，强化权力行使过程中的监督制约，完善事后监督机制和惩罚功能，形成一套集规定、考评、投诉处理为一体的效能监督体系，将监督管理的有关量化指标运用到年中和年终考核中，发现问题一票否决。

（五）强化干部职工的监督意识

加大对监督工作的宣教力度，使基层领导不断提高对监督工作的认识，实现“两个转变”。包括从“监督是得罪人”到“监督是爱护人”的转变和从“监督乏力”到提高“监督实效”的转变，提高职工的民主监督意识和参政议事意识，提高职工的民主政治参与水平，强化领导的公仆意识。加大对监督队伍的学习培训

力度，认识自己的角色和地位，以适应新形势发展和实际工作的需要。从领导干部到全体职工都做到管理公平、公正和公开，这对提升科研院所民主监督能力特别重要。根据科研院所的特点，将具有强烈的事业心、责任感和较高的政治素质，具有一定的综合分析能力和文字表达能力，密切联系群众，廉洁守纪，作风正派，坚持原则，实事求是，敢于负责等条件的党内外人员充实选聘到民主监督队伍中来，不断改善队伍结构，增强队伍整体合力，提高监督的效果，有助于科研院所民主管理的发展。

（六）建立民主监督的有效实施机制

民主监督机制作为科研院所民主管理的重要内容，与科研院所权力运行中的民主决策机制和执行机制相联系，共同构成权力的制约体系。实行院（所）长负责制的科研院所，特别是在重大决策、重大项目管理、选人用人、资金使用和工程建设等方面，缺乏民主监督，导致单位的和谐发展受到影响，单位的职工利益受到损害。在科研院所深化体制改革的今天，已经有一些高效实行了理事会的制度，知识创新和管理创新相结合，科研院所与企业密切合作共建，从民主、平等的原则上去监督管理，这些有可能是未来民主监督的发展方向。民主监督机制的完善，是科研院所民主政治有效发展的重要保证，建立健全和落实加强监督的相关制度，切实提高监督者和被监督者的思想认识，要把民主监督工作融入本单位科研和各项工作中，从政务公开到职工代表大会，从领导决策到职工利益，从拓宽渠道到终点环节的监督。监督的内容越明确、越具体，就越有针对性，操作性越强，越有利于加强对科研院所领导干部的监督，充分调动职工的积极性，发挥职工的创造力，单位管理层凝心聚力，使单位和谐发展。

课题组组长：马力林
课题组成员：赵　燕 等

基于胜任力模型的科研院所兼职党务干部素质研究

中国水利水电科学研究院

胜任力的理论由美国杰出的社会心理学家麦克里兰教授于 20 世纪 70 年代提出，是指能够将某一岗位上表现优异者与表现平平者区分开来的潜在的、深层次的个人特征。这些特征不仅包括容易观察和测量的显性特征（如知识、技能等），还包括深层次的价值观 / 社会角色、自我意识、个性特质、动机等。这些特征合力影响着一个人是否能在某一岗位上表现出优秀的绩效。

党务干部是单位组织中重要的人力资源，但从人力资源管理学的视野出发，探讨胜任该职务的研究较少。本课题在构建兼职党务干部胜任力模型的基础上，通过问卷调查法、专题访谈法、文献资料调查法等多种研究方法，选取中国水利水电科学研究院、中国水产科学研究院、中国气象科学研究院、中国地质科学研究院、中国船舶工业系统工程研究院五家国有科研院所进行重点调研，探寻当前兼职党务干部队伍存在的优势和与胜任力模型存在的差距，尝试提出解决该问题的对策。

一、科研院所兼职党务干部胜任力模型

在麦克里兰的胜任力模型中，人的胜任力被划分为两大部分：一部分是“显

性”的能力，表现为看得见的外在行为能力，主要包括知识和技能；另一部分是“隐性”的能力，多为看不见的内在因素，包括社会角色、自我概念、个性特质、动机等。目前通行的胜任力模型结构是在麦克里兰的理论基础上划分的两大方面：一方面是知识和技能两个可以衡量、容易打分的智力因素；另一方面是包括动机、态度等在内的非智力因素。

（一）兼职党务干部胜任力模型结构

在构建兼职党务干部的模型时，我们在借鉴胜任力模型通用结构的基础上，坚持“体现职务特色”和“体现核心素质”的原则，力求构建的模型贴合兼职党务干部工作实际，能够与其他的管理类干部相区分，同时重点考量与党建工作相关的核心素质，并将其作为胜任力模型应用的主要方面。

中共中央组织部在《中共中央关于加强和改进新形势下党的建设若干重大问题的决定》中强调，要坚持“德才兼备、以德为先”的用人标准。在2014年最新修订的《党政领导干部选拔任用工作条例》中，完善了选拔任用党政领导干部的基本条件和资格，突出了理想信念的要求，政治立场、政治态度、政治纪律的要求，坚持原则、敢于担当的要求，加强道德品行、作风修养的要求，突出了品德、实绩、作风和廉政情况的考察。这些都说明，品德的考量是党在选拔任用干部时第一要考虑的因素，对于常年从事党务工作的基层干部来说，具有过硬的品德素养更应该列在重要的位置。因此，课题组将通用模型的非智力因素归结为“品质”放在首要位置，与“知识”和“技能”并列进行分析。

第一部分的“品质”，包括从事兼职党务干部所必须具备的政治素养和责任意识，其对应麦克里兰理论中的“隐性”部分，是兼职党务干部人生观和价值观的综合体现；第二部分的“知识”，包括党建工作知识和业务工作知识，这部分结合实际工作要求，与麦克里兰理论中的知识部分基本吻合；第三部分的“技能”，包括开展党建工作的专业技能和领导力，这里的技能既包括麦克里兰理论中的“显性”部分，也包括模型中的“隐性”部分。综上，本课题所构建的兼职党务干部胜任力模型呈三维模式（图1），其中“品质”部分和“党建工作知识”及“开展党建工作的专业技能”是从事党建工作的核心素质，为本课题研究的主要内容。

（二）兼职党务干部胜任力模型的行为指标

兼职党务干部的胜任力模型由三部分组成，均需要细化成具体的胜任力指标。在分析中，我们结合调查问卷和对优秀兼职党务干部进行重点调研访谈的

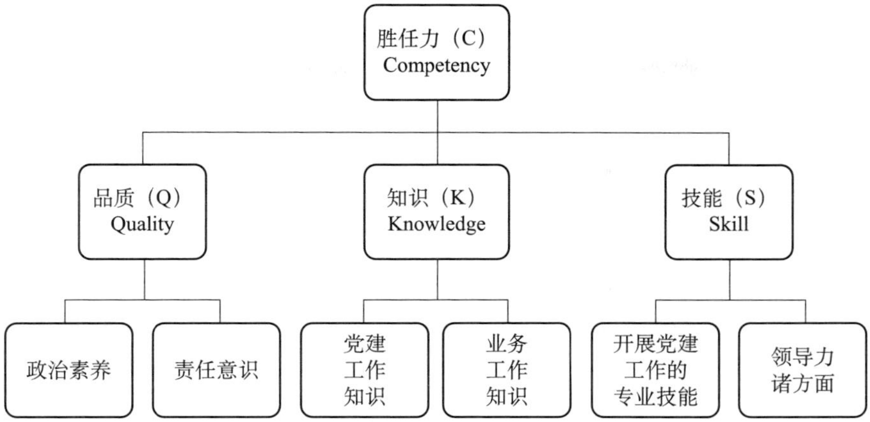

图 1　兼职党务干部胜任力三维模型

结果，力求详尽地描写兼职党务干部胜任力的行为指标。由于各指标间的达到程度难易不一，我们将其分为“基本指标”和“提升指标”。兼职党务干部从事党建工作所必需的指标为“基本指标”，胜任岗位且表现出色的指标为“提升指标”。

1. 品质类胜任力指标表

政治素养指标和责任意识指标如表 1、表 2 所示。

表 1　政治素养指标表

胜任力	行为指标	
	基本指标	提升指标
政治素质	（1）坚定的共产主义信仰； （2）正确的政治立场和方向； （3）具有政治鉴别力和敏感性； （4）遵守党章党纪党规； （5）廉洁自律	能够发扬理论联系实际、密切联系群众、批评和自我批评的优良作风

表 2　责任意识指标表

胜任力	行为指标	
	基本指标	提升指标
责任意识	（1）认同党务工作； （2）认真负责； （3）正确行使党组织赋予的权力	（1）具有高度的责任心和使命感； （2）具有无私奉献精神； （3）具有主动创新的意识

2. 知识类胜任力指标表

党建工作知识胜任力指标如表 3 所示，业务工作知识胜任力指标如表 4 所示。

表 3　党建工作知识胜任力指标表

胜任力	行为指标	
	基本指标	提升指标
党建工作知识	（1）具有一定的马克思主义理论水平； （2）熟悉党的基本知识； （3）熟悉新形势下党的建党理论； （4）了解基层党组织开展具体工作的程序和规定	（1）能够将理论知识转化为指导工作实践的动力； （2）能够熟练掌握基层党组织工作流程，并指导支部同志开展好日常组织宣传工作

表 4　业务工作知识胜任力指标表

胜任力	行为指标	
	基本指标	提升指标
业务工作知识	（1）本职工作领域所需的专业知识； （2）组织管理类知识	（1）法律意识和法律常识； （2）了解国家宏观经济政策和本领域微观动向； （3）文学艺术知识等

3. 技能类胜任力指标表

开展党建工作的专业技能指标如表 5 所示，领导力胜任指标如表 6 所示。

表 5　开展党建工作的专业技能指标表

胜任力	行为指标	
	基本指标	提升指标
开展党建工作的专业技能	（1）一定的组织协调能力； （2）一定的理论思维能力； （3）一定的自我学习能力	（1）较强的谋划创新能力； （2）较强的文字写作能力； （3）较强的沟通疏导能力

表 6　领导力胜任力指标表

胜任务	提升指升
领导力	（1）根据形势作出决策； （2）密切关注执行； （3）具有团队意识； （4）具有创新观念； （5）严谨有条理； （6）善于发现人才等

二、基于胜任力模型的科研院所兼职党务干部现状分析

（一）兼职党务干部基本状况

本课题共发放调查问卷 220 份，目前已回收 218 份，有效问卷 216 份。为了更好地摸清科研院所兼职党务干部的胜任状况，需要对调研主体的基本情况进行客观分析。

1. 年龄结构

从年龄结构看，兼职党务干部的年龄主要集中在 30 ～ 40 岁和 50 岁以上，30 岁以下、30 ～ 40 岁、40 ～ 50 岁、50 岁以上的兼职党务干部分别为 15.1%、36.4%、17.5% 和 31.0%。

2. 学历结构

从学历结构看，硕士以上学历的占 82.4%，体现了科研院所的兼职党务干部知识层次水平较高。

3. 兼职时间

从兼职时间看，首先是选择 3 年以下的受访者最多，占 38.4%，其次是选择 3 ～ 5 年时间的占 27.6%，再次是选择 5 ～ 10 年的占 21.0%，最后是选择 10 年以上的有 13.0%，说明大多数受访的兼职党务干部虽具有一定经验，但从事兼职党务工作的时间有限。

4. 工作职务情况

从工作职务情况看，51.1 % 的受访者属于部门一把手或部门班子成员，27.5% 的受访者担任科长或与室主任同级，说明大多数兼职党务干部处于单位内科研管理工作的中坚力量，工作能力较强。

5. 岗位经历

从岗位经历看，兼职党务干部的岗位经历比较丰富，涵盖了科研、管理、企业经营、后勤保障等各种岗位类型，其中科研人员占总数的 32.4%，管理人员占总数的 30.7%，这两类是兼职党务干部的主要来源。

6. 兼职类型

在受访者中，38.3% 为党支部书记，17.1% 为党支部副书记，44.6% 为党支部委员。

（二）科研院所兼职党务干部的优势和作用

分析当前兼职党务干部的工作现状和效果可以看出，科研院所的兼职党务干部是一支政治过硬、业务素质较高的生力军，在科研院所改革发展中具有相当重要的作用。

一是具有较强的政治素质，有利于党组织工作的开展。通过问卷调查和重点调研发现，绝大多数兼职党务干部具有坚定的政治立场和方向，能够遵守党的政治纪律和组织纪律，在廉洁自律方面对自我具有较高要求。过硬的思想政治素质使得兼职党务干部能够自信从容地开展党建工作，也能够以身作则，在党员和群众中起到较好的模范带头作用，有利于基层党组织各项工作的开展。

二是具有扎实的基层经验，有利于党务与业务的融合。科研院所兼职党务干部在做好本职工作的同时，承担着基层党组织的党务工作，这使得他们能够将思想政治工作渗透到科研管理生产经营的方方面面，能够更好地与工作实际相结合，避免出现“两张皮”现象。兼职党务干部在业务上有优势，他们与科研技术专业人才和职能部门干部更易有共同语言，能够更清楚科研院所党员群众的所思所想，容易通过换位思考，取得党员干部的理解与信任，增强基层党组织的凝聚力和战斗力。

三是具有较高的文化素养，有利于党组织效率的提升。科研院所兼职党务干部大多具有硕士以上学历，文化程度很高，善于学习并能将学习成果运用到实际工作中。同时，兼职党务工作者还能够较好地解决党政分设所带来的团结问题，由于干部职数的减少，决策和管理效率提高了，工作也开展得更顺畅了。从事专业领域的兼职党务干部，能把现代科学技术发展和科研管理的新成果运用到思想政治工作中去，创新工作方法，党务工作管理的效能得到了有效提高。

四是具有丰富的岗位经历，有利于复合型干部的培养。在问卷调查中发现，81.7% 的受访者认为，在科研管理生产经营的本职工作外，兼职党务工作是锻炼培养复合型干部的有效途径。复合型干部对科研院所各项工作的顺利开展具有重要意义，兼职党务工作，能够使这批干部在工作中增加经验和阅历，同时加深对党务工作的理解，促进政治理论水平的提高，增强分析问题、解决问题的能力，对组织和个人来讲都是双赢的结果。

（三）基于胜任力模型分析兼职党务干部队伍存在的不足

尽管兼职党务干部队伍整体情况向好，是干部制度改革中的大势所趋。但是需要注意的是，科研院所兼职党务干部中仍然存在一些问题，与胜任力模型的指标，特别是与工作出色的“提升指标”相比，仍有差距，在一定程度上影响了基层党建工作的良性开展。

一是主观意愿欠缺，理想信念有待进一步加强。通过问卷调查发现，有 9.4% 的兼职干部对党务工作持“不愿意做”的态度，有 54.1% 的态度是“服从组织安排”，有 4% 的态度是“无所谓”，真正“愿意做”的仅有 32.5%。由于党务工作头绪多，涉及面广，属慢工细活，对于本职工作在“硬指标”上的促进作用并不明显，因此，主观意愿的缺乏导致目前部分兼职党务干部思想负担比较重。同时，由于现实与理想存在距离，加之目前网络上纷繁复杂的言论蛊惑人心，部分兼职党务干部的理想信念开始淡化，做思想政治工作的动力不足，工作的主观意愿亟待加强。

二是时间分配不足，创新意识有待进一步提升。从问卷调查来看，62% 的兼职党务干部本职工作时间远大于党务工作时间，27.9% 的兼职党务干部在本职工作与党务工作发生冲突时，即使党务工作任务急重，仍选择以本职工作为主，对党务工作投入的时间精力不足的现象比较常见。同时在调研中也发现，基层兼职党务干部的创新意识和创新动力不足，存在着“上级有政策，下级有对策”的走过场的现象，基层的文件起草基本与上级单位的一致，党建活动也只局限在参观革命教育基地、购买党建书籍等比较单一的形式，基层党建工作缺乏创新亮点。

三是业务知识稍弱，党务流程有待进一步明确。党务工作是一门科学，需要与时俱进的理论知识和扎实的党务业务水平。与新形势和新要求相比，部分兼职党务干部还存在理论水平不足，对中央政策领会不及时，对国内外时事关注不够，党务工作具体流程掌握得比较模糊等问题，这些影响了日常党建工作的正常开展。在调查中发现，有 24.6% 的兼职党务干部从未参与过单位组织的党务知识培训，系统培训的缺乏也是导致党务工作能力不高的重要原因之一。

四是能力较为局限，综合技能有待进一步提升。党务工作需要与中央政策和上级部门打交道，需要与人民群众和相关部门打交道，这就需要基层兼职党务工作者具有较强的综合协调能力。科研院所兼职党务干部在日常工作中，以科研为主，与人、文字材料打交道较少，工作能力具有一定的局限性。在问卷调研中我们发现，43.4% 的受访者认为自己的文字和语言表达能力亟须增强，位列最亟须增强的能力之首，除此之外，组织协调能力（29.6%）、创新应变能力（17%）、自主学习能力（10%）等也是受访的兼职党务干部认为要重点提升的能力。

三、基于胜任力模型的兼职党务干部工作素质提升策略

提升科研院所兼职党务干部的工作效率和素质能力，要紧密结合科研院所改

革发展的实际和兼职党务干部队伍的现状，注重实效，优化路径，完善选任培训等各项制度，造就一支符合胜任力模型要求的政治强、业务精、作风正的复合型干部队伍。

（一）加强理想信念教育是队伍建设的重中之重

理想信念是最高的价值追求，是兼职党务干部从事党务工作、发展党群关系、开展党建活动的精神支柱，是提升党务干部素质能力的重中之重。一是要增强理想信念教育的实效性，遵循受教育者的思想和行为规律，突出兼职党务干部在理想信念教育中的主体地位，把组织需求与个人需求相结合，把思想政治教育与实际党务工作相结合，形成教育的合力，真正指导兼职党务干部的工作、生活。二是要增强理想信念教育的创新性，要始终坚持用发展中的马克思主义引导思想政治教育工作，切忌教条主义、本本主义，要结合党中央的路线方针政策和当下热点，运用互联网、手机平台等高科技手段与时俱进开展理想信念教育，提高教育的覆盖群体和接受程度。三是要注意理想信念教育的方式方法，兼职党务干部的文化素质高，用简单生硬的说教起不到作用，要设身处地平等交流，耐心，细致，切忌急于求成，给予兼职党务干部一个思想纯化、内心坚定的过程，促使兼职党务干部树立正确的世界观、人生观、价值观。

（二）鼓励兼职党务干部创新基层党建内容形式

创新是推动党建工作进步的不竭动力，科研院所党委应调动基层兼职党务干部开展工作的积极主动性，开展一定形式的成果交流活动。一是鼓励兼职党务干部在党建内容上有所创新。在传统的参观教育和自学相关图书的基础上，开展青年党员心得交流、好书推荐会，慰问支部困难党员和老党员，开设党支部学习微信公众号推送学习资料等，积极探索基层党建活动的有效性和多样性开展。二是搭建基层党建工作交流平台，鼓励院属基层党组织内部开展经验分享活动，兼职党务干部在交流工作心得中集思广益，取长补短，有条件的单位之间也可以搭建经验交流的平台，通过借鉴兄弟单位的党建工作方法，在交流共享中达到互助共进的目的。三是对优秀的党建工作方法给予适当鼓励，每年度举行一次党建工作方法评比活动，或将党建工作方法的创新引入年度支部量化考核中，对确有创新的基层党建活动内容和活动形式予以奖励，最大限度地激发基层兼职党务干部在党建方面干事创业的热情。

（三）将胜任力模型引入党务干部选拔考核环节

在选拔任用和考核兼职党务干部时，可以参考胜任力模型的要求，将品德高尚、知识丰富、能力全面的干部选入党务干部队伍中。一是在选拔环节中党委和基层党组织要全面考察候选干部，重点考虑胜任力指标特别是“提升指标”，符合标准的候选人经过民主推荐、公开选拔等方式在党组织中予以任用。二是以胜任力模型为基础建立兼职党务干部打分表，按照“品质、知识、能力”三大方面六个部分在党支部内部进行年终考评，兼职党务干部的年终考核可纳入各单位党支部考核或处级干部考核中，考核结果及时提交党委。三是党委对各基层党组织的考核进行反馈，对考核的内容和考核结果认真总结，根据新形势对考核内容及时调整，对于考核始终落后的兼职党务干部，要进行重点谈话，坚持能上能下，对确实不能胜任岗位工作的干部及时调整出队伍。

（四）基于胜任力模型构建科学合理的培训体系

干部教育培训是建设高素质干部队伍的先导性、基础性、战略性工作，基于胜任力模型的兼职党务干部能力素质培训应该紧扣品质、知识、能力三大方面，统筹规划培训体系，着力提升培训实效。一是科学设计培训课程内容，以思想政治教育、党性党风党纪和职业道德教育为核心，以党务工作具体业务流程为重点，可以与干部人事公文写作、领导力教育等培训资源共享，力求创新，避免机械重复。二是创新培训形式，在传统的主题式授课方式的基础上，通过模块教学、案例教学、实地考察、工坊交流、模拟实战等多种形式，发挥学员主体作用，注重培训实践中知识和技能的全面提升。三是健全培训的激励和约束保障机制，对于培训中表现优秀的学员给予适当的精神鼓励或物质鼓励，完善培训的考核工作，将党建培训作为干部培训的关键环节，不断激发兼职党务干部学习的主动性，提升兼职党务干部的学习能力。

（五）探索将科研优势转化为党建工作优势的途径

科研院所兼职党务干部在单位中都是骨干栋梁，如何将他们在科学研究、科研管理等方面的优势转化为党建工作的优势需要党委认真思考。一是要适当给予基层兼职党务干部一定的空间，鼓励他们将科学研究的成果引入党建工作中，例如，中国水利水电科学研究院水环境研究所、中国水利水电科学研究院水资源研究所党支部的年轻兼职党务干部，将日常的科研成果转化为水质测量、节水知识的宣讲材料，在单位内部和中国水利水电科学研究院社区党组织中开展讲座，拓宽了党建工作的内容和形式，收到了很好的教育效果。二是发挥科研人员擅长理性思维、善于自我学习提高的优势，鼓励兼职党务干部向党员群众宣传新形势、新政策，鼓励他们将自己的知识储备、学习心得与党的方针政策相结合，提高兼职党务干部做理论教育和思想政治工作的能力。三是将兼职党务干部素质提升的工作纳入科研院所体制创新的整体布局下，集合单位在人事教育、干部选任方面的优秀经验和先进做法，完善基层兼职党务干部工作制度，从体制机制层面提高对党务干部的激励，使基层党建工作真正成为中心工作的“助推剂”。

课题组组长：曾大林　陈祥建
课题组成员：韩　芳　张萌萌　肖　芳　王　伟　李　磊　马　静　况黎丹
吉梦喆　王　禄　杨尧娟　陈　晖

科研院所党员干部法治思维和依法办事能力问题思考

中国医学科学院

提高党员干部法治思维和依法办事能力，是推进全面从严治党和加强党的执政能力建设的基本要求，也是依法治国和推进国家治理体系与治理能力现代化建设的基本要求。党员干部法治思维和依法办事能力的高低，直接影响着全面从严治党和全面依法治国的成效。本文针对当前科研院所党员干部法治思维和依法办事能力总体有待进一步提高的现状，具体分析表现和形成原因，并提出相应对策。

法治思维，是以法治观念为基础，运用法律规范、法律原则、法律精神和法律逻辑对问题或事项进行分析、判断、推理、形成结论和作出决定的思想认识过程或思维模式，其以合法性为前提条件。运用法治思维解决问题，要求党员干部无论是在决策时还是在执行中，都应符合以下合法性要求，即目的合法、权限合法、内容合法、手段合法、程序合法及结果合法。合法性是评判党员干部法治思维和依法办事能力高低的基本标准和底线标准。法治思维的本质特征主要表现为合法性、规则性、公平性和程序性。科研院所及其党员干部应当深刻领会法治思维的概念、内涵及基本要求。

为了解科研院所党员干部整体法治思维和依法办事能力的现状，我们对中国医学科学院所属 17 个单位的党员干部进行了问卷调查。发放问卷 800 份，回收有效问卷 725 份，回收率为 91%。调查显示：有 41.5%的人认为当前我国党员干部整体有法治思维，54.1%的人认为党员干部基本有法治思维，73.0%的人认为当前党员干部整体依法办事能力一般。

我们重点对近年发生在全国科研院所的一些典型犯罪案例的犯罪表现形态及形成原因进行了分析和研究，结合问卷调查和具体工作，得出以下结论：当前，科研院所党员干部普遍具有一定的法律意识和依法办事观念，但对法治思维概念及内涵的领会还不够深刻，理解层次还存在一定差异性，在实际工作中表现为法治思维和依法办事能力总体水平还不够高，与科研院所全面从严治党、依法治院（所），以及促进科技创新事业发展要求还存在不相适应的方面。

因此，加强对科研院所党员干部法治思维和依法办事能力相关问题研究，进一步提高党员干部的法治思维和依法办事能力，具有十分重要的现实意义。

一、科研院所党员干部法治思维和依法办事能力与全面依法治国要求存在不相适应方面的主要表现

少数党员干部法治思维和依法办事能力还不够高，与深入落实全面依法治国的要求还存在一些不相适应的方面。

（一）对重大决策制度的认识还存在一定偏差

运用法治思维和法治方式决策的自觉性还不够高，在重大决策制度执行过程中，一般都能够坚持集体决策，但对集体决策内容的合法性和可行性论证研究的重视程度还不够高，有时还存在一些认识误区。例如，少数党员干部简单地认为只要履行集体决策程序，就是依法办事，缺乏对党规国法的深入学习和研究。

（二）发展党员和党员教育管理工作仍需进一步加强

随着改革开放和社会主义市场经济的深入发展，随着党员队伍越来越壮大，管党治党任务更加艰巨。在世情、国情、党情继续发生深刻变化的新形势下，科研院所党的建设工作出现了新的情况，面临着新的问题，发展党员和党员管理工作还存在一些不适应新形势、新任务要求的问题。例如，少数党组织对发展党员工作把关不严、发展党员质量需要进一步提高、党员教育管理方式和手段还比较单一等，这些问题影响着党员队伍的生机活力。

（三）干部人事管理仍存在一些薄弱环节

在干部选拔任用和人事招聘中，对拟提任党员干部和招聘对象运用法治思维

和法治方式能力和水平的考察重视程度还不够高，更多地关注政治素质和业务能力水平。少数科研院所干部轮岗制度执行存在偏差，一些关键岗位、重点岗位干部轮岗交流不及时等。

（四）科研诚信和科研管理水平有待进一步提高

少数党员干部科研诚信意识不强，科研行为不够规范，存在某些学术不端行为，如虚假夸大申报、伪造科研数据的行为；剽窃或抄袭他人学术研究成果的行为。有的党员干部缺乏科技知识产权保护的法律意识，不清楚职务科技成果的概念、归属和法律规定。例如，未经单位授权，擅自签订技术转让协议或将职务科技成果据为己有私下转让；有的擅自将国家课题项目分包给自己的企业或与自己有利害关系的企业等。

（五）经费和资产管理制度仍需进一步完善

近年来，科研经费和资产管理制度不断完善，但是传统的科研课题经费管理和使用习惯仍然在一定程度上影响少数科研院所的管理工作。例如，课题经费由课题组随意支配，存在违规使用或挪用课题经费及虚列开支、用课题经费报销交通费等与课题无关费用的现象。未经批准，擅自改变科研经费用途现象仍然存在，例如，将科研项目经费投入企业作为企业注册资本或将课题结余经费转入下属企业；在对外投资中，不履行申报审批和备案程序现象仍然存在；在科研试剂等耗材采购方面，有的单位仍延续传统做法，课题组人员直接负责经手采购，形成使用人与采购人合一，单位采购试剂、入出库登记等管理台账难以健全，造成管理程序漏洞等。

（六）教育管理方面仍存在不容忽视问题

在研究生招生、培养、管理等环节，国内个别科研院所出现过一些违法违规和管理失误问题。例如，招生程序不明晰、招生过程存在瑕疵引发争议、考试程序管理不严格、考试试卷管理保密责任落实不严格、考题泄漏、对违规行为处罚缺少公平程序等。

二、科研院所党员干部法治思维和依法办事能力与全面依法治国要求存在不相适应方面的主要原因

（一）个别党员干部法治观念淡漠

个别党员干部法律意识和法治观念淡漠、缺失，甚至寻找法律法规与管理的

漏洞，直接或间接违法违规，为个人或他人谋取私利。例如，利用单位制度不健全和监管不到位等漏洞，套取科研经费、收受回扣、截留款项、挪用公款及公款消费等。

（二）少数党员干部法治思维欠缺

少数党员干部法治思维欠缺，在一定程度上还受到人治思维的影响，习惯于按照一些非法治思维思考和处理问题，重内容轻程序，重结果轻过程。例如，对于按规定程序可以正常办好的事情，也习惯于走后门、托关系和用潜规则，甚至发生违法违规违纪行为；个别党员干部只看重手中职权，忽视职工和学生等管理相对人的权利，不注重听取群众意见，不注重决策和处理程序的履行。

（三）个别科研院所管理存在漏洞

国内个别科研院所科研诚信和科研管理制度不完善，宣传和管理缺位。例如，少数党员干部对学术不端行为的概念和界限缺乏系统性认知，任意践踏“红线”；有的单位对私自转让单位技术成果或泄露单位科研技术秘密的行为缺乏监管和制裁措施；还有个别单位对重大科研项目及资金管理缺乏有效监管制度，课题组权力过大且管理不严，致使一些人变相套取国家科研项目资金。

财务与资产管理制度不完善，财务审计和资产管理部门监督核查不到位，存在管理漏洞。例如，对账制度不健全，物品采购、入出库包括登记和盘点制度及账卡制度不完善，盘点后不及时核对，出现亏损现象不及时查找原因和监督追责等。

（四）监督制约与问责机制不完善

国内少数科研院所尚未制定权力明细表和权力运行流程图，没有明确的权力清单和责任清单，监督制约机制尚未有效建立，例如，权力划分不明晰、职责分工不明确、关键岗位权力过分集中、不相容岗位不分离等。有的单位虽有权力明细表和权力运行流程图，但落实执行不到位，未严格按规定流程执行。例如，招标采购程序执行不到位；大额经费使用和科技成果转化中，缺乏严格有效的监督制约机制和明确的问责与责任追究制度。

（五）党员干部选拔任用、考核和晋升奖惩机制不完善

少数科研院所在党员干部选拔任用工作中，一定程度上存在科研教学高于行政管理的观念，忽视法治思维等综合素质的考察。在党员干部的考核与管理中，

缺乏科学有效的绩效考核和晋升奖惩机制，例如，对于个别法治思维欠缺又不思进取、不会运用法治思维综合思考和处理问题的党员干部，在考核与管理上，缺乏有效的督促和改进制度与措施。

（六）科技法治环境不完善

现有科技管理还存在一些体制和机制问题，科技立法体制不健全，科技法律制度不完善，不同主管部门制定的法规规章之间衔接不够，中央和地方政策之间存在差异，在科研立项、项目实施、项目评审、成果验收、经费使用、设备采购、成果转化以及专家管理等环节，还有立法模糊点和盲点，一定程度上影响了党员干部的思维判断，影响其法治思维和依法办事能力的培养和提高。例如，因科研诚信等法律制度不完善、学术不端和学术腐败行为时有发生；关于促进科技成果转化的奖励规定，虽然有《中华人民共和国促进科技成果转化法》和相关法规规章，但在实际执行中仍存在许多问题。

三、提高科研院所党员干部法治思维和依法办事能力的思考

（一）完善科技法治环境

理顺科技立法体制，提高科技立法层级，完善相关科技立法及其下位配套法规规章，提高科技法律规范的法律效力和可操作性，解决法规规章之间的矛盾和冲突，改变现有科技、财政、国资、干部人事管理等不同部门的相关管理规章之间衔接度不够的现状。加强科研诚信立法，完善科研项目申报、评审、评估、成果鉴定、奖惩等相关法律制度和标准，强化科技知识产权和技术秘密保护，加大对学术不端行为和科技违法犯罪行为的法律追责力度。完善《中华人民共和国促进科技成果转化法》相关下位配套法规规章，给予科研院所更加宽松、明晰的科技创新法治环境。

（二）用法治思维引领科技创新驱动发展

科研院所要将法治思维作为推动科技创新驱动发展的重要引领，用法治思维引领科技发展的顶层设计，在合法的轨道上推动科技创新驱动发展和科研教学管理工作，强化法治思维和责任意识。

党员干部要将法治思维作为首要的基本思维方式，弘扬法治思维，祛除人治思维和权力思维，将法律至上、公平正义、保障权利、遵守程序等法治思维的内涵和理念内化于心、外化于行，养成遇事找法、依法思考、依法决策、依

法办事的法治思维习惯，提高相关法律制度研究和讲法说理能力，明确自己的职权和责任范围，严格遵循法律规则，依照法定程序办事，自觉接受监督和承担法律责任。

（三）加强法治教育，培养法治思维习惯

科研院所要加强对党员干部的法治教育，通过教育提高党员干部的法治观念和法治理念，促使其树立法治思维方式，培养法治思维习惯，形成遇事找法和依法办事的法治思维；要解决党员干部中“乱作为不作为”、仅凭个人道德感受和个人好恶随意决断处理问题的现象，使党员干部知道应当有所为和有所不为，增强依法履行职责的信心和敢于担当的能力与勇气。

要将理论知识学习与案例分析及实际管理工作相结合，增强党员干部法律知识教育培训的针对性和实效性。在培训内容上，要根据科研院所的特点，着眼于较高层次，党员干部不仅应掌握一般性法律、党内法规文件和科技教育管理相关法律知识，还应具备运用法治原则和法治精神应对复杂疑难问题并进行综合分析与决策的能力。

（四）不断完善党员干部选拔任用、考核和晋升奖惩制度

党的十八届四中全会要求“把法治建设成效作为衡量各级领导班子和领导干部工作实绩重要内容，纳入政绩考核指标体系。把能不能遵守法律、依法办事作为考察干部重要内容，在相同条件下，优先提拔使用法治素养好、依法办事能力强的干部”。因此要完善党员干部的选拔、考察、任用、考核、晋升和奖惩等制度，将遵法和守法情况与法治思维和依法办事能力作为考核领导班子的重要内容和党员干部考察考核晋升奖惩的重要条件。

完善党员干部选拔任用制度和考察考核评价内容标准与程序，积极探索适合科研院所实际的干部任用与考察考核机制。加强对党员干部的考核与监督机制研究，探索对党员干部进行法治工作评估，将法治思维和依法办事能力作为党员干部考核评价的重要指标，并加大指标权重比例，使考核机制成为党员干部自觉培养法治思维和提高依法办事能力的强大动力。

（五）强化管理责任落实，提高依法办事能力

加强依法、科学、民主决策制度的执行力度。将“三重一大”集体决策制度落实到位，加强决策的合法性、科学性和可行性研究，将“决策内容合法”作为决策的前提和基础，避免急功近利和非法治方式下的创新与跨越式发展。

强化岗位责任落实，严格依法依程序办事。用法治思维创新管理模式，将法治思维概念内涵贯彻到日常工作中，让每位党员干部都明白职权由法定、有权必有责、用权受监督、违法受追究的道理，明白“将权力关进法律制度的笼子”的深刻含义。

加强对学术专家队伍的管理。针对某些学术专家在参与学术评估、招标采购评审、技术成果鉴定、项目论证、学术考核、工程验收和中介服务宣传等活动中出现的虚假、不实、误导等问题，要主动加强对学术专家的法治教育，落实管理责任，提升其社会责任意识和法治观念。

（六）完善风险防控和监督制约机制，强化问责与责任追究

科研院所要完善风险防控和监督制约机制，制定权力明细表，理清权力清单和责任清单，明确权力运行流程图，严格办事程序。要加强对领导班子决策合法性、程序性和科学性及可执行性的监督审查，对重大决策失误要追究决策失误责任。要对党员干部的行为从严监督，强化问责与追责，使监督与问责机制成为党员干部自觉提高法治思维、依法办事能力的强大压力和不可缺少的“助推器”。

（七）加强科技违法犯罪行为的宣传警示教育

对于提高党员干部法治思维和依法办事能力而言，加强正面宣传教育是必要的，但反面典型案例的警示教育也必不可少。近年来，发生在国内科研院所的违法犯罪案件不少，一般性违规违纪行为也较为普遍。因此，在对违法犯罪行为进行惩治的同时，还应加强对这些典型案件的问题剖析和警示教育。

课题组组长：于　滨　贯淑英
课题组成员：孙　波　徐宝义　郝雪琴　李　晨

科学运用互联网技术推进科研院所基层党支部建设工作研究

中国医学科学院

一、课题基本情况

科研院所领导高度重视党建课题研究，组建了以党委负责人为课题负责人，党政办公室负责课题调研和实施的课题组。本课题采用了文献研究、问卷调查、关键人物访谈等方法，在充分调查和了解当前党支部成员，对于运用网络信息手段加强党建工作认识情况的基础上，梳理总结面临的问题和难点，为更好地发挥网络信息技术在促进党支部建设工作中的作用研究，提出合理化意见和建议。

（一）问卷设计

结合前期文献研究的结果和科研院所目前党建网站及信息化建设的实际情况，进行问卷设计。问卷共计 22 个题目，主要内容包括人员基本信息、对于互联网在基层党建工作中作用的认知情况、网络信息技术在党建工作实际应用中存在的困难和问题，以及在信息采集发布、教育培训、互动交流、党风行风监督等方面更好地发挥互联网技术优势的意见和建议等。

（二）问卷发放与回收

在院校组织部的大力支持和配合下，完成了向系统内各科研院所的问卷发放工作，扩大了该课题的研究范围，确保了研究结果更加具有代表性，累计回收问卷385份，有效问卷371份；同时，在科研院所内部，我们积极利用党员大会、干部例会、党支部书记培训等机会发放问卷，并及时解答问卷填写过程中遇到的问题，保证问卷填写规范，提高有效应答率，累计发放调查问卷近400份，回收问卷392份，有效问卷383份。共计回收有效问卷754份，有效率为97%。

（三）调查对象基本情况

问卷分布方面，参加本次调查的对象包括中国医学科学院及下属各科研院所共计15个单位，涵盖了北京、天津、成都、昆明等不同地区。年龄方面，21～30岁的调查对象为272人，占36.1%；31～45岁的调查对象为342人，占45.4%；45岁以上的调查对象为140人，占18.6%。工作经验方面，担任（兼任）党务工作的人员有182人，占比达到24.1%。

二、问题分析和讨论

（一）党建网建设情况认知程度不统一，关注度不高

通过数据分析，只有169人能够填写出本单位党建网的成立时间，比例不足1/4。来自同一单位的调查对象，对于本单位是否建立了党建网站，以及建立时间的回答也存在不统一的现象。这说明党建网的建立和应用普及程度仍然不足。

（二）浏览党建工作相关网站频率偏低，内容和设计等方面仍有待完善

13.8%的调查对象表示对于党建网站并不了解，更多的人（39.9%）选择只是在接到通知或要求时，才会浏览党建相关网站。这一方面说明，从事科研的工作人员更多地关注专业领域或工作相关的信息，而对于党建方面信息的关注度普遍偏低；另一方面也说明，党建网站在内容设计、更新频率、内容的吸引力等环节仍需进行很大程度的完善。

（三）党员教育学习的需求和方式日益多样化

通过调查了解、举办会议或研讨班，发放学习读本、教材等传统方式，进行党员教育学习的认可程度依然很高，分别占到了46.3%和40.2%，但与此同时，有47.1%的人表示希望利用网络视频、课件等进行党员教育学习，另有45.5%的人则更加认同及时、高效的微信客户端的方式（图1）。可见，传统教育学习方式与在互联网技术下衍生的教育方式同样被很多人认可。随着互联网技术在生活中

的应用和普及程度越来越高，信息化水平的不断深入，人们对于互联网技术的使用需求和依赖程度也随之提高，同样，党员教育学习的方式也应日趋多样，不断丰富，以满足不同人群的需求，提升教育学习的效果。

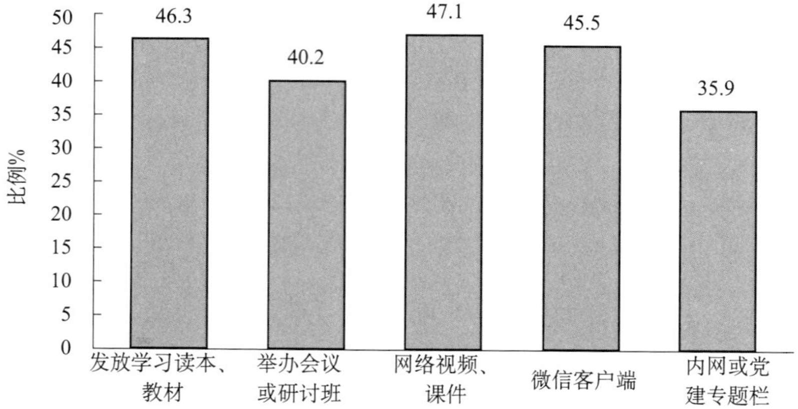

图 1 调查对象比较认同的党员教育学习方式

（四）传统信息公开形式仍发挥主要作用，信息技术正逐步被认可

当前，调查对象所在单位党务信息公开的主要形式中，排在前两位的分别是会议和文件（75.6%），以及单位宣传栏（49.9%）。这说明传统的信息公开形式仍然发挥着主要作用，但同时，仍有相当比例的单位利用电子邮件，党建网、OA系统，微信（群）和 QQ（群）等渠道进行党务相关信息的公开，而且微信的使用程度也占到了近 30%（图 2）。这也在一定程度上体现出，通过微信等作为党务信息公开的方式在一些单位已经得到了认可和实施。

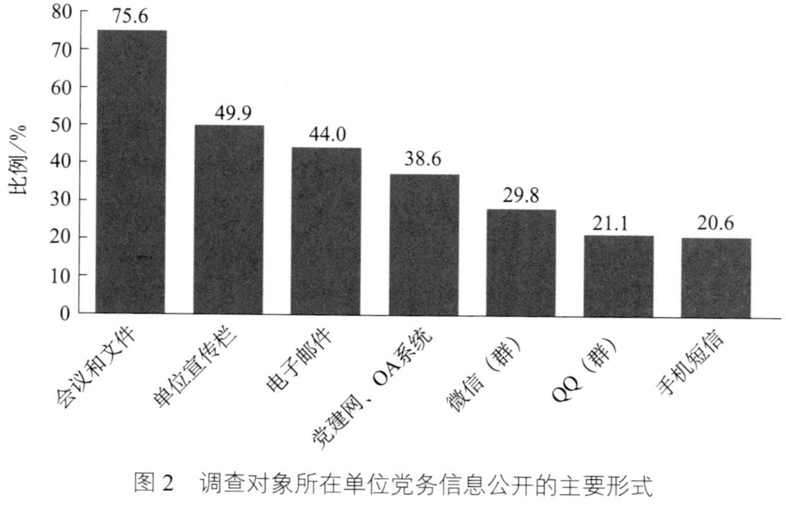

图 2 调查对象所在单位党务信息公开的主要形式

三、促进互联网技术在科研院所基层党建工作中应用的建议

（一）发挥互联网技术在信息宣传和舆论引导方面的优势

超过半数（53.1%）的调查对象认为，在科研院所的基层党建工作中，应当重点发挥互联网的宣传和舆论引导作用，而在教育培训、互动与交流、行风监督等方面的选择比例均未超过30%（图3）。可见，在基层党建工作中，应充分利用互联网技术高效、敏感的特性，及时发布权威信息，才能更好地发挥其宣传和舆论引导功能。

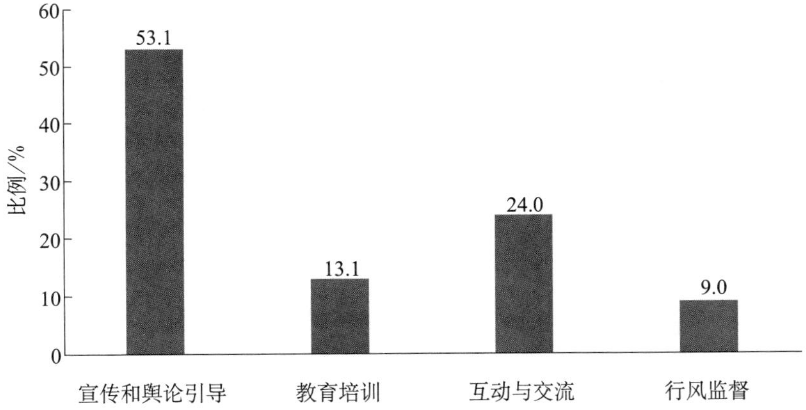

图3　互联网技术在科研院所基层党建中最应当发挥的作用

（二）便捷的信息交流渠道在日常党建工作中认可度更高

数据显示，选择通过召开会议进行日常党建工作信息交流的有39.5%，而选择通过微信（群）的人数则达到61.9%。此外，选择通过QQ（群）和电子邮件形式进行信息交流的比例分别为35.0%和37.9%。这说明日常党建工作信息正逐渐通过更为便捷、快速、高效的手段进行传播（图4）。

（三）完善党委工作机制，充分发挥互联网技术在基层党支部建设中的作用

从数据分析结果来看，最重要的影响因素应为相关负责人的重视程度，选择比例达到33.5%，其次是党委工作机制（26.4%）和法律法规规定（15.1%），这说明如果科研院所或相关机构的负责人能够充分认可并利用互联网技术加强基层党建工作，同时通过建立常态化的工作机制，明确相关的功能定位和业务流程，就能更好地发挥互联网技术的优势（图5）。

另外，在问及“应用互联网和信息技术加强基层党支部建设过程中，应当着重加强哪些方面工作？”时，43.5% 的调查对象选择加强制度、机制建设，45.1% 的调查对象选择做好需求分析，另外，各有 36% 的调查对象选择完善相关内容和考核监督评价体系。

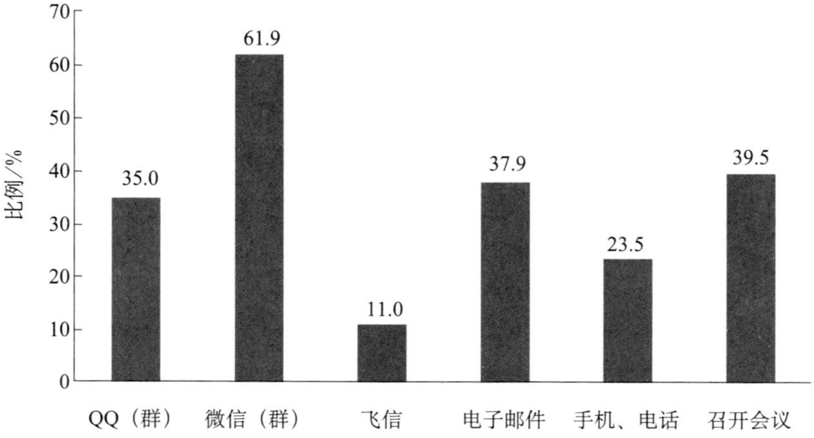

图 4　日常党建工作信息交流形式

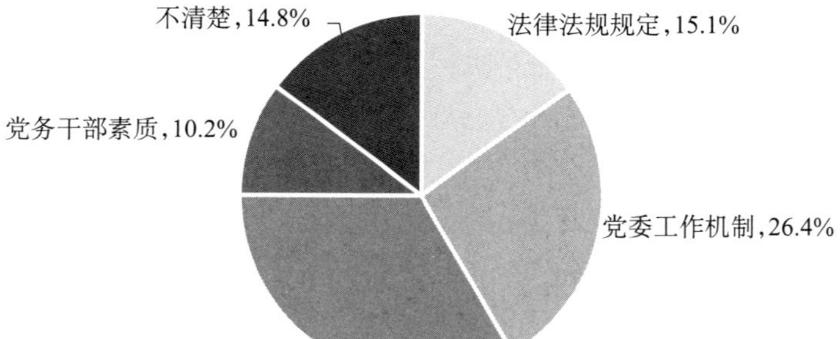

图 5　发挥互联网技术优势的影响因素

（四）科学合理利用互联网技术，注重信息安全管理

从数据分析来看，调查对象对于上级或党委重要会议精神的信息，更倾向于通过会议、文件等传统方式或信息渠道传达，选择比例达到了 45.1%，选择通过单位内部网或党建网传达的比例仅有 27.7%，而微信（群）、QQ（群）和短信、飞信等信息渠道的认可程度则更低，选择比例也均未超过 10%，有的甚至不足 5%。这说明在将互联网技术普遍应用于科研院所基层党支部建设工作

中的同时，应当充分考虑其对于重要信息的安全性、保密性和敏感性，应当结合信息的来源和重要性等进行合理的定位或区分，避免造成信息泄露。

（五）工作制度和流程、信息交流和评论等板块仍需重点完善

从数据分析结果可以看出，33.8% 的调查对象认为，互联网技术在加强基层党支部建设中发挥的作用仍需完善（图 6）。这说明互联网技术虽然普及程度很高，但在基层党建工作中仍未充分发挥出应有的效力，网络信息技术的优势仍有待挖掘，并需不断完善。应当主要丰富的内容包括相关制度和流程，信息交流与评论，以及专题活动（如群众路线教育实践活动、“三严三实” 等），这三项的选择比例分别为 44.8%、59.5%、51.2%。同时，鉴于卫生系统的行业特殊性，有 36.2% 的调查对象认为应当加强纪检监察与行风建设方面的建设。

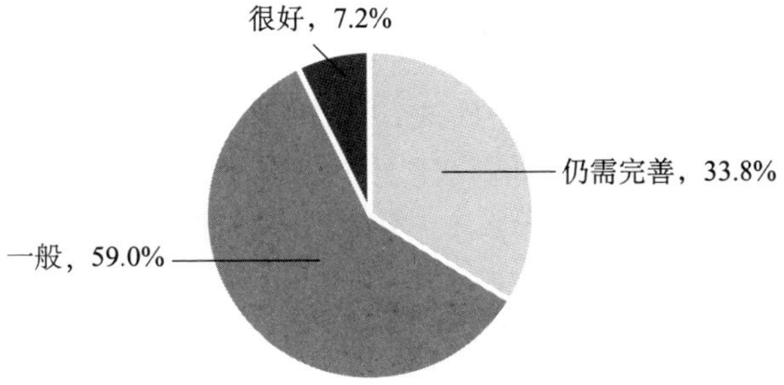

图 6　互联网技术在科研院所基层党建中的作用

四、综合建议

通过归纳前期文献研究的结果，以及总结在本次问卷调查过程中发现的问题，可以看出，当前影响互联网技术在科研院所基层党支部建设中应用的最主要因素是党委的工作机制。同时，互联网技术在党建工作中积累的成果也为后续的改造升级奠定了良好的基础。为了更好地发挥互联网技术的优势，提高科研院所基层党建工作的效率和质量，结合调查结果总结梳理建议如下几个方面。

（一）完善党委工作机制，大力推进互联网技术在科研院所党建工作中的应用和普及

党委的工作机制是影响互联网技术在科研院所党建工作中有效应用的重要因素，党组织应适应互联网技术所带来的变化，积极运用互联网思维主动思考，摆

脱传统的“教—学、讲—听、念—记”的灌输式方法，通过科学合理地运用互联网技术建立扁平、透明、规范、高效的基层党建工作体系。通过不断创新基层党支部建设工作模式，结合基层党支部建设过程中的实际需求，建立相互呼应的信息渠道，保证日常的党建工作信息以更为便捷、快速、高效的手段传播，构建党组织与党员、党组织与党组织、党组织与社会、党员与群众等多个良性互动的平台，进而提高工作效率和工作质量，切实提升基层党组织的凝聚力、战斗力、感召力和党建工作的科学化水平，最终实现党的思想建设、组织建设、干部和人才工作，以及党员教育、党员管理、党员服务、党员活动的网络化、智能化，为新形势下科研院所基层党组织密切党群干群关系、提高党组织的管理能力、管理水平提供有力支撑。

（二）借鉴其他行业成功经验，建立“平台思维”，促进互联网技术与科研院所基层党建工作的有机结合

参考、借鉴互联网企业的成功模式，组织开展现场调研，同时结合科研院所基层党支部工作实际，加强互联网党建工作的需求分析，完善不同工作的内容和流程，打造能够随时随地沟通、学习、分享、互助的现代信息技术创造平台，再通过不同平台之间的有机整合，建立平台之间信息的叠加和交换机制，实现组织内部、党组织与党员、党组织与党组织、党组织与社会之间无缝对接。平台思维的建立，能够使得党组织活动的设计和开展不再是线性的、自上而下的、号召命令式的，而是在平台上交互式的、平等参与的、互动共赢的，进而激发党组织的创造力、凝聚力，提升党员参与度和参与热情。

（三）合理运用“大数据思维”，提升基层党建的精确化管理和个性化服务

当前“大数据思维”在社会的各行各业引起广泛关注和利用，关键在于在“大数据”下不仅能够充分发掘个人的行为信息，同时还能够进行相对准确的预测和判断。在科研院所的基层党建工作中，可以考虑通过建立对党员基础数据的采集更新机制，科学合理地进行管理、开发和运用，借助大数据分析工具，及时了解、定位党员思想的动态和需求，以便为党组织高效运行和党建工作的顺利开展提供科学的分析及数据依据，进而对党员实现更精确的管理和个性化服务。

课题组成员：常子奎　姜艳玲　阎嶂松　周家喜　刘晓黎　马才辉　徐龙彪

关于医疗机构科室文化建设的探讨

中国医学科学院

★ ★ ★

制度、行为、理念、环境、流程作为医院文化的具体表现形式，已经受到了医疗卫生管理者的极大关注，医院文化的研究和实践可以说是方兴未艾。医疗机构的科室文化建设是医疗系统文化建设的最基础单元，它影响着医务人员、科技工作者的价值观及从业行为，对学科建设、人才培养，职工的满意度、幸福感，以及对于充分发挥科室的业务功能，推进医疗机构可持续发展有着不可低估的作用。因此，加强医疗机构科室文化建设及研究已成为摆在医院文化建设面前的又一课题。

中国医学科学院肿瘤医院课题组采用历史研究、调查研究和比较研究的方法，通过专家访谈、座谈会、历史资料查询等方法进行调研。其中调研的对象包括中国医学科学院肿瘤医院、北京儿童医院、北京大学口腔医院和中国医学科学院阜外心血管病医院。课题组对中国医学科学院肿瘤医院放疗科科室文化相关情况进行了系统整理，并查阅了相关文献资料，设计了访谈提纲，进行了访谈。

一、科室文化的内涵及作用

医疗结构中的业务科室承担着医疗、科研、教学等功能和任务，一个科室中，把具有不同经历、不同学历、不同行为习惯、不同价值取向的职工凝聚起来，使之成为科室的资源和财富，成为推动科室发展的精神源泉，即是科室文化。

（一）科室文化的内涵

科室文化是科室在长期的医疗服务实践中形成的，得到科室全体人员共同认同、拥护和遵守，能让服务对象及成员感受得到的，伴随科室发展而日益强化的一种群体意识、制度规范、行为习惯、价值理念等的综合体。

科室文化特征如下。一是具有继承性与可塑性。历史的发展形成了传统，传统的积淀造就了文化。但科室文化建设不只是自然积淀和传承的过程，更是一个培养塑造的过程。仅仅依靠自发的历史积淀，难以形成系统化、理论化、高度概括的科室精神与价值观。科室文化建设是一个综合过程，需要科室领导和全体人员共同努力，以一定的外力和方式予以塑造、培养、总结和提炼。二是具有统一性与特色性。科室文化作为医院文化的重要组成部分，既要保持与医院文化建设总体框架的统一性，为医院品牌、医院形象和医院文化做出贡献；又要立足科室实际，结合科室自身专业和人员构成特点，对医院文化有所延伸和深化，形成各具特色的科室文化，从而服务于科室人才培养、团队建设、自我管理等，完成科室承担的工作任务。

（二）科室文化建设的重要意义

1. 科室文化是医院文化落地生根的关键，是促进医院文化建设的动力源泉

科室作为构成医院的基本单元，医院的一切工作依靠科室展开，一切任务依靠科室完成。同样，科室文化也是医院文化的基础和重要组成部分，与医院文化相辅相成。医院文化能否落地生根，最终需要通过科室文化来实现。科室文化可以使医院文化的内容和精神真正落到实处，科室文化建设的好坏直接决定了医院文化建设的效果。如果科室不能形成有效的文化环境和氛围，没有有效的执行和落实，医院文化建设也就成了一句空话。同时，由于科室所从事的任务分工不同，工作特点也有较大区别，所以科室文化必须建立在科学分析和准确定位之上，认识自己的特点和优点，也认清自己的不足和差距。这样建立起来的科室文化才具有自身的特色，才更加贴近职工，才能让职工更有认同感、亲切感、归属感和荣誉感，从而达到医院文化建设的目的，推动医院的持续健康发展。

2. 科室文化是科室管理的最高境界，是引领科室发挥作用的指南针

管理的最高境界，即“去除管理”，也就是为了共同的事业，人们能自觉主动地朝同一目标努力，而自觉主动的原动力就是科室的核心价值和心理契约，即文化。作为科室文化的核心，科室的核心价值和心理契约一旦形成，就会对职工产生无形的约束与规范，大家知道科室提倡什么，反对什么，怎样做才能符合科

室的内在规范要求，怎么做才不会违背科室的宗旨和目标。制度强制人达到最低标准，而文化则引导人达到最高标准。从此种意义上来说，科室文化起到了比制度管理更好的教育、引导和规范作用。同时，科室文化的形成过程也是科室成员价值观认同、行为规范统一、团队精神凝聚的过程。科室文化通过积极向上的价值理念、行为准则，调动了科室成员爱岗敬业、爱科如家的内在积极性，激励了大家同舟共济、荣辱与共的集体荣誉感，从内心深处产生为科室争光的前进动力。如果没有科室文化把科室成员紧密联系在一起，科室成员就会成为一盘散沙，科室发展就会停滞不前。

3. 科室文化是创效创牌的强大支撑，是打造科室及医院品牌，提升社会形象的重要保障

检验一个科室文化建设好坏的标准有两个，一个是科室职工的忠诚度，另一个是服务对象的满意度。科室文化如果没有鲜明的个性特征，缺乏强大的凝聚力和向心力，那么职工就很难有归属感和向前的动力，就很难带来一流的学科建设、优秀的人才队伍、精湛的医疗技术和优质的服务质量。而没有这些条件，医疗机构也就很难在患者中形成好的口碑，也就难以从众多的医疗服务中显现出来。加之现今社会媒介传播的快速、多样，优秀的科室文化、良好的品牌形象会通过各种渠道和途径在社会中辐射、传播，科室之间互相学习提高、患者之间口口相传、医疗人才争相涌入，形成良性循环，从而最终推动医院经济效益和社会效益的双丰收。中国医学科学院肿瘤医院放疗科是一个与医院同龄的科室，50多年的发展形成了优良的文化传统。多年来，这个科室人才辈出，已成为业界的翘楚，是全国各地放疗医生向往的地方。放疗科的科风“承先辈之远志，扬创新之云帆，树务实之风气，创时代之先锋”，就是这个科室的真实写照。

二、科室文化建设中存在的问题

在医院文化建设的基础上，科室文化虽然也取得了一定成绩，但大多数人对科室文化的认识和重视程度还不够，对于科室文化的系统性、长期性、步骤等尚缺乏计划和规划，相对于科室文化在医院发展建设中所担负的重任来讲，在其理论研究和实践探索方面还存在很大的差距。

（一）认识不到位，重视程度不够，“面子工程”比较普遍

随着文化管理理念的不断深入，人们对文化在企业、科室、组织中发挥的积极作用的认识是一致的，都承认医院文化对于医院发展、科室文化对于科室发展

的重要意义。但实际上，不同科室对科室文化的认知程度不一致，有很多科室只强调临床、业务、指标等硬件建设，而忽视或干脆忽略科室文化建设，任其自由发展，放任自流；对科室文化内涵认识不到位，将其局限于开展文体活动、照片上墙、编辑书报画册等；对科室文化在医院文化建设、推动科室进步和医院发展等方面的作用认识不到位；对科室文化的持续性认识不足。在调研中发现，在一些三甲大医院中，越是没有优势特色、发展平淡、力量弱小的科室，越是缺乏科室文化建设，反之亦然；即便是医院文化和科室文化都搞得相对较好的三甲大医院也存在不能持之以恒的问题。2007 年，北京大学口腔医院提出“科室文化建设”的命题，各科室根据医院文化的总体规划，结合科室的自身特点开展科室文化建设，很多科室都开展了一系列的文化活动，取得了阶段性成果，也形成了一定的影响，但活动持续了一年以后，随着医院党委领导的更换及医院文化建设目标的变化，科室文化建设逐渐从轰轰烈烈趋于停滞无声。

（二）没有清晰的思路和步骤，大多处于听指挥、随意自发阶段，缺乏权威、系统的指导

科室文化重在建设，但在建设过程中，按照何种步骤进行，科室往往没有清晰的思路。在调查中发现，一些具有悠久历史的业界龙头科室，对科室文化建设是积极的，对科室的优良传统、珍贵的历史资料、德才兼备的典型人物等都有挖掘和整理，但科室文化建设如何能够系统化、理论化、持久化，却是一个盲区。除此之外，大多数科室的文化建设都是根据医院文化建设的要求开展的，属于被动、完成任务式的文化建设行为。中国医学科学院肿瘤医院开展过“科训是什么”征集活动和“科风是什么”大讨论活动，科室按照医院的要求按部就班开展工作，总结和挖掘出了一些科室文化的精髓，这是这两次科室文化建设活动取得的最大成果。但是下一步要做什么，怎么做，大多数的科室没有清晰的思路或根本没有思考这个问题，基本依赖于医院的指令，期待有权威、系统的指导。

（三）缺乏具有自身特色的内涵，往往“千科一面”

科室是医院的基础单位，承担着不同的任务和功能，人员、环境、制度、风格、传统各不相同，所以科室文化也应各具特色。但现实中科室文化建设往往“千科一面”，没有特色鲜明的个性化内涵。比如，在科训中，“团结”“勤奋”“求实”“创新”“严谨”“博精”“奉献”是重复使用频率最高的词汇；组织职工活动、美化环境、人物画册、板报宣传栏……这些也是出现在科室文化建设中最多的内容。这里面有科室对此没有规划、不重视、认识不到位等多种原因，也有医院只注重医院整体形象建设，忽视科室的综合建设和特色建设的

缘故。科室文化是一个科室全面快速发展的根基，有肥沃的文化土壤才能长出好苗子，结出好果子。失去鲜明个性、千篇一律的科室文化，在繁荣医院文化、推动科室发展、凝聚人心鼓舞干劲上必然大打折扣。

（四）过多依赖科室主任个人的重视与否，科室基层党组织作用发挥不足

在医疗卫生机构，尤其是在临床科室，特殊的专业性质使得科室成员间具有鲜明的层级关系，这也使得科室主任具有特别的权威和力量，有时候科室主任的魅力就决定了科室文化。很多文化建设搞得好的科室，往往有一个重视文化建设的科室主任，反之亦然。但临床科室主任往往是行政、业务、学术一肩挑，花在文化建设上的精力必然会减少。而科室基层党组织在各医疗机构配备基本上是齐全的，而且科室党支部的性质和功能也与文化建设的长期性、系统性、理论性相契合。而现实中，在很多医院科室，党支部大多只承担思想教育、组织管理、文体活动的任务，而在人才培养、福利待遇、定规立制等工作中缺乏支配权和话语权，导致科室党支部在科室文化建设中的力量发挥不足，没能完全调动党支部在文化建设中的作用。

三、加强科室文化建设的几点建议

科室文化的形成不是一蹴而就的，需要经历一个长期的过程，需要在医院、科室、党支部、职工的共同参与和推动下逐渐形成。中国共产党代表先进文化的前进方向，基层党组织是科室的战斗堡垒和政治核心力量，科室要进步，文化要发展，就必须充分发挥医疗机构党组织在科室文化建设中的政治核心和组织引领作用。

（一）党委要充分发挥政治核心作用，保证科室文化建设的方向性、系统性、长期性

20 世纪初，脱胎于企业文化的医院文化研究时至今日已有众多成果。如今，加强医院文化建设已不再是一句口号，医院文化有计划、有落实、有考核，医院党委不仅将医院文化写入工作计划，列入工作内容，而且将其作为各种考核、评优的重要指标，这些大大提升了医院文化建设的效果。而在科室文化建设中，科室不仅存在重视程度不够的问题，也存在精力有限和能力不足的问题，更缺少医院的重视和指导。文化建设是系统化、理论化和科学化的工程，党委作为医院的

政治核心力量，引领着医院各项工作的发展方向。对于作为医院文化重要承载单位的科室文化建设，党委要给予足够的重视、帮助和指导。首先，党委要将科室文化纳入医院文化的大体系中，上下一盘棋，科室文化要与医院文化步调一致；其次，党委要对科室文化内涵给予全面、正确的解读，支持科室在文化外延上百花齐放；最后，党委可将科室文化建设的计划、内容、成效等和其他业务指标一样作为年终科室考核的依据，助推科室文化的发展。

（二）各级党组织要充分发挥组织引领作用，推动科室文化健康持续发展

科室文化是长期形成的，随着时代、科室的发展必然会不断增添新的内容。在这些新内容里，有的和主流文化合拍，有的可能会偏离主流文化，形成所谓的亚文化。如果主流文化不能占据主导力量，亚文化异军突起，那么就会对一个科室的发展产生巨大的负面影响。当今社会在医疗服务过程中，出现了诸如医药回扣、红包索贿、医德沦丧、医患关系失衡、人文关怀不够等方面的问题，这些问题的发生常常会存在一个科室当中，成为盛行科室的亚文化。对此，医疗机构各级党组织要充分发挥组织引领作用，及时遏制这种亚文化的发展势头，确立主文化的强势地位，培养医务人员正确的核心价值体系、提高医护人员的职业精神，推动科室文化朝着健康的方向发展，为构建和谐医患关系、促进医院与科室健康发展发挥推动作用。

（三）科室党支部充分发挥战斗堡垒作用，为科室文化建设保驾护航

在科室文化建设分工中，党组织应负主要责任，实际情况也是如此。在调研过程中，几家大医院的科室文化都是科室主任牵头，党支部书记主抓。这种分工的原因，一是契合党支部服务群众、凝聚人心、促进和谐的作用和职责；二是在医疗战线上有一支忠诚党的事业、勤勉进取的党务干部队伍，在第一线发挥着重要的作用。因此，在科室文化建设中，要充分发挥党组织的作用，党政配合，发挥党组织工作的长处，弥补行政工作的短处，把科室文化建设抓好。在具体实际工作中，医院要给予党支部在制度保障、经费拨付和人员配置上的支持和指导；在组织体制上应建立党政共同负责的组织保障，即党支部书记与科室主任“双向进入，交叉任职”。党支部书记可以担任同级行政副职，科室主任可以兼任党支部书记。这样更有利于在组织体制上夯实和强化党支部在基层的政治核心地位，使党支部书记在科室文化建设中真正发挥参与、支持、协调、保障作用。

总之，科室文化与医院文化休戚相关、一脉相承，要重视科室文化对于医院文化、科室进步、医院发展的重要作用。同时，科室文化建设也是一个长期的、系统的过程，只有在党委的正确指引下、党支部和科室主任的重视下、全体职工的共同努力下，才能建设一个具有鲜明特色、优秀的科室文化，从而为科室发展和前进提供强大的内在动力。

课题组组长：张　平
课题组成员：董碧莎　沈惠芝　冀术明　周　妍　卓滋泽

中医观在“三严三实”专题教育中的应用研究

中国中医科学院

★ ★ ★

2010年6月20日，习近平同志在出席由南京中医药大学与皇家墨尔本理工大学合办的中医孔子学院授牌仪式上指出：“中医药学凝聚着深邃的哲学智慧和中华民族几千年的健康养生理念及其实践经验，是中国古代科学的瑰宝，也是打开中华文明宝库的钥匙。”“深入研究和科学总结中医药学对丰富世界医学事业、推进生命科学研究具有积极意义。”

本课题组召开不同层次座谈会11场次，专访28人次，与会人员普遍认为，将中医观运用到“三严三实”专题教育活动中是一次创新，值得深入研究与推广。践行“三严三实”专题教育的关键是既“严”又“实”，作为中医行业的科研院所既要符合新时期中医药行业特色，又要使专题教育活动开展特色鲜明。

一、研究背景和意义

习近平同志指出：“中华传统美德是中华文化精髓，蕴含着丰富的思想道德资源。不忘本来才能开辟未来，善于继承才能更好创新。对历史文化特别是先人传承下来的价值理念和道德规范，要坚持古为今用、推陈出新，有鉴别地加以对待，有扬弃地予以继承，努力用中华民族创造的一切精神财富来以文化人、以文育人。”习近平同志多次倡导，要推动中华文明创造性转化和创新性发展，激活其生命力。本课题将中医学领域得到验证的哲学思想、和谐系统等理论，以及中国文化独特的“象思维”，引入党建理论研究中，旨在为中医学和党建理论的结合带来新的启示。利用中医观加强党建工作也是为中国中医科学院打造富有中医药特色科研院所文化建设的重要使命。

中医药理论与治国理政哲学思想在中国历史发展中都起到了非常大的积极作用，炎黄子孙的生存离不开“岐黄”理论；繁荣昌盛的朝代离不开“治国”思想。医人如治国，医道治国思想源于《黄帝内经》，其阐述了医人与医国的相通之处。

习近平同志在阐述治国理政方面的讲话中熔铸了丰富内容和深刻内涵的中医观，如天人相应的“整体观”、养生防病的“未病观”、防病治病的“扶正祛邪观”等。习近平同志在第十八届中央纪律检查委员会第三次全体会议上指出：坚持以解决突出问题为突破口，扶正祛邪。在党的十八届二中全会第二次全体会议上指出：“中央之所以要抓住改进作风来推进党的建设……用中医的话来说，就是‘肝风内动’、‘血虚生风’。”习近平同志在关于推进作风建设的讲话中，提出“既严以修身、严以用权、严以律己，又谋事要实、创业要实、做人要实”的重要论述，“三严”是要求党员干部要修炼好“内功”，增强法治意识，“三实”要修炼好“外功”，规范自身的执政行为，践行依法治国的理念。习近平同志巧妙运用、深刻理解这些中医观，恰当深刻地阐明了执政兴国、执政利民、执政惠世的治国理政方论。

中国中医科学院作为中医药行业的“国家队”，肩负着中医药事业继承、发展和创新的重要使命，要保持和发展中医药文化的特色优势，深入领会习近平同志的系列讲话，将中医药术语与党建相联系，充分发挥中医药理念在党建方法论中的重要作用。因此，深入、系统研究中医药理论与“三严三实”专题教育的内在联系，发挥中医药理论在党建工作中的推动作用，实实在在助力中国梦。

二、研究思路与方法

中华文化源远流长，中医药的发展历史是中华五千年文明史的重要组成部分，是中国传统文化的精髓，积淀着中华民族最深层的精神追求，传承着中华民族的精神基因，代表着中华民族独特的精神标志，是我们最深厚的文化软实力。从古至今中医药学核心的整体、动态与和谐的思想理论在实践中的应用非常广泛，我们要从中汲取力量。课题组尝试探索中医观在“三严三实”专题教育中的创新应用研究。

（一）研究思路

中医药理论中最显著的特点是“取象比类”思维，本文将取象比类思维模式运用在党建理论研究领域，在中国传统文化背景下，取中医药学治病、治人理论，与治国、全面从严治党理论进行类比，以二者相同的“治人”理论，在功能和实践上进行取象比类，即取中医药学之象，比治国、治党之类（图 1）。

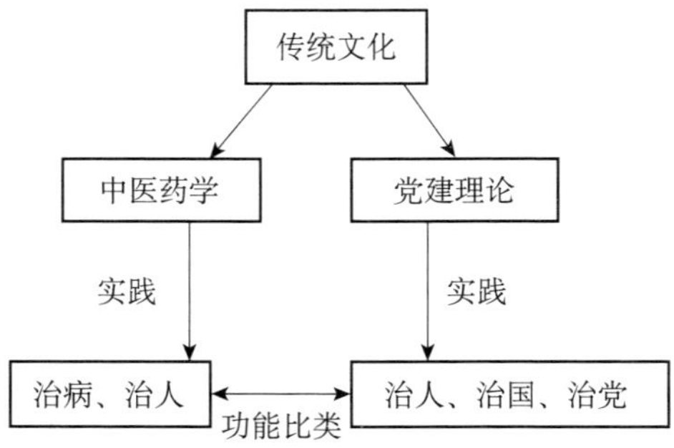

图 1　取象比类

（二）研究方法

首先，要正确解读中医经典著作，深刻认识理解中医观的内在科学规律，借鉴古人灵活形象的取象比类的思维，疏理出中医观与“三严三实”专题教育的相互关联性。其次，是以中国中医科学院党建工作为例，寻找中医观在“三严三实”专题教育中的实践和应用实例。

三、研究内容结构

研究内容结构如图 2 所示。

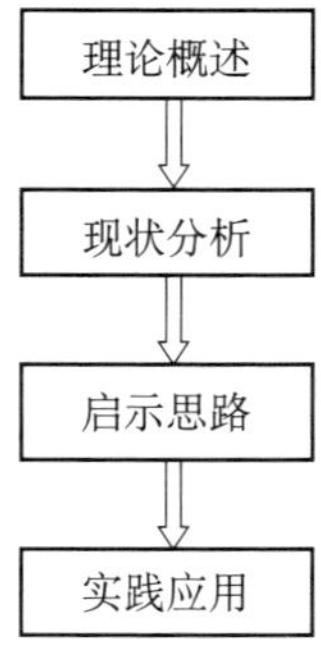

图 2　研究内容结构图

（一）中医药理论与党建理论概述

1. 医人医国理论概述

唐代孙思邈在《备急千金要方·诊候》中提出“古之善为医者，上医医国，中医医人，下医医病”。今天可以这样理解：上等的医师可以用治理国家的道理来治疗疾病，用医治疾病的道理来管理国家；中等的医师可以治理人的健康养生，同时也可以治理人的思想；下等的医师可以治疗人心理和身体的各种疾病。

明代著名医学家徐春甫在他编撰的《古今医统大全》中，引《郁离子》，将治病的理论比类成治理国家，“治天下其犹医乎？”

清代医家徐大椿在他的《医学源流论》一书中，专门撰文“医道通治道论”，探讨治病与治国的相通之处。

纵观中国历史，以中医学治病的理论来治理国家的论述还有很多，此处不再赘述。

2. 中医药理论概述

（1）防病治病的“扶正祛邪观”。扶正，即扶助正气，增强体质，提高机体的抗邪及康复能力；祛邪，即祛除邪气，排除及削弱病邪损害。二者是相辅相成的两个方面。

（2）养生防病的“未病观”。《黄帝内经·素问·四气调神大论》云：“是故圣人不治已病治未病，不治已乱治未乱，此之谓也。夫病已成而后药之，乱已成而后治之，譬犹渴而穿井，斗而铸锥，不亦晚乎！”“上工治未病不治已病”的预防观点，是中医传统的预防思想。

（3）相生相克的“阴阳对立，五行共生观”。《黄帝内经·素问·阴阳应象大论》云：“阴阳者，天地之道也，万物之纲纪，变化之父母，生杀之本始。”阴阳五行学说，认为世界是物质的，物质世界在阴阳二气作用的推动下滋生、发展和变化；并认为木、火、土、金、水五种最基本的物质是构成世界不可缺少的元素。这五种物质相互滋生、相互制约，处于不断的运动变化之中。相生即相互滋生和相互助长，相克即相互克制和相互约束。相生相克是密不可分的，没有生，事物就无法发生和生长；而没有克，事物就无所约束，就无法维持正常的协调关系。只有保持相生相克的动态平衡，才能使事物正常的发生与发展。

（4）天人相应的“整体观”。《黄帝内经·素问·四气调神大论》有“人以天地之气生，四时之法成”“人与天地相参也，与日月相应也”等论述，就是说，人生活在自然界，自然界存在着人类赖以生存的必要条件，并且影响着人体的生命活动，而人体受自然界的影响，必然会发生生理或病理上的变化。其强调人是自然界的组成部分，认为人体必须顺应天地大宇宙的变化规律，不断调整自身的饮食起居，只有这样才能生机旺盛，维持健康状态。中医临床治疗是调整阴阳气血脏腑功能，使其恢复协调状态，以适应自然界的变化规律。

（5）“辨证论治”。辨证即是认证识证的过程，就是把四诊（望诊、闻诊、问诊、切诊）所收集的资料、症状和体征，通过分析、综合，辨清疾病的病因、性质、部位，以及邪正之间的关系，概括、判断为某种性质的证。论治，又称为“施治”，即根据辨证的结果，确定相应的治疗方法。辨证是决定治疗的前提和依据，论治是治疗疾病的手段和方法。

3. 党建理论概述

习近平同志在中央党校开班仪式讲话中指出，党的十八大以来，党中央从坚持和发展中国特色社会主义全局出发，提出并形成了全面建成小康社会、全面深化改革、全面依法治国、全面从严治党的战略布局。“四个全面”已成为以习近平同志为总书记的党中央治国理政的全新布局。全面建成小康社会，是整个国家要实现的近期目标；全面深化改革，是我们推进全面实现小康目标的一个根本动力；全面推进依法治国是根本保障；全面从严治党是点睛之笔，党是执政之基，是实现“三个全面”的基本保障。习近平同志提出“三严三实”要求，强调党员干部特别是各级领导干部要做到严以修身、严以用权、严以律己，又谋事要实、创业要实、做人要实。“三严三实”作为全面从严治党新常态下党员干部的修身之本、为政之道、成事之要，为加强作风建设、从严管理干部提供了一把标尺。

4. 中医药理论与“三严三实”的比类分析

“三严三实”中蕴含了丰富的治国理政的哲学思想。从表面上看，中医学与治国思想不相关，可是，二者均为我国传统文化的产物，在哲学层面上具备共同的动态观念、整体观念、和谐观念特征；在历史层面上，经典古籍中有医人医国的文字记载；在实践应用上，共同包含整体决策的科学性和道德性。对二者进行比类分析，存在理论依据。在历史文献中也有将二者进行比类的文字记载。

（1）“正气存内，邪不可干”与严以修身。中医学认为，任何疾病的发生都与体内气血阴阳的失衡有关，正气旺盛，气血充盈流畅，卫外固密，外邪难以入侵，内邪难于产生，就不会发生疾病；当人体阴阳失调，病邪内生，或外邪乘虚而入，均可使人体脏腑组织经络官窍功能紊乱，从而发生疾病。故《黄帝内经·素问遗篇·刺法论》说：“正气存内，邪不可干。”《黄帝内经·素问·评热病论》说：“邪之所凑，其气必虚。”这里将中医学中的免疫思想与修身养德进行类比，提升正气能够强健身体，减少疾病；修身养德方能抵御歪风邪气。

（2）“治未病”与严以律己。《黄帝内经·素问·四气调神大论》云：“是故圣人不治已病治未病，不治已乱治未乱，此之谓也。夫病已成而后药之，乱已成而后治之，譬犹渴而穿井，斗而铸锥，不亦晚乎！”所以圣人不会等到病已发生了再去治疗，而治疗在疾病发生之前，如同不等到乱事已经发生再去治理，而是治理在乱事发生之前。如果疾病已发生再去治疗，乱子已经形成再去治理，那就如同临渴而掘井，战乱发生了再去制造兵器，为时晚矣。“上工治未病不治已病”是中医传统的预防思想，在此将“治未病”与律己类比，在“三严三实”专题教育中有重要意义。重视内因，把重点放在对自己行为的约束上，能够加强自身拒腐防变的能力，防患于未然。

（3）“阴阳对立，五行共生”与严以用权。制度和权力的关系如同阴阳，彼此对立又依存共生；决策、管理、执行、制度和权力是组织运行的五个要素，环环相扣、层层递进，好比中医理论的五行关系——相生相克，即决策生管理，管理生执行，执行生制度，制度生权力。只有充分利用中医思维，力求平衡各种关系达到阴阳调和，阴阳五行相生相克的原理是最直接的处理、解决矛盾的指导方针和原则，与治理国家和全面从严治党道理相通。时刻要按照制度行使权力，把权力关进制度的笼子里，任何时候都不搞特权、不以权谋私，才能达到阴阳调和。

（4）“辨证论治”与谋事要实。辨证论治的精髓就是要通过望、闻、问、切认识认证事物的过程，辨清本质加以“施治”。谋事要实，要求广大党员领导干部要尊重客观实际和客观规律，实事求是一切从实际出发。习近平同志在 2012 年 12 月 12 日在广东考察工作时指出：“改革也要辨证施治，既要养血润燥、化瘀行血，又要固本培元、壮筋续骨，使各项改革发展发挥最大效能。”广大党员干部要把尊重客观发展规律作为基本前提，坚持谋事要实的思想观念，践行谋事要实的行为作风，秉承科学精神，把本职工作做好，使人民群众更加满意。

（5）“大医精诚”与“三严三实”。“天下大事必作于细，古往今来必成于实。”“三严三实”的关键是“严”和“实”。从医者“严以修身”“严以律己”，管理者“严以用权”，谋实事、创实绩，以“医者仁心”，行“大医精诚”；以尚德精医，倾情为群众服务。

（二）现状分析

1. 中医观认识现状

“中医药学凝聚着深邃的哲学智慧和中华民族几千年的健康养生理念及其实践经验，是中国古代科学的瑰宝，也是打开中华文明宝库的钥匙。”中国中医科学院要提高广大党员领导干部对中医理论的认识理解，激活优秀传统医学，赋予其鲜活的当代价值与意义，激发支持中医药事业发展的热情，为中医药事业的发展增添活力。

2. 党建工作现状及存在问题

根据调查统计，我们得出以下相关结论。

（1）科研人员工作模式和思想状况多元化。随着经济社会的不断发展，科研人员工作和思想上出现了多元化的状态。科研院所的干部职工大多是高学历，注重实现个人理想和要求。相对过去，目前科研方面的经济诱惑力较强，成倍增长的课题经费为管理者带来了新的任务和挑战，如果仍然沿用过去的党建工作模式很难适应新形势、新问题。

（2）科研院所党务干部的学历构成。党务干部大多有着与中医药专业相关的学历背景。以中国中医科学院为例进行调研统计，一组数据显示拥有中医药学专业或中医院校学科背景的党务干部占比达 82%。将中医观与党建工作结合研究，也可以充分发挥中医药专业优势，促进党建工作的开展。

（3）重科研轻党建。少数科研院所还存在认识问题，对党建工作的重要性认识不足，缺乏主动性，认为只要把科研工作做好就行，党建工作也难以量化考核。

（4）工作方式方法陈旧。对工作方法缺乏创造性，局限于听报告、看板报的传统模式，缺乏创造力和吸引力，对互联网 + 党建的新模式探索应用不够。

（三）中医观应用到党建中的启示与思路

1.“整体观”运用整体观因地制宜，完善工作机制

一是整体观念，因地制宜，通过电子屏、宣传栏等传统媒体结合互联网建设，构建立体、全方位宣传网络；二是利用微信群等完善工作机制，始终坚持时效性与互动性的工作原则，协调与各单位部门建立方便快捷的沟通协调工作机制。

2. 人体讲气血，党组织的运行也需要“气”和“血”

党组织的“气”就是党员的“三严”和思想状态，“血”是“三实”和组织机制与制度。凝聚的“气”和充足的“血”可以增强党组织的凝聚力和战斗力，只有气血调和、运转沉稳，才能健康可持续发展。党务干部要从多方面把好脉，开好方，理气活血，扶正固本，以此确保圆满完成“三严三实”专题教育。

3.“恬淡虚无，阴平阳秘”的健康理念

中医认为精神紧张抑郁，凡是斤斤计较，脾气暴躁，易伤肝损胃。治疗方法是靠疏肝理气，调和脾胃，让患者做到宽以待人，善待自己。

4.“与时变化”

《黄帝内经·灵枢·通天》谓：“与时变化，尊则谦谦，谭而不治，是谓至治。”与时变化就是善于适应形势的变化，就是今天我们说的与时俱进。工作方式、方法要不断改进创新，跟上时代步伐，不断适应新任务、新形势。

5.“万物悉备，莫贵于人”

《黄帝内经·素问·宝命全形论》云：“天覆地载，万物悉备，莫贵于人。”其是说天地之间，万物具备，没有一样东西比人更宝贵了。以人为本是中国共产党关于发展问题的根本观点，是执政治国的基本理念，也是一种以人为价值中枢的基本价值观。以人为本，不仅是发展中要坚持的价值观，也是党组织自身建设中要坚持和体现的价值观。群众路线正是以人为本的价值观在党的建设领域的具体要求和体现，贯彻党的群众路线教育实践活动，就是坚持以人为本的价值观。

（四）中医观在“三严三实”专题教育中的创新实践应用

1.“严以修身，正气充盈，邪气不生”

国家中医药管理局党组中心组召开2015年第三次集体学习暨严以修身专题学习研讨会，国家卫生和计划生育委员会党组成员、副主任，国家中医药管理局党组书记、局长王国强指出，党员领导干部必须按照“三严三实”的要求，注重修身，使自己正气充盈、邪气不生。他强调开展好“三严三实”专题教育要把“严”和“实”的要求融入日常教育，探索加强经常性教育的措施办法，使之融入血脉、注入灵魂、变为基因，成为内心里的东西、骨子里的东西，真正做到日用而不觉；要坚持既要做在当下，又要终身践行，自觉遵守中央八项规定，自觉反对“四风”现象，自觉远离低级趣味，自觉抵制歪风邪气，始终保持清醒头脑，做到言行一致、表里如一，使从严从实的作风融入血液、浸入骨髓、植入灵魂，永远坚守共产党人的精神家园。

2.“三观互动，六位一体”

王国强同志运用“三观互动”方法，结合教育实践活动讲党课。提出中医药工作只有坚持“整体思维、系统运行”，纵向“三观互动”，横向“六位一体”，才能最终在“统筹协调”中实现中医药事业的“科学发展”，为提高人民群众健康水平做出贡献。要求党员干部要运用“三观互动”的科学方法查找中医药事业发展及行业“四风”存在的问题。这是国家中医药管理局党组将中医观运用到专题教育中的创新理论成果，反映了中医药学的整体观，借鉴了现代管理学系统论，为推动党建工作和中医药事业发展提供了科学的工作理念和方法。

3.“践行大医精诚”，把向中国中医科学院优秀共产党员屠呦呦学习活动与开展“三严三实”专题教育相结合

学习身边的先进典型，彰显榜样的力量。中国中医科学院优秀共产党员、终身研究员兼首席研究员屠呦呦荣获2015年诺贝尔生理学或医学奖，成为中国大陆首位获得诺贝尔奖的科学家。中国中医科学院党委号召党员干部学习她自觉实践大医精诚的人生价值和精神追求，激励大家见贤思齐、向上向善，并把学习活动与“三严三实”专题教育紧密结合，要求党员领导干部要率先垂范，以身边的榜样为标杆、为镜子，把握先进典型的精神实质，照出差距和不足，正视和解决自身问题，努力做“四有”干部。以实际行动带动学习活动与“三严三实”专题教育活动的深入开展，推动中医药事业科学发展。

4.“上工治未病不治已病”建立健全惩防体系

中国中医科学院党委根据“上工治未病不治已病”的预防思想，制定了《贯彻落实〈建立和健全惩治和预防腐败体系2013—2017年工作规划〉实施办法》，着力加强党员干部自身拒腐防变的能力，防患于未然。

作为中医行业的科研院所，我们要把握党建新机遇，巩固扩大全面从严治党的成果，有效解决党建面临的新问题，为中医药事业健康发展保驾护航。

课题组：中国中医科学院

建设中国特色新型智库与健全决策机构制度研究

中国环境科学研究院

智库是一个国家软实力的重要载体，是制定科学决策的重要支撑。党的十八届三中全会《中共中央关于全面深化改革若干重大问题的决定》提出“加强中国特色新型智库建设，建立健全决策咨询制度”。习近平同志在中央全面深化改革领导小组第六次会议审议《关于加强中国特色新型智库建设的意见》时强调指出，我们进行治国理政，必须善于集中各方面智慧、凝聚最广泛力量。重点建设一批具有较大影响和国际影响力的高端智库，重视专业化智库建设。中央的高度重视和国家治理体系与能力现代化，政府的决策咨询需求必将持续增加，这些都显示出中国特色新型智库发展进入了一个新的阶段。

虽然美国宾夕法尼亚大学发布的《2013年全球智库报告》显示中国智库数量已位居全球第二，但我们也应该清醒地认识到，中国智库发展尚处于初期阶段，我国智库的水平和发挥的决策咨询作用远未达到决策者的需要和期望。与世界发达国家相比，我国智库的数量虽多，但在影响力、创新能力和全球视野等方面，与国际一流智库仍有较大差距。

一、中国特色新型智库建设的意义和必要性

（一）智库的角色定位

智库是由国家精英阶层组成的咨询团队，可以帮助国家在政治、军事、经

济、外交领域提供发展方向和建议，对国家的决策层起着很大的影响作用。一个国家智库的数量和质量对一个国家的发展很重要，也是一个国家科技人才储备的展现，也可称为“智囊团”。

基于社会结构的分析，智库的影响力分为决策（核心）影响力、精英（中心）影响力和大众（边缘）影响力三层。智库在不同层次的影响力呈现出显著差异。中国智库分为半官方智库和民间智库两类，扮演的角色分为政府咨询者、学术研究者和公共倡导者三种。

智库的发声虽然更理性、更专业，也更科学，但它不能代替政府作决策，更不可能越界干预政府决策，因此，各级政府部门完全没有必要担心智库的发展，而应该组建或联系一些能为自己提供决策服务的智库团体。智库不仅是政府的“第四部门”，也为社会大众提供思想和观点，对大众舆论起到引导作用，特别是在传播思想、引导大众舆论方面，智库与媒体可以相互合作、各取所需，提高公众的意识。

（二）中国特色新型智库的角色与作用

“中国特色新型智库”在学界还是一个新的概念，但在学术界已有不少学者在为智库发展建言献策，不仅引起了社会舆论的广泛重视，更为中国新型智库研究奠定了基础。“智库中国”对中国智库研究和实践的代表人物进行了归纳总结，发现智库典型的代表人物均有一些共同的特点，主要包括：①均对中国智库现状和运行机制有充分了解；②曾到国外先进的智库进行过系统考察；③在重要媒体上发表过对“智库建设”进行的思考文章，并产生一定的影响力；④积极参加以“智库建设”为主题的研讨会，交流观点等。这些典型和著名智库的话语权也是通过上述方式逐渐提高的。由此可见，智库的影响力是通过实践形成的，通过行政手段是很难实现的。因此，中国特色新型智库建设必须立足于中国国情，特别是要在发展路径、功能定位和体系建设等方面，明晰西方智库和我国古代智囊的不同，在党的领导下，坚持中国特色社会主义，实现官方智库和民间智库多元主体共存共发展，为党、政府和社会提供政策研究和公共决策咨询、政策解读、决策方案评估等服务。

中国特色新型智库具有以下几个基本特征。

一是必须立足中国特色社会主义制度，符合我国政治制度和决策咨询工作规律，坚持中国共产党领导下的中国特色社会主义发展道路。

二是必须以服务决策为导向，坚持求真务实，“不唯书、不唯上、只唯实”，将经济社会发展和改革开放中的全局性、前瞻性、战略性、综合性、长期性问题研究及当前热点、难点问题研究有机结合，力争为党中央国务院决策提供有用的政策建议，为全面深化改革提供高质量的智力支持，为提升国家软实力做出贡献。

三是官方智库贴近决策层，有明显的体制优势，官方智库是新形势下党和政府探索执政规律、完善执政方略、提高执政科学化水平的重要智力支持和主力。

四是积极发挥民间智库的积极性，引导各类智库有序发展，培育客观、理性的智库群体，让真正服务群众利益的智库机构发展壮大。

与发达国家的智库相比，中国特色新型智库还处于发展初期，尚缺乏由一流的学者专职、全程参与政策咨询的专门机构，还存在一些深层次的问题，包括：①智库建设的宏观制度环境不完善，智库在公共政策决策中定位不明确，从法律上、制度上还缺乏明确定位；②智库建设缺乏统筹规划，智库机构体系多元，管理体制属地化、部门化，各为其主，各自作战，相互交流、合作与竞争有限，工作职能和定位各不相同，机构小而多，整体实力不强；③管理体制和运行机制上不适应智库发展需要，官本位现象严重，体制内智库的人才引进、激励机制以行政职务为导向，高素质智库从业人员不便于引进，经费来源和使用与智库活动需要脱节，智库投入相对不足；④官方智库服务对象单一，当论证某一特定政策问题时，政府会邀请智库提供咨询建议，但随后这种临时性的咨询机构就会被解散，学者均是兼职参与政策制定过程，仍然存在智库在提交咨询报告后往往很难得到政府的反馈的现象。

（三）建设中国特色新型智库的关键

“中国特色新型智库”建设要体现系统性、整体性、协同性的顶层设计。在智库制度机制设计上，要处理好官办与民办、公开性与保密性、封闭性与开放性、国际性，以及智库发展的单一性与多元性、政治性与所谓独立性的关系。其关键点是要逐步培育和形成具有中国特色的智库思想市场，同时制定有效规制，形成智库思想市场“培育”与“规制”相辅相成的两翼，共同构建中国特色新型智库思想创新与有效管理的机制，为实现中华民族伟大复兴的中国梦提供坚强的智力支持和决策依据。

加快建设中国特色新型智库，广泛参与全球智库竞争，在世界舞台上更加鲜明地展现“中国思想”，响亮地提出“中国主张”，及时地发出“中国声音”，在全面建成小康社会、实现中华民族伟大复兴的中国梦过程中，做出更具独创性和重要性的、更高质量的知识贡献、思想贡献。

建设中国特色新型智库的关键是所建设的智库要具有专业背景和相当强

的影响力，要有一定的独立性和创新能力，要求真务实，同时又有竞争能力和合作精神，在智库的建设中还要有相应的激励奖惩和监督机制，同时要和国际接轨。

专业性是智库区别于其他政策参与者的本质特征，要有跨专业的通才。智库的职能就是在决策过程中向决策者提供专业政策分析和决策咨询。基础研究扎实深厚、多学科和领域交叉融合、强调问题导向以及研究前瞻性结合是专业性智库的核心。智库的专业性体现在智库专家对自己研究领域有长期的积累，对那些国家决策有非常重要的战略知识储备。围绕着中国社会发展中的重大目标和重点任务，2015 年中国社会科学院启动 11 个专业化新型智库，迈出中国特色新型智库建设的重要一步。新型智库分别是马克思主义理论创新智库、意识形态研究智库、财经战略研究院、国家金融与发展实验室、生态文明研究智库、国家治理研究智库、新疆智库、中国文化研究中心、国家全球战略研究智库、世界经济与政治研究所、中国廉政研究中心。

影响力是中国特色新型智库最重要的特征之一。智库必须和政府之间建立直接沟通渠道，以便能将研究成果和决策建议直接向政府有关部门的决策者输送，使成果得到很好的应用。这种与政府之间的沟通能力和方式是多种多样的，包括来自新型媒体平台的信息输入，通过直接或间接的渠道去影响政府决策。更重要的是通过智库自身的努力和发展，使得自己在某一领域或方面具有国际影响，成为本研究领域的权威。

独立性是中国特色新型智库的关键，独立性并不等于中立性，也不意味着智库不能公开支持某种倾向性观点。但是如果一个智库依附于某个利益集团或组织，它的公信力也就不复存在了，也就不可能提出对决策者和公众具有影响力和说服力的政策建议，失去了其存在的意义。当然，智库的政策倾向也受智库专家的教育背景、信息来源和对客观社会价值独立评判的影响。

创新能力是中国特色新型智库的生命。智库思想是在征求大量相关人士意见的基础上提出的，并在充分集思广益的基础上完成的。在完成这一再创作的过程中，创新能力就是智库提出相关政策建议的生命，没有创新的结果只是大量数据和材料的简单累积，唯有创新，在对社会深入调查的基础上，对收集到的海量数据进行充分的消化吸收，发现潜在社会问题，提出解决该问题的关键对策等。

务实是中国特色新型智库获得成功的必要条件之一。务实是指研究过程中追求真实，切忌不从实际情况出发，经常提出一些“半生不熟”“水土不服”的咨询建议。智库专家应接受过严格的社会科学研究方法训练，并具有能够运用规范的研究手段和技术与了解实情的能力，以保证从事调查研究的效果和可信度。务实还意味着智库的产品要务求实用，要能抓住问题要害，不能只发现问题，不解决问题，要在求真务实的前提下，提出可行的政策建议，并对政策建议能否收到预期效果进行全面评估。务实也意味着智库产品应简洁明了，通俗易懂，将复杂的观点转化为通俗易懂的咨询建议。

有竞争力是中国特色新型智库的生存之本。思想产品要经得起市场竞争的检验，这里的市场是指政策分析市场。政策分析市场的产品就是智库生产的研究成果和政策建议。政策市场的最终需求方是政府决策者，媒体和大众也是一定程度上的消费者。但是，政策分析市场具有信息不对称的特点。政策制定者往往对政策建议的科学性很难作出判断，需要建立政策思想同行评审和同行竞争的机制。在辩论过程中，当一个政策方案优于另一个方案时，提出或支持这一方案的学者在辩论中就会获得更高的政府声誉和公众知名度。同时，相关智库也能够提高声誉，并获得更多资金支持者的青睐。一个能够让多种政策主张公开辩论的平台，可以帮助政府和其他政策参与者更加科学地评判不同观点，政府也宛如进入了一家摆满了可供选择的政策方案的“超市”。借助政策分析的市场竞争，政府的总体决策质量就能够提高，而智库的政策分析能力也能够有所提升。

加强合作是中国特色新型智库必须坚持的，智库之间不仅要有竞争，也需要合作。目前，中国智库体系的特点就是多种组织形式的智库并存，不同智库都有各自的优势，加强合作能够促使不同智库之间优势互补，从而提高研究水平，拓宽影响力渠道，突破单个智库在人力和技术方面的瓶颈，营造共赢的制度氛围。

激励机制是中国特色新型智库发展的重要保障。如何吸引并留住优秀人才是每个智库领导人面对的主要问题之一，应该在组织内部建立起物质和精神相结合的激励机制，特别是对年轻人才，应提供较为宽裕的生活保障条件，并结合相关奖励和晋升标准激发其研究动力。从整个智库体系来说，每个智库都应该建立基于组织实力、研究质量、政策建议被采纳情况、社会认可度和公信力等的智库综合评价体系；应建立符合中国国情的客观、可靠、全面的中国智库评价指标，激励中国智库共同进步。另外，鉴于智库评价体系本身也是相关智库的研究产品，我们应鼓励社会上发展多套智库评价体系。评价体系之间存在竞争，就能提高决策者对智库产品的鉴别能力，也能提升学界对智库的科学评价水平。

强化监督是中国特色新型智库建设的核心。监督机制能促进整个智库体系的良性发展。在信息高度不对称的政策分析市场，如果无相关监督机制，智库很可能因个人或小集体利益而丧失其独立性、客观性。因此，需要建立一套完善的监督机制，针对智库行为进行纠偏。在确保智库基本立场观点符合相关法律法规的同时，政府可以与行业协会和资助智库的基金会合作，建立基本的准入门槛、职业标准、财务审计制度等，以保证智库的研究能力和职业操守。在建立健全针对官员的政策问责纠错制度的同时，也应探索针对智库政策建议的问责机制。

走国际化的道路是中国特色新型智库的必由之路。智库国际化是提升国家软实力的重要途径。当前，各国智库发挥的作用已经超越了地理意义上的国家界线，共同影响着全球政策过程。近年来，中国智库已在交流活动国际化和研究成果国际化方面取得初步成绩。中国智库通过论坛、峰会和出访等形式进行国际人员交流并建立互信；通过发表外文论文、出版外文著作等方式推动中国经验和中国观念向全世界传播。这些成绩也在一定程度上提升了国家形象和软实力。但是，中国智库还应在组织结构国际化和政策影响国际化两方面进一步努力。智库组织结构国际化的核心是充分利用外国资源，包括外国的人员资源、组织资源、网络关系资源三个方面，推动中国智库树立国际地位。中国智库也应通过更多地参与全球治理的国际合作、在国际组织中谋求更重要职位等方式，积极影响他国决策者和国际社会，从而最终将“二轨”国际影响转化为“一轨”国际影响。

激励机制是建设中国特色新型智库的关键，是智库可持续发展的重要保障，强化监督是智库建设的核心，走国际化道路是智库建设的必由之路。智库的核心围绕其影响力展开，专业性和独立性是智库影响力提高的关键，创新、务实、竞争和合作是智库建设的重要内容，也是智库的生存之本。

二、新时期环境智库建设和健全决策机构制度的建议

（一）环境智库现状与发展

目前环境保护部已经建立起以“一院两所”（中国环境科学研究院、环境保护部南京环境科学研究所、环境保护部华南环境科学研究所）为中心，涵盖社会各界广泛参与的智库体系。这些智库体系中有专门针对环境政策（环保部环境与政策研究中心）的、有针对规划（环境保护部环境规划院）的、有针对对外合作（环境保护部对外合作中心）的等。同时，清华大学、北京大学、北京师范大学等高等院校和中国科学院相关院所也都是环境保护部的智库。

目前，我国环境智库虽然数量很多，但是依然存在着专业性不强、创造力不足、相互合作不紧密、缺乏独立性等问题，导致我国环境智库的影响力不够，话语权不大，所提出的政策建议不能完全反映现实工作的需要，不能满足决策者的希望。特别是对绝大多数的环境智库没有很好的监督机制和奖惩机制，智库之间

也存在着重复和恶性竞争现象，使之更无法走向世界产生国际影响。因此，亟须加强智库的建设和决策机构制度的建设。

（二）健全决策机构制度的紧迫性

行政决策体制就是决策权力在决策主体之间进行分配所形成的权力格局和决策主体在决策过程中的活动程序的总体制度体系。决策权力是一种法律权力，它是在一系列可能行动中作出选择的权力，或者是影响决策者，推动他去选择自己所偏好的某一行动的权力，国务院“三定”方案中赋予了环境保护部一定的行政权力。决策主体则由决策者与决策参与者共同构成。决策机构是根据宪法和法律在行政活动中有权作出决定、制定法规、发布命令的行政机构，是行政机构的中枢。从环境保护部的职能可以看出，其具有负责建立健全我国环境保护的基本制度，拟订相关的环保政策、规划和起草相关的法律草案等，事关人民生活质量，具有行政决策主体的性质。环境保护的行政决策体制由其决策力和决策主体构成。

党的十八届三中全会指出，必须构建决策科学、执行坚决、监督有力的权力运行体系，形成科学有效的权力制约和协调机制，这为提高决策科学化水平指明了方向。加强决策制度建设，形成较为完备的重大事项决策制度体系，是决策机构面临的重大选择。

制度最具根本性、长期性和稳定性。决策机构应建立科学合理的、约束行为的办法和条例，以避免重大事项决策的随意性，减少人为因素在决策中的影响，规范决策行为。首先，涉及重要规划、重大工程项目、大额资金使用、国有资产处置、国有土地资源管理等重大事项决策时，应该全部纳入决策机构的集体决策范围内，并对需要的具体程序作出透明详细的规定。其次，在进行决策时，要有规范完善的决策程序，对重大事项决策进行规范化约束。最后，要构建完善的决策、执行和纠错机制，确保重大事项决策贯彻落实，决策的效力只有通过执行才能显现出来，问题往往也是在执行中发现的，发现问题要及时纠正并要解决问题，同时要寻找问题的根源，从根本上解决问题，并防止此类问题再次发生。

从目前我国生态环境现状、面临的环境保护问题及环境保护部面临的各类问题，可以看出我国环境保护形势十分严峻，作为决策机构的环境保护部也存在着进一步健全和完善的空间。而在健全和完善环境保护部决策机构的过程中，智库起到了非常关键的作用。

（三）新型智库支撑健全决策机关

科学设置决策机关，建立健全行政决策运行机制，是有效进行行政管理的前提和基础。决策机关设置合理、组织运行顺畅，对决策的科学化具有积极的推动作用。

决策权配置过于分散将导致“政出多门”、无法回应的困惑，部门决策缺乏统筹协调，往往就事论事，导致决策机关的决策能力弱化。决策权配置过于集中，同一部门集决策权、执行权、监督权于一身，则容易产生腐败等问题。若决策信息系统与决策咨询系统重复设置，则会造成信息壁垒，影响决策信息的全面、真实、准确。现代决策往往是综合决策，涉及多方面事务，强调宏观性、整体性及利益的综合考量，决策机关的设置需要打破事权分割体制，推行综合决策。决策制定与决策执行在组织上的适当分离，符合行政组织专业化分工的发展方向，有利于推进决策的科学化。

建立健全决策调查研究机制，完善决策信息系统和决策智力支持系统，完善专家论证制度。首先，要强化其参谋咨询功能，重视社会决策咨询机构的培育和作用的发挥，完善专家论证制度。其次，鼓励决策机关开展决策成本效益分析，建立健全行政决策风险评估机制。对重大决策产生的影响进行事先预期和论证，使决策者作出最终选择时更加理性和慎重，避免错误决策造成损失。

加强公众参与决策的透明度与参与度建设，完善决策听证制度是重大决策的必经程序，在作出重大决策前，广泛听取、充分吸收各方面意见，意见采纳情况及其理由要以适当形式反馈或者公布。公众参与是民主决策的体现，也是公正决策的基本要求，体现了决策的公正性，能够增强决策的认同度，减少决策执行环节的阻力和障碍。重大决策集体讨论决定制度，是防止个人独断专行，作出重大决策时应坚持集体讨论决定制度，建立和完善决策事后评价和责任追究机制，坚持依法决策，建立健全合法性审查制度，实现决策法治化。

（四）建设新型环境智库与健全决策机构制度的建议

建设中国特色新型环境智库，需要处理好多方面关系，包括官办性与民间性、政治性与独立性、单一性与多元性、保密性与开放性、国内性与国际性等方面的相关问题。

（1）将进行环境智库咨询过程制定为各类环境决策体制必要的一环。环境决策是一门严谨的科学，随着现代环境决策的科学性、专业性、系统性的增强，在进行决策时必须将“谋”与“断”分离开，在法律上、制度上将环境智库引入环境决策过程之中，把环境智库作为环境决策体系必不可少的一环，建立起科学的、制度化的环境决策体制。要实现这一要求，必须培育一批骨干环境智库以提供科学的支撑。

（2）环境保护部直属的官方环境智库应该是具有多功能的主平台。官方环境智库不仅是政策研究、解读、评估的平台，而且是其他智库成果汇集的平台。官方环境智库在组织形式上，既需要作好自研究，更需要组织好社会力量研究，开展有效、务实的合作，建立制度化、规范化的长效机制。

（3）大力鼓励和支持民间环境智库健康发展，构建与官方环境智库的有机结合平台，发挥民间环境智库的作用。我国民间环境智库发展还处于起步阶段，它的发展将使环境决策获得更广泛的智慧。政府要为民间环境智库发展提供相关条件，建立民间环境智库成果向决策者提交和交流的畅通渠道；建立常规机制，为民间环境智库获得政府信息、数据和研究课题提供公平机会，让民间环境智库参与政府研究项目招标，提倡与官办环境智库形成竞争；在相关政策上支持民间环境智库的发展，比如，明确环境智库的非营利性组织定位，不按以赢利为目的的企业注册，以获得财税政策优惠。

（4）建立全国性的中国特色新型环境智库协会性平台组织。赋予该平台可作为沟通环境智库，尤其是发挥民间环境智库与决策者的渠道、桥梁、平台作用，汇集各类环境智库的研究成果和政策建议，及时、畅通地提交到环境政策决策者手中，并努力传播环境政策研究成果。此外，该平台还可成为各类环境智库开展国内外交流合作平台，为国内外环境智库交流提供服务，扩大中国环境智库在世界上的影响力和话语权；同时，建立全国性环境智库评估体制，制定科学的评估标准和完善的评估程序，对环境智库运行开展评估，建立环境智库的公共竞争机制，推动和增强环境智库间的竞争性，提升环境智库的公信力和影响力。

（5）创新环境智库管理体制机制，促进和提高环境智库现代化水平及能力。建立环境智库与决策、行政部门之间的交流机制；建立有利于提升专业能力的环境智库组织形式和管理模式；建立环境智库人员流动制度，不断把有思想活力、有实践经验、有政策研究能力的专业人士，根据需要吸纳到环境智库队伍中来，重视跨学科或复合型人才；建立国际交流合作体系，加强环境智库国际交往，要参与到重大国际问题研究中去；建立有利于保持环境智库独立性的资助政策。

（6）重视推动环境智库研究成果的公共传播。环境智库不仅对环境决策直接出谋划策，更重要的是向社会和政府贡献思想，从思想观念上对社会产生广泛影响。因此，环境智库要加强与公众的沟通，要有能力影响和教育公众。

课题组组长：高庆先

全面从严治党背景下科研院所党建工作问题思考

——以中国水产科学研究院管党治党实践为例

中国水产科学研究院

党的十八大以来，以习近平同志为核心的党中央，从坚持和发展中国特色社会主义全局出发，提出并形成了“四个全面”战略布局，开辟了我们党治国理政的新境界，是马克思主义与中国实际相结合的新飞跃，协调推进“四个全面”战略布局，全面从严治党是根本保证。科研院所作为科学研究和促进高科技产业发展的基地，如何贯彻落实好中央关于全面从严治党要求，不断加强和改进科研院所党的建设，对于实施“四个全面”战略布局，推进“十三五”规划，促进科技事业发展，具有十分重要的现实意义。

近年来，广大科研院所严格贯彻中央全面从严治党要求，认真落实党风廉政建设主体责任和管党治党政治责任，深入开展“三严三实”专题教育，在加强和改进党建工作，促进科研院所改革和发展方面做了大量工作，取得了一些成绩。但由于科研院所自身特点和外部形势的不断发展变化，科研院所在全面推进从严治党，加强党的思想建设、组织建设、作风建设、反腐倡廉建设和制度建设等方面仍然存在着许多问题。中国水产科学研究院课题组，以本单位院机关及所属的 13 个下属单位为调研对象，围绕科研院所落实全面从严治党要求，加强和改进党建工作，发挥党组织和党员作用的成效，存在的主要问题及对策建议等，进行了深入调研。本次调研共召开各类座谈会13次，个别访谈300余人，发放调查问卷669份。在深入调研和综合分析的基础上，形成了调研报告。

一、中国水产科学研究院推进全面从严治党的实践与成效

全面从严治党是一项系统工程，核心在“全面”和“从严”两大关键。近年来，中国水产科学研究院坚持突出“全面”，抓住“从严”，坚持党的思想、组织、作风、反腐倡廉和制度建设各个领域一起抓、使狠劲，做到零容忍、全覆盖、无禁区。坚持聚焦科研院所党建工作的难点、热点，突出问题导向，狠抓集中整改，既治标又治本。

（一）坚持履行责任从严，层层传导压力，全面落实党风廉政建设“两个责任”

全面从严治党，必须增强管党治党责任，把抓好党建作为最大的政绩。作为党风廉政建设的领导者、执行者、推动者，中国水产科学研究院各级党组织坚持紧紧抓住党风廉政建设主体责任这个“牛鼻子”，以上率下，层层传导压力，推动科研院所形成了党委抓、书记抓、各有关部门抓，一级抓一级，层层抓落实的党建工作格局。

1. 加强组织领导

将党风廉政建设工作作为全年重点工作谋划部署推进，坚持召开党风廉政建设工作会议，定期听取工作汇报，研究部署具体措施，带头落实主体责任。协调督办涉及党风廉政建设的重要事项，支持纪检监察部门履行好监督职责，查处各类违规违纪案件，并加大通报力度。

2. 强化责任履行

研究制定《中共中国水产科学研究院党组关于落实党风廉政建设主体责任、监督责任的实施意见》，为全面落实“两个责任”提供科学指引和制度遵循。细化分解党风廉政建设工作任务，推动党风廉政建设各牵头单位、协办单位切实负起落实责任。组织签订党风廉政建设责任书，促使各级领导干部特别是主要领导干部对所管辖范围的党风廉政建设工作切实负起领导责任，逐级落到实处。各级党组织和领导干部牢固树立“不抓党风廉政建设就是失职，抓不好党风廉政建设就是渎职”的意识，切实把责任放在心里、抓在手中、落实在行动上。有的单位研究制定了符合实际的落实“两个责任”实施方案；有的单位主要领导带头讲

廉政党课，加强廉政教育。各级纪委、监察部门进一步加大对纪律建设、作风建设、廉政建设的监督检查力度，全面落实监督责任，协助和推动主体责任落实，实现了“两个责任”良性互动、共同发力。

（二）坚持思想教育从严，加强党员教育，为科研院所科学发展提供思想保证

全面从严治党，必须用好思想建党这个传家宝，抓好思想教育这个根本。中国水产科学研究院党组织坚持在把握正确政治方向上发挥作用，把学习贯彻习近平同志系列重要讲话精神作为首要政治任务。扎实开展群众路线教育实践和“三严三实”专题教育，组织引导广大党员职工深刻理解科学发展观的科学内涵、精神实质、根本要求，用中国特色社会主义理论体系武装党员头脑、指导科技创新迈出坚实步伐。切实加强党员经常性教育管理，坚持以正面教育、自我教育为主，不断丰富教育内容，加强社会主义核心价值体系和党性党风党纪教育，建立健全保持共产党员先进性长效机制，落实理论中心组、“三会一课”、专题民主生活会、民主评议党员等制度，大力宣传表彰先进典型，用身边事教育身边人，进一步激励广大党员做到行为先进、能力先进、品质先进，有效增强了党员的党性观念和宗旨意识。

（三）坚持作风要求从严，强化正风肃纪，巩固深化落实中央八项规定精神成果

牢固树立“作风建设永远在路上”的意识，深入整改出现的违反中央八项规定精神的问题，把作风建设一步步引向深入。

1. 持续改进作风

以健全工作制度、增强服务意识、强化督查督办为抓手，推进一流作风建设。建立健全公务接待、会议活动、公务用车、办公用房、经费管理等实施细则和配套制度，不断形成制度约束的整体合力。严格工作纪律和工作要求，围绕重点工作任务、重大决策事项、院领导重要批示，建立常态化督查督办机制，提高机关工作效能，坚决杜绝“庸懒散木推”行为发生。

2. 加强学风建设

健全完善学术行为规范管理办法，探索建立学风表现评审制度。大力宣传《中国水产科学研究院科研道德规范》，举办院系统先进人物典型事迹报告会活动，宣传严谨治学的典型事例，引导科研人员、导师、研究生树立正确的科研道德观，提升自我约束、自我管理能力，营造良好的学术氛围。

3. 强化正风肃纪

纠正“四风”，重点查处十八大后、中央八项规定出台后、群众路线教育实践活动开展后仍然顶风违纪行为。在重要节点到来前夕，通过会议强调、文件通知、电话提醒，反复打招呼、敲警钟，严防“节日病”。开展厉行节约反对浪费制度落实情况抽查，对顶风违纪行为，做到发现一起，查处一起，曝光一起，形成了有力震慑。

（四）坚持干部管理从严，从严监督管理，促进党员领导干部廉洁从政

党要管党，首先是管好干部；从严治党，关键是从严治吏。中国水产科学研究院党组始终抓住领导干部这个“关键少数”，切实做到严到底、严到位。

1. 强化干部考察

坚持把《党政领导干部选拔任用工作条例》作为总依据，落实“好干部”五条标准，突出干部德的考察，把好干部选出来、用起来。改进领导干部考核评价标准，切实解决唯票、唯分、唯年龄问题。严格执行个人有关事项报告制度，对存在瞒报情况的干部坚决不予使用。

2. 加强监督管理

坚持标本兼治，强化制度建设和监督管理，加强理想信念教育，着力营造不敢腐、不能腐、不想腐的政治氛围。对发生的典型案例加大通报力度，开展警示教育，用身边人讲身边事，用身边事教育身边人，在全院引起强烈反响。

（五）坚持反腐肃贪从严，注重信访核实，始终保持惩治腐败的高压态势

中国水产科学研究院党组旗帜鲜明，坚强有力地领导和支持纪检监察部门，按照惩治腐败无禁区、全覆盖、零容忍的要求，保持高压态势，严肃查处违规违纪案件，做到有腐必惩、有贪必肃。

1. 注重信访核实

进一步规范接访、登记、受理、办理、回复的信访工作流程，明确对信访工作人员的工作作风、纪律、职责等方面的要求，提高信访举报工作的质量和水平。建立常态化的督办督查机制，对下级纪委办理信访举报的情况进行跟踪、督促和检查，确保信访举报逐件处理到位。

2. 加大办案力度

严格落实“查办腐败案件以上级纪委领导为主”要求，强化线索管理，主动

核实查办，有效减轻下级纪委的办案压力，增强办案实效。从教育和保护干部的角度出发，对线索中反映的带有苗头性、倾向性问题，及时通过谈话、函询方式进行处置，把问题解决在萌芽状态和初始阶段。

二、现阶段科研院所党建工作存在的主要问题

由于科研院所党建工作的背景、环境与任务等诸多方面与地方党政机关、农村、企业和高校等有所不同，有自身的特点和规律，但目前大部分科研院所党建工作仍放在机关党建工作中，按照传统模式来抓，随着全面从严治党要求的不断提高和外部形势的不断发展变化，科研院所党建工作暴露出许多与全面从严治党要求不相适应的问题。本次调研中，大家普遍反映发挥党组织和党员作用主要有以下四个方面问题。

一是在组织机构设置上，由于科研院所的特殊性和党组织关系属地化领导等原因，存在党组织设立不合理、不及时，工作关系不顺畅等现象。以机关党建的模式去要求和指导科研院所党建，与科研院所的党建工作特点和要求有一定的差距。部分科研院所党组织设置未能及时适应以创新团队为主体的科研管理模式新变化（按部门划分而非创新团队），影响了党建与科研的紧密结合和党组织作用的有效发挥。

二是在思想观念上，对现阶段如何发挥党组织的作用缺乏统一认识。科研院所少数行政领导对发挥党委政治核心作用的重要性认识不足，存在“重科研、轻党建”的倾向，对党组织的工作理解支持不够。在党员干部的管理上还存在“失之于软、失之于宽”的现象。不少科研人员存在“重业务知识学习，轻政治理论学习”的倾向，表现为对党组织活动淡漠，给党务干部开展工作带来一定困难。少数党员党性观念比较淡薄，认为在市场经济条件下，在目前的考核评价体系下，工作的主要目标就是多出科研成果，所以对党组织的活动漠不关心，党员的先锋模范作用没有得到充分发挥。

三是在组织建设上，缺乏强有力的工作措施。一些基层党支部的理论学习由于党员工作忙或出差多，学习时间得不到保证。调查表明，有 40% 的被调查者认为工作任务重，不能保证足够的学习时间；有 20% 的党支部学习时间得不到保证，甚至每季度都不能保证集中学习 1 次。一些党支部书记或由处室负责人兼任，或自己本身就是课题组组长，这些同志因工作原因，忙于业务，经常在外出差，也造成对党务工作投入的时间和精力都不足的现象。党员民主评议不到位，教育管理弱化，一些基层党支部经常性组织生活制度落实不到位，造成党组织内

部缺少思想交流，不能正常开展批评与自我批评，对党员的督促、检查、考核、评比、奖励等管理措施在一定程度上得不到有效落实。

四是在工作方式方法上，一些科研院所党组织工作创新不够，活动吸引力、影响力不强。党建与科研结合不紧密，存在“两张皮”的现象。部分青年党员干部存在着理想信念动摇、宗旨意识淡薄的问题。一些单位发展科研骨干入党工作，存在着重视程度不够，措施不到位、吸引力不足、针对性教育不强等问题。据调查统计，46.0% 的被调查者认为学习形式过于死板，学习内容和方法需要改进；43.6% 的被调查者认为本单位虽然能按照上级要求开展活动，但结合自身实际和需要不够，上级要求什么就开展什么；47.5% 的被调查者认为党组织的工作机制和方法不能适应新形势的要求；41.6% 的被调查者认为组织活动没有吸引力，思想政治工作针对性不强，方法手段简单，不能解决实际问题；27.0% 的被调查者认为其所在党支部的领导与职工只有业务往来，缺乏交流甚至很少接触。

三、进一步加强科研单位党建工作的建议

要适应全面从严治党对科研院所党建工作的新要求，就必须从农业科研工作的实际出发，全面贯彻落实党的十八大和十八届四中全会、五中全会精神，切实加强和改进科研院所党建工作，切实改进党组织的领导方式，健全制度规范，完善工作机制，改进工作方法，加强组织机构建设，扩大党务工作队伍，使党组织和党员作用在推进科技创新、为农业农村经济科学发展提供坚强科技支撑中充分发挥。

（一）充分发挥党组织的政治核心作用

新形势下，科研院所党组织要坚持从科研工作实际出发，围绕为科技创新事业保驾护航，切实发挥好政治核心作用。

1. 发挥好政治引领作用

科研院所党组织作为政治核心，首要的任务就是要把握科研院所的政治方向，包括坚持党的基本理论、基本路线、基本纲领、基本经验，贯彻落实党和国家的科技方针，用习近平同志系列重要讲话精神指导科技创新实践，引导科技人员为提高科技自主创新能力、建设创新型国家、促进国民经济和社会的可持续发展做出积极贡献。要坚持围绕中心、服务大局原则，提高政策理论水平，增强议大事、抓关键的本领，不断提高党组织参与决策的能力。要想正确处理好履行参与职责与积极支持行政班子行使职权的关系，就必须既积极参与

重大问题的决策，确保党的路线方针政策的贯彻执行，做到参与“到位”，又要注意参与的合理性，不“越位”。

2. 发挥好组织保证作用

按照党管干部的原则，积极加强和改进干部管理工作，要与行政班子分工协作，共同做好干部管理工作。在干部管理上充分体现政治责任，在“管”字上下功夫，不仅要管选拔使用干部，更多地要管培养造就干部，把党管干部的关注点放在用人制度和管理机制的建设上，加强对干部的培养、锻炼、推荐、任用、教育、考核、评价和监督等过程管理，努力建设一支高素质的干部队伍，为引领科研院所持续发展提供有力的组织保证。

3. 发挥好监督约束作用

要严格落实党风廉政建设责任制，强化科研与党风廉政建设两手抓意识，强化一把手在落实责任制中的关键作用，夯实制度基础。要积极推进惩防体系建设，针对科研单位重大项目多、经费数额巨大等特点，研究制定预防和惩治学术腐败的制度与措施，加强和完善科研项目管理等方面的制度建设，用制度管权、管人、管物，特别是要加大对要害部门、关键岗位、重点环节、重大科研项目的监管力度，对出现的问题严肃查处。

4. 发挥好服务凝聚作用

要紧密结合科研院所实际，探索完善党内激励关怀机制，要面向全体党员，突出科研党员和重点群体，通过思想上关心、精神上激励、物质上帮扶，进一步增强党员的身份认同感和组织归属感，使广大党员既有义务、有责任、有奉献，又有权利、有温暖、有荣耀。建立党支部班子成员与党员定期谈心谈话制度，探索建立党员患病住院、家庭成员去世、家庭受灾、生活遇到重大困难、有较大思想波动时的“五必访”制度，建立为党员过“政治生日”制度，不断发挥党组织的服务功能，提升组织的凝聚力。

（二）努力加强和改进思想政治工作

要充分认识加强科研院所思想政治工作的重要性、必要性，切实加强对思想政治工作的领导，做到思想政治工作与业务工作有机结合，努力发挥思想政治工作对于推进科研创新、稳定职工队伍、促进单位健康发展的重要作用。

1. 贴近实际，增强思想政治工作前瞻性

科研院所思想政治工作要始终坚持实事求是和以人为本的原则，敢于抓“热点”、碰“难点”、解“疑点”，使思想政治工作在实际工作中富有生命力和战斗力。对干部职工中可能出现的思想问题进行科学的、前瞻性的判断和分析，超前预防，提出解决办法，把工作做在前面，防患于未然。要做到与时俱进，加强调查研究，主动积极地了解发现苗头性倾向，并且采取有效的解决措施，提前化解矛盾。

2. 着眼当前，与“三严三实”专题教育有机结合

“三严三实”专题教育正在全党深入开展，对于科研院所来说，这是树立严实精神、加强作风建设的一项重要政治任务，更是加强思想政治工作的良好契机。习近平同志指出，“三严三实”要求是针对全体党员、干部的，所有党员、干部都要按照“三严三实”要求鞭策自己。要在抓好县处级以上领导干部专题教育的同时，引导党员干部认真学习贯彻习近平同志系列重要讲话精神，不断提高思想觉悟和认识，进一步坚定理想信念和忠诚意识，严守政治纪律和政治规矩，努力转变科研工作作风，培养诚信意识和社会责任，弘扬求真务实、无私奉献精神。

3. 继承传统，重视对科研人员的教育引导

在思想政治工作中，要重视对科研人员的教育，注重舆论的引导，营造良好风气。要积极梳理总结和宣传老一辈科学家传承下来的优良传统，努力发挥典型示范作用，用优秀的品格和高尚的精神来鼓舞科研人员，引导科研人员正确对待自己、他人和社会，正确对待困难、挫折和荣誉，培养良好的思想素养、学术道德。

4. 落实制度，确保思想政治工作良好开展

坚持把思想政治工作纳入党建工作、领导班子考核范围，作为文明单位、先进基层党组织等评选的重要内容，同时将思想政治工作纳入科研院所党建工作述职评议和绩效管理指标体系，年终进行考核评估。

（三）严格党内政治生活和组织生活

党的十八大以来，我们党在开展党的群众路线教育实践活动之后，紧接着开展“三严三实”专题教育，就是要全面从严治党、一鼓作气抓好作风建设。科研院所党组织要认真贯彻落实中央部署，积极开展“三严三实”专题教育，使党内政治生活、组织生活严格起来、严肃起来。

1. 坚持党内生活制度

严格党内生活，必须以健全的制度为保障。要坚持和健全民主集中制，推动民主集中制具体化、程序化，健全和完善党员权利保障制度、党的代表大会制度、党内选举制度、党委议事决策制度、党内基层民主制度等，既充分发扬民主，又实行正确的集中，不断推进党内生活科学化，增强党的创造活力。要坚持“三会一课”等具体制度，强化党内组织生活制度的执行力，通过经常性的组织生活，对党员进行教育、管理、监督和服务。要健全党内激励、关怀和帮扶机制，充分激发党员的神圣感、荣誉感和使命感，提高党员自身修养和党员队伍整体素质。

2. 加强党内生活锻炼

要切实增强党内生活的政治性、原则性、战斗性。要以整风精神开展批评和自我批评，紧密结合“三严三实”专题教育，抓好关键动作，开好专题民主生活会和组织生活会，通过批评和自我批评对不良现象进行大排查、大扫除，切实弘扬正气，扶正祛邪，激浊扬清，达到“红红脸、出出汗、加加油、鼓鼓劲”的目的。要发挥党员主体作用，努力培养党员的主体意识，增强党员对党的事业的自觉认同、自觉参与和自觉奋斗的自主意识，以党员民主权利保障制度的强制性和约束力，激发党员的主人翁责任感和使命感，使其积极参与到党内生活、党的建设和各项事务中来。

3. 创新党内生活方式方法

新形势下做好科研工作人员的思想政治工作，必须要努力打破以往反复说教、读书念报的简单模式，采取灵活多样的形式，进一步发挥媒体作用，充分利用手机和网络等现代通信工具，以及思想座谈会、交流论坛及QQ群、微信平台等有效载体，建立覆盖干部职工的现代化思想政治工作网络，将思想政治工作更好地融入科研活动中。对思想政治工作的内容，要根据时代变化不断地赋予新的内涵，寓教于乐，使科研人员在潜移默化中受到教育，提升科研党支部的凝聚力。

（四）健全完善党建工作责任制

科研院所党组织要认真落实习近平同志关于把抓好党建作为最大政绩的要求，结合开展党建工作述职评议考核，健全完善党建工作责任制，把全面从严治党落到实处。

1. 推进党建工作规范化

坚持将科研院所系统内指导和属地化管理相结合，妥善处理好两者之间的关系，探索完善适合科研院所工作特点和党建规律的党建工作管理体系。加大科研院所系统内部党建工作指导协调力度，促进党建工作与科技创新的紧密结合，为党组织和党员应有作用的充分发挥提供制度保证。强化党委管党建、书记抓党建的责任，各级党组织负责人要牢固树立“抓党建是本职、不抓党建是失职、抓不好党建是不称职”的理念，真正担负起本部门本单位党建工作第一责任人的职责，努力形成党委统一领导，一把手负总责，分管领导具体负责，有关部门各司其职、紧密配合，一级抓一级、层层抓落实的良好态势。

2. 健全党建工作考核机制

坚持定性与定量相结合，将党建责任制落实情况纳入科研院所领导班子及其成员的考核范围，将考核结果作为实绩评定的重要内容，作为干部选拔任用、培养教育和奖励惩戒的重要依据。对考核不合格甚至严重失职者，及时调整并严肃追究责任。同时，将落实党建工作责任制与落实党风廉政建设责任制结合起来，深入推进反腐倡廉建设和反腐败工作，切实保护好党员、干部和科学家，保护好科研院所这块净土。

3. 加强党务干部队伍建设

要建立健全党组织负责人选拔培养机制，明确选人标准，拓宽选人渠道，引入竞争机制，真正把想干事、能干事、干成事的优秀党员选拔到基层党组织书记岗位上来。建立健全教育培训机制，把基层党组织书记纳入干部培训整体规划，建立初任培训、在职培训制度等，不断提升其素质、能力和水平。按照有利于加强党建工作、促进科研院所改革发展的原则，设置科研院所党组织工作机构，配备专职党务干部，确保组织机构和人员、工作落实到位。

课题组组长：柳　正

课题组成员：崔　鹤　潘　洋　李著伟　易智慧　吴　昊

加强新形势下党员教育研究

中国疾病预防控制中心

加强党员教育、提升党员素质是夯实党建工作基础的重要工作，是全面贯彻党的十八大精神的重要内容，是各级党组织必须认真思考和研究的工作任务。

中国疾病预防控制中心（简称中心），是由政府举办的实施国家级疾病预防控制与公共卫生技术管理和服务的公益事业单位。截至 2014 年年底，中心共有基层党组织 83 个，其中党支部 70 个，党总支 4 个，党委 9 个；共有党员 1998 人。作为国家级疾病预防控制中心，应不断研究和探索适应新形势需要的党员教育的方式方法，在全体党员中牢固树立体现时代精神与发展要求的先进理念，促进疾控、应急、科研、教育“四位一体”整体功能锻造，为建设一流疾控，维护人民群众健康，实现党的十八届五中全会提出的“推进健康中国建设”做出新的更大贡献。

一、党员教育的做法与经验

本次研究随机调查了 339 名中心党员，97.35% 的被调查者表示会“根据党组织安排，积极主动参加党员教育”，近 90% 的被调查者对当前中心党员教育的整体评价是“满意”。这说明总体上中心的党员教育工作得到了中心党员的认同，已步入了制度化、规范化的轨道。

一是紧跟时事，加强重点内容学习。党的十八大以来，中心党委围绕党和国家的大政方针先后组织了党的十八大及十八届三中全会、四中全会、五中全会精神培训会、研讨会和专题教育，邀请知名学者和业内专家进行深入的分析解读，帮助中心广大党员干部领会中央精神，充分认识“十三五”期间疾控工作面临的形势和任务，提高“建设健康中国”的思想认识。通过采用问、答、评等互动式教育与自我教育相结合的方式，引导党员干部有重点、有步骤地学习习近平同志系列重要讲话精神，深入开展“三严三实”专题教育，在理解一系列新思想、新举措、新要求的基础上抓好贯彻落实。中心组织党员干部认真学习中央和国家卫生和计划生育委员会有关重要指示精神，充分认识、全面领会深化医药卫生体制改革的新要求，贯彻落实对疾控工作的新部署。

二是丰富形式，提高党员教育效果。中心党委紧跟形势任务要求开展主题演讲比赛、主题知识竞赛和主题党日活动等特色品牌活动，寓教育于形式多样的活动中，使党员教育变被动为主动。2013 年，中心邀请北京医院、中华医学会等 7 个兄弟单位开展了“读书谈心得 共筑中国梦”主题演讲比赛，拓宽了学习交流平台，实现了中国梦与实际工作的结合，达到了相互借鉴、共同提高的目的。2014 年，中心结合纪念《中华人民共和国宪法》颁布实施 60 周年及国家卫生和计划生育委员会培育和践行社会主义核心价值观活动要求，组织开展了“学法律·讲道德”主题知识竞赛和网络答题活动，培育中心全体党员和广大职工学法、遵法、守法、用法。2015 年，中心结合纪念抗日战争胜利 70 周年和“三严三实”专题教育，开展了“走基层，知民情，强党性”的主题党日活动。通过参观爱国主义革命教育基地、与基层疾控机构开展面对面座谈交流等活动，进一步坚定了中心党员干部的理想信念，巩固和拓展党的群众路线教育实践活动成果，提升了中心党员干部职工服务基层的能力。

三是强化宣传，营造创先争优氛围。紧密围绕疾控业务工作，充分发挥中心网站党建工作专栏、《中国疾控中心报》、党群工作信息简报、宣传展板等舆论载体的作用，加强形势宣传教育，拓展党员教育活动成果。在疾控系统开展大兵团业务作战的同时，加强党建工作交流，竭力挖掘和宣传疾控系统内各类先进典型。中心举办疾控战线典型先进事迹报告会，介绍基层卫生防疫员山西省王元林和河北省姚祥两位党员模范人物，宣传他们几十年如一日坚守在乡村防疫一线的先进事迹；邀请在防控 H7N9 禽流感中发挥重要作用并赢得世界卫生组织高度评价的病毒病预防控制所专家骨干作演讲，宣传疾控工作报效国家的典型事迹；邀请参加援非抗疫的队员介绍抗击埃博拉疫情的相关工作，宣传疾控队伍敢于担当、无私奉献的精神，在中心全体干部职工中形成学先进、争优秀的良好氛围，使广大干部职工学有目标、赶有方向、做有榜样，培育正确的世界观、人生观、价值观。

二、党员教育存在的问题与不足

通过调查发现，被调查者认为中心党员教育工作存在的问题排在前三位的依次是“教育形式单一、缺乏吸引力”“现代信息传媒在党员教育中发挥的作用不够”“以教育者为中心，党员被动教育”。被调查者认为最需要了解和掌握的理论知识排在前三位的依次是“国内国际形势”“履职所需业务知识”“实用技术技能”。被调查者认为中心最需要建立健全的党员教育培训制度排在前三位的依次是“经费保障制度”“集中学习培训制度”“党员轮训制度”。根据以上调查结果，结合中心实际进一步分析，本文认为中心在党员教育方面主要存在以下不足。

一是教育形式的多样性和灵活性不足。当前，中心党员教育仍以“教师”为主体、“学生”为客体的“教学传导”模式为主，这种模式虽然具有便捷、高效等优点，但不能充分调动党员学习的积极性和主动性。在传统教育模式的基础上，需进一步培养党员学习的自觉性，逐步增加“学生”为主体、“教师”为主导的“教学互动”模式的比重势在必行。另外，信息技术的广泛应用早已改变了传统的知识传播方式，发放书面学习材料、集中开展专题学习等传统教育形式，已经明显不能完全适应时代发展的需要。新形势下疾控工作任务越来越重、业务出差时间越来越多（尤其是随着中心参与国际公共卫生事务的能力不断增强，类似派队伍赴塞拉利昂开展抗击埃博拉疫情等援外任务不断增加），如何利用高效便捷的信息传播方式，确保能够随时获得知识资讯，加快教育的节奏、提升学习的效能已成为改进党员教育工作必须面对的问题。

二是教育内容的针对性与有效性有待进一步加强。一直以来中心的党员教育内容紧跟时代发展节拍，紧扣经济社会形势变化，但距离紧贴党员本职工作实际还有一定差距，尚不能完全满足不同岗位、不同层次党员对知识的需求，党员教育的针对性和有效性已凸显不足。这说明，中心的党员教育除了常规的思想政治理论外，教育内容的拓展和延伸还有待加强，中心党员需求的“国内国际形势”“履职所需业务知识”“实用技术技能”等方面内容较少涉及，教育的内在吸引力体现不足。

三是党员教育制度还需进一步完善。随着党员教育形式的创新和党员教育内容的完善，中心党员教育工作亟待加强制度层面的完善和改进。只有符合中心实际的党员教育制度建立健全，才能保证党员教育的全员化、常态化和持久化。

三、加强党员教育的对策与建议

针对现阶段中心党员教育工作存在的问题和不足，在总结凝练、继承发扬中心党委多年来党员教育工作中好的做法和经验的基础上，结合“健康中国”建设和深化医改对疾控工作的新要求，不断寻求加强和改善党员教育工作的突破点，以更加积极有效、更具针对性、更具吸引力的方式方法、内容载体开展党员教育工作，并建立健全相关制度，实现党员有效接受教育并能够学以致用，推动疾控各项工作任务的顺利完成。同时，注重发挥文化建设在党员教育工作中的引导作用，着力培养党员学习的主动性和自觉性，为中心党员教育提供持久的内生动力。

一是丰富形式，提高党员教育的实效性。在坚持开展专题讲座、专题研讨、专题培训等传统教育的基础上，创新教育方式方法，综合运用讲授式、案例式、模拟式、体验式等教育方法，进一步增加情景教育和现场教育的比重，引导党员干部在专题学习中强化思考、在现场体验中升华思想、在互动研讨中深化认识。例如，根据中央领导近期提出的在“三严三实”专题教育学习研讨中要加强互动交流，防止内容空洞、照本宣科，防止以少数人发言，代替多数人研讨的新要求，为进一步提升中心“三严三实”专题教育学习研讨的实际效果，中心采用交互分组，现场即兴问、答、评相结合的方式，开展第三专题“严以用权”的学习研讨，增强了学习研讨交流的启发性和互动性，取得了良好的效果。在坚持开展特色品牌活动的基础上，注重充分发挥实践类教育的作用，创造条件，开展丰富多彩的实践调研活动，利用现场教育、红色体验教育、访谈教育等形式进行集中式学习，使理想信念教育和党性教育进一步在中心广大党员中得到延展。

教育培训的模式应当紧随时代的发展步伐，采用高效便捷、生动形象、内容鲜活的教育载体，使之更加生动活泼，更具吸引力。随着互联网的普及，可利用网络资源，信息化教育形式，增强教育的吸引力和感染力。通过建立党建论坛、微博等及时了解掌握中心广大党员关心的热点问题和学习需求，并为中心党员提供献计献策的平台；创建并推广使用中心党建微信客户端，及时推送党建信息，使之成为中心广大党员的重要学习交流阵地；建立教育内容信息库，中心党员可随时根据自己的需求下载政治理论专题、时事热点、市场经济、疾控业务知识等培训内容，提高中心党员教育的时效性和针对性；设立专门的邮箱，鼓励中心党员推荐、提供务实管用、生动鲜活、有趣有味的党员教育信息，并择优在中心范围内共享信息资源，丰富党员教育信息的来源。

另外，中心大部分职工选择乘坐单位班车上下班，并且路程较长，可根据中心广大党员的学习需求在班车上提供并及时更新各类学习资料，充分利用职工上下班时间开展学习教育，建立起移动的党员教育平台，让党员不受时间、空间和个体差异的限制，时时处处都能接受党的教育。

二是把握重点，提高党员教育的针对性。本着“实际、实用、实效”的原则，根据党员的岗位、年龄等特点，突出重点，有针对性地确定党员教育内容。对于党员领导干部，要把重点放在党的路线、方针、政策的学习上，放在群众观念、宗旨意识、勤政廉政教育上。对于党务工作者，重点放在加强党性修养，提高现代知识的素养上，加快党务干部的知识更新，跟上时代步伐。同时，提供更多的学习交流机会，培养“懂业务、会党务”的复合型党务干部人才。对于业务工作者，充分利用既有的和创新的各类媒介手段，向他们及时有效地传播党的理论知识，及国家卫生和计划生育委员会对疾控各项业务工作的新要求，同时适当增加业务技能等相关知识培训，使业务工作者的思想理论水平和业务技能同步提高。对于老党员的教育，要注意引导他们转变观念，适应形势发展的变化，努力把思想教育与解决他们的实际困难相结合。对于年轻党员的教育，在加强政治理论教育的同时，注意用传统文化精髓、典型人物先进事迹等道德教育潜移默化地影响年轻党员日常的价值取向和选择判断，加强道德知识的学习和理解，在目前价值多元化、思想信仰有所缺失的情况下牢固树立正确的价值观。

三是完善机制，保障党员教育的长效性。保障党员教育各项措施能够顺利实施的关键在于完善相关制度。探索将党员教育培训经费纳入直属各单位和机关两总支经费预算，实行专款专用，保障党员教育经费的充足。积极探索学时学分制度，通过自主式选学，累计学时学分的办法完成规定的学习任务，有效解决“工学矛盾”。在一般教育的基础上，根据不同类型、不同岗位、不同层次党员的实际需求，探索建立党员轮训制度，分期分批开展党员教育培训，提高党员教育的针对性和实效性。探索建立党员教育考核机制，结合年底的干部职工评优活动，每年进行一次政治理论考试，并把考试成绩作为考核党员干部职工和基层党组织党建工作的一项重要内容。

四是注重发挥文化建设在党员教育工作中的引导作用。外界环境对人们的观念、态度与行为方式的形成有着重要的影响。好的环境引导人们积极向上，知荣辱，懂道德，自觉维护集体和社会的利益。反之，不明确价值取向、缺乏约束力的环境，则可能使人漠视道德和伦理，不遵守集体和社会的行为规范。因此，提高党员教育实效，要注重发挥文化建设的引导作用，可以借助塑造风貌、培育精神、凝聚队伍的内隐文化建设，营造疾控系统应有的文化氛围，形成一种共同的价值取向和奋斗目标，使“一切为了人民的健康”的信念扎根于疾控人心底。通过多种形式的文化渗透，将疾控特有的文化力量深深地熔铸在全体疾控人的生命力、创造力和凝聚力之中，充分发挥文化凝聚人心、激励人心、提升内涵、树立形象的作用，使疾控事业和职工连接成为命运共同体，使职工走入中心就融入自觉学习、乐于奉献的环境之中，自觉为健康中国建设添砖加瓦。

五是着力培养党员学习的主动性和自觉性。辩证唯物主义认为，外因是事物发展的条件，内因是事物发展的依据。面对目前较为繁忙的疾控业务工作及现代生活的各种压力，倡导引导自学是加强中心党员教育工作的有效举措之一。只有党员增强自我教育意识，提高自我教育能力，拥有自我教育的积极性和自觉性，才能为自身素质的提高与党建科学化水平的提升提供持久的内生动力。近年来，中心党委通过举办“读书谈心得”演讲比赛、参加国家卫生和计划生育委员会“读讲一本书”等活动，在中心初步形成了较好的自学氛围。继续扩大活动范围、明确活动目标、完善相关激励措施，进一步引导中心广大党员在日常生活和工作中主动加强学习，牢固树立终身学习的理念。同时，中心的党员教育不仅要重视学习内容还要讲究方式方法。例如，聘请专业老师，在教授政治理论的同时为大家普及理论学习的方式方法，介绍简单实用的学习习惯；或是聘请专业培训师讲解时间管理的方式方法，从技巧层面介绍提升学习效率的技能等，都有助于培养党员良好的学习习惯，对学习形成一种发自内心的认同感。

综上所述，新时期加强党员教育工作需多方着力，全面及时了解党员的学习诉求和知识短板，更新理念、拓宽思路、整合资源，跟上时代的脉动，充分利用有效的载体和手段，从理念方法和文化知识等多个角度出发，坚持发展的思路分析问题和开展工作，提升教育工作的针对性、有效性，推进党员教育工作充满活力地向前发展。

课题组组长：梁东明
课题组成员：孟宪平　项　春　曾　彦　郭伟龙

以“红旗党支部”创建带动基层党组织建设研究

中国科学院武汉分院

认真组织实施“率先行动”计划、抓好改革创新发展是当前和今后一个时期中国科学院的中心工作，既是重大的科技任务，也是重大的政治任务。2015年，中国科学院党组印发《中国科学院党的建设工作规则》，明确了全院各级党组织职责，旨在增强基层党组织的战斗力，更好地发挥党建工作在推动发展、服务群众、凝聚人心、促进和谐中的作用。新形势下，如何有效促进党建和科研的有效融合，不断提高党组织的凝聚力、创造力和战斗力，为“率先行动”计划顺利实施提供有力的政治和组织保障，是科研院所党组织迫切需要思考和解决的问题。近年来，中国科学院武汉分院（以下简称武汉分院）以创建“红旗党支部”活动为抓手，立足于持续、扎实的工作实践，积极探索基层党组织建设有效性的发挥。

一、开展创建活动，探索党支部工作新载体

加强党的建设，基础在基层，重点在支部。武汉分院党组牢固树立“围绕科技创新抓党建、抓好党建促科技创新”的理念，坚持以扎实创新的精神，努力运用党的独特优势，抓实基层党组织建设，加强理论研究和工作探索，推动

党支部工作与科研工作双融合、双促进，形成持续加强党支部建设的工作轨迹和长效机制。

（一）深入调研

2012 年，武汉分院党组结合“基层组织建设年”活动要求，针对党支部工作进行了双维度的问卷调研，调研对象包括各单位党委负责人、党办负责人，以及基层党支部书记和委员，既深入了解党支部一线党务干部的问题与困惑，也认真听取各单位党委、党办对党支部建设工作的要求和期望。从支部组织建设、基本活动、学习培训、工作载体等方面进行了调研，形成调研成果——“围绕科技创新，探索新时期党支部建设工作——基于武汉分院党支部建设工作调研”，并发表在《科苑人》上。

（二）交流研讨

2013 年，武汉分院党组开展了“科研党支部书记访谈”活动，采取先发放调研提纲，再进行面对面、一对一交流的形式，针对科研支部工作和科研工作的切入点、支部工作形式、活动载体、党支部书记培训等方面进行深入研讨。党组编发了《武汉分院党支部工作手册》，并通过举办党支部工作培训班强化学习培训；编写《中国科学院武汉分院党委换届工作手册》，举办党务工作实务培训班，专题学习研讨基层单位党委换届工作，有效地促进了基层党组织工作的规范化和制度化。

（三）总结提炼

2014 年，武汉分院党组开展了“走进基层党支部、总结支部工作法”活动。通过深入了解基层党组织的建设情况，认真总结好经验、好做法，凝练了“双融双促”工作法、“结对共建”工作法、“量化考核”工作法、“示范引领”工作法、“延伸辐射”工作法等一批支部工作法。并通过召开党支部工作方法交流会进行推广，进一步深化了对基层党支部工作规律的认识，成为基层党建探索实践的典范和品牌。成功推荐中国科学院武汉物理与数学研究所“量化考核工作法”收录在湖北省直机关工委编辑的先进支部工作法中，武汉分院被湖北省直机关工委授予“党建工作先进单位”称号。在实践的基础上，总结提升形成理论成果《新形势下科研院所基层服务型党组织建设思考》，获中国科学院“两研会”优秀成果一等奖、全国党建研究会科研院所专委会优秀成果二等奖。

（四）示范引领

2015年，武汉分院党组在总结多年党支部建设理论与实践的基础上，组织开展了“红旗党支部”创建活动。以此为抓手，进一步深化“三型”党组织建设，通过发掘树立党支部工作先进典型，总结经验，示范带动，积极探索加强新时期基层党支部建设的新思路。武汉物理与数学研究所磁共振学科党支部以其突出特色，从湖北省直机关6000多个党支部中，脱颖而出，被授予“湖北省直机关工委红旗党支部”荣誉称号。

二、加强组织指导，确立党支部建设高目标

武汉分院党组站在贯彻落实全面从严治党要求的战略高度，按照思想教育从严、干部管理从严、作风要求从严、组织建设从严、制度执行从严的思路，组织开展“红旗党支部”创建活动，把严的要求、严的措施贯穿到基层党支部建设的各个方面，努力把全面从严治党的要求落到实处。

（一）谋划推动，实现创建工作齐头并进

一是明要求，专题部署。召开专题扩大会议，对开展“红旗党支部”创建活动进行部署。从组织队伍强、制度机制强、学用结合强、改革创新强、服务效能强、示范带动强等方面，对“红旗党支部”提出明确要求。要求每个单位选择一个工作基础好、示范带动强的党支部进行先行先建，力争率先达标，以充分发挥示范效应，带动其他支部创建。

二是走出去，拓展思路。组织各单位党委负责人、党办负责人到湖北省先进党支部进行现场观摩交流，学习支部工作围绕中心、促进中心的先进经验，创新支部工作体制机制、支部台账规范管理的主要方法，拓展党务干部的工作思路。

三是请进来，专家指导。通过邀请省直机关工委有关领导到武汉分院参加党支部工作座谈交流会，加强对党支部工作指导。同时，还深入党支部查看工作轨迹、活动阵地等，对支部工作进行具体的指导，推动基层党支部主动适应新情况、新形势。

四是立标杆，表彰先进。在组织各单位开展创建活动的基础上，武汉分院直属单位党委树立典型，推出以武汉物理与数学研究所磁共振学科党支部、武汉岩土力学研究所科研一支部、武汉植物园园艺中心党支部等为代表的一批“红旗党支部”；并认真总结武汉物理与数学研究所磁共振学科党支部凝聚党员群众智慧，

致力于科技报国的特色工作，积极向湖北省直机关工委推荐，有效地发挥了典型示范引导作用。

五是提经验，剖析典型。为深入总结红旗党支部经验，直属机关党委对武汉物数所磁共振学科党支部工作进行专题调研。与所党委、党办负责人，党支部书记和委员、支部党员代表进行面对面座谈，从党支部组织架构、骨干队伍、工作内容、工作方式、工作保障、工作激励等方面进行交流研讨，解剖麻雀，探索方法，总结经验，并请他们在武汉分院"七一"表彰大会上介绍经验，进行推广。

（二）明确目标，确保创建工作落到实处

武汉分院党组从党建基础工作、党建作用发挥、党建价值体现三个方面，提出"六强"，即"组织队伍强、制度机制强、学用结合强、改革创新强、服务效能强、示范带动强"的创建标准，为基层党支部建设指明方向。

一是加强组织建设。要求各单位结合本单位实际，围绕学科重点调整和"一三五"目标设置党支部。同时，推行研究室主任、学科组长、处长兼任党支部书记，要求支部书记"一岗双责"。通过建强组织、建强队伍，充分发挥支部战斗堡垒和党员先锋模范作用。

二是强化机制建设。提出党的工作"书记抓、抓书记"的要求，强调支部书记是第一责任人，支委成员是直接责任人，分工负责、互相配合，要求各单位健全完善党建工作制度，形成规范化、常态化、长效化的工作机制。

三是强调学用结合。要求各单位围绕"新"字抓学习，突出学习重点，创新学习方法，健全学习机制，以"全民阅读·书香支部"活动为载体，营造"爱读书、读好书、善读书"的学习氛围，着力推进学习型党支部建设，提高党员素养。

四是增强创新思路。要求坚持运用党的创新理论指导工作实践，按照全面从严治党的新要求，与时俱进地开展工作；不断创新支部工作理念、工作思路、工作载体、工作品牌，注重党建工作创新，鼓励、支持和推动各党支部结合各自工作特点和要求，创建适合科技人员需求和科研工作特点的品牌活动和工作方法，着力推进创新型党组织建设。

五是强化服务举措。要求坚持服务科技创新、服务科技人员、服务党员群众，总结凝练了一批可行、可学、可鉴的支部服务工作方法和工作典型案例，着力推进服务型党组织建设，有效提高党支部在服务保障科研、推动发展方面的凝聚力和影响力。

六是强化示范带动。要求党支部班子建设坚强有力、队伍素质过硬，党员干

部走前头、当标杆、作表率，党支部工作业绩突出，科研工作经验和党务工作经验可学、可用、可推广，示范引领、辐射带动作用明显。

三、树立先进典型，凝练党支部建设好经验

武汉物理与数学研究所磁共振学科党支部是武汉分院开展“红旗党支部”建设中涌现出来的佼佼者。该支部充分发挥思想政治优势、组织优势和密切联系群众优势，将支部日常工作与科研中心工作紧密结合，凝心聚力，团结协作，努力打造一流团队，产出一流成果，是一面高高飘扬的鲜红的党旗。武汉分院党组从四个方面总结凝练了磁共振学科党支部的创建经验。

（一）思想引领是支部作用发挥的重要任务

磁共振学科党支部是根据研究所“一三五”科研组织管理模式变化，将“磁共振基础研究部”“磁共振应用研究部”“磁共振中心”等学科相关部门“打通”设置的，党支部以国家需求为牵引，引导科技人员牢固树立“追求真理、服务国家、造福人民”的科技价值观，将分设部门的党员们紧密地团结在一起，极大地激发了科研人员的创新动力。

党支部将党员的思想教育作为支部建设与学科建设融合的重要切入点，通过多种形式做好聚人心、促发展的思想引领工作。一是通过通报会、研讨会、座谈会等多种形式做好“率先行动”计划的宣传发动，树立“国家的需要就是科学家的使命”的理念，进一步增强党员科技骨干投身改革创新发展的责任感和紧迫感。二是积极组织党员参加红色革命教育、“党的知识竞赛”等活动，不断提升党员的政治理论修养，坚定科技报国的信念。三是通过展板、网站和媒体宣传优秀科技骨干党员的先进事迹，在党支部中营造一种创先争优、投身科研的文化氛围。

（二）核心人物是支部作用发挥的重要引领

“群雁高飞头雁领”。一个团队的成功，很大程度上取决于这个团队中核心人物的传承与引领。

磁共振学科党支部中有中国科学院院士 1 名，还有 2 名所领导班子成员，副高级职称以上的党员 18 名。在这样一个特殊的党支部中，有着老、中、青三代党员领军者。德高望重、平易近人、年过古稀的叶朝辉院士，作为支部的一名资深老党员，他的一言一行都给支部党员树立了良好的榜样。武汉物理与数学研究

所所长刘买利研究员，作为支部的一名普通党员，他主动协助支部做好党员和群众的思想工作，帮助他们解决在工作、生活中遇到的困难和问题。年仅37岁即被推选为副所长的周欣研究员，作为党支部书记，他对党支部工作尽心尽力，创新思维，带领支委成员将支部工作开展得有声有色。

老、中、青三代党员科学家代表身体力行地诠释着共产党员发挥先锋模范作用的深刻内涵。他们潜移默化的示范和传承，引领着支部积极向上文化的形成，激励和影响着支部的每一位党员，同时也吸引了一批党外和海外的优秀科学家加入研究团队，支部涌现了一大批青年拔尖人才，例如，国家首批“万人计划”入选者、美国霍华德休斯青年奖获得者唐淳研究员等，展示了支部强大的凝聚力。

（三）团队建设是支部作用发挥的重要支撑

“众人拾柴火焰高”，共同的愿景、高涨的团队士气、成员的相互吸引支持、良好的沟通是优秀团队的基本要素，也是支部推动科技创新发展的重要法宝。

党支部创建品牌、凝聚共识，充分发挥支部的带动作用，推动学科团队去争取国家重大科研项目，促进了学科的创新发展。

一是创支部品牌，促科研交流。品牌一：午餐会。党支部固定在每两周的周三中午，组织支部成员及PI们，一边共进午餐，一边交流遇到的问题，往往在正式会议上悬而未决的事情，在午餐会却成了“小菜一碟”。品牌二：国家重点实验室联谊活动。由党支部牵头组织了跨学科、跨地域的4个国家重点实验室团队开展相互交流，交流形式还得到了刘延东同志的充分肯定。

二是聚支部力量，助力人才成长。助力一：暖人心。党支部协调部门领导分工负责联系高层次人才，和他们交心谈心，帮助他们解决实际困难。助力二：争项目。以支部中的党员领军人物为牵头人，团队作战，积极凝练重大科学问题，成功申请多个国家项目。助力三：扶青年。注重加强35岁以下青年人才的扶持培养，为支部年轻人申请留学基金，做访问学者，开展学术交流提供支持和帮助。

（四）成果产出是支部作用发挥的重要目标

磁共振学科党支部始终把推动“率先行动”计划实施、产出重大科研成果、引领国内磁共振波谱学科发展，作为衡量支部作用发挥的重要标尺。

在老、中、青优秀党员的带动下，支部成员凝心聚力，克难攻坚，目前主持国家项目60余项，其中包括2项国家重大仪器研制项目和2项“973计划”项目。近五年在*Science*、*Nature*、*PNAS*、*JACS*等国际顶级期刊上发表论文300多篇，篇均引用与美国国家高磁场实验室和法国国家强磁场实验室相当，具有较大国际影响力。自主成功研制的500兆核磁共振谱仪开启了产业化发展之路，打破了外国厂商在此领域的垄断地位，每年为国家节省外汇数千万元。研制出了超极化129Xe动物肺部磁共振成像（MRI）系统，成功“点亮肺部”，被《科技日报》、《人民日报》、新华社等主流媒体争相报道。

四、坚持以点带面，获取党支部建设新成效

武汉分院党组组织开展“红旗党支部”创建活动，通过立标准、树标杆、提经验等方式，在基层党支部建设中不断总结经验、探索新的工作方法和途径，有效地加强了党支部的规范化管理，提升了党支部的战斗力。围绕进一步健全完善创建工作机制，进一步探索党建与科研工作融合的办法和途径，还需要深化以下五个方面的工作。

（一）规范支部工作评价体系

一是结合科研单位实际，探索建立武汉分院党支部评价体系，采取定性和量化评价相结合的方式，从思想教育、组织体系、党员队伍、活动载体、制度建设、工作业绩等方面设立评价指标。通过设置明确的考核指标，使党支部工作的抽象任务具体化，化虚为实，促进党支部工作更具目标和方向性。二是要求各单位党委每年开展一次支部考核工作，采取党支部书记述职、党支部工作量化评分、党委点评等多种方式相结合，使评价过程变成支部间学习与交流的过程，努力提高党支部工作水平。三是对“红旗党支部”的创建标准进行调整和完善，区分类别，培育更多的不同类型的党支部工作标杆。

（二）重视支部骨干队伍建设

要求各单位把党支部书记作为研究所所级党务行政后备干部培养的重要岗位，让支部书记岗位成为干部实践锻炼、能力展示的平台。重视开展支部书记业务培训，通过专题报告、经验介绍、角色扮演、小组讨论、现场考察等多种形式，拓展支部书记开展党的工作知识与能力，推进支部书记做到兼而有责、兼而负责。

（三）探索支部工作激励机制

用好激励机制，实现责权利统一，赋予党支部书记更多的知情权、话语权、投票权，增强支部书记开展工作的责任感和使命感。可采取如下措施，例如，组

织党支部书记参与研究所发展、学科建设等重大问题的讨论；让支部书记担任职工考核、先进评选的评委，在干部和人才选拔工作中注意征求支部书记的意见；在年终绩效考核中，对支部书记给予加分评优；实施支部书记工作津贴制度。

（四）寻求党建科研融合途径

一是支部组织架构和科研组织架构相融合，根据科研院所分类改革要求，科学地设置和调整党支部，促进党建工作与科研工作结合。二是支部工作内容与业务工作内容、业务交流学习相融合，把支部建设成为党员职工的精神高地和业务平台，通过内容丰富、形式多样的学习交流，不断激发党员攻坚克难、追求卓越的勇气和活力。三是支部骨干与业务部门骨干相融合，推行“一岗双责”，把管人、管事、管党有机结合起来，让党建工作站到主岗位上，围绕主业来开展，把党建工作基础抓牢抓实。

（五）建立支部工作制度链条

健全支部制度体系，提升制度执行力，有助于发挥党支部战斗堡垒作用的最大效能，形成支部建设与学科建设双促进的长效机制。不断健全完善工作部署、交流、活动、考核、激励、保障等制度链条，形成规范化、常态化、长效化的工作机制。同时，注重强化制度的执行力，坚决维护制度的严肃性和权威性，做到有章可循、有章必循，确保制度在实践中得到不折不扣、持续有效的贯彻执行。

课题组组长：陈平平
课题组成员：尚纳新　洪成浩　宋海岚

文化学术期刊基层党组织面临的现实挑战与对策研究

中国艺术研究院

2014年9月，中国艺术研究院下属的《文艺研究》《传记文学》《中华文化画报》《中国艺术时空》《艺术评论》5家文化学术期刊重组成立了联合党支部（定名为中共中国艺术研究院文艺研究联合支部）。在支部委员会的带领下，期刊联合支部全体党员及入党积极分子认真学习党的理论、路线、纲领、方针和政策，热心为工作、生活有困难的党员和群众排忧解难，并积极发展新党员，较为出色地完成了基层党组织的基本工作。

从这段时间的实践摸索来看，期刊联合支部的工作基本上围绕着“下达上传”来展开。“下达”是指根据上级党委的部署和安排，召集支部成员学习党的理论、路线、纲领、方针和政策；“上传”是指将支部成员的学习心得、工作建议等向上级党组织汇报。虽然这些工作属于基层党组织的基本功能，是党的组织生活中必不可少的环节，却与文化学术期刊的具体工作距离较远。具体地说，期刊联合支部目前开展的党务工作与期刊工作的实际状况存在着“两张皮”的现象。这就使得文化学术期刊基层党组织在期刊的长远发展和实际具体的工作中，不能很好地发挥引领和带动作用，不能将中央精神和决策快速有效地融入实际的编辑工作中，不能在实际工作中很好地发挥基层党组织的指导与服务功能，也就很难通过党性锻炼和组织实践把基层党组织打造成坚强有力的战斗集体。经过调研，我们发现“两张皮”现象成了制约文化学术期刊基层党组织建设取得更大成绩的最大阻力。

有鉴于此，我们支部在全国党建研究会科研院所专委会倡议的党建课题研究活动中，选择了“文化学术期刊基层党组织面临的现实挑战与对策研究”这个题目，试图以文化学术期刊如何在实际工作中发挥更大作用为研究对象，尤其是对党组织“面上”的活动与期刊发展的实际工作不能有效对接的“两张皮”现象，进行调查研究和理论分析，切实找到症结所在，发现一些带有普遍性和规律性的问题，试图寻找某些有效的解决途径和答案，努力探索出一条符合文化学术期刊实际情况的基层党组织建设的新途径。

在具体的行文中，本文分为三个部分。第一部分将根据调研的结果，总结目前文化学术期刊基层党组织建设面临的主要困难和现实挑战；第二部分和第三部分从思想认识和制度建设两个层面入手，根据期刊联合党支部的实际工作，探索解决上述困难，并在实际工作中建设好基层党组织的举措和对策。

一、文化学术期刊基层党组织建设所面临的困难与挑战

（一）意识形态领导权的新挑战

2013 年 8 月，习近平同志在全国宣传思想工作会议上指出：“意识形态工作是党的一项极端重要的工作”。“能否做好意识形态工作，事关党的前途命运，事关国家长治久安，事关民族凝聚力和向心力。”从党史上看，我党有抓好意识形态工作的丰富经验和理论方法；从党的性质来看，抓意识形态工作是我党的政治优势。但是，在新的历史时期，尤其是随着网络时代和消费时代的到来，意识形态工作变得极为复杂，需要认真研究。

学术界一直有一个观点，就是强调人文社会科学研究的特殊性，认为人文社科研究是一门科学，不应受到政治约束。正是受此观点的影响，许多研究者一直把研究重点放在学科内部和所谓的独立性上，而忽视了人文社会科学研究的意识形态属性。文化学术期刊是人文社会科学研究界发表学术成果、交流学术观点、展开学术争鸣、普及人文社会科学知识及展示文学创作成果的重要阵地。与自然科学研究不同，人文社会科学虽然同样建立在考据扎实、论证严密等学术规范的基础之上，却带有鲜明的意识形态色彩。大多数人文社会科学研究者当然是以客观公正、科学严谨的态度探讨学术问题，但在有意或无意中，选择什么样的研究对象、使用哪些论证材料及采用何种研究方法等，都会透露出不同的思想立场。这就使得人文社会科学研究在某种程度上是不同意识形态交锋的场域。

调查中发现，历史、哲学、思想和文化等领域是意识形态交锋的重要场域，而文化学术期刊担负着引领话语方向，掌握意识形态工作主动权的重要使命，按

照习近平同志说的“守土有责、守土负责、守土尽责”的要求，文化学术期刊的基层党组织有责任和义务把这些责任挑在肩上，并且要做出新成绩。

（二）市场经济条件下的新挑战

由于文化学术期刊的定位较为高端，先天决定了其读者群体数量不多，因此很难通过扩大读者群的办法来提高销量。这就使得文化学术期刊只能通过提高刊物的内容质量、调整办刊方向以更精确地把握读者的需求等方式，在极为有限的读者群中吸引更多的关注，获得更大的市场份额。在这种情况下，研究界的最新动向、读者的阅读兴趣等，成了文化学术期刊要想生存、发展就必须首先满足的要素。

文化学术期刊是一种文化产品，必然具有双重属性，即文化属性和经济属性，二者不可偏废。过去一段时间，在发展文化产业和文化部门强行转企改制的过程中，我们过分强调文化产品的经济属性和市场功能，而对它的文化属性和教化功能，也就是它的意识形态功能认识不足，致使一些文化产品过度市场化和商品化，沦为市场的奴隶，饱受人民群众的诟病。文化学术期刊需要经营，需要关注发行、市场和受欢迎的程度，这是文化学术期刊必须要做的。没有人订阅的杂志或发行量甚微的期刊是没有任何前途的，这是不言而喻的，应该理直气壮地抓发行量，抓读者群，抓市场占有率。但在办刊过程中，要强调期刊的社会效益，要以社会效益为先。也就是说，一方面，不能以追求其商品属性和经济功能为唯一目的，而忽视或否认其意识形态属性和精神价值；另一方面，也不能以其意识形态属性而抹杀其商品属性，两者应该在文化产品中实现统一。

肩负着传播科学思想信息、提供先进文化产品和输送优秀精神食粮使命的文化学术期刊，面对市场经济压力，当前应接受两个方面的挑战：一方面是市场的挑战，再也不能像过去吃大锅饭那样，无为而治，闭眼办刊，不管受众和读者，不顾发行和销量，制造一堆没人阅读和购买的垃圾出版物，而应找准定位，精准发力，定点办刊，特色办刊；另一方面是文化传播能力的考验，在适应市场规则、提高经济效益的前提下，如何提高文化学术期刊的质量和传播能力，尤其是保证期刊在正确的文化方向上提升学术影响力和创新能力，出新、出彩，打造思想影响力和文化传播力的名刊。总之，既不要怕竞争甘于平庸走老路，又不要一味迎合市场走邪路。在这种情况下，文化学术期刊的基层党组织应该有所作为。

（三）廉政建设的风险挑战

市场经济条件下，经济部门容易出现贪腐现象，而趋利思想和利益导向同样也会严重腐蚀文化思想领域，文化学术期刊的经营权和自主发稿权相对集中，为贪腐和寻租提供了便利，必然面临廉政风险和贪腐挑战。

当前，一些报刊出现承包版面、出租刊号、记者站违规从事经营活动、记者搞有偿新闻甚至新闻敲诈等现象。2012 年以来，《购物导报》《网络导报》《中国特产报》《中国经营时报》等因严重违法被吊销出版许可证、责令停业整顿等，主管主办单位不能切实履行管理职责是重要原因之一。从采编队伍来看，一些从业人员的整体水平和职业素养还有待提升。2013 年 11 月中央国家机关工委专门召开了《中国经济时报》某记者违法案件情况通报会，旨在推动各部门加强对所属报刊的监管，提高从业人员的政治素质、业务水平和职业精神。

二、加强文化学术期刊基层党组织的思想建设

（一）党员干部在文化学术期刊工作中的思想转变

根据本课题组对多家文化学术期刊工作人员结构的调研，发现党员干部大多为高学历、高素质人才，是当前期刊编辑出版工作中的业务骨干，也是在各自研究领域中取得过丰硕成果的学者。这就为建设好文化学术期刊基层党组织打下了良好的基础。

不过课题组在调研中还发现，很多党员干部在思想认识上存在着对党建工作不够重视的问题，造成业务工作与党务之间出现相互脱节的状况。具体说来，就是在党的组织生活中，期刊联合党支部的全体成员都能够做到按时出席、认真学习党的理论、路线、纲领、方针和政策，并提交学习报告。这充分说明文化学术期刊的党员干部对于党的纪律是高度重视的。然而，在从事文化学术期刊的编辑、出版工作，以及在各自研究领域的科研工作中，党员干部则没能进一步在其中体现党性原则。于是，学术工作归学术工作、编辑工作归编辑工作，而党务工作仅仅是党务工作。在那些具有多重身份的党员干部身上，这几个工作环节没能做到浑然天成、融为一体，使得文化学术期刊的基层党组织建设工作没能具体落实到期刊编辑、出版工作中。这就需要广大党员干部要在思想上进一步转变对于党员身份的认识，真正将其落实在具体的实践工作中去。

（二）文化学术期刊不能做市场的奴隶

在市场经济条件下，文化学术期刊必须自负盈亏、自主经营，面临着极大的经济压力。为此，文化学术期刊的主编、社长及普通工作人员在提高刊物质量、找准市场地位、扩大发行渠道等方面做了很多工作。他们为此所作的不懈努力、

付出的无数心血是值得肯定的。

不过本课题组在调研过程中也发现，很多文化学术期刊在市场压力的“逼迫”下，片面追求吸引读者的眼球，在所谓“重写历史”“挖掘真相”的名目下，故意编发一些惊人之语或奇谈怪论。

习近平同志于 2014 年 10 月 15 日在文艺工作座谈会上的讲话中指出：“文艺不能当市场的奴隶。”文化学术期刊当然也不应该成为市场的奴隶。文化学术期刊为广大研究者、读者提供的固然在最宽泛的意义上是商品，但它同时还应该是精神文化的硕果。因此在文化学术期刊的编辑、出版工作中，特别是广大党员干部，应该把党性原则贯彻到实际工作中，为读者提供信实可靠、精神向上的文化产品，而不能一味地向市场低头，甘心做市场的奴隶。只有做到这一点，文化学术期刊的基层党组织建设才能落到实处，在实际工作中要把基层党组织锻炼成坚强有力的战斗集体。

（三）加强“守土有责”和“三个自信”教育

机关基层党组织的重要职能是服务中心和建设队伍，而作为文化学术期刊的基层党组织面对的中心任务就是办好刊物，掌握方向，坚强党性教育，培养优秀团队。办好刊物最重要的一条就是“守土有责”。

“守土有责”就是党在期刊里建立的党组织抓好党建工作，在期刊这样意识形态鲜明的岗位上为党和国家站岗放哨，必须守土有责、守土负责、守土尽责，必须要敢抓敢管，敢于碰硬，敢于亮剑，在思想建设上真正强大起来。特别是对大是大非问题、政治原则问题，要旗帜鲜明、态度坚定，要澄清模糊认识，划清是非界限，不给错误思想提供传播渠道，始终把确保党的执政安全放在首要位置。“守土有责”是一个长期的战略任务，基层党组织在思想建设中应该把这项教育贯穿党建工作的始终。

道路自信、理论自信和制度自信（简称“三个自信”）是一个共产党员对党的信念和党性修养在新的历史时期的具体表现，是党组织搞好党员教育的重要内容。要理直气壮地宣传中国特色社会主义，引导党员干部更好地坚定“三个自信”。文化学术期刊党组织更应该大力宣传我们道路上的独特创造、理论上的独特贡献、制度上的独特优势，展示中国成就、阐释中国创造、揭示中国经验，讲好中国故事，激发党员干部的奋斗激情和创造精神，为实现中华民族伟大复兴的中国梦而努力奋斗。当然，这些宣传不能表面化、口号化和庸俗化，而要用生动的实例，最好是结合编辑工作，结合日常生活对“三个自信”进行宣传教育，真正入脑入心，取得实效。

三、文化学术期刊基层党组织的制度建设

文化学术期刊基层党组织建设不能完全建立在对党员干部的思想认识的要求上。根据本课题组对在文化学术期刊工作的党员、群众的调研发现，人们迫切希望基层党组织能够建立起一套行之有效的机制和平台，帮助文化学术期刊工作者提高自身业务素质、了解业内发展动态，使基层党组织在富有成效的工作中成为团结人、教育人、发展人的集体。通过期刊联合党支部这段时间的试验摸索，有以下三种方法值得尝试。

（一）创建简明高效的信息交流平台

文化学术期刊是人文社会科学研究者发表学术成果、展开学术争鸣的重要平台，但它也应该成为引领学术研究发展方向的灯塔。这就要求文化学术期刊的工作人员要及时掌握人文社会科学领域的研究动态，并根据自身的知识储备和学术判断对学术界未来的走向有着清晰的预判。所有这一切，都对文化学术期刊从业者的业务水平提出了非常高的要求。虽然目前文化学术期刊的工作人员大多业务水平出众，但探索出一条不断促进员工继续教育、提高学术能力、迅速掌握研究界发展动态的发展道路，是文化学术期刊提高自身质量的迫切需要。基层党组织建设只有落实到这样的实际操作层面上，才能不再是简单的“上传下达”的通道，而是成为对实际工作有所促进，并真正能对党员、群众产生实际助益。

在对很多文化学术期刊的日常工作进行调研后，本课题组发现期刊工作人员除了日常编校稿件外，还应大量阅读本学科及相关领域的最新研究成果，这样才能了解人文社会科学研究的最新动态，并对未来的学术发展方向进行预判。不过文化学术期刊从业者的实际困难是，他们平时的工作阅读量已经非常繁重，而且国内人文社会科学的刊物浩如烟海，使得他们很难有精力和时间浏览那么多刊物。所有这一切，都严重限制了期刊从业者自身业务能力的进步，也制约了文化学术期刊自身的发展。

（二）发展生动活泼的思想交锋阵地

考虑期刊联合党支部所属成员均为人文社会科学研究界的学者，在各自所属的研究领域中有过突出的贡献，对人文社会科学研究者共同关心的话题也有着各自的看法。因此，期刊联合党支部希望突破传统组织生活以传达文件精神、谈论学习心得等形式进行的模式，而是在完成基层党组织的基本功能后，进一步结合本支部的实际情况，将党支部活动发展成生动活泼的思想交锋阵地。

在具体的操作过程中，期刊联合党支部在每次召开党员大会前，希望拟订一个具体的议题，如近期编辑刊物的心得体会、某个值得讨论的文艺现象、某个引起争鸣的学术话题等，并指定两名支部成员准备主题发言。支部书记主持召开支委会时，在完成上级党委布置的具体工作后，党员大会将发展成一个小型研讨会，邀请所属五家刊物的全体工作人员参与进来，在聆听两位主讲人的发言后，展开集体讨论。

采取这样的形式，就使得基层党组织的活动不再与期刊的实际工作相互脱离，而是有机地结合在一起，并通过提高党员群众的业务水平、研究能力、思维能力及论辩水准等一系列能力，真正为文化学术期刊的发展打下良好的基础。

（三）加强党纪教育和日常监督，创造按章办事和遵纪守法的好环境

文化学术期刊杂志社与一些经济部门和权力要害部门相比，是“清水衙门”，从业人员都是受过良好高等教育的知识分子，比较“清高”，一般不会出现重大贪腐案件和严重违法乱纪问题。但是从近些年来国内查处的违法违纪案例中，我们发现文化单位和宣传部门并非“净土”，违反党纪国法的案件时有发生，并且因为其隐蔽性和欺骗性较高，违纪手段和犯罪事实往往触目惊心。孟德斯鸠说：“一切有权力的人都容易滥用权力，这是万古不移的一条经验”“要防止滥用权力，就必须以权力制约权力”。不管什么性质的单位和部门，只要存在公权力，就有公权力被滥用的可能性。因此在党纪面前，没有特殊部门，也没有特殊党员，期刊杂志社更不例外。

以上是本课题组对于文化学术期刊基层党组织建设目前面临的困境，以及在应对这些困难时在思想认识和制度建设层面可以采取的措施。我们始终相信，基层党组织建设要想真正落在实处，就不能避实就虚，搞形式主义的花架子，而是要真正结合基层党组织所在单位的工作性质、实际情况，切实有效地采取相应的措施。基层党组织建设的工作只有和本单位从事的行业结合起来，才能起到帮助人、团结人、教育人的作用，使党员、群众在基层党组织的引领和带动下，与党一条心，为建设有中国特色社会主义贡献更大的力量。当然，期刊联合党支部在基层党组织建设方面所作出的思考和尝试，还将在长期实践过程中进行验证，加以修正。基层党组织建设工作是一条永无止境、不断提高的探索之路。

课题组组长：郝庆军
课题组成员：郝庆军　李松睿

国外智库建设与决策咨询制度研究

中国工程物理研究院激光聚变研究中心

智库即智囊机构、智囊团，也称咨询公司、顾问公司等，主要是指由各方面专家、研究人员组成的专门研究咨询机构，这样的机构主要是为决策者在处理社会、政治、经济、军事、文化、科技、外交等各方面问题时出谋划策，以提供最佳理论、策略和方案。智库在现代社会对政府的决策和企业战略发展的影响十分巨大，智库是一个国家"软实力"的重要组成部分，在现代国家中，智库的作用越来越大，以至于西方媒体的舆论认为，智库实际上是继新闻、立法、政府后的"第四部门"。

智库的发展及各个智库之间在思想市场中的博弈，已经在潜移默化地影响着国际进程，渗透于我们每个人的生活。我国的智库建设起步较晚，但随着近年来我国经济社会的高速发展，智库在公共决策中的作用越来越重要，中国特色新型智库在推进国家治理体系和治理能力现代化进程中扮演的角色也越来越重要。目前，中国正处于智库发展的关键时期，西方智库和咨询制度的发展经验对我国有着重要的借鉴意义。

一、国外智库的起源与咨询制度发展

对于智库的起源，目前学术界的看法很不统一，有的认为起源于 19 世纪初期，有的认为起源于 19 世纪中后期，但真正现代意义上的智库起源，大家普遍倾向于1916年成立美国的政府研究所，也就是布鲁金斯学会的前身，因为它是第一个专门从事公共政策研究的独立组织，而智库发展历史上最具有传奇色彩的当属兰德公司。

从20世纪初期至今，美国智库的发展大体经历了四个重要的阶段。第一阶段是从20世纪初到40年代，为智库的诞生期，这一时期的智库主要是靠大企业家的私人捐助运行，政策相对独立。第二阶段是从20世纪40年代到60年代，这一时期建立的智库多为政府契约型，即其经费主要靠联邦政府的研究合同，研究内容和思想倾向有明显的官方性质。第三阶段是从20世纪60年代到80年代，这一时期智库呈爆炸式发展，今天美国智库总数的一半诞生于这一时期。因为这个阶段正处于美国政治、经济、文化的转折期，因此大多智库往往被称为政策推销型智库，其发展更加专门化和政治化。第四阶段是从20世纪80年代至今，是美国智库的纵深发展阶段，智库数量进一步增加的同时，还逐渐形成了国际和地方两个大的网络体系，其影响也深入美国政治、经济、军事、外交等诸多领域。

二、国外智库与咨询制度典型特征

美国宾夕法尼亚大学有一个专门研究世界智库的机构，2009年，它发布了《全球智库报告》，统计称全球共有6305家智库，分布在169个国家，其中北美洲最多，有1912家，占30%。欧洲也不少，有1750家，占28%。亚洲也有1183家，占19%。其中，北美洲的1912家智库中，美国就占了1815家。美国首都华盛顿是世界上智库最密集的城市，共有393家。智库的研究者同总统及其领导的政府团队近距离地一同工作，并不断地把自己的工作成果输送给政府和传播给公众，渴望影响决策，影响美国，影响世界。在长期的发展过程中，美国智库的典型特征如下。

第一，智库在美国社会有着可靠的法律保障。政府颁布专门的法令为智库的发展提供法律上的保护，是美国扶持智库发展的一个重要举措。在美国，咨询已成为决策过程的法定程序，政府项目的论证、运作等各阶段都必须有不同的咨询报告。西方发达国家官方智库的设立一般都有法律的依据，这种法定的身份使得其咨询功能既是权利也是义务，从而大大提高了其研究和提供咨询的积极性。西方发达国家还建立了非营利法人制度，以促进民间独立智库的发展。据统计，国外智库大多是一些民间和半官方的非营利机构，它们以“公司”“研究所”“学会”“中心”等命名，以企业方式组建，按照现代企业管理方法进行管理，但不设股份和股东。对这些非营利机构，国外都有一系列法律制度作保障，如在资金和税收方面都有一系列的优惠政策和法律规定。

第二，智库都有门类齐全的信息制度保障。各种智库能够自由客观地表达自己的观点，采用各种方式包括期刊、书籍、年度报告、研究报告、快报等方式传播自己的思想和研究成果，体现了智库的独立性特点。智库的决策备选方案实质就是对各种相关信息的分析筛选过程，然后作出自己的判断，因此丰富的信息和第一手资料是至关重要的。国外的智库大都有自己的图书馆和专门的情报信息网络。同时，政府也十分重视给予其国内智库信息上的扶助。此外，发达国家还重视建立各种数据库和联机检索系统为智库搜集、处理和提供信息。在美国就有4000 多个数据库，约占全球数据库总量的 80%。

第三，智库都有完善的筹款机制。按照资金来源，西方智库大致可以分为政府资助型和民间资助型两大类。欧美就有很多智库依赖于政府的委托合同，英国政府是英国智库 1/3 的业务雇主。除此之外，智库的一项重要经费来源是基金会和个人捐赠，政府也鼓励社会对智库投入，在美国，公司和个人对智库的捐赠可从应纳的税额中扣除。德国政府则向寻求咨询服务的企业提供补助，以刺激咨询业的市场需求。可见，政府的资助是智库繁荣的因素之一。在政府的扶持下，西方发达国家的智库一般都拥有坚实的经济后盾和充裕的研究经费。

第四，智库机构人员配置得科学、合理。国外智库要求研究人员是高学历、高能力、跨学科且深入了解实际的研究者。由于智库多从事综合性的跨学科研究，因此讲究队伍结构的专业多样化，彼此互补，具备团队优势。跨学科优化组合，采用竞争淘汰制，优中选优，长期保持智库的创造力。各智库建有一套严格的人员考核、聘任制度，与此同时，智库与政府、大学、企业有着良好的人员流动关系，保持智库的活力。

第五，智库拥有健全的成果推销机制和评审机制。研究成果的推销同时也是有效的自我宣传，国外智库大多具有一整套健全的成果推销机制，通过承担政府的委托课题，定期出版期刊、成果快报等，开展企业咨询，出席国会听证会，与政府、企业进行流畅的人员交流等一系列的活动不仅推广了其研究成果，而且提高了其在社会上的知名度，还创造和宣传了智库自身的品牌，从而促进智库的市场化发展。与此同时，国外智库很重视研究的质量管理，每个智库都有一套严格的成果评审制度。兰德公司的“内部评审制”尤为著名，通过使用领先的实验方法和严格审查来达到最高的技术水平。公司对每一项研究计划，通常都聘请两位未参与该研究计划的资深研究人员作评审员，负责计划开始后的期中审查和计划临近结束时的期末审查，乃至研究报告初稿预审等，看其是否达到了兰德公司的工作要求。

三、我国的智库建设和咨询制度现状

我国的智库建设起步较晚，1977 年中国社会科学院成立，被视为中国智库体系初步建立的标志性事件，此后，党政军智库和中国社会科学院迅速发展。随着近年来我国经济社会的高速发展，智库在公共决策中的作用越来越重要，中国特色新型智库在推进国家治理体系和治理能力现代化进程中扮演的角色也越来越重要。党的十八届三中全会审议通过的《中共中央关于全面深化改革若干重大问题的决定》提出“加强中国特色新型智库建设，建立健全决策咨询制度”；2013 年 4 月，习近平同志首次提出建设“中国特色新型智库”的目标，将智库发展视为国家软实力的重要组成部分，并提升到国家战略的高度。这是迄今中央最高领导专门就智库建设做出的最为明确、内涵最为丰富的一次重要批示。

中国智库是随着社会政治经济的发展在一定的政治体制下产生的，受政治影响很大，其发挥作用的大小及空间在很大程度上由其所处的政治经济体制所决定。中国智库的特点主要有三个。第一，官方智库起主导作用，主要对全局性、综合性、战略性、长期性问题进行研究，并提出政策建议和咨询意见；第二，民间智库对中国社会问题进行实证研究，是官方智库的有益补充；第三，大学附属型智库已经粗具规模并呈现出蓬勃发展的态势。

四、对中国智库建设的思索

中国智库于 20 世纪 80 年代伴随着改革开放和现代化建设进程的需要，以及决策科学化、民主化的要求，借鉴国外智库成功的经验逐步得到发展。清华大学公共管理学院贾西津博士认为，中国目前民间智库还处于非常幼稚的状态，虽然它们以组织的面目出现，却没有形成产生思想的机制，学者在“单打独斗”，更多靠其个人的知名度和号召力扩大影响。贾西津博士认为，要从法律上解决民间智库的“合法身份问题”。民办研究机构应在民政部门登记注册为非政府组织（NGO），而现行法规要求登记非政府组织必须有一个业务主管部门，一旦找不到这样的部门做“婆家”，就没有登记资格。

首都社会经济发展研究所研究员辛向阳认为，目前，我们的政府咨询主要还是“个体咨询”。个体咨询的最大弱点就是其偏好明显，在进行咨询时片面强化自己所熟悉的知识，很容易对决策产生误导。再就是“个体咨询”不承担什么责任，我说错了，没有板子会打到我身上，这就是为什么我们的很多决策经过了专家的咨询仍然会出现大量失误的主要原因之一。

因为缺少产业化这一平台，专家建议仍采取个体、派别的方式，影响和效果并不理想，也会导致一种智慧资源的浪费。决策要经过专家学者的论证咨询，这只是解决决策科学化的一个开始。决策的真正科学化有赖于形成一个成熟的政府咨询产业，因此培养政府咨询产业是今后的一个重要工作。有了政府咨询产业的存在，政府的决策就有三个保证。第一，决策的范围是广泛的，一个重大决策可以得到众多决策咨询机构的论证；第二，决策的建议是独立的，每一个决策研究机构由于有自己独立的经济来源，因此在提出决策建议时不容易被他人左右，而且为了赢得自己的咨询信誉，咨询机构会下大力气对决策方案进行分析；第三，由于有众多的咨询机构，它们之间也会展开竞争，从而使政府决策的效率得到保证。

从另一个角度来看，我国主要研究机构都是政府下属机构，因此独立性差，受条块分割体制影响严重，运行机制不活；尤其是它们的计划、人事和财务都受到了过多的制约。很难针对人们关心的重大问题，自行选题进行深入的自主研究。有时因为不得不服从某些部门的局部利益，研究人员很难真正发表自己的意见，这种状况也制约了我国决策咨询的科学性。

课题组成员：刘红杰　谷渝秋　李　纲

科研院所基层党组织服务职工成长和发展着力点研究

中国工程物理研究院化工材料研究所

建设基层服务型党组织，建设学习型、服务型、创新型马克思主义政党的基础工程，其出发点、着力点、落脚点都是服务。新形势下，科研院所党组织要服务好职工，特别是为代表着核心竞争力的人才更好地服务，切实落实“党管人才”原则，使人才的成长与科研院所的发展相得益彰，为科研院所的腾飞积蓄力量，插上翅膀，就必须研究人，遵从人才成长科学规律，提升科学化水平，这样才能在人才成长和发展中发挥更大作用。

本课题从职工成长曲线入手，分析科研院所影响人才成长的内外因素，提出科研院所党组织服务人才成长和发展的着力点。

一、国内外学者对职工成长曲线的研究

职工的成长规律分析一直是国内外管理学者和专家关注的热点之一。美国学者库克提出的库克曲线和国内学者张诗信提出的四种职业命运曲线，对我们开展员工发展轨迹研究有一定的借鉴意义。

（一）库克曲线（库克提出）

美国学者库克对研究生参加工作后创造力的发挥情况进行了统计，并绘制

出了一条曲线，如图 1 所示。*OA* 段表示研究生在参加工作前的 3 ～ 4 年学习期间创造力的增长情况。在此期间，由于尚未开始从事具体工作，其创造力的发挥程度较低。*AB* 段表示研究生毕业后参加工作初期（1.5 年时间）创造力的增长情况。在此期间，他们第一次承担任务，任务的挑战性、新鲜感及新环境的激励，都促使其创造力快速增长。*BC* 段为创造力发挥的峰值区，这一峰值水平可保持 1 年左右，是其出成果的黄金时期。随后进入 *CD* 段，即初衰期，创造力开始下降，持续时间为 0.5 ～ 1.5 年。最后进入衰减稳定期，即 *DE* 段，创造力继续下降并稳定在一个固定值。从这条曲线可以了解到人的能力发挥状况最旺盛的 *ABCD* 时间段，约 4 年。过了这段时期，人在创造力、工作状态等各个方面都会下滑，并将在低水平上徘徊不前。

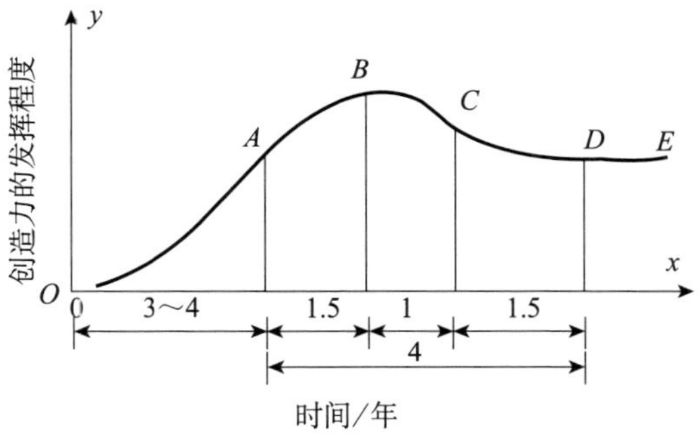

图 1　库克曲线

（二）职业命运曲线（张诗信提出）

国内学者张诗信从工作动机的角度，将一个组织的职工分为四种类型，即金钱导向型、事业导向型、安稳导向型和忠诚导向型。这四种类型的职工在一个组织中所占的比例大致为 50%、20%、20%、10%。张诗信认为，不同类型职工的工作动机不同，其职业发展曲线的运行轨迹也是大不相同的。他所绘制的四种类型职工的职业发展轨迹如图 2 ～图 5 所示。

金钱导向型的职工在待遇、福利等条件得以满足时，就会努力工作，反之则会不满、抱怨、消极对待。这类职工中的绝大多数人的职业命运只会在低端运行，少数人可能会做到班（组）长之类的管理职务。

对于事业导向型的职工，他们的首要目的并不在于当下能拿多少工资，而是为了获得一份自己喜欢的、符合自己个性特点的、能够使自己获得成长并最终能带来较大利益的工作机会，他们最有可能获得中高以上的地位。但是，他们之中的一部分人在职业地位上升至一定高度以后便再也无法上升了。随着年龄的增长，在中年以后便开始走下坡路。另一部分人在职业发展上十分曲折，但总体是向上的，还有部分人在 35 岁之前能够获得接近中等的职业地位，但随后由于种种原因，之后发展便一路下滑，成为极为普通的员工。

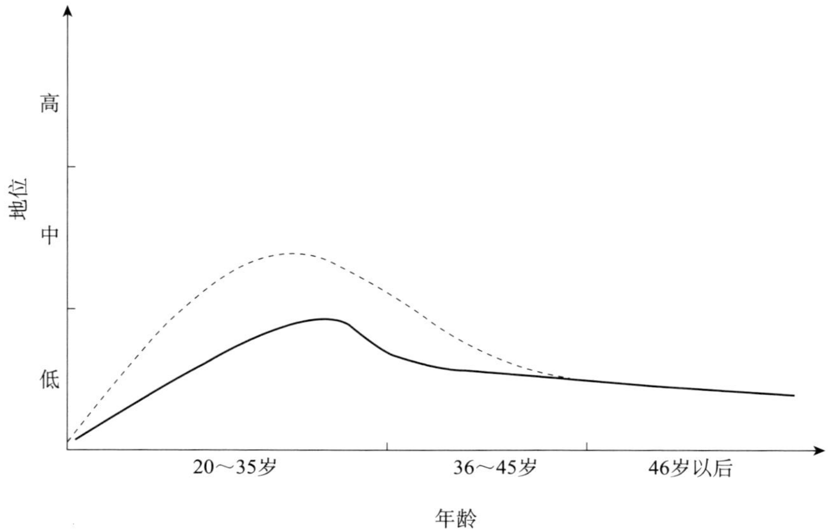

图 2　金钱导向型职工的职业命运曲线

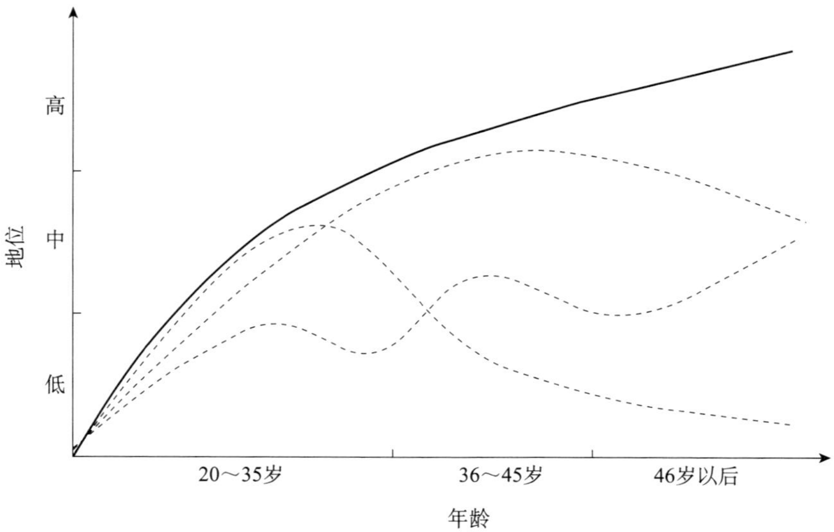

图 3　事业导向型职工的职业命运曲线

安稳导向型的职工十分看重家庭和个人的心理感受，他们对职业的期望不高，比较容易满足，不太愿意为换取更高的回报而付出更多。他们中的一些人在 35 岁以前的某一时间段，可能会在职场上有一定的“冲劲”，获得中等地位。但随着时间的推移，他们的上进心会逐渐消退，在组织中的地位也会每况愈下。

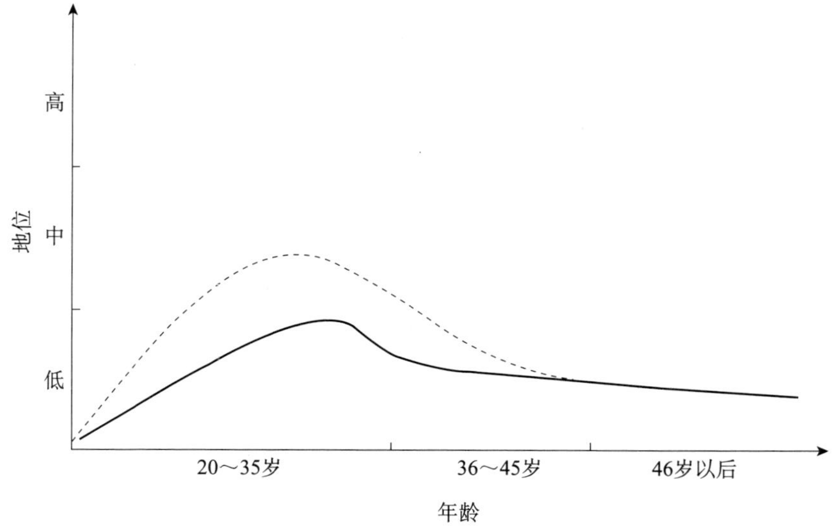

图 4　安稳导向型职工的职业命运曲线

忠诚导向型的职工高度忠诚于组织，把自己的职业命运完全交付给组织，他们最有可能获得中高级的地位。他们中的一些人在地位升迁上可能出现起伏，有可能过了一定年龄阶段会下降，也有可能由于业绩和才华的原因并不能升迁到中等地位，但一般情况下他们不会处于曲线图的最底部。

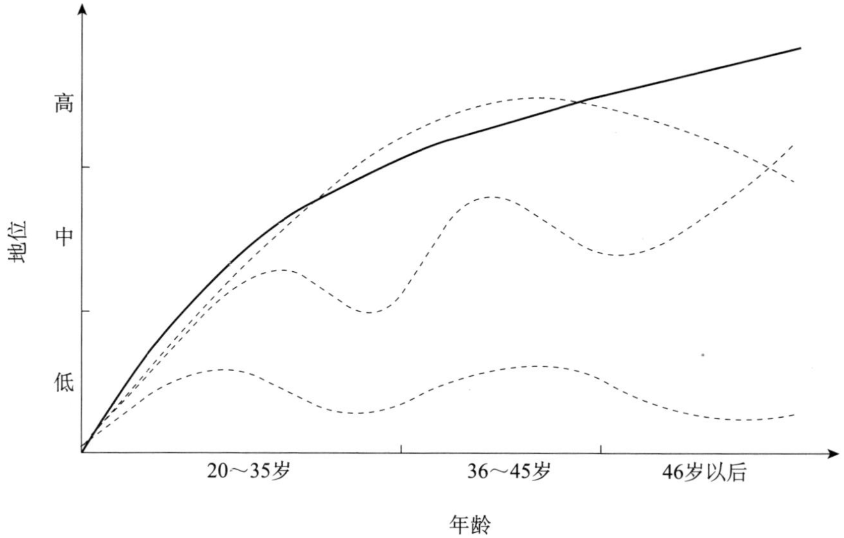

图 5　忠诚导向型职工的职业命运曲线

二、对中国工程物理研究院化工材料研究所职工成长轨迹的研究

（一）对中国工程物理研究院化工材料研究所职工工作动机的分析

以中国工程物理研究院化工材料研究所（简称化工材料所）为例，由于事业的特殊性，以及几十年来沉淀和发展的化工材料所文化影响，职工中稳定型、事业型、忠诚型的职工所占比例较高。与张诗信提到的四种职工类型的所占比例不同。在课题组开展的“我与我的所”调研中，其中“我所对你最大的吸引力”一题中，选择“稳定、和谐的工作环境”“认同为国防做贡献的价值观”“专业对口”“家庭和生活方面的原因”四项的职工最多（图 6）。

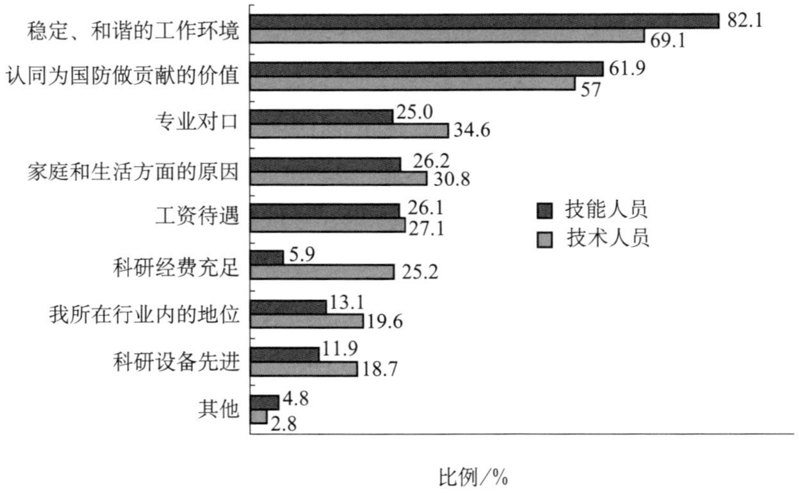

图 6 “我所对你最大的吸引力”调研结果统计

（二）对先进职工的分析

在课题研究中，我们选取了化工材料所 2013 年、2014 年两个年度评选出的所级先进职工（含入围），对其情况进行了统计和分析，发现如下特点。

1. 三个阶段的职工入选先进的比例相对较高

对照先进员工参加工作年限统计图（图 7），我们发现先进员工的工作年限比较集中在三个阶段：参加工作的 5 年内，工作 10 年左右和 20 年左右。结合库克曲线我们了解到，参加工作的前 5 年是职工的创造力成长最快、发挥程度最大的时期，此时员工最容易取得成绩。另外，此时职工一般尚无太多的家庭负担，时间和精力比较充沛。工作 10 年左右，员工年龄基本上在 35 岁左右，此时已经积

累了较丰富的工作经验，而且正面临着副高级职称或技师的评聘，工作的动力比较足。同时，他们也已经担负起家庭责任，为了让家人有更好的居住生活条件，他们也有打拼的动力。而工作 20 年左右的先进员工，我们认为他们一直就很努力，他们已经将个人的发展融入中国工程物理研究院的发展之中。

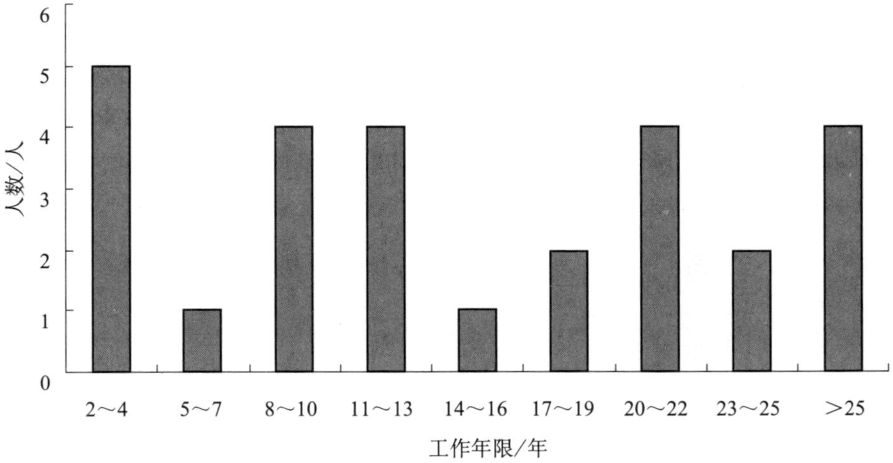

图 7　先进职工参加工作年限统计情况

2. 对先进技能人员和专业技术人员的要求不同

当选（或入围）的技能人员中有 83%工作时间超过 20 年，而且都担任着班（组）长。这说明技能人员要想获得更高的认可，除了工作技能外，工作经验的积累、组织协调能力，以及由此带来的威望都是非常重要的因素。而当选（或入围）的技术人员中，2000 年以后参加工作的就占 57%。他们有的来自科研一线，有的来自机关部门。他们虽然参加工作时间不太长，但都在各自的岗位做出了成绩，科研成果或管理业务都得到了大家的认可。这说明技术人员要想获得大家的认可，在科研或管理工作中做出成绩是第一位的。

3. 党员入选的比例较高

在先进职工中，中共党员占 81.5%，其中 59%是工作之后入党的。可见，党组织“双向培养”取得了明显的效果，骨干培养成了党员，党员也成长为骨干。党员入选先进的比例高，也从一定程度上反映了中国工程物理研究院党员的先进性，说明中国工程物理研究院的党员能够在工作中发挥出较好的模范带头作用。

（三）对中国工程物理研究院职工成长曲线的绘制与分析

参照张诗信的员工职业命运曲线，结合对院所职工特点和成长分析，课题组对中国工程物理研究院专业技术人员和技能人员的成长曲线进行了绘制。由于缺少多年跟踪积累的资料，没有可量化的指标供参考，因此绘制的曲线只是作为定性分析的参考。

1. 专业技术人员的成长曲线

技术人员的成长曲线大致有以下四条（图 8）。

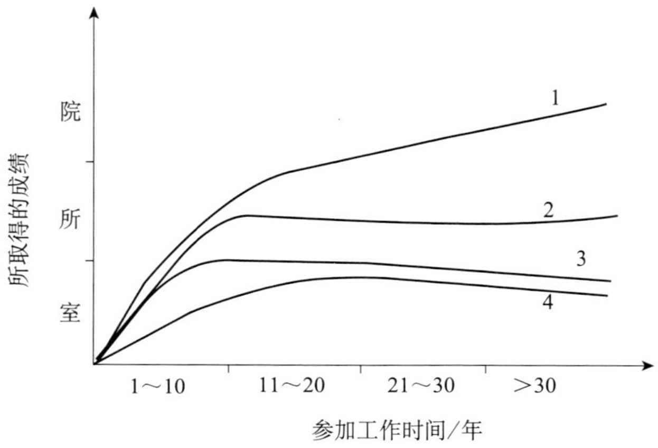

图 8　专业技术人员成长曲线

1 号曲线：参加工作后技术人员快速成长，有的工作 10 年左右就取得了不错的专业地位，在所里的某一领域成为有话语权的技术骨干，或者成长为中层及以上领导干部。经过不断的积累和成长，工作 20 年左右，成为院内某领域的技术专家，或者担任所级领导。此时他们没有停滞不前，依然很勤奋，保持着发展后劲，拥有光明的发展前景。

2 号曲线：与 1 号曲线相比，2 号曲线的职工也取得了不错的业绩，而且在所级层面也得到了较高的认可。虽然此时他们中的大多数也很努力，但是由于越往上走通道越狭窄，因此他们的职业地位难以得到提升。他们中的一些人可能会在 35 岁或 45 岁出现职业危机，有的可能不能对自己当前的情况作出正确的判断，从而工作的动力不足，成长曲线可能会向下发展。

3 号曲线：3 号曲线的职工在参加工作初期，工作的积极性也比较高，虽然没有取得更好的成就，但在研究室层面也得到了认可。但当他们取得一定的职称资格后，认为将来自己也难以再有突破，只想保住当前的成就，工作的积极性就会有所下降。随着“新秀”的不断产生，他们的地位也会逐渐下降。

4 号曲线：这条曲线上的职工由于个人能力的问题，一直没有多少有说服力的工作业绩，他们成长很慢，最终也取得不了更高的职业地位，最多成为某领域的“资深人士”。

2. 技能人员的成长曲线

技能人员的成长曲线大致有以下四条（图 9）。

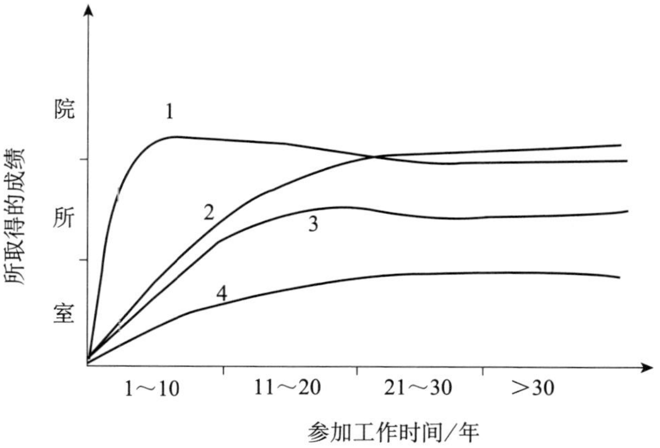

图 9　技能人员成长曲线

1 号曲线：该曲线的技能人员在参加工作时就具备了良好的基本条件，在入院后很快就能抓住机会做出成绩，取得较高的职业地位。例如，近几年中国工程物理研究院六所等单位的技能人员在院、四川省乃至国家的大赛中屡获殊荣，在院所都有较高的知名度和认可度。我们预测，随着新人的不断加入，原来的获奖选手也会给新人展现的机会，他们虽然不再参加比赛，但由于他们自身较高的专业技能，一般还会保持较高的职业地位。能走出 1 号曲线这条轨迹的职工不仅需要自身素质过硬，还需要有展示的机会。

2 号曲线：这条曲线的职工，没有耀眼的“出身”，但是他们在工作中也很勤奋，学习能力强，勤于分析和总结，不断提升自己的专业技能。他们一步步地走过来，成为技师、高级技师，有的承担起了班组管理工作，有的还获得了院、所的先进称号。可贵的是，在取得了这样的职业地位后，他们没有放松对自己的要求，还不断学习新知识，掌握新技能，一直保持着自己的职业地位。

3 号曲线：这条曲线的职工，在成长初期工作也很积极努力，一旦取得一定的职业地位后，如评上技师之后，他们认为上升的通道过于狭窄，更多的付出也不一定能换取到理想的回报，因而上进心有所消退，难以有新的突破。但是十几年的工作积累，同样可以让他们比较容易地保持住当前的职业地位。

4 号曲线：这部分职工由于某些方面能力的欠缺，加之个人的主动性也不够强，成长比较缓慢，最终也无法取得较高的职业地位。

3. 职工成长曲线的启示

（1）职工的发展不是平稳运行的，在一定阶段会存在职业倦怠感或职业危机。不管职工在此之前走过的曲线如何令人羡慕，如果在此阶段陷入困境，后面的成长曲线就难以继续“辉煌”下去。相反，虽然职工之前的职业曲线是令人感到惭愧或沮丧，但只要掌握了职业发展的规律和原则，完成自我超越，他未来的曲线定会向好的方向发展。

（2）研究分析影响职工成长发展的因素，找准影响职工发展的“绊脚石”，在职工成长的关键阶段给予有针对性的辅导和帮助，职工的职业发展就会更有保障，就会有更多的职工走出更高更远的成长曲线。只有职工获得了职业发展，管理者才有获得更大的职业成功。

三、对职工成长影响因素的研究

职工的成长就像是一棵树的成长。树长得好不好，一方面是树苗选得好不好，这是内因；另一方面就是树苗所处位置的条件（如土壤、水分和光照）好不好，这是外因。对于职工也一样，他走出什么样的职业曲线，一方面取决于他个人的因素，另一方面取决于他所处的外部环境。而外部环境既有大环境，也有小环境。大环境可大至一个研究所、研究院、国家，小环境可小至一个研究室、一个班组，甚至一个办公室、一个家庭。课题组认为，基层科室（或部门）是职工最直接的生存环境，院所的政策都要在基层科室得到落实，并对职工产生深刻影响。因此，在研究外部环境时，课题组重点对基层研究室的环境进行分析。

（一）影响职工成长的内因：职工自身

影响职工成长的自身因素主要有职业意愿和职业能力两个方面。

（1）职业意愿。职业意愿就是职工的工作动机，可以参照张诗信对职工职业命运曲线的分类，将职工的职业意愿分为事业型、金钱型、安稳型和忠诚型。事业型的职工有明确的职业、专业方向，想要在某一专业或领域获得成功。为了获得成功，他们不大计较当前的工资，认为这是领导考虑的事情，如果自己做得好，自然会涨工资，他们也愿意为此付出更多。金钱型的职工只把工作视为谋生的手段，认为我工作了就要给我拿钱，要我付出更多，就要涨工资，否则我不干。安稳型职工把工作的安稳、舒适作为自己工作的追求，只要工作安全、稳定、不太累、少加班或不加班，不影响家庭，工资少一点也没有问题。忠诚型的职工会把自己的职业生命托付给单位，单位要求他们怎么样，他们就会坚决地服从。

职业意愿是职业的“总开关”。有着什么样的动机，就会有什么样的行为，就会做出什么样的职业成就，走出什么样的成长轨迹。

（2）职业能力。除了职业意愿，职工能否取得成就，还与自身的职业能力有关。职业能力是人们从事某种职业的多种能力的总称。我们将职业能力分为三个层次：基本能力、专业能力和核心能力。基本能力一般指学习能力、沟通交往能力、表达能力等。专业能力一般指专业知识和技能。核心能力指在岗位上需要的关键能力，例如，对科研人员来说，创新能力就是其核心能力；对技能人员来说，对岗位上质量安全的把控能力就是其核心能力。中国工程物理研究院组织编写的各技能工种的职业标准，就是对技能人员专业能力和核心能力的具体要求。

（二）影响职工成长的外因：基层研究室及党组织

对研究室影响因素的调研，课题组采取了“调查问卷＋个别访谈”的方式进行。通过对调研情况的整理和分析，我们将研究室对员工成长的影响因素归纳为五个方面：职业平台与机会、专家的引领、室领导的影响、管理制度与流程、组织文化氛围。

（1）职业平台与机会。职工具备职业能力后，需要有机会展示自己的才能，并在完成任务、展示才能的过程中继续提升职业能力。这是一个浅显的道理，我们也很容易在身边找到这样的案例。例如，三所十室，原来只是做技术保障的单位，职工一直有被边缘化的感觉。但自从申请到国家科技重大专项并取得多项突破后，该室的地位得到很大的提升，职工的精神面貌也有很大改变。在这个国家级大平台上，十室的技术和技能人员都得到了快速成长，申请获批了多项国家专利，涌现出了一批优秀人才。

（2）专家的引领。在访谈中，多位职工提到其所在研究室没有技术“大牛”。他们渴望在自己开展科研工作时能够得到“大牛”的指导。这样既可以少走弯路，快速完成工作，也可以从这些“大牛”的身上学到更多知识，在他们的指导下快速成长。同时“大牛”一般都具有良好的科研作风，他们在自己身边，对自己也是一种鞭策。就连当选为院杰出专家的九所研究员刘杰也提到了“大牛”对他的深远的影响。从 1994 年入所到 2001 年，刘杰与九所专家陈式刚在一个办公室待了足足 8 年，刘杰在他的报告中说，陈老师几十年如一日心无旁骛地读书钻研，遨游于物理学的知识海洋，他被陈老师的治学精神和科研作风深深地感染了。

（3）室领导的影响。室领导掌握着组织赋予的权力，拥有对员工奖惩大权，包括有形和无形的奖励和惩罚，以及资源配置权力。室领导的奖励和惩罚的程度及方式、对员工的资源调配将会影响员工的工作态度与行为。室领导与员工之间的关系、是否给予员工关心和支持并为其创造良好的工作环境，将影响员工对研究室的归属感。如果领导表现出关心员工的需要、给他们提供资源和支持、鼓励员工克服困难去实现目标，那么下属很可能认为这个领导关心他们并且相信他们的能力，因此会更积极、更努力地工作。另外，室领导的生活习惯、个人爱好、工作习惯、科研作风等也会对职工产生影响。

（4）管理制度与流程。这是一个经常被管理者忽视的因素，认为这对职工的成长影响不大。但大多职工在访谈中都提到了这一因素。研究室的管理流程是否合理、顺畅，直接影响到职工的工作效率、工作质量和工作积极性的发挥。如果流程顺畅，管理制度明确具体，职工在工作中遇到的各种困难、问题都能够很快找到解决的办法。否则，遇到问题不知该如何去做，而且很可能推诿扯皮，被人当皮球踢来踢去。接受访谈的职工表示，当自己的困惑不能得到解决，找不到明确、清晰的工作流程时，工作的积极性就会受到打击，工作效率和工作质量都会大打折扣，甚至对单位的发展失去信心。

在影响青年成长发展的主要因素中，青年最关心的是培养机制、激励机制、文化氛围与学术风气（图 10）。这表明大家首先关注制度和文化，认为它们对青年个人职业发展起关键作用，其次才会关注生活待遇、科研条件和工作环境。

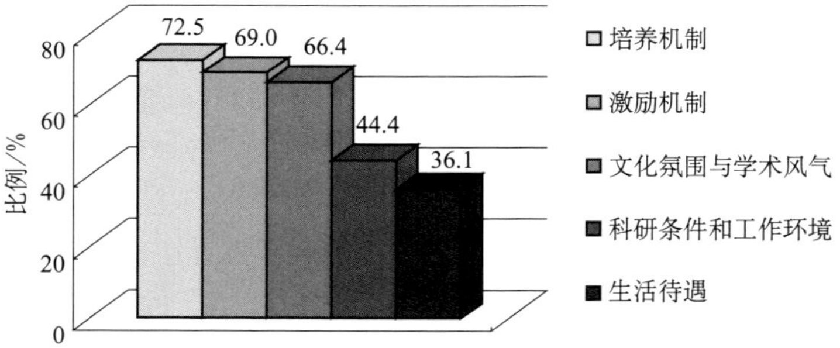

图 10　影响中国工程物理研究院青年成长发展的主要因素

（5）组织文化氛围。文化是一个组织发展的凝聚力和催化剂，对职工有着导向、凝聚和激励作用。在本课题开展的调查问卷中，45% 的调查对象认为单位的组织文化环境很好，并且对自己的帮助比较大，但同时也有 52% 的调查对象认为单位的组织文化环境一般。优秀的研究室文化可以增强职工的归属感，融洽职工关系，可以处理管理制度难以触及或难以作出明确规定的事项。积极向上的研究室文化可以激发职工的进取精神和创新意识，使职工在文化中获取前进的动力。

四、对基层党组织促进职工成长成才的措施建议

作为基层党组织，我们希望更多的职工在职业发展曲线上能够向着更高、更远的方向发展，自己的团队中有更多的优秀人才成长起来。根据前文对职工成长曲线及影响职工职业发展因素的分析和研究，课题组提出如下建议。

（一）党管人才，科学育才，为科研院所的发展积蓄力量

在坚持“党管人才”的大原则下，基层党组织要担负起政治责任，强化政治功能，要紧紧抓住人才的培养、人才的引进、人才的使用和人才的激励四个环节，把理论教育和实践锻炼有机地结合起来。特别是高层次人才的培养，要在内容、方式、目标及人才的结构上，体现时代性，具有前瞻性，有力推动国家创新体系建设。切实保护和尊重现有人才，为他们提供良好、和谐的工作、生活环境，让人才能够尽其才，实现人才价值的最大化。同时还应建立一整套激励约束机制，不断鼓励他们做出新的贡献，发挥他们的潜能。

科学育才就是遵循人才成长的客观规律，培养和造就人才。各个时期的人才成长的特点不同。特别是创造期阶段的人才是创造力最高、思维最活跃、精力最充沛的时期，在这一时期，党组织应尽量为其创造条件，为其创造力的发挥提供机会。对于群体人才，因每个人才各有专长，所以群体人才客观上有个结构问题。只有根据其特长，合理配备，才能在知识、专业和能力上相互取长补短，充分发挥群体人才的优势，产生最大的群体人才效应，实现最佳人才组合。

（二）构建共融协同机制，落实“三型”目标要求

科研所党务工作者在基层落实党建工作目标要求时，只有从“心”出发，才能推进工作创新。作为先进技术的创造者、先进文化的倡导者，科研党员有着极其敏锐的感受力和强烈的自我实现需求。一是在学习型党组织建设中，党组织要以核心价值观和发展愿景为牵引，以解决科研院所发展问题为导向，搭建各种学习平台引导党员超越自我，激发团队的创造力和活力。二是在服务型党组织建设中，党组织要积极应对社会快速发展给科研院所党员干部带来的深刻思想影响和复杂的心理变化，及时掌握准确情况和信息，科学解析党员需求，建立对党员的政治关怀、思想关怀、职业关怀、生活关怀，促进党员的全面进步和院所的科学发展。三是在创新型党组织建设中，要按照科学化的规律和因地制宜相结合的原则，创新机制，坚持用创新的事业培养人，用共同发展的理念凝聚人，营造诚信和谐的学术环境和鼓舞创新的文化环境，引导党员立足本职建功立业。

（三）帮助职工确定职业锚，树立身边的榜样

职业锚理论是由美国施恩博士提出的，职业锚是指个人经过对自我作出评价所确定的职业发展路线。研究室的管理者应当帮助职工认识自己的才干和能力，认识自己的需求和工作动机，认识自己与岗位匹配的优缺点。通过这些认知，可以有针对性地对职工的发展设置可行、有效、畅通的发展通道。有了职业锚就有了目标，有了目标便有了发自内心的动力和热情，才能不断鞭策自己保持持续的热情和习惯。

对职工开展更有针对性的培训，帮助职工提升职业能力。如前文的分析，职工自身职业能力欠缺，将对职工的成长和工作业绩造成很大的影响。通过对职工补贴职业阶段、层级、岗位等综合分析，在充分分析职工需求和现有能力的基础上，找出职工的能力短板，有针对性地开展辅导和培养，固化短期技能培训，强化中期素质培训，深化长期发展培训。完善“师徒制”，强化对学术带头人、班组长“育人”责任，构建研究室“传帮带”机制和网络，组织阶段性验证评估和传帮带计划激励等措施。对一些重点培养的职工，还可对其“量身定做”培训计划，帮助其快速提升职业能力。

另外，由前文的职业曲线可以看出，职工在一定阶段（如 35 岁左右）会存在职业危机，有的职工会满足于现状，有的会因为后来竞争者的优秀而失去对自我的肯定。管理者就要准确把握职工的这种状况，找准原因，“对症下药”，帮助职工顺利度过危机。

选派职工参加项目团队，用好向技术专家学习的机会。另外，还要发挥好“无形专家”的作用，建立本领域的研究成果库，实现资源共享，让职工可以很方便地看到本岗位、本领域多年积累的科研成果。

室党政领导要不断提升自身的管理水平，在工作中做职工的榜样。研究室党政领导要清醒地认识到自己对职工的影响力。一方面，要通过管理学习和培训，提升管理能力；另一方面，室领导要严格要求自己，做职工的榜样。

（四）理顺岗位职责与工作流程，多给职工“压担子”

一方面，根据职工的专业特长，给他们“压担子”，为他们提供展示个人才能的机会和平台，让具体的项目和任务成为职工一步步成长和提高的阶梯；另一方面，通过提供工作培训、岗位实践、项目锻炼、岗位轮换、挑战性任务，给职工一定的压力，激发工作积极性、创造性和发展潜能，促进职工快速成长成才，推进职工在实现技术创新、管理优化、工艺改进、人才培训等创新目标中提升自我价值。

理顺室领导、管理组分工，避免管理工作相互推诿的情况。建立明晰、简

洁的工作流程，省去一些不必要的工作，培养职工养成高效工作的习惯。不断完善工作制度，让不成文的规定都成文，尽力做到每项工作都能找到相关的制度依据。

（五）深入推进组织文化建设

组织文化的重要性我们已经很清楚，也认识到组织文化不只是几个理念，几个张贴板，更重要的是要让组织所提倡的这些理念能够深入职工内心，引导职工的行为，激发出职工的创新动力。七所的文化落地的经验给了我们很多的启示，继续推进文化建设，让文化落地，让文化入心，是管理者必须要做的一项工作。要以核心价值观为引领，以研究所发展目标为愿景，以催人向上的精神力量凝聚人、塑造人，通过文化载体和开展文化活动，为职工办实事、解难事、调心情、圆心愿，不断提升职工对研究所的个人成就感，教育引导职工自觉地把自己的职业追求与研究所发展有机融合，实现双赢。

职工的培养是一项长期的、系统性的工作。作为科研院所基层党组织，要了解职工的发展曲线，研究影响职工成长的因素并采取有针对性的措施，使更多人的发展曲线向更高、更远处延伸，既成就了职工，也成就了单位的事业，同时也是有力地夯实了学习型、服务型、创新型马克思主义执政党的基础工程。

课题组成员：高铁榜　宋悦华　张启戎　包丽珍

加强新建科研院所党建工作的思考和建议

中国科学院南京分院

党的十八大明确提出了实施创新驱动发展战略，强调科技创新是提高社会生产力和综合国力的战略支撑。为了更好地服务科技创新跨越发展，中国科学院积极推动服务地方经济建设，创建一批院省共建、院地共建科研机构，遵循“三满意一认同”的原则，即“地方政府满意，地方企业满意，地方老百姓满意，国际国内同行认可”。中国科学院在苏州新建的两个研究所（中国科学院苏州纳米技术与纳米仿生研究所、中国科学院苏州生物医学工程技术研究所），对引领地方行业发展，实施区域科技发展规划起到举足轻重的作用。

调研课题针对中国科学院南京分院（简称南京分院）两个新建研究所，以专题走访、座谈、发放调查问卷的形式，了解新建研究所的职工工作特点、思想状况、党建工作进展等。

课题组通过查阅数据资料和发放无记名调查问卷形式进行调研，共计发放调查问卷 169 份，回收有效问卷 142 份，问卷的有效回收率为 84.02%。

一、新建科研院所党建工作现状和特点

（一）党员发展工作现状

调研期间，两个新建研究所共有在职职工 732 人，具有副高及以上职称人员

221 人（其中研究员 96 人、副高级职称人员 125 人），占职工总数的 30.19%。两个研究所在职职工党员 336 名，占职工总数的 45.90%。两所职工平均年龄分别为 32 岁、31 岁，体现了新建科研院所的特色。

调查数据显示，两个新建研究所党员队伍的主体是中级及以下职称人员，副高及以上科研骨干党员占在职职工党员总数和科研骨干总数的比例分别为 20.23% 和 30.77%，低于副高及以上科研骨干占在职职工总数的 30.19% 和在职职工党员占在职职工总数 45.9% 的比例（表 1）。

表 1　两个新建研究所党员结构

职工党员总数/人	占职工总数/%	副高级职称党员数/人	占副高级职称科技骨干总数/%	正高级职称党员数/人	占正高级职称科技骨干总数/%	中级及以下党员数/人	占中级及以下职工总数/%	占职工总数/%
336	45.9	48	38.4	20	20.83	256	50.1	34.97

（二）科研团队负责人中党员质量较高但数量偏少

在两个新建研究所 74 个科研团队负责人中，党员仅有 20 名；在现有 20 名正高级科研骨干党员中，有 12 人入选中国科学院“百人计划”，3 人入选国家“千人计划”，分别占“百人计划”和“千人计划”入选者的 60% 和 15%。

（三）党员发展源头不足，组织结构有待优化

调研期间，两个新建研究所共有入党积极分子 19 名，其中，学生 6 名、职工 13 名，入党积极分子总数偏少。职工入党积极分子中仅 1 名为副高及以上职称，4 名为中级职称，其余均为初级职称人员。自建所至今，两个研究所共发展预备党员 24 名，转正预备党员 34 名。24 名预备党员中，学生党员 8 名，管理人员 7 名，科研人员 9 名，科研人员中仅 1 名具有副高及以上职称。

（四）对中国共产党的执政能力评价较高，了解并认同党的路线方针政策

对于“中国共产党的性质、宗旨和指导思想”选项，37.32% 的调查对象表示“非常了解”，47.18% 的调查对象表示“基本了解”，10.56% 的调查对象表示“了解一点”，4.93% 的调查对象表示“不了解”；对于“党和国家以及中国科学院的重大方针政策”，42.25% 的调查对象表示很关心，54.23% 的调查对象表示基

本了解，3.52% 的调查对象表示不关心；对于“包括人才政策在内的党的路线方针政策的评价”选项，33.80% 的调查对象回答“比较满意，自己是现行政策的直接受益者”，48.59% 的调查对象回答“基本满意，希望进一步加大工作力度”，12.68% 的调查对象表示“不太满意”，4.93% 的调查对象认为“说不清楚”；对于“中国共产党的执政能力”选项，40.14% 的调查对象认为“党的执政水平高”，47.18% 的调查对象认为“党的执政能力总体可以，但存在一些问题”，9.86% 的调查对象认为“党的执政方法需要改革”，2.82% 的调查对象认为“党的执政能力较低”。这表明，绝大多数科研骨干有相当的政治鉴别力，对党的现行方针政策和执政能力能够客观看待，并持肯定态度。

（五）党员先锋模范作用突出

对于“你所接触的党员，特别是副研以上科研骨干党员先锋模范作用发挥如何”这一问题，有 21.13% 的调查对象认为“发挥作用很好”，39.44% 的调查对象认为“发挥作用较好”，两部分加起来占到 60% 以上，大多数调查对象认同党员的先锋模范作用；另外，有 20.42% 的调查对象认为“发挥作用一般”，19.01% 的调查对象认为“发挥作用与普通群众差不多”，甚至“不如普通群众”，这充分说明当前党员的教育管理工作还存在不足，在业务或政治上不能体现党员的先锋模范作用，给群众留下了不良印象，对发展党员工作起到了负面影响，致使在回答“加强在科研骨干中发展党员工作对促进科研中心工作的促进作用”问题时，有 30.99% 的调查对象认为“促进作用一般”，11.97% 的调查对象认为“没有促进作用”。

二、加强新建科研院所党建工作的建议和思考

（一）发挥新建科研院所基层党支部战斗堡垒作用

党支部是凝聚党员的战斗堡垒，是承上启下的关键环节，是党联系群众的桥梁和纽带，也是贯彻落实党的方针政策、促进科研院所持续快速和谐发展的实践者和推动者。调查结果显示，党员希望改变组织活动形式单一、内容枯燥的现象，提高党组织日常活动的新意和活力，“传达领导讲话精神、学习文件”以高达 80.28% 的比例成为科研骨干“了解或参加的党群活动的主要内容和形式”；而实际上，大家“乐于接受的党员培训形式”中，69.01% 的调查对象选择“主题社会实践活动”，“专题讲座”和“网络多媒体教育”分别以 38.73% 和 35.92% 的比例紧随其后，“党校培训”和“上党课”等传统形式则备受冷落，仅占到 13.38%

和 11.27%；此外，对于“党组织对您的培养教育情况”，有 52.82% 的调查对象认为“没有采取什么措施”。这主要由于党支部书记和委员全部为兼职，时间精力有限，有时未能结合科技人员，特别是海归群体的思想特征而开展工作，这一问题也反映了科研院所党建工作方法有待创新。

对于“遇到困难，您是否会向党组织求助”，29.58% 的调查对象表示“会求助”，2.11% 的调查对象表示“求助过，但问题没有得到解决”，42.96% 的调查对象表示“视情况而定”，而 25.35% 的调查对象明确表示“不会求助”。可见，超过 2/3 的科研骨干对党组织比较信任，但党组织亟待加强自身建设，进一步提高在群众中的威信和凝聚力。

（二）加强在科研骨干中发展党员工作，发挥党员引领作用

科研院所科研骨干创新能力强，影响较大。在新建的科研院所中，副高及以上科研骨干几乎都具有博士学历，往往是学科方向带头人、重大科研项目负责人，他们在科研、管理的岗位上发挥着较强的自主创新能力和组织领导能力；在单位和社会上有较大的成就，社会地位高，具有较强的号召力和影响力，对其他普通科研人员的影响较大。对于科研院所来说，副高及以上科研骨干是人才队伍的中坚力量，是推动科技创新的重要因素。进一步发挥科研骨干党员的先锋模范作用，有利于影响和凝聚更多的高层次科技力量团结在党的周围，对于提高党的领导水平和执政能力具有十分重要的意义。

（三）着力加强党组织自身建设，提高党组织的影响力和凝聚力

加强对党支部书记和支部委员的选拔和配备，完善组织结构；探索将支部工作纳入个人考核的机制，调动他们做好党建工作的积极性；加强对党员的教育和管理，严肃组织纪律，充分发挥党员，特别是副高及以上科研骨干党员的先锋模范作用，为党外科研骨干树立榜样，提升党员在科研骨干心目中的地位和威望，让他们切切实实地看到党员的先进性。

在工作中进一步体现党组织的纯洁性、先进性、战斗力和凝聚力，为持续推进科技创新营造良好的政治、思想和学术环境。党委要及时将院层面和本单位的改革举措、发展规划等方面的重要工作，利用各种场合和机会向党外科研骨干通报，并征求、重视他们在重大问题上的意见和建议，给予他们充分发挥才能的空间，进行重点引导、考察、培养；切实关心科研骨干的业务发展，从解决个人生活和工作问题入手，采取措施，排忧解难，使他们深切感受到组织的温暖，提高党组织的吸引力和凝聚力。

（四）新建科研院所创新文化建设

创新文化作为组织文化的一个重要分支，是当代先进文化的重要内涵，创新文化具有的约束和调校功能有助于在科研院所内部形成共同的核心价值观，优化科研院所机制，规范和理顺各种关系，使职工和领导之间、职工之间、班子成员之间形成一定的相互依存关系。通过密切配合、协调团结，推动科研院所形成更加强大的凝聚力和向心力。创新文化精神实质是建设良好的科研环境和营造浓厚的创新氛围，激励和培育创新思维，造就创新人才，做出创新成果和实现可持续发展。

在创新生态系统中，人既是创新主体，又是创新资源。人是组织整体创新系统建设的核心，是决定组织整体创新系统运行的第一资源。创新生态系统的构建，最根本的目的是最大限度地发挥作为创新主体的人才的创新潜能。构建创新生态系统，首先要构建创新的人才生态系统。中国科学院院长白春礼将创新人才比作树木，强调要构建良好的创新生态系统，创造适宜人才成长的环境，“规划‘森林’，让‘树木’自由生长”。

科研院所的建立与发展，就是要构造良好的创新发展环境，培养创新氛围，把创新的能力与活力注入每一个创新群体，使创新群体内部的每一个人都有共同的使命感，树立坚定的创新核心价值观。

（五）党政密切协调配合，共同推进科研院所的创新发展

中国科学院所属研究所实行所长负责制领导体制，党政的工作内容要相互支持和补充，例如，对于科研院所制定的发展目标和改革措施，党组织大力组织宣传教育和思想动员，及时了解群众的困难、意见和建议，向行政领导反馈，并积极化解其中可能出现的矛盾。行政领导要支持党组织开展各项工作，对于党组织反馈的群众意见和建议要给予重视并认真研究解决，从而保证科研院所在为提高科技创新能力大刀阔斧进行改革的同时也能赢得群众的支持和拥护，形成思想统一、目标一致、安定团结、和谐奋进的良好局面，为科研院所科技创新顺利开展创造稳定的环境。

（六）党建带群团组织建设，发挥整体工作合力

以党的基层组织建设带动其他各类基层组织建设，构建党建工作和其他各类基层组织工作的一体化建设，是提高党的建设整体水平的一条有效途径。群团组织是党联系群众、了解民意、协调利益的重要纽带，是党开展群众工作的重要助手。群团工作也是党的群众工作的重要内容之一。新建科研院所是高学历、高层

次人才最集中的组织，也是各民主党派和无党派高级知识分子、海外归国人才等最集中的机构之一。

科研院所以党的建设引领群团组织建设，实现共建互促、同频共振，提高群团组织的号召力、吸引力和渗透力，这既是党和政府建立最广泛的爱国统一战线的重要内容之一，也是在国际人才竞争激烈的大背景下不拘一格广泛吸纳人才、留住人才而创造和谐环境的需要。党组织发挥领导和保障作用，整合队伍、信息、培训资源，根据不断变化的科技创新实践要求，充分发挥基层工会组织和群众团体的桥梁、纽带作用，搞好群团活动的配套建设，为诸如职工之家、青年之家、妇女之家等活动提供平台。引导群团组织围绕科研院所中心工作，把党群共建融入组织、引导、服务群众和维护群众利益的具体实践中，通过组织成员座谈会、文艺晚会等多种形式的活动，增强职工对本单位的归属感，增强科研、管理、支撑团队的凝聚力，增强对本职工作的热爱，在全单位上下营造良好的工作氛围，为推动科研院所实现跨越发展贡献自己的力量。同时，群团组织尤其是共青团组织应积极培养、推荐优秀分子加入党组织，为党组织输送更多的新鲜血液，进一步促进党建扎实开展。通过党群共建，相互协调配合，集中集体智慧，更好地推进党员和群众思想政治工作，解决好职工群众的实际困难，激发职工群众的积极性、创造性、主观能动性和主人翁精神，不断增强科研院所的综合实力。

课题组组长：朱怀诚
课题组成员：刘佩华　邓　强　杨　涛　王启飞　张明杰　袁艳明　张俊华
曾光强　赵　鹏　杨　绒
执　笔　人：曾光强　赵　鹏

创新基层党建模式　推动共建共享发展

——矿产资源研究所党建服务模式初探

中国地质科学院矿产资源研究所

一、现实情况分析

就最终目标而言，科研工作与党建的目标都是为了推进科研院所事业的发展，为经济和社会发展服务。但是具体到工作任务，两者又存在一定的差异性。

基层党组织的建设工作，是为了保证党的路线方针政策得以贯彻落实，是为了凝聚和保障广大人民群众的根本利益。从某种意义上讲，基层党建工作是一种以服务为核心的工作，需要处理好用什么服务、为谁服务的问题。在现实生活中，由于获取短期利益比获取长期利益更能让人信服，因此，着眼于全局的、长期的战略布局常常被认为是“虚”的，指导我们去实现这个战略布局的路线方针政策这些根本性的东西也就不能让非专业人士感兴趣。但是，如果我们观察中国共产党走过的历程就会发现，基层党建工作任何时候都不能忽视，任何工作都不能代替，任何领域都不能放松，必须切实增强执政意识、大局意识、阵地意识，履行好管党治党责任，与时俱进地创新基层党建工作。

科学研究是为了解决某些重大的疑难问题，目的是为了推动经济社会的发展，造福于人类。这几乎就决定了科研人员的最大兴趣在于发现问题并创造性地加以解决。而通行的科技方面的制度要求科研人员要想实现自己的兴趣，首先必须要把自己发现的问题通过项目立项申请的形式提交上级部门组建的专家委员会审核，专家委员会从他们自身的认识出发，结合当前社会发展的需要，确认项目是否可以准予立项。与此同时，科研人员会尽最大的努力去完成项目申请过程中的相关程序。项目成功通过后（如果没有成功通过，科研人员一方面会参加其他申请成功的科研项目团队；另一方面会做好准备下一次再申请），科研人员会根据设计好的思路去执行，目的是实现既定的目标任务。在全部完成项目最初定下的目标任务后，他们按要求向上级部门提交科研成果，同时会提出研究中发现的新问题，据此进入下一个研究。在整个过程中，科研人员的所有精力和关注点都与项目有关，因此，做项目就成了科研人员实现自身价值和理想的必要途径。

在中国经济步入新常态的背景之下，2015 年的中央一号文件继续锁定“三农”，这是中央一号文件连续 12 年聚焦“三农”问题，显示了党中央和国务院对农村、农业和农民问题持续而高度的重视。当前，中国正处于全面建成小康社会的关键时期、冲刺阶段，不能缺少“三农”这一重中之重的问题。与此同时，如何“充分发挥科研院所在科研成果转化中的作用”，对新时期科研院所科技扶农提出了新的挑战。

二、共建工作纪实

2007 年，中央国家机关精神文明建设协调领导小组办公室倡导开展“城乡携手，共建文明”结对子活动，这是建设社会主义新农村、统筹城乡发展的一项重大举措，中国地质科学院矿产资源研究所（简称矿产资源研究所）开始思考携手共建问题。

2008 年，为响应中央精神文明建设指导委员会号召，首都精神文明建设委员会办公室提出开展“城乡携手迎奥运，共建文明京郊行”结对子活动。目的是通过创建精神文明共建基地，以城带乡、城乡共建、和谐一体，整体提升北京市各级文明单位创建水平，促进城乡协调发展。国土资源部直属机关党委就开展这项工作做了全面的动员部署，北京市精神文明委员会要求北京市各文明单位要结合本地区、本单位实际，根据精神文明创建标准，坚持自愿结对、量力而行，资源共享、优势互补的原则，制定结对子具体工作方案，细化结对子创建内容，明确创建方法，开展扎实有效的创建活动。在矿产资源研究所党委、北京市平谷区南独乐河镇党委政府和新立村党支部的积极努力下，双方按照市级精神文明结对子创建标准，制定了结对子方案，并经过多次考察协调沟通，最后确定矿产资源研究所与新立村共建精神文明基地。

2009 年 4 月 18 日，矿产资源研究所与北京市平谷区南独乐河镇新立村精神文明共建基地在平谷区南独乐河镇新立村正式落成。其提出了共建方案，并确定了矿产资源研究所将从以下几方面与平谷区南独乐河镇新立村开展共建活动。一是充分发挥矿产资源研究所专家、技术、信息资源优势，在文化、技术、支农等领域与平谷区南独乐河镇人民政府广泛开展文明共建活动。二是依靠信息畅通优势，帮助共建地区果农拓宽销售渠道，增加农民收入。三是开展科技兴农活动，发挥矿产资源所地质科技优势，开展生态农业地质研究。四是积极参与新农村建设工作，帮助该镇出主意、想办法，搞好新农村建设、生态旅游等工作。五是以提升农民整体素质为切入点，开展送科技、法律、地质、科普书籍等下乡活动，丰富农民的业余文化生活，在平谷区南独乐河镇所辖行政村，建立一个文化站（图书阅览室）。六是开展送知识下乡活动，不定期选派地质专家到当地中小学讲授地质、地震知识，进行科普宣传。七是邀请当地中小学生代表参加地球日活动，矿产资源研究所与北京市平谷区南独乐河镇新立村精神文明共建基地揭牌，标志着国土资源部、中国地质调查局、矿产资源研究所精神文明结对子创建活动又取得了一项阶段性成果，基层党建工作又迈上了一个新台阶。双方将在今后的共建活动中，发挥各自优势，互帮互助，互相促进，互动双赢，开创精神文明结对子创建活动的新局面，谱写京郊文明行新篇章。

2010 年，共建双方联合在平谷教工休养院成功举办了“2010 年迎新春系列活动”，推动了共建双方民众的文化交流，丰富了共建双方民众的精神生活。活动间隙，共建双方领导班子共同举办的精神文明座谈会，进一步加强了双方的友谊和做好共建工作的信心与决心。

2011 年，在庆祝中国共产党建党 90 周年之际，矿产资源研究所与共建单位——北京市平谷南独乐河镇新立村开展“共建新农村 唱响主旋律”主题周活动，此次活动包括文化下乡的红歌会、从娃娃抓起的科技一日游、发挥矿产资源研究所环境科研特长的共建试验田建设。希望真正做到“在共建中共享、在共享中共建”，将新立村建成文化村，科技村！

2011 年 12 月 15 日，矿产资源研究所与北京市的平谷区、南独乐河镇、新立村三级在平谷区南独乐河镇成功召开了精神文明城乡共建科技项目立项研讨会。矿产资源研究所赵元艺研究员首先就项目研究区的概况与前人研究程度、项目主要研究内容、研究思路、方法及关键科学问题、工作部署及年度安排、实物工作量及预期成果、经费预算、人员组成、科研基础及保障措施等做了详细介绍。平谷区、南独乐河镇、新立村从应用方角度提出了想法和希望。双方进行了热烈讨论，最终就项目共建的形式和内容达成一致。今后两年，矿产资源研究所将在基本科研业务费的支持下，发挥在矿产资源领域的人才和学科优势，由研究所负责，区、镇、村三级共建单位参加，以共建项目的方式，选择南独乐河镇及新立村，开展与农业和生态有关的环境地质调查、优势作物示范研究。该项目立项及双方合作开展农业地质环境研究，对深化矿产资源研究所与共建村开展“城乡携手、文明先行”活动，创新城乡共建模式，建立共建长效机制、体现科技共建，促进农民增收、农村致富、农业发展和社会主义新农村建设有着重要的示范意义。会前双方考察了新立村的大桃桃园。

2012 年 5 月 5 日，矿产资源研究所与北京市平谷区南独乐河镇新立村在平谷区成功召开了精神文明城乡共建科技项目《北京市平谷区生态农业地质调查与示范研究》阶段成果汇报会。

项目组把示范区划分了 89 个区块，对每个种植水果区块的土壤进行取样、分析化验，测试了水果对人体有益的矿物质，对土壤结构进行了分析，提出了合理施肥、浇水的科学建议，同时建立了 89 个区块动态数据库，取得了阶段性成果。与会专家对项目实施方案的研究内容、预期成果、项目阶段性任务、经费使用等做出了明确的要求，对下一步如何实施提出了良好的意见与建议。平谷区、南独乐河镇、新立村有关领导从受益方角度进一步提出了想法和希望。双方进行了热烈讨论，最终就如何高质量地完成项目目标达成一致意见。矿产资源研究所利用在资源环境领域的专业优势，发挥地质科技优势，实施科教兴农政策，开展生态农业地质研究，优化当地的土壤结构，进一步改善农村生活环境和生活条件，促进都市型现代化农业的发展。矿产资源研究所创新城乡共建模式，建立共建长效机制、体现科技共建，促进农民增收、农村致富、农业发展和社会主义新农村建设有着重要的示范意义。

2013 年年初，矿产资源研究所与新立村精神文明城乡共建科技项目“北京市平谷区新立村生态农业地质调查与示范研究”，项目组在平谷区成功召开了 2012 年度项目进展情况汇报会，汇报了该项目 2012 年度在平谷区新立村进行的卫星遥感图像制作与解译的情况，开展的第四纪地质调查与取样分析、测试的研究成果；通过对新立村每个农户家的地块土壤和古地磁、黏土矿物等的实地采样、成果分析等情况，以及灌溉水环境质量系列研究的检测，并通过对当地桃树叶、芽等根茎的分析诊断，初步建立的新立村生态农业数据库等研究成果及 2013 年的项目研究预案和经费等情况。

与会的领导和专家认真听取了项目汇报情况，一致认为，正值党的十八大提出“加强社会建设，必须以保障和改善民生为重点……解决好人民最关心最直接最现实的利益问题……努力让人民过上更好生活”之际，矿产资源研究所研究的项目是有成效的，意义是非常重大的。一是矿产资源研究所自身用实际行动践行了十八大的精神内涵。二是矿产资源研究所将党建和业务工作及人才队伍建设在项目研究过程中有机地融合起来了。三是矿产资源研究所精神文明共建工作抓得实，有成效，受欢迎。民以食为天，食以安为先，食品安全关系每个人的日常生活，是民生的基础和最重要的保障。矿产资源研究所的项目选择与研究有利于促民生、保稳定，所起的示范作用非常好。四是矿产资源研究所真正地把地质科研工作和生态农业建设有机地结合起来了，着力将科技生产力转化为现实生产力，路子对。

与会的领导和专家对项目下一步如何更好地实施、更好地打造以“科技振兴农业发展，建设安全绿色水果之乡”为目标，提出了行之有效的意见和建议。一是建议该项目要由矿产资源研究所和新立村共同完成。这样便于当地老百姓了解项目的作用和能够解决的实际问题，也便于科研人员更好地开展项目研究，及时圆满地完成项目任务。二是将项目继续研发下去、善始善终地推进下去。从技术角度再深入、再细化，方式要转化成老百姓可实际操作的方法并推广使用；在人员梯队方面，要培养村里的年轻人迅速跟进。三是把当地的需求与研究的方向一致起来。使用数据库的信息将当地的土壤质量和桃子的品质相挂钩；数据库信息在做全、做细的同时，要有当地老百姓随时跟踪、掌握，建立当地土壤监测和预警系统。

最后，与会领导与专家对项目成果提出三点希望。一要善于总结、及时提升。矿产资源研究所项目在立项和研究过程中，地质科学技术对农业生产建设的支撑作用，以及带来的实际效益要及时地加以总结；项目研究所形成的成果，对新立村的经济效益起到的实际作用及拉动当地经济的发展、改善老百姓的收入影响力等作用要加以总结。二要加强宣传、扩大效应。矿产资源研究所精神文明城乡共建科技项目要做到“以点带面”，将研究成果广泛应用于当前生态农业建设中，要有“科技振兴农业发展，共建美好绿色乡村”的长远重大意义，并在国土资源部、中国地质调查局、平谷区新立村及社会上广泛加以宣传，惠及更多地区和人群。三要共创业绩，跃上新台阶。矿产资源研究所和新立村要出版一本平谷水果特色的图册，同时出版一本精神文明共建的图册，以此来达到规范研究成果的意义。目的在于：一是宣传项目自身的成果业绩；二是宣传平谷区的优秀大桃；三是宣传矿产资源研究所与共建地平谷区新立村的精神文明共建成果，使矿产资源研究所的精神文明共建业绩跃上新的台阶。

同年底，矿产资源研究所和山东农业大学的有关领导和科研专家，与新立村的 50 名果农坐在一起，开展了精神文明共建活动面对面授课与交流活动。这是继群众路线教育实践活动要求以来，“落地有音”深入基层、走进农户的实践做法。专家将矿产资源研究所和山东农业大学科研人员组成的科研项目组、两年来承担的精神文明共建科技项目“北京市平谷区新立村生态农业地质调查与示范研究”取得的成果以科普的方式进行了介绍，并举办了讲座，活动取得了圆满成功，达到了预期效果。

精神文明共建不是新话题，但如何让精神文明共建“建”得扎实、“建”出成果，却依然值得深入思考和探索实践。矿产资源研究所结合自身的学科和人才优势，设立了 100 万元的科技项目“北京市平谷区新立村生态农业地质调查与示范研究”，将资源环境前沿技术与研究成果应用到果农的生产实践中去，将深奥的科学知识转化成朴实的、易理解易懂的话语，介绍给最基层的群众，为新农村发展献计、为农民增收建言，让科研人员“把论文写在大地上，把成果送到农户家”，对解决精神文明建设与实际生产相脱节的问题进行了有益的生动的尝试，为首都文明单位创建探索了一条新路，受到了群众的欢迎。

本次科普讲座是系列讲座的第一次，分别由矿产资源研究所矿床环境评价研究室主任赵元艺研究员和山东农业大学园艺科学与工程学院果树系主任、博士生导师彭福田教授主讲。赵元艺研究员主要介绍了项目进展情况、新立村 89 户果农每个地块的土壤质量、灌溉水、第四纪地质和基岩等生态环境背景和生态农业数据库等研究成果。彭福田教授作了题为“新立村桃栽培管理技术建议”的报告，详细讲解了新立村桃树生长和生产的现状，归纳了施肥与土壤管理方面存在的问题，提出了桃树品种与栽培模式方面的建议。矿产资源研究所党委书记张佳文研究员向果农通俗易懂地介绍了整个项目的构思意图、对精神文明共建工作的意义，并建议果农积极采用专家提出的桃树栽培管理建议，改进桃树栽培技术，增收增产，赢得了果农的一致认可。讲座结束后，果农向专家询问了种植过程中遇到的科技难题，专家细致、耐心地一一进行了讲解。

2014 年，矿产资源研究所组织专家对共建项目举行了结题验收。与会专家听完汇报后一致认为，项目做得非常扎实，达到了预期目标，成果丰富，是一份优秀的研究报告。另外，针对共建村存在的大桃品质问题，项目通过地调项目对平谷区大桃品质最好的大华山镇后北宫村进行了调查研究，为共建村新立村大桃品质提升提供地质方面的帮助。

2015 年，通过对前面成果的梳理，针对下一步做什么、怎么做，矿产资源研究所和新立村领导进行了两次面对面沟通，并最终确定共建项目内容。

2015 年 9 月 16 日，“资源所新立村精神文明共建成果转化研究”项目启动会在北京市平谷区南独乐河镇新立村召开。会议由矿产资源研究所副所长张佳文主持，新立村党支部书记代金锁、矿产资源研究所副所长邢树文及矿产资源研究所文明办、矿山环境室有关负责同志和项目负责人、村民代表出席了会议。

会议认真听取了项目负责人以“深化共建模式，转化共建成果”为题做的启动项目介绍，与会人员就如何发挥村所各自优势做好共建项目，加快和促使共建成果落地提出了许多建设性的意见。

“资源所新立村精神文明共建成果转化研究”项目由中央级公益性科研院所基本科研业务费专项资金资助，项目执行时间为3年，主要任务和研究内容：一是通过对土壤、灌溉水、施肥情况、大桃品质等构成的简易系统的分析研究，对比位于平原区的新立村与位于山区—半山区的后北宫村影响大桃品质和大桃产量的因素，并做出简要评价，为新立村大桃品质的改善提供建设性意见；二是践行“三严三实”，将前3年两个结题项目完成的学术成果真正落地，通过重新梳理，形成村民看得见、摸得着、读得懂、用得上的惠农成果，即完善一张村情图，让村民对村情一目了然；出版一本宣传画册，为新立村“走出去”提供服务；出版一部学术专著，展示生态农业研究和地质学术新成果；制作一套共建展板，完善共建成果宣传平台；创建一个生态农业村民共享数据库，为新立村已有的村民文化工作站和新建的社区科普体验厅提供数据支撑，最终形成“五个一”的共建成果。

为加强对共建项目的指导，矿产资源研究所和新立村组成了由领导班子成员和主要职能处室负责人组成的项目领导小组，从共建任务要求上调整和充实了项目组人员。从2015年7月份开始，相关工作已经部署开展。

矿产资源研究所从生态文明建设需求出发，深刻把握“结对子”这一本质，充分利用自身的学科和人才优势，坚持探索并不断创新以项目为载体的精神文明共建模式，把学术成果转化为让共建村群众看得见、摸得着、读得懂、用得上的东西，以求真求实的“三严三实”作风服务于新农村建设，尝试着走出一条具有地质特色的精神文明城乡共建新路。

三、工作模式简析

通过前面对党建工作的重要性、“三农”问题的重要性和科研人员关注点的简要分析，结合矿产资源研究所2007年以来开展的精神文明共建工作情况自身实际，针对如何以党组织作为政治核心，发挥政治保障作用，贯彻落实党的方针政策，团结和带领全体科研人员，努力为国家战略需求服务，为经济和社会发展服务这一党建工作面临的难题，提出了“党建＋科研＋三农”的管理新模式。目的是充分发挥人才和科技优势，积极谋划科研院所与农业合作新平台，“把论文写在大地上，把成果送到农户家”，以党建促进科研工作的发展，以科研促进党建方式方法的创新，积极探索和完善以党建创新方式方法服务“三农”的要求，达到齐头并进、相互促进的目的。

矿产资源研究所对该模式的实践，最初是在精神文明共建过程中，了解共建村最迫切需要解决的问题，然后结合矿产资源研究所的学科优势和科研人员的关注点，以科研项目为载体来帮助共建村解决实际问题。在取得初步成效后，共建双方针对各自的不足——科研成果主要以学术论文、专业图件、专业图表等这些文档形式出现，而村民文化程度不高，接受新科技成果程度较差——进行沟通交流。因此，我们决定把已有科研成果进行转化，让共建村村民看得见、摸得着、读得懂、用得上，真正达到服务“三农”的目的，在整个过程中，通过党组织的协调作用，我们不但通过共建项目形式让两个不同领域的群体各取所需实现了共享发展，也通过送文化入村等共建活动提高了村民的认识水平。

“党建 + 科研 + 三农”的管理模式，核心是服务。新时期的党建工作在于推动组织的发展，而推动组织发展的主体是广大人民群众。传统的党建工作以组织建设和制度建设为主，这种模式有其合理性，但其缺点是与基层的实际需要契合度不高，那么，与广大人民群众的联系自然就不够紧密，这样的党建工作就不符合时代的要求。在思想多元化、利益多元化的新时代，只有把真正的服务完全融入基层党建工作中来，为人民服务，才能激起广大人民群众为实现全面建成小康社会的内在动力。

四、经验总结

作为全国地质科技业务支撑的主要单位，矿产资源研究所在精神文明共建工作中创新的工作方法，与党委深入基层、深入第一线、到共建工作区切身感受人民群众实际需要分不开。矿产资源研究所党委积极主动地把党建工作延伸到基层共建村，多次协调共商共建，使党建工作方式更加符合双方实际，创新了党建工作管理方法，推动共建共享发展。资源所精神文明共建的成功经验主要体现在以下两个方面。

一是注重厚积薄发，坚持与时俱进。长期以来，矿产资源研究所党委对党建工作常抓不懈，坚持在工作中有发展、在方式上有创新。精神文明共建工作自2007年至今，坚持以问题为导向，善于发现问题，善于解决问题，双方珍视共建取得的一切成果，新时期结合各自实际需要，找准利益结合点，与时俱进地丰富和发展，实现共商共建共享，把科研为民的责任落到实处。

二是用服务之心去思考问题。“全心全意为人民服务”，这不是一句空话，它是我们一切行动的指南。用服务之心去思考问题，它要求我们从五个方面去做：①从我们自身所处的环境去思考；②从管理者的角度去思考；③从被管理者的角度去思考；④从当前国家政策层面去思考；⑤从人民的角度去思考。这五个方面集中起来，就是共产党人把宗旨意识“内化于心”的具体体现，由此做出的决策判断就是“外化于行”的表现形式。因此就能平衡各方利益，实现团结和谐进步。

课题指导专家：傅秉锋　张佳文　邢树文　毛景文　王宗起　李基宏
课 题 组 成 员：单　巍　赵元艺　黄道袤　王爱云

2016 年

新形势下科研院所党务干部队伍建设的实践与思考

全国党建研究会科研院所专委会

国立科研院所作为国家科技创新的中坚力量，为实施创新驱动发展战略、推动创新型国家建设做出了重要贡献。党的建设是国立科研机构的一项重要工作，能为科技创新提供坚强的政治和组织保障。党务干部是科研院所推进全面从严治党、落实“创新为民”宗旨的重要力量。加强党务干部队伍建设，是科研院所推进全面从严治党的必然要求，也是科研院所开创党建工作新局面的组织保证。本文以中国科学院京区研究所为例，分析了科研院所党务干部队伍建设的现状，总结了党务干部队伍建设的经验，研究了新形势下党务干部队伍建设面临的问题和挑战，探讨了进一步加强党务干部队伍建设的对策。

一、科研院所党务干部队伍建设的实践探索

在中共中央国家机关工作委员会的领导和中国科学院党组的指导下，中国科学院各级党组织准确定位、求真务实，团结带领广大党员和科技工作者，扎实推进科技创新，取得了重要成就。科研院所党务干部在党建工作中充分发挥了骨干力量。截至 2016 年 9 月 30 日，中国科学院京区共有基层党委（直属党总支）47 个、党支部 1175 个、专兼职党务干部 2000 余人（包括党委书记、纪委书记、党办主任、党务主管、支部书记等）。中国科学院京区党委、京区各单位党委紧密

结合实际，从干部选配、能力建设、实践锻炼、激励约束、把握规律等方面采取切实措施，努力建设了一支与党建工作和科技创新发展新形势新要求相适应的高素质党务干部队伍。

（一）在关键岗位配置上明确要求，选好配强党务干部

按照德才兼备、以德为先的原则，认真抓好研究所党务干部关键岗位的选配。一是坚持党委负责同志“专兼结合”配备。党委书记一般从经过党、政两种岗位锻炼的党员骨干中选拔。《中国科学院研究所综合管理条例》规定，研究所实行所长负责制，党委起着政治核心和保证监督作用。《中国科学院党的建设工作规则》中规定“坚持党委书记与副书记岗位配置专兼职结合制度，科研型的党委书记配备一名管理型的党委副书记”。京区党委明确要求：党委书记要增强责任意识，认清岗位职责，抓好党委工作；要加强学习，不断总结和探索党建工作的经验、规律，努力提高党建工作科学化水平；科研型的党委书记要切实保证和加大对党务工作的投入，兼任行政副职的党委书记要聚焦党务工作主业，把主要的精力放在党务工作上。部分研究所的所长、党委书记还实现了所内“交换任职”，党政主要负责人团结协作、相互支持，从根本上推动了研究所持续健康发展。实践证明，研究所党委负责同志“专兼结合”的做法既符合研究所以科研为中心的特点，便于党务工作与科研工作的紧密融合，又有利于党建工作的落实，发挥党委政治核心和保证监督作用，更有利于党务干部的全面发展。二是明确党委办事机构设置和人员配备。《中国科学院党的建设工作规则》中规定：“党员人数超过 300 人的研究所，应设置专门的党委办事机构、专职的党办主任或党务主管。专职党务工作人员的编制，一般占党员总数的 0.5% ～ 1%，特殊情况可以适当增加比例。保证专兼职党务工作人员的职级、待遇。”“因党员人数较少、综合设置党委办事机构的基层党委，如只配备兼职党务干部的，也必须以党务工作为主，确保党委的日常工作有人负责、落到实处。”截至目前，中国科学院京区各单位都按照要求分别设置了专门的党委办事机构，配备了专职的党办主任或党务主管。三是拓宽专职党务干部选配渠道。各单位党委拓宽党务干部选配渠道，通过科研人员转岗、管理人员轮岗、面向社会单位招聘、应届毕业生选聘、军转干部转业等渠道选拔热爱党务工作、综合素质高、年富力强和具有一定党务工作经验的干部担任党办主任、党务主管。实践证明，党务工作机构的规范设置和专职党务干部的配备为研究所党建工作提供了强有力的支撑。

（二）在支部书记选配上严格要求，夯实基层组织基础

党的建设基础在基层，重点在支部。党委决议的贯彻执行、党支部战斗堡

垒作用的充分发挥关键在于党支部书记。各单位党委坚持依托科研单元设置党支部，使党的工作紧密围绕科技创新、服务科技创新、促进科技创新。一是针对支部特点明确岗位要求，京区各单位结合科研、管理、支撑、离退休、企业、学生等不同类型党支部的特点，明确了支部书记的任职标准，以进一步提高支部工作的针对性和实效性。二是坚持“支部建在实验室”，推选研究室主任、学科组长等科研骨干兼任党支部书记，使党性观念强、业务水平高、热爱党务工作、有创新意识、有务实作风的党员兼做党务工作，进一步加强了党务和科研工作的密切联系。三是加强岗位锻炼，畅通职业渠道，京区各研究所把党支部书记作为研究所所级党务、行政后备干部培养的重要岗位，让一批后备干部在支部书记岗位上历练。四是把支部工作纳入研究所考核评价体系，细化考核指标，明确评价标准，依托年度党建工作述职评议考核、依据《中国科学院基层党支部工作手册》，加强对支部工作的督促检查，不断提高支部工作的规范化、标准化。规范支部书记津贴发放，对支部工作做得好的支部书记加大其在年终绩效、职务职称晋升中的权重，增强支部书记的责任感、荣誉感。

（三）在能力建设上拓展形式，创造条件搭建平台

党务干部是党建工作的规划者、组织者和实施者，提高党务干部队伍整体素质，是加强党的先进性建设和执政能力建设、做好党建工作的重要基础和关键。京区党委、京区各单位党委高度重视党务干部能力建设。一是制定党务干部培训规划。京区党委根据中共中央组织部、中共中央国家机关工作委员会关于加强党务干部队伍建设的相关规定，结合京区实际，及时制定《中科院京区党务干部培训规划》，每年制订具体的培训工作计划，分层次、分类别、分阶段推进党务干部培训工作。二是明确党务干部能力构成。党务干部必须具备坚定的政治素质、良好的道德素质、扎实的文化知识、精湛的专业技能、高尚的品格素质、健康的身心素质，特别是服务科技创新、贯彻全面从严治党的能力。三是构建党务干部培训体系。经过多年的实践探索，构建起了“院党组—京区党委—党建协作片—研究所党委”的四层培训体系，形成了党委书记、党办主任、党务主管、支部书记等多层次的品牌班次，组建起了一支由院党组领导，中共中央党校等系统的专家学者、资深党委书记、具有丰富实践经验的基层党务工作者为主体的师资队伍，形成了依托中国科学院党校、中国科学院“求是论坛”、中国干部网络学院、中国科学院继续教育平台，“线上”“线下”有机结合的党务干部培训体系。培训形式既有专题辅导、理论学习，也有现场教学、参观交流、情景模拟等；培训既注重政治素质的锤炼，也注重业务能力的提升。自 2007 年以来，京区党委、京区各单位党委共组织各类党务干部培训 1300 余次，参训人员达到 20 000 余人次。

通过上述途径，广大党务干部的政治素质和业务能力明显提高，为做好党建工作奠定了扎实基础。

（四）在锻炼干部上下足功夫，敢于加任务压担子

院党组始终坚持“在实践中历练、在历练中成长”的党务干部培养思路，使党务干部能够像习近平同志要求的那样：平常时候看得出来，关键时刻站得出来，危急关头豁得出来。京区党委、各单位党委在注重培养党务干部的基础上有针对性地重点培养有发展潜力的优秀年轻党务干部，在其思维最活跃、精力最旺盛、创造力最强的时候，多压担子、及时使用、放手使用、大胆使用，使其多经受历练、多积累经验。一是通过党内重大教育实践活动不断锤炼党务干部党性修养。根据中央统一部署，中国科学院党组、京区党委认真组织开展共产党员先进性教育活动、深入学习实践科学发展观活动、“创先争优”活动、党的群众路线教育实践活动、“三严三实”专题教育和“两学一做”学习教育，党务干部在教育实践活动中具体承担了大量、细致的组织工作，在实践中锻炼，在锻炼中收获，在收获中成长。二是通过党务干部与科研管理干部双向交流轮岗不断提升党务干部综合业务能力。各单位党委坚持把党务管理岗位作为锻炼培养干部的重要岗位，将党务干部与科研管理干部的双向交流纳入研究所干部培养的整体规划，把优秀的科研管理干部交流到党务管理岗位，把经过党务岗位锻炼成熟的干部放到重要岗位使用，使他们提高素质、丰富阅历、施展才华。三是通过多维度挂职交流不断拓宽党务干部视野。京区党委、各单位党委根据实际工作需要和人才培养需求，定期拿出部分重要岗位、互派优秀年轻干部“上下”交流挂职。基层党务干部通过到京区党委挂职，进一步熟悉“面上”的工作，获得了上级部门的政策指导和帮助，拓宽了业务知识面，提高了政策理论水平；京区党委机关党务干部通过到研究所挂职，从具体党务事务中不断“充电”、补课，了解研究所工作特点、规律，通过学、听、看，开阔视野、更新观念、更接地气。自 2007 年以来，挂职交流党务干部累计 50 余人次。四是通过“外派”到地方挂职增强“独当一面”的实际能力。部分党务干部通过参加“博士生服务团”、担任驻村“第一书记”，深入地方基层挂职锻炼，充分发挥专业特长，加强历练，经受“摔打”，理论联系实际的能力、解决实际问题的能力、处置应急突发事件的能力、综合协调能力都得到了很大程度的提高。自 2007 年以来，到地方挂职的党务干部累计 20 余人次。五是借助“启明星”优秀人才计划加强培养优秀青年党务干部。为培育优秀青年管理人才，使其成长为具有良好的政治素养、较强的业务和管理能力，德才兼备的复合型人才，北京分院京区党委自 2013 年起开展了“启明星”优秀人才评选活动，到目前为止，已有 77 名同志获“启明星”优秀人才

荣誉称号。入选“启明星”培养计划的部分优秀党务干部，已逐步走上所长助理、所长行政助理、纪委副书记等重要管理岗位，其中的佼佼者还成长为所局级领导干部。

（五）在考核激励上健全机制，充分调动党务干部积极性、创造性

落实从严治党要求，重在严格考核问责，使党建工作责任具体化、能落实，确保管党治党事有人干、责有人担。京区党委经过多年实践总结出了“三位一体”的基层党委工作考核评价机制，即年度党建创新奖评选、年度党建述职评议考核、党委届中和届满述职考核。一是至今连续16年坚持开展“党建工作创新奖”评选活动，突出交流评选特点亮点、讲深讲透特色做法，总结推广京区基层党建创新的新鲜经验和做法，对于提升京区党建工作创新水平、锻炼党务干部的创新能力发挥了重要的促进作用，中央国家机关工作委员会对此予以高度评价。二是通过开展年度党建述职评议考核，使各单位党委、党支部认真履行落实全面从严治党职责，通过三级联述联评联考，检查党建工作制度落实情况、党建工作重点任务落实情况、党建日常工作推进情况，督促落实党建工作责任制。三是抓好党委工作考核，京区党委将两年一次的集中考评调整为各单位党委的届中和届满两次考评，考评结果以“红皮书”形式在京区党委年度工作会上反馈给各单位。“三位一体”的考核评价机制，促使党务干部“坚守主阵地，精耕责任田”，在服务科技创新、促进科技创新中建功立业。在强化对党建工作考核“硬约束”的同时，京区党委、各单位党委不断优化党务干部成长的“软环境”，对党务干部在政治上充分信任、在工作上大力支持、在生活上真正关心，为党务干部的进步成长营造良好的环境，切实帮助基层党务干部解决工作中的各种困难和问题，保障党务干部应有的职称、职级和福利待遇；支持和帮助党务干部制定和实施适合本人特点的职业生涯发展计划，促进党务干部的全面发展；建立荣誉制度，对从事党务工作较长时间的党务干部颁发荣誉证书。通过采取暖人心的多种举措，使党务干部有成就感、事业感和归属感，有效激发他们工作的积极性和创造性。

（六）在把握规律上做好文章，研究探索新情况、新问题

京区党委和京区各单位党委注重在实践中总结、在总结中提高、在提高中深入，积极探索、总结党建工作规律、党务干部培养规律。一是搭建党建研究平台。京区党委作为全国党建研究会科研院所、党建研究专业委员会的秘书处，加强与全国各行业科研院所的沟通交流，学习汲取先进经验，拓展了视野领域，就新形势下科研院所党的建设重大问题开展了深入调查研究。中国科学院党的建设

研究会和思想政治工作研究会作为全院组织开展党的建设理论和实际问题研究的平台，在努力提高党的建设工作科学化水平中积极发挥“思想库”作用，坚持问题导向，先后支持立项150余个课题，并逐步加大研究成果的转化、应用、传播力度。二是围绕科研院所党建工作的热点、难点问题，集中精力开展深入调查研究。根据全面从严治党的新要求，结合科技创新的新发展，京区党委、各单位党委围绕“在全面从严治党的背景下如何加强科研院所党的建设”“加强科研院所基层服务型党组织建设”“所长负责制条件下党委的政治核心作用”等重点、热点课题开展理论研究。三是组建党建研究队伍。目前，京区党委已经形成了一支包括资深党委书记、优秀党委办公室主任、骨干党务主管在内的党建研究队伍，他们立足本职岗位，结合新形势、新热点，积极开展研究，近年来先后获得全国党建研究会、中央国家机关党建研究会等奖励近20项。党建研究工作不仅探索了党建工作的新理念、新思路，也锻炼了党务干部适应新挑战的素质和能力。

经过多年的实践，中国科学院京区党务干部队伍建设进行了成功的探索，取得了丰硕的成果，积累了丰富的经验，但是，也存在一些亟待解决的突出问题。一是面对中央全面从严治党的新任务、新要求，部分党务干部还不同程度地存在着思想认识上不到位、态度上不够坚决、行动上不够积极的问题，进而使中央全面从严治党在基层科研院所的深入贯彻落实受到影响。二是面对我国和世界科学创新发展的新趋势、新态势、新规律、新特点，特别是对本单位科研工作的实际状况和问题，部分党务干部了解不多、认识较浅，进而难以使本单位党的工作能够更好地围绕中心、服务大局，切实发挥好保障和监督作用。三是与“建设一支政治强、业务精、作风好的党务干部队伍”的目标要求相比，无论是在党务干部的思想教育上，还是在能力培养上，科研院所党务干部队伍建设都还存在着很大的发展空间。在一定程度上，还存在着对科研院所党务干部职业生涯设计关注不够、“天花板”现象凸显、“出口”不畅等现象，导致部分党务干部难以全身心地投入党建工作中。

二、全面从严治党形势下科研院所党务干部队伍建设的新挑战

习近平同志指出：“各级机关党组织要把建设政治强、业务精、作风好的机关党务干部队伍作为重要任务来抓，配齐配强机关党务干部，通过集中培训、轮岗交流、实践锻炼等途径，帮助党务干部特别是机关党组织书记提高政治素质和业务能力。要关心机关党务干部的成长进步，把机关党务工作作为培养领导人才的重要岗位，注重从优秀年轻干部中选拔党务工作者，加大党务干部与其他岗位干部的交流力度，使机关党务干部队伍始终保持活力。”习近平同志的指示，不

仅对机关党务干部队伍建设提出了要求，也为加强科研院所党务干部队伍建设指明了方向。

（一）从全面从严治党的视角看，“用人”的要求日渐提高

习近平同志指出，党员干部要“对党忠诚、个人干净、敢于担当”。各级党组织必须严格按照习近平同志的要求，切实把建设政治强、业务精、作风好的党务干部队伍作为重要任务来抓，注重配齐配强党务干部，这当中要明确“齐”是基础，“强”是目标。要严格按照党的十八大以来中央关于选拔任用干部的一系列新部署、新要求，结合科研院所的实际，选好、用好科研院所党务干部。党务干部首先应该是“讲政治、有信念，讲规矩、有纪律，讲道德、有品行，讲奉献、有作为”的合格党员。同时作为党员干部，要做到“心中有党、心中有民、心中有责、心中有戒”。作为科研院所的党务干部，还必须牢固树立“立党为公，创新为民”的思想。广大党务干部要全面加强学习，提升做实、做好党建工作的能力，创新科研院所党务工作的思路和方法，找准服务科技创新的切入点和着力点，切实发挥好党委的政治核心作用和党支部的战斗堡垒作用，全面提升科研院所党建工作的总体水平。

（二）从党务干部素质的视角看，“育人”的需求更加紧迫

习近平同志指出，“要关心机关党务干部的成长进步，把机关党务工作作为培养领导人才的重要岗位，注重从优秀年轻干部中选拔党务工作者，加大党务干部与其他岗位干部的交流力度，使机关党务干部队伍始终保持活力”。科研院所党务工作具有很强的政策性、专业性，特别是近几年来，一系列促进科技创新方面政策的出台和更新，对基层党务工作队伍的素质和能力提出了更高的要求。也有一些单位对党务干部提要求多、布置任务多，而帮助党务干部开阔眼界、增长才干、提高综合素质的教育培训措施少，特别是对于现代科研机构管理和运行机制等方面的培训有所欠缺；部分单位对党务干部的知识、能力、素质、结构现状缺乏系统的分析，教育培训缺乏针对性，对不同层次的党务干部教育培训标准、内容没有区别，培训形式主要以传统授课辅导为主，内容单一、形式单调，效果不明显。近年来，一大批 20 世纪 40 年代末、50 年代初中期出生的，具有丰富经验的老党委书记相继退休离开科研院所工作岗位。一批院机关干部陆续走上科研院所党委、纪委的领导岗位，占现任党委书记、副书记、纪委书记总数的 1/3 左右。他们对全院的情况比较了解，视野比较开阔，但他们大部分缺乏党务工作的经验。对这部分党务干部要特别加强党务工作的培训和交流。在全面从严治党的新形势下，如何通过职业生涯设计、培训交流、实践锻炼等途径，帮助党务干部

提高政治素质，坚定理想信念，强化服务创新的能力，同时关心党务干部的成长进步，把党务工作作为培养领导人才的重要岗位，是当前科研院所党建工作中亟待解决的问题。

（三）从干部队伍结构的视角看，“管人”的手段亟待创新

京区各单位具有自主的人事权，支部书记、党办主任、党务主管的配置由各单位党委自行决定。各单位党委在思想认识、文化传统、工作习惯等方面的差异，使各单位在对党务干部的管理上出现千差万别的现象。一些党组织书记不能准确领会科研院所党建工作的定位，“党要管党、从严治党”的意识不强，满足于“应付”上级党组织布置的任务，党建“规定动作”未能严丝合缝，“自选动作”未能推陈出新；个别党务干部工作不得法，在工作中不能严格按照党纪党规进行监督管理，在一定程度上存在着不知道管什么、怎么管和不愿管、不敢管的问题。还有一些单位的党委对党务干部的职业生涯缺乏设计，对党务干部的工作缺乏有效激励，一些单位对党务干部的职业生涯缺乏统筹设计，党务干部转岗和晋升的“出口”不畅通，这也影响到了党务岗位的吸引力和党务干部的积极性。

三、加强和改进科研院所党务干部队伍建设的思路和措施

习近平同志指出，“伟大的斗争，宏伟的事业，需要高素质干部”“要努力形成系统完备、科学规范、有效管用、简便易行的选人用人制度机制”。贯彻落实习近平同志指示精神，锻造一支对党忠诚、追求卓越、服务科技的党的事业建设队伍，是不断推进科研院所科技创新治理体系和治理能力现代化的重要保证。因此，要以创新精神深入探索党务干部的发现、使用、培养、保障、评价机制，逐步形成科学合理的党务干部队伍建设体系。

（一）拓宽选人视野，广开进贤之路，把能力强素质高的干部选任到党务岗位上来

“问渠哪得清如许？为有源头活水来。”在选配党务干部时，要通过多种途径选拔出政治素养高、业务能力强、个人修养好的同志加入党务干部队伍中来。一是坚持“五湖四海”发现好干部。要在科研院所中，党的工作部门、科研部门、基层支部、重大活动过程中发现热爱党务工作、思想敏锐、具有培养价值的人才，特别要把科研一线能力突出的中青年骨干人员纳入考察视线，以逐步打造

懂业务、会研究的党建工作专兼职队伍，不断提升党务干部队伍专业化水平，持续提高党对科技创新工作的领导力、吸引力和推动力。二是坚持近距离常态化考察好干部。要以“信念坚定、为民服务、勤政务实、敢于担当、清正廉洁”为基本考察标准，对纳入考察视野的干部进行日常了解和综合研判，重点观察干部对重大问题的思考以考察其见识和见解，观察干部处理复杂问题的过程结果以考察其能力水平，观察干部对待名利的态度以考察其境界格局，观察干部的言行举止以考察其品德素质。三是坚持服务科研导向遴选好干部。要推动科研院所党建工作、科研业务和党务干部队伍建设三者紧密结合，把服务科研业务中心工作作为党务干部工作的根本要求，着力遴选在技术上懂业务、在意识上重服务、在方法上有创新、在责任上能担当的干部进入党务干部行列，使之成为推进科研院所党建事业的核心力量和服务科技创新的动力源泉。

（二）转变用人观念，注重实践锻炼，在实际工作中进一步锤炼党务干部素质能力

“为政之要，莫先于用人。”用好党务干部，充分发挥党务工作者在党建工作中作为组织者、推动者和实践者的重要作用，是党务干部队伍建设的核心目标。用好党务干部，关键是要抓住四个“道”。首先要摸清用人“门道”。一是要敢于启用基本素质好、业务能力强、有开拓进取精神和发展潜力的党务干部，让他们在党建工作中成长起来；二是要大胆把优秀党务干部放到重要岗位、重大活动、重点任务上去磨炼，让他们在实际工作中成熟起来；三是要将工作实绩突出、群众公认的党务干部提拔到重要领导岗位上，激发他们更大的工作信心和热情。其次要拓宽工作“渠道”。一是要提高要求，使党务干部精通党务业务知识，能够采取多种形式开展党建工作，在“专”上下功夫；二是要搭建平台，使党务干部参与到本单位主流业务工作中，能够将党建工作有机融合到业务工作中共同发展，在“博”上有作为；三是要提供机会，使党务干部能够到上级或系统外的党的部门进行历练，进一步开阔视野增长阅历，在“识”上有积累。再次要打通上升“通道”。一是要加大科研系统机关和基层党务干部双向交流任职力度，优化党务干部成长路径，密切机关和基层联系；二是要推进科研系统内部、科研系统与行政系统之间党务干部的外派挂职，丰富履历经历，强化实践锻炼，引进工作方法，提升党建效果；三是要推荐选派表现优秀、能力突出的党务干部转任重点业务岗位，拓宽党务干部事业出口，盘活党务干部人才资源。最后要服务科技“大道”。聚焦创新驱动发展、服务科技工作是科研院所党务工作者的核心使命。要积极研究科研院所党建与科技融合发展的特点规律和方法路径，为科技创新活动提供精准服务；要传承发扬老一辈科学家家国天下、创新为民的科学情怀，努

力构建符合时代特征和人文内涵的现代科学文化学术生态；要积极适应“四个全面”新常态对党建工作的新要求，努力从制度政策层面打破束缚科技发展的藩篱，为出成果、出人才、出思想奠定坚实基础。

（三）创新培育方法，突出品牌建设，多种途径提升党务干部业务能力和综合素质

党务干部的成长离不开各级党组织的精心培养教育。要分类制订党务干部的培养教育计划，切实提高培养教育的针对性和实效性，努力实现党务干部的“三个转变”：在知识结构上由单一型向复合型转变，在能力素养上由经验型向创新型转变，在本职工作上由粗通型向专家型转变。在上述培养目标的要求下，需要坚持平台化培养，丰富培养载体，明确抓手路径，突出品牌建设。一是坚持以培训教育促进能力素质提升。针对不同类别党务干部提供差异化培训教育，以常态化业务教育提升基本能力素质，以时政性专题教育强化把握新形势解决新问题能力，以体验式情感教育感悟老一辈科学家高风亮节，以融入式现场教育坚定服务科技信心决心，努力传承科学文化精神，逐步提升党务工作水平。二是坚持以丰富教育内容提高培训教育效果。要坚持富有特色的培训内容设计，在安排党建业务知识、专题性主题教育的基础上，深入挖掘科研院所的“历史好故事”和“科学新精神”，安排贴近生活、贴近自己的社会科学文化知识和具有深厚历史积淀的内容进入培训课堂，以拓宽党务工作者的视野，丰富科学情感，培育创新思维，进一步密切科研院所党建工作与科研业务工作的联系。三是坚持发挥平台化学习教育的综合效应。要积极拓展新兴媒体平台教育功能、促进线上线下学习相融合、专题辅导和自主学习相融合、读书学习和研讨问题相融合，增强培养教育的合力。四是坚持注重培育方式的品牌化建设。要结合自身特色形成意义深刻、形式新颖、效果突出的培训方式，如结合本单位党务工作实际开展的专题论坛、讲座，邀请著名专家学者进行辅导报告，党务干部同科研人员专题交流互动等，坚持围绕创新、服务科技、彰显特色的原则打造具有自身特色的品牌化教育培训方式，提高教育培训的效果。

（四）强化正向激励，加大人文关怀，激发党务干部用心用情干事创业的激情和活力

激励机制始终是促进干部干事创业、推动事业发展的有力保障。科研院所党务干部队伍建设应积极运用“海潮效应”，强化正向激励，加大对党务干部在职业发展、物质需要、情感需求等方面的人文关怀，进一步调动党务干部的积极性和创造性，提高为党服务的自觉性和主动性。一是探索开展党务干部职

业发展规划，在目标激励上给“动力”。要根据单位工作需要和干部个人实际情况，指导党务干部进行职业生涯发展规划，引导党务干部量体裁衣，在对自我能力进行客观评估和准确定位的基础上制定符合自身职业特点的发展规划；要善于把单位工作需要和个人发展意愿结合起来，根据党务干部职业愿景和履职潜力提供适当平台，使单位发展和个人发展相互促进共同发展；要建立岗位能力测评指标，明确职业目标建议、能力素质要求和个人努力方向，使党务干部能明确发展方向，积累发展能力。二是逐步完善激励体系，在待遇上给“引力”。要深化绩效奖励机制，解决好“干与不干一个样”“干多干少一个样”“干好干坏一个样”的问题；要探索设立基层党建工作岗位特殊津贴机制，解决党务工作岗位吸引力减弱的问题。三是要建立党务干部身心关爱与荣誉激励机制，在思想激励上给“定力”。要重视对党务干部的人文关怀和情感关怀，在生活上关心、帮助党务干部解决实际问题，去除他们的后顾之忧；在思想上及时了解其精神状态和思想观念，以获得党务干部的情感认同；在价值导向上要提供针对党务干部的表彰奖励项目，使其能够获得职业成就感和价值认同感，以此使党务干部定下身子潜心工作，全面激发党务干部的创造活力和工作潜能。

（五）完善评价体系，强化结果应用，以考核评价激励促进党务干部成长发展

科学合理的考核评价体系是激发干部干事创业的强大动力。发挥好考核评价的效力，激励党务干部队伍建设上水平上层次，必须做好三个“准”：一是要科学设置评价指标，把标尺“定准”。要针对机关和基层党建工作重点和党务岗位特点，分别制定差异化、个性化的评价指标和考核内容，分类设置不同评价要素权重，明确提出定性和定量标准，要统筹党建重点任务和日常工作，加大重点工作指标权重，保证重点工作顺利推进；要设置党建服务创新的要素标准，引导党务干部聚焦科技创新干事创业；要借鉴其他领域经验，建立健全党务工作专业技术评定，通过专业技术职称评定使党务干部享受到与其工作年限和工作付出相对等的待遇。二是要精准化考评，把实绩“量准”。要将上级考评与基层参与相结合，提高考核工作透明度和参与度，要将分类考核与目标考核相结合，增强评价的科学性，要将年终考评与日常考评相结合，形成评价工作的不断线，通过全方位、立体式的综合考评，不断丰富党务干部工作业绩评价方式，达到精准化考评的目的。三是要正确运用考核结果，把结果“用准”。要制定考核结果应用规范，明确考核结果适用的范围、形式和效力，使考核结果成为显性的导向指标；要把考评结果与表彰奖励挂钩，与单位部门建设状况挂钩，与推动改进党建工作挂钩，与党务干部年终绩效挂钩，与干部提拔使用挂钩，积极运用考评结果激励党务干部；要建

立以考核结果为评价的荣誉激励机制，为在服务科技工作中有责任、能担当的优秀党务干部提供更好的职业发展空间，使考核评价真正成为推动党务干部干事创业、激励前行的动力源。

课题组顾问：沈　颖　项国英
课题组组长：王秀琴
课题组成员：蔡晨曦　贾宝余　马　强　刘宏伟　杨建祖

创新注活力　制度促规范

——中国科学院京区党建创新的实践与研究

中国科学院

创新是民族和国家发展的不竭动力，也是提高党建工作水平的动力源泉。近年来，中共中国科学院京区委员会（简称京区党委）认真落实中央关于加强党建工作的一系列重大部署，特别是党的十八大以来全面从严治党的要求，加强党的领导，推进党的建设，积极探索党建工作与科研活动的结合点，为科技创新提供了有力的组织保障。本课题将回顾中国科学院京区党建创新的经验和做法，探索全面从严治党背景下进一步推进京区党建创新的思路和方式。为做好课题研究，课题组围绕党建工作创新的成效、问题和难点等问题，面向京区党员干部和科研人员开展问卷调查，共回收问卷603份，调查对象涵盖科研管理人员、科研工作者、党务管理人员、后勤支撑、在读博士等群体。

一、中国科学院京区单位党建创新的实践与探索

在中共中央国家机关工作委员会的领导和中国科学院党组的指导下，京区党委带领京区各级党组织紧密围绕科技创新中心工作，建立健全党建创新机制，探索党建创新方式方法，激发党建创新的内在活力，以党建创新的实践为科技创新提供坚强的保障。

（一）确立“一个目标”，在科技创新中发挥好党建工作的引领和保障作用

科技创新是科研院所的核心任务，“围绕创新抓党建，抓好党建促创新”，是科研院所各级党组织和广大党员的共识和自觉行动。京区各级党组织始终将“围绕科技创新、服务科技创新、促进科技创新”作为党建工作的出发点和落脚点，不断强化“围绕科技创新”的意识，提高“服务科技创新”的能力，增强“促进科技创新”的本领，真正发挥党建对科技创新的引领、驱动和保障作用。在工作机制上，京区党委通过开展“党建创新奖”评选，促进京区各单位党建工作创新。“党建创新奖”评选的前身，是京区党委从 1999 年开展的党建工作交流，自 2004 年起，该交流调整为京区“党建创新奖”交流评选。与此前相比，“党建创新奖”交流评选呈现出四个变化：一是交流主体上，由以党办主任和党务主管为主，变为以党委书记为主，推动各单位党委书记更好地履行党建工作“第一责任人”职责。二是评选主题上，每年根据党建工作的重点，凝练交流评选主题，并要求各单位围绕交流主题和各自工作实际，突出交流评选特点亮点、讲深讲透特色做法。三是交流内容上，不仅着眼于基本组织、基本队伍、基本制度的创新探索，更着眼于“大党建”格局，推动党风廉政建设、青年思想教育、创新文化建设、党建带群建、党建信息化等领域工作的创新。四是评选程序上，首先由协作片组织初评，每个协作片推荐 3 ～ 4 个单位参加京区范围内的交流评选。“党建创新奖”评选有效激励和推动了各单位党建工作创新，涌现出了一批可推广、可借鉴的党建工作模式，也为党务干部展露才华、交流经验提供了一个广阔的舞台。

（二）明确“三个理念”，夯实党建创新的思想根基

京区各单位党委按照建设学习型、服务型、创新型党组织的要求，不断凝聚新共识、开辟新思路、明晰新理念，不断夯实规范之基、强化创新之力、提高服务之效。一是“规范运行”的理念。“没有规矩，不成方圆。”党建工作创新的基础是党建工作规范化、制度化。2013 年，针对科研一线支部书记普遍缺少党务工作经验的问题，京区党委制定印发《中国科学院基层党支部工作手册》，突出“三会一课”等应知应会、必学必懂的内容，注重工作记录、组织考评，印发到京区每个党支部；2015 年，推出了《中国科学院基层党支部工作手册》第二版，进一步修订、细化了部分工作流程。《中国科学院基层党支部工作手册》的推广使用，有助于党建工作实现标准化建设、规范化运行。二是“服务科研”的理念。各单位党委始终将促进科技创新的成效作为检验党组织履行职能、发挥作用

的重要标尺，找准党建工作切入点，支持、配合所行政班子转变发展思路、调整学科布局、凝练发展目标，推动党建工作与科技创新工作紧密结合、相互促进。党的十八大以来，京区党委重点推进了“聚焦献力”主题实践活动，引导党建工作向“一三五”规划聚焦、为“率先行动”计划献力，把服务科技创新作为党组织的重要任务，把群众满意作为党建工作的检验标准，着力提高党组织服务群众、凝聚人心、促进创新的能力。三是“创新发展”的理念。京区各级党组织不断探索党建工作与科研活动的结合点，在“渗透”和“融入”上下功夫，增强问题意识，坚持问题导向，做到瞄准靶心、有的放矢，实现重点突破、纲举目张，确保党建工作方向明确、重点突出、责任明晰、推进有序，努力使党的建设更加适应科技创新规律，为科技创新提供可靠的政治和组织保障。三种理念是一个有机的整体，没有“规范”的“服务”和“创新”，会使科研院所党组织陷入“宽松软”而失去战斗力；没有“服务”的“规范”和“创新”，会削弱科研院所党组织的凝聚力；没有“创新”的“规范”和“服务”，则无法使科研院所党组织与时俱进。总之，规范运行是工作基础，创新发展是不竭动力，服务科研是核心使命，三者相辅相成，共同构成了科研院所推进党建工作创新的基本理念。

（三）抓好“五个结合”，健全党建创新的工作机制

京区各级党组织将党建工作与人才队伍建设、创新文化建设、思想作风建设、群团统战工作、调查研究有机结合，促进了党建工作与其他工作的有机融合、良性互动。

1. 将党建创新与人才队伍建设紧密结合

各单位党委将人才队伍建设作为党建工作的重要内容，坚持政治上关心、业务上支持、生活上照顾各类人才，建立起了“党委牵头、广泛参与、部门合作、上下联动、人事协调”的人才工作机制，用事业凝聚人才、用实践造就人才、用机制激励人才，为人才脱颖而出、施展才干搭建舞台、创造机会，形成了事有人干、人有事干、留得住人、干得出活的良好循环；切实抓好科研骨干入党工作，把骨干发展成党员、把党员培养成骨干，保持科技队伍的先进性；对各类人才严格要求、规范管理，打造出了一批特色团队，树立了一批优秀典型，凝聚和造就了一批行业领军人才。

2. 将党建创新与创新文化建设紧密结合

各单位党委将创新文化建设作为党建工作的重要抓手，作为提升科研院所科学发展软实力的重要手段，作为党组织投身科技创新的重要阵地，大力弘扬“创新科技、服务国家、造福人民”的科技价值观，努力构建“充满活力、包容兼

蓄、和谐有序、开放互动”的创新生态系统。各单位健全完善了由党政主要负责同志任组长、各职能部门负责人为主要成员的创新文化建设领导小组，形成了党政群通力协作、密切配合、齐抓共管的工作局面，将创新文化建设这一“多部门、多角色、多层面”的系统工程抓紧、抓实、抓好，将创新文化建设与管理工作协调推进，打造了一个个党建创新品牌。

3. 将党建创新与思想作风建设紧密结合

各单位党委将思想作风建设作为党建工作的重要任务，结合党的群众路线教育实践活动、“三严三实”专题教育、“两学一做”学习教育等重要契机，开展了行之有效的理想信念教育活动，不断增强广大科技工作者对“科技报国、创新为民”的认同感和责任感，引导他们树立正确的科技价值观；以严格组织生活增强党性修养，以学思践悟促党员不忘初心，以做“四讲四有”标杆为党旗增光添彩；将落实党建重点工作任务与服务中心、建设队伍、推动发展有机融合，将着力点放在加强和改进作风建设、提升管理效能和服务水平上，不断提高党组织的自我净化、自我完善、自我革新、自我提高能力，推动作风建设制度化、规范化、常态化。

4. 将党建创新与推进群团统战工作紧密结合

各单位党委坚持党建带群建、群建促党建，不断健全完善领导协调机制。各单位党委指导职工代表大会和工会以推动民主管理、加强民主监督、维护职工合法权益为着力点，积极开展“职工之家”和“职工小家”建设。各单位党委引导基层团组织以广大团员青年需求和成长成才为出发点和落脚点，紧贴科研中心工作，争创“五四红旗团委”。各单位党委指导妇女工作委员会以提高广大女职工整体素质为目标，持续开展“巾帼建功”创建活动，使广大女职工努力发挥“半边天”作用。离退休党总支发动离退休同志退休不褪色、离岗不离党、余热再生辉，做到老有所学、老有所乐、老有所为。各单位党委加强对学生会、研究生会的教育引导，使他们充分发挥桥梁纽带作用，传递各类政策信息，反映学生心声意愿，开展主题特色活动。各单位党委注重发现、充分尊重、重点培养党外人士，努力发挥党外人士的重要作用，使其为科研院所创新发展提供了重要的智力支持。

5. 将党建创新与调查研究紧密结合

京区党委、京区各单位党委在开展党建实践创新的同时，注重党建工作和思想政治工作调查研究，提出适应国立科研机构党建工作的新思路、新模式。京区党委作为全国党建研究会科研院所专委会秘书处，加强与全国各行业科研院所的沟通交流，学习了先进经验，拓展了视野领域，就新形势下科研院所党的建设重大问题开展了深入调查研究，积极承担全国党建研究会、中央国家机关党建研究会等课题，近年来先后获得全国党建研究会、中央国家机关党建研究会等奖励10余项，在科研院所党的建设实践和理论研究中发挥了引领示范作用。中国科学院党的建设研究会和思想政治工作研究会作为全院开展党的建设理论和实际问题研究的平台，紧密结合中国科学院科技创新实践中涌现出的党建工作新情况、新问题，先后支持立项150余个课题，深入总结了党建工作的新经验，探索了改进党建工作的新思路，在提高党的建设工作科学化水平中积极发挥了“思想库”的作用。

（四）创建“七类载体”，充分发挥基层单位的积极性、主动性、创造性

在“党建创新奖”的激励和带动下，京区各单位党委在推进基层党建工作中，以“聚焦献力”主题实践活动为牵引，重视内容、载体、方式、方法等创新，开展了形式多样、内涵丰富、兼顾各方、务实有效的主题实践活动，使党建工作看得见、摸得着、感受深刻。

1. 以践行社会主义核心价值观为载体，持续加强科技工作者思想教育

力学研究所党委以钱学森、郭永怀、郑哲敏等科学大家的“工程科学”思想和“科技报国”情怀为核心，以“实、新、专、常、深”为工作思路，引导科研人员将个人兴趣与国家需求紧密结合，倡导甘于奉献、团结合作。计算技术研究所党委以“缅怀革命先驱、践行先烈精神”为宗旨建立狼牙山党建教育基地，通过重走烈士道路、攀登狼牙山顶开展党性教育。以“传递爱心、造福社会”为宗旨建立济宁党群社会实践基地，定期为当地福利中心的老人、孩子送去慰问与关怀。自动化研究所党委以《创新案例》宣讲为抓手，引导青年党员树立正确的科研价值观；以“党史•党风•党情”为主题，增强青年党员党性修养；以“强党性•作表率”为主题，引导青年党员争做先锋模范。

2. 以凝练研究所价值理念为载体，筑牢精神文明高地

遗传与发育生物学研究所党委坚持博观约取立品牌、厚积薄发创文化，凝练出了以“厚德、笃志、求索、创新”为内涵的“遗传发育所精神”，开展了以“高效科研、节能科研、美丽科研、快乐科研”为内涵的“绿色科研”品牌活动。声学研究所党委视文化为灵魂，注重对研究所50多年积淀的文化和精神进行提炼和总结，确立了“爱国奉献、求实创新、诚信唯真”的核心价值理念，用特色文化凝聚人，用声学精神鼓舞人，用共同目标引领人。微电子研究所党委坚持

“惟精惟一、求是求新”的所训，凝练出了“团结协作、和谐奋进、共创大业；相互尊重、相互支持、变竞争为竞赛”的核心价值理念。

3. 以推动制度建设为载体，建立务实管用制度体系

院部机关党委始终将制度建设作为提升管理效能和服务水平的重要途径和手段，坚持每年开展职能梳理和制度清理，清理工作事项和界面、下放工作职能、简化工作流程、绘制工作流程图，建立起了制度执行与完善情况的年度报告机制、制度评价反馈机制；电工研究所党委坚持“依法治所”，将各项工作纳入制度化轨道，狠抓制度的废、改、立，先后修订、新制定规章制度100余项，涵盖了研究所管理的各方面，实现了制度的实时更新、动态维护。

4. 以主题创建活动为载体，夯实基层党建工作基础

微电子研究所党委开展“最佳主题党日”创建活动，以项目管理的方式支持党支部开展主题活动，实现了党支部、党员参与的全覆盖；以“三严三实”“四讲四有”“五带头”为标准开展“共产党员先锋岗”创建活动，引导全体党员立足本职，做合格党员、争当党员先锋；化学研究所党委将科研组织模式融入党建创新活动中，鼓励党支部以课题申请方式撰写申请书，择优资助支持党支部；科学出版社党委坚持“抓落实、全覆盖、求实效、受欢迎”的工作思路，创新支部设置方式，坚持党委委员联系党支部制度，每年举办党务干部专题培训班，对支部工作进行量化考核评价。

5. 以打造高端论坛为载体，拓宽党建工作领域

电子学研究所党委打造了综合性文化论坛“科电论坛”，邀请国内外著名专家和社会各界杰出人士，专题讲解与改革创新发展相关的重大问题和社会热点前沿问题，交流创新思想和学术成果，促进科学精神和人文精神的融合；“遗传发育所精神大讲坛”秉承“弘扬创新精神、启迪创新智慧”的宗旨，力邀国内外著名专家学者、创新企业家前来宣讲，从理想信念、学科交叉、创新思维、科学精神等方面提升研究所的文化品位；北京中科资源有限公司党委设立“中科资源企业名人讲堂”和“中科资源文化讲堂”，邀请院内外成功企业家、专业领域有所建树的专家做专题演讲，宣传公司核心价值观和文化思想理念，引导干部员工开阔眼界、拓展思路、转变观念。

6. 以开展系统培训为载体，推进学习型党组织建设

过程工程研究所党委统筹协调所内培训资源，建立了具有研究所特色、党委书记担任院长的“SKIPER”学院（跨越者学院），组织实施过程工程研究所“卓越培训计划”，以青年人才为重点，突出科研能力、实际工作技能培训；北京中科资源有限公司党委打造“中科资源网络大学”（E-learning）平台，建立全覆盖培训体系，以新时代的载体和工具应对公司发展的关键问题，帮助员工转变思想意识、拓宽知识结构，成为复合型人才。

7. 以新媒体传播平台为载体，扩大党建活动影响力

院部机关党委充分利用“支部工作”APP，交流思想、增进沟通、共同进步。遗传与发育生物学研究所党委开通“绿色科研”微信平台，定期发布“绿色科研”行动指南，并将平台作为系列活动征集和展示的平台，深化绿色理念；过程工程研究所党委利用微信、QQ 群等新媒体平台，将思想政治学习融入日常生活，使教育工作变成喜闻乐见的思想交流活动；科学出版社销售财务党支部开展“移动互联”学习，全体党员安装“学习中国”APP，建立支部百度云盘和微信群，实时掌握最新学习资料。

（五）抓好“九类管理”，按照“6+3”格局全面推进党建工作

按照全面从严、分类管理的思路，京区党委和京区各级党组织扎实推进京区“科研、机关、支撑、学生、企业、离退休”六种基本类型党组织和“外场重大科研任务、异地大科学工程和分支机构、野外台站”三种新型党组织的党建工作，不断探索个性化的党建工作创新模式。

抓好六类基本类型党组织建设。坚持统筹协调、分类推进、积极探索，健全科研院所党的基层组织体系，切实解决基层党组织地位边缘化、作用弱化虚化等问题。

（1）科研一线党组织以“思想上的战斗堡垒、工作中的中流砥柱、职工群众可以依靠的港湾”为工作定位，以服务和促进科研成果产出作为最大的“政治”，坚持“支部建在实验室”，推行研究室主任、学科组长等科研骨干兼任党支部书记，实现党务和科研工作互相促进、有机结合，以思想政治教育为抓手，引导党员自觉聚焦科技创新前沿，献力国家战略需求。

（2）机关党组织以制度建设和精细化管理为抓手，加强制度梳理和更新，使各项工作有章可循、有制可依、有据可查；加强与科研单元沟通，增强服务意识，改进工作作风，建立“首问负责制”，实现“一专多能”“一岗多能”，提高办事效率，积极为科研一线排忧解难。

（3）支撑系统党组织秉承“科学引领、技术先行”的理念，紧密围绕科学研究与技术创新两个中心环节，注重调动和激发每个人的潜能，培养集体荣誉感，激励大家成为技术能手，为广大技术人员提供全方位的服务，解决后顾之忧。

（4）学生党组织适应“科教融合”“两段式”的培养模式，融入“党委领导、

研究生党总支、研究生处 / 部、各研究室和导师齐抓共管”的研究生思想教育体制，加强意识形态引导，积极开展社会实践活动和青年志愿者活动，培养学生党员的责任感和使命感。

（5）企业党组织结合生产经营实际，建设了一支经得起困难和风险考验，在企业战略转型、产品培育、技术研发、市场开拓中发挥先锋模范作用的党员队伍。通过实践，努力打造科技型企业的特质。

（6）离退休党组织与离退休办公室、离退休工作城区协作片共同搭建起“三位一体”的离退休工作网络，定期召开情况通报会、座谈会，通报重大事项、重点工作，认真落实离退休同志政治待遇；组织开展老年大学、文艺演出等品牌活动，丰富离退休同志生活。

抓好三类新型党组织建设。京区各单位党委根据基层党组织“全覆盖”的要求，积极适应科技创新的新情况，认真探索新型党建工作模式。

（1）探索“外场重大科研任务党建工作模式”。京区相关研究所承担了“载人航天”“探月工程”等重大科研任务，党组织作用的发挥对外场科研任务的成功完成具有重要影响。例如，空间科学与应用研究中心党委系统梳理外场科研任务的主要特点，客观分析外场党建工作的特殊困难，有效采取党建服务外场科研的重点措施，成立试验队临时党支部，围绕任务提升技能，及时掌握思想动态，在实战中锻炼队伍，探索出了党建工作与外场科研任务的深度融合“三部曲”。他们还总结出了外场重大科研任务党建工作“四要素”（“引、带、帮、促”）和“党建工作与项目管理紧密融合工作法”（“任务目标、执行理念、组织、管理过程”融合）；空间应用工程与技术中心空间应用系统发射场试验队临时党委立足重大需求、强化使命担当，以军令状明确党建目标，以爱国主义情怀激发斗志，以工程管理思维促进党建创新，坚持支部建在分队，按任务阶段调整支部，以传承航天精神凝练工程总体文化。

（2）探索“异地大科学工程和分支机构党建工作模式”。在中国散裂中子源建设过程中，高能物理研究所党委将“保障工程建设”作为党建工作的根本着力点，探索“异地党建模式”，助力大科学工程建设；将东莞分部党组织建设纳入所党委整体工作统筹考虑，做好顶层规划；指导东莞分部各级党组织发挥政治核心作用，以点带面、以老带新，帮助职工解决实际困难，营造特色文化氛围，为科研任务保驾护航。党组织在推进工程建设中发挥了不可替代的作用。国家天文台在建设“500 米口径球面射电望远镜”（FAST）过程中，充分发挥党支部的战斗堡垒作用和党员的先锋模范作用，保障了工程的顺利进行。

（3）探索“野外台站党建工作模式”。中国科学院现有 200 余个野外台站，在科技创新中发挥着重要作用。野外台站大多分布在自然环境恶劣、条件艰苦、交通不便的野外、边疆，如何使野外台站的科研人员在远离家人的艰苦环境下，还能全身心投入科技创新，是摆在野外台站党组织面前的一个重大课题。例如，地理科学与资源研究所野外台站联合党支部想科研人员之所想、急科研人员之所急，开展了面向野外台站科技人员需求的全面调研，党支部积极向所党委、所领导反映并推动解决野外台站中青年职工在职称评定、住房、配偶两地分居、子女入托入学等方面存在的困难，分担他们的后顾之忧，激励了他们的工作干劲，提高了党支部的凝聚力。

二、京区党建工作创新的主要成效和经验

京区党建创新的实践取得了良好效果，为研究所各项事业发展提供了坚强有力的保障。

一是强化了党建工作责任制，形成了“书记抓党建”的良好氛围。各单位党委坚持选拔政治上靠得住、工作上有本事、作风上过得硬、职工群众信得过的党员担任党务干部，通过集中培训、专题研讨、理论学习等途径，不断提升他们的政治素质和业务能力，打造了一支政治强、业务精、作风好的党务干部队伍。

二是搭建起了党建工作交流的良好平台。已经连续开展 16 年的“党建创新奖”评选激发了各单位党委推动党建工作的活力，提升了党建工作的创新能力，提供了各单位之间互助交流、比学赶帮超的有益平台，更涌现了一批可借鉴、可推广的党建创新工作范例，为提升京区各单位党委的整体水平发挥了骨干和引领作用。

三是营造了良好的科技创新生态环境。各单位党委通过大力推进党建工作和创新文化建设，使科研人员潜心致研、管理人员集中精力服务科研，形成了人人心情舒畅、人人想干事业、人人能干成事、大家一起干大事的人文生态环境。党建创新活动使广大党员经历了规范的组织生活、严格的党性锻炼和深刻的思想教育，党员队伍不断壮大、素质持续提升，党员的先锋模范作用得到了充分彰显。党建创新活动在研究所学科方向布局调整、科研项目争取、重大任务攻关等重要工作中发挥了积极作用。近年来，京区各单位在各自研究领域取得了突出的科研创新成就。通过开展党建工作创新，也积累了一些党建创新的有益经验。

一是必须始终坚持从严要求与创新方式相结合这一工作主线。党建工作必须落实全面从严治党新要求，坚持思想建党和制度建党紧密结合，严肃党内政治生活，强化党建工作的政治性、原则性；同时，要通过创新，让党的活动更富有时代气息，进一步增强党建工作的时代性、战斗性。

二是必须始终坚持党建工作对科技创新的引领这一重要任务。党建工作要围绕中心、服务大局，党建工作更应引领服务科技创新、弘扬创新文化、优化创新

环境，充分发挥党组织的政治引领和服务功能，为科技创新提供良好的政治生态和坚强的政治保障。

三是必须始终坚持党建工作融入科技创新全程这一基本思路。坚持党建创新与科技创新融为一体，互相促进、齐头并进，克服“两张皮”问题。党建工作必须始终坚持把“围绕科技创新、服务科技创新、促进科技创新”作为党建工作的出发点和落脚点，才能使党建工作定位更加准确，才能更好地发挥党组织的作用，增强党组织的凝聚力。

四是必须始终坚持党建理念、方式、载体创新这一有效途径。党建工作必须坚持与时俱进，不断创新党建工作理念、工作内容、工作方法、工作载体、工作机制，拓展党建工作新领域，探索党建工作新途径，增强党建工作新活力。

三、党建工作创新面临的新情况和新挑战

经过多年的实践和探索，虽然京区党建工作创新方面取得了一些成绩和经验，但与新形势、新要求相比仍有差距和不足。这就要求我们进一步增强责任感、紧迫感，不忘国立科研院所党建工作的“初心”，在推进科研院所党建工作创新的道路上勇于探索、继续前进。党建工作创新面临的新情况和新挑战主要有以下三个方面。

（一）党建工作创新如何与坚持思想建党和制度治党紧密结合

习近平同志强调，全面从严治党必须坚持思想建党和制度治党紧密结合。党的思想建设和制度建设是推进从严治党的两大抓手，也是京区党建工作的重要任务，应当成为党建工作创新的努力方向，成为重点研究探讨的问题。必须坚持并逐步实现思想建设和制度建设紧密结合，同向发力、同时发力。目前，部分单位存在着弱化思想政治工作的倾向，对思想政治工作的重视程度不够，党员群众的积极性、创造性未能充分调动和发挥出来。有 47.6% 的受访者认为，普通党员参与党建工作创新的积极性和智慧发挥不够，与思想教育不充分有很大关系，一些制度流于形式、落实不好；28.9% 的受访者认为，党建工作存在为了创新而创新的问题，往往忽视了制度、组织建设等党建工作的基础；40% 的受访者认为，机制体制等更深层次的创新在工作中体现较少。个别单位党建制度空洞乏力，多而不精，起不到应有的作用，制度执行力度不够，存在简单化和片面化等问题，不能完全执行到人到事，尤其是责任追究不到位。此外，思想建设和制度建设结合不紧。个别单位认为思想建设与制度建设是相互独立的两个方面，没有意识到两者结合的重要性，习惯于“单打一”，在对广大党员进行思想教育时，缺乏警

示教育和制度宣贯，让广大党员、干部在思想上没有划出红线、明确界限，没有做到真正敬法畏纪、遵守制度。因此，要通过党建工作创新，促使各级党组织改变缺乏统筹协调的状况，做好配套衔接工作，增强思想建设与制度建设的整体功能。逐步实现思想教育结合落实制度规定来进行，制度的制定、执行将思想教育贯穿全过程，促进党建工作科学化、制度化水平的全面提升。

（二）党建工作创新如何与推进科技创新、加强人才队伍建设有效互动

党的十八大提出实施创新驱动发展战略，对科技创新提出了更高要求。中国科学院实施“率先行动”计划和“一三五”规划，确立了出成果、出人才、出思想的目标。科研机构的党建工作，应坚持围绕中心、服务大局，以加强人才队伍建设为抓手，促进党建工作与科技创新工作紧密融合，推动党建工作更好地服务科技创新、引领科技创新、驱动科技创新。这是科研机构党建工作创新的特有规律和特殊要求。调查显示，65.7% 的受访者认为，党建工作与科研紧密结合仍是目前京区党建工作创新最需要改进的方向。因此，必须在总结以往经验的基础上，针对新任务、新使命、新要求，探索党建工作围绕、融入、促进、服务科技创新的有效措施，以此作为党建工作创新的重点来抓。通过不懈努力，使围绕科技创新抓党建、抓好党建促创新常态化、制度化，在真正意义上实现党建工作与科研有机融合，促进和保证科研工作任务的圆满完成，为多出成果、多出人才、多出思想提供动力支持和可靠保证。当前在一些研究所中，仍然存在不同程度的党建工作与科研工作联系不紧密甚至互相脱离的问题。例如，少部分党员干部片面地认为，党建工作与科研业务工作互不相关，存在“两张皮”现象是必然的。这种意识使党建工作无法发挥引领、驱动、服务科技创新的作用，党建工作的驱动力、引领力未能传输到科研活动环节，造成了党建和科研两个轮子各自的“自转”；个别党务工作者没有从科技发展的角度创新党建工作方法，缺乏对科技成果产出、转移转化与党建工作结合的探索。本次调查中，34.8% 的受访者感觉党建工作更倾向于较为容易开展的工作形式创新和文化创新，真正行之有效的措施和手段不多，致使科研院所的党建工作创新在一些单位无法真正落到实处；缺乏将党建工作与科研工作结合的评价标准，相应的动力和保证机制不够健全。目前，部分科研单位就党建评党建，考评机制内容有待调整和完善。从党员角度而言，没有明晰党员先锋作用的发挥与科技创新成果之间的必然联系。为实现党建与科研工作的融合，从而推动科技创新发展，应将党建工作模式建立在科研工作模式的基础之上，进一步激发党支部工作活力，促进党建工作顺利进行。科研院

所党委应积极参与所内政策制定与战略研讨，将科研院所的重点、难点问题作为党建的重点工作进行研究部署；积极配合科研院所全面实施人才培养引进系统工程，以探索优化人才发展环境的新思路、新举措。

（三）党建工作创新如何与加强纪律建设、严肃党内政治生活有机结合

习近平同志在党的群众路线教育实践活动总结大会上发表重要讲话，对全面从严治党做出总体部署，要求从严治党必须具体地而不是抽象地、认真地而不是敷衍地落实到位。一再强调把纪律建设摆在更加突出位置的要求，把严明党的纪律和规矩作为从严治党的中心环节来抓；党要管党必须从党内政治生活管起，从严治党必须从党内政治生活严起。为此，党建工作创新必须以此为基本遵循，结合这些新要求来开展。在本次调研中，有 51.4% 的受访者认为，如何将全面从严治党要求和党建工作创新有机结合是目前京区党建工作创新的重点和难点。全面从严治党的首要任务即是加强纪律建设、严肃党内政治生活。纪律是党的生命，加强纪律建设是全面从严治党的治本之策，是严肃党内政治生活的保证。要把全面从严治党要求具体化、部门化、细化、实化。通过营造良好的小气候，促进大气候的进一步形成。要落实全面从严要求，严肃党内政治生活，就必须坚持从巩固党的执政地位的大局看问题，做到“跳出党建看党建、结合业务抓党建”。在京区单位党建工作实际中，还存在一些问题。例如，个别单位对民主集中制执行不够好，民主的氛围不够。本次调研中，27% 的受访者认为在监督评价体系的建立上创新不足，党委的参与和监督得不到应有保障，个别研究所党委服务、保证、监督作用未能充分发挥和体现，工作的显示度和影响力有待增强；绝大多数所级单位党委书记、副书记或党委委员属于科研与党建“双肩挑”，部分同志在实际工作中存在着重科研、轻党建的现象，党建工作投入在时间和精力上明显偏少；基层党支部书记（委员）以兼职为主，由于学习培训不够、评价激励措施不力等原因，不少人履职尽责意识不强，工作标准不高，未能真正做到真学、真懂，想干、会干，用心、尽心，使党建的经常性、基础性工作在一些单位“挂了空挡”，存在“最后一公里”的问题。另外，党的纪律松弛、党内政治生活制度落实不好的问题，在许多单位不同程度地存在。因而，按照全面从严治党的要求，从科研院所的领导体制和工作特点出发，在抓好党建工作内容、载体和形式创新的同时，必须突出加强纪律建设，严格党内政治生活，坚持“三会一课”制度，坚持民主生活会和组织生活会制度，坚持谈心谈话制度，坚持对党员进行民主评议，确保党组织和党员应有作用的充分发挥。

四、落实全面从严治党要求，深入推进京区党建创新的几点思考

2013 年 7 月 17 日，习近平同志视察中国科学院时提出了“四个率先”的要求，中国科学院党组及时推出“率先行动”计划，作为贯彻创新驱动发展战略和习近平同志“四个率先”要求的重大举措，成为当前和今后一个时期统揽全院改革创新发展的行动纲领。如何在新要求和新形势下继承和发扬传统，继续做好中国科学院党建创新工作，是摆在中国科学院各级党组织面前的新的重要课题。

（一）将全面从严治党作为进一步推动京区党建创新的重要遵循

党的十八大以来，以习近平同志为核心的党中央从坚持和发展中国特色社会主义全局出发，站在实现“两个一百年”奋斗目标、实现中华民族伟大复兴的中国梦的战略高度，扎实推进全面从严治党。2016 年 9 月 11 日，中国科学院院党组下发《中共中国科学院党组落实全面从严治党要求实施方案》，要求全院以全面从严治党要求为主线，坚决落实全面从严治党主体责任，不断提高全院党的建设规范化和科学化水平。京区党建工作要以改革创新的精神状态、思维方式、思想作风、工作方法全面加强党的各方面建设，坚持不断进行实践创新，重点是在加强和规范党内政治生活、加强党内监督、推进理想信念教育、强化基层党组织制度建设、严明政治纪律和政治规矩等方面进行工作创新，不断增强基层党组织的创造力、凝聚力、战斗力，更加有效地发挥党组织的政治功能和服务功能。

（二）将推动科技创新作为进一步推动京区党建创新的重要任务

习近平同志强调，要把科技创新摆在更加重要位置，吹响建设世界科技强国的号角。科技兴则民族兴，科技强则国家强。实现“两个一百年”奋斗目标，实现中华民族伟大复兴的中国梦，必须坚持走中国特色自主创新道路，面向世界科技前沿、面向经济主战场、面向国家重大需求，加快各领域科技创新，掌握全球科技竞争先机。中国科学院在建设世界科技强国的任务面前责任重大、使命重大。京区基层各级党政领导班子，要紧密围绕科技创新这一总主题达成党建创新的共识，找准世界科技发展趋势，认清我国科技发展现状，找准应走的路径，找准北京科技创新中心建设的目标，把发展需要和现实能力、长远目标和近期工作统筹起来考虑，有所为有所不为，提出切合实际的发展方向、目标、工作重点，必须紧紧抓住科技创新这个核心，积极进行党建工作创新，抓好顶层设计和任务落实，努力使党建创新成为科技创新的引领和驱动，为科技创新做好服务和保障。

（三）将坚持问题导向作为进一步推动京区党建创新的重要方法

党建创新不是为了创新而创新，而是为了解决问题而创新。在本次党建课题调研中，广大基层党员和群众对京区党建创新提出了很好的意见和建议。例如，党建创新应服务于科研创新、服务于社会与民生发展，重视基层党员建议，务实完善机制制度；坚持以科研创新为中心，落实从严治党的责任，加强基层党建创新；要在教育管理上创新，进一步激发党组织的活力，激励党员主体作用的发挥；切实加强党务干部的培养和培训；以活动为载体，寓教育于活动之中，增强党组织在党员群众中的凝聚力和号召力，要更加务实地解决党员群众工作和生活中面临的突出困难。如何创造性地解决党员群众反映的问题，为京区党建创新工作提供了重要依据。同时，坚持问题导向需要各级党组织不断带着问题调研，多到基层中“接地气”，多到现场摸实情，从基层干部群众的实践创造中寻找解决问题的钥匙。要用强烈的忧患意识和责任意识，勇于担当、积极作为的进取精神坚持进行党建创新。

（四）将完善激励机制作为进一步推动京区党建创新的重要牵引

根据全面从严治党的要求，进一步完善“党建创新奖”评选的新定位，以改革的精神将基层党建创新工作不断深入推进；细化评选要求，可针对党建工作不同层面的问题开展分类评选，根据解决实际问题的需求建立专项评选或主题式评选，着力推动解决突出问题，进而使基层党组织的自身建设和工作方式更加适应新形势、新要求；加强成果宣传、推广。“党建创新奖”的评选涌现出了一批值得推广和借鉴的好做法、好点子、好经验，可以建立更加多元化的资源共享平台，加强基层党组织中理念、机制、思路、载体创新的典型案例宣传，展现基层党组织创新工作活力、有效发挥作用的生动实践，促进党建工作创新经验的共享。建议基层党委要以创新党建工作体制机制为重要牵引，狠抓制度、队伍、人才、评价等方面的机制体制建设，不断完善制度建设和组织建设，尤其是加强基层党支部书记等带头人的队伍建设；要满腔热情地支持党支部干部大胆创新，尊重基层的首创精神，敢于为他们承担责任，尽力解决他们在工作和生活中遇到的困难和问题，激发基层党支部的工作活力和工作动力，确保基层党组织有资源、有能力为群众服务，使基层党支部的战斗堡垒功能真正发挥“保驾护航”的作用。

（五）将创新工作载体作为进一步推动京区党建创新的重要手段

习近平同志指出，党建工作创新重点要抓好理念创新、手段创新、基层工作创新，努力以思想认识新飞跃打开工作新局面，积极探索有利于破解工作难题的新举措新办法，把创新的重心放在基层一线。在京区，当前基层党建工作面临许多新情况新问题，特别是面对组织形式的多样化、流动党员的大量增加和信息网络技术的广泛运用，党的基层组织体系和工作方式、活动方式还有不少需要完善的地方。要运用新手段、新方法积极创新党建工作载体，将思想政治建设、理想信念教育作为出发点和落脚点，充分运用新媒体、移动互联网、电话会议等新载体，配合传统的书刊、会议等形式加大党员教育管理力度，特别是在领导班子建设和党务干部队伍建设方面注重落实、务求实效。使广大党员充分利用多种载体坚持学习，在实践中增长才干，尽力避免“本领恐慌”；使广大党员领导干部坚持学习，始终经得起各种风险挑战和利益诱惑的考验。

（六）将提升规范化、科学化水平作为京区党建创新的重要目标

党的工作归根到底就是要凝聚人心，党建工作创新要以人为本。中国科学院京区各级党委要围绕人才队伍建设这个关键，特别是青年人才的教育与培养，打造凝心聚力的创新文化，加强党风廉政建设和反腐倡廉建设，指导工青妇组织配合党委开展喜闻乐见、丰富多彩的群众活动，重视并细致入微地做好统战和离退休工作。通过在以上工作层面不断创新，为中国科学院的创新发展提供奋发向上、风清气正、团结和谐的创新生态环境。同时在基层党建创新工作中，既要有一定高度的“顶层设计”，又要有尊重群众首创的“基层探索”，并实现两者之间的良性互动；要更加注重“民主化参与”的方式，创新符合自身需求的工作方式；建立顺畅的沟通交流机制，着力探索建立经常性互动机制使党员群众的利益表达更加顺畅、有效；要鼓励和发动每一位党员参与到党建创新工作中，运用创新智慧去解决问题、激发热情。

课题组组长：何　岩
课题组副组长：马　扬　胥伟华　倪　宏　房自正
课题组成员：蔡晨曦　贾宝余　马　强　吉　顺　刘　冰　王宇星

中国农业科学院职工思想状况调查报告

中国农业科学院

为进一步做好思想政治工作，课题组连续两年开展大规模问卷调查，并通过访谈等方式获得大量定性资料。本报告从理想信念等六个方面全方位描述职工思想状况，认为职工理想信念坚定，热爱科研事业，追求稳定的工作环境，综合素质高，承担着较重的工作和生活压力。最后，从加强党组织建设、改进学习教育方式等五个方面提出了具体的工作建议。

一、研究背景

思想建设是党的根本建设，思想政治工作是党的优良传统和政治优势，了解工作对象的所思所想是做好思想政治工作的前提。根据党的群众路线教育实践活动中的有关要求，以及《中国农业科学院党组关于进一步加强和改进新形势下思想政治工作的意见》，中国农业科学院（简称中国农科院）直属机关党委在2015年组织开展大规模职工思想状况调查，取得良好效果，并在2016年改进方法，连续开展调查。

调查内容主要包括：职工理想信念是否坚定、是否拥护党和国家大政方针政策；对科技创新工程有何看法、对院所管理有何意见；对党组织工作是否满意；对自身生活状况是否满意等。

课题组采用定量和定性相结合的研究方法。在定量调查方面，2015年共完成904份纸质问卷调查。2016年采取电子问卷的形式，更有针对性地设计了问卷“说说心里话”，共完成 1663 份，其中手机端访问量 3644 次，完成有效问卷 1248 份，填答率为 34.2%；电脑端访问量 733 次，完成有效问卷 415 份，填答率为 56.6%。

在样本构成方面，两次调查重点控制工作岗位和职级的比例，2015 年科研岗位占 60%，2016 年科研岗位占 64%。2016 年调查样本具体情况如表 1 所示。

表 1　2016 年调查样本情况

岗位\职级	所局级（研究员）		处级（副研究员）		处级以下（助研及以下）		其他		小计/人
	人数/人	占比/%	人数/人	占比/%	人数/人	占比/%	人数/人	占比/%	
科研岗位	108	10.15	337	31.67	595	55.92	24	2.26	1064
管理岗位	30	7.79	120	31.17	220	57.14	15	3.90	385
其他岗位	6	2.80	28	13.08	129	60.28	51	23.83	214
总计	144	100	485	100	944	100	90	100	1663

在定性调查方面，课题组与日常工作相结合，多次召开党委书记、党务干部、青年职工等不同层次的座谈会，大量开展一对一的深度访谈，积累了大量会议记录和访谈记录。连续两年派干部到研究所挂职锻炼，通过一年时间的参与式观察深入了解职工想法，并收集大量文献资料。

本调查特点在于通过新媒体开展大范围问卷调查，并通过深度访谈和参与式观察拓展调查深度，调查的局限性在于研究目标相对宽泛，对被调查者填写问卷的环境难以控制及课题组水平有限。

二、思想状况分析

课题组对调查数据进行统计分析，结合定性调查结果，按照从理想到现实，从大事到日常，从普遍到特殊的逻辑，从六个方面对职工思想状况进行了描述分析，并力图反映大多数职工的真实想法。

（一）信念坚定、思想稳定

调查显示，大多数职工总体思想稳定，具有正确的世界观、人生观、价值观：90% 的职工认为坚定共产主义理想和中国特色社会主义信念很重要；89% 的职工坚信实现中华民族伟大复兴的中国梦能够顺利实现；80% 的职工十分拥护党和国家在深化改革和反腐败等方面的方针政策，在时事政治方面最关注“事业单位分类改革”“食品安全”“反腐倡廉”等问题，在惩治腐败、领土争端等内政外交热点问题方面，充分相信党的方针政策和治国理政能力，坚决维护改革发展稳定的大局。

2016 年，中央巡视组对中国农科院进行了 2 个月的政治巡视，开展了一次“政治体检”。调查显示，中国农科院绝大多数干部职工能够正确看待此次巡视工作，68% 的职工认为此次巡视说明中央对中国农科院工作非常重视，51% 的职工认为巡视工作对中国农科院工作有很大促进。

（二）对科技创新工程总体满意

中国农科院科技创新工程以“服务产业重大科技需求、跃居世界农业科技高端”为使命，以“建设世界一流农业科研院所”为目标，2013 ～ 2015 年为试点探索期，2016 ～ 2020 年为调整推进期，2021 ～ 2025 为全面发展期。在试点期确立了独具特色的三级学科体系，创造了稳定支持的科研环境，建立了竞争流动的用人机制，探索了以促进科研产出和科技贡献为导向的绩效管理机制，初步解决了科研与生产“两张皮”的问题，建立了大联合、大协作的协同创新机制，凝练形成 19 项“十三五”重点科技任务。调查显示，对全院实施科技创新工程的推进情况满意率达到 87%。职工普遍认同创新工程为院所发展带来的改变，认为创新工程为科研工作提供了稳定支持，增强了团队协作意识和责任心、事业心。80% 的职工表示对创新工程的战略目标比较了解；70% 的职工认为目前所处团队共同目标明确，有凝聚力，有归属感；74% 的职工认为目前的工作岗位能够充分发挥才能，具有很好的工作前景。

科技创新工程仍有不完善之处，47% 的职工对现有课题组与创新团队之间的关系表示困惑，23% 的职工认为创新团队成员之间并无长远固定一致的研究方向和目标，只是由于共同承担阶段性的课题项目而联系在一起等。访谈中发现，绝大多数职工明确表示，对创新工程经费只能发放劳务费，不能为首席科学家发放工资的规定很无奈。多数职工认为学科体系还需进一步完善，部分学科对国家重大需求和世界科技前沿聚焦不够，核心竞争力不强，基因组学、都市农业、食物营养等前沿交叉学科建设需要加强，麻类、烟草等部分学科与产业发展脱节，先进适用技术集成示范滞后。少数职工认为研究所的改革停留在书面上，研究所领导和团队首席获益，而普通科研人员则增加了工作量。

（三）对管理体制改革充满期待

调查发现，职工对院所管理体制多有诟病，81% 的职工认为，与世界一流科研院所相比，目前最大的差距是管理机制和学术环境。访谈发现，多数有海外经历的科研人员表示，在国外科研人员几乎不需要为科研以外的事情操心，学术环境宽松自由。中国农科院虽然科研经费相对充裕，但会议多、文件多、表格多、琐事多、办事手续复杂，增加了很多工作任务和心理压力。分析发现，职工认为最薄弱的管理环节与最主要的压力来源之间存在一定的对应关系，如表 2 所示。

表 2　管理制度薄弱环节与职工压力来源

排序	最薄弱的管理环节		最主要的压力来源	
	分类	占比/%	分类	占比/%
1	考核评价机制	61	工作任务繁重	56
2	收入分配机制	57	收入不高	46
3	人才团队建设	57	晋升困难	46

在考核评价机制方面，仅有 42% 的职工认为目前的考核评价体系是合理的。访谈发现，科研岗位的考核主要以论文为导向，然而很多服务产业发展、实践性强的研究领域很难在国际知名刊物发表论文。很多科研奖项的设置与申报人的职称挂钩，科研人员还要努力公关，甚至争相应聘科研处长。出现管理岗位工作难以量化，主要靠领导评价，容易产生拍脑门的政绩工程，职工中常有领导张张嘴，下属跑断腿的抱怨等问题。

在收入分配方面，44% 的职工认为自己所在部门收入差距太大，34% 的职工认为收入差距很合理。2012 ～ 2015 年，我国城市 CPI（居民消费价格指数）上涨了 6.1%，本次调查中，对过去 3 年的收入，57% 的职工认为有所提高，24% 的职工认为没有变化。调查发现，在强化法人治所，薪酬体系由各所根据原则自行制定的背景下，从全院水平来看，收入水平仍然不高，如表 2 所示。科研岗位贫富差距最大，研究所内团队年人均收入最高与最低之间相差 3 倍已成普遍现象。研究所之间发展不平衡，创收能力强的自筹资金开展绩效奖励，创收能力弱的很难自筹资金，绩效奖励的引导激励作用无法充分发挥。

在人才建设方面，只有 32% 的职工认为所在单位部门做到了能上能下，能出能进的用人机制。访谈发现，多数人认为院所缺乏合理的晋升机制和人才流出机制，职务职称晋升只见上不见下，论资排辈现象严重；多数科研人员认为海外人才引进条件优厚，应重视科研水平，海外与本土人才一视同仁；多数人认为院所整体科研领军人才总量少、年龄大，新兴学科和交叉学科人才匮乏，管理、支撑和转化队伍建设滞后。

（四）对党组织作用有更高期待

在对所在单位党组织的评价方面，84% 的职工对党委工作满意或比较满意，86% 的职工对党支部的工作满意或比较满意（图 1）。

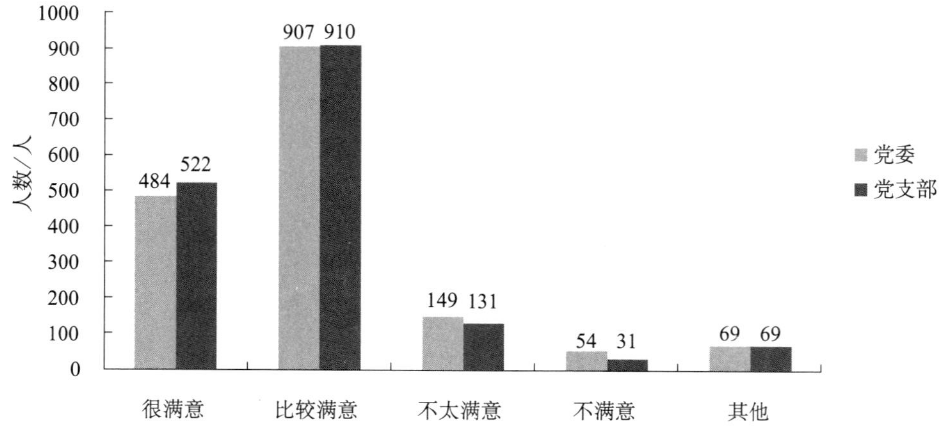

图 1　对党组织满意度

访谈显示，绝大多数职工对本届院党组工作十分认可，直属机关党委在近两年的工作中表现突出，在院机关考核中位列前三位。全院各级党组织工作卓有成效，97% 的职工认为加强思想政治工作很重要，89% 的职工认为所在单位思想政治工作做得好，85% 的职工认为所在单位干群关系融洽，76% 的职工认为所在单位的激励、关怀、帮扶机制非常健全和比较健全。

调查显示，绝大多数职工对党组织有更高的期望，希望党组织能够在民主办院、“三重一大”事项方面发挥政治核心和民主监督作用。43% 的职工认为所在单位真正做到了民主集中，39% 的职工认为过分集中，4% 的职工认为过分民主。访谈发现，个别研究所存在所长“一把手一言堂”的情况，只有小事才讲民主，中层干部敢怒不敢言。在课题组（创新团队）中更容易出现类似现象。

调查显示，多数党务工作者表示，由于党务工作不能直接带来效益，干部配备相对较弱，党务工作者多为兼职，在遇到党的群众路线教育实践、“三严三实”、“两学一做”等重大政治活动时往往捉襟见肘。多数研究所为加强党的工作，在机构设置上设立党办人事处，虽然增加党务工作者的权威，但人事工作多为硬任务，客观上又削弱了党务工作力量。

调查显示，职工对管理工作的期待，某种程度上转移到了对党组织的期待，65% 的职工认为应由党组织和群体性社团组织开展心理疏导工作，80% 的职工认为党组织应开展相关活动，愉悦职工身心，62% 的职工希望党组织能组织理论学习培训和与本岗位相关的专业培训。访谈发现，党委书记作为研究所党组织主要负责人，往往承担更多的管理责任，是研究所的“大管家”。绝大多数实现了快速发展的研究所都是从大刀阔斧的改革管理体制入手的，而党委书记都发挥了至关重要的作用。

（五）生活状况满意度有待提升

2015年，课题组将满意度分解为发展前景等8个方面，满意指数为79.1（满分100）。2016年，课题组将满意度进一步明确为收入、住房等7个方面，满意指数为70.7。在各项指标中，住房和收入得分最低（表3、图2）。房价飞涨、通货膨胀是我国大城市的通病，对于处在大城市的研究所，住房是青年最大的困扰，中国农科院京区2009年之前入职的职工都参与了一次福利分房，虽然单价远低于市场价，但房型较小，大部分处于“蜗居”状态。没有享受到房屋优惠政策的职工，收入普遍不能承担高涨的房价，或租房生活，或居住在远郊，这是一个短期内难以改变的现状。

表3　职工生活满意度情况

排名	2016年		2015年	
	分类	指数	分类	指数
1	婚恋	77.7	人际关系	83.5
2	健康	69.7	工作环境	83.3
3	赡养老人	65.5	工作岗位	82.9
4	子女教育	63.2	发展前景	81.6
5	职务职称	63	医疗条件	77.5
6	收入	61.5	工资薪酬	77.4
7	住房	55.5	居住环境	77.2
平均		70.7		79.1

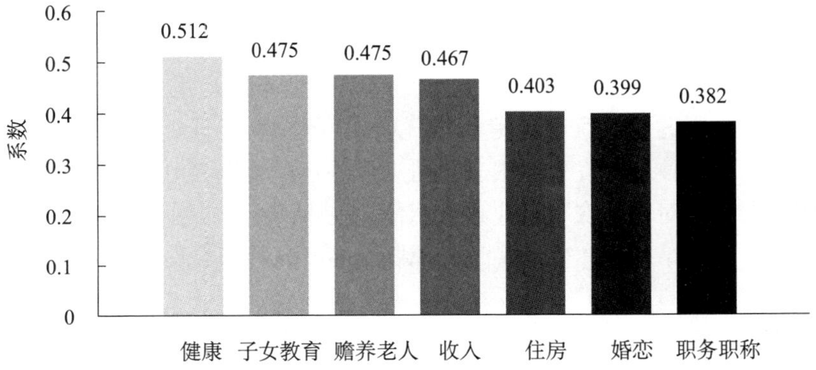

图2　决定职工生活满意度的主要指标及相关系数

从工作状态看，31% 的职工表示很累很疲惫，48% 的职工表示一般，表示精神饱满的只有 19%。64% 的职工表示经常加班，40% 的职工表示因工作太忙放弃休假。69% 的职工认为加班已经常态化，68% 的职工表示出现过焦虑和抑郁的症状。

从不同群体的满意度来看，科研岗位满意度较低，所局级（研究员）满意度较高（表 4）。访谈发现，多数科研人员在做好实验、写好论文、完成科研工作的基础上，还要完成上级领导交办的很多其他工作。由于研究员只上不下，所以在评上研究员后，科研压力减轻，住房、收入等物质待遇提高，满意度自然提高。

表 4　不同群体生活满意度比较

岗位	平均分	职级	平均分
科研岗位	67.8	所局级（研究员）	74.5
管理岗位	73.8	处级（副研究员）	69.9
其他岗位	74.9	处级以下（助研及以下）	69.2

（六）青年群体特点鲜明

调查显示，近年来全院青年人数迅速增长，截至 2015 年年底，35 岁以下职工数达到 31%，40 岁以下职工数达到 44%，博士后等青年科研人才规模逐年扩大，有海外留学经历的青年人才逐年增多。2015 年，中国农科院成立了院青年工作委员会，全院 33 个研究所中，有 20 个成立了青年工作委员会，5 个成立了青年组织。实施了院“青年英才计划”，并专门设置了“科研英才培养工程”，一批 35 岁以下人才被破格提拔为研究员。

通过长时间的参与式观察，课题组发现青年群体在思想上具有鲜明的特点。他们是院所科技创新的重要力量，处在人生创造的黄金阶段，学习能力强，善于打破思维定式，有很强的创新欲望和创新能力。在思想上，他们出身于象牙塔，人生阅历浅，经历的生活考验少，事业和家庭不稳定，面对日益拉大的贫富差距和多元化的社会思潮，容易产生各种想法，特别是有海外留学经历的青年，受西方文化影响较大，具有很强的自我意识和民主意识，对公平公正十分敏感。在工作上，随着分子育种和基因组技术的发展，很多科研工作是在实验室和电脑前完成的，他们远离实际农业劳动，对“三农”事业缺乏感情。在生活上，青年面临着较大的生活压力，普遍学历高，结婚晚，生育晚，择偶要求高，大龄未婚现象十分普遍。

三、工作建议

总的来看，中国农科院职工理想信念坚定，热爱科研事业，思想相对单纯，追求稳定的工作环境，综合素质高，承担着较重的工作和生活压力。对职工思想状况的调查，折射出院所发展中的各种问题，课题组通过深入研究，站在做好思想政治工作的角度，从五个方面提出了具体的工作建议。

（一）加强党组织建设，充分发挥政治核心作用

坚决维护公平公正是开展思想政治工作的基础。调查发现，很多上访案例是由于在涉及利益的问题上开了特例、没有一视同仁造成的。面对改革中出现的个人利益与集体利益之间的冲突，61% 的职工表示只要坚持公平公正都无所谓，29% 的职工明确表示可以适当牺牲个人利益。调查显示，党组织工作开展得越好，职工幸福感越高（图 3）。

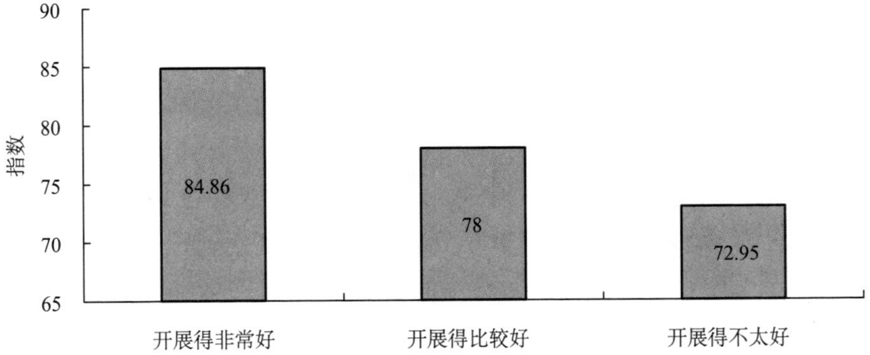

图 3　党组织工作与职工满意度关系

建议充分利用党的群众路线教育实践和“三严三实”等重大教育实践活动取得的成果，坚持从严治党，履行好主体责任和监督责任，建设一流作风。建议进一步加强党委书记和党务干部培训，增强党务干部配备，后备干部必须要到党务工作岗位进行轮岗锻炼，党务干部必须要到其他业务部门和科研部门轮岗锻炼。建议进一步增加民主测评在领导班子考评中所占比重，根据《中国社会科学院研究所所长工作条例》，做到领导班子能上能下。建议加强思想政治工作条件保障，每年院所两级划拨专项经费用于职工思想政治工作，提供必要的场所和设备，要加强调查研究，及时了解发现苗头性的倾向，将矛盾和问题化解在萌芽状态。

（二）改进学习教育方式，转变文风会风

做好思想建党，让干部职工在思想上时刻紧跟中央的路线方针政策，是思想政治工作的根本目标。调查显示，33% 的职工表示思想政治工作的困难是职工接受程度低，宣传手段单调。在社会思潮多元化的今天，科研院所职工普遍学历

高，学习能力强，流俗的宣传教育反而会造成负面影响，降低院所宣教部门的公信力。

建议将灌输式的宣教模式转变为参与式的主动学习和自觉学习模式。宣传材料的文风要与读者建立沟通，引发共鸣，尽量避免在宣传先进典型时形成类似“勤奋工作，五加二，白加黑”等带有道德绑架的宣传。可以采取赴红色教育基地参观学习、观看教育电影等灵活多样的学习方式（图 4）。由“领导说大家听”，转变为“大家说大家听”，继续开展“农科讲坛”、读书征文演讲等书香农科系列活动，营造浓厚的学习氛围，在潜移默化中提升职工素质。

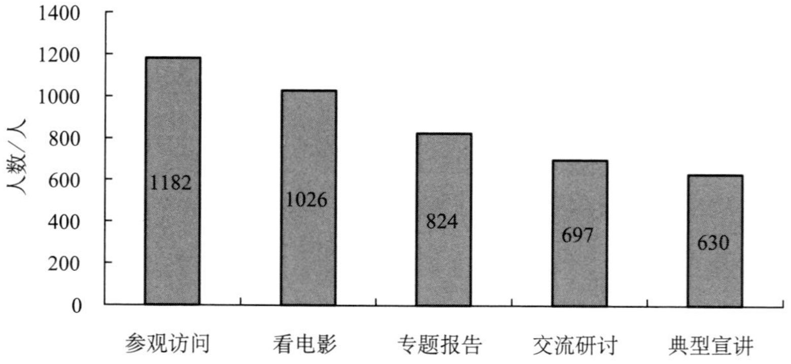

图 4　希望开展的学习教育方式

（三）占领“微阵地”，用好新媒体

做好思想政治工作就是不断为职工输入正能量，用好新媒体是做好思想政治工作的必修课。在新媒体时代，技术变革带来了舆论的巨大变革，每个人既是信息的接收者也是信息的发布者，各类信息高度透明，领导部门的一举一动都在“被围观”。尽管有信息碎片化、容易夸张失实等弊端，但新媒体凭借超强的即时性和互动性还是攻陷了传统媒体的阵地，人们的阅读习惯彻底改变。调查中 57% 的职工表示过去一年阅读的书籍在五本以内，手机已经成为大家获取信息的最重要终端，71% 的职工表示日常接收信息的渠道主要是门户网站和微信微博。本次调查 75% 的职工是通过手机填答的。

建议中国农科院党组大力建设思想政治工作“微阵地”，持续不断地将充满正能量的思想和舆论主动推送到全院职工，实现宣传平台、沟通平台、舆情监管三位一体的作用。直属机关党委在“两学一做”教育活动中，开通了全院性的第一个官方微信公众号“农科先锋”，并按照大众的意愿［最受欢迎的信息分别是科技进展（85%）、院所要闻（69%）、科普文章（62%）］每周推送一次信息。但与“中科院之声”等成熟的公众号相比有非常大的差距，缺乏有议题引导能力的、符合新媒体传播特点的原创性素材，建议相关部门专门培养一批既懂业务又懂传播的复合型写作人才，引入转发量、阅读量等指标对撰稿者进行考核，发放稿费激励全院职工积极投稿。

（四）加强精神家园建设，营造良好文化氛围

文化建设的投入并不能直接产生经济效益，但往往可以起到意想不到的巨大作用。在科研文化方面，80% 的职工认为目前最需要的是潜心钻研和协作共赢（图 5）。

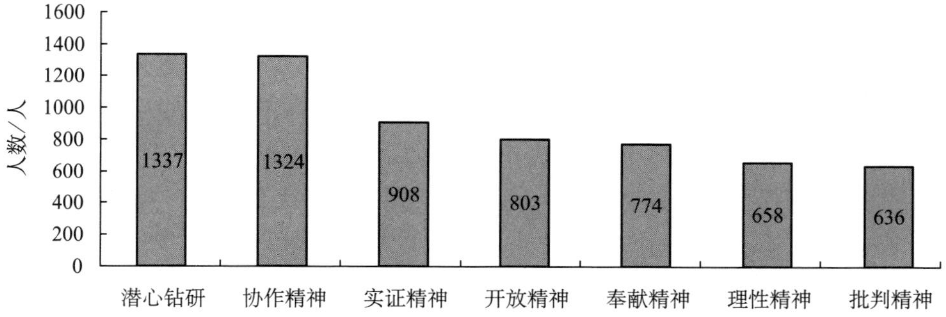

图 5　做好科研工作最需要的精神

建议党组织在以往工作的基础上尽快凝练院训、院精神等文化识别系统，对中国农科院优秀的文化传统进行搜集和升华，并进一步完善深植。在提倡严谨、勤奋、开放、团结的同时，鼓励批判和质疑的科学精神。

调查发现，文体活动是不同团队职工沟通交流的主要载体，是缓解工作压力的有效方式，更是培养团队精神、增强院所归属感的重要手段。建议继续大力支持各类文体俱乐部活动，将五年一届的全院运动会缩短为两年一届，研究生院举办的运动会对京区所有单位职工开放报名。调查显示，大部分职工家庭负担较重，家庭意识强，73% 的职工表示业余时间是在照顾家庭，建议开展“美丽家庭评选”、集体婚礼、亲子活动、家属见面会等家庭活动，激发家庭在职工思想政治工作中的作用。

（五）探索适合农业科研规律的现代管理制度

调查发现，职工的很多不满和怨气往往来自管理制度的落后和不公平。党对科研院所的领导是政治领导、思想领导、组织领导的有机统一，科研院所党组织要把方向、管大局、促落实，促进管理体系的不断完善。作为国立科研机

构，中国农科院承担了很多基础性、公益性的研究任务，因此不能照搬高校、企业的管理模式，要按照现代管理学的理念，探索适合农业科研工作的管理方式。

建议就以下方面另立专题开展深入研究：加强管理队伍建设，完善京内外单位间、机关与研究所间交流轮岗机制，培养复合型的管理人才。完善科研经费管理，统一建设安全高效的现代财务管理模式。以科技创新工程为契机，探索完善科研工作绩效考评机制，增加实践导向的考核指标。尽快打通职级晋升通道，减缓职务职称竞争压力。在做好物质激励的基础上，通过定期培训等方式满足普通职工自我实现的需要。切实加强对青年职工的关心，盘活住房资源，提高没有享受购房政策职工的住房补贴，通过多种渠道解决青年的后顾之忧。

课题组组长：高士军

课题组成员：赵红梅　马秀勇　韩　姝　李明轩

农业科研院所强化基层党组织整体功能研究报告

中国农业科学院环境保护科研监测所

党的工作最坚实的力量支撑在基层组织，最突出的矛盾问题也在基层组织。2015 年 10 月，中国共产党第十八届中央委员会第五次全体会议提出："要加强党的各级组织建设，强化基层党组织整体功能，发挥战斗堡垒作用和党员先锋模范作用，激励广大干部开拓进取、攻坚克难，更好带领群众全面建成小康社会。"这是党中央在全面建成小康社会决胜阶段，对基层党组织建设提出的新要求，是基层党组织功能定位的新发展。强化基层党组织整体功能，既是当前加强基层党组织建设的一项重要任务，也是加强基层党组织建设的重点和关键点。随着我国创新驱动发展战略的深入推进和农业科研院所科技创新工程的实施，农业科研院所党组织功能及其实现途径都发生了深刻变化。基于这一背景，研究农业科研院所强化基层党组织整体功能具有重要的现实意义。

一、党的基层组织功能定位发展历程概述

随着形势任务和党内情况的不断变化，党的建设既积累了大量新成果、新经验，又面临许多新情况、新问题，党的基层组织功能定位也在不断发展和完善。

建党初期，中国共产党以带领群众开展革命为主要任务，要求党的支部必须经常用党的政治主张去教育群众，启发群众的觉悟，并组织和带领群众为实现自

己的利益而斗争，提出了“一切工作归支部”的口号。

中华人民共和国成立后，基层党组织建设进入一个稳步探索的发展阶段。1956 年 9 月，中国共产党第八次全国代表大会在北京召开。这是我们党在全国执政后召开的第一次全国代表大会。大会的重要议题之一就是通过修改党章来规范和加强执政党的建设，党章在第五十一条对基层党组织的功能进行了定位：“在企业、农村、学校和部队中的党的基层组织，应当领导和监督本单位的行政机构和群众组织积极地实现上级党组织和上级国家机关的决议，不断地改进本单位的工作。”

党的十一届三中全会以来，我们党重新确立了马克思主义路线，实现了党和国家工作重点的转移。党的基层组织建设逐步摆脱“文化大革命”时期的混乱状态，通过全面推进农村、企业、城市社区和机关、学校、新社会组织等基层党组织建设，基层党组织的功能定位逐步明确。1982 年 9 月，中国共产党第十二次全国代表大会通过的党章第三十二条指出：“党的基层组织是党在社会基层组织中的战斗堡垒。”1987 年 10 月，中国共产党第十三次全国代表大会对部分党章条文进行了修改，对企业和不同领导体制的事业单位中党的基层组织的职能问题作出了明确规定，有利于正确处理党企关系和更好地发挥党在不同领导体制的事业单位中的领导作用。1992 年 10 月，中国共产党第十四次全国代表大会通过的党章第三十一条再次明确：“党的基层组织是党在社会基层组织中的战斗堡垒，是党的全部工作和战斗力的基础。”同时对全民所有制企业、实行行政领导人负责制的事业单位、实行党委领导下的行政领导人负责制的事业单位及各级党和国家机关中党的基层组织的功能定位进行了明确规定。

党的十八大以来，党中央立足国际国内新形势、新任务，进一步创新基层党建工作，加强基层服务型党组织建设的重大部署。党的十八届三中全会强调，充分发挥基层党组织的战斗堡垒作用，为全面深化改革做出积极贡献；党的十八届五中全会在党的十八大、十八届三中和四中全会的基础上对基层党组织的功能定位进一步作了界定，明确指出：“要强化基层党组织整体功能，发挥战斗堡垒作用和党员先锋模范作用，激励广大干部开拓进取、攻坚克难，更好带领群众全面建成小康社会。”

二、农业科研院所基层党组织整体功能定位及内涵

（一）农业科研院所基层党组织的主要特点

不同类型的基层党组织具有相似的功能属性，但其功能的表现形式不完全相

同。农业科研院所基层党组织整体功能是由农业科研院所基层党组织自身的特点决定的。随着我国经济、社会的不断发展，农业科研院所党组织呈现出以下新的特点。

1. 党组织的角色发生转变

党组织从过去科研单位各项工作的单纯的领导者，转变为既是领导者又是科研工作的服务者和保障者。党组织的工作内容从宏观到具体，紧紧围绕科研单位的中心工作来展开。

2. 党组织的工作重心发生转变

随着创新驱动发展战略和科技创新工程的实施，农业科研院所已成为推进农业科技协同创新的主体。农业科研院所党组织必须紧紧围绕科技创新和产业发展的重大使命，凝聚各方力量，不断增强创新意识，提升创新本领，进一步服务现代农业发展和科技协同创新，服务改革发展、和谐稳定大局。

3. 党员结构呈现出新的特点

现阶段，根据科研工作的特点和要求，农业科研院所具备高知群体的特征，特别是人才队伍与结构呈现知识化、年轻化的特点。大部分党员均具备大学本科以上学历，党员中硕士、博士的比例也有逐步升高的趋势。从整体上看，党员文化素质高，思想活跃，善于独立思考，有强烈的自主意识，对专业刻苦钻研，对事业执着追求。

（二）农业科研院所基层党组织整体功能的内涵及定位

作为马克思主义政党的政治组织，中国共产党的基层组织具有政党基本的功能属性，其主要功能主要包括政治核心功能、服务功能、利益表达和利益综合功能、政治录用与政治社会化功能等。农业科研院所基层党组织既具有基层党组织一般的功能属性，又具有自身特定的表现形式。其整体功能具体体现在以下三个方面。

1. 政治引领功能

新形势下，农业科研院所的中心工作是围绕科技协同创新和推动现代农业发展开展。因此，农业科研院所基层党组织的政治核心和领导核心功能主要表现为政治引领功能。农业科研院所基层党组织的政治引领功能通过思想建设、组织建设、制度建设等途径，宣传党的路线方针政策，引领方向，团结群众，凝聚人心，从而不断加强党组织的战斗堡垒作用。农业科研院所基层党组织的政治引领功能也同时包含了政治社会化功能。

2. 服务功能

服务功能与政治引领功能是紧密相连的。突出服务功能不是对政治核心的弱化，而是将服务功能延伸并强化政治引领功能。农业科研院所基层党组织的服务功能主要体现在服务研究所发展、服务科技创新中心工作、服务广大群众和党员等方面。基层党组织所具有的利益表达功能和利益综合功能都可以在农业科研院所基层党组织的服务功能中得以体现。

3. 人才培养与输送功能

农业科研院所基层党组织的人才培养与输送功能是基层党组织政治录用功能的主要体现。农业科研院所的一项重要任务就是培养和造就一支专业化人才队伍，加快科技成果培育，结合国家和产业发展需求出人才、出效益、出好成果、出大成果，为实现科技创新和跨越式发展提供强有力支撑。因此，人才培养与输送功能是农业科研院所基层党组织整体功能不可或缺的组成部分。

三、实现农业科研院所基层党组织整体功能面临的问题

农业科研院所实行院（所）长负责制，与其他党的基层组织相比，具有自身的特点。尽管农业科研院所在加强党建工作方面已取得了显著成效，但也面临着一些特有的问题。

（一）部分农业科研院所党组织对政治引领作用的认识还存在偏差

由于农业科研院所实行院（所）长负责制，在实际工作中，部分农业科研院所并未意识到基层党组织的政治核心作用，容易出现片面强调科研工作，忽视党的建设，以“科研”代替党建；在重大问题决策上党的领导不够有力，执行党的路线方针政策不坚决、不到位；基层党组织建设薄弱等问题。具体表现为思想政治学习未能得到充分重视；组织生活制度中的某些内容并未有效落实；组织生活内容陈旧缺乏活力；部分党员参加组织生活积极性不高，未充分发挥出党员模范带头作用等。

（二）部分农业科研院所党组织对服务功能的实践还不理想

在具体的工作实践中，部分农业科研院所对基层党组织的服务功能认识还不到位，工作实践还不理想。例如，有的基层党组织以管理者自居，重管理轻服务，服务功能弱化或不愿服务；有的忽视群众的需求，“自弹自唱”；有的服务载体缺乏、服务形式单一。也有部分基层党组织片面强调服务功能，认为只要服务搞好，党务自然过得硬；或是觉得政治功能才是第一位的，服务功能“搞一搞就行”。

（三）部分农业科研院所党组织在培养和输送人才方面做得还不到位

坚持党管人才原则、加强党管人才工作，对实施创新驱动战略、建设创新型国家具有十分重要的意义。从实践效果的角度看，“党管人才”尚存在不容忽视的现实困境。有些基层党组织对党管人才工作思想认识不够到位，党委统管人才工作的职能与研究所行政领导主导落实人才工作职责区分不够明确，没有形成明确的工作思路和健全、协调的工作机制，导致一些诸如引进高层次人才带动与辐射效能不显著、研究所存量人才的激励机制不到位、科研人才的产学研用平台建设不及时等问题。

四、强化农业科研院所基层党组织整体功能的实践经验和对策建议

功能的实现依赖于科学的实现途径。中国农业科学院环境保护科研监测所（简称环保所）结合自身实际，着力推进基层党组织“两建设、两结合、两服务”工作，积极探索全面加强基层党组织整体功能的新思路、新方法。

（一）进一步维护和突出农业科研基层党组织的政治功能，充分发挥政治引领和领导核心作用

找准定位，转变观念，突出主业，充分发挥党组织政治引领和领导核心作用，不断提高领导班子和党员干部的思想政治素质和工作能力，要在研究所的各项工作中充分发挥党组织的政治引领和领导核心作用，发挥党员的先锋模范作用，为科技协同创新提供坚强的思想和组织保证。主要是做好“两个建设”工作。

1. 深入开展思想政治学习，不断加强思想建设

一是加强理论中心组学习，发挥领导干部的引领示范作用。以环保所为例，严格落实领导班子理论中心组学习制度，抓好领导干部“关键少数”，引领广大党员认真开展思想政治学习。制订理论中心组学习计划，将学习贯彻党的理论、方针、政策、路线与科技创新中心工作有机结合起来。注重理论联系实际，领导干部定期深入基层和科研基地开展调查研究，了解基层科研人员的需求，每年撰写一篇调研报告或理论研究文章，学用相长，以用促学。

二是强化党员思想教育和理论学习，牢牢拧紧思想的“总开关”。通过党支部学习、书记讲党课、报告交流会、主题党日活动、观看教育片、订阅学习材料等多种形式，组织党员干部开展政治理论学习，引导广大党员干部深刻领会党的

最新精神和宗旨要求，不断提高党员干部思想政治理论水平。今年，结合“两学一做”学习教育，进一步规范和加强党支部组织生活，定期组织党员开展集中学习和自学，加强学习笔记的检查和学习内容的考核，学习效果显著提升。

三是创新活动形式，丰富学习内容。除常规学习外，环保所党委举办多项特色活动，进一步丰富学习形式和内容。例如，开展了党员重温入党誓词，党员佩戴党徽、亮党员桌牌，开展“重走长征路”徒步、组织观看《永远在路上》《长征》《榜样》等教育片等活动，进一步提高了思想教育的吸引力。各党支部也结合支部构成特点，不断创新学习教育形式。例如，科研党支部将理论学习与科研工作相结合，积极开展试验基地调研、送科技下乡、青少年科普教育等特色活动，以党建工作促进科技创新中心工作；行政党支部将提升服务能力与理论学习相结合，通过与科研党支部共同举办党课、开展提升服务能力大讨论等活动，立足本职工作，不断提高党建工作的实效性。

2. 全面加强基层党组织建设，持续增强党组织活力

突出农业科研院所特点，大力加强基层组织建设，进一步在完善组织设置、强化班子建设、规范党员发展、健全工作制度等方面大力推进“五好”党支部建设。

一是完善和落实党建工作责任制。完善党委书记负总责、分管领导分工负责、各党支部推进落实的党建工作责任体系。切实落实好各部门领导“一岗双责”。健全完善党建述职评议考核工作。

二是完善基层党组织建设。结合研究所实际，科学合理设置党支部。创新工程实施以来，环保所开展了大量有益的探索和改革。以打造优势学科领域为目标，环保所创新科研组织形式，取消以研究室为主的内设机构模式，组建了科技创新团队，成立了研究中心，同时对科技支撑部门进行调整，形成内设机构新格局。原有的党支部设置已不能满足新形势下新格局的需要。为了进一步提高党组织的凝聚力，为科技创新工作注入新的活力，环保所创新党支部设置模式，将党支部建设与学科建设和工作方向相结合，确保每个党支部的组成部门在业务上都是相近的，进一步完善了党支部构成，使党建工作与业务工作的联系更加紧密。新一届党支部更加注重支部领导班子建设，增设了党支部副书记和纪律检查委员，强化了支部党务干部队伍。

三是进一步规范党员发展工作。建立健全党员发展工作责任制，把年度发展党员工作纳入全年党建工作计划。绘制了发展党员程序流程图，制定了发展党员工作基本流程及所需材料清单，确保发展党员的每一个环节都做到严格程序、规范操作。加强党务工作人员培训，严把入口关，避免把不合格人选纳入发展党员的对象。

四是进一步加强基层党组织制度建设。加强制度建设，规范工作程序，不断提高基层党组织建设制度化、规范化和科学化水平。制定下发了《党支部工作细则（试行）》《党委会议制度》《理论中心组学习制度》《民主生活会制度》等，编印了《党支部工作手册》，进一步指导各党支部开展工作。

五是加强党费的收缴、使用和管理。制定《党费收缴、使用和管理实施细则（试行）》制度，进一步规范党费有关各项工作，确保党费及时足额收缴，规范使用和管理。

（二）进一步强化和拓展农业科研基层党组织的服务功能，充分发挥围绕中心服务大局的作用

正确处理政治功能与服务功能之间的关系，要创新完善服务载体、服务方式、服务机制，建设服务型党组织。主要是抓紧抓好“两个结合”。

1. 服务功能要与科研工作的需求相结合，围绕中心，服务大局

作为农业科研院所党组织，任何一项工作都要自觉融入科研工作中。结合科技创新工程的实施，环保所党委不断创新党的工作体制机制，提高服务科研中心工作的意识和水平。

一是促进科研业务工作提升。通过党建交流工作，促进科研业务的交流。例如，与 8 个国家和地区的多所大学、科研机构建立了有效的研究合作关系，进一步拓展了科研人员的学术舞台。

二是加强地方服务。通过党建联系点等渠道，加强地方服务，各党支部、创新团队通过党建联系点积极参与天津市、河北省、云南省等地方建设和发展。在环保所党建工作联系单位天津市农村工作委员会党委的指导下，第二党支部养殖业污染防治创新团队积极参与天津市推进“四清一绿”的清水河道行动中，为天津市 130 多家（占全市 50% 以上）规模化养殖企业提供技术服务和技术咨询，将科技服务于生产实践，较好地解决了养殖业发展困境，受到了用户的普遍好评；农业生物多样性与生态农业创新团队研发的循环农业发展模式在河北省唐山市开花结果，在深圳第 16 届中国国际高新技术成果交易会会展中受到普遍好评。

三是服务产业发展和协同创新。借助中国农业科学院“南方地区稻米重金属污染综合防控”协同创新行动，环保所牵头把涉及 10 多个学科的 160 多名科研人员通过科学精神、求实精神和创新精神凝聚在一起，实现了跨学科集群、跨学科领域、跨研究所的大联合、大协作、大兵团的协同创新。人民网、新华网等国内 10 多家媒体网站都对此事件给予了高度关注和跟踪报道，研究所影响力持续攀升。

2. 服务功能要与群众工作相结合，完善机制，丰富载体

群众工作是党的工作的重要方面，也是服务群众的重要载体。要充分发挥工青妇组织的桥梁纽带作用，积极构建工青妇联动机制，不断创新活动形式，进一步提高服务群众、服务科研人员的能力和质效。

一是加强工会工作，丰富群众生活。结合职工需求，环保所工会组织成立了羽毛球、乒乓球、篮球、摄影、徒步俱乐部等群众性组织，开展了丰富多彩的文体活动。

二是加强青年工作，持续发挥青年特色。所团委以青年职工的需求为出发点，持续办好“职工拓展培训”这一学习品牌；组织开展所级“青年文明号”及“青年科技标兵”评选、“六五环境日”环保主题宣传、中华人民共和国成立 65 周年摄影等活动，进一步丰富青年职工的精神生活。

三是加强妇女工作，关心关爱女性职工。环保所妇委会关心关爱女职工和儿童，组织开展庆祝“三八”妇女节活动，如趣味运动会、包饺子大赛和烘焙培训等创新性活动，加强对女职工的人文关怀，对生育女职工及男职工家属进行走访慰问，送去单位的关怀。全所广大职工的精神面貌发生了显著的变化，形成了积极进取、团结和谐的良好氛围，在服务科技人员、提高工作积极性和提升研究所凝聚力上发挥了重要的作用，取得了群众满意的实际效果。

（三）进一步明确和健全农业科研基层党组织的人才培养与输送功能，既出人才，更出成果

农业科研院所的一项重要任务就是培养和造就一支专业化人才队伍，进一步激发现有科技人才的潜力和后劲，加快科技成果培育，为实现科技创新和跨越式发展提供强有力支撑。主要从“两个服务”着手。

1. 坚持“党管干部”的原则，为建设高素质干部队伍服好务

一是加大干部选拔培养力度。新形势下，选拔培养干部应稳中有进，不拘一格，创造良好环境和条件，促进拔尖人才脱颖而出。根据科技创新工程体制机制创新的需要，环保所率先开展了内设机构改革调整。因研究室撤销等原因，免职 9 名处级干部，其中有 4 名干部通过竞聘又获重新任命。同时，按照“德才兼备、以德为先、严格程序、择优任用”的原则，新选拔任用了 5 名副处级干部。在符合选拔任用程序和入选标准的前提下，大力推进政治素质好、专业能力强的中青年拔尖科研人员走上领导岗位，为 3 个领域研究中心分别选拔任用了青年专家担任副主任，为领导干部队伍增添了年轻的血液，注入了新的活力。

二是加强干部的监督和考核。围绕科技创新团队，强化干部队伍监督管理，

利用所内网、宣传栏等媒介，及时公开公示干部考核信息，加大职工对选任干部工作的知情权、参与权、选择权、监督权。坚持通过民意测验、民主测评、个人述职、谈话了解、个人事项报告核实等方式全面掌握干部综合表现，把平时考核、年度考核与任职考察结合起来，形成有效运行的干部监督考核评价机制，促进干部队伍健康持续发展。

2. 坚持“党管人才”的原则，为打造高层次科技队伍服务

坚持“人才强所”发展思路，紧紧围绕科技创新工程和现代院所建设的要求，创新选人用人机制、运行机制、绩效管理机制。

一是建立良好的育人机制。畅通人才交流渠道，为青年科技人员的成长搭建平台，创造学习和提高的机会。积极通过所校合作、所地合作等方式广泛开展交流合作；组织举办相关学术活动，邀请国内知名专家来访交流；积极推进国际合作平台建设，联合申报国际合作项目；派出科研骨干和专家赴国内外研究机构、高校等开展相关合作研究、交流培训等，拓展科技人员视野，激发创新灵感。鼓励和推荐科研人员参加各类人才推荐，先后获得国务院政府特殊津贴、农业科研杰出人才及其创新团队、“天津市第一批青年拔尖人才”、天津市 131 人才工程第一层次人选、国家留学基金委访问学者等，人才培养成果丰硕。

二是建立科学的用人机制。配合科技创新工程，加强管理运行体制机制顶层设计，完善岗位和绩效管理体系。以岗位管理和绩效管理为核心，结合创新目标，明确科研、管理、支撑三类体系岗位的差异，合理设置各类岗位各个层级的绩效考核指标，充分发挥不同岗位的主动性和积极性，形成推动发展的合力。以中央级基本科研业务费专项为重点，有计划地培养一批有发展潜质的科技人才，在相关领域开展深入研究，支持他们申报国家级项目。以中国农业科学院“青年英才计划”为平台，加快高层次人才引进，落实人才待遇，加强服务保障，使人才队伍始终充满生机。

党的基层组织是党的全部工作和战斗力的基础。农业科研院所党组织作为党的基层组织的重要组成部分，要进一步加强党建工作顶层设计，创新党建工作理念，研究探索符合科研院所发展规律和特点的党建工作方式方法，构建和完善基层党组织政治功能—服务功能—人才培养与输送功能“三位一体”的科研院所整体功能实践和优化模式，不断发挥基层党组织的战斗堡垒作用，为推进党的全面建设做出新的贡献！

课题组组长：姚金玲

课题组成员：胡　梅　王　菲　宋晓龙　赵长海　夏　维　徐福鑫

新形势下加强科研院所党员教育的实践与探索

中国林业科学研究院

加强党员学习教育，是落实全面从严治党要求、加强和改进党内政治生活、加强党的执政能力建设的重要内容，是建设学习型、服务型、创新型党组织和提高科研院所党员队伍素质、保持党的先进性和纯洁性的基本途径。

党的十八大报告提出了“建设学习型、服务型、创新型的马克思主义执政党”的目标，强调了加强党员教育的极端重要性。中国林业科学研究院（简称中国林科院）作为林业科研的“国家队”，肩负着为推进林业现代化、建设生态文明提供科技支撑的重要职责。大力加强党员教育工作，对于提高全院各级党组织的凝聚力和战斗力、推动院所改革发展和林业科技创新，具有十分重要的意义。为此，我们进行了一系列实践和探索，并取得了良好的成效。

一、加强党员教育的基本做法

在坚持抓好院所两级中心组学习、各单位各部门集中学习、党支部学习和党员干部自学的同时，不断创新工作思路，着力构建符合科研院所特点和党员干部思想实际的学习教育平台，把党员教育纳入常态化、制度化轨道。

（一）高度重视，统筹安排

中国林科院分党组和京区党委高度重视党员教育工作，先后制定了《关于创建学习型科研院所的指导意见》和《关于落实党员教育培训工作规划的实施意见》，每年召开会议进行专门研究，并在年初的院工作会议上进行总结和部署，在院“两建工作”要点中进行规划和安排，明确党员教育的内容和要求，并把开展党员教育情况作为基础党组织考评的重要内容。同时，把党员教育经费列入院所年度经费预算，3 年共计 74 万余元，每人每年约 188 元。

（二）明确主题，丰富内容

每年的党员教育都有明确的主题，结合党的群众路线教育实践活动、“三严三实”专题教育、“两学一做”学习教育等中央部署的集中学习教育，有针对性地开展党员教育。教育的内容主要包括以下五个方面。一是以学习贯彻党的十八大和历届全会精神，学习习近平同志系列重要讲话精神为主线，举办中国特色社会主义理论系列辅导，不断强化党员干部的思想理论武装，提高党性修养。二是以落实“两个责任”为重点，举办全面从严治党系列专题党课，开展党风廉政建设系列教育，不断加强党员干部的作风建设，提升廉洁自律意识和管理能力。三是以拓展知识、开阔视野为目的，举办世情、国情教育系列报告会，不断增强党员干部的全局观念和大局意识。四是以弘扬和践行“林科精神”为抓手，开展科研道德和科学精神系列教育实践活动，不断提升林业科技创新能力和为林业现代化建设贡献的意识。

（三）上下互动，注重实效

以“林科讲坛”为平台，全院集中学习教育和各单位各部门分别开展学习教育相结合，是中国林科院学习型党组织建设的一个亮点和品牌。一是把专家和领导请进来讲。近三年来，中国林科院共举办由院外专家和领导主讲的报告会 16 场。通过邀请中共中央党校、国家行政学院教授作报告，提升了对中国特色社会主义理论的理解层次；通过邀请中国人民解放军国防大学等有关专家讲国际政治、讲周边安全、讲世界经济，加深了对新时期国家发展所面临的内外形势的了解；通过邀请中共中央国家机关纪律检查工作委员会领导等作报告，提高了对全面从严治党要求的认识，推动了“两个责任”的落实。二是院所领导干部带头讲。在开展党的群众路线教育实践活动、“三严三实”专题教育、“两学一做”学习教育的过程中，院党政主要领导带头讲党课 10 余次，88 名党组织书记在不同层次上为党员讲党课，发挥了示范带动效应。同时，还在各单位举办“林科讲坛”分讲堂，通过广泛调查研究，确定了 59 个具有代表性和针对性的教育专题，由各单位党政主要领导主讲，使思想教育真正落地。三是让科研人员走上台讲。举办“林科精神”宣讲报告会，老中青三代科研人员结合自身经历，诠释“脚踏实地，勇攀高峰，科学树木，厚德树人”的林科精神；举办“巾帼建功”报告会，展示中国林科院全国三八红旗手的风采；举办“青年成长成才”经验交流会，请荣获中国林科院杰出青年称号的职工分享他们的经验；举办“家庭建设好经验”交流会，展示中国林科院职工孝敬老人、夫妻和谐、科学教子、热心公益等方面的好经验，引领新风尚，传播正能量。

（四）创新载体，拓展形式

中国林科院非常重视党员教育的载体和方式方法的创新，与时俱进地推进党员教育工作。一是充分利用互联网、手机等新媒体，推送中央有关精神，交流经验做法。经初步统计，目前共建立各类信息化平台 44 个，其中网站 11 个、手机报 1 个、微信公众号 1 个、微信群或 QQ 群等其他信息化平台 31 个，利用信息化手段开展党员教育的基层党组织数达到 100%。二是积极推广使用“支部工作”APP，建立了中国林科院京区党委、所属党委和党总支、各党支部、党员个人四级管理系统，共有 580 多名党员使用了 APP，在职职工党员使用率达到 90%。三是开展丰富多彩的主题党日活动，让党员以多种形式接受教育。例如，以建党 95 周年、红军长征胜利 80 周年等重大纪念日为契机，组织参观红色教育基地，广泛开展革命传统教育和爱国主义教育；在“两学一做”学习教育中，开展“重温入党申请书，争做合格党员”系列主题党日活动，教育引导广大党员不忘初心、继续前进；举办“绿水青山就是金山银山”主题演讲比赛，学习贯彻习近平同志关于林业和生态文明的系列重要论述，激发党员干部献身林业改革发展和科技创新的热情；针对青年党员实践锻炼少的特点，每年坚持开展青年职工基层调研实践和新职工基层锻炼活动，培养他们扎实的工作作风和艰苦奋斗的精神。

二、取得的主要成效

通过几年来的不断探索，开展多层次、多形式的党员教育实践，党员教育工作收到了明显的成效。

（一）扩大了教育的覆盖面

每年坚持 2 次领导干部集中培训，实现了副处级以上党员领导干部全覆盖。3 年共培训基层党组织书记 368 人次，人均近 4 次。3 年共举办各类党员培训班 91 期，参训党员达到 4300 多人次，培训新党员 41 人次。除离退休党支部外，在职党支部和研究生党支部都实现了“党员年度集中学习培训不少于32学时”和“建立党员教育培训考勤、学时登记制度”的目标要求，占基层党组织总数的87%。基层党组织书记和班子成员年度集中学习培训不少于56学时、至少参加1次集中培训的基层党组织数达到96%。

（二）保证了教育质量和效果

中国林科院建立了领导干部学习考核制度，每一次全院性的党课、报告会都进行签到登记，不能参加学习的党员干部必须请假。对于每一项学习内容，都邀请权威专家进行深入讲解，做到了站位有高度、理解有深度、知识有广度，深受广大党员干部的欢迎。

（三）形成了常态化的学习制度

“林科讲坛”是中国林科院长期坚持的学习品牌。4年来，每年举办全院性党课、报告会、讲座等26次。同时，明确提出以研究所（中心）为单位每年集中上两次党课的要求，目前这一制度已经成为常态。

（四）增强了教育的针对性

重视解决科研和管理工作中的实际问题，注重回答职工关心的热点、难点问题，使学习教育更具有针对性。例如，针对审计反馈的问题，通过邀请国家审计署、国家林业局计财司有关领导作专题讲座，使科研人员特别是课题组长对国家科研经费管理与审计的相关制度有了比较全面的了解，提高了贯彻落实的自觉性。

（五）带动了院所的精神的文明建设

中国林科院连续19年被评为中央国家机关和首都文明单位，连续4次被评为中央国家机关和首都文明单位标兵，自2011年以来一直保持全国文明单位荣誉称号。中国林科院京区妇工委被评为全国创先争优三八红旗集体。最近4年里，有2人分别被授予全国三八红旗手和中央国家机关三八红旗手称号，1人荣获中央国家机关“五一劳动奖章”，1人被评为全国先进工作者，1个家庭被评为全国五好文明家庭。

三、存在的突出问题

通过对各级基层党组织开展党员教育工作的调研，我们也发现，党员教育工作方面还存在一些不容忽视的问题和薄弱环节，主要体现在以下四个方面。

一是以科研人员为主体的基层党支部集中学习落实难。中国林科院的党员构成中一线科研人员占 95% 左右。科研任务繁重，多数科研人员经常出差开展外业工作，导致部分科研支部开展学习教育时出现人员集中困难的情况。

二是党员学习教育的互动性不强。有的基层党组织没有根据党员实际情况把握其学习需求，“我讲你听”“我训你受”的灌输式教育还很普遍，缺乏互动交流、深入研讨和思想碰撞，使党员教育停留于“听完了事”的状态，影响了教育的质量。

三是考勤、学时登记不规范。完善的党员学习教育考勤和学时登记制度对于查找教育中存在的问题、及时更新教育内容具有重要意义。但调查中发现，部分基层党组织尽管建立了党员学习教育考勤、学时登记制度，但记录不够规范、不够全面，给准确考量各基层党组织教育开展情况带来了困难。

四是网络化教育平台利用不充分。近年来，中国林科院各级基层党组织建立了不少党建网络平台，但总体来看，普遍存在着重建设、轻利用的问题。主要原因是各单位负责网络学习平台的人员都是兼职，网络平台的学习教育内容更新滞后，影响了网络平台作用的发挥。

四、进一步加强党员教育工作的对策

针对以上突出问题和薄弱环节，通过深入分析研究，我们认为，今后还需要进一步加强对党员教育工作的领导，在完善制度、狠抓落实、增强实效上下功夫。

（一）加强组织领导，不断健全党员教育工作体系

着力构建与中国特色社会主义事业相适应，与基层服务型党组织建设相符合，系统完备、科学规范、开放有序、务实高效的党员教育工作体系；形成党委统一领导、党群部门牵头抓总、有关部门各负其责、基层党组织为主实施的管理体制；形成理论武装、党性修养、道德教育、知识普及、能力培养和技能训练相结合的内容体系；形成集中教育与经常性教育、组织调训与个人选学、实体培训与网络培训相结合的教育模式；形成指导与服务、激励与约束相结合，职责明确、健全规范的制度体系。

（二）改进方式方法，增强党员教育的针对性和实效性

继续采取集中教育、脱产培训、集体学习、网络培训、自主选学、个人自学

等方式，运用专题辅导、报告会、案例分析、现场观摩、现身说法、交流研讨、结对帮学等方法开展党员教育，增强教育的吸引力、感染力。开展丰富多彩的主题党日活动，根据中央要求和各自实际，确定特色鲜明的党日主题，组织党员开展学习和实践活动，加强对党员领导干部带头参加党组织生活情况的考核。

（三）办好“林科讲坛”，继续坚持党员领导干部讲党课

“林科讲坛”是中国林科院开展党员学习教育的重要平台，今后要继续坚持，办出特色。同时要坚持院所党员领导干部和基层党组织负责同志定期为党员讲党课，围绕党员普遍关注的热点、难点、疑点问题解疑释惑。院所各单位各部门都要制订相应的实施计划，及时报送党员领导干部讲党课的课件和授课效果等情况，总结好的经验做法，在全院推广普及。

（四）创新载体手段，提高党员教育的现代化水平

鼓励和引导党员开展上网学习、在线培训，积极参与网上论坛、QQ 群、博客、播客、微博、微信等互动交流，不断探索基层党员喜闻乐见、简便实用的学习教育新手段，努力提高现代化网络教育的有效性。

（五）加强制度建设，形成党员教育的长效工作机制

坚持和完善“三会一课”、党员党性定期分析、民主评议党员等制度。健全集中轮训制度，根据中央重大决策部署和局、院中心工作，每年就党员集中轮训工作作出安排，分类别、分专题组织实施。完善党员教育学时制度，进一步落实党员每年集中学习培训时间不少于 32 学时的要求，落实基层党组织书记和班子成员每年集中学习培训时间不少于 56 学时、至少参加 1 次集中培训的要求。完善述学、考学、评学制度，推行培训考勤、学时登记，加强党员教育工作考核结果运用，将考评结果作为党组织和党员评先评优的重要依据。

课题组组长：叶　智　李岩泉
课题组成员：王登举　贺顺钦　付红梅　刘云龙　黄　辉

“一二三四”支部工作法在科研院所基层支部党建工作中的应用研究

——以中国林业科学研究院湿地研究所为例

中国林业科学研究院湿地研究所

一、创建“一二三四”工作法的目的和意义

党的十八大报告从战略和全局的高度，对新形势下加强党的基层组织建设作出了全面部署，强调要“创新基层党建工作，夯实党执政的组织基础”，这对于充分发挥基层党组织的战斗堡垒作用，进一步巩固党的执政地位、实现党的执政使命，具有重大而深远的意义。党的十八大报告指出，“党的基层组织是团结带领群众贯彻党的理论和路线方针政策、落实党的任务的战斗堡垒”，科学阐述了党的基层组织在党的建设和党的事业中的重要地位和作用，为我们加强基层党组织建设明确了任务、指明了方向。我们必须紧紧围绕新定位、新要求，坚持把服务中心工作作为基层党组织建设的根本价值取向。要以建设基层服务型党组织为目标，以“服务发展、服务中心工作、服务群众”为根本要求，切实提高服务中心工作的能力水平，创新科研院所党组织在服务中心工作和群众方面的思路和载体，使科研院所党组织能够接上“地气”，达到沟通思想、促进发展的目的。

科研院所作为我国经济建设极为重要的阵地，其党建和思想政治工作就十分

重要，只有加强党建工作，才能让科研人员具有正确的政治思想意识，为我国社会主义现代化建设做出贡献。

中国林业科学研究院湿地研究所（简称湿地所）党总支认真贯彻落实党的十八届四中全会、五中全会、六中全会精神，按照《中央国家机关工委办公室关于开展总结推广运用机关支部工作法工作的通知》（国工办发〔2015〕71 号）的要求，深刻领会习近平同志等中央领导的重要批示精神，按照《中国共产党章程》《中国共产党党和国家机关基层组织工作条例》等党的制度文件和规定，以“三严三实”专题教育活动和“两学一做”学习教育活动为载体，深入学习和研究，围绕中心工作，总结提炼出以“坚持一个目标，建立两项学习机制，发挥好三个作用，建立四个工作制度”为主要内容的“一二三四”支部工作法，不断推进湿地所党总支党建工作的科学化、规范化和具体化。

（一）开展支部工作法的研究，是党的基层建设现实需求

党的基层组织是党全部工作和战斗力的基础，是落实党的路线方针政策和各项工作任务的战斗堡垒。加强基层组织建设，关系到巩固党的执政基础，关系到全面建设小康社会的发展进程。基层党组织在整个党的组织体系中占有特殊的、重要的地位，是整个党的组织基础。党正是通过基层组织把众多党员集聚在一起，组织成一个有机统一的整体，成为一个有高度战斗力的政党。这是我们党在组织上的优势，是加强党的领导，充分发挥政治优势的先决条件。基层党组织也是党的各级领导组织和领导人员产生和存在的基地和基础，在上级组织和党员群众之间居于联结、接合地位，因此可以说，没有基层党组织，就没有党。同时，基层党组织在党的工作体系中也占有不可替代的地位。加强党的建设的基本经验，只能首先来源于基层党组织的实践活动。基层党组织是落实党的路线、方针、政策的决定力量，是从政治上、思想上团结广大群众的核心，是党联系群众的纽带，是党对群众的重要“影响源”和信息“反馈点”；基层党组织是基层单位人民内部矛盾的调节者，也是维护党的纯洁性、先进性的关键。

（二）开展支部工作法的研究，是党的制度建设现实需求

中共中央政治局 2014 年 8 月 29 日召开会议，审议通过了《深化党的建设制度改革实施方案》。该方案指出，党的建设制度改革，必须把握好正确政治方向，充分发挥党总揽全局、协调各方的领导核心作用，确保党始终成为中国特色社会主义事业的坚强领导核心。要紧紧围绕提高党科学执政、民主执政、依法执政水平深化党的建设制度改革，更好团结带领全国各族人民实现“两个一百年”奋斗目标、实现中华民族伟大复兴的中国梦。方案中，党的基层组织建设制度改革，

着力点是使每个基层党组织都成为坚强战斗堡垒，党的组织、党的工作要做到全覆盖，让党的旗帜在每一个基层阵地上都高高飘扬起来。基层党组织要积极探索加强制度建设的有效途径和方法，认真全面清理各项规章制度，抓紧进行补充和修订，不断完善工作制度、廉政制度和学习制度，逐步形成适应新形势、新任务要求的党支部工作制度体系，进一步建立健全党员干部教育管理的长效机制。“一二三四”支部工作法的提出完善了基层党组织的制度建设。

（三）开展支部工作法的研究，是党建科学化现实需求

党的十八大报告提出了全面提高党的建设科学化水平的总要求，这就是：“全党要增强紧迫感和责任感，牢牢把握加强党的执政能力建设、先进性和纯洁性建设这条主线，坚持解放思想、改革创新，坚持党要管党、从严治党，全面加强党的思想建设、组织建设、作风建设、反腐倡廉建设、制度建设，增强自我净化、自我完善、自我革新、自我提高能力，建设学习型、服务型、创新型的马克思主义执政党，确保党始终成为中国特色社会主义事业的坚强领导核心。”这个总要求，既继承和弘扬我们党 90 多年来保持和发展马克思主义政党先进性的根本点，又顺应世情、国情、党情的新变化，进一步回答了在新的历史条件下建设一个什么样的党、怎样建设党这个重大问题，为加强和改进党的建设提供了根本遵循。提高党建科学化水平，是党中央在新的历史时期为我党提出的更高要求。践行党的路线方针，努力提高科研院所党建工作的科学化水平，是科研单位党组织义不容辞的责任和义务。提高科研院所党建工作科学化水平，必须深刻认识、牢牢把握、自觉遵循科研院所党建工作的客观规律，坚持科学的理论指导，确保科研院所党建工作紧密围绕中心工作并为之服务的正确发展方向和思路。

创建湿地所党支部“一二三四”工作法是湿地所为进一步适应现代科研工作的要求，加强新时期党支部建设，逐步形成一个相对完整的运行体系与湿地所科研工作和谐稳定、紧密融合的工作模式，是不断探索党支部建设的有效途径和载体。创建党支部“一二三四”工作法体现了基层党支部工作理念的创新、工作方式和方法的转变。通过党支部“一二三四”工作法的实施，充分发挥党支部的战斗堡垒作用和党员的先锋模范作用，为保证湿地所全面完成各项科研工作任务提供坚强的组织保证。

二、湿地所党支部“一二三四”工作法的主要内容

（一）坚持一个目标

坚持一个目标，即以做到党建工作和科研业务工作有机结合为目标。党建和思想政治工作决定着业务工作的方向，是开展好业务工作的可靠保证；业务工作

所取得的实际成果是对党建工作取得成效的最好检验。加强党建和思想政治工作要着眼于提高整体业务水平，要围绕中心，服务大局，坚持把党建和思想政治工作与改革、发展、稳定工作有机结合，坚持在指导思想上紧贴科研业务工作，在党建活动上服务科研业务工作，在考核评价上突出科研业务工作，保证业务工作的顺利实施。党的基层组织是党的全部工作和战斗力的基础。在改革开放和社会主义现代化建设的新时期，党的基层组织，必须适应新形势、新任务的要求，坚持围绕中心、服务大局，拓宽领域、强化功能，扩大党建工作的覆盖面，不断提高党的基层组织的凝聚力和战斗力。

近年来，湿地所党总支紧紧围绕科研业务工作，带领全所职工按照“围绕科研抓党建，抓好党建促发展”的原则，扎实推进支部的思想、组织、作风和制度建设，在找准党建工作和业务工作最佳结合点上进行大胆、有益的尝试。

（二）建立两项学习机制

建立两项学习机制，即政治理论学习机制和科研业务学习机制。

1. 政治理论学习

湿地所党总支学习已形成制度，党员干部的集中学习则严格按照“三会一课”制度定期举行；并按照院京区党委的工作安排，不定期安排举行专题教育学习；每年党总支都要另外聘请有关专家来所内讲党课。要求每位党员干部做好读书笔记，撰写学习心得。

2. 科研业务学习

作为科研单位，科研业务学习是工作的重中之重。以党建工作和科研业务工作有机结合为目标，湿地所党支部组织定期业务学习，科研常抓不懈。先后邀请国内外知名专家到湿地所进行专题讲座，开展科研项目讨论交流会、优秀论文评选等活动，提高所内青年人科研业务水平，鼓励青年人才脱颖而出，切实有效地促进科研工作的开展。

（三）发挥好三个作用

发挥好三个作用，即先锋模范作用、活血化瘀作用和战斗堡垒作用。

1. 先锋模范作用

以“三严三实”教育实践活动为载体，提高党员先锋模范作用发挥的主动意识、自觉意识、责任意识、学习意识、竞争意识和忧患意识。湿地所党支部通过组织多项活动，提高党员的综合素质，保持党员的先进性，在各项科研工作任务中发挥党员的先锋模范作用。

2. 活血化瘀作用

湿地所党支部通过思想工作谈心制度和建言献策制度，及时掌握职工思想动态，有针对性地做好职工的教育、疏导工作，及时解决职工的各种思想认识问题和生活问题，消除不稳定因素，起到解难释疑、活血化瘀和凝聚人气的作用，使全所上下形成合力，成为强有力的战斗集体，为湿地所持续发展创造稳定和谐氛围。

3. 战斗堡垒作用

一个支部就是一个堡垒，一名党员就是一面旗帜。基层党组织和党员数量大、分布广，其战斗堡垒作用发挥如何，直接关乎党的路线、方针、政策的贯彻落实。湿地所党支部通过积极宣传和执行党的路线、方针和政策，提高党员干部素质，树立党员干部的良好形象，深入开展各项活动，加强自身建设、科普教育等多个方面活动，确保基层党支部在科研业务工作中发挥战斗堡垒作用。

（四）建立四项工作制度

建立四项工作制度，即一岗双责制度、思想工作谈心制度、建言献策制度和党风廉政建设责任制度。

1. 一岗双责制度

湿地所党总支明确要求，支部书记和支部委员在党建中，做到科研（行政）业务、党建工作两促进，确保各自在做党建工作时能围绕自身具体业务工作思考问题，围绕业务开展活动，围绕业务发挥作用，避免党建与业务“两张皮”现象。力求形成“围绕科研抓党建，抓好党建促发展”的良好格局。

2. 思想工作谈心制度

通过采取支部委员、党员干部和群众互相谈心的方式，了解所内职工的思想动态、工作和生活情况，既充分肯定其取得的成绩，又中肯地指出其在工作中存在的不足，鼓励其迎头赶上；对生活中有困难的职工同志，想方设法予以帮助，为其排忧解难，免除后顾之忧，使之安心地做好本职工作；对政治上积极要求进步的干部，帮助他们努力向党组织靠拢。

3. 建言献策制度

为增强党员干部参与党建工作的积极性和主动性，湿地所党支部还把广泛征求党员干部的建议、意见作为所各项决策和制度的重要参考。通过分发意见表和设立建言箱，发动党员干部为党建工作建言献策，对其中合理、积极的建议和意见大胆吸收，并给予表彰，充分调动广大党员干部参与党建的积极性和主动性，为党建工作的制度化、规范化夯实了基础。

4. 党风廉政建设责任制度

针对科研人员科研经费的管理，湿地所党总支以科研经费规范使用培训为重点，定期开展经费使用培训，防范风险和违规行为。一是加强廉政教育，确保业务工作科研经费安全使用；二是逐步完善业务工作监管制度，在科研项目立项、报销和审核等环节上，严格工作要求，有力推动工作顺利开展；三是建立健全过错责任追究制度，提高科研工作水平。

三、“一二三四”支部工作法的成效与讨论

湿地所党总支在坚持过去党的建设成功经验的同时，积极探索运用现代科学方法，着眼于对实际问题的思考，着眼于新的实践和新的发展，把党的理论建设转化为具体举措。通过“一二三四”支部工作法的实施，发挥了思想政治工作的导向、保证、激励和协调作用，为增强党组织的凝聚力，推进改革和发展，提供强有力的思想政治保证。在 2016 年度中国林业科学研究院“两优一先”评选中，一人次获得优秀党员称号，两人次获得优秀党务工作者称号，湿地所党总支获得“先进基层党组织”称号，并且一人次获得国家林业局优秀党员称号。党总支的“增强党员意识　服务社会公众”活动被评为中国林科院第三届十佳党群活动。

（一）增强了“创新”意识，为党建工作注入了新的活力

随着社会的不断发展变化，党建工作也要与时俱进，不断探索创新，才能增强生机和活力。“一二三四”支部工作法的使用使大家转变观念，从工作思维、工作机制和活动方法上创新工作方法，取得了很好的成果，为党建工作注入了新的活力。

一是在工作思维上创新，改变过去“我讲你听，我说你服从”的单向思维方式，以平等的态度，加强与科研院所各类人员的沟通交流，深入了解他们的思想和需求。二是在工作机制上创新，改变过去“依靠行政指令”和“等待上级指示”的工作习惯，坚持以人为本的思想，把知识分子群体看成党的组织建设的根本力量，给予应有的信任和尊重，积极为科研人员的事业发展搭建平台，努力营造一个宽松的科研环境。三是在活动方法上创新，组织活动注意从科研院所的实际出发，采取相对集中与分散相结合，坚持小型、灵活、多样；在时间安排上，充分考虑科研人员的工作和生活习惯，适时灵活安排好。

（二）增强了“服务”意识，加强了党建工作的主动性

中国共产党来自人民，服务人民。党之所以不断发展壮大，关键就在于始终

保持与人民群众的血肉联系，与人民群众同甘共苦。党的基层组织是党同人民群众保持密切联系的桥梁和纽带。“一二三四”支部工作法的使用使党员同志践行党的宗旨，在“服务”上下功夫。

一是确立“为中心工作服务”的意识，克服“单纯抓党建”的思想，把工作的着力点放在支持和促进科研建设和发展上来，将基层党建工作与科研工作融为一体，营造团结奋进、公平公正的良好氛围，发挥党的组织保障作用。二是确立“为科研人员服务”的意识。根据科研院所及科研人员工作生活的特点，把关心广大科研人员的困难和需求作为党组织工作的重要内容，经常到科研人员中去，虚心倾听他们的声音，认真体察他们的情绪，耐心解答他们的疑问，要坚持把解决思想问题与解决实际问题结合起来，维护科研人员的合法权益，以积极求实的工作赢得科研人员对党组织的认可和信任。

（三）增强了“学习”意识，加强了党建工作的有效性

学习是成长进步的阶梯。注重学习是增强党性修养、坚定理想信念、提升精神境界的重要途径。在“一二三四”支部工作法中，针对湿地所工作实际，强调两项学习机制，政治理论学习和科研业务学习，增强党员的党性修养和科研业务水平，加强党建工作的有效性。

一方面，加强了政治理论学习，认真学习了邓小平理论、“三个代表”重要思想、科学发展观，继续深入学习贯彻党的十八大精神；深入学习习近平同志和党中央领导同志重要讲话精神，更加坚定共产主义理想信念，树立正确的世界观、人生观、价值观。要通过“照镜子、正衣冠、洗洗澡、治治病”，增强政治敏锐性和政治鉴别力，始终保持政治上的清醒和坚定。大家清醒地认识到当前科研院所党的基层组织建设的环境、条件和对象发生的新变化，要站在巩固党在科研单位的政治核心地位的高度，重视加强对基层党员的学习培训，制定相应规划目标，采取上下互动、协力配合、专题学习培训等措施，不断提高党员同志的党性修养。

另一方面，加强了科研业务学习，围绕党建工作和科研业务工作有机结合的目标，加强实践中的学习，创建学习型党组织和创新文化建设，积极投身科研实践，虚心向科研前辈学习，总结和汲取他们在先进生产力和先进文化方面的优良成果，提升了业务水平。

课题组组长：梅秀英

课题组成员：武高洁　李　伟　张曼胤　庄春艳

科研院所党建工作的薄弱环节与应对策略

——以广东湛江地区农林系统科研院所基层党组织为例

国家林业局桉树研究开发中心

湛江位于广东省西部，为我国大陆最南端省辖市，总面积约1.17万平方公里，2015年常住人口724.14万，其中农业人口占72%。湛江独特的地理环境和气候条件，可大量发展热带作物、水产产业和畜牧产业等农业产业，是一个农业大市。国家林业局桉树研究开发中心、中国热带农业科学院南亚热带作物研究所、湛江红树林国家级自然保护区、湛江农垦科学研究所、国营雷州林业局林业科学研究所等一批农林系统中央及省属企事业单位科研院所均落户湛江，以市区或市郊为主，市、县直各农林系统科研院所则大都远离湛江市中心区，其党建工作水平一定程度上代表了基层农林系统不同层次科研院所的党建工作水平。

本文在初步调查摸底的基础上，选取了驻湛江地区具有代表性的15家农林系统科研院所进行重点调研，涵盖基层党支部45个、党员1835名。调研方式重点围绕拟定的30个党建工作问题进行书面问卷调查，并展开现场交流，在了解掌握当前基层科研院所党建工作主要特色的基础上，重点分析了存在的主要薄弱环节，剖析了问题根源，提出了应对策略。

一、科研院所党建工作存在的主要问题与原因分析

党的十八大以来，党中央高度重视党建工作，采取了一系列全面从严治党的

工作措施，取得了明显成效。我们深刻地感受到，我们的党员特别是党员领导干部，理论学习更加常态化，工作处理更加务实化，解决问题更加主动化，诱惑面前更加自律化。政治素质得到明显提升，工作作风得到明显改善，廉政意识得到明显加强。这些表现更加彰显了党组织的作用，体现了其战斗力。

当然，我们的党建工作仍然存在一些问题，有些问题还比较突出。调研发现，作为基层农林系统的科研院所，党建工作主要存在以下几个方面的薄弱环节。

（一）对党建工作重要性及其作用认识的理解有偏差

部分党员科技人员甚至单位领导重科研轻党务的现象仍然普遍存在。主要表现在：一是认为抓科研才是抓正经事，争取到科研课题、出科研成果才是实打实，而党务学习是务虚，空发议论，学习不学习没有多大区别。这种认识导致部分党员首先在思想上形成了对党务学习的抵触情绪。二是认为党建工作大都是迫于上层压力，不做不好交代，走走形式应付过去即可。这种认识导致党建工作重形式轻内容，被动多于主动，不能将理论与实践很好地结合起来。三是认为党建工作所产生的实际效果并不理想，把主要通过潜移默化形成的党建工作成果简单看成应该立竿见影。这种认识导致部分党员对党建工作的误解在此前基础上进一步加深，甚至形成恶性循环。上述认识误区带来的结果是，部分党员对党组织的理论学习及其他组织活动等，能不组织就不组织，想组织就组织，没办法才组织；找机会不参加，能不参加尽量不参加，想参加就参加，有时间就参加，没办法才参加。受教对象连组织安排的活动都不能落实到位，更谈不上业务工作之外的主动学习了，其党建工作效果也就可想而知。分析其中的根源，核心是在思想上对党建工作没有引起高度重视，弱化了党组织的地位及作用，对工作上的要求多，从思想上的关心少；在实际行动中，对党建业务知识的领会把握不透彻，虚化了对受教对象的管理和教育，抓普遍性教育管理多，联系实际进行个性化教育管理少。

（二）对全心全意为人民服务的宗旨意识领会不深入

部分党员科技人员没有充分意识到，其作为一名共产党员的根本宗旨是全心全意为人民服务。主要表现在：一是有的人把争取到的课题当作私有产物看待，随意处置，认为我的课题我的成果均为我所有，我的经费应由我做主，不接受监管，有时甚至对违规使用经费问题严重性的认识都不足；二是有的人以自我为中心，技术研究等各方面各行其是，缺乏团队协作精神，不能与团队人员和谐相处；三是有的人急功近利，过于追求研究成果而忽视试验过程，有的怕完不成任务或急于出成果，甚至冒险搞学术造假。这些情况导致国家的科技资源不能有效配置，科技效能不能充分发挥，科研成果不能全方位普遍应用，科研经费不能充分有效使用，甚至造成不必要的浪费。出现这些问题的根本原因是党员科技人员全心全意为人民服务的宗旨意识不够，自我保护思想太浓；是我们的党建工作没有把全心全意为人民服务作为政治思想工作的重点去抓，没有把保证科技人员的党性，保证其思想的纯洁性作为首要问题去抓。谁都渴望得到更多成绩、更多成果、更多荣誉，但是“君子爱才，取之有道”，研究课题是国家提供的平台，科技人员是国家事业经费供养，党建工作是要求科研院所能够很好地把握国家出台的政策，保证科研院所中心工作的科研性而不是赢利性，保证顺利完成国家政策规定的科研使命。

（三）对农林系统科研院所党建工作对象的特点把握不透彻

湛江地区农林系统科研院所科技人员存在几个较普遍的特性：一是学历层次较高，硕士及以上占有较大比例；二是工作场所相对偏远，附近多为农村；三是单位级别较高，但职工人数不多，很少有超过 100 人的，党员人数更少；四是党组织领导兼职的较多，且多为科技人员兼职。调研发现，党建工作没有很好地把握这些不同特点，方法上存在“一刀切”的现象。一是忽视了高学历人才在性格上的偏差，大多没有在行政工作上历练，个性更显独立和偏执；二是忽视了高学历人才在价值取向上的偏差，人生观、价值观趋于稳定，不易受外界干扰；三是忽视了高学历人才具有更强的领悟、分析判断及说理能力；四是忽视了科技人员通常视争到课题出了成果为他们的人生出路标杆，由此带来的较大工作压力；五是忽视了农林系统科技人员长期作业在一线或山区，其交通生活条件相对艰苦；六是忽视了农林系统科研院所虽然党员人数较少，但也是“麻雀虽小，五脏俱全”，不代表党建工作可以简单应对，敷衍了事。这些“忽视”导致党建工作找不到解决问题的有效途径、切入点和突破口，工作效率低下。产生上述“忽视”的原因是党建工作不细致，掌握的信息不全面，对农林科研院所的特点分析不透彻。

（四）党组织制度建设不够完善，工作落实不够到位

农林系统科研院所党组织制度建设有组织无制度，有制度无落实，形同虚设现象同样普遍存在。一是虽然单位党组织机构比较完善，但党建工作大多没有形成系统规范的管理制度，有的连最基本的年度工作计划都没有；二是有的单位虽然制定和出台了系列党建工作制度，但照搬统一模式，思路不够清晰，内容没有密切结合本单位实际，可操作性不够；三是目前尚缺乏一套严谨科学的党建工作与科研相结

合的工作目标考核办法，对科技人员的绩效考核大都是针对其研究成果进行的，忽视了科技人员的思想建设，没有从制度上将党建工作与日常科研工作挂钩，明确奖惩责任；四是有的单位虽然制定和出台了系列党建工作制度，但抓落实不够，制度的执行力差，对重要的组织生活会等讲成绩多、讲问题少，缺乏认真的批评与自我批评，流于形式。这些现象的出现，一是因为党组织对党建工作认识不足，重视不够；二是因为党组织没有把党建工作对科技工作的重要指导意义提升到足够高度；三是因为部分党务工作者业务素质不够，思想不重视，学习不努力，党建工作能力水平不高；四是因为有些党员贯彻上级精神的动力不足，思想懈怠。

（五）党组织机构人员配备不够完善，工作方法不够创新

科研院所很少配备党建工作专职领导干部，基本都是兼职，基层党支部书记大多为中层部门主要负责人，有的党支部仅设书记 1 名，还身兼数职，没有设置委员，使党建工作有时处于应付状态，没有时间和精力。党组织机构人员配备不够完善，有的是上级党组织没有安排；有的是对基层党组织重视不够；有的是考虑节省经费开支；有的则认为现有配置可以完成其相应工作。

工作方法创新是彰显工作生机和活力的重要举措。科研院所很多的科研工作是在室内相对静态下完成的，大量繁杂的数据处理分析、改而又改的科技论文等已使科技人员的工作显得比较单调，而我们的党建工作方法依然传统普遍。通常最常用的方式就是在会议室组织学习、授课和座谈，一个人读其他人听，以给科技人员灌输党建思想为主，简单重复。在内容方面，多以文件传达，这种被动接受使得科技人员觉得党建工作更加枯燥乏味，也就比较排斥，很难取得效果。基层党支部独立开展活动也很少，更谈不上创新。党建工作方法没有创新，首先是因为我们缺少大胆突破传统思维的理念；其次是要敢于尝试，即便不理想也是有益的启示。

二、科研院所党建工作应对策略

（一）要把抓思想建设作为党建工作的首要问题

思想是指导行动的灵魂。要通过抓科技人员思想建设，使其意识到三个关键点。一是党建工作的重要性和地位高于科研工作，是一切工作的重中之重；二是党员科技人员更重要的使命是能够按照党章中所规定的，做到全心全意为人民服务，为社会做出贡献；三是只有在实质意义上的思想认识到位，才可能从行动上变得主动自觉。所以，抓科技人员思想建设关键是情感沟通。方法是，第一，我

们的党务工作者要深入科技人员内心，摸清他们的思想动态、精神状况、相应压力等，做到心中有数，方能对症下药。第二，要将科技人员的思想状况区分为积极与消极因素。如为积极因素，则要给予表扬鼓励和宣传；如为消极因素，则要给予关注、关心，及时进行沟通交流，必要时开展心理疏导。第三，要通过开展座谈、培训、辩论、典型案例等多种形式的系列专题思想教育活动，引导和提升科技人员的思想道德水准和工作理念，让他们充分认识到科研工作对社会及自身的发展所带来的好处，充分认识到团队协作的巨大力量，充分认识到只有脚踏实地才能使科技工作保持永久的生命力，从而增强他们的自豪感和荣誉感，更好地调动其积极性。作为科研院所的党组织也要充分意识到，做好科技人员的思想工作是党建工作的重中之重。要使党务工作者在思想认识上破除科研工作与党建工作相对立的观念，进一步提高对新形势下加强党建工作必要性、重要性和紧迫性的认识，适应新形势下科研工作对党建工作提出的新要求，使党建工作与科研业务工作有机结合，并贯穿于科研工作的始终。

（二）完善党建工作机构设置及相应规章制度，关键是抓落实

“火车跑得快，全靠车头带。”任何单位如果没有一个强有力的组织领导是不可能做出让人满意的工作的。当前，党中央把党建工作提到了相当重要的高度。加强党建工作的组织保障，科研院所党组织应设立专职书记或副书记，基层党支部应配齐支委，选择德才兼备的同志进党组织班子。

“没有规矩，无以成方圆。”健康有序的党建工作除拥有一个坚强的领导班子之外，还需要完善的规章制度作保障。党组织都应建立完善的“三会一课”制度，民主生活会制度，民主评议党员制度，“两公开、一监督”制度，党员联系群众制度，创先争优制度及请示报告与责任追究制度等，形成一个完整的党建工作体系。建立了完善的制度，就应在各项制度执行的过程中狠抓落实，否则就是纸上谈兵。

（三）加强对受教对象的教育与培训，构建学习型党组织

科研院所应重点加强对党务工作者、科技人员及党员三个层面受教对象的教育与培训。党务工作者应重点通过党校学习及各类党建业务培训来提高他们的思想素质与党建理论水平，以适应新形势的需要，进而推动基层党建工作的开展。党员及科技人员应重点通过学术座谈会、经验交流会、现代远程教育网络等形式教育，确保科研工作中跟上时代潮流，保证在科研工作环境日新月异的情况下，能够按照党的规定合理开展各项工作。同时要在受教对象中强调自我学习、在实践中学习和向群众学习的理念，变被动学习为主动学习。要通过教育的现代化、

多样化和即时化，构建学习型党组织，引导受教对象争当实践科学发展观的排头兵和先行者，为人民谋福祉，为社会做贡献。

（四）创新党建工作方法的活动载体要更多地体现知识性与趣味性

科技人员大多为高学历人才，具有知识面广、理解能力强、吸收新事物快及富有冒险精神等特点，科技人员所从事的专业工作又长期沉浸在一种相对封闭固定的模式状态，只有与之相对应的挑战才是他们最感兴趣和迫切需要的。因此，增强党建工作成效，不但要勇于突破传统模式、不断创新方法，更重要的是，还要在活动载体的设计上充分体现其知识性和趣味性。一是要把党建工作与科研业务工作紧密结合，将党建工作融入科研工作的各个方面；二是要多开展诸如知识竞赛、抢答，党建思想与科研工作关系主题征文、学术辩论等活动；三是要拓宽党建活动空间，让科技人员走出科研院所，到革命圣地接受革命传统教育洗礼，到具有典型党建工作经验的兄弟院所吸收新思想新理念；四是要善于融活动的知识性与趣味性为一体，显现党建工作的加权成倍功效。

（五）党建工作要努力为科技人员营造和谐良性竞争氛围

和谐的工作环境可以事半功倍，也是单位精神文明建设成果的重要体现。为科技人员创造公开、公平、公正的竞争环境是营造和谐氛围的前提，是充分发挥科技人员的工作积极性，增强科技人员自信心的重要法宝，也是党建工作促进科研发展的核心实质所在。党建工作为科技人员营建和谐良性竞争平台，一是要引导科技人员解放思想，群策群言，集思广益，敢于坦诚表达自己不同的看法；二是要指导科研业务部门在制定科技人员业务奖惩激励机制时充分考虑公平、公正，既要有定量的标准，又要有定性的标准，既要看业务工作的成绩，又不能把其作为单纯的考核标准；三是要将党建工作考评机制纳入科研业务工作中，建立科研人员思想素质考核体系，将科研人员在党建工作中的表现纳入绩效考核范围，并设定一定的比例将其与科研成果考核结合起来；四是要创造条件解决他们在科研条件、生活等方面的实际困难，满足他们的合理要求；五是党建工作要努力为科技人员从精神上释放尽可能多的正能量，最终形成以党建带科研、以科研促党建的良性循环模式。

课题组组长：张国武
课题组成员：李　超　谢耀坚　陈少雄　彭　彦

科研院所基层党组织落实全面从严治党责任体系研究

中国水利水电科学研究院

★★★

全面从严治党是党的十八大以来以习近平同志为核心的党中央管党治党的重要理念。党的十八届六中全会专题研究全面从严治党，为协调推进四个全面战略布局、开创全面从严治党新局面提供了行动纲领。党的基层党组织作为党全部工作和战斗力的基础，是党的执政根基，只有实现从严治理基层党组织和从严治理党员队伍，才能真正实现全面从严治党的战略目标。而全面从严治党说到底是个责任问题，科研院所作为科学研究和技术开发的基地、培养高层次科技人才的基地和促进高科技产业发展的基地，要真正发挥创新引领的作用，落实全面从严治党责任是“牛鼻子”，在其基层党组织中构建起科学有效的责任体系是必由之路。

本课题通过文献研究、实证研究、个别访谈等方法，阐述科研院所基层党组织落实全面从严治党责任体系理论，并以2015年度中央国家机关优秀基层党组织为范本，解读落实全面从严治党责任的探索现状及存在困境，力求突破现有藩篱，对科研院所基层党组织落实全面从严治党责任体系进行针对性的实践回应。

一、科研院所基层党组织落实全面从严治党责任体系相关理论

习近平同志在中国共产党第十八届中央纪律检查委员会第六次全体会议上要求，各级党组织要担负起全面从严治党主体责任，在十八届六中全会上指出，要

形成有权必有责、用权必担责、滥权必追责的制度安排。只有把全面从严治党责任落到基层，才能落实党组织管理治党责任，才能筑牢执政根基。

（一）价值定位

用历史的观点和权责的视角来看党的责任制度发展脉络，党在经济、政治领域探索、实施责任制经历了从探索实施家庭联产承包责任制、企业经营管理责任制到建设“责任政府”的发展过程，随后又实现了由建设“责任政府”到建设“责任政党”的过渡，实现了从“领导者的个人责任制”到“党委、纪委的集体责任制”再到“全体党员和党的组织整体责任制”的扩展。

由此，落实全面从严治党责任体系构建正是对党的责任制度的有力支撑。全面从严治党催生基层党组织责任的从严履行，创新发展理念促使科研院所基层党组织必须将政治责任与科研任务全面结合，基层治理法治化要求基层党组织履职尽责全面走向法治方向，而责任政党作为责任政府的有效路径，是实现国家治理现代化的一贯指引。以上四个维度呼唤在科研院所基层党组织中建立权责统一、程序公正、运行科学、监督有效的责任体系，这也是充分发挥科研院所基层党组织政治功能和服务功能的必然选择。

（二）基本界定

从上文可以看出，全面从严治党责任体系与党建责任制一脉相承，而党风廉政建设两个责任是对以往党风廉政建设责任制的深化和延展，更是新形势下全面从严治党责任的重要内容。具体到科研院所基层党组织，从责任内容看，落实全面从严治党责任贯穿于党的思想建设、组织建设、作风建设、反腐倡廉建设和制度建设的各方面。从责任主体看，就是科研院所基层党组织落实全面从严治党责任，可分为科研院所基层党组织的主体责任、基层党组织书记的第一责任和领导班子成员的重要责任。从责任体系的完整性看，锻造闭合的责任体系，包括从责任明确、责任履行、责任考核到责任追究、责任监督的全过程，是责任落实的基础。

综上所述，科研院所基层党组织全面从严治党责任体系（图 1），就是科研院所基层党组织依据党章党纪党规，按照科研院所特点，科学落实管理治党责任所必需的一系列制度和机制的有机整体。具体说来，就是科研院所基层党组织在落实全面从严治党责任中确责、履责、考责、问责及监督的全过程。其中，全面，包括内容上全、责任上全、过程上全，即基层党组织全面承担相关责任，责任内容贯穿于科研工作全过程。从严，就是落实责任严格，追究责任严格。这两个特点互相融合，都以科研中心工作为落脚点。

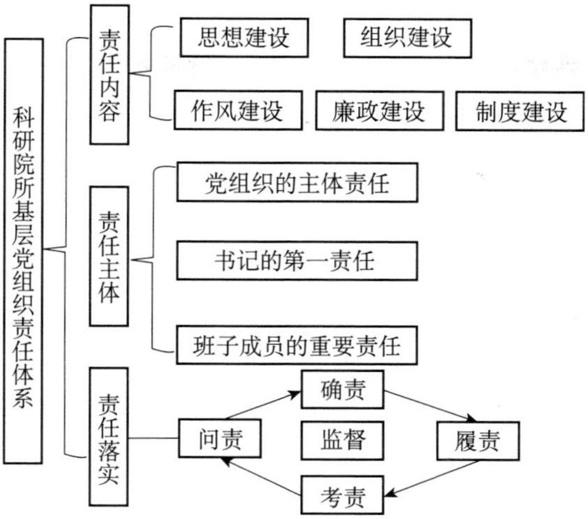

图 1　科研院所基层党组织责任体系构成

二、科研院所基层党组织落实全面从严治党责任的现状及困境

（一）落实全面从严治党责任探索实践——以 2015 年中央国家机关优秀基层党组织之一所为范本

科研单位作为创新的主体，落实全面从严治党责任对于提升科研单位战斗力具有非常重要的作用。中国水利水电科学研究院有在职职工 1161 人，其中党员 822 人，占在职人数的 70.8%。在院党委所属的 31 个党支部中，党政一把手“一岗双责”比例为 93.5%。基层党支部中，以 2015 年荣获中央国家机关优秀基层党组织的为例，该支部现有党员 66 名，其中博士以上学历 54 人，占比为 81.8%，40 岁以下党员 49 人，占比 60.6%；高级职称的人数为 50 人，占比 75.8%，总体呈现出规模化、专业化、年轻化三大特点。

该支部在实践中探索出了一套独具特色的“1—2—3—4”责任体系。“1”是确立“科技创新发展与党风廉政建设的互促共赢”1 个总目标；“2”是沿着科研项目的“管理的全层级、项目的全链条”2 条主线推进；“3”是打造“一个好班子、一套好制度、一个好环境”3 个载体；“4”是指着力开展“意识提升、机制建设、制度安排、文化培育”4 项重点工作。具体来说，有以下几方面可以提供示范。

1. 从责任的确定看，明确责任主体，制定五级责任清单

明确各级主体的责任是落实全面从严治党要求的核心内容和重要基础。在

明确所长（支部书记）、所班子（支委）成员、研究室主任、项目负责人、财务管理与报销人员、一般科研人员等全层次主体责任的基础上，建立了五级责任体系，分别制定责任清单，为支部落实全面从严治党责任尤其是党风廉政建设提供重要保障。

2. 从责任的履行看，加强制度建设，财务科研人事“三规”并立

第一，构建四级三重财务风险防控体系。制定了《水资源所最严格财务制度》，编制《话说财务那些事儿》等，明确财务“红线”和禁区；同时，建立了“研究室秘书—所财务联系人—所财务秘书—分管财务副所长”的四级财务审批流程和风险防控机制。第二，构建科研项目全生命周期监管体系。形成了一整套贯穿科研项目全生命周期的责任与质量监管体系，从项目的申报立项、项目实施监管项目结题验收，分别进行相应的科学评估、监督审核，使有限的科研经费得到最大化的成果。第三，构建民主透明公平高效的人事管理体系。制定、修订了《水资源所研究室室主任竞聘办法》《水资源所各项注册专业资质人员的奖励办法》《水资源所年度工作绩效考评管理办法》《水资源所外聘人员工作绩效考评管理办法效益工资发放办法》等，规范了人事管理和绩效发放制度。

3. 从责任的考核看，改进评估方式，建立有效的双向考评机制

探索建立上下双向互评机制。在上对下的评估机制上，重点探索评估方法科学化和评估后的改进措施执行情况。在下对上的评价体系中，主要采取两种方式：一是所领导班子在全所年度工作会议上，形成了逐年“瞻前顾后”述职方式；二是支部每年面向全所职工征集对所领导班子和支部的工作意见和建议，接受职工的评估和监督。

4. 从责任监督来看，畅通沟通渠道，推进全程的监督机制建设

建立分类分渠道沟通机制，开通支部班子、研究室和项目、全所职工的 QQ 和微信群，还针对具体问题进行专门谈话交流，将问题化解在萌芽中。同时，在班子层面积极推进民主决策和集体决策，根据决策事情的重要程度，分别提交所长办公会或扩大会、所务会和全所大会决策通过。对于作出的决策，也采取事前规定、事中透明、事后公布的方式，接受全所职工和全体党员的监督。

当全面从严治党责任落实到位时，党建与科研将不再是两条平行线，而是相互融合、相互促进的。该研究所通过对落实全面从严治党责任的独特探索，使得科研经费连上两个台阶、科研产出质量显著提升、科技奖励实现历史性突破、对国家治水实践科技支撑进一步增强、人才培养和团队建设取得显著成效、廉洁科研与和谐团队建设不断进步。

（二）科研院所基层党组织落实全面从严治党责任困境

虽然上文分析的个例中的基层党组织在落实全面从严治党责任过程中有着很多可以借鉴的地方，但在实践中仍然存在着一些问题，尤其是在与相关基层党组织负责人、支部成员等进行个别访谈时，很多人认为科研院所基层党组织在落实全面从严治党责任的确面临着一些困境。

总体来说，科研院所基层党组织责任一定程度上存在被虚置的问题，存在管党治党建设党责任落实的“两难选择问题”。“也有一些人认为，在发展社会主义市场经济条件下，从严治党面临两难选择：过宽没有威慑力，会导致越来越多人闯‘红线’，最终法不责众；过严会束缚人手脚，影响工作活力，干不成事，甚至还会影响自己的选票。”“这些认识都是不对的”。具体到实践中，主要有以下几方面。

一是主体意识不到位。党组织书记的党建责任意识不够强化，这是影响基层党组织推进从严治党、落实党建责任的政治性因素。例如，将党建工作“让渡”给分管书记甚至组织部门，对重要的党建活动也只到场应付一下，从不亲自谋划。有的“双肩挑”党组织书记对科研中心工作十分尽职，党建工作少有亲力亲为，业务工作与党建工作“两张皮”现象突出。有的支部抽象地、应付地落实上级党委政策，从严治党没有真正扎根。另外，基层党务工作者队伍建设也不够深化。

二是责任内容不明确。首先是权责关系存在失衡现象，当前一直在强调要严格落实全面从严治党责任，但实际中，一方面，存在责任不均衡问题。对“一把手”责任强调得多，甚至将党组织集体责任都归为“一把手”个人责任，但对班子其他成员责任强调比较少。另一方面，存在权力和责任不对等问题。在这一点上，对于科研院所的基层党组织来说，并不是传统认为的权力需要制约，或者权力过大，而是权不明确，要求各级党组织和“一把手”履行责任，但对权力则未予明确，缺乏必要的决策权和话语权。其次责任清单不明确。目前的责任制体系中，即使明确党建工作责任但又相对宏观，对责任主体明确、责任划分、责任履行等内容涉及较少。

三是责任履行有偏差。大部分地方和单位缺乏必要的制度约束和机制保障，导致责任制落实不到位。目前的责任制体系中，大多聚焦单个环节，比较重视责任分解和考核，但对责任履行、督查、评价、追究等环节比较笼统和模糊，有的环节甚至缺失。制度缺失，导致责任体系运行不够顺畅有序。

四是责任考核不完善。①考核主体固化，多是以上级发考核指令，下级接受考核；②考核流于形式，考核方式简单，不开展专项考核而是纳入综合考评；③虽建立党建考核评议制度，但并不是主体全覆盖；④有的地方对考核结果运用不够，对履职不到位问责不力。

五是责任追究不到位。在实践中，责任追究有时不严不实，有的会出于对自己人保护而层层降格处理甚至不处理。责任追究的界限不明，往往以集体领导责任掩盖了主要负责人或分管领导的责任。追究力度不够，有些基层党组织责任追究过于抽象，并且对于责任追究的结果并没有公开。

六是责任监督有空隙。监督过程不全面，一般是年初布置、年底考核，年中督查较少；事后监督多，事前、事中监督相对较少，甚至没有。往往强调纪律惩处，忽视密切联系群众及贯彻党的民主集中制上的监督，组织生活不健全。监督渠道不畅通，部门之间协调机制尚不健全的情况下，为信息交换不充分或沟通不及时丧失监管的主动权，尤其是对重点领域和要害部门的监督难以深入。监督缺乏强制性，科研院所中的监督制度是建立在党员干部自觉接受监督的基础上的，是柔性的监督，容易造成监督乏力。

三、科研院所基层党组织落实全面从严治党责任体系构建路径

托克维尔认为，“集体存在不负责的惯性倾向，尤其是其成员对自己的职责内容非常陌生时”。因此，构建权责明晰、程序公正、科学有效的从严治党责任体系，对解决当前科研院所基层党组织面临的履责困境大有裨益。科研院所基层党组织在落实全面从严治党责任时，必须形成包括确责、履责、考责、问责及监督等环节的责任体系，并在这个责任体系建构和运行中始终以解决全面从严治党中的突出问题和产生管党治党的效用作为评判标准。

在责任体系构建中，可以借鉴戴明循环理论，把这一理论中的计划、执行、检查、处置四个阶段按照责任运行全过程划分为确责、履责、考责、追责，并在此基础上增加全程的监督（图 2）。同时，通过追责促使责任的进一步明确和履行，形成一个闭环的责任体系。

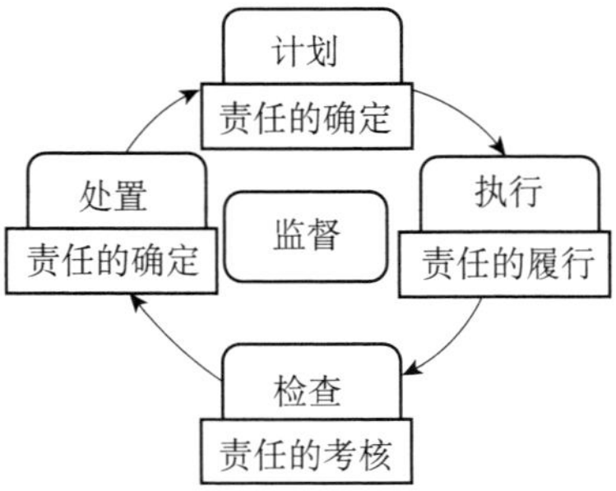

图 2　戴明循环下的责任体系构建

（一）明确责任内容：以责任清单为统领

全面从严治党的推进，首先要明确责任。主体不明、责任不清必将导致责任不能落实、责任无法追究的问题。

1. 明确责任主体及责任层次

坚持科学统筹、合理划分，形成自上而下、分级负责的责任架构形态。先要明确责任主体，重点明确基层党组织的主体责任、基层党组织书记的第一责任和领导班子成员的重要责任（分管责任），在基层党委层面还有纪委的监督责任。

2. 制定明晰的责任清单

首先，要明确责任清单内容确定的依据。除了党内法规，还包括科研院所适用的相关规定和制度，如科研、财务等相关规定，以及责任主体在实际工作中的分工。

其次，把握责任清单制定的原则。一是全面与差异原则。根据不同责任主体，制定的责任清单既要体现全面性，又要体现差异性，从根本上解决责任模糊问题。针对责任内容不够具体、界限不够清晰、落实措施空、不便考核和问责等问题，要将基层党组织班子的集体责任、主要领导责任和个人责任严格区别开来。二是数质兼顾原则。分解责任时，要有一定的数量，同时，更要保证责任分解的质量及有效性。

最后，厘清清单的各项内容。科研院所基层党组织要根据刚才提到的依据和原则，对责任进行分解细化。可以将责任清单分为中观、微观两个层级。中观层级为职责分类；微观层级为内容细分，即执行部分，做到权责对等、有章可循，责任到人、落实可行。

通过不同层次全覆盖的责任目标的分解，系统构建科研院所基层党组织责任清单，做到层层有落实、环环有载体、事事有责任人，实现落实全面从严治党责任的全覆盖和细落实。

（二）严格责任履行：以完备制度为依托

科学的制度体系可以使全面从严治党具有规范性、长期性和稳定性。一套完整的科学制度体系应包括实体性制度、程序性制度和保障性制度三个层面。只有制度完备，才能使责任的履行有保障。

1. 细化上级制度

科研院所多属于事业单位性质，而上级制度多来源于行政主管部门，因此照搬执行的难度大。只有根据科研工作的实际需求及院所工作的特点，将上级已有政策、制度和要求落实为可操作性强的制度，才可能更好地使从严治党落到实处。除了经常提及的“扎紧制度的笼子”，科研院所更应紧紧围绕科研中心工作，尤其是对中央出台的激励科研创新的相关政策制度进行细化落实，激励科研人员敢干事、干实事，让科研创新成果成为检验全面从严治党责任履行的试金石，充分发挥制度应有的激励、约束与惩戒的全面作用。

2. 针对关键点加强制度建设

针对科研院所的工作特点及落实从严治党责任的目标任务，对文中提及的落实全面从严治党责任各环节的制度进行规范和细化，如清单制度、考核制度、追究制度等，也要对关键领域和部位加强制度的完善。例如，健全科研、财务、人事方面的制度建设，加强党政联席会议、党组织参与重大问题决策等制度完善，重视“三会一课”、民主生活会，尤其是基层党支部的组织生活会等制度的落实，保证科研工作有序开展。

3. 完善制度执行中的监控制度

探索建立全面从严治党常态检查指导制度，主要包括专项督查制度、重点项目巡查制度、专门约谈制度、定期报告制度和专项述职制度。这样可以比较全面、有效地掌握制度执行的情况，保证全面从严治党的相关制度的履行效果。

（三）细化责任考核：以科学考评为指引

完善科学有效的全面从严治党责任考核办法，重点在提高考核科学度和有效度上下功夫。

1. 建立分层级考评体系

充分发挥考核的“指挥棒”作用，以考评促党建，使党建工作由“软任务”变为“硬指标”，由“空对空”变为“实打实”。按照述职述党建、评议评党建、考核考党建，任用干部看党建的要求，对科研院所基层党组织的考核进行规划。按照基层党组织的层次，探索建立“两述三评”的考评体系，即党员向支部述职，支部书记向上级党委述职，党员评价支部及支部书记，上级党委评价党支部，支部间互评，把考核结果纳入领导班子和领导干部年度考核总分，构建全方位、立体式的考核体系。

2. 制定科学的考核标准

科学设置定性与定量考核指标，细化考核内容、分值和程序，做到“一把尺子量到底”。从宏观上讲，要把党建考核同业务工作紧密相连，要以推动发展、服务群众为重要内容，落实到发展中心工作上来。从具体操作层面上讲，突出分类指导，可将考核标准细化为基本评价指标、年度重点工作指标和创新评价指标，分别对应基层党组织的规定动作、重点动作和自选动作三类。一方面，有利于强化重基础、重日常、重规范的导向；另一方面，引导和鼓励基层党组织创新工作方法，增强生机活力。

3. 加强考核结果运用

一要与行政领导班子考评相结合。科研院所实行院（所）长负责制，实践证明，基层党组织作用发挥的强弱，与行政领导班子整体建设关系密不可分，尤其是基层党组织，大部分实行“一岗双责”制，更应当将党政领导班子考核评议联系起来，做到考核方式相互借鉴、考评结果相互参考。二要与人才成长相结合。“对各级各部门党组织负责人特别是党委书记的考核，首先要看抓党建的实效，考核其他党员领导干部也要加大这方面的权重。”要把考评结果作为教育、管理和使用干部的标准之一，尤其是在干部任免、薪酬分配和评选评优中，要把党组织考核作为参考。

（四）加强责任追究：以严格问责作为利器

问责就是按照责权利相统一或权责对等的原则追究责任。问责制是从行为后果来倒逼行为过程的约束机制。2016 年 7 月，《中国共产党问责条例》正式出台，明确问责原则：依规依纪、实事求是，失责必问、问责必严，惩前毖后、治病救人，分级负责、层层落实责任。责任追究不仅是全面从严治党的基本要求，更是强化党风廉政建设和反腐败斗争的最后一道防线。

1. 明确责任追究的界限

前文针对科研院所基层党组织责任清单进行了解读，因此，就要在追责主体、责任主体明确的前提下，严格划分责任界限，即分清集体责任与个人责任、主要领导责任与非主要领导责任、直接责任与间接责任。根据行为不同，采取相应的追究手段，对于科研院所来讲，综合运用批评教育、警示告诫、组织处理、纪律处分等措施，防止好人主义及“一刀切”的做法。

2. 完善责任追究的细节

加强问责的程序规范，坚决摒弃专断或人情化行为。问责程序应包括问责启动、失责查证、申辩程序、决定程序和保障程序。严格执行信息公开，强化透明问责，接受群众监督。通过实施有效的问责追责，切实增强基层党组织书记抓党建工作的责任意识，确保从严治党各项任务落到实处。

（五）严密责任监督：以全程监督为保障

监督是权力正确运行的根本保证，是加强和规范党内政治生活的重要举措，要完善权力运行制约和监督机制。具体到科研院所，监督制度更是规范基层党组织党内生活和科研管理运行的必要手段。

1. 深化党务公开

知情是监督的前提。党务公开对于扩大党员群众参与，畅通基层党组织倾听民声、民意，实现党员群众依法行使民主管理、监督的权利有着积极作用。一要明确党务公开的内容。党务公开与院（所）务公开是高度重合的，通过召开院所的情况通报会、网站、宣传栏等对属于新出台的《中国共产党党内监督条例》要求公开的内容，以及科研人事财务等相关内容，不涉及保密信息的，应予以公开。二要规范党务公开的程序。做到政策性规定长期公开、经常性工作定期公开、阶段性工作分段公开、临时性工作及时公开，让权力在阳光下运行。

2. 建立多方位、全过程的监督

多方位是指除了党内监督外，还应当加强社会监督和群众监督。社会监督可以通过审计、媒体等，对科研院所相关党务及业务活动进行评价监督。群众监督就是通过工青妇等群团组织，职工代表大会制度，公共邮箱、BBS 等窗口，接受各界监督。全过程是指针对科研院所的特点，分析确定风险防控重点领域，将风险管理和全面质量管理引入责任监督中，主要在项目、人事、财务等方面加强事前、事中监督，紧盯重点人、重点事、重点领域，将对风险和薄弱环节的监督关口前移，通过如严格审批程序、签订廉政协议、实施跟踪审计等措施，实现主动预防，确保四个安全。

四、结语

党的十八届六中全会聚焦全面从严治党，审议通过了《关于新形势下党内政治生活的若干准则》和《中国共产党党内监督条例》，进一步夯实了全面从严治党的政治根基，也为基层党组织提供了有力抓手和强大支撑。同时，随着全国创新大会的召开、中央关于完善科研管理相关文件的出台，让创新从发展理念归根为落地政策，与科研工作和一线人员息息相关。在科研院所基层党组织中落实全面从严治党责任体系，无疑为科技创新提供了思想之基、力量之源。虽然文中粗浅地探讨了在科研院所基层党组织构建科学定责、具体明责、严格考责、严厉问责的责任体系，力求主体清晰、责任明确且有机衔接，但在实践中，还需要进

一步与科研业务契合，与其他制度配套。从严治党责任任重道远，科技创新无止境，落实全面从严治党责任永远在路上。

课题组组长：曾大林　陈祥建

课题组成员：李璐璐　丁绍辉　马　静　况黎丹　焦　伟　吉梦喆
张萌萌　蔡志强　肖　芳　王婉莹　王　禄　陈　燕

大数据认知对党建工作的影响与转变分析研究

中国水利水电科学研究院

以大数据为核心的新一代信息技术正在掀起一场社会、经济和科技变革。正如《大数据时代》的作者维克托·迈尔·舍恩伯格指出的："大数据将开启一次重大的时代转型。"就像望远镜让我们感受宇宙、显微镜让我们能够观测微生物一样，大数据正在改变我们的生活及理解世界的方式。

信息时代催生了"大数据党建"工作。随着国家"大数据策略"的实施，结合"互联网＋党建""智慧党建""党建云平台"在各地的具体实践，党建开启了大数据时代。因此，科学认识大数据推动党的建设的意义和方法，有助于进一步提高党建工作的科学化水平。

一、大数据概念与特征

关于大数据的定义，至今没有一个公认的标准。简而言之，大数据或称巨量数据、海量数据，是由数量巨大、结构复杂、类型众多的数据构成的数据集合，基于云计算的数据处理与应用模式，通过数据的集成共享、交叉复用形成的智力资源和知识服务能力，经过收集、整理、加工、分析等一系列程序，深度提取有效信息并运用到具体目标。

大数据之"大"，可以用"4V+1C"来概括，即 variety（多样化）、volume

（海量）、velocity（快速）、vitality（灵活）及 complexity（复杂），通常，在数据处理过程中呈现出三大特征：不要样本要全体、不要精确要效率、不要因果要相关性。其中，最显著的特征就是，放弃对因果关系的探索转而关注相关关系，即需要知道“是什么”，而不需要知道“为什么”。它打破了千百年来人类的思维方式，提供给人类认知一种全新的视角。

二、大数据带来的方法转变

大数据不仅仅是一种技术，更是一种价值观和方法论。“人类不会再将世界看作是一连串我们认为或是自然或是社会现象的事件，人类会意识到世界在本质上是由信息构成的，将世界看作信息，看作是可以理解的数据的海洋，为人类提供了一个从没有过的审视现实的视角，它是一种可以渗透到所有生活领域的世界观。”孤立的、有限的、结构化的信息已经转变为联系的、近乎无限的、非结构化的信息，随着信息爆炸式的增长，信息时代被推向了一个新的发展阶段。基于此，大数据认知将逐渐形成一套新方法。

一是总体方法。传统的数据分析方法以样本为核心，采取抽样方法，基于统计学的理论，用尽可能少的数据，证实尽可能大的事实，即所谓小数据、大模型、大定律。而大数据总体方法则对样本总体进行分析，是大数据、小模型、小定律的新方法。

二是关联方法。强调相关性而非因果性，强调“是什么”而不是“为什么”，通过分析量化事物的数据值之间的关系和变化趋势，在事物之间建立联系，从而发现知识和价值。关联方法打破了人类长久以来建立的因果关系思维习惯，指定关联物，寻找关联关系，发现新规律，已经成为数据决策的重要方法。

三是在线方法。互连、在线的大数据具有生命的特征，通过在线，数据被网络上的有权用户和计算机访问，数据规模和种类随之增长，时时反映现实世界变化的趋势。

四是跨界方法。大数据天然具有明确的属性和清晰的“界”，跨界使各行各业的数据得以汇聚，大数据的价值得以实现，开放数据，让更多的人参与进来，共同发现价值。

三、大数据对党建工作的作用和影响

大数据已经成为社会发展的重要领域。当“分析和使用”的数据大量增加时，大数据的“富矿”资源对党建工作将产生革命性影响。

（一）大数据有助于全面、准确、深入地了解党员干部思想状况

大数据时代的第一个特征，是要我们分析处理相关的全体数据，而不再依赖于随机抽取的个体数据。把这种思维模式运用到党建工作中表现为，大数据通过党员干部日常化数据，如浏览的网站新闻、微博微信、论坛发帖、网站留言及网络言论等记录其“行为轨迹”，分析其行为数据，描绘其思维状况，可以帮助党组织了解和把握党员干部的思想动态。在更深层面上，利用大数据获取信息快捷方便、灵活高效的特点，可以动态追踪和把握某地区、某行业、某阶段内党员干部思想状况的发展趋向，有针对性地开展党员的教育和培训，切实提高党员的思想水平。

（二）大数据有助于党务管理高效便捷

大数据时代的第二个特征，是研究大量繁杂的数据使我们不再强调精确度，而是强调分析数据的效率。把这种思维模式运用到党建工作中表现为以下两点。①建立并使用“大数据党建”管理平台，形成真实、完整的数据库，管理系统模块使庞杂的党员基本信息变得清晰明确，实现动态管理流动党员，时时查询党费收缴使用情况，加强和规范党内组织生活等，显著提高党务管理效率；②运用大数据技术可以帮助党组织针对性地分析党员的喜好需求和实践活动，提供特色活动报名、实时事项提醒、项目管理等服务，同时，还可以通过网络向群众和社会提供在线志愿服务，发挥党员在虚拟网络中的作用，提高服务水平和管理质量。

（三）大数据有助于科学评估监测党建运行状态

数据的实质就是记录组织及个体相关的各类信息，经过分析和使用，引发组织在结构、流程和制度等层面的深层次、系统化、整体性变革。把这种思维模式运用到党建工作中表现为，用数据库（包括基层党组织概况、党员队伍、三会一课、四项任务、民主生活会、党支部工作考核、民主评议、组织生活、党费收缴使用、党建工作述职报告等数据群组信息）可以达到党建工作全面监控的目的，形成全面的、动态的党建工作监控体系，实现过程性评价，为进一步深化党建工作在结构、流程和制度体系等方面进行改革而提供技术支撑。

（四）大数据有助于开拓密切干群关系的新渠道

大数据认为“一切可数”，为更深层次密切党与群众的关系提供了可能性。

把这种思维模式运用到党建工作中表现为，大数据信息技术传递的瞬时性和信息联通的实时性，可以改善以往组织体制中层级关系隐存的交往渠道狭窄、信息审核程序复杂等问题，借助互动系统，扩宽对话渠道，实现一对一或一对多的面对面“即时交流”，解决党组织、党员、社会群众之间“最后一公里”的问题。同时，大数据可以迅速归纳、整合某些具体地区、具体时间、具体人群所最关注或最不满意的问题，以此推动作风改进和职能转变，着力整治“庸懒散木推”等不良风气，有利于提升基层党组织联系群众、服务群众的能力。

（五）大数据有助于反腐倡廉建设

大数据时代的第三个特征不是不再一味寻找因果关系，而是要发现事物之间的相关关系。把这种思维模式运用到党建工作中表现为，开启因果分析模式转变为关联性分析模式，通过大数据在线和共享，同步、自动、持续地获得党员干部的连续行为数据，改善传统调查方式工作流程，汇集权力相关行为记录的痕迹，由点成线，逐步描绘权力运行数据图景，借助相关数据的变化曲线，破解入股分红、证券买卖、特定关系人等新的受贿手段。大数据可以将党内监督从搜集烦琐的事件链中解放出来，便于及早发现或预测腐败问题，重拳出击、标本兼治，最大限度地减少腐败存量，遏制腐败增量。

四、“大数据党建”面临的挑战

大数据相关理论和技术在党建领域有着广阔的应用前景，由于大数据的复杂性、不确定性和涌现性，“大数据党建”的应用将面临各种挑战。

（一）技术瓶颈的挑战

与其他领域相比较，“大数据党建”技术的运用目前仍存在一些困难与挑战，主要体现在大数据挖掘的四个环节中，即数据收集、数据存储、数据处理和结果的可视化呈现。党建部门信息的相对独立性和其他行业的垄断性，使党建数据形成了“孤岛”，造成数据采集技术的缺失、数据处理能力的脆弱、数据使用的乏力。同时，随着党建信息化的发展，数据类型增加，数据规模壮大，传统的集中式仓储、数据仓库系统迫切需要向分布式处理转变。

（二）人才缺乏的挑战

就人才方面而言，“大数据党建”当前面临着人才数量短缺而又急需类型多样、综合性高端人才的挑战。从大数据中获取价值至少需要三类关键人才队伍：①进行大数据分析的资深分析型人才；②精通如何申请、使用大数据分析的管理者和分析家；③实现大数据的技术支持人才。此外，由于大数据涵盖内容广泛，所需的高端专业人才不仅包括程序员和数据库工程师，也包括数学和统计学家、社会网络学家及社会行为心理学家等。

（三）隐私和伦理道德的挑战

个人隐私保护是实现数据采集和分析的重要前提条件。由于大数据具有共享性，党内的部分重要事项存在着被泄密的危险。在海量的大数据中，个人信息也像是一组数据在洪流中被广泛传播，一旦在个人隐私保护方面出现问题，数据挖掘和分析则面临巨大的法律和道德压力。同样，“大数据党建”也将面临隐私保护和数据泄露的挑战。

“大数据党建”除了面临以上三方面挑战之外，还面临着其他一些挑战。诸如大数据意识、数据公开与共享、法律保障制度、数据的可信性等诸多方面的挑战。这些挑战，有些既涉及技术方面，也涉及政策制度方面，有些是关涉数据本身的，有些是当前急需应对解决的，有些从长远来看需要格外重视。

五、“大数据党建”的路径选择

“大数据党建”是一个渐进的过程，从数据库到数据集市，从结构化数据到非结构化数据，从传感器到云端，从局部可视到全范围感知，从数据抽样到全样本分析，从因果关系分析到相关关系分析，这些全新的技术和方法，不断提高人们的“需求实时感知”和“资源可视掌控”能力。

（一）构建科学合理的数据平台

数据的真实可靠是“大数据党建”的首要基础，数据基础层必须统一，要对党内基础信息数据加以整合，让相关数据在中间层和应用层进行对接，利用微博平台、微信平台、飞信平台、电子邮箱推送平台、新媒体教育平台、官网平台等，适时将数据进行共享式、互动式整合，有效突出大数据平台的便捷性、全能性与实用性。

（二）“一幅图”呈现

“大数据党建”始于数据采集，止于数据呈现，通过数据融合、图层叠加等技术，历经标识、定位、记录、采集、传输、挖掘、融合和应用与呈现的全过程。实现党的思想建设、组织建设、制度建设、作风建设和反腐倡廉建设等多源异构数据的全面采集、存储与分析，并通过可视化技术进行直观的呈现，构成基于大数据的党建时时态势图，可以使党建信息均衡分布和有效共享，提高信息主导的资源重组和优化能力。

（三）"个性化"服务

构建以基层党组织、党员和社会群众为中心的服务体系，通过数据挖掘和数据分析，对比历史记录的数据和信息，探寻特定相关性，分析心理状态和行为变化，实时效果追踪分析，深度洞察碎片化后重聚发现个性需求和价值，实现"需求实时可知"向"需求精确预测"转变，创新党建工作方式方法，突出亮点，打造特色，破解党建工作难题。

（四）"数据进行决策"

"大数据党建"重点在海量数据的计算技术和自动化支持工具上，识别党建工作运行发展趋势，分析现实状况，确定相应的因变量和自变量，不再完全依赖于传统意义上的主观判断、定性分析，而是依靠大量数据的归纳与整理，在复杂的动态环境中自动运行、量化分析，由数据生成保障方案。在此基础上找出规律，得出相应的结论，让"软件定义未来、数据进行决策"来指导党建工作，加快实现以数据为基础的决策模式。

当前，党建工作已进入大数据时代。尽管我们在数据挖掘、数据分析、数据保密等方面还存在这样或那样的问题，但机遇和挑战已经开始，我们不能回避，只能面对。只有充分地认识和掌握其中的基本规律，才能够更加合理地利用，才能够更好地发展"大数据党建"。

课题组组长：陈祥建　焦　伟
课题组成员：陈祥建　焦　伟　宫瑞秀　蔡志强　张　伟　焦　醒　吕　映

优化党员队伍结构　提升党员队伍质量研究

——以中国水产科学研究院党员队伍建设实践为例

中国水产科学研究院

党员是党的肌体的细胞和党的活动的主体，党员队伍建设是党的建设的基础工程。党的十八大指出，要以增强党性、提高素质为重点，加强和改进党员队伍教育管理，健全党员立足岗位创先争优长效机制，推动广大党员发挥先锋模范作用。习近平同志指出，党的先进性和纯洁性要靠千千万万党员的先进性和纯洁性来体现，党的执政使命要靠千千万万党员卓有成效的工作来完成。党要管党、从严治党，必须落实到党员队伍的管理中去。这也为新时期科研院所加强党员队伍建设提供了根本遵循和科学指导。

近年来，科研院所全面贯彻中央“控制总量、优化结构、提高质量、发挥作用”的总体要求，结合自身实际，先后深入开展党的群众路线教育实践活动、“三严三实”专题教育、“两学一做”学习教育，有效解决了党员队伍中存在的一些突出问题，在全面加强党员队伍建设方面做了一些工作，取得了一些成绩。但由于科研单位自身特点和外部形势的不断发展变化，科研院所在全面加强党的建设、优化党员队伍结构、提升党员队伍质量等方面仍然存在着许多问题。

一、中国水产科学研究院党员队伍建设和党员质量管理方面取得的成效及经验

党的十八大以来，特别是开展“两学一做”学习教育以来，中国水产科学研究院各级党组织深入贯彻习近平同志系列重要讲话精神，按照全面从严治党要求，加强和改进党员队伍教育管理和党员队伍建设，广大党员的精神面貌和先锋模范作用显著提升，为中国水产科学研究院改革发展和协调推进“四个全面”战略布局提供了重要保证。

（一）优化党员队伍结构，严把队伍质量

按照中央确定的“2013 ～ 2022 年全国党员数量年均净增 1.5% 左右”的目标，中国水产科学研究院即通过严把入口、控制总量来提高质量，又通过好中选优、提高质量来调控总量，努力实现质量与数量的有机统一。中国水产科学研究院在合理控制总量的前提下，积极吸收优秀的高学历人才加入党员队伍，2015 年，具有博士学历的党员占全体党员的 29.8%，较 2014 年增长了 1.2%；同年院机关发展的新党员全部为 35 岁以下党员，队伍结构得到进一步优化，更有活力和创造力。根据科研院所人员学历高、专业背景强、思想活跃等特点，严格把关入党积极分子质量，加强党性修养和思想教育。在“两学一做”学习教育期间，通过组织入党积极分子培训班、新党员培训班、考察谈话和落实“三会一课”制度等，加强入党积极分子和预备党员的思想教育，提高队伍质量。

（二）严格管理党员队伍，抓好关键少数

领导干部是党员队伍中的领头羊，要管好党员队伍，首先要抓好党员领导干部这个关键少数。在院系统内，一方面，认真贯彻落实全面从严治党的要求，坚持完善党员管理基本制度。以落实“三会一课”制度、民主生活会制度及领导干部民主生活会制度为重点，以中心组学习、“三严三实”专题教育和“两学一做”学习教育为载体，严格党员领导干部的党内政治生活，切实加强对党员领导干部的管理和监督，帮助党员领导干部真正把自己摆进去，发挥模范作用，树立先锋形象。另一方面，加强反面案例教育，通过有针对性、方向性和实效性的学习研讨，坚持把问题意识、问题导向贯彻始终，从自身找问题，聚焦问题查、对照问题改，警醒领导干部时刻紧绷严守中央八项规定和厉行节约反对浪费制度的廉政弦。

（三）加大党员教育力度，增强党性修养

中国水产科学研究院结合“两学一做”学习教育的开展，以加强党性教育、增强党性意识为核心，以学习《中国共产党章程》和习近平同志系列讲话为内容，坚持经常性教育与集中教育相结合，通过举办新党员培训班、党支部书记培训班、“两委”书记培训班，开展“百名书记讲党课、千名党员谈体会”等活动，培训党员300余人、党支部书记60余人，着力提高党员思想政治素质，取得一定成效。党员理想信念更加坚定，广大党员自觉把全心全意为我国渔业事业服务作为价值追求，强化服务意识，转变服务作风，在渔业科研一线基层涌现出许多先进事迹。

（四）创新基层组织建设，强化“战斗堡垒”

加强基层党组织建设，事关党执政基础的巩固、执政地位的加强和执政兴国伟大使命的完成。针对在前期调研和座谈中发现的党组织工作创新不够，活动吸引力不强，党建与科研结合不紧密等问题。中国水产科学研究院结合科研院所自身特点，努力创新党内生活方式方法。在院机关范围内，采取灵活多样的形式，进一步发挥媒体作用，充分利用手机和网络等现代通信工具，以及思想座谈会、交流论坛和QQ群、微信平台等有效载体，建立覆盖干部职工的现代化思想政治工作网络，将思想政治工作更好地融入科研活动中。院机关资源与环境研究中心支部结合业务工作，让支部活动深入一线基层，在“两学一做”学习教育中，组织跨支部跨单位联学活动，使支部党员提高了自己的党性修养、理论水平、科研能力与服务意识，取得了良好效果。

二、现阶段科研院所党员队伍建设和党员质量管理存在的主要问题

科研院所党员队伍的知识结构、专业背景、文化程度、思想特点和政治素质等诸多方面有自身的特点和规律，在从严治党要求的不断提高和外部形势不断发展变化的背景下，科研院所党员队伍建设和党员管理工作暴露出许多不容忽视的突出问题。主要表现在以下四个方面。

（一）一些党员思想不纯的问题依然存在

一是理想信念动摇。有的对共产主义心存怀疑，有的不信马列信鬼神，从封建迷信中寻找精神寄托，有的甚至向往西方社会制度和价值观，对社会主义前途命运丧失信心，有的理想信念模糊动摇，精神空虚迷茫。二是宗旨意识淡薄。有的党员从入党开始就没有树立为人民服务的思想，入党动机不纯。有的

党员意识淡化，存在在党不言党、不爱党、不护党、不为党的问题。有的党员存在宗旨意识淡薄，利己主义严重的问题，时时刻刻总想着拿评审费，不想着党员责任义务。三是道德品行失范。有的党员思想道德境界不高，出现道德滑坡、不守诚信等现象。有的甚至存在科研道德不端、不注意个人品德、贪图享受、奢侈浪费、知行脱节的问题。

（二）一些党员的精神状态和能力素质与党的先进性要求不相适应

一是安于现状、不思进取。有的党员精神不振，工作消极懈怠，工作不求过得硬、只求过得去，满足于守摊子、不出事，缺乏创新创优意识和不断进取精神。二是拈轻怕重、怕难畏难。有的在科研工作中力图走捷径，遇到困难能躲则躲、能推则推，缺乏担当意识和责任感，存在侥幸心理和畏难情绪。

（三）一些党员组织观念淡薄，纪律意识不强

一是不能自觉遵守党的政治纪律和政治规矩。具体表现为，在原则问题和大是大非面前立场摇摆、态度暧昧，甚至对党的重大路线和方针政策等重大政治问题公开发表反对言论。二是不愿接受党组织的教育管理监督。有的党员以科研工作忙等为由，不参加组织生活、不按时交纳党费、不做党组织分配的工作，游离于组织之外。在院系统的组织排查中，游离党员的情况仍然存在。近年来，中国水产科学研究院由于个别党员干部组织纪律涣散，总想在制度执行上搞例外、搞变通，发生了一些违反中央八项规定的问题，这些问题都是对纪律的严肃性认识不足、把讲规矩当儿戏的恶劣表现。

（四）少数党员不发挥先锋模范作用，甚至起负面作用

一是不能积极主动地维护党的权威，不能旗帜鲜明地坚持党的主张。个别党员对社会上一些不良思潮，以及有的党员干部在政治言论、政治行为上表现出的不良倾向，虽说不赞成、不附和，但也不主动站出来反对，缺乏爱党、忧党、兴党、护党的意识和行动。二是先锋意识不强，在工作、学习、科研和社会生活中不能发挥模范带头作用。在问卷调查中，23.4% 的群众认为身边党员发挥作用“一般”或“不好”。在调研中也发现部分党员不能够完成党组织分配的任务，甚至敷衍应付、逃避责任，起不到先锋模范作用。

三、原因分析

科研院所党员队伍存在的上述问题，综合分析主要受以下因素影响。

（一）外部环境的影响

当前，我国的科研工作正在发生着深刻变化，尤其是科研工作职业化、资源交流信息化、科研合作国际化、成果推广市场化的发展趋势对党员队伍产生了很大影响。

一是科研工作职业化的影响。随着科技给社会进步带来的巨大推动作用日益为公众所了解，科研工作作为一种职业，其光环日渐褪去。金字塔式的科研体制与项目申请机制，导致科研一线工作者的生存压力日益增大，科研职业也逐渐沦为谋生手段，进而逐渐影响了科研工作者的思想和行为方式，使科研院所党员干部把精力更多地投在科研工作中，而忽视了党性的修养与思想的进步。

二是资源交流信息化的影响。互联网已经成为思想文化信息的集散地和社会舆论的放大器，成为国内外各种力量激烈争夺的舆论阵地。敌对势力竭力利用互联网等新兴媒体对我国进行意识形态渗透，网上政治谣言、虚假信息、负面言论大量存在，而且传播快、范围广，对科研院所党员的思想意识、价值观念产生很大负面影响。

三是科研合作国际化的影响。随着改革开放的不断深入和科技合作国际化的快速发展，国家之间的科技交流与合作日益频繁，各种价值观念、思想文化、意识形态冲击扑面而来，不良思潮的渗透无时不在，对科技领域的党员带来的影响和冲击日益增大。

四是成果推广市场化的影响。随着科研成果转化政策改革，市场逐渐发挥其主导作用，社会主义市场经济体制的建立和完善，促进了经济结构、社会结构、就业方式、分配方式和组织形式的深刻变化和日趋多样，这不仅使科研院所在成果推广环节与市场结合更紧密，而且影响了科研工作者的思想和行为方式。市场化的逐利性、等价交换等原则对科研院所党员的宗旨意识、奉献精神造成不利影响，致使一些党员把商品交换原则带到政治生活之中，把入党、在党作为谋取私利的工具。

（二）组织管理失之于宽、失之于软、失之于松

组织管理是实现党员队伍建设目标的根本手段，也是发挥党的组织优势的根本举措。管理不严，必然影响党组织功能的实现和党员作用的发挥，甚至有成为一盘散沙的危险。当前，组织管理不严的主要表征如以下几方面。

一是思想认识上“不屑管”。调研中发现，有的党组织书记思想上不重视，

没有充分认识到党员队伍的作用地位和价值意义，只抓领导干部这个“关键少数”，不顾普通党员这些“细枝末节”，认为党员队伍管得好不会出多大成绩、管不好不会出多大问题。有的科研院所书记同时兼任副所长或同时承担科研工作，在工作中只管业务，不管思想。

二是工作职责上“不去管”。有的基层党组织没有严格落实党章赋予的基本任务，放松甚至放弃对党员的管理，缺失主体责任，实行“无为而治”。在对某院属单位督查时发现，在“两学一做”学习教育开展前，54%的基层党支部“三会一课”制度没有严格落实。

三是工作方法上“不常管”。有的党组织管理党员奉行“功利主义”“实用主义”思想，想起来才管，有需要才管，提要求才管，出问题才管，管一阵放一阵、严一阵松一阵，没有管在平常、严在经常。

四是执行制度上“不真管”。党章和党内有关法规规定了党的组织生活、党员定期向党组织汇报思想和工作、党员交纳党费、民主评议党员、转移党员组织关系、党籍管理等基本制度，这些制度本来是管理党员的“铁皮板子”，到一些基层党组织却成了“鸡毛掸子”，不会用制度管人、不敢让制度较真。

（三）党性教育缺乏针对性、有效性

加强和改进党员队伍教育管理，必须以增强党性、提高素质为重点；增强党性、提高素质，必须以教育为前提。当前，党性教育存在的不足如下。一是对焦不准。一些院属单位抓党性教育，没有扣住党员理想信念这个“总开关”，不能有效解决党员思想认识上的问题，有的就教育抓教育，只是完成计划，不顾目的效果，有的重形式、轻内容，只求花样翻新，不管精神实质。调研中有的研究所书记谈到，前些年在党员教育上确实抓得有些松了、走得有些偏了，光想着怎么出科研成果，没想着怎么使党员教育入脑走心。二是贴合不紧。一些研究所的党性教育不能贴近党员思想实际，要么千人一面、千篇一律，要么内容枯燥、空洞说教，不能贴近科研一线党组织工作实际，要么一个模式、一贯到底，要么只栽“盆景”、荒废“花园”，不能贴近科研工作实际。调研中，一些党员在座谈会上反映，“两学一做”之前，普通党员参加培训的机会很少，而文件传达和说教几乎成为党员受教育的唯一形式。

（四）党员教育管理方式方法缺乏创新和活力

面对新的环境和条件，一些院属单位党组织存在“老办法不管用，新办法不会用”的问题，工作理念和方法滞后于实践需要。一是组织生活内容单一、形

式单调。组织生活没有紧密联系党员思想工作实际，不能满足不同层次、不同类别党员的个性化需求，甚至存在不分层次、不分行业、不讲对象，搞“一刀切”“一锅煮”的现象，对党员缺乏吸引力。二是利用信息化手段开展党员教育管理主动性不强。问卷调查显示，“两学一做”前，仅有 20.74% 的党员选择所在基层党组织“通过网络和手机开展教育”；32.17% 的党员认为当前党组织和党务工作者利用新兴媒体开展党员教育的意识“一般”或“较弱”。52.37% 的党员选择有些党组织没有运用新兴媒体开展工作。只有 3 个院属单位党组织创办了“党务微信公众号”。三是制度不完备、不配套。党员队伍建设方面的制度，系统性还不强，刚性不足；不少是应急性的，而不是制度性的；有的该修订的没有及时修订，许多方面缺乏统一的法规性规范。

四、对策建议

落实全面从严治党要求，加强党员队伍建设，最根本的是靠严密的制度规范和有序有效的运行机制。要深入学习贯彻习近平同志系列重要讲话精神，坚持思想建党与制度治党相结合，建立健全以教育培训为先导，以落实权利为基础，以发挥作用为关键，严把入口、严格管理、疏通出口等配套完备、衔接贯通的制度链条，以刚性的制度机制推动建设信念坚定、素质优良、纪律严明、作用突出的科研院所党员队伍，永葆党的先进性和纯洁性。

（一）健全完善教育培训机制

党员教育是党的建设的基础工作和长期任务。坚持党内集中性教育和党员经常性教育相结合，以增强党性、提高素质为重点，将理想信念教育和能力建设贯穿始终，开展党员教育培训，全面提高党员队伍素质能力。科研院所应立足现状，结合实际，适时开展集中性党内教育培训，解决思想、组织、作风方面存在的突出问题；认真贯彻落实“两学一做”学习教育，严格执行“三会一课”制度，加强理论教育、党性教育、道德教育、法治教育、知识教育和技能训练。例如，结合“两学一做”学习教育，制定任务表，明确各项工作及开展时间，各支部结合本支部特点制订学习计划，通过经常性的组织生活会和学习讨论、党课、培训等多种形式，引导党员认真学习党章党规党纪，认真学习习近平同志系列重要讲话，进一步强化理论武装，强化党员意识，补精神之“钙”、培思想之“元”。规范党员教育组织形式，健全党员主题教育、典型教育、集体学习和党员教育培训学时等制度。加强学风建设，建立党员学习登记、培训考勤制度和党员教育培训考核评估机制。充分运用手机、互联网等大众传媒和大数据、“互联网+”等新应用，建设党员移动客户端等信息化平台，完善宣传、学习、管理、互动、服务等功能。

（二）健全完善管理监督机制

严格党员日常管理监督，是保持党员队伍先进性和纯洁性的根本之举。坚持严在经常、管在平时、落在细节，严肃认真开展组织生活，强化党员日常监督，规范党员组织关系管理，把从严从实贯穿到党员管理的全过程。规范“三会一课”、组织生活会制度的内容、时间和组织实施，例如，每月相对固定一天作为党员活动日，确保党支部做到每月至少开展1次党的活动，每次活动都有实质性内容，增强组织生活的政治性、原则性、战斗性。实行组织关系一方隶属、参加多重组织生活的办法，加强流动党员组织生活管理。着眼抓早抓小抓预防，实行党员纪实管理，据实记载并定期公开党员参加组织生活、遵章守纪、交纳党费、发挥作用等情况。定期排查落实党员组织关系，改进党员组织关系接转方式，确保每名党员都纳入党组织的有效管理。

（三）健全完善激励关怀机制

面向科研院所全体党员，突出重点群体和特殊群体，通过思想上关心、精神上激励、物质上帮扶，进一步增强党员的身份认同感和组织归属感，使广大党员既有义务、有责任、有奉献，又有权利、有温暖、有荣誉。一是建立健全激励制度。及时发现、表彰、宣传科研一线党组织和党员的先进典型，推进党内表彰工作的制度化、规范化。二是建立健全关怀制度。注重加强人文关怀和心理疏导，建立支部班子成员与党员定期谈心谈话、定期分析党员思想状况制度，探索建立党员患病住院、家庭成员去世、家庭受灾或发生意外、生活遇到重大困难、有较大思想波动时的“五必访”制度，建立为党员过“政治生日”制度。三是建立健全党内帮扶制度。健全困难党员生活补助机制。

（四）健全完善能进能出机制

紧紧围绕提高质量、优化结构这一核心，严把入口与疏通出口并重，增强党员队伍生机活力。落实中央调控总量部署要求，促使党员队伍分布均衡。针对科研院所党员队伍学历较高的特点，牢固树立质量第一的核心理念，严格执行发展党员工作细则，坚持党员政治标准，认真履行程序，确保新发展党员政治合格。健全和落实民主评议党员制度，按照党员自评、党员互评、民主测评、组织评定程序，对党员综合表现进行评议，对评定优秀等次的进行表彰表扬，对不合格的予以组织处置。建立健全日常发现及时处置与民主评议集中处置相结合的处置不合格党员专项制度、纯洁组织，健康肌体。加强党员党籍管理，对出国交流访学党员、出国定居党员、考评不合格党员和要求退党党员的管理方式和处置措施作出明确规范，形成疏通党员出口的系列制度。

课题组成员：柳　正　李著伟　潘　洋　李祎瑶

基层科研院所党建工作新机制探索

中国医学科学院医药生物技术研究所

★ ★ ★

全面提高党建科学化水平，是党的十八大对党建工作提出的总要求和总部署。对于科研院所，积极落实全面从严治党、依法提升院所治理能力、深化科教改革、推动科教创新事业发展，是党和人民赋予的重要使命和任务。提高党建科学化水平，抓好党建工作是关键。在党的建设这个系统化工程中，党建工作机制处于十分重要的地位。

机制，泛指一个工作系统的组织或部分之间的相互作用的过程和方式。党建工作机制，是指党建工作相关领域之间的相互关系及其工作原理，主要分为运行机制和保障机制。就科研院所而言，党建工作机制主要涉及党的自身建设各个领域之间、党建工作与科教业务工作之间、党建工作与管理工作之间、党建工作与人才培养之间、党建工作与统战工作之间、党建工作与群团工作之间等的关系及其相互工作原理。

完善有效的党建工作机制，是加强党的建设、提高党建科学化水平的重要基础和保障。第一，党建工作机制，是加强党的建设、严肃规范党内政治生活、保持党的先进性和纯洁性的重要保证；第二，党建工作机制，是构建党建工作相关领域之间相互支持、相互配合关系并使之良好运行、使党的目标任务得到落实、取得实效的桥梁和纽带，是促进党建工作与业务工作有效融合的助推器；第三，创新党建工作机制，是加强党建工作规范化、制度化、系统化、常态化建设和落实党建工作责任制的客观需要；第四，创新党建工作机制，有助于加强基层党支部建设，有助于进一步增强党支部的创造力、凝聚力、战斗力，有助于充分发挥党支部的战斗堡垒作用；第五，完善的党建工作机制，有助于推动院所治理能力建设和培养合格称职的党员干部队伍，有助于促进院所各项事业创新发展。

本课题组在对党建工作机制的概念及内涵进行理论研究界定的基础上，通过相关管理统计数据分析、会议研讨、个别访谈、工作总结交流等多种形式，对中国医学科学院下属 20 多家科研院所党建工作的基本情况，包括党员人数和结构情况、党建工作与业务工作的融合情况、党外高级分子的数量及参与党建活动的情况、学生党员的数量和学生党支部的组建模式，以及学生党员参加党建活动的情况、基层党支部开展活动的情况、党务干部队伍建设情况、党组织领导统战和群团组织活动情况等，进行了深入调研和分析。同时，查阅大量关于党建工作机制研究的文章论述，梳理归纳研究，凝练出当前基层科研院所党建工作机制现状和存在的不足，提出探索基层科研院所党建工作新机制的理念、建议和具体措施。

一、基层科研院所党建工作机制现状和存在不足

近年来，科研院所普遍十分重视党建工作，在党建工作机制方面做了许多有益的研究和探索，取得了显著成绩。党建工作在科技创新和人才培养及依法提升院所治理能力等事业发展中，发挥着重要的保驾护航作用。党建工作与业务工作之间的融合逐步加强，二者同计划、同部署、同落实、同检查和同考核的制度逐步完善；党建工作的理论性、针对性和时效性逐步增强，党建课题研究逐步深化，党课制度逐步健全；党管人才得到有效落实，党务干部队伍建设逐步加强；党建工作考核评议机制逐步完善；党建工作在提高党员干部职工及研究生政治思想素质方面发挥了显著作用。

但是面对全面从严治党和深化科技体制改革、加强院所治理能力建设、围绕创新发展大局、以党建促进各方面事业发展等新形势、新任务和新要求，科研院所在党建工作机制建设方面还存在问题和不足。

（一）党建工作与业务工作之间的有效融合应进一步加强

近年来，科研院所不断加强党建工作，取得了令人瞩目成绩，但总体上，党建工作与业务工作的融合度还不够深入、有效。在创新党建工作机制方面，结合科研院所实际，与时俱进、创造性开展工作不够，党建工作缺乏创新性、实效性和特色性，存在形式化、单一化、程式化现象，部署党建工作习惯于按部就班和照抄照搬，欠缺结合党员干部政治思想状况和围绕业务中心工作需要，主动开展

党建工作的意识，存在浮、浅、虚等现象，党建工作与业务工作“两张皮”现象仍然存在。

首先，科研人员的高学历、留学背景和对外交流常态化等特点，使得他们有较多机会接触到西方各种社会思想思潮和多元化价值观内容；而研究生群体思想活跃、思维单纯、自我意识较强，面对自媒体时代带来的信息爆炸，更容易受到各种社会思想思潮和多元价值观的冲击与挑战。这种特殊环境很容易造成院所干部职工及研究生思想认识和价值观的混乱。面对这种情况，传统的、单一的党建工作机制和模式及方法，越来越不适应新形势、新任务带来的新要求。它要求提升党建工作的理论水平，针对政治思想和意识形态复杂问题，开展具有理论深度的学习研究。这是当前党建工作机制建设中的短板。

其次，随着全面深化科技改革和全面依法治国的推进，全面提升科研院所治理能力现代化建设，也成为院所事业发展中的重要内容。科研院所在推进事业发展过程中，必须处理好创新发展与规范管理的关系，严格执行干部职工廉洁从业、科研诚信、人事财务资产管理及绩效考核等各项管理制度，依法依规治院所，提升院所综合治理能力。在这方面，党建工作必须与业务工作进行深度有效的融合，以党建工作促进业务和管理工作，将依法依规治院所工作落到实处。这也是当前党建工作机制建设中应进一步加强的问题。

（二）党建工作考核机制有待进一步完善

科研院所是科技融合的事业单位，承担着繁重的科技创新和人才培养任务，一般都有较为完善的业务和管理绩效考核制度，且直接与激励和奖惩制度挂钩。而党建工作尚未形成规范、完善、长效的考核机制，现有的党建工作评议考核存在许多缺陷和不足，如与业务工作绩效考核结合不紧密；评议考核呈现表面化、形式化和过场化；考核机制缺乏创新性；考核内容缺乏全面性；考核形式缺乏科学性；考核结果缺乏权威性；考核结果运用缺乏针对性、有效性和规范性，且与激励约束机制之间缺乏必要的关联性。党建工作评议考核对于提高党建工作科学化水平、加强基层党支部建设、规范党员队伍管理，以及推动业务工作创新发展的助推器作用尚未得到有效发挥。

（三）党务干部队伍建设亟须加强，部分党务干部理论素养和管理能力有待进一步提升

目前，在基层科研院所党务干部中，相当部分所院级党委负责人同时兼任科研或行政领导职务，还有极个别党委负责人同时身兼党务、行政和科研三项职

务。虽然领导干部交叉任职，从形式上有助于解决党建工作与业务工作的融合问题，但实践中，繁重的业务和行政工作使这些干部难以很好地兼顾党建工作，在提高党的专业理论素养、思考党建工作重大问题方面，更显得力不从心。在党务职能部门专职干部中，虽然普遍具有本科以上学历，但总体上具有党建工作经验和科研与管理经验的复合型人才较少。由于人员编制少、工作任务重，这些专职党务干部的党的理论素养和党务管理能力提升速度缓慢，能够主动开展党建工作理论研究、进行工作机制和制度方法创新的人员队伍很薄弱。目前，基层党支部书记和支委几乎全部是科研或管理干部兼任。面临繁重的业务工作和绩效考核压力，他们中的多数人能够组织支部党员圆满完成上级布置的各项任务，基层党支部的战斗堡垒作用得到一定程度发挥。但也有部分人员缺乏必要的党建理论素养和党务管理工作能力，从事党建工作的积极性不高。还有的院所科研骨干和中层干部不愿意兼任支部书记和支委，只能由年轻干部兼任，但年轻干部党的理论修养和综合协调管理能力较弱，也影响到党支部工作的实效。党支部活动流于形式和表面化，主动性、针对性、创新性和实效性都存在不足。因此，加强党务干部队伍建设是当务之急。

（四）党建工作与干部培养和管理紧密结合机制有待进一步完善

第一，部分科研院所专职党务干部的学历和职称低于业务与管理干部，导致在职称评定、职务晋升和职级待遇等方面受到限制而工作积极性不高；一些具有高学历、高职称的业务和管理骨干也不愿转岗专职从事党务工作。第二，由于党支部书记和支委都是兼职，没有与现行干部培养和管理制度相结合，也没有与个人晋升和待遇挂钩。这些人员必须在完成本职工作并绩效考核合格与完成党支部工作之间兼顾和平衡。多数兼职干部能够较好地完成党支部的工作和任务，但其中应付性、功利性、形式性问题也很严重，在创新基层党支部活动、充分发挥党支部的战斗堡垒作用方面存在许多不足。第三，在党支部书记的选配上，存在只是支部党员范围内投票推选、缺乏综合素质和能力的考察等问题。这样推选出的支部书记，多数是好的，但也有个别人表现出政治思想理论素质欠缺、组织管理和协调能力较弱、在组织支部开展活动中力不从心等现象。

（五）研究生党建工作机制存在不足，党建与研究生思想政治工作结合机制有待进一步加强

近年来，科研院所在改进研究生党建和思想政治工作薄弱环节、加强研究生党建工作方面进行了许多有益探索，但在工作机制方面仍存在不足。例如，对于学生党员的管理模式，一种是成立专门研究生党支部，由专门负责学生管理工

作的老师或辅导员兼任党支部书记。这种模式的优点是可以针对学生特点组织活动，不足是与研究所的实际业务工作和人群管理工作相分离，学生不能很有效地融入科研单位的整体党建工作，同时受限于管理老师或辅导员的个人政治理论素养和管理能力及工作态度；另一种是将学生党员按专业分配到各个在职党支部。这种模式的优点是可以使学生很好地融入科研和管理工作中，且可以从在职党员身上学到很多做人、做事的知识，拓宽思维和社会生活阅历，有利于学生的后续职业规划发展，不足是在职党支部针对学生政治思想状况和特点的党建活动不够鲜明，学生党员的组织生活规律性不强。除学生党员管理外，加强非党员学生的思想政治工作也是科研院所党建工作的重要任务，但部分院所党建工作与研究生思想政治工作相脱节、研究生思想政治工作相对薄弱，落实党委、管理部门、辅导员和导师的研究生思想政治教育责任不够到位。

（六）党建工作对统战和群团工作的领导机制应进一步完善

在科研院所在职职工中，民主党派和其他党外高级知识分子占有相当大的比例，其中多数为科研和管理业务骨干。在针对党员干部开展学习教育活动时，这部分党外科研和管理骨干就游离于教育活动之外。加之日常科研和管理工作任务繁重，党外科研管理干部与党务干部在工作中很容易出现思想认识差异和工作相互配合度不够，甚至产生矛盾冲突问题。如何充分调动党外科研管理骨干理解、支持和参与党建活动，成为科研院所党建工作的重点和难点。

党建工作的一个重要任务就是领导工会和共青团等群团组织，发挥群团组织作为党联系群众的桥梁和纽带作用，宣传党的方针政策，让党外职工群众了解党的活动和主张，支持党的工作，团结在党组织周围，共同促进事业发展。实践中，部分院所工会和共青团工作与党建工作之间缺乏有效的关联机制，甚至存在严重脱节、各自为政的现象。

二、基层科研院所党建工作新机制探索

（一）树立党建工作大格局理念，探索科学的党建工作新机制

科研院所应根据自身行业领域和人员结构特点，围绕事业发展中心工作，针对面临的问题和不足，树立党建工作大格局理念，积极拓展党建工作的内涵与外延，促进党建工作相关领域之间的相互支持和配合，加强党建工作与业务工作的深度融合，深入探索党建工作新机制；理清党建工作机制涉及的各种关系，建构这些关系之间的有效协同运行机制和工作原理，科学设计党建工作的

框架模式、目标任务和内容要求，完善相关保障制度和方法措施，化“虚”为“实”。比如，创新党的自身组织建设机制、干部队伍建设机制、党建与业务工作的融合机制、党对统战和群团工作的领导机制、研究生党建与思想政治工作机制等。

（二）探索和构建党建工作与业务工作深度融合新机制

科学完善有效的工作机制，是促进科研院所党建工作和业务工作相互支持相互促进的前提和保障。第一，切实落实党建工作责任制。强化党建工作是目标同向、党政同责的重要工作理念，将党建工作与业务工作同计划、同落实、同检查、同考核，将党建工作融入业务工作、渗入管理工作，加强党政领导班子建设，健全科学民主决策制度，并且将责任层层分解落实到每个党员干部，形成长效机制，真正避免“两张皮”现象，充分发挥党组织在事业发展中的政治核心作用。第二，完善党建工作评议考核机制。将党建工作评议考核与干部业务工作绩效考核有机结合，设置不同于普通职工的党员干部特殊评议考核表，增加党建工作完成情况。建立和完善评议考核制度，科学量化评议考核指标，强调与业务考核有机结合，但应避免简单形式化做法，如将科研管理绩效考核办法与党建工作考核办法进行简单形式上的合并或者文字交叉。加强党建工作评议考核结果的有效运用，与干部选拔、培养、使用和奖惩紧密结合。第三，提升党建课题研究的理论水平，增强党课内容学习和专题学习教育活动的针对性、实效性和特色性，突出以问题为导向，围绕当前热点、难点、焦点等理论认识问题和院所事业发展重大问题，开展理论研究和党课学习，有的放矢，避免空谈，使党员干部真正提高政治思想理论素养和对大是大非问题的认识与判断能力，促进院所各项事业发展。

（三）积极探索基层党支部建设新机制

基层党支部是科研院所党的全部工作和战斗力的基础，党支部建设模式是否科学、工作机制是否健全有效，决定着党建工作的实效和质量。这是充分发挥党支部战斗堡垒作用，提升党建工作科学化水平的关键。第一，构建和创新党支部工作机制，应围绕科研与管理中心工作，加强“三型”党支部建设。加强工作的规范化和制度化建设，提高工作的针对性和实效性。第二，科学设置党支部的组建模式，以有利于学科协同创新与发展、有利于促进相互之间的工作支持与配合、有利于以强带弱共同提高党建工作实效和党员政治思想素质为出发点和落脚点。要逐步改变目前主要还是以行政机构建制和党员人数为考量设置党支部的模式，逐步探索以科研项目和学科建设协同创新及以业务合作为基础设置党支部的模式。第三，创新党支部工作方式方法，加强规范化、制度化和程序化建设。以开展专题学习教育活动为抓手，提升系统性、理论性学习思维和学习效果，主动应对和化解自媒体和信息爆炸时代带来的诸多挑战和复杂问题，正确和充分利用新媒体、新方式开展多种形式的党建活动，扩大党建活动的影响力。

（四）创新完善党务干部选拔培养机制

做好党建工作，关键在于有一支高素质、忠诚、勇于担当的党务干部队伍。科研院所要根据自身实际，在党务干部的选拔、培养和使用等方面进行机制创新。第一，树立党务工作与科研和管理工作同等重要的观念，提升党建工作是一门专业性、理论性很强工作的认识，保证党务专职干部在培养、晋升、职级等方面的待遇，提高他们从事专职党务工作的积极性。第二，在推行领导干部交叉任职方面，要结合院所和干部实际，避免“一刀切”，同时科学划分党政班子成员的职责。第三，提高党务专职干部的学历层次，把住入口，加强其党建理论知识培训和党务管理工作实践锻炼，从根本上提升党务专职干部的理论素养和管理能力，使他们成为精通党务管理和思想政治工作、又熟悉业务和管理工作的复合型人才。第四，将党支部书记和支委的选任和培养，与培养选拔后备干部结合起来，完善人才培养的入口和出口，提升兼职党务干部的基本素质，努力把党性强、理论水平高、组织协调能力强、具有创新改革和管理服务综合意识的复合型党员骨干选拔到支部书记和支委岗位，把党务工作经历作为培养人才的重要考量内容。

（五）加强研究生党建及对研究生思想政治工作领导的新机制建设

研究生党建工作是科研院所党建工作的重要组成部分，是研究生思想政治工作的核心，科研院所要着力加强党建工作和研究生思想政治工作的有机融合，构建研究生党建与思想政治工作的大思政协同新机制。根据科研院所的实际，我们认为将学生党员分布于各个在职党支部的模式，较利于发挥党组织在研究生思想政治教育工作中的作用，也利于学生党员的培养和教育。第一，院所党委成立专门研究生党建与思政工作办公室，由党委统一领导，党政齐抓共管。制订研究生党建和思政工作计划，科学设计适合学生思想、心智和身体特点的活动，将该项工作纳入党委和教育管理工作考核范畴。第二，学生党员以所在党支部为单位，成立学生党小组，参加研究生党建与思政工作专题教育活动，充分发挥党员的模范带头作用。第三，加强党委对团学组织的领导，以党建工作带动共青团和研究生会等团学组织工作，将入党积极分子和青年团员学生紧紧团结在党组织的周围。第四，切实落实研究生党建与思政工作责任制。明确党委、教育管理部门、研究生导师、党支部和辅导员等对研究生思想政治教育共同承担责任，并在各个责任主体之间形成相互配合、相互支持的协同工作机制。

（六）构建党建工作对统战和群团工作的领导新机制

针对党外科研骨干和管理干部多、研究生数量多等特点，科研院所要着力加强党委对统战和工会、共青团工作的领导，将党建工作与这些工作有机结合，以党建带统战、促工建、促团建，这是提升院所党建工作科学化水平、增强党组织感召力和影响力、推动院所事业发展不可忽视的重要内容。第一，加强党委对统战工作和工会、共青团工作的领导，从政治思想意识上，强化党在统战工作、工会工作和共青团工作中的领导核心地位，将党建工作内容潜移默化地融入各项工作，着重提高党外科研管理骨干、职工和学生的思想政治素质、价值观和勤勉奉献担当守法等意识。第二，强化党管人才理念，对于党建重要活动，如党课学习、专题学习、党风廉政建设警示教育、爱国主义教育、历史文化教育，及习近平同志系列重要讲话和中央大政方针学习等，要多吸收党外科研和管理骨干参加，及时将党中央的精神和活动部署进行传达，统一思想，提高认识，凝聚和巩固共同思想政治基础。第三，加强对党外科研和管理骨干、工会和共青团干部的政治思想理论学习和培训，提高他们的政治思想觉悟和综合素质。

课题组组长：贾淑英
课题组成员：孙　波　徐宝义　郝雪秦　李　晨　于　滨

完善科研院所党支部党建工作考评机制研究

——以中国医学科学院京内科研院所党支部为例

中国医学科学院

★ ★ ★

一、课题背景与研究现状

（一）选题背景和意义

1. 选题背景

习近平同志指出，“机关党的建设是党的建设新的伟大工程的重要组成部分”“要把机关党建工作摆在重要位置，认真落实党建工作责任制，做到认识到位、措施到位、保障到位，在新的起点上进一步提高中直机关党建工作水平”。建立完善机关党建工作考评机制，是深入贯彻中央关于全面从严治党、加强党建工作部署要求，有效解决党建任务难以落实问题的关键环节。强化机关党建工作责任制考核评价，是督促落实党建工作各项任务的重要环节，是强化党建工作管理的有效抓手，对推动机关党建工作科学化、制度化、规范化具有重要作用。

在社会形态中，科研院所作为国家的重要机构，在国家的科教研方面发挥着带头和模范作用。党建工作考评机制作为科研院所党建工作的指挥棒和风向标，是加强和推动科研院所党建工作的关键环节。完善科研院所党建工作考评机制，是加强党的思想、组织、作风和制度建设的重中之重，是全面提升党建工作质量的重要保证，是促进科研院所又快又好发展的重要选择，是保持党组织和党员队伍先进性的内在要求。

科研院所的党支部党建工作考评机制也越来越重要。自开展基层党委考评的实践以来，考评由外向内、由表及里、步步推进，有效调动了各级党组织的工作积极性、主动性和创造性，实现了规范管理、激发活力、提升水平、助推发展的目的。党建工作考核机制日益规范，实现了由“弹性”向“刚性”转变。但是，随着社会主义市场经济体制的完善和党的建设纵深推进，科研院所党建工作考评机制办法存在的薄弱环节越来越突出，基层党支部的考评机制不完善、某种程度上流于形式，引导党建力度不足，没有很好发挥以考评促党建的作用，创新性和规范化不足影响制度发挥落实的问题亟待改进和完善。由此，课题组对中国医学科学院（简称医科院）党支部的考评机制进行研究，以求通过建立科学的党建工作考评机制，促进党支部工作，提升党支部党建工作科学化水平。

2. 选题意义

党中央历来重视基层组织建设，多次强调：“党的基层组织是党全部工作和战斗力的基础，是落实党的路线方针政策和各项工作任务的战斗堡垒。”全面建成小康社会，实现中华民族伟大复兴的中国梦，关键在党，重点在基层。传统的党建工作较为务虚，容易流于形式，当前党建考核评价的工作仍在探索研究中，此次研究为了更进一步深入探索考评的理念、内容和方法，从而切实改变其重形式、轻实绩的局面。因此，对基层党建考评工作的理论分析和实证研究，具有很强的理论和现实意义。

一是完善科研院所党支部党建工作的考评机制研究，是落实党建工作责任制、加强党组织自身建设的现实要求；二是完善科研院所党支部党建工作的考评机制研究，是深入落实党中央“两学一做”学习教育的科学内涵和实践要求的有效载体；三是完善科研院所党支部党建工作的考评机制研究，是党建工作创新和发展的需要；四是完善科研院所党支部党建工作的考评机制研究，是促进科研院所业务工作的保障和支撑。

（二）研究现状

在国内外关于考核评估的研究中，政府绩效评估是重要组成部分。政府绩效评估最早兴起于美国，涉及政府管理和活动的各个方面，并随着欧美发达国家行政体制的改革和发展逐步得到完善。目前，以效率政府、人民至上、追求公共责任为核心的政府绩效评估理论，正在以系统、成熟、具体、多样的功能影响着世界各国的政府体制改革进程。

我国的政府绩效评估在20世纪90年代中期得到快速发展，在借鉴国外研究成果和改革实践的基础上，不断完善和发展了国内政府绩效评估的理论，并开展了形式多样、各具特色的地方政府绩效评估活动。比较有代表性的有目标责任制、群众满意测评、行政效能评估、科学发展考核等地方政府绩效评估模式。

目前，我国的政府绩效考核评估备受关注和认可，相关的研究和实践也呈现雨后春笋之势，一时之间是百家争鸣、百花齐放。党的建设是政府绩效考核的重要内容，加强党的建设是保持党和政府为民务实清廉的动力源泉和根本所在。

我们党一直把批评与自我批评作为解决党内矛盾、改进作风的重要法宝和有力武器，这本身就体现着考核评价的理念。由于我们党发展的历史渊源，关于基层党建考核评价工作的研究最早借鉴于苏联。研究的内容和范围主要集中在两个方面，一个是组织建设，另一个是党内建设。1992年，邓小平同志提出了党的建设总目标和总任务，以党的建设目标责任制为基础的基层党建工作考核评价得到快速起步和有力发展。

全国各地对基层党建考核评价工作的探索也是方兴未艾，在考评指标设置、现实路径选择等方面都付诸了具体实践，工作的力度很大，发展的态势良好，取得的成效渐显。

唐亦勤在《党建评价工作初探》一文中提出："党建评价工作应该坚持综合评价与重点评价相结合的原则，坚持重在教育的原则，坚持自身评价、群众评价与领导评价相结合的原则，坚持可操作性原则。党建工作评价标准要注重效能标准、职责标准、素质标准，这三个标准是主要的、基本的，在每一个具体的评价标准中，三个组成部分并非并重，要根据不同时期的不同要求有所侧重。"

谢晶莹在《构建基层党建工作考评机制的理性探析》一文中，对构建基层党建工作考评机制的路径选择进行了系统分析，强调"拓展考核评价主体，体现考核评价的全面性；优化考核评价指标，体现考核评价的公正性；改进考评方式方法，体现考核评价的真实性；严格考评结果运用，确保各项目标任务落到实处"。

朱联平在《基层党建开放式评价体系的构建模式与分析》一文中指出："基层党建开放式评价体系的实质就是让民众分享和制约基层党组织的权力，让社会和人民来考核、评判党的执政绩效，形成纠错监督机制，实现真正有效的科学执政、民主执政。"基层党建开放式评价体系的构建模式，坚持敞开大门，让社会参与，让群众监督，有效拓展基层党建工作的活动空间，为基层党组织建设注入新的生机活力，可以有效防止基层党建工作重形式轻效果的问题。

牛余庆、王建政在《关于建立科学的党建工作绩效考核评价体系的思考》一文中指出："要统一考核评价体系的价值取向，增强考核评价的导向作用；要提高考核评价体系的科学性，增强考核评价的认同度；要完善考核评价体系的运行程序，增强考核评价的有序性；要强化考核评价体系的严肃性，增强考核评价的权威性。"

吴茂朝在《健全完善基层党建工作考核评价机制的若干思考》一文中指出："基于科学发展观的党建考评体系，要坚持全面、科学的原则，以工作实绩为核心，合理设置内容，以量化考核为手段，分类实施考核，以提高党建工作水平为目标，注重奖惩结合。"

这些文章通过研究基层党建工作各个层面的问题，尝试构建基层党建考评体系的基本结构，对本文的研究提供了有益借鉴和启示。同时，国内各地也对基层党建工作的考核评价不断地进行着探索与尝试。

酒泉市着眼于充分调动"第一责任人"责任，始终把基层党建工作落实作为重中之重，将"一把手"抓党建情况纳入党组织书记述职评议，推行市县乡三级党组织书记双述、双评、双考制度，辅以考核、评价、点评等配套制度，进一步完善基层党建责任落实机制，有效推动了领导资源和社会资源向基层党建倾斜。

孝感市创新基层党建工作综合考评形式，通过实施过程管理，动态掌握各地各单位工作项目进展情况并及时作出评价；通过开展专项督办考评，抓好阶段工作重点落实；通过组织开展年度集中考评，全面了解掌握各地工作落实效果，提高了考评工作的真实性、准确性、导向性。

黄石市在开展年度集中考评的基础上，从"全程纪实考评、专项督办考评、社会调查考评"三个方面实行过程考评，提高了考评工作的真实性、准确性和导向性。

上海市长宁区引入和运作基层党建开放式评价体系，以创新的理念、方法和机制，探索建立"一总多型"实践模式，"一总"是"凝聚力工程"，"多型"代表多元的党建工作特色，通过党建工作的组织设置方式、管理体制、运行机制、活动方式、资源配置模式等整合效应，创新党在基层社会的领导方式、组织方式和工作方式，初步形成开放式的大党建格局。

长沙市积极探索构建体现科学发展观要求的基层党建工作考评机制，以绩效考核为总揽，以落实责任为关键，以分类指导为方法，以强化保障为基础，精心设计考核评价指标体系，从而使考评工作更具科学性、实效性，有力凸显了基层党建工作服务大局、促进发展的作用。

目前，很多考评机制仅仅处于研讨、试行、改进阶段，在理论和实践两方面都有着诸多不相适应的局限和不足。考核评价机制落实不理想、不到位，考核评价指标缺乏针对性、系统性，基层党建工作难以实现全面发展、均衡发展。

综上所述，基层党建考评工作的理论和实践得到快速发展，初步形成了一些相对科学规范、衔接配套的考核评价理论和方法。应该说，学术界从不同的视角进行了研究分析，为开展基层党建考核评价工作提供了理论支撑；党和政府部门对基层党建考评工作也开展了有益探索并取得了一些成功经验。但是，客观来讲，各地实行的基层党建考核评价方式总体上还比较单一，普遍处于自发、半自发的状态，缺乏全国性或地方性统一的政策文件作为支撑，缺乏系统具体的规章制度作为指导。随着社会主义市场经济体制的不断完善，党建工作不断与时俱进，现行基层党建工作考核评价机制存在的薄弱环节和问题逐渐显现。就目前的研究状况和水平而言，我们仍然需要进行大量、长期的理论研究，特别是需要提供系统、全面的实践参考。

二、完善科研院所党支部党建工作考评机制研究

（一）医科院科研院所的调研情况

1. 调研对象

研究是以我国国家级医学科学学术中心和综合性医学科学研究机构的中国医学科学院为背景展开的。医科院与北京协和医学院实行院校合一的管理体制，医科院为北京协和医学院提供雄厚的师资和技术力量，北京协和医学院为医科院培养高层次的人才，相互依托，优势互补，教研相长。院校下属 18 个院所、7 个学院，其中京外 6 个所院的党组织关系隶属于当地。医科院京内党组织情况为：京内党委 13 个，党总支 29 个，党支部 259 个，党员 8187 名。此次调研以医科院京内的党支部为代表展开。本课题共发放问卷 300 份，回收 287 份，有效问卷 287 份，有效应答率为 95.67%。

2. 调研对象的基本情况

根据调查问卷的统计结果观察，调研对象基本情况有如下三个特点：①青年职工的比例偏高，57.5% 调查对象的党龄为 10 年以下；②调查对象以普通党员居多，占 61.7%；有党内职务者，占 38.3%；③调查对象集中在科研和管理工作，其中科研工作为 47.4%，管理工作为 31.0%。

（二）党支部党建工作考评机制的实证研究

以医科院京内党支部的党建工作为例，通过对党支部党建考评机制的实证调研，梳理落实党建工作考评机制的特点，主要表现在四个方面。

1. 党建考评以定性为主，缺乏定量的考核

目前，各单位对于党支部党建工作考评正在尝试阶段，随着“两学一做”学习教育的扎实推进，党建工作的导向需要党支部党建工作考评机制的进一步完善，从而有效推进党建工作的顺利开展。从调研的数据来看，93.0% 的调研对象认为支部党建工作考评是有必要性的。

2. 党建考评的主体较为单一，缺乏科学性

目前的考评主体多为下级往上级进行汇报或上级到下级听取工作，大多流于形式，实质不够突出，只要没有工作的纰漏都可以通过检查，从而使党建工作的负责同志在思想上降低了对工作重要性的认识。提高党员与群众的参与程度，民主、透明、多元化地评估党支部党建工作，是党建工作有效开展的现实要求。

3. 考评的权重缺乏有效的设计

如果说考评主体决定着考评工作的范围和视角，那么对不同考评主体赋予科学合理的权重，在一定程度上则决定着考评工作的方向和要求。要正确把握考评参与主体的权重，按照考评内容的重要程度，结合基层党组织的类型特点、工作重点等方面，不断拓展人员的层次和类型，赋予不同人群不同的权重，力求真实、全面、客观地反映出基层党建工作成绩和问题。

4. 考评结果的运用程度不足，损害考评的威信

当前考评结果只是停留在结果的层面，没有激励约束机制，使得考评的效用性降低，影响了考评的威信，不利于考评意义性的发挥。

（三）建立健全完善科研院所党支部党建工作考评机制

1. 考评的目标

立足构建“系统布局、整体推进、重点突破、全面提升”的大党建工作格局，建立健全基层党建工作持续推进的体制机制，努力构建责任明确、考核规范、评价科学、奖惩严明的考核评价机制，切实发挥导向、激励和监督作用，促进全院基层党建工作科学化、制度化、规范化发展。

2. 考评的主要内容

党建工作对科研院所党支部党建工作考评指标体系的构成元素分析进行科学合理化论证，主要从党支部党建工作思想、组织、党风、反腐倡廉、制度执行五个维度进行论证（表 1）。

（四）党建工作的考评表

表 1　党支部工作考核表（试行）

党支部名称：　　自评得分：　　互评得分：　　民主得分：　　考核得分：

项目	序号	考核内容	评分办法	标准分	自评得分	互评得分	民主得分	考核得分
思想建设（20分）	1	宣传和执行党的路线、方针、政策的情况	少一次扣2分，不按程序扣1分，少记录扣1分，材料不及时报送党委扣1分	5				
	2	宣传和执行党中央、上级组织和本组织决议的情况	少一次扣2分，不按程序扣1分，少记录扣1分，材料不及时报送党委扣1分	5				
	3	支部开展学习的情况	少一次扣2分，不按程序扣1分，少记录扣1分，材料不及时报送党委扣1分	5				
	4	支部对党员进行教育、管理与监督的情况	少一次扣2分，不按程序扣1分，少记录扣1分，材料不及时报送党委扣1分	5				
组织建设（24分）	1	执行基层组织选举工作条例，按期换届改选情况	少一次扣2分，不按程序扣1分，少记录扣1分，材料不及时报送党委扣1分	5				
	2	定期向支部党员大会报告工作情况	少一次扣2分，不按程序扣1分，少记录扣1分，材料不及时报送党委扣1分	3				
	3	重要问题坚持支委会集体研究决定情况	少一次扣2分，不按程序扣1分，少记录扣1分，材料不及时报送党委扣1分	3				
	4	支委会组织的健全及结构合理情况	少一次扣2分，不按程序扣1分，少记录扣1分，材料不及时报送党委扣1分	3				
	5	党支部发展党员的情况	少一次扣2分，不按程序扣1分，少记录扣1分，材料不及时报送党委扣1分	4				
	6	开展先进评比、典型引路的情况	少一次扣2分，不按程序扣1分，少记录扣1分，材料不及时报送党委扣1分	3				
	7	党费收缴情况	少一次扣2分，不按程序扣1分，少记录扣1分，材料不及时报送党委扣1分	3				

续表

项目	序号	考核内容	评分办法	标准分	自评得分	互评得分	民主得分	考核得分
党风建设（18分）	1	加强党风党纪教育情况	少一次扣2分，不按程序扣1分，少记录扣1分，材料不及时报送党委扣1分	6				
	2	开展批评与自我批评情况	少一次扣2分，不按程序扣1分，少记录扣1分，材料不及时报送党委扣1分	6				
	3	弘扬正气，敢于纠正不良现象情况	少一次扣2分，不按程序扣1分，少记录扣1分，材料不及时报送党委扣1分	6				
反腐倡廉建设（18分）	1	监督党员干部和其他任何工作人员严格遵守国法政纪情况	少一次扣2分，不按程序扣1分，少记录扣1分，材料不及时报送党委扣1分	6				
	2	监督党员干部和其他任何工作人员严格遵守国家的财政经济法规和人事制度情况	少一次扣2分，不按程序扣1分，少记录扣1分，材料不及时报送党委扣1分	6				
	3	开展党风廉政教育情况	少一次扣2分，不按程序扣1分，少记录扣1分，材料不及时报送党委扣1分	6				
制度执行（20分）	1	定期召开支部党员大会情况	少一次扣2分，不按程序扣1分，少记录扣1分，材料不及时报送党委扣1分	4				
	2	定期召开支部委员会情况	少一次扣2分，不按程序扣1分，少记录扣1分，材料不及时报送党委扣1分	4				
	3	定期召开党小组会情况	少一次扣2分，不按程序扣1分，少记录扣1分，材料不及时报送党委扣1分	4				
	4	按时上好党课情况	少一次扣2分，不按程序扣1分，少记录扣1分，材料不及时报送党委扣1分	4				
	5	定期召开组织生活会的情况	少一次扣2分，不按程序扣1分，少记录扣1分，材料不及时报送党委扣1分	4				

三、党支部党建工作考评的现实性研究

（一）考评的组织实施

借鉴中国科学院京区党委对基层党组织考核评价的成功做法和经验，参考《关于进一步改进和完善基层党委考核评价实施办法的通知》，对考评的时间、组织、步骤及结果运用等加以规范。将对科研院所党支部党建工作考评的可操作性研究进行现实性分析，充分发挥考评结果的基础性作用，提升考评的实效性、权威性和影响力，争取结果能更加切合实际地运用到支部的考评中去。

（二）考评现实性研究

考评只是一种方式，通过考评促进工作、激发活力才是根本目的。从某种程度上来讲，考评结果的充分运用是考核评价工作的生命。不断促进党委工作科学化、规范化水平的提升，以及自我完善、自我净化、自我革新、自我提高能力的完善，对有效应对新时期党委工作的新任务、新问题提供了切实保障和有力抓手。

1. 考评与行政领导班子评价结合

根据医科院行政领导班子的考核，两者结合统一起来，做到考核方式相互借鉴，考评结果相互参考，这样党建工作的考评必将显著提升，考评的质量、时效性和影响力必将明显增强。

2. 考评与干部待遇结合

习近平同志指出，对各级各部门党组织负责人特别是党委（党组）书记的考核，首先要看抓党建的实效，考核其他党员领导干部工作也要加大这方面的权重。

3. 考评与基层党建工作责任制结合

中央对建立健全地方党委、部门党组、党委抓基层党建工作责任制有明确要求，已经成为基层党委考评的重要依据。在全面深化改革的新形势下，习近平同志对各级党组织落实从严治党责任做了进一步强调："必须增强管党治党意识、落实管党治党责任。历史和现实特别是这次活动都告诉我们，不明确责任，不落实责任，不追究责任，从严治党是做不到的。"

4. 考评与激励约束机制结合

调研中，86.0% 的调查对象认为党建工作的激励约束是有必要的，同时，88.2% 的调查对象认为党建工作的奖励机制需要物质奖励与精神奖励相结合。强

化考评结果的激励性和约束性，在凭党建实绩用干部上要进一步强化结果运用，做到刚性执行，对工作较差的单位和个人，应加大诫勉谈话、免职降职等措施力度；对工作优秀的单位和个人，应加大提拔重用的话语权和决定权。采取专项通报、督促整改、激励奖惩和典型宣传等形式，树立抓具体、抓到底、抓落实的工作导向，真正营造能者上、平者让、庸者下的局面，彰显科学评价机制的严肃性和权威性，有效调动基层党组织抓基层党建工作的积极性和主动性。

（三）基层党委考评的思考

1. 考评内容中具体的考评指标有待于进一步科学设计

因为党建工作硬性指标偏少，更多的是定性评价和直观感觉，所以重点不是很突出。现有考评表中的具体内容有些笼统模糊，细化量化还有待于进一步研究。

2. 考评的设计、过程如何更好地体现“围绕中心、服务大局”的定位要求

由于科研工作是当前科研院所的工作中心，如何体现“围绕中心、服务大局”，如何使党建工作与科研工作有机融合在一起，更好地推进科研工作发展，有必要在研究中继续深入。

3. 考评的动态管理设计

由于党的建设发展政策不断变化，如何不断适应新的精神，及时调整考评的方向和内容，值得提前深入思考。只有在动态管理的设计之下，考评的时效性与意义性才能凸显。

通过以上研究和分析可以得出，开展科学规范、配套衔接、务实高效的考核评价工作，就是实现从严治党、立党为公、执政为民，全面提升基层党建科学化水平的切入点和突破口。

课题组组长：张　勤

课题组成员：闫宏宇　马　威　徐宝义　姜　铁

医疗机构党建工作薄弱环节研究

中国医学科学院肿瘤医院

党的十八届五中全会提出了“推进健康中国建设”的宏伟目标，在2016年召开的全国卫生与健康大会上，习近平同志又对“健康中国”建设作出了全面部署，建设“健康中国”上升为党和国家的重要战略。医疗机构是履行公共医疗卫生服务职能的重要载体，是实现“健康中国”建设的重要单位。医疗机构党组织作为医疗机构的领导和政治核心，引领着医疗机构各项事业发展的方向，其党的建设工作的好坏，直接影响着“健康中国”建设伟大事业的成败。近些年，随着医疗卫生体制改革的不断深化和医疗市场竞争的日趋激烈，医疗机构党建工作面临着许多新的情况和问题，经过不断的实践和探索，医疗机构党建工作取得了丰硕的理论和实践成果，但其薄弱环节也日益显现。2016年，党中央决定在全体党员中开展“两学一做”专题学习教育活动，“两学一做”，基础在学，关键在做。学要带着问题学，做要针对问题改。为此，中国医学科学院肿瘤医院（简称肿瘤医院）课题组针对医疗机构党建工作中的薄弱环节，展开调查研究，旨在进一步提高医疗机构党建工作科学化水平，推动“两学一做”活动取得实效。

一、研究对象和方法

肿瘤医院课题组以北京三甲医院基层党建工作的实践探索为基础，采用文献分析法、社会调研法和实证分析法，对医疗机构党建工作薄弱环节进行调研，并选取重点问题进行有针对性的分析和研究。

（一）文献分析法

利用中文期刊网和各类党建网站，搜集所需的内容、信息和资料，对基层党组织党建工作取得的成绩和存在的薄弱环节进行了解和认识，掌握研究领域的现状、热点、思路和框架。

（二）社会调研法

此次课题研究将面对面访谈作为调研的重要方法。访谈对象包括：肿瘤医院和北京友谊医院的领导班子、党委委员、党务干部、民主党派、普通党员，共计60余人。同时，参考了以往几年党建课题研究中的调研数据。

（三）实证分析法

理论源于实践，又高于实践。在现有研究成果的基础上，认真分析实践过程中的经验做法，并针对医疗机构党建工作中的具体问题进行分析、总结和改进，从而提炼出可行的意见建议和现实途径。

二、医疗机构党建工作薄弱环节的调查分析

在调研中，被访谈者大多对本单位的党建工作持肯定态度。大体可概括为：一是有一支忠诚于党的事业、勤勉进取的专兼职党务干部队伍，奉献在医院党建工作的一线，他们对党的事业发展起着积极作用；二是医院党政班子都比较重视党建工作，对党员的教育管理、组织宣传、经费拨付、人员配置等都能给予支持和指导；三是北京的医疗机构，由于得天独厚的政治环境，大多具有较好的党建文化传承，为党组织工作的创新和变革奠定了良好的基础。在肯定和充满希冀的同时，被访谈者也中肯地提出了医院党建工作中存在如下具有代表性的突出问题和薄弱环节。

（一）“行政强、党务弱”的现象普遍存在，党务干部业务素质和作用发挥不够

尽管大多数医疗机构的管理者已认识到党建工作的重要意义，也在下力气抓党建促发展。但是，医疗机构是专业性很强的单位，行业特点决定了与医疗机构的业务工作相比，党建工作往往显得比较薄弱，“行政强、党务弱”的现象普遍存在，主要表现如下。一是干部的选拔标准有差别。科室行政干部竞聘上岗，往往是学术带头人、业务骨干和管理能手。而党务干部的选拔不把理论功

底、工作经验、业务能力作为必要条件，往往看人缘、威望和从事党务工作的积极性。差别对待干部选拔标准，导致党务干部和行政干部业务素质和能力上的不对称，使得党务干部在行政干部面前往往“心虚”，在科室决策中基本没有话语权。二是干部在地位、权力上不对等。行政干部往往掌握科室人、财、物的大权，对科室成员具有一定的威慑力，而党务干部往往被认为是做思想工作的，没有“实权”，对科室成员没有约束力，同时党务干部大多为兼职，在认识上也没有把党务工作当成“本职”和“专业”，作用发挥不够，进而影响了党建工作的效果。

（二）“偏思想教育、轻服务职能”，党支部服务群众功能发挥不够

党务干部在调研访谈中提及最多的就是党支部活动难开展，党员的积极性不高、参与度不好，教育目的和效果不好，支部的凝聚力和向心力难以形成。经过梳理发现，目前很多基层党支部活动缺乏活力和创新力，仍局限在开会、学习、参观、座谈等常见的活动，重视思想教育功能，忽视服务群众功能。党的十八大报告提出：“以服务群众、做群众工作为主要任务，加强基层服务型党组织建设。”这是对新时期基层党组织职能和作用的新定位。只有服务群众，才能推动发展、凝聚人心，才能促进和谐。党建工作的核心，就是争取人心、凝聚人心的工作，凝聚人心说到底靠的就是服务群众的意识和能力。但在实际中，医疗机构党支部仍然存在着党的群众工作意识和精力相对不足、服务群众能力相对欠缺、对群众需求把握不到位等问题。党支部功能定位不清，服务功能发挥不够，势必会影响党在凝聚人心、凝聚力量上作用的发挥。

（三）基层党组织体系建制不完善，党小组的作用发挥不够

革命战争年代，为了保证党对人民军队的绝对领导，1927 年“三湾改编”实行“支部建在连上”：在连队设党支部，在优秀士兵中发展党员，在班排设党小组，在连以上设党代表并担任党组织书记。我党不断发展壮大的历史经验表明，“支部建在连上”这一严整的党组织体系、正确的建党建军原则和制度，不仅是战争年代取得节节胜利的制胜法宝，在和平时期也经受住了复杂严峻的考验。抓好党支部和党小组的建设，就抓住了基层组织建设的核心。医疗机构的特殊性决定了其党组织建制也有特殊性，大的科室党员多，可以单独成立一个支部，但很多小的辅助科室，党员少，只能合并成立党支部。由于科室间的工作性质不同，工作地点比较分散，党员之间的联系也比较少，这给党支部的工作带来了一定困难。通过调研发现，大多数医疗机构党支部的积极性和作用都得到了充分调动和

发挥，但对党小组的建设重视程度还不够，或者没有建立党小组，或者党小组的作用发挥得不够好，活动少，形式简单，对党员群众缺乏吸引力，影响了党支部的凝聚力和战斗力。

（四）党员党性修养和纪律意识淡化，党组织对党员教育管理不够严格

医疗机构党组织普遍能把党员教育管理工作作为提高党员队伍素质、增强党组织凝聚力和战斗力的一项长期的基础性工作，将它列为日常工作的重要内容，并为此投入了大量人力和财力。但实际上，学习教育的实际效果往往与党组织的重视程度及投入成本不太相称。尤其是在集中学习教育中，往往存在着老师在上面讲，学员在下面看手机、刷微信、打电话的现象；甚至有的党员当起了“签到党员”，签完到就走人；对于自学，真正能够做到按要求进行自主学习的党员更是少之又少，这些现象都使基层党组织教育培训工作的效果大打折扣。究其原因，固然有教育培训方式不合理、授课水平不高等因素，但更主要的是党员在学习教育过程中守纪不严、党性观念淡薄、党组织要求不严的问题。

三、完善医疗机构党建工作薄弱环节的方法和途径

本课题组通过借鉴其他领域基层党建工作的经验和做法，结合医疗机构自身的特点及肿瘤医院党组织的具体实践，针对党建工作中的薄弱环节，提出以下对策和建议。

（一）建立组织保障机制，选好配强党支部书记，加强党务干部队伍建设

党务干部是基层党建工作的领导者、组织者和推动者，在党支部建设中起着重要作用。党支部书记的素质高低和投入精力多少，是党支部建设水平高低的关键因素。如何让支部书记做到兼而有责、兼而负责，一是努力探索建立组织保障机制，即党支部书记与同级行政班子成员“双向进入，交叉任职”。党支部书记可以担任同级行政副职，行政负责人可以兼任支部书记。这样更有利于在组织体制上夯实和强化党支部在基层的政治核心地位，使党支部书记真正发挥参与、支持、协调、保障作用。2016 年，肿瘤医院党委完成了 22 个在职职工党支部的换届选举工作，为使党支部书记的作用能够充分发挥，使党支部工作更加顺畅高效地开展，医院党委认真分析，理清思路，在保证党务干部党务工作能力的前提

下，重视在科室骨干和科室行政干部中发掘和培养党务干部，有力地促进了党支部工作的开展。目前，80% 的医院党支部书记是副高级以上职称或科室副主任。二是要建立党务干部教育培养长效机制。抓好上岗前的集中培训、上岗后的系统培训，通过定期举办培训班，利用理论报告、专题讲座、经验介绍、角色扮演、小组讨论、现场考察等多种形式，不断提升党务干部的党务工作水平和能力。同时注重培养党务后备干部，增强支委会的活力，使基层支部工作后续有人。

（二）明确基层党组织功能定位，加强服务型党支部建设

党的十八大报告提出："以服务群众、做群众工作为主要任务，加强基层服务型党组织建设。"这是对新时期基层党组织职能和作用的新定位。医疗机构党支部必须适应这一变化要求，着力打造服务型党组织，全面探索服务发展、服务群众、服务党员的新途径、新方法，努力提高工作水平。现代社会，人们面临多方面的压力，党支部要以服务精神为支部党员和群众减压而不是增负。党支部不能要求党员一味地服从组织，党组织也要关心、爱护和服务党员，实现党组织与党员二者互动，使党员对党组织具有较强的归属感和认同感。"广大群众支持共产党执政，不是因为过去获得的利益，不是因为将来可能获得的利益，更不是因为抽象的利益，而是因为具体的、眼下的利益。"所以，党支部要把服务作为基层党支部建设的鲜明主题，服务群众，化解矛盾，最大限度地团结人心、凝聚力量。

（三）探索将"支部建在学科上"，重视和发挥党小组的作用

党小组是党支部的组成部分。对党支部来说，党小组是具体组织、推动和指导党员活动的"末梢"组织，是党的指示和决议得以贯彻落实的保证。做好党小组工作是做好支部工作的基础。医疗机构大多包括临床、科研、预防、行政、后勤等科室，各科室中又包括很多亚专业，在实际工作中，密切合作的往往是亚专业小组。充分发挥支部的作用，一是探索将支部建在学科上，最大限度地发挥党支部凝聚力和向心力的作用。二是对于"业务范围广、党员较分散"的支部，可以根据工作的需要，以党支部为纽带，以科室部门为依托，积极开展党小组的创建工作，独立科室党支部建立病区党小组，联合科室党支部建立科室党小组，从而有效发挥党小组的前沿阵地作用和战斗堡垒的支撑作用。为督促党小组工作的开展，年终考核也应将党小组纳入考核体系中。肿瘤医院作为一所专科医院，有自身的特点，科室划分较为精细和专业，党支部构成更为多样化和复杂化。党委针对这一特点，积极引导党支部开展党小组的创建工作，倡导民主生活会、党支部活动等分小组进行，这种

“化整为零”的组织方式，推动实现了“最基层”的党员管理、最贴心的员工服务、最坚强的组织保障。

（四）加强从严治党，改进考核评价体系，严格对党员的管理和监督

加强党员教育管理是从严治党的题中应有之义，也是从严治党的基本方式方法，必须在抓常、抓细、抓长上下功夫，着力构建党员教育管理新常态。现有的对党支部和党员的考核评价体系过于笼统，特别是仅限于课时等形式上的要求，而缺乏关于课堂纪律表现和学习质量等方面的考核监督。加强党员教育管理既要增强针对性，又要注重实效性；既要强化课堂管理，又要注重管理和监督方式方法的创新。针对党员学习教育中存在的问题，肿瘤医院党委在多年的探索和实践中，不断总结经验，强化监督和管理，上课签到采取“注册制”，利用职工就餐卡进行打卡签到；课程设置采取“分场制”，不同时间、不同地点循环播放课程录像，确保学习全覆盖；缺课党员采取“补课制”；学习记录采取“盖章制”，专门为全体党员设计制作下发了党员学习小红本，并在每次上课时进行盖章；学习检查采取“通报制”，对于缺课或无故不参加的党员及时进行统计，并反馈至各党支部进行通报，年底还对党员学习小红本进行检查，统计参学率。通过一系列的举措，切实提高了党员学习教育的效果。

课题组组长：付凤环
课题组成员：张　平　冀术明　沈惠芝　卓滋泽　邱亭林　张　蕾

疾控机构青年创新人才发掘与培养机制研究报告

中国疾病预防控制中心寄生虫病预防控制所

一、研究背景

人才战略是提升核心竞争力和综合国力的战略举措，创新人才是实现民族复兴的持久动力和强大支撑。《中华人民共和国国民经济和社会发展第十三个五年规划纲要（2016—2020 年）》中提出“实施人才优先发展战略”，即把人才作为支撑发展的第一资源，加快推进人才发展体制和政策创新，构建有国际竞争力的人才制度优势，提高人才质量，优化人才结构，加快建设人才强国。

近年来，疾控系统的青年人才比例逐年递增，其承担的任务和发挥的作用越来越大。疾控系统青年人才具有高学历、高职称和高素质的特点，青年人才本身对个人职业发展也有规划与期盼，所以，了解他们的诉求并为其成长成才搭建平台，不仅能激发疾控系统青年人成才动力，也是培育和稳定疾控人才队伍的重要途径。

二、研究目的

本研究旨在通过调查了解疾控机构青年人才现状，从创新人才的特点出发，总结借鉴疾控机构内各单位在青年创新人才发掘与培养方面的经验和做法，结合疾控机构特点和“十三五”卫生发展规划目标，探索人才工作的传承和创新思路与方法，为加快培育疾控机构青年创新人才、更好地服务于公共卫生事业提供机制保障。

三、研究方法与内容

本次研究采用了文献回顾、问卷调查、实例分析等研究方法。

（一）文献回顾

本研究通过查阅文献资料，整理归纳创新人才的界定、特点，以及当前发掘和培育创新人才的做法等。

1. 创新人才的概念与界定

《国家中长期人才发展规划纲要（2010—2020年）》中定义人才为具有一定的专业知识或专门技能，进行创新性劳动并对社会做出贡献的人，是人力资源中能力和素质较高的劳动者。创新人才是指具有较强创新意识、创新思维、创新精神和创新能力的人才，是能进行创新型劳动，在某个领域有所发明有所创造，对社会做出较大贡献的人。

拔尖创新人才是指具有高尚品德、博专知识、创新能力，具有明确的目标选择、长期的优势积累和突出的创新业绩，被社会承认的学术、技术、企业和管理等方面具有国际竞争力的创新精英人才。有专家认为："知识越高深越渊博，思维越精邃越巧妙，方法越有效越卓越，精神越向上越高尚，文化就越先进越精湛，由这一文化而教育而培养而造就出的人才，其素质、其层次就越高，其品位、其格调就越醇，其影响、其作用就越大。"拔尖创新人才属于精英人才范畴，是新知识的创造者、新技术的发明者、新学科的创建者，具有独立思考、自由探索、勇于创新的特征。

界定创新人才是发掘和培养青年创新人才的前提基础。通过文献查阅分析可以发现，创新人才的层次是相对的，一个国家、一个地区、一个单位都具有相应层次的创新人才，所以相应的界定标准也是不同的。为不同层次的创新人才界定标准，并注重各层次人才的发掘与培养，尤其是青年创新人才的培养，是构建结构合理、可持续发展的创新人才梯队的重要部分。

本研究中，将疾控系统青年创新人才定义为，在疾病预防控制领域，具有强烈的敬业精神、必要的理论知识、良好的职业素质和实践技能，能独立思考、自由探索、勇于创新的人才。具体的界定标准为：①年龄在45周岁以下；②获得省部级荣誉奖项；③作为项目负责人获得国家自然科学基金、省部级科研项目；

④国际性或地区性组织 / 协会成员且作为第一作者或通讯作者发表高水平学术论文（IF 大于 5）不少于 2 篇。

2. 创新人才成长和发展的影响因素

创新人才的成长和发展受内部和外部两方面因素影响。

从内因来看，创新人才的心智模式是影响创新人才成长和发展的内在心理机制，是人类从事创造性的活动所需要具备的核心特质。而创新人才的心智模式可以归纳为六种心智，包括专门领域知识心智、内在动机心智、多元文化经验心智、问题发现心智、专门领域判断标准心智，以及说服传播心智。在创新人才成长过程中，这六种心智有一定的阶段性和动态性，知识和经验心智是基础，标准判断、问题发现和内在动机心智是动力，而说服传播心智则是创新产品由个体扩展到群体的保障。具体来看，在进入某一领域初期阶段，个体主要任务是完成对该领域基础知识、基本概念、原理和方法的学习，并获得其他文化、其他知识领域的相关经验，在此阶段，起主导作用的是领域知识心智和文化经验心智；当知识经验积累到一定程度之后，个体会逐渐掌握判断该领域标志性成果水平高低的标准，形成领域标准判断心智；接下来个体则有机会在领域标准判断心智、内在动机心智和问题发现心智的联合作用下，最终产生出创新性的成果；最后这项来之不易的成果仍然要靠当事人较强的说服传播心智去让学界或其他相关的社会领域接受，结果是，整个社会文化因有新的创新性成果的纳入而获得新生。深入分析和探讨这六种心智模式，将助力于创新人才的发掘和培育工作。

从外部因素来看，环境、经费、政策和重要他人等是青年创新人才成就的必要保障。本研究的结果表明，环境、经费和政策是影响青年创新人才成长发展最重要的外部因素。经费和政策对青年创新人才成长的重要性毋庸置疑，经费和政策的支持，不仅使得青年研究者的创新想法能够转化为现实，同时，也对青年研究者创新能力的提高起到了极大的促进作用。除此之外，环境是比经费和政策更重要的影响因素。环境主要包括科研环境、社会环境和生活环境。其中，科研环境在各种外部支持条件中的作用最大，科研环境主要涉及青年创新人才所在单位的研究气氛，领导的重视、良好的民主氛围、同事之间的相互合作往往有助于创造力的发挥。因此，所在的团体和单位是否营造出一个支持、鼓励创新创造的科研环境和氛围，是青年研究者能否取得创造性成就，并成长为创新性人才的一个重要条件。

（二）问卷调查

本次研究采用问卷调查的方法，选取中国疾病预防控制中心寄生虫病预防控制所（简称寄生虫病所）、上海市疾病预防控制中心等两家疾病预防控制机构发放了问卷。此次选取的两家机构皆历史悠久，有深厚的文化底蕴，职能涵盖了疾病预防、监测、防治措施研究、公共卫生突发应急处置、全国寄生虫病和热带病预防控制的技术指导等，各机构在国内外同行业中均有较高地位，无论是技术水平还是硬件设施等，都有良好的基础。此次共发放问卷 180 份，回收问卷 176 份，有效回收率达 97.78%。

1. 疾控机构人员基本情况

此次被调查者男女比为 76∶100，45 周岁以下 124 人，占 70.45%，其中 35 周岁以下 76 人，占 43.18%，可见青年人员是疾控机构人员的重要组成部分。从学历来看，124 名 45 周岁以下青年人员中大学本科以上学历 / 学位人数为 122 人，拥有硕博士学历 / 学位的有 71 人，占青年人员总数的 57.26%。从职称来看，45 周岁以下青年人员的初中高职称比为 2.8∶5∶2.2，与机构总体人员初中高职称比（2.2∶4.1∶3.7）相比，初级与中级职称比例较高，高级职称比例较低。从青年人员的工作部门来看，32.26% 在管理部门工作，45.97% 在疾控部门工作，21.78% 在科研部门工作，其中在业务部门工作的青年人员均为本科以上学历，硕博士学历 / 学位占 70.24%。可见疾控机构中青年人员学历普遍较高，知识分子高度集中，具有高学历、高职称的特点，在承担疾病预防、监测、防治措施研究、公共卫生突发应急处置等工作中发挥重要作用。

2. 人才职业发展情况

被调查人员用 1 ～ 5 评价对个人职业发展情况的认同度，5 表示“非常认同”、4 表示“认同”、3 表示“不一定”、2 表示“不认同”、1 表示“非常不认同”。被调查人员对职业发展的认同度平均值尚未达到 4 分，总体认同比例在七成左右。其中，被调查人员对“职业发展符合单位发展需要”的认同度相对最高，对“职业发展符合个人期望”的认同度相对最低。相较于总体情况，45 岁以下青年人员对职业发展的认同度普遍更低，突出表现在对“职业发展符合个人期望”的认同度上，仅为 53.33%（66/124）（表 1）。

表 1　个人职业发展情况认同度

项　目	总体认同度均值	45岁以下认同度均值
职业发展定位与规划明确	3.87	3.75
职业发展符合单位发展需要	3.93	3.81
职业发展符合个人期望	3.67	3.54
职业发展获得部门与单位支持	3.80	3.74
目前从事的工作与职业发展一致	3.84	3.84

被调查者依据重要性从高到低对职业发展的影响因素进行排序，其结果显示，青年人员的选择与总体选择一致，位列前三的分别是“薪酬待遇”“在职短期培训”“脱产进修”。可见，除薪酬待遇保障外，各种形式的持续学习是职业发展的重要影响因素。

被调查者依据困难程度由高到低对职业发展中遇到的困难进行排序，其结果显示，总体选择位列前三的分别是“收入水平低”“缺乏明确发展方向规划”“缺乏职业发展动力”；青年人员选择位列前三的分别是“收入水平低”“缺乏职业发展动力”“职称评聘受限”。可见，收入水平低、缺乏职业发展动力是疾控人员普遍感到的困难，而对于青年人员来说，职称评聘受限问题突出，亟待解决。

被调查者依据需帮助程度由高到低对职业发展需求进行排序，其结果显示，青年人员的选择与总体选择一致，位列前三的分别是“工作经验交流”“疑难沟通与解答”“学术成果分享”，这将为今后进一步做好职工职业发展与培养工作提供参考。

（三）实例分析

本课题选取了寄生虫病所作为实例研究对象，具体分析了该机构在青年人才发掘与培养工作方面的经验做法和面临的困难。寄生虫病所于 2002 年更名组建，主要职责为开展全国寄生虫病和热带病预防控制的技术指导、应急处理、科学研究、国际合作、教育培训、健康促进、技术服务等工作。

1. 青年创新人才发掘

青年人才发掘分为外部招聘引进和内部公开选拔两个途径。其中，外部人才招聘是根据机构中心工作需求，设计人员招聘计划，通过每年参加应届毕业生招聘会、人才洽谈会、就业信息网发布招聘信息等方式，向高校、社会公开招聘、择优录用，这一方式是从外部发掘青年人才“好苗子”的主要途径。该方法的特点在于，外部招聘的人才大多缺乏专业领域知识和实践经验，对于疾病防控尤其是非主流学科的理论知识需要从头学起。

近年来，为了畅通用人单位与育人高校的人才输送渠道，有计划、有针对性地培育具有一定理论知识和现场实践经验的新生力量，用人单位通过与高校签订合作培养协议，在大学本科、研究生课程中，有针对性地将疾控防治相关应用性知识与实践操作提前教授，经过培养后的人才可以优先考虑入职。

内部公开选拔是寄生虫病所发掘青年创新人才重要且主要的途径。通过内部岗位交流、专业性培训、人才工程项目、后备干部人才储备、出国进修、挂职借调等方式开展，并取得了一些成果。

人才引进主要针对机构内高层次紧缺人才岗位，结合上海市人才引进落户的优惠政策，通过给予合适的管理岗位、配备研究团队、安排项目启动资金并优先给予项目立项等方式，从省级疾控中心和海外引进人才。引进人才是一种可以省去培训过程、快速直接解决“无人可用”问题的办法，但也存在着一定的问题。例如，因受指标、政策和经费限制，疾控机构从国内外引进高层次人才，在国家相关人才培养计划的申报和评选中没有优势；机构将经费与优惠政策倾向于外部引进人才，会引起内部现有人才缺乏工作与发展动力，所以对于被忽视疾病防治领域，应当将创新人才的发掘与培养的目光放在机构现有人才培养上，建立合理有效的内部创新人才培养机制。

2. 青年创新人才培养

寄生虫病所的人才团队培养计划，旨在以学科为单位，依托科研平台，以高层次人才为核心，组成结构合理的人才梯队，经过培养后，使他们成为具有扎实理论基础和丰富实践经验、有良好沟通能力和协作精神、德才兼备的优秀疾控人才。经过 4 年的培养，在 2015 年进行团队培养考核验收时，各团队均成果显著。在此基础上，借鉴团队培养经验，寄生虫病所选拔和组建了 8 个 PI 课题组。人才团队和 PI 课题组的建立和开展，拓宽了其人才培养渠道，促进了青年科研人员专业水平的提高和学科的发展。在内部培养人才的同时，寄生虫病所还不断为人才创造和搭建对外发挥影响作用的机会和平台，如寄生虫病防治科研实践基地驻点挂职，以及援助桑给巴尔、坦桑尼亚、巴布亚新几内亚等国家的寄生虫病防控现场工作，担任援助西非塞拉利昂抗击埃博拉疫情的公共卫生培训师资等。通过团队培养、岗位交流、培训进修、上借外派、驻点挂职和援非等多种方式，“十二五”发展规划期间，累计培养超过 53 名知识结构合理、思路开阔、跨专业跨领域的一专多能的中青年复合型人才和国际化寄生虫病防治专业技术人才。这些人才中，45 周岁以下的青年 133 人，占 72.68%，其中 1 人获上海市卫生系统第十五届“银蛇奖”三等奖和“上海市五四青年奖章标兵”称号，2 人获国家卫生和计划生育委员会表彰。

一方面，该机构的团队培养计划在收效的同时，凸显出人才团队培养模式受资助经费额度有限、团队成员的跨部门管理难度较大、团队与现行 PI 制的衔接存在问题等因素的限制而面临的问题；另一方面，专业技术人员业务知识和技能需要在实践中不断提高，青年创新人才培养周期较长，短时间内难以满足专业领域的业务发展需求。

四、讨论与建议

（一）SWOT 分析

基于此次调查所得的数据资料，采用 SWOT 方法对疾控机构青年创新人才发掘与培养工作目前所处的内部情况和外部条件进行态势分析。

1. 内部优势

寄生虫病所是集防治、科研、服务为一体的全国寄生虫病预防控制技术指导中心，为国家寄生虫病防治决策提供技术支持，处于全国寄生虫病应用研究领域领先地位，达到亚洲一流水平。目前所内 45 周岁以下青年 133 人，占 72.68%，35 周岁以下青年 73 人，约占 40%，学历高、职称高，主要分布在机构的业务部门，是机构发挥技术指导、应急处理、科学研究、国际合作等作用的重要力量。

在青年人才培养工作方面，寄生虫病所有资源、有网络、有机制，如种质资源、药物研发、生物技术、监测预警、诊断检测、媒介控制、信息服务等七个基础平台，以及寄生虫病防治基地、国内国际挂职借调网络、岗位交流和干部储备机制等，并且在长期的运作中为公共卫生行业培养了一批具有行业特色的专业人才。

2. 内部劣势

近年来，寄生虫病所人才队伍有明显的年轻化趋势。年轻化的知识分子队伍，缺乏经验积累，无论是在专业技术还是职业精神上都有待加强。一方面，职工对职业发展的认同有待提高，近三成职工对职业的规划定位及发展认知模糊或不认同，尤其在职业与个人期望的一致性上存在偏差，该现象在青年职工中更突出；另一方面，随着年轻、高学历专业技术人员的不断增加，在职称评审和岗位聘用方面，在没有新的政策突破和指标增加的情况下，专业技术人员职称评审和岗位聘任中因落聘所带来的矛盾也在积累。

此外，由于寄生虫病领域防治科研被忽视，难获重大项目支持，缺乏具有国际先进水平的领军人物，人员薪酬待遇与国内外生物、医学其他领域同行相比差距较大，客观上限制了青年创新人才的培养。近 5 年来，寄生虫病所青年人才流失情况严重，5 年内离职人员达 28 人，年龄均在 45 周岁以下，其中 35 周岁以下离职人员达 25 人，占 89.3%。离职人员中高级职称仅为 2 人，其余均为初中级职称人员，更有 21% 的人员为工作不到一年就离职的人员。无法留住人才是青年人才培养中面临的重要问题。

3. 外部机遇

《“健康中国 2030”规划纲要》提出，以提高人民健康水平为核心，把健康融入所有政策。寄生虫病所是全国寄生虫病预防控制技术指导中心，也是世界卫生组织热带病合作中心，随着我国“一带一路”战略的提出、上海科创中心的建设及“十三五”规划的实施，公共卫生势将面临全新的机遇与挑战。我国和“一带一路”沿线国家卫生合作、加强南南合作、落实中非公共卫生合作计划等一系列全球公共卫生领域的发展契机，将为疾控人才队伍培养搭建一个以健康为本、利于科技创新、拥有国际视野、服务全球的平台。

4. 外部差距与挑战

与国际一流疾控机构相比，寄生虫病所人才队伍水平仍显不足、青年创新人才发掘与培养机制尚显薄弱。对部分职工提出的希望改善薪资收入、改进职称晋升等要求，由于受国家政策规定的限制，短期内难以实现。

（二）对策建议

基于以上 SWOT 分析，建议从疾控系统创新人才特点出发，遵循青年人才成长基本规律，坚持正面引导，注重发展为本，从传承中总结经验，在实践中完善机制，营造积极向上、尊重包容的成才氛围，总结探索青年创新人才培养机制。

1. 战略化打造人才培养方案，完善人才职业发展全过程

疾控创新人才的培养旨在满足疾控事业发展需要，为实现服务人民健康的目标提供人才保障。所以，青年创新人才的培养应当从疾控事业发展需求出发，顶层设计疾控机构人力资源配置布局，从全局上规划创新人才培养与梯队建设，根据人才配置规划发掘合适的青年人才。针对部分职工对自身发展规划不明确、个人发展与期望不符等情况，建议疾控机构积极探索人才发展战略性谋划、开放式选拔、系统化培养和科学化管理的新思路，把握人才成长规律，注重人才培养的持续性，从入职开始，就为每一位青年人才制定一套全过程覆盖的职业发展规划，将个人发展融入部门乃至整个机构共同发展中，从规划到实施到修订全程给予配套政策与资源支持；按计划提供必要的短期培训、出国进修、挂职锻炼等机会，通过传帮带、工作疑难解答等方式，为青年人才及时提供成长成才的指导；定期考核与反馈，配合有效合理的激励机制，激发青年人才内在的成才渴望，促进疾控机构人才培养的可持续发展。

2. 个性化培育青年创新人才，提升事业留人的核心竞争力

疾控青年人才区别于通常意义的科研型创新人才，是具有疾控特点的“应用型”创新人才，具有将科研成果转化为现场运用的能力，具有服务与奉献的意识，致力于公共卫生事业发展。对于疾控机构而言，我们认为，青年创新人才的培养方向应当涵盖疾控全系统范围，既包括具备丰富经验、能一锤定音的一线疾控人才，也包括具备先进技术、能将实验室成果转化到实际运用中的科研人才，还包括具备前沿管理理念、能融合创新疾控文化的管理人才。因此，疾控青年创新人才的培养要在遵循创新人才成长成才的普遍规律的基础上，强化六种创新人才心智，个性化“量身定制”疾控系统青年人才培养方案。方案应当在青年人才的职业规划基础上设计，覆盖中长期培养周期，其中包含专业理论学习、多元文化了解等理论课程类内容，现场驻点、应急演练与应急事件处置等经验积累型项目，传统技术传承、紧缺高新技术学习等特殊类项目等。此外，促进创新人才培养，除了专业水平和研究能力，也包括思想政治素质、道德文化修养、民主法制意识和实践创新能力，需要在育人过程中综合考虑、精心谋划、统筹安排。

青年创新人才成长成熟后，如何留住人才是稳定疾控人才队伍的重要考验。目前的形势下，薪酬固然是一个重要的留人筹码，但仅仅加薪并不能持久地激励科技创新人才。防止创新人才流失的根本方法是提升事业留人的核心竞争力，我们认为，“一套机制”加“一组平台”是核心竞争力中不可或缺的部分。一套机制是适应疾控特点，结合疾控文化的一套完善的人才激励机制，我们建议建立员工帮助计划（employee assistance program，EAP），融合管理心理的方法和人力资源管理机制，澄清员工职业价值观，帮助员工规划职业生涯，开发心理资本，构建支持性组织文化。在此过程中，注重融合 EAP 激励和疾控系统自身特点，突出人文关怀，注重个体目标与组织目标的科学整合，侧重激发内在动机，有效激发青年创新人才内源性原动力。“一组平台”是本机构区别于其他单位，能提供给青年人才成长成才的发展空间与机遇平台，如国内基层驻点、国内同系统机构挂职、国际基层项目资源、国际组织任职机会等，平台对青年人才的可及性均等，青年人才可以在其上充分发挥主观能动性，实现知识、经验、理念、视野等优势积累，从而加速青年创新人才成才。

3. 营造积极向上的成才氛围，搭建交流与协作平台

坚持正面引导，进一步提高先进典型宣传的有效性。发掘多元化先进典型，例如，代表优良传统传承的老一辈专家、代表创新发展的杰出科研人物、代表精诚奉献的疾控战士、代表坚持显非凡的基层“小人物”等，构建一个层次多样、内涵丰富的职业精神环境。创新先进典型宣传方式，将多媒体，尤其是新媒体融入传统宣传方式中，在扩大宣传面的同时，提高宣传的可及性和易接受度。根据不同的宣传内容与对象，灵活运用各种宣传手段，如将传统的事迹报告制作成视频短片，通过重现具体可见的场景增强受众的代入感，充分调动起情感共鸣；将微信类不受时空限制、时效快、受众可参与的新媒体作为先进典型发掘与宣传的重要阵地。将以往传统的单向宣传转变成多向互动式宣传，鼓励广大职工对先进典型事迹展开讨论、思考与学习，特别关注青年人才思想动向，为他们提供发表意见、直抒胸臆的自由畅通的途径，营造一个积极向上、尊重包容的行业与职业氛围。

同时我们建议，在资源有限的情况下，联合公共卫生行业内兄弟机构，加深交流、资源共享、共同协作，这也是拓宽人才培养渠道的有效途径。例如，不定期开展业务项目合作、工作经验座谈交流、先进典型人物事迹巡回演讲等。通过交流与协作，使公共卫生行业服务人民健康的功能更全面更强大，使原本单一的各机构职业精神变得丰富立体，从而营造出整个公共卫生界追求卓越、乐于奉献的行业氛围，吸引更多青年知识分子成长成才，成为公共卫生事业可持续发展的有力保证。

课题组组长：徐毅雯

课题组成员：武佳妮　郭志杰

新形势下加强党支部建设研究

中国疾病预防控制中心

《中国共产党章程》第三十二条指出：党的基层组织是党在社会基层组织中的战斗堡垒，是党的全部工作和战斗力的基础。基层党组织的建设在执政党建设中具有极其重要的地位。一直以来，加强党支部建设都是一个重要的党建课题，已有的研究为党支部建设提供了丰富的理论基础。但面对当前新形势和新任务的要求，如何将全面从严治党落实到每一个党支部还需要我们进一步研究和探讨。本课题将结合中国疾病预防控制中心（简称中心）“两学一做”学习教育的开展，提出新形势下加强党支部建设的具体举措，以期进一步规范党支部的各项工作，促进发挥党支部在疾控全局工作中的积极作用。

一、调查研究

在中心全面启动“两学一做”学习教育前，为准确掌握和了解中心党支部工作现状，中心党委组织力量对党支部的基本情况和基础工作进行了全面梳理，主要包括基层组织设置情况、“三会一课”制度坚持情况、严格党员发展程序情况、规范党费收缴使用和管理情况四大部分，并按照中央、国家卫生和计划生育委员会的相关文件精神对每一部分内容进行了具体细化，形成党支部工作情况调查表，对中心 9 个直属单位 28 个党支部（占中心党支部总数的三成以上）的工作进行了问卷调查，并通过与支部书记、支部委员的座谈，查阅“三会一课”记录、组织关系存根、党费收缴凭证等基础资料，更加深入地掌握了中心党支部的工作现状。调查结果显示，中心所有党支部都能够做到按时换届，并按照要求配备了党支部委员（全部按要求配备了纪检委员）。绝大部分党支部能够做到认真落实上级党组织交付的各项工作任务，严格党员发展程序，规范党费收缴使用和管理；做到坚持“三会一课”制度，独立地丰富党内生活，加强党员教育和管理。以上结果说明，中心所属党支部总体上能够做到自觉履行各项职能，在本单位的全局工作中发挥积极作用。同时，被调查的个别党支部也暴露出了一些弱点，归结起来主要有以下几个方面。

（一）个别党支部制度落实不到位

一是个别党支部“三会一课”制度落实不到位，存在质量不够高，随意性较大的倾向。具体表现为党员大会召开次数较少，会议内容也多以发展党员和换届选举等具体工作为主，学习交流活动较少；党支部委员会召开的频率较高，但会议记录不够规范；部分直属单位党组织虽设置了党小组，但党小组会议召开较少，党小组作用发挥不明显；组织党课学习的次数较少，学习形式也多是单向灌输，吸引力不强。二是个别党支部党员管理存在漏洞。党员转入或转出本支部时无记录或记录不完整、不规范；对于部分出国党员与组织超过六个月没有联系的现象，未分析研究原因、及时联络，致使产生“失联”党员。三是个别党支部党费收缴不够规范。个别基层党支部对党费管理工作认识不够强，重视程度不够，仅当成一般事务性工作而没有作为一项政治工作来抓。存在党费收缴不够及时、记录不够完整、交纳金额没有及时随工资变化而调整等现象。

（二）个别党支部作用发挥不够明显

个别党支部存在党建工作同业务工作“两张皮”的现象，两者缺乏有机融合，党支部的战斗堡垒作用发挥不够显著；个别党支部虽开展了党的各项工作，但由于认识不到位，对于上级党组织部署的工作任务接受起来比较被动，党组织的活动有时流于形式；随着经济、社会的不断发展，人们的工作方式和生活方式都发生了很大的变化，因而也对基层党组织的活动方式提出了新的、更高的要求。然而，受活动经费不足的限制、思想不够解放等因素的影响，个别党支部在工作中习惯于老一套的做法，不能根据形势和任务的变化与时俱进、开拓创新，活动往往不能达到应有的效果。

（三）兼职党支部书记和委员难以完全适应新形势对党建工作的新要求

党支部书记和委员兼职化是当前中心党支部工作所普遍采取的一种模式。这样安排有利于基层行政领导在疾控业务中更好地发挥党组织凝聚队伍做好工作的作用，实现党的工作与业务工作的有机结合。但由于兼职党支部书记和委员缺乏系统的党务知识培训，而当前面临全面从严治党的新形势，党建工作任务不断加重，标准不断提高，占用的工作时间不断增加，兼职党支部书记和委员往往是业务骨干，经常担负急难险重任务，双重压力越来越大，甚至出现疲于应对的工作状态，制约了基层党务工作整体水平的提升。另外，对于党支部书记和委员的工作职责，中心缺乏科学的职位描述、系统的量化分析、合理的业绩考核和激励。因此，与业务工作相比，党支部工作缺乏足够的吸引力，从而影响党的工作持续、有效的开展和创新。

二、实践探索

2016 年 6 月，中心部署开展了“两学一做”学习教育，坚持问题导向，注重总体设计，采取一系列措施着力解决基层党支部工作中存在的问题，在很大程度上规范了中心党支部的工作，对于进一步坚定理想信念、增强“四个”意识、树立清风正气、强化宗旨观念等方面有了不同程度的提高。

（一）抓整改，强化党支部基本功能

以党支部为基本单位，发挥党支部从严教育管理党员的主体作用和基本功能，是这次“两学一做”学习教育的突出特点。深入推进学习教育，就是要进一步激活基层党组织，充分发挥党支部的主体作用，强化党支部的基本功能。一是抓好思想建设。中心党委突出强调，要把党支部思想建设抓在日常、严在经常，使“三会一课”成为思想建设的桥头堡，定期召开党员大会、支委会，组织好党小组学习，开展好组织生活会、民主评议党员，用好批评和自我批评这两个“利器”，防止组织生活平淡化、随意化、庸俗化、娱乐化。积极探索党员喜闻乐见的党课形式，针对不同的党课内容，积极尝试讲座式、互动式、体验式、情景式、案例式等多种类型的党课形式，增强党课的吸引力。同时，中心党委还组织编印使用党支部工作手册，定期督导检查，促进“三会一课”制度切实得到落实。二是加强党员管理。按照中共中央组织部、国家卫生和计划生育委员会的要求，中心以党支部为基本单位，全面开展党员组织关系集中排查工作。各党支部逐一核对党员名册，核实党员身份信息，对 2007 年以后转出组织关系未收到回执的党员，进行逐一联系排查，确保不出现“口袋党员”。针对摸底排查出的“失联”党员，各党支部通过多种方式联系查找。研究制定具体措施，有效克服党员日常管理中存在的薄弱环节，尽快补齐从严治党的制度短板。三是规范党费

收缴。按照中共中央组织部、国家卫生和计划生育委员会的要求，中心印发具体实施方案，以党支部为基本单位，组织中心各基层党支部对正式组织关系在本支部的党员自2008年4月以来交纳党费情况进行检查。针对实施绩效工资后党员工资收入结构的变化情况，组织各基层党支部做好党费补交工作，并把它作为中心"两学一做"学习教育的重要内容，作为考验合格党员的重要标尺。同时，中心党委向每位党员印发了中国共产党党费证，制定了党支部党费收缴一览表，全面规范党费收缴记录。

（二）抓实效，促进党支部作用的发挥

在"两学一做"学习教育中，中心党委针对党支部工作中存在的问题强调，通过个人自学、讲座辅导、集体研讨等多种方式学习党章党规、习近平同志系列重要讲话等规定书目，促进党员在疾控实践中不断增强党员意识，立足本职岗位，做合格党员。一是开展"联学"活动。在部署"两学一做"学习教育之初，中心党委要求各级党组织在做好各专题学习研讨的基础上，开展以"联学联讲""联学联走""联学联比""联学联做"为主的"联学"系列活动。同时，利用中国卫生计生思想政治工作促进会疾控分会平台建立起疾控系统"联学"活动网络，覆盖到省、市两级的128家理事单位。中心各党支部通过在本单位内部、兄弟单位之间、全国疾控系统兄弟单位之间开展"联学"活动，交流支部工作经验，提高学习教育实效。二是推广使用"支部工作"APP。"支部工作"APP引入"互联网+"思维，把从严治党的要求延伸到基层每一个支部，落实到每一名党员。通过各级党组织的努力，中心已经完成了"支部工作"APP的组织推广及注册工作，实现了党员教育、管理、监督和服务及党务管理的信息化。三是开展先进典型推荐活动。为深化"两学一做"学习教育，促进党支部工作融入工作、显成效，中心党委开展推荐"两学一做"先进典型人物活动。该活动讲述党员在防控疫情的工作中率先垂范，在挂职锻炼、健康扶贫的一线敢于担当，在科研攻关、参与国际合作中起模范带头作用，在完成各项医改任务、解决各种工作难题的实践中不畏艰辛，在参与少数民族地区政治维稳、保障民生的基层战役中勇挑重担，在做好后勤保障、服务中心工作中尽职尽责的先进事迹，引导中心党员干部以身边先进典型为榜样，真正把"两学一做"学习教育和党员先锋模范作用体现到履职尽责、创先争优的工作实践中。

三、下一步工作建议

"两学一做"学习教育的实践，增强了党员第一身份的意识，解决了党支部

和党员的一些认识层面的问题，对党组织生活的正常化制度化、党员教育的常态化有了极大的加强，对基层党支部工作中存在的问题有了进一步的认识。我们认为，问题的根源在于对基层党组织如何全面从严治党的认识不到位，没有真正把党建融入全局工作中去，存在“重业务、轻党建”的思想倾向，“党建说起来重要，做起来次要”。随着形势和任务的不断变化，党支部工作中还会出现新的不适应的地方。所以，需要抓住党支部建设中的关键点，久久为功、持续发力，才能使党支部工作不断适应新形势的要求。

（一）学习最新文件精神，严肃党内政治生活

党的十八届六中全会审议通过了《关于新形势下党内政治生活的若干准则》，着力解决当前党内存在的突出矛盾和问题，我们要认真学习文件精神，准确把握精神实质，做好新形势下党支部工作。一是认真执行党内政治生活制度。坚决落实“三会一课”、组织生活会、民主评议党员、党员党性定期分析和党员领导干部民主生活会、党员领导干部双重组织生活等制度，提高党内政治生活质量。强化党内政治生活制度的约束力和执行力，促进制度效力和功能作用的发挥，增强党组织的凝聚力，强化内部监督，增强党员的制度意识，形成遵守制度的良好氛围。二是推进党内政治生活方式方法创新。在继续坚持和发扬传统政治生活方式的同时，还要适应形势发展需要，不断创新党内组织生活的方式方法。比如，可以充分利用互联网思维创新党的组织生活形式，使其更富有时代气息、更有效率、更容易被人接受，以提高其吸引力和感染力。三是加大经常性督导力度。把重点放到党支部，除参加现场活动外，还要通过查阅记录、个别访谈、检查台账等方式，检验支部该学的内容完成了没有，该坚持的制度落实了没有，该参加的党员参加了没有。对于督导中发现的问题要及时指出，对于新鲜经验和有益做法要做好总结推广，并按照思想建党和制度建党相结合的要求，提炼上升到制度层面，以制度形式固定下来、坚持下去。

（二）不断强化党员意识，促进支部工作有序开展

只有不断增强党员意识，才能促进支部工作的有序开展。一是通过学习强化党员意识。党员意识来源于对党的性质宗旨、党的奋斗目标和阶段性任务、党员权利和义务的准确把握，只有通过学习，回溯党的历史，重温党内法规的规定，掌握不同时代、不同阶段赋予党员的使命，才能明晰党员意识的内涵，发挥党员意识对于党员思想行为的引领作用。二是通过榜样示范强化党员意识。榜样的力量是巨大的，当今的党员教育仍然需要榜样。通过塑造、树立榜样党员，将其作为全体党员学习、追赶的标杆，发挥榜样党员的示范、带动作用，进一步强化全

体党员的党员意识。三是通过制度建设强化党员意识。党员意识的强化主要依靠党员自身的修养，但需要相应的制度安排和制度保障。例如，对缺少担当意识，不作为、懒作为的党员干部及时调整岗位，对于其强化担当意识具有警示作用；对于在党不言党、不爱党、不护党、不为党的党员及时进行批评教育，不断探索建立党员退出机制，有利于强化党员的政治意识、宗旨意识和底线意识。

（三）加强支部班子建设，提高支部工作能力

党支部书记和委员在基层组织工作中处于纽带和领头羊的地位，他们对岗位职责的认知程度和履职能力将直接关系到党支部完成工作任务的实际状况。所以，做好党支部工作重点要抓好党支部书记和委员这个关键。第一，要探索制定基层支部书记和委员的岗位责任制，并将支部书记和委员的工作纳入绩效考评体系。通过建立岗位责任制，在定性和定量两个层面规范支部的工作定位，明确支部书记和委员的工作范围，使支部书记和委员的工作有目标可循。通过纳入绩效考核，进一步激励支部书记和委员从事党务工作的积极性。第二，在当前中心党支部书记和委员普遍兼职化的情况下，亟须加强基层党支部的培训体系建设，提高支部书记和委员的素质。要将党支部书记和委员培训纳入干部继续教育和绩效考评体系，积极为党支部书记和委员培训提供必要的资源和服务，确保支部书记和委员培训落到实处。第三，应树立开放意识，从过去以单向灌输、封闭式教育转为互动式、开放式教育，注意利用现代信息技术手段，不断提升培训的质量。同时，应树立“大培训”观，采取走出去、请进来的方式，既结合事业单位实际，又接触不同领域和系统的工作，使基层党务工作者的视野不断开阔。还要注意突出重点，分类培训。例如，对科研人员兼职党务工作的，应加强党的基本知识、基层党务知识及管理知识的培训；对行政管理人员兼职党务工作的，应加强党的基本知识、业务知识等方面的培训；对于专职党务干部担任党支部书记和委员的，应加强党的最新会议精神和理论知识的培训。通过分类培训，使党支部书记和委员掌握做好党的工作的本领和技能。

总之，在新形势下，加强和改进党支部工作，必须按照全面从严治党的要求，认真贯彻落实“两学一做”学习教育，进一步解放思想，实事求是，与时俱进，始终围绕党的中心工作，自觉履行党支部的职能，只有这样才能使基层党组织始终焕发出勃勃生机，永远保持强大的创造力、凝聚力和战斗力。

课题组：中国疾病预防控制中心

国防科研单位青年拔尖人才培养模式研究

——以中国工程物理研究院北京应用物理与计算数学研究所为例

北京应用物理与计算数学研究所

一、青年拔尖人才培养的国内外现状

（一）研究背景

2016年5月，习近平同志在全国科技创新大会、中国科学院第十八次院士大会和中国工程院第十三次院士大会、中国科学技术协会第九次全国代表大会上强调，“科技人才培育和成长有其规律，要大兴识才爱才敬才用才之风，为科技人才发展提供良好环境，在创新实践中发现人才、在创新活动中培育人才、在创新事业中凝聚人才，聚天下英才而用之，让更多千里马竞相奔腾。”

习近平同志在全军装备工作会议上指出：“要坚持人才队伍建设优先，放开视野选人才、不拘一格用人才，把国防科技和装备领域打造成国家创新人才的高地、人才成长兴业的沃土，形成各类人才创造活力竞相迸发的生动局面。”

国防科技工业通过几十年来的发展，已拥有我国顶级的科技水平，高新尖端武器频频亮相，军民融合深度发展，特别是近几年来，多家军工集团跻身世界500强。同时，国防军工科研队伍也人才辈出，培养和造就了包括近几年获得国家最高科学技术奖的“预警机之父”王小谟、核试验科学技术的创建者程开甲、“氢弹之父”于敏，以及“感动中国”评选出的朱光亚、林俊德、罗阳、师昌绪等为代表的杰出科技创新人才，他们成为国防科技工业的中流砥柱。

然而，我们也应清醒地认识到，我国的基础工业水平，特别是一些关键材料、关键技术、自主创新能力等仍与世界先进水平之间存在差距，这些重点领域的突破对于科研队伍提出了更高的要求。而国防科技关乎国家利益，是世界各国的重点保密领域，对于任何国家而言，相关的关键技术及能力都不可能从外界获得，各类高、精、尖技术的掌握，只能依靠自身力量，完全自主创新。新形势下，青年科研人员已成为攻关团队的生力军、主力军，肩负着重要的使命。科学的未来在青年。有研究表明，自然科学发明的最佳年龄段是25～45岁，峰值是37岁。“青年拔尖人才支持计划”是国家人才发展规划确定的12项重大人才工程之一，重点培养支持国内35周岁以下的优秀青年人才。

由此，本课题结合国防科研单位的特点，主要探讨国防科技领域有突出潜力的青年科技人员的培养机制。青年拔尖人才的培养大都要经过“选”与“育”两个过程，也就是包含人才引进和人才培养两个环节，环节多，范围广，无法一一论述。本文重点探讨在国防单位青年拔尖人才培养机制中，培养模式的选择、青年拔尖人才预备人选应具备的特质及培养过程中的问题和建议。

（二）国内外情况

为贯彻落实《国家中长期人才发展规划纲要（2010—2020年）》，我国培养造就了大批优秀青年人才，与“海外高层次人才引进计划”（简称“千人计划”）不同，2012年起，由中共中央组织部、人力资源和社会保障部等11个部门和单位联合印发“国家高层次人才特殊支持计划”（简称“万人计划”）。该计划目标为，用10年左右时间，遴选支持10 000名左右自然科学、工程技术等教育领域的杰出人才、领军人才和青年拔尖人才，形成与“千人计划”相互补充、相互衔接的国内高层次创新创业人才队伍开发体系。

“青年拔尖人才支持计划”是中共中央组织部“万人计划”的一部分，重点培养支持国内35周岁以下的优秀青年人才。在自然科学、哲学社会科学和文化艺术等重点学科领域，每年重点扶持一批青年创新人才，把他们培养成为本专业领域品德优秀、专业能力出类拔萃、综合素质全面的学术技术带头人，形成我国各领域高层次领军人才的重要后备力量。申报者应符合具备博士学位等硬件条件，同时应拥有在同龄人中具有突出的专业水平和发展潜力的“软实力”。主要是遵循科学人才观，不简单以论文、职称等外在条件论“英雄”，而是强调发展潜力。“青年拔尖人才支持计划”就是对那些最具创新能力和发展潜力的青年人才给予重点培养支持的专门计划。制订实施这项计划，就是要为他们的脱颖而出开辟一条“绿色通道”，为他们潜心研究提供更有力的保障。

我国也相继制定了一系列关于青年科技人才激励、深化改革等相关政策，诸如《国家中长期人才发展规划纲要（2010—2020年）》、“国家高层次人才特殊支持计划”、《国家自然科学基金条例》、《国家杰出青年科学基金项目管理办法》、《国家自然科学基金青年科学基金项目管理办法》、《国家百千万人才工程实施方案》、《青年拔尖人才支持计划实施办法》、《“长江学者奖励计划”实施办法》、《专业技术人才队伍建设中长期规划（2010—2020年）》、《关于加强青年科技创新人才培养工作的实施意见》、《关于深化人才发展体制机制改革的意见》。

美国能源部国家核安全局为了吸引人才通常采取以下几种方式：与大学合作，制定满足科研任务需求的学位计划和课程内容；实施学徒计划；提供实习职位等寻找最佳的潜在员工；通过校园招聘直接从应届毕业生中选拔；通过为其他学术机构的博士生提供奖学金，从而提升招聘机会。

俄罗斯通过立法先行的方式，制定了一系列的重要法律法规，如《俄罗斯联邦高等教育多层次结构暂行条例》《俄罗斯联邦保护和发展科技潜力紧急措施》《“关于科学和国家科学技术政策”联邦法》等，为培养科技人才、减缓人才流失压力和激励科技人才回国提供法律保障。

从奖励层面来看，国外政府设立奖励多是以个人奖励为主，即奖励科技工作者或工程师本人，中国则多以奖励项目为主；注重对有发展潜力的科研成果或青年科技人才进行奖励；科技奖励少而精；与中国不同的是，国外政府奖励范围更宽，在自然科学和工程技术领域以外，还对人文社会科学进行奖励，涵盖了科学研究的各个领域；奖励更注重荣誉性，授奖规格也很高，由总统或其他国家领导人亲自颁奖，彰显对科学技术的重视。

（三）研究基础及意义

北京应用物理与计算数学研究所（简称九所）自1958年建所以来，已产生过4位“两弹一星”功勋奖获得者、1位国家最高科学技术奖获得者、14位院士、9名杰出青年基金获得者，仅“十二五”期间入选国家“万人计划”的就有4人，入选科技部创新人才推进计划3人，入选国家百千万人才工程3人。本文旨在围绕培养模式总结归纳，分析现状，指出问题，提出建议，希望能够对更好地完善国防科研单位青年拔尖人才培养体系做些有益的工作。

二、影响国防科研单位人才培养模式形成的特殊因素

国防科技工业所涉及的科学技术研究内容，大部分是围绕国防装备开展的，故其工作本身具有保密性、继承性、综合性和长周期性等特点，这一现实也决定了该行业与其他科研单位的人才培养模式有所不同。

首先，国防科研单位的行业特点就是保密性，科研工作从内容、过程到成果都有严格的保密要求。科技工作者只有在参与了具体工作后，才能够了解相应的科研信息。这就意味着对欲上岗人员的培养将处于一种相对封闭的环境及状态，只能在科研单位内部自主进行，既无法完全委托其他机构培训，也无法在高校等高等教育单位内全面完成。

其次，国防科研单位的科研工作通常都有继承性。对于国防科技工业这样的大系统科学工程，一项国家任务的完成，产品的改进、完善，大都离不开前人的工作基础。多年积累的经验、教训都是事业发展宝贵的“教科书”，科研队伍的培养同样要经由成果继承、经验继承这条必由之路，这就决定了只有任务承担方才能够有条件进行系统的、有针对性的培养，才有可能在继承前辈工作的基础之上，有所创新、有所突破。

最后，从大系统工程多学科集成的特点来看，科技人员需要以某一专业为基础不断扩充其他相关专业知识，形成由点到面、相互交叉的知识、能力网络体系，知识结构更是具有国防科技要求的综合性特点。例如，设计者要掌握物理、数学、力学、材料学等全方位的基础知识，更要精通工程制造生产因素对设计的影响，在结构空间有限的情况下，考虑冗余设计，最终保障产品的安全性、可靠性。知识结构和能力要求均具备综合性，是国防科研单位科研人员应该具备的基础条件。

以上三个特点也决定了中国工程物理研究院（简称中物院）科研拔尖人才培养较之于其他行业拔尖人才培养具有更长的周期。

综合上述，国防军工科研单位科研人员的成长与事业背景密不可分，具有其特殊性，自主培养模式就成为现阶段人才培养的主要形式。

三、中物院九所青年拔尖人才培养现状

（一）“自主培养为主”的两段式培养模式的形成

事业初创（20 世纪 50 年代）至改革开放之前，由于到中物院工作的人员几无流动，所以拔尖人才的培育是在一个与外界隔绝的封闭环境中完成的。形成了

人才队伍在工作中摸索、历练、成长，以“老师带学生”导师制为主的培养模式，这种现象一直延续到20世纪六七十年代。

“文化大革命”期间，从1966年起大学停止招生，直至20世纪70年代初才开始招收少量的“工农兵学员”，一直到1978年恢复高考恢复招生。在10多年中，出现新进科研人员断档、培养拔尖人才苦于缺乏后继者、培养工作渐渐式微的现状。

为了解决科技队伍后继乏人的问题，1982年前后，在有了新毕业的大学生入院工作之后，指定由某一个老同志负责重点培养一名青年科研人员。1984年始，中物院又成立了专门的研究生培养机构，建立了相应的自主型人才培养机制，逐步形成了以“两段式”为代表的自主培养青年拔尖人才的培养模式。

在此模式之下，中物院产生了一大批领军人才，推动了自身事业的发展，取得了一系列重要的技术突破。同时，也可以看出中物院的青年拔尖人才的培养从来就没有突破过中物院的苑囿。这种模式的形成及得以延续，缘于上文所述的国防科研单位保密性、继承性和综合性等特殊因素。

（二）“自主培养为主”的“两段式”培养模式的主要内容

“自主培养为主”的“两段式”培养模式，分为前期培养和后期培养两个阶段。

1. 前期培养

1）前期培养的方式方法

前期培养的对象主要为与高校定向培养的本科生、中物院研究生院招收的研究生。前期培养的任务主要包括两个方面：一是按照中物院九所对知识结构的要求进行必要的知识构建、宣贯九所科研文化，使其认知和认同；二是对于培养对象进行必备的基本素质考察。前期培养一般借助高等教育机构完成。研究生阶段与九所特点相关的特定学科知识，则由九所的该领域专家进行直接授课。具体情况如下。

（1）与知名高校联合招收定向生。为解决入职后的衔接问题，使青年科研人员比其他应届生更早地对即将从事的工作有所了解，按照单位需求，为高校定向生设置专业对口的部分指定课程。但由于高度保密的事业要求，这类培养在一定程度上仍然仅仅限于基础性、普适性的知识、能力和技能培养。此外，常态化的在寒暑假组织定向生到研究所进行实践交流，加强定向生对未来从事事业的理解，同时让其感受研究所的文化氛围，增强其归属感。

（2）研究生教育、博士后流动站。自1984年中物院开展研究生教育以来，研究生已覆盖全院各研究所。九所每年借助中物院研究生院招收指定专业的硕士、博士研究生，并自主招收博士后，由九所在职导师指导其完成研究生课程及开展研究工作。研究生及博士后阶段，学生以部分参与导师课题研究的方式，掌握九所理论研究的基本方法，融入科研团队，为后续加入九所、从事主体任务打下良好基础。导师也可以在研究生阶段更好地考察学生的能力和素质。

以上为青年科研人员前期培养的几种主要形式，这个阶段还应该注意对接受前期培养的人员进行考察和选拔，以确定青年拔尖人才的培养对象候选人。被确定的培养对象进入工作岗位之后，就可以开始后期培养，在岗位实践中快速成长。

2）国防科研单位青年拔尖人才核心素质模型

拔尖人才被界定为在智力、创造力、艺术、领导才能或特殊学术领域具有显著高成就和能力的个体。

在拔尖人才的产生方式中，关于先天生成还是后天养成一直存在着争论，支持“卓越乃与生俱来”的学者认为天赋是一种相对固定、静止于个体身上的特质；而支持发展模式的学者认为天赋是一个相对的、运动的、发展的、变化的产物。两种分歧由来已久。正统教育学理论常常把拔尖人才的成就归咎于个体的智商和努力，即传统的“智商 + 动机”模式，马尔科姆•格拉德威尔认为拔尖人才的产生更多地得益于后天因素，如文化背景、家庭培养、时代趋势、教育机会等。所以，拔尖人才的产生是一个培养锻造的过程。长久的努力、广阔的视野、频繁的练习可以将个人推向创新和卓越。

已有的研究成果指出，青年科技人才核心能力素质按照重要性进行排序，包括 29 项基本素质。其中，前 15 项基本素质为系统思考、创新能力、责任意识、团队协作、知识更新、吃透技术、总结提炼、严谨细致、人际沟通、善于钻研、踏实务实、敬业奉献、分析判断、计划执行、积极进取（图 1）。

结合多年来的青年人才培养经验，国防科研单位的青年拔尖人才需要重点强调的核心素质如下。

一是责任意识。由于国防科研领域对于国家利益的重要性，其从业人员必须具有正确的世界观、人生观、价值观，即具有鲜明的爱国主义精神和追求真理的科学精神。工作研究领域必须与国家任务和攻关方向相符，要有啃硬骨头、坐冷板凳的精神，这点与其他科研单位和高等院校以学科热点、国际热门领域、感兴趣的研究方向为工作重点是完全不同的。因此，这也成了选择拔尖人才培养对象的前提之一——有明确的大局观，服从国家利益、国家任务的需求。

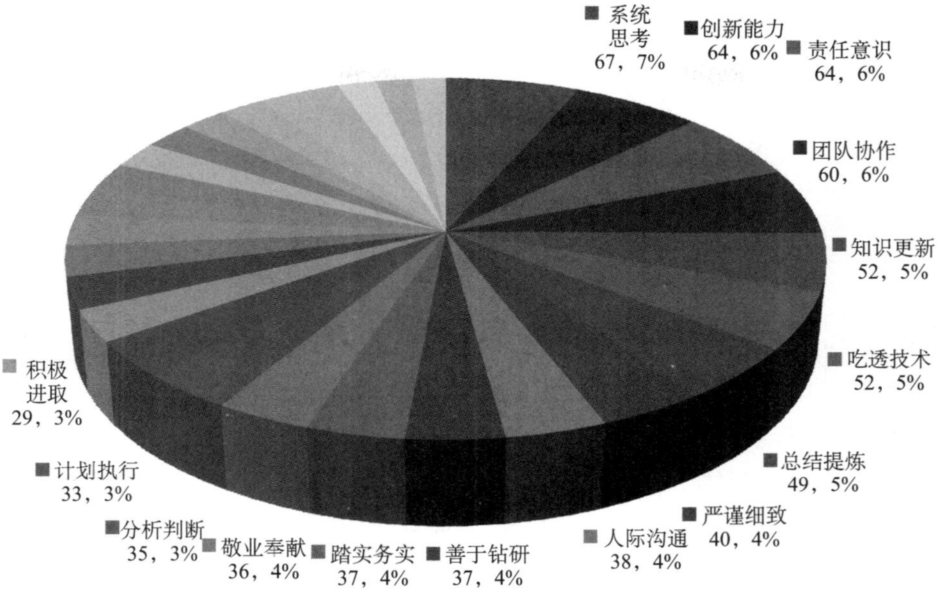

图 1　青年科技人才核心能力素质图示

二是协作意识。国防科研领域是团队协作的大系统工程，无论是小团队突破技术难关，还是大集体设计制造完整产品，集智攻关与团结协作密不可分，团队间合作、单位间合作、行业内合作都是必不可少的，这也就对拔尖人才的沟通、协作、组织、协调意识提出了更高的要求。

三是创新意识。国防科研领域对人才素质的特殊要求就在于创新。关系国家重大安全利益的研究很难从公开材料和学术交流中获得相关信息，也不可能照搬国外或其他行业现成的技术和经验。只能自力更生、自主创新，一步一步发展我国的自有体系，这也是我国国防科技领域从诞生时就具备的特性。所以，国防科技领域研究人员的创新能力尤为重要。

科研人员只有具备了青年拔尖人才的核心能力、国防科研单位的综合素质要求，才有可能成长为国防科研领域的青年拔尖人才，在这个成长过程中，单位的培养至关重要。

2. 后期培养

后期培养的对象为新招收的职工、所聘博士后、在职职工中确定为拔尖人才培养对象者。

后期培养的主要任务为继承成果、把握特殊经验和技能，包括工程经验的学习、适应任务的科研方式、科研工具的掌握、必备专业知识的补充等。

1）后期培养的有效做法

设立“所聘博士后”流动站。博士后流动站既是高端人才的培养平台，也是非常重要的拔尖人才培养对象的蓄水池。结合研究所特点，区别于传统意义上的“博士后”流动站，九所从2014年起，设立“所聘博士后”流动站。“所聘博士后”流动站成为研究所对未来引进人员的考察平台，同时是一个更加完善的培养模式。2年的流动时间，可以有针对性地对引进人才从学科体系、工程实践等多方面进行培养，实现出站后与研究所科研任务“无缝对接”。“所聘博士后”也设立相应的淘汰竞争机制，有利于激发青年人才的潜力和主观能动性。

实行“双导师”制培养。九所科研工作大致可分为工程、基础两大类型。工程类科研人员主要以设计师团队为主，这类人员更多需要工程经验的学习、实验流程的熟悉、军工标准和规范的认知、精确把握客户需求，才能更好地设计产品。基础类科研人员从事预先研究及在具体任务中抽象出的基础问题研究，需要探索未来任务的发展方向及解决目前任务中的难点、疑点，包括以模拟仿真等手段解决工程中的问题。前者的培育更多地需要本单位系统性的设计，更需要“导师”从入门开始手把手的指导；后者的培养更多需要扎实的理论基础和逻辑思维能力，以及对前沿学科发展的追踪跟进。

根据九所的工作特点，“所聘博士后”采取“双导师”制。科研室引进的“所聘博士后”，还需从基础科研室从事相关专业的导师中挑选一人作为第二合作导师，负责“所聘博士后”的基础科研训练；反之亦然。同时鼓励学生在基础和任务间适当流动，促进基础和任务的双向交流。“双导师”培养制度的实施，可以更好地将基础研究和工程任务相结合，有利于拔尖人才的培养。同时，导师也为“所聘博士后”积极搭建多种平台（各类基金、任务），让其根据自己的兴趣、个人的特点进行任务选择，由易到难，在实际项目的完成过程中，在导师指点之下有序成长。因此，“所聘博士后”期间对于培养对象兼顾“理论”和“工程”培养，由工程和基础两位导师共同指导的“双导师”制更能适应九所的青年拔尖人才培养。

“所聘博士后”搭建起来的人才引进桥梁，在过去几年的试点工作中，显示出科学性和可行性。在2年的博士后首聘期内确保挑选到优质人才，并尽快进入具体工作岗位培养，使其能够及早进入核心研制工作，承担国家任务。

在科研项目和工程团队中在岗培养。此阶段主要针对在职职工进行培养。在通过了前期培养选拔进入科研岗位、开展任务研究，甚至确定为拔尖人才培养对象者之后，在科研项目和工程团队中实践提升，不断成长是行之有效的培养方式。

这一阶段培养的主要任务为继承成果、把握特殊经验和技能，包括熟悉工作流程；学习适合岗位的科研思维方式、掌握与工作岗位相适应的科研手段和工具；适当补充必备的专业基础知识等。

2）后期培养的主要内容

（1）传承核心智力。根据任务性质不同，培养对象涉及的知识体系、工作内容也都不同，需对其开展相应形式的知识传承、工作经验传承活动，为进入工作岗位打好基础。近几年，九所已经开始组织实施邀请院士、老专家回到基层科研单位讲述曾经技术突破的经历的活动，让他们传授多年积累的经验和知识，以实现九所核心智力传承。

（2）传承科研文化，引导价值导向。在几十年的发展历程中，九所始终秉承“铸国防基石、做民族脊梁”的核心价值观和“爱国奉献、艰苦奋斗、协同攻关、求实创新、勇攀高峰”的“两弹”精神。在这一体系下形成的文化，是九所继续健康发展的保障。随着时代的发展，研究所的科研文化也在不断注入新的内涵，顺应时代发展，科研人员、拔尖人才都需要认同、尊崇并传承单位的组织文化，在积极向上的科研文化氛围中推进事业发展。

（3）在团队中培养拔尖人才，并培育协作意识。现代科技发展、科学研究有越来越依赖共同攻关的趋势。在实际任务中学习和积累工作必需的经验，给青年科研人员压担子，基于其未来发展目标设计工作任务，让其对所从事的工作任务认同，逐步形成“我要做”的意愿。工作设定时要考虑分配其不完全是其分内的工作，以此激发青年科研人员的主观能动性。九所目前实施的团队化管理，不再只是传统的按照课题分组，而是注重打造团队的整体实力和攻坚能力，使团队内部分工合作完成多项任务。老专家的“传帮带”作用明显，使拔尖人才培养对象在团队的氛围中不断成长，并得到协作意识的训练。

（4）跨岗位交流。拔尖人才需要具备“一专多能”的能力。九所也设置并实施了跨岗位交流的工作模式，让培养对象在科研基础研究和工程任务攻关单位之间调动。一方面，促进双方合作；另一方面，使培养对象在任务中更好地提炼问题、解决问题，提升其综合能力。同时，在工程任务遇到瓶颈时，发挥其基础理论扎实、科研分析能力突出的优势，解决国家重大工程任务。近几年，重点培养的科研人员，通过跨岗位交流都已成长为科研骨干、拔尖人才。

四、九所“两段式”培养模式特点分析

（一）符合九所对人才的需求

通过多年运行来看，此培养模式下培养的年轻科研人员，基本符合九所人才

使用的需求。在某些核心领域也满足了对拔尖人才的需要，在一些未来发展的科研领域，实现了人才储备。

（二）“两段式”培养模式与“70—20—10”法则的比较

“70—20—10”法则是麦肯锡的一项研究成果，它很好地解决了培养效果的问题。麦肯锡的研究结果表明，三种人才培养途径（在岗培训、向他人学习、自我学习）在个人发展和对单位绩效所产生的影响方面的有效性不同，因此在不同方式上分别投入的精力应为 70%、20% 和 10%。

在岗培训（实践），在岗位工作中给予岗位工作以内或相关的具有挑战性的工作，带着培养的目标给予工作任务，旨在帮助职工成长。这种方式被认为是能够为单位绩效的提升和员工的个人发展产生最直接影响的一种培养方式。这种培养中的任务是基于未来发展目标而设定的，能够更好地激发员工对于任务的认可。员工通过工作经验来不断学习和提高，因此在这个层面上的培养所花费的精力应在 70% 左右。

向他人学习（互动），也就是我们通常所说的导师制等，即在单位内部找到多个行为标杆，进行交流和模仿，分析其成功的原因，从单位的角度考虑如何能够很好地辅导下属，帮助其实现绩效的提升和能力的发展，并为这些辅导者提供相应的技巧和资源支持，这个部分的学习被认为产生的影响是居中，建议花费 20% 的精力即可。

自我学习（培训），如课堂培训、书本学习等，这种方式的学习被认为对于个人发展和单位绩效的影响比较低，于是建议在这个层面花费的精力在 10% 左右即可。

“70—20—10”法则指出的三种培养方式，虽然有效性各不相同，但需统筹考虑，只有三种方式相结合，才能达到更好的人才培养效果。

九所的“两段式”培养模式与“70—20—10”法则基本符合。其中“前期培养”对应“自我学习”阶段，“双导师制”对应“向他人学习”阶段，“在科研项目和工程团队中在岗培养”对应“在岗培训”阶段。投入的时间和精力比例也基本符合这一理论，即效果最好、培养投入最多的部分为在岗培养阶段。这也从另一个角度看出，九所的“两段式”培养模式是符合通用的培训法则的。

（三）影响“两段式”培养模式运行的一些问题

1. 青年拔尖人才队伍建设呈现后备力量薄弱的现象

九所拥有的 14 位院士中，仅有 1 位在 60 岁以下，获得国家杰出青年科学基金者累计共 8 人，目前均已超过 45 岁。45 岁以下的学术骨干人员，尤其是 35 岁以下的青年科研人员，能够称得上拔尖人才的凤毛麟角，人才队伍整体呈现后备力量薄弱的现象。产生这种现象的原因大致有四个方面。一是，老一辈专家学者多是中华人民共和国成立初期为了事业需要国家统一调派的，几乎集中了全国最优秀的科技工作者，他们在事业创立和重大突破中取得了非常重要的成绩，很快成为该学科的中流砥柱，但现在这些人已经年过耄耋。二是，恢复高考后，大学毕业仍采用分配工作的模式，很多国内顶级大学的优秀毕业生源源不断地被分配到国防科研单位，他们这一批人在老一辈专家的直接培养下，成长迅速，经验积累快，在 35 ～ 45 岁时就已经成了学科带头人或是拔尖人才。但改革开放之后，伴随着一波一波的改革潮和出国潮，这其中离职人员较多，留下的拔尖人才也大多年近花甲。三是，20 世纪 90 年代大学扩招之后，不再进行统一分配，经济发展使得大量高等教育的毕业生选择进入其他收入竞争性高的行业，而此时国防科研单位在薪资待遇和发展前景等方面并没有明显的竞争力，人才引进方面处于劣势。所以这个阶段引进的人员少，且国内顶尖大学的研究生较少。四是，大量的本科毕业生选择继续攻读硕士、博士，这也导致青年科研人员在学校培养的时间变相延长，而国防研究所从事的行业特征又需要数年甚至更长时间的积累，才能成长为领军人才。目前招收的博士毕业生，所聘博士后出站后，成为九所正式职工已 30 岁左右。所以人才队伍年龄梯度已逐步呈现出青年拔尖人才储备不足的现象，部分已培养成功的人才，由于年龄的限制，也已无法冠以青年人才头衔。从这一侧面就已经反映出拔尖人才队伍整体呈现后备力量薄弱的现象。

2. 任务繁重对拔尖人才迫切需求与培养周期长之间的矛盾

基于九所的科研现状，在所内的调研中，基于“投入人力折合全时当量（人年）”的统计，已有数据充分说明，全部科研人员都在超负荷运转，且部分科研任务已通过机关管理人员承担的方式进行分解。而随着“十三五”开局，国家及军方任务量与要求的不断升级，未来将面临更加繁重的科研任务局面。由于国防军工行业处于发展的快速上升期，工作任务量大、时间节点要求紧、工作质量标准高等诸多因素，对从业人员的数量和素质要求在不断提高。大批量任务导致人力资源不足、人员缺口大。而由于国防科技保密性强等特点，对社会人员（含归国人员）的招聘较为严格。

然而，目前的新进人员大部分来自国内高校的应届毕业生。人员招聘更多地关注其毕业的高校（是否为“985 工程”高校毕业）、发表论文水平等方面，这些新进人员具有普适的知识结构，有的在高校中培养出较为扎实的基础科研能力和良好的学习、科研习惯。但是，高等教育的科学研究与国防军工科研领域的科研衔接存在较大差异，高校普遍存在“重研究、轻工程”的培养现象，毕业生大多没有从事过大系统科学工程研究或工作的经历，也没有完整的工程实践意识，他们入职后，并不了解国防科研单位特殊的科研思维模式、组织文化，对行业规范性、可靠性等国防军工工程领域特殊的参数体系认识不足。对于特定岗位，新进人员只有通过系统培养、严格的训练，经历一个以岗位为基础的点对点的完整、全面、系统的培养过程才能胜任事业要求，这就使得大部分新进人员参加工作后不能马上成为合格的任务完成者。有的国防科研单位迫于任务的压力，对科研人员存在“重使用，轻培养”的现象。为满足任务需求，部分单位希望招聘来的人员立即就能用上、用好，这使得有些新进人员被迫“赶鸭子上架”，没有时间接受工作岗位所要求的系统、扎实的培训，在工作过程中，往往也只能“头痛医头，脚痛医脚”，遇到什么问题就限于解决什么问题，一叶障目不见泰山，无形之中延长了新进人员的成长周期。

以九所为例，从学生阶段、博士后阶段开始介入培养，但从应届生入所到能够独立承担重要课题，需要漫长的培养周期。从过去的经验来看，成长为拔尖人才、科研骨干，大致需要数年时间，其中要花费相当长的时间来学习前辈们传承下来的资料和方法。其中包括了解武器发展历史，学习把握以往试验相关技术及结论，理解系统的框架，掌握物理机制、熟悉应用程序、分析实验数据分析等全方位的培养。较长的培养周期是储备人才严重不足的重要原因之一。

两者之间的矛盾，导致目前的培养模式虽然科学有效，但培养速度渐渐与对领军人才的迫切要求不相匹配。

3. 人才引进难导致拔尖人才遴选蓄水池储备不足

作为青年拔尖人才培养的资源之一，海外归国科研人员数量虽然呈逐年上升趋势，旨在直接引进“海外专家”解决科学研究中的“硬骨头”，但实践证明，引进过程并不容易。一是出于保密等方面考虑，对海外引进人才限制较多，引进周期较长，引进后还会有必要的考察期，他们短时间内参与课题的深度会受到影响；二是简单地移植国外的有效做法和经验，在九所未必适用。对于国内高层次人才，受限于九所单位的性质，科研人员管理严格，科研过程管控流程复杂，如果再无法提供相比于其他科研单位更加优越的硬件条件，就很难吸引到急需的人才。而高层次人才即使加入科研队伍，也仍需要一段适应周期，同时也需要经历岗位培养。所以，高层次人才引进难而且未必能够满足九所事业的需求，也成为人才引进的一个难题。

而另一方面，无论是博士后还是所聘博士后人数与目前所内的科研任务相比，都明显不足，使得“蓄水池”作用发挥得不明显，在选拔引进人才时，可选择性不大。

4. 培养成本高与拔尖人才培养模式中缺乏“流出”机制的矛盾

上文论述的九所“两段式”培养模式，虽然从理论和实践两方面均证明了其合理性和科学性，但经过长周期的培养，从管理人员投入成本、科研导师培养成本、研究所经费成本、被培养者时间成本等多方面可以看出人才培养的成本较高。而培养过程中，若培养对象因种种原因与所内的任务需求、成长环境不再相匹配时，就缺乏相应的淘汰机制。存在付出昂贵成本，却没有取得预期效果的风险。而“脱密期”制度，也让被培养者在再次就业方面受到影响。因此，培养模式中仍需建立有利双方的“淘汰”机制。

五、国防科研单位青年拔尖人才培养模式的建议

（一）提炼科学问题，发挥基础研究优势解决主体任务难题

将主体任务中的部分基础科研“硬骨头”问题及时提炼成不涉及保密内容的科学问题，对外发布，联合优秀研究团队共同攻关，既可以减轻部分从事主体任务科研人员的负担，使他们专心投入产品设计和工程应用，也可以充分利用优质资源解决难题，提供有力支撑，缩短攻关时间，提高培养效率。

（二）拓展拔尖人才培养对象的遴选范围和渠道

广拓拔尖人才培养对象的生源，依托社会科研力量，与更多的高校和科研机构建立稳定的合作关系，建立所需专业博士后联合培养、交流机制，为拔尖人才培养对象的遴选创造更大的空间，以解决本单位博士后培养成本高、培养人数不足的困境。

（三）完善培养体系，缩短人才成长周期

1. 工作分配与自我选择相结合，启发和保持科研好奇心

要想让科研人员始终钟情于科学研究与实践，保有科研好奇心是重要的前提条件。在与国家任务相结合开展科研活动的过程，与前期自我学习阶段有着较大的区别，如何实现科研好奇心的顺利过渡，并且将其保持下去，是后期培养需要解决好的一个问题。

以“工作分配与自我选择相结合”为原则，坚持从工作任务需求出发，又注意尊重个人兴趣、发挥个人特长，使个人兴趣与任务有机结合。同时，为科研人

员提供更多形式的、具有挑战性的研究课题，供研究人员选择，使其既完成了工作任务，又可以为科学问题好奇心找寻到适宜的支点，并得以持续保持。

2. 科研驱动力的建立与维护，坚持“在培养中使用，在使用中培养”

使科研人员有不竭的工作动力，就要正确认识并把握科研驱动力的形成缘由和不同层次。从事业发展、学科发展、感情、物质待遇等多方面，建立形成驱动力的机制，保持科研人员具有持续的科研驱动力。例如，在科研方面，单位可以将工作中的难点和“硬骨头”进行梳理，交由适合的培养对象去“攻关”，建立“在培养中使用，在使用中培养”的机制，促使拔尖人才快速成长。

3. 建立相对稳定的拔尖人才培养工作管理体系

增强拔尖人才培养的计划性，在精心遴选培养对象的基础上，注重导师队伍的建设。对导师的科研能力、责任心、承担的课题情况进行评估，实行“学生”与“导师”的双向选择；培养过程中，把控关键节点，在不同阶段对学生和导师均进行考核，如进站、中期、年度考核等；建立完善的培养结果评价机制，跟踪人才培养的后续效果，并不断反馈，逐步实现制度完备、效果良好的拔尖人才培养管理体系。

4. 进一步优化人才成长环境

成长环境主要由硬环境和科研文化软环境构成。尤其地处北京，面对生活成本不断高涨，吸引人才队伍的硬件环境除了提供科研硬件保障以外，还需要考虑适当提供生活保障，否则在开放竞争的人才市场中，九所并不具有很强的吸引力。另外，营造良好的积极向上的科研文化氛围，是培养国防科研单位适用的青年拔尖人才的重要前提。在培养中适度引入国防军工价值观教育，强化人员对院所核心价值观的认可度和忠诚度，鼓励老专家言传身教，都将更好地助力青年拔尖人才的成长。

（四）青年拔尖人才培养需要处理好几个关系

培养青年人才，对单位未来发展至关重要。基于多年培养经验，总结以下几点在培养青年拔尖人才过程中要处理好的关系。

1. 避免选才时论资排辈现象

选拔培养优秀科研人员，因更注重发展潜力和个人综合素质，“英雄不问出处”，在前面所述的岗位培养中，要敢于向有能力的青年科研人员委以重任，若论资排辈，则年轻科研人员很难脱颖而出。

2. 避免用才时"磨棱角"现象

科研人员创造性强，拔尖人才思维活跃，科研能力强，但往往都有个性，不宜按照标准模式进行培养和要求，追求完人，约束过强，会影响其能力的发挥。培养单位的重点应在大力提供青年拔尖人才从事科学研究和工程实践所需的工作条件保障方面，从人力、物力、财力等多方面系统支持。

3. 处理好"新老"人才之间的矛盾

在青年人才成长期，提供单独的资助，避免"新老"人才因资源问题产生矛盾。目前九所推出"于敏基金"，重点资助45岁以下的青年科技人员，为其提供三年的资金资助。项目资助期间也不再单独设立考核和检查，旨在让青年人员潜心、安心、专心于某个领域的研究工作。

六、 结束语

"工欲善其事，必先利其器。"只有在"自主"的旗帜引领下，培养出一支符合国防事业需求的青年拔尖人才队伍，才有可能撑起那片捍卫祖国国家安全的天空。

总之，在中物院九所从事的特殊领域，青年拔尖人才的培养，必须从实际出发，以开拓创新的精神，建立起适合自身需求的模式，不断改进、不断完善，走出一条具有中国核武器发展特色的青年拔尖人才培养之路。

课题组组长：江　松
课题组成员：魏玉欣　吕　旗　许　洋　庞铁波　应阳君　单剑辉

新形势下科研院所领导干部任职生命周期管理制度研究

中国工程物理研究院化工材料研究所

干部管理制度是规范干部选拔、任用、管理、监督一系列方面的制度体系的总称。党的十八大以来，中央出台或修订的党内法规中，与领导干部选拔任用和教育监督的制度、办法就多达 14 部，这些对各地区各部门认真贯彻中央要求，培养和选任具有较强执政能力和水平的骨干队伍，提供了科学化、规范化的指南和遵循。党的十八届三中全会提出，健全从严管理干部队伍制度体系，是党要管党、从严治党的关键所在。

作为科研院所的领导干部，其成长也是有过程和阶段性的。2015 年 6 月 2 日中共中央办公厅颁发的《事业单位领导人员管理暂行规定》中指出：事业单位领导人员的管理，应当体现事业单位公益性、服务性、专业性、技术性等特点，遵循领导人员成长规律，激发事业单位活力，推动公益事业又好又快发展。

本文按照全面从严治党的新要求，从研究领导干部任职生命周期规律入手，调研了本单位领导干部的现状和外单位成果，从事业发展角度研究，提出了如何制定一套符合科研院所领导干部成长规律的、“务实管用，突出针对性和指导性”的全任职生命周期制度体系，为解决困扰干部管理的突出问题，推动科研院所发展提供了系统化制度支撑。

一、领导干部任职生命周期理论研究

通过翻阅相关文献发现，一些生命周期理论为理解领导干部从“萌芽、成长、成熟、成就和淡出（退出）”等发展阶段提供了丰富的理论资源和分析工具。①全寿命周期管理理论来源于系统论思想和系统工程技术方法，其主要思想，就是从长期效益出发，坚持管理的整体性、动态性、关联性、续时性和全过程性原则，旨在发挥管理对象在全寿命周期内的最大使用价值，从而实现管理效能最大化的管理理念、管理模式和管理方法。②生命周期理论，是由美国经济学家雷蒙德·弗农于 1966 年提出的。其基本含义可通俗地理解为“从摇篮到坟墓”的整个过程。③职业生涯发展理论，是由生涯理论专家萨柏提出的，他把人的职业生涯划分为五个主要阶段，即成长阶段、探索阶段、建立阶段、维持阶段和衰退阶段。在后两个阶段，每一个岗位职群及每一个岗位上的人都会存在职业倦怠现象。④管理者生命周期理论，美国学者汉布瑞克和福克托马 1991 年对总裁任职期间领导能力的变化规律进行了深入研究，提出了总裁生命周期为受命上任、探索改革、形成风格、全面强化、僵化阻碍五个季节模型。21 世纪初，国内学者提出了“国有企业经营管理者任职生命周期”理论，将国有企业经营管理者任职生命周期划分为四个阶段，即磨合期、上升期、成熟期和衰退期。

通过对上述理论进行分析和探究，可以得到以下几点结论。一是几个理论渊源都是系统论和系统工程理论，都运用了系统科学的观点分析研究对象。二是理论在人力资源管理中的应用，都是把岗位职业生涯整个始于“生”而终于“衰”的全过程分为若干阶段，并根据阶段特点提出相应的管控和评估措施。三是任职生命周期理论其所谓的“生命周期”是始于任职而终于退任。此外，领导干部的成长过程与年龄高度相关，年龄级别与职位提升关系密切，中西方组织机构中均有类似的“玻璃天花板”。四是将理论应用于干部管理中，可将干部从入职到任职及退任，即从社会中来到回归社会，作为一个整体来研究和分析，对这个整体进行任前、任中、任后三个阶段管理和评估，建立相应的制度安排，构建管理模式，实现干部自我价值和研究所发展价值的最大化。

二、科研所领导干部队伍现状调研与分析

近年来中国工程物理研究院（简称中物院）及下属各研究所党委认真贯彻执行中央各项制度要求，顺应深化改革趋势，通过不断建立完善干部管理制度，促进优秀人才脱颖而出，使干部队伍结构得到了明显改善，整体素质有了较大提

高，在推进院所改革创新发展中发挥了政治和组织保证作用。

以中国工程物理研究院化工材料研究所（简称化材所）为例：2015 年上半年，伴随着两个科研室的整合和重组 ，三个中心的职能调整，两个机关部门的合并，34 名所管领导干部变化了常态岗位和职务；这其中，有上有下，一部分领导干部从实职岗位退出，转向了技术岗位或专项工作。随后下半年及 2016 年上半年，选拔了一批优秀的年轻干部充实到了领导岗位。伴随着组织机构调整和相应的干部队伍调整，优化了领导干部队伍结构。

本研究采用了问卷测评和访谈的方式，分别开展了四个层次的调研：在团队负责人和所管领导干部队伍中重点针对管理个性和需求调研、在领导干部中开展任职情况调研、在年轻职工中开展“我心目中的中层领导”调研、在院内组织人事干部中开展问题导向调研。多维多角度研究和分析了领导干部管理的现状和特点，论证了建立适应领导干部成长规律的系统化管理制度的必要性和着力点。

（一）开展年轻领导干部与团队负责人领导力测评

化材所引入第三方人才测评机构，特聘请专业人才管理公司，借助国内人才发展评估工具，在 27 名所年轻领导干部和 13 名有发展潜力的所科研团队负责人中开展有关领导力的测评。从测评结果分析来看，得出以下几点结论。

第一，管理技能方面的共性是，“决策判断”“激励推动”方面高于全国常模，“监察反馈”“应变调控”方面较低。说明化材所年轻领导干部和团队负责人在决策上面能够及时准确地作出决定，能够根据不同的下属采取不同的激励方式，实施过激励推动下属，但在过程中的监督控制不够，遇到问题时沟通协调、灵活解决问题能力都不足。年轻领导干部在对目标设置与分解、工作的统筹与安排方面强于团队负责人。

第二，管理个性方面的共性是，“同理心”“支持性”“责任感”“条理性”方面高于全国常模，“权力动机”“适应性”“社交自信”较低。说明化材所年轻领导干部和团队负责人整体上能够一丝不苟地按照研究所的规章制度及岗位要求完成工作，能为他人提供必要的支持和帮助，做事条理清晰、有条不紊。但他们当领导的意愿都不够强烈，更愿意成为个人贡献者，与他人沟通交往时缺乏自信，环境的适应性与主动性还有待提高。年轻领导干部的“洞察力”“理性”“审慎性”等高于团队负责人，团队负责人的“活力”“乐观性”“创新意识”“意志力”高于年轻领导干部。

第三，管理风格方面的共性是整体上放权式特征。年轻领导干部的教练式和指示式特征高，这符合其职业身份。团队负责人的参与式特征略高。

第四，职业锚方面的共性是技术职能型的职业诉求，符合科研所的工作特点。

（二）开展领导干部任职情况访谈

本研究在一部分由于专业原因任职时间长的所管领导干部中开展了谈话访谈。这部分干部大都处于成熟期和衰退期，特别是一部分长期处于基层主任岗位，质量、安全、保密管理及任务和发展的压力比较大，职级已处于所管干部中的高位，不少干部不同程度地出现了“职业倦怠”。

具体表现是：“上级或所领导批示和交办事项，落实不及时，不到位，急事慢办、难事缓办，碰到问题推诿塞责，致使工作延误”；“学习力、思考力退化”；“求稳怕乱，好人思想严重，对不良现象不批评，不动真格”，其“精神状态、执行力、表率作用”发挥不好，减损了干部队伍在职工群众中的形象和威信，给推进研究所改革创新发展带来了较大的负面影响。

（三）在年轻职工中开展“我心目中的中层领导”问卷调研

通过在 141 名职工中开展调研发现，其中 35 岁及以下职工 119 名，35 岁以上职工 22 名；技术人员 75 名，技能人员 38 名，管理人员 28 名。经统计，年轻职工比较喜欢的领导风格是合作型、参与型、专家型领导（图 1）；年轻职工比较佩服的领导特点是理念思路、人格魅力、工作素养（图 2）；对于单位内部存在的问题，年轻职工认为主要是“管理制度”方面的问题（图 3）。

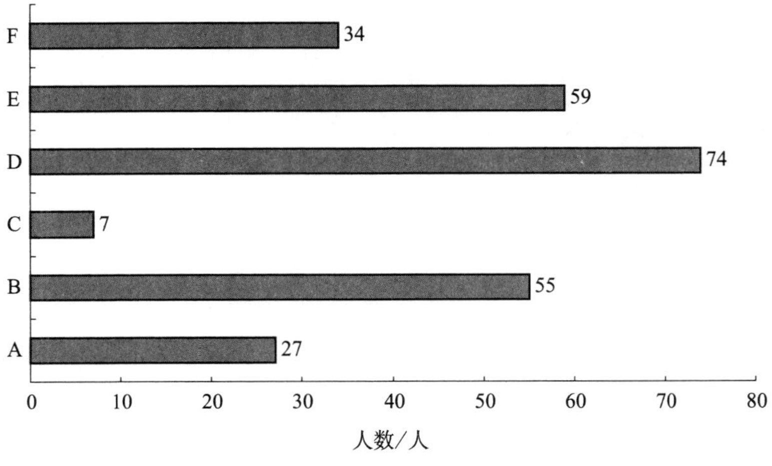

图 1　年轻职工比较喜欢的领导风格

A：教练型领导；B：专家型领导；C：指令型领导；D：合作型领导；E：参与型领导；F：授权型领导

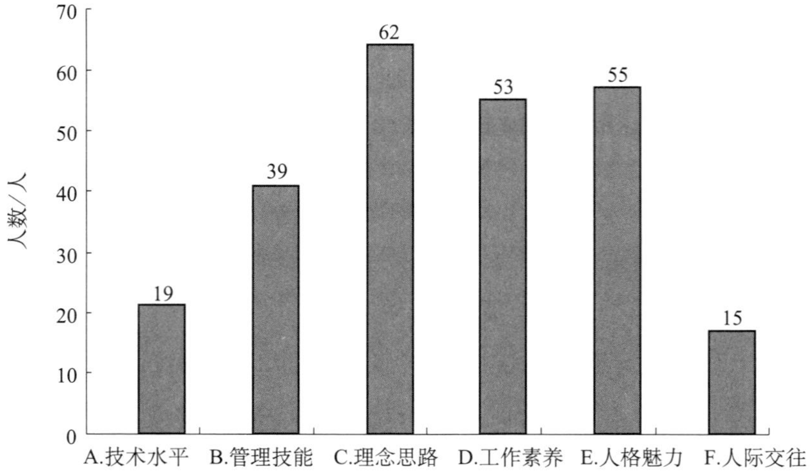

图 2　年轻职工比较佩服的领导特点

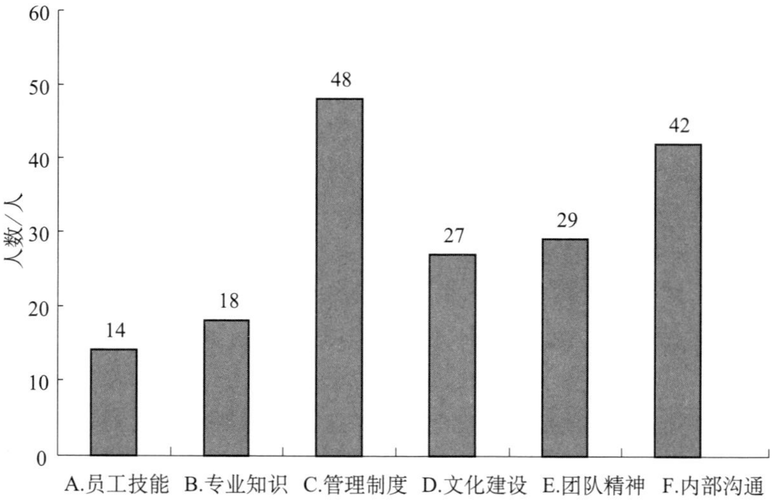

图 3　年轻职工认为单位存在的问题

（四）在院所组织人事干部中开展问题导向调研

研究人员在院所部分组织人事干部中进行访谈，对新形势下干部管理方面存在的问题进行调查分析。近年来院所虽在完善从严管理干部队伍制度体系方面进行了尝试和实践，也取得了一定的成绩，但在实际工作中还存在现实问题，主要表现在以下几个方面。

（1）由于历史原因和事业的特殊性，长期形成的观念障碍局限了视野，部分干部的忧患意识、创新意识不够。

（2）干部选任、评价、考核科学性、体系化不足。一是部分管理制度较为笼统，在具体操作、量化指标、责任认定条件标准、分类处置上相对笼统，制度中的一些关键点难以界定和把握。二是一些管理制度相对零散，系统性不强。例如，围绕干部从严管理，组织人事、纪检监察等部门分别从各自管理角度出台了一系列制度，但这些制度相对零散，缺乏联系、衔接、配套，难以形成有效支撑。

（3）不同程度存在“少数人选人”“在少数人中选人”现象。干部的竞争激励保障机制还没有完全到位，通过改革创新释放科技活力方法不多。

（4）适合科研院所的领导干部考核评价和任期管理还不够科学有效。行政、科技干部双向互动的干部交流和转移机制还未有效建立。

（5）贯彻“从严治党，党管干部，党管人才”原则，将中央干部工作近年来一系列新规系统化、体系化、准确化地在研究所实际工作中落地不够；建立“于法周延，于事简便”的管理办法不多，干部监督合力不够。

三、建立领导干部任职生命周期系统化制度探索和实践

作为国家唯一的核武器研制生产单位，中物院在维护国家主权、安全和发展利益中担当着崇高使命。核武器科技事业具有大科学、大工程、大系统的特点，当前科研生产任务十分繁重，科学技术面临巨大挑战，维护好国家主权、安全和发展利益，正处在需求急迫、任务艰巨的关键时期。作为“关键”少数的领导干部，必须在新的时代条件下铸牢国防基石、发挥“关键作用”，必须带领职工进一步提升核心能力，支撑核武器科技事业持续健康发展。

调研近年来外单位在运用生命周期理论的实践发现，广东电网公司注重关心干部成长的全过程，按照“干部全生命周期管理”的思路，从“干部选拔、考核、监督、培养、退出和日常管理”六个维度加强干部管理，实现从原来关注干部选拔为主到关注干部成长为主的观念转变，有力推进了干部管理一体化、规范化管理，提高了选人用人工作满意度，取得了显著的效果。重庆市电力公司根据干部的成长周期设计成长路径，分层分阶管理，开发干部电子履历地图等。这些经验对科研院所干部管理工作具有一定的参考和推广意义。

根据中央现行的干部管理和工作制度，结合研究成果和干部管理工作中的问题导向，化材所在对领导干部进行管理需求辨识、法律法规辨识、管理业务关联性辨识、制度关联性辨识的基础上，尝试建立基于领导干部职业生命周期规律的、务实管用的一体化管理制度，初步形成“1+X”的制度依据和操作程序，为

体现鲜明的用人导向，推进干部工作科学化、规范化水平提供遵循。

（一）全面梳理，搭建一体化、系统化制度框架

1. 注意把握领导干部全职业生涯管理的特点

一是视野的整体性，即干部全职业生涯管理从全过程看干部；二是管理的动态性，即整体设计成长通道，分阶段设定成长路径，确定管理举措；三是与各项干部管理法规的匹配性和适应性，应充分体现新形势下从严治党、从严治吏的新要求。

2. 厘清不同职业阶段的教育管理重点

根据干部成长不同阶段的内容和特征，及时跟踪教育和管理。

一是事业起步期。重点是强化青年干部的理想信念和道德品行教育，引导年轻干部加强党性修养，坚定正确的政治立场。

二是能力成长期。着力加强干部的执政能力和自我完善能力的培训，促进干部的洞察力、决策力、组织力、开拓力等各种基本能力的建设与发展，激励他们保持激情。

三是成熟稳定期。加强对干部的创新能力教育，突出干部成长的实践性，有计划地把干部选派到基层一线和重点岗位、艰苦岗位上去磨炼，同时加强干部在不同岗位上、不同层级之间的交流，让他们既能从微观上做好具体工作，又能从宏观上把握大局。

四是事业退出期。要关心关爱干部，教育干部坚持宗旨信仰，克服“到站”心理不适，坦然接受退出制度安排，继续发挥经验特长，做好传帮带和知识分享，为党的事业贡献力量。

3. 构建符合科研所特点的干部“职业生命周期管理”制度框架

充分领会新时期党中央对干部工作的要求，重点是中共中央《党政领导干部选拔任用工作条例》和院发布的《中国工程物理研究院领导干部选拔任用工作办法》，按照中央《事业单位领导人员管理暂行规定》《推进领导干部能上能下若干规定（试行）》《干部教育培训工作条例》的指导思想和主要精神，结合化材所实际，借鉴内部和外部干部管理的成功经验和做法，在党委的领导下，系统梳理有关领导干部成长和管理的一体化制度体系和工作程序。对研究所以前干部管理制度中太笼统的条款予以细化，使其更具可操作性；对有些制度间“打架”的问题，予以理顺，对制度的空白点，予以增加。

本研究从“干部选拔、培养、考核、退出、监督和日常管理”六个维度入

手，着手研究构建《中物院化材所领导干部管理暂行办法》框架，以领导干部职业生命周期管理为主线，确定形成了“总则、任职条件与资格、选拔任用、任期管理、退出及调整、监督约束、附则”七章内容，完善其中的具体条款。

（二）把好入口，建立科研所好干部标准和条件

干部的成长是有阶段的，但重要的是要把好“入口关”。“种子”要好，“青苗”方可培养。根据中共中央《党政领导干部选拔任用工作条例》里“信念坚定、为民服务、勤政务实、敢于担当、清正廉洁”的好干部标准，本文研究分析了科研院所领导干部队伍与党政领导干部的相同点和不同点，从“素质、能力、作风”方面提出了科研院所领导干部四项基本条件，确立了选拔优秀“种子”的考察考量标准。

这四项基本条件是政治素质好、组织领导能力强、学习实践能力强、民主作风好。具体内容强调要“善于科学管理、依法办事、求真务实，严于律己，有胜任领导工作专业素养和从业经历，熟悉行业发展情况”“能自觉接受党和群众批评和监督，群众威信高”等。提出担任党内领导职务的领导人员，应当牢固树立党建责任意识，熟悉党务，善于做思想政治工作；正职领导人员，应当具有驾驭全局的能力，善于抓班子带队伍，民主作风好。

（三）切中难点，明确任期管理系列规定

该办法明确提出对科研院所领导干部实行任期管理，以解决职业倦怠和人才接续的难题。规定“领导干部每个任期一般为四年，在同一岗位连续任职不超过十年领导干部在担任同一职级职务累计达到 15 年的，不再推荐、提名或者任命同一职级领导干部”。这就为研究所领导干部整个任职生涯明确了时间界限。

设立“任期管理”一个章节，将任期制、任期目标、考核评价、激励奖惩、教育培训、交流制度设计成一个个环环相扣、规定明晰、程序性和操作性强的管理流程。将领导干部个人成长需求、组织发展目标和要求、能力建设和动态管理有效地结合起来。

任期管理中突出了激励奖惩。例如，提出建立领导干部正常晋升激励制度，对年度考核中优秀的领导干部，或在本职工作中有显著成绩和贡献的，或者有其他突出事迹的，按照有关规定给予表彰奖励。

完善领导干部收入分配制度，分类别分层次管理，使其收入与履职情况和单位发展相联系，与本单位职工的平均收入水平保持合理关系。

同时严格领导干部考核，对考核等次为基本合格的领导干部，或是考核在同序列排名后 10%的领导干部，所党委及组织、人事部门要综合分析研究，进行提

醒谈话；考核连续二至三年在同序列排名后10%的领导干部，经组织提醒、教育没有改进，经党委研究应予以调整；经考核不合格或认定不适宜继续任职的，应当中止任期，免去现职。

（四）从严约束，畅通“下”的几种情形和监督要求

关于领导干部任期内或任期后段如何退出和接受调整，本文研究提出了“退出及调整”和“监督约束”内容。

在“退出及调整”章节内容设计里，提出了“免职、降职、辞职、调整”的具体情形及操作流程，比如，提出了领导干部免职的七项内容。在“监督约束”章节内容设计里，提出实行领导干部任职回避制度、建立领导干部选拔任用工作回避制度等。提出要加强监督约束领导干部，对存在苗头性、倾向性问题的领导干部，所党委、纪委和组织部门按照院相关规定进行函询和诫勉谈话。明确了监督管理主体的责任和监督的重点内容，党委及纪检监察部门、组织部门、人事部门按照管理权限和职责分工发挥监督的合力，履行对领导干部的监督责任。发挥党内监督、民主监督、舆论监督等作用，综合运用考察考核、述职述廉、民主生活会、提醒、诫勉等措施，对领导干部进行监督。

（五）研用结合，实施“四化”管理推进制度落地

作者结合研究成果，草拟了《中物院化材所领导干部管理暂行办法》（简称《办法》），总计七章二十八条，得到了党委会的通过，成为一项指导化材所当下干部工作的一体化制度。制度主线清楚，紧密围绕领导干部选拔和退出任职周期，提出明确的管理规定。具体条款流程，组织人事部门开始在实践中进行运用，同时从“管理规范化、制度流程化、操作表单化、支撑信息化”方面推进制度的进一步落地。

1. 在干部年度考核中的实践运用

根据《办法》第十七条考核评价中“积极推进分类考核，采取平时考核和年度考核、任期考核相结合”的规定，在2016年和2017年年初所管领导干部年度考核工作中，加大了平时考核的力度。所管领导干部考核由平时考核和年终考核两部分组成，即所管领导干部年度考核得分=平时考核得分+年终考核得分。对领导干部的考核得分以百分为计，将平时考核分数设定为10分，年度“德能勤绩廉”表现综合评价总分为90分。平时考核由干部工作组组织相关部门结合领导干部对质量、安全、保密、党风廉政责任落实情况，党建、行政管理推进情况和领导干部教育培训学时达标情况进行考核，测算出平时考核得分，平时考核量

化的实施，对领导干部考核更全面，有利于“打基础，抓长远”，较好地发挥了导向作用

2. 在干部培训发展中的实践运用

根据《办法》第十九条“完善领导干部培养教育制度”的规定，一方面完善领导干部学分制度，另一方面做好干部年度培训计划。例如，基于年轻干部和所科研团队负责人成长和发展的需求，引入第三方人才测评机构，开展年轻干部和所科研团队负责人培训发展在线评估工作，为个人提供测评报告、管理能力提升方向、参考书籍。使组织通过综合报告，关注需培训提升人群，制订好培训计划，同时为所制定干部年度教育培训计划提供参考，体现了所党委对年轻干部职业发展的重视和关怀，为所“党管干部，党管人才”工作提供参考。

3. 在干部退出后探索发挥作用机制的实践运用

根据《办法》第二十条“对于达到任职年限的领导干部，根据个人情况和工作需要，予以适当安排发挥其特长的专项工作”的规定，对部分达到任职年限的干部，一部分回归到科研岗位，一部分实践经验丰富的同志参与或主抓具体项目工作，如质量、安全体系认证、科研攻关项目等，所组织人事部门将进一步规范领导干部和所专家体系岗位设置，完善专家队伍管理。

4. 加强配套基础工作的体系化、规范化建设

一是建立干部选任工作清单，开展自查和集中梳理。建立党的十八大以来干部选任工作自查表，从“基本资格、提任类型（破格提拔、越级提拔、资格审查）、提拔任职、公开选拔、竞争上岗、动议、民主推荐、考察对象、考察、讨论决定、任职”等内容进行查记录、查问题，提出相关建议。建立干部选任工作归档资料清单，对党的十八大以来关于干部工作的任免文件、过程文件、记录纪要进行自查清理。通过全面清理，拟编制《化材所选人用人工作一体化、规范化手册》，完成流程再造，将制度和流程各个环节分解成详细的操作表单，规范统一文档和表格模板，使制度更具操作性。

二是推进信息化管理。在现有的人事信息系统基础上尝试设置干部管理信息模块，2017年年初与专业公司合作建立“领导干部民主测评系统”，支持试用期考核和年度考核工作，下一步将开发干部教育培训、综合考核评价系统等模块，实现干部任免、调动、退出等一体化集中式信息管控，为领导干部全生命周期管理提供分析研究和决策参考。

总之，对科研院所领导干部进行职业生命周期管理制度研究和初步实践，应着眼干部发展周期需要，把从严管理的理念贯穿到干部成长的全过程。研究建立的干部培养、选拔、使用、考核、激励、监督和退出工作制度体系，贯彻落实了

从严治党、从严管理干部的要求，以及中央和中物院关于干部工作的新规精神，是持续推进化材所干部工作科学化、规范化水平的有益尝试。下一步，将在一体化制度的基础上，根据中央关于干部工作的新制度、新要求，不断完善制度体系，发挥其鲜明的导向作用。

课题组成员：宋悦华　陈天娜　秦德新　包丽珍　张启戎

提高专业型、学术型领导干部管理能力研究

中国工程物理研究院总体工程研究所

★ ★ ★

党管干部的原则是中国共产党长期坚持的一项重要原则。党向来重视干部问题，毛泽东同志曾说过："政治路线确定之后，干部就是决定的因素。"在全面从严治党的新形势下，如何做好干部工作是摆在每一个基层党组织面前的重要课题。

中国工程物理研究院总体工程研究所（简称中物院总体所）有科级以上所管领导干部 59 名，其中 85% 以上是从基层科研专家的身份走上领导岗位的，是典型的专业型、学术型领导干部。本文结合中物院总体所发展形势和任务特点，分析对干部管理能力的要求，研究专业型、学术型领导干部在管理能力方面存在的薄弱点和问题，初步探讨了如何建立专业型、学术型领导干部管理能力提升机制。

一、中物院总体所对领导干部管理能力的要求

（一）管理能力的基本内涵

管理能力是指一系列组织管理技能、领导能力等的总称。从根本上就是指提高组织效率的能力。对于一个成功的领导干部应该具备哪些方面的能力，国内外

许多学者在这方面开展了研究。例如，美国奎恩教授的竞值架构理论提出成功的领导者应扮演 8 种管理角色，需要具备 24 种管理能力。国内部分学者将该理论引入，对我国某地政府县处级领导干部的管理能力现状进行研究。也有部分文献将管理者应具备的能力归为六大方面：沟通能力、协调能力、规划与统整能力、决策与执行能力、培训能力、统驭能力。每一个方面的能力又延伸出若干具体要素。总之，管理能力的内涵非常丰富，范围也很广泛，对于某个科研院所来说，领导干部应该具备什么样的能力，应该根据单位从事的工作性质、承担的任务特点及需求来具体分析，不能统一而论。

（二）中物院总体所领导干部现状和特点

中物院总体所现有所管领导干部 59 名，其年龄比例和学历比例如图 1 所示。从图 1 中可以看出：中青年领导干部占了大部分比例，45 岁以下占 63%；学历层次也较高，硕士研究生以上占了 61%。分析这 59 名领导干部的任职轨迹发现，除有 6 名从部队转业或从外单位调入外，其余 53 名都是从所内基层单位科研人员提任为领导干部的。可以说，专业型、学术型领导干部占据了中物院总体所领导干部的绝大多数，并且是以后领导干部发展的必然趋势。

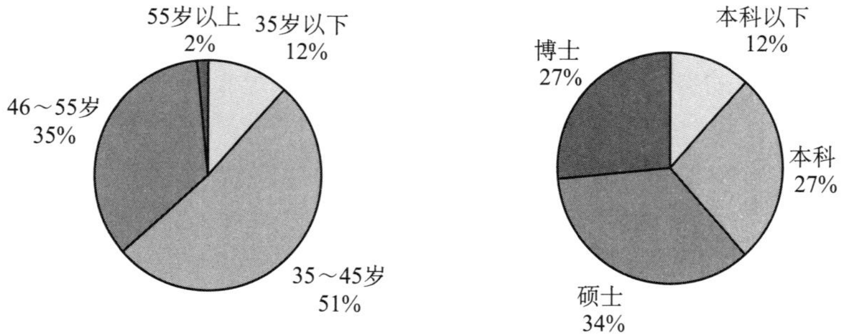

图 1　中物院总体所所管领导干部的年龄和学历分布图

分析这 53 名干部的情况，可以得出专业型、学术型领导干部的特点包括以下几个方面。

（1）具有良好的政治思想素质，坚决执行党的方针、政策和决议。中物院总体所认真贯彻“德才兼备、以德为先”的原则选拔干部，严格执行民主推荐、考察、公示程序，因此选出的干部能够具有良好的思想素质和群众基础。

（2）专业知识过硬，是基层科研工作的佼佼者。作为科研院所的一员，要得到群众认可、信服并走上领导岗位，必须要在专业领域做出成绩，独当一面，带领职工完成好科研任务，才能在单位或部门中做好领头人。

（3）学习能力较强。他们都有较高的学历层次，受过良好的专业教育和培训，具有较好的英语阅读、论文写作、软件应用等综合能力，学习新知识的能力较强。

（4）管理知识和技巧欠缺。无论是在读书期间、工作期间还是走上领导岗位后，他们中的大部分没有接触过专门的管理知识，没有清晰的管理技能概念和对自我管理能力的认识。在中物院总体所针对新任职干部的培训中，主要是针对政治思想、院史、任务形势、政策法规方面的培训，而在管理知识方面的培训较少，使得专业型、学术型领导干部往往靠自己在工作中摸索、积累管理技能，常带着科研工作者的思维从事管理工作。

（三）中物院总体所领导干部管理能力需求分析

对于中物院总体所领导干部应具备的管理能力，从以下三个方面的需求来分析。

（1）随着国家和军方对核武器装备及科技事业发展提出了更高要求，在未来较长一段时间内，中物院总体所的科研任务重、时间紧、要求高，要求领导干部能够充分调动现有资源，深入推进基础科技和工程能力协调发展，加强整体策划和分类管理，统筹完成多型号并行任务。

（2）随着军工系统的竞争日趋激烈，院、所近年来深化改革发展力度，逐渐改变过去科研所任务固定分配模式，加大所与所之间的竞争，同时对人员的岗位、薪酬、职称等实行动态管理。需要领导干部有能力应对复杂变化的工作模式、任务类别、人资关系，提出科学的绩效考评制度、人力资源策略、激励办法等。

（3）随着院事业的发展，深入推进“三元”战略，加大了中物院总体所与外单位的交流合作，也使得中物院总体所需要在更广阔的领域去竞争更多类型的任务。这就需要领导干部要有创新意识、竞争意识，有更广阔的视野，有对外协作沟通的技巧等。

根据以上分析，中物院总体所领导干部需要的管理能力主要有以下九个方面：计划能力、决策能力、执行力、创新能力、沟通协调能力、团队合作能力、逻辑推理能力、主动性、影响力。

不同部门、科室的领导干部对以上九种能力会有不同的侧重。例如，机关部门的领导干部，更侧重于计划能力、决策能力、执行力、沟通协调能力、主动性；科室的领导干部则更侧重于决策能力、创新能力、沟通协调能力、团队合作能力、影响力等。但总的来说，都应在一定程度上具备这九方面能力。为使后面的分析更具有普遍性，围绕这九方面能力来对中物院总体所的专业型、学术型领导干部管理能力进行评估研究。

二、专业型、学术型领导干部管理能力现状调查研究

本文借助中物院总体所培训中心的“管理综合能力测评平台”，围绕所领导干部特点和所需的九个方面管理能力，对测评题目、测评模块等进行了合理的优化选择。通过网络答题的方式，开展了对中物院总体所领导干部管理能力现状的调查分析。

本次调查选择了中物院总体所53名专业型、学术型领导干部，其中由于外出、学习、生病等原因有5位同志未能参加调查，最终进行了48名干部的网络答题测评。测评中通过系列问题的回答对九方面管理能力进行打分，各项能力计0～10分，得分越高，表明能力越强。

对48名领导干部的管理能力测评结果进行统计分析，九项管理能力平均得分在8分以上的有4名领导干部，约占8.3%；平均得分在7～7.9分的有16名，约占33.3%；平均得分在6～6.9分的有18名，约占37.5%；平均得分在5～5.9分的有10名，约占20.8%。总体来看，水平比较接近，大部分集中在6～7分。

为了解中物院总体所专业型、学术型领导干部在管理能力方面的整体情况，对这48名领导干部的九项管理能力得分分别进行统计平均，对比结果如图2所示。

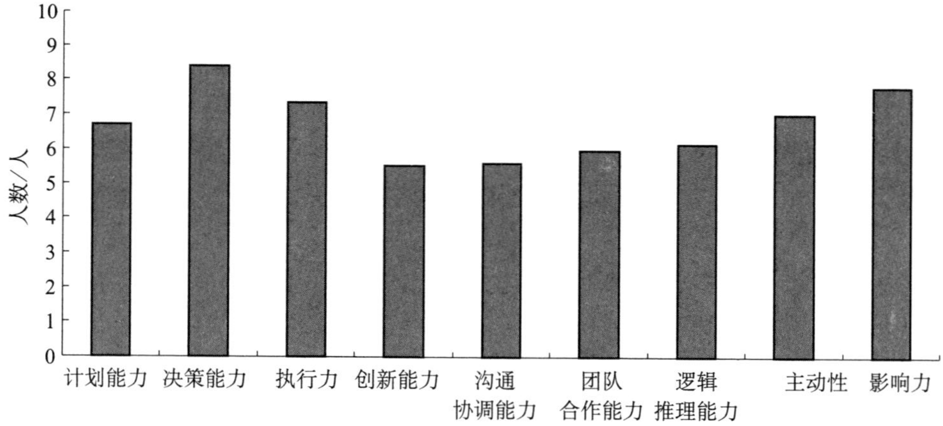

图2 中物院总体所专业型、学术型领导干部管理能力对比图

从图2可以看出，中物院总体所专业型、学术型领导干部的决策能力最高，执行力和影响力也比较高，而沟通协调能力、创新能力较低。

通过分析，以上表现出来的管理能力的优势和劣势与中物院总体所长期从事的工作任务特点是有关系的。中物院总体所是核武器研制的科研院所，长期抓总

承担核武器的论证报告、总体方案、大型试验等，因此在决策能力、执行力、影响力方面有一定的基础。但长期以核为主、较为单一的任务形式，使得中物院总体所干部的创新能力较弱，竞争意识不强，与外单位的沟通较少，再加上都是技术出身，喜欢埋头钻研，因此在沟通协调，特别是跨单位、跨领域的沟通协调方面感觉有些乏力。

进一步研究不同性别、不同部门类别的领导干部管理能力特征，对 7 名女性领导干部和 41 名男性领导干部分别进行统计，其平均管理能力对比情况如图 3 所示。从图中可以看出，女性领导干部在计划能力、创新能力、沟通协调能力等方面要优于男性领导干部，而男性领导干部在决策能力、逻辑推理能力等方面更占优势。

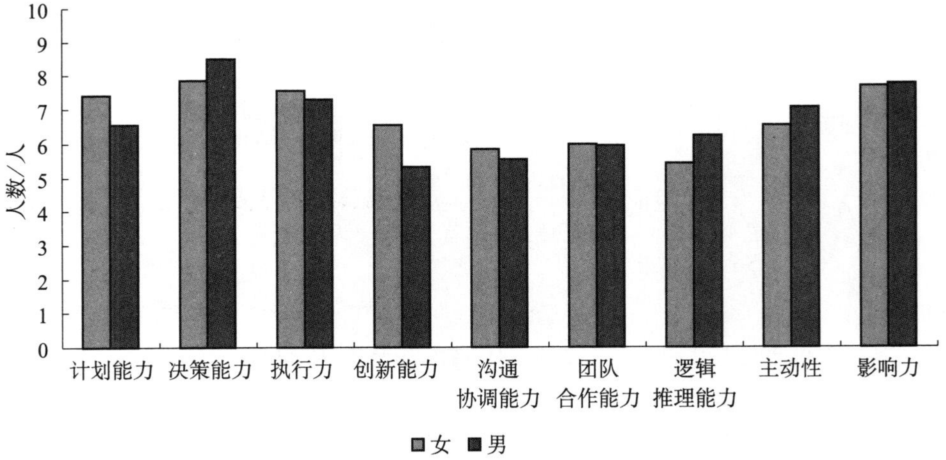

图 3　中物院总体所不同性别领导干部管理能力对比图

对 20 名机关领导干部和 28 名科研室领导干部分别进行统计，其平均管理能力对比情况如图 4 所示。从图中可以看出，机关部门领导干部在执行力、协调沟通能力、主动性等方面要优于科研室的领导干部，而科研室领导干部在决策能力、逻辑推理能力等方面占有一定优势。

为了研究专业型、学术型领导干部对自己管理能力的认识是否和测评的一致，是否能准确自我认知，对以上 48 名干部进行了问卷调查。问卷主要包括两个类型的题目：一是认为所中层干部应该具备哪些方面的管理能力；二是选择出自己认为较强和较弱的 3 项管理能力。

从问卷调查的结果来看，中物院总体所领导干部认为最重要的管理能力依次为沟通协调能力→执行力→决策能力→计划能力→团队合作能力→创新能力；认为自己较强方面选择最多的为执行力、计划能力和决策能力，较弱方面选择最多的为沟通协调能力、影响力和创新能力。问卷调查结果和测评结果有一定的相符性，可以看出专业型、学术型领导干部在从技术岗位走向管理岗位后，在计划执行方面有较强的优势，但常会在沟通协调、创新、团队管理等方面感到压力，迫切需要提升相关能力。

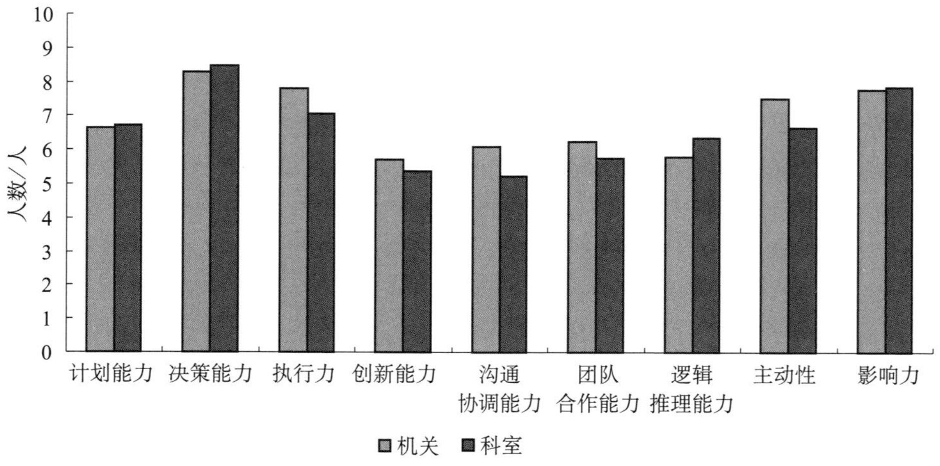

图 4　中物院总体所机关和科室领导干部管理能力对比图

三、专业型、学术型领导干部管理能力提升机制探索研究

（一）干部提任时的管理知识培训机制

当一名科研工作者提任为领导干部时，他的角色就发生了变化，从一名技术工作者变为了管理者。这时，有两方面的培训非常重要。一方面是关于思想素质的培训。“德才兼备，以德为先”是我们党选拔任用干部的重要原则，因此，在干部上任时，对其政治理论水平、党性方面的学习教育是首要的。由于这方面的培训有一定的共性，一般会由院里进行 2 周左右的集中培训，该类培训已开展了较长一段时间，也相对成熟。另一方面就是管理能力的培训。新任领导干部，以前在工作中展示出来的主要是专业技能和科研能力，上级部门对其管理能力的认识不系统也不全面。因此我们建议，提任时对干部的管理能力进行一次综合测评，以便更好地了解该干部的性格特征、风格及在管理方面的优势和不足，作为他们干部职业生涯设计、管理能力培训的一个基础数据。

新任领导干部，由于以前基本没有接触过管理方面的知识，因此培训应主要以管理角色定位、管理的一些基础知识和管理技能为主，帮助新任领导干部建立从技术走向管理的理念，这时管理能力培训仍然以共性为主，可以以院为主，或院、所联合开展。

（二）任职过程中管理能力的培训和反馈机制

领导干部在任职过程中，需要对他们开展定期的管理知识和技能培训，帮助他们不断地提高管理能力，这时候的培训应该从基础培训逐步走向精细化、个性化。培训首先应该充分了解领导干部的需求，因为部分专业型、学术型领导干部在从技术岗位走上管理岗位后，会在较长一段时间内感到不适应、迷惘、能力缺失，甚至力不从心。所以，了解他们的需求，并有针对性地开展培训往往会得到积极的响应并取得良好的效果。但值得注意的是，领导干部对自身管理能力的自我认知并不一定全面、准确，所以在培训设计时既要结合领导干部的需求调研也要结合测评结果，才能达到更好的效果。

这个过程中的管理能力培训应有目标导向、问题导向，设置一些深入的培训课程，并以各个所的个性需求为主题来开展，才更有针对性。培训可以分部门开展，例如，区分机关领导干部和科研室领导干部，区分正职和副职，分别设置不同的课程和训练；还可以分时段开展，比如，某段时间所里正在开展岗位改革，就可以开展岗位管理的专门培训等。

培训后要注意信息的反馈和效果分析，不断修正培训方式，取得更好的效果。也要通过一定的措施，如经验交流、效果分析等，促进培训知识在实践中的应用。

（三）任职后对干部管理能力的追踪评价机制

专业型、学术型领导干部走上管理岗位后，随着管理知识的积累和实际工作的锻炼，其管理能力是在不断变化的。用一次的测评数据作为标准既不科学也不全面。我们建议每 3 年左右重新进行一次干部管理能力测评或调查，建立专业型、学术型领导干部的管理能力成长曲线。这样的好处有三个方面：一是准确了解领导干部管理能力方面的成长变化情况，为其职业生涯发展提供参考；二是根据能力动态变化的数据，分析培训需求变化，调整培训内容，使培训具有适时性、精准性；三是干部管理能力的变化过程可以从一个方面反映培训的效果，对优化培训方式、课程等也能起到参考作用。

在对某位领导干部管理能力追踪评价的过程中，除了测评，还应适时了解上级领导、其他相关部门或科室领导对他的评价，有助于更全面了解领导干部管理能力的特点，帮助其有的放矢，不断进步。

（四）领导干部管理知识和技能的交流机制

交流是提升领导干部管理能力的一种有效途径。可以通过领导干部管理论坛、管理心得分享、改革发展研讨会、到相似的单位进行访谈学习等方式，建立起领导干部在管理方面定期交流的机制。一方面可以让领导干部之间取长补短、相互学习，另一方面也可以让领导干部对自己的管理能力成长进行总结和反思。

在这方面，中物院总体所近两年来进行了一些初步的实践探索：一是坚持开展干部管理培训述学会，一年两次，由本年度参加了院内所内培训的部分学员介绍自己的学习课程及对管理工作的思考，针对本单位存在的问题，运用学到的知识提出一些接地气的举措，在会上进行交流讨论；二是开展“科室管理经验交流会”，所里不定期组织在管理上有特色的科室领导干部，在全所干部会上进行交流，将他们在任务管理、业绩核算、奖励分配、人员考评等方面的管理方式和经验与大家分享。这两种交流方式都受到了领导干部们的欢迎，将学与用结合，相互启发，共同成长。长期坚持，必定能起到良性循环的作用。

专业型、学术型领导干部通常占据了科研院所领导干部的绝大多数，也是未来发展的必然趋势。建立起符合该类领导干部特点的管理能力提升机制，对于提高领导干部综合素质、促进科研院所的发展有着重要意义。本文在分析中物院总体所领导干部管理能力需求的基础上，研究专业型、学术型领导干部在管理能力方面存在的问题和薄弱点，提出以测评、培训、交流相结合，建立专业型、学术型领导干部管理能力提升的机制，并提出一些具体的举措建议。只有充分重视专业型、学术型领导干部管理能力问题，为他们搭建更多的学习和交流平台，才能让他们顺利成长为既懂技术又懂管理的合格领导干部，带动广大科技工作者为推进社会主义科技发展事业、实现中华民族伟大复兴的中国梦做出应有的贡献！

课题组组长：黎启胜

课题组成员：陈　颖　常　芳　许　恒　张　凯　徐　霞　李春梅

激发科研院所人才队伍活力研究

中国环境科学研究院党委

★★★

一、激发科研院所人才队伍活力的重要意义

（一）激发人才活力是实施人才强国战略的内在要求

党的十八大以来，总书记站在党和国家事业发展全局的战略高度，对人才事业发展作出一系列重要指示，揭示了人才对民族振兴、国家富强的重大意义，体现了党中央对各级各类人才的关心重视，突出了人才工作在全局中的重要战略地位。着眼于破除束缚人才发展的思想观念和体制机制障碍，解放和增强人才活力，形成具有国际竞争力的人才制度优势，加快建设人才强国，最大限度激发人才创新创造创业活力，把各方面优秀人才集聚到党和国家事业中来，为实现“两个一百年”奋斗目标提供有力人才支撑，具有十分重要的战略意义和现实意义。

（二）激发人才活力是加快推动创新驱动发展战略的强大动力

实施创新驱动发展战略是中央作出的重大部署，是引领适应经济社会发展新常态的重要举措。习近平同志强调，人才是创新的根基，创新驱动实质上是人才驱动。这一重要论断，深刻阐明了在创新驱动发展要素中人才是最核心最关键的要素，创新驱动发展，人才推动创新，人才是支撑发展的第一资源。充分激发全社会的创新活力，只有实施更加积极、更加灵活的人才政策，打破制约人才发展的体制机制“枷锁”，给人才“松绑”，才能适应和加快推进创新驱

动战略，创新驱动才会冲劲十足、后劲无穷，才能为引领和推动转型发展提供有力支撑。

（三）激发人才活力是实现科研院所可持续发展的紧迫任务

科研院所的社会地位、作用及其性质，决定了人才队伍是科研院所最重要、最宝贵的资源，体现着科研院所可持续发展能力的大小，因此，科研院所实现科学发展，必须要牢固树立起科学的人才观。在大众创业、万众创新的时代背景下，科研院所作为科学研究和技术开发、培养高层次科技人才、促进高科技产业发展的重要基地，是增强我国自主创新能力，推动科学技术跨越式发展的力量源泉，是建设创新型国家、实现中华民族伟大复兴的中国梦的战略基点。专业性、技术性、探索性和创造性是科研院所的一大特点，这一性质要求在科研院所中要具备大量从事科技活动的人才。当前由于科研院所存在的体制机制上的障碍，无法有效激发人才队伍的创新活力，如何打破壁垒，最大限度地调动各类人才的积极性和创造性，让各研究领域的创新人才脱颖而出，让人才创新活力竞相迸发，是当前科研院所面临的一项紧迫任务。

二、我国科研院所人才主体现状

伴随着经济全球化的步伐，人才资源已成为能够左右复杂环境多变性的关键性资源之一。科研院所是高层次科技人才汇聚的战略高地，也是高层次人才培养的主要阵地。高素质的人才队伍，特别是优秀科研人员是科研院所可持续发展的核心动力，更是科研院所立足未来，构建核心竞争力以获取竞争优势的基石。因此，把科技事业发展与科研人才队伍建设紧密结合，创新人才工作机制，着力打造一支专业配套、结构合理、充满活力的高素质的科技人才队伍是科研院所可持续发展的根本。了解科研人员的现状、需求对于激发科研人员活力至关重要。

（一）物质需求方面，科研人员对物质条件有强烈的诉求

良好的物质环境在一定程度上对于吸引和留住科研人才有很重要的作用。尤其在一线城市，房价、物价相对较高，如薪酬待遇、住房、福利等物质条件，对于科研人才的吸引作用尤为明显。当科研人才只能考虑眼前苟且的时候，根本无法谈理想和学术。

（二）空间需求方面，注重适合发展的空间、实现人生价值的人文环境

物质生活、待遇固然重要，但是追求理想、成就事业、勇于开拓、富于挑战，则是绝大多数科研人才固有的价值取向。现代社会竞争日益激烈，科研人才更加注重自我发展，探索如何实现自我价值，渴望通过自身努力得到认可，对于职业发展空间尤为关注。当科研人才无法获得职业生涯的空间时，转而就是消极的工作态度。

（三）政策需求方面，思想活跃、富于激情和创新意识，渴望宽松的科研环境

科研人才学历较高，对于科研工作有着蓬勃的激情，能适应创造性的工作，大部分科研人才愿意在工作上花费毕生的时间和精力却不善于处理人际关系和社会关系。他们崇尚自由，渴望在宽松的科研环境里自由思考，追求个性。当科研人才还在应付复杂的社会关系和系统内关系，为“三斗米而折腰”，无传承学识和实现理想的时候，他们是无法为科研而专心的。

三、影响科研院所人才队伍活力的关键因素分析

创新驱动发展，最根本的是增强自主创新能力，最紧迫的是破除体制机制障碍。科研院所人才活力的激发必须突破科研院所体制机制上的障碍，以加快推进人才发展机制体制改革为突破口，完善人才培养、引进、评价、流动、激励等各项制度措施，大兴识才、爱才、敬才、用才之风。

（一）科研院所人才投入保障机制不健全，导致科技人才活力发挥受限，流失现象严重

中央财政对多数公益性科研院所的投入普遍不足，科研院所为了维持机构的正常运转，利用所占有的资源或结合研究内容进行创收，以弥补经费不足，但也带来了很多矛盾。部分无创收能力的机构难以发展，甚至难以维持。由于受科研院所的性质和定位影响，大多数科研院所都是差额拨款的事业单位，中央财政对多数公益性科研院所的投入普遍不足，一定程度上影响了科研人员的积极性和主动性。随着“十一五”和“十二五”期间科研任务增多，科研压力增大，不少事业单位开始聘用一定数量的科研助理来帮助完成繁重的科研任务。人员数量的增加必然造成工资性支出的增加，科研院所为了维持机构的正常运转，利用所占

有的资源或结合研究内容进行创收，以弥补经费不足，致使科研人员面临着一边搞科研出成果，一边还要解决科研人员生存问题的尴尬局面。同时，部分无创收能力的部门难以发展，甚至难以维持生存，严重影响了科研人员的工作活力，导致事倍功半，不能实现很好的成果产出，最终导致许多高水平的科技人才选择离开，向收益更高的领域和机构谋求职业，还有不少高层次人才流向国外。

（二）科研院所的人才评价和绩效考核机制不甚合理，遏制了优秀科研人才的涌现和高水平成果的产生

科研院所的人才评价和绩效考核以能力和业绩为导向，科学化、社会化、国际化的评价体系尚未形成，在评价标准、评价方式和评价内容上还缺乏针对性和科学性；符合各类科研人才成长规律的选拔、使用、管理和激励机制尚未健全。这些问题的存在，从根本上制约着科研院所对科研人才的培养、科研人才资源效益的发挥及人才资源管理创新机制的构建，影响着科技事业的可持续发展。

（三）缺乏有效的人才激励机制，不能有效激发科研人才的创造活力

长期以来，我国的科研院所只注重科技人才的培养和科研项目的开发，而忽视了对人才的激励和培养，不利于科研院所人才队伍的建设。一方面，薪酬分配制度不合理，激励手段单一。科研院所在薪酬管理上，没有形成科学的薪酬制度，平均主义仍然存在，收入向优秀人才和重点学科的倾斜不明显，绝大多数院所没有明确的针对优秀人才的分配和激励制度，在日常工作中容易导致“付出与回报不成正比”的情况，一定程度上减弱了优秀人才的工作积极性。另一方面，在激励手段的选择上比较僵化，缺乏必要的精神激励制度，需要在更多层次和更多内容上进一步激发人才的创造性。

（四）在人才引进、选拔和使用上缺乏合理性

目前许多科研院所在人才引进、选拔和使用上存在着引进的人才“不够用、不好用、不适用和不被用”的现象。一是“不够用”，目前科研院所受体制财政编制局限，尤其是北上广深的科研院所，人才结构短缺，创新型科技人才、重点产业重点领域、微跨界专业的人才严重不足，同时，科研院所服务地方政府或国家部委各部门，被借调、抽调人才现象普遍存在，导致人才“不够用”。二是“不好用”，科研人才基本经过多年的学术研究，对各自专业领域存在保守思想，不能形成共享科研成果和学术思想的开放氛围。三是“不适用”，学校培养出来的人才不能满足经济社会发展的要求，培养目标单一也会导致不具备实际工作能

力，只有高学历；中低端人才“产能过剩”，人才同质化问题显现。四是“不被用”，很多人才感到“英雄无用武之地”，没有充分发挥自己的才能。存在拥有人才、占有人才，“官本位、行政化”倾向，论资排辈、求全责备等陈旧观念，导致一些“人才不被用”的现象。因此，科研院所亟须制定科学合理的引才、用才、育才政策，激发科技人才的积极性和创造性。

（五）科技人才流动机制不完善，市场化程度低

和谐、宽松的政策和体制环境，不仅能够吸引科技人才集合，同时也有助于提升科技人才的创造性和积极性。然而，目前我国的科研事业单位在人才流动方面仍然面临着严重的体制障碍，受人员编制、干部管理、调动审批、档案、户籍、工资福利和退休制度等影响，使科技人才流动成本过大。事业单位的聘用制度虽已启动，但由于相关配套政策不到位，与人才自由流动和社会化仍相距甚远。同时由于国外高层次人才来华工作、定居的审批过程复杂，政策透明度低，吸引机制缺位，极大地限制了科研院所人才国际化的步伐。

四、激发科研院所人才队伍活力的几点建议

（一）创新人才管理机制，激发人才活力

党管人才是人才工作的重要原则。要始终坚持党管人才这个方针不动摇，进一步完善人才工作领导体制和工作机制，按照“不求所有、不求所在、不唯身份、但求所用”的理念，打破流动障碍、身份障碍和条块分割障碍，整合各类科技人才。要大力宣传科学人才观，注重培养年轻人才，用好“70后”骨干人员，着力培养“80后”青年人员，并通过加强业务平台建设、培育温暖和谐的院所文化和提高收入待遇留住人才、吸引人才。

（二）建立健全人才评价和考核机制，激发人才活力

建立健全人才评价机制。人才评价机制是进行人才识别、人才配置的基础和前提，关系到能否最大限度地激发人才活力、充分发挥人才作用。在人才评价过程中，要坚持德才兼备，坚持凭能力、业绩和贡献来评价人才，克服唯学历、唯职称、唯论文等倾向。建立多元化的人才评价主体制度，防止人才评价急功近利，“评人的不用人，用人的不参评”。

完善绩效考核制度。根据工作对人才培养的要求，确立相应的绩效考评标准和指标体系，逐步建立健全人才分类考评制度，科学准确地评价人才。要以科研

成果及其贡献作为根本的考核标准，根据其所处的岗位及对科研工作的贡献确定奖励和惩罚的标准，并将外聘科研人员对本单位的科研人员的薪资待遇统一起来，加大对科研带头人、骨干人才、有突出贡献的优秀人才的奖励力度，并将晋职、加薪与科研能力衔接起来，用完善的绩效考核制度激发人才的工作热情和创造潜能，促进人才充分发挥作用。

（三）完善科研院所人才激励机制

完善科研院所的人才激励机制首先要坚持以人为本的原则，充分重视人才的主体地位，将传统的强调管理的人才管理理念转变成服务人才的管理方式，加强对人才的激励和引导，积极挖掘科技人才的潜能，做到人尽其才。科学的、人性化的人才激励制度强调的是发挥人才的主动性，培养科技人才的“主人翁”意识，实现个人目标与科研院所目标的协调统一，从而使人才更高效地为院所开展科研服务工作。另外，要坚持多元化的激励机制，建立物质奖励和精神奖励相结合、短期奖励和长效激励相统一的人才激励制度。在提高薪酬，适当发放奖金、福利的同时，强调精神激励的重要性，对优秀的科研人才给予肯定和表扬，使其看到自身的价值得到认同。同时，要积极营造良好的科研氛围来激励人才进行自主创新，帮助人才实现自身价值。最后，要建立健全带薪休假、进修和培训等制度，关心他们的工作与生活，使其感受到真实的存在感。努力做到一流人才一流待遇、一流贡献一流报酬、一流能力一流岗位，不断激发各类人才的活力。

（四）完善人才引进政策，激发人才活力

建立人才引进制度。制定和完善人才引进政策，特别是引进领军人才、学科带头人等高层次人才的优惠政策和保障措施，树立人才引进正确导向。为引进的高层次人才在户籍迁移、配偶安置、子女入学、医保社保、职称评定等方面提供优惠政策，努力做到“事业留人、感情留人、待遇留人”。拟定并认真落实人才引进计划，进一步明确引进急缺人才的类型、层次、专业、数量，确保引进人才的质量。 大力引进急缺人才。面向国内外公开招聘领军人才和学科带头人，依托重大科研项目和重点实验室，采取灵活方式、多种渠道吸纳引进急缺人才。建立与高等院校、科研单位联合培养人才机制，着重充实一线力量。

探索人才引进新模式。探索建立适合工作特点要求的灵活用人形式，创新人才引进模式。大力推行特聘项目专家等流动岗位设置，以及短期聘用技术攻关、项目咨询等灵活用人方式，多种形式招贤揽才。

（五）健全人才流动机制，激发人才队伍活力

“一个真正的世界强国一定是人才自由流动的国家。”健全人才顺畅流动机制是破除人才发展障碍、畅通流动渠道的重要保障。破除人才流动障碍，就要打破户籍、地域、身份、学历、人事关系等体制壁垒，扫除身份障碍，让更多的有用人才、高层次人才来得了、待得住、用得好、流得动。建立有利于科技人才流动的人事档案制度，健全流动服务机制及用人单位和人才双方的合理权益保护机制，促进人才积极、合理、有序、有效流动，实现人尽其才、才尽其用、用当其时。

（六）建立健全人才创新机制

制定落实科技创新的优惠政策，对重大科技成果给予一定资助和奖励；加大科技创新投入，积极争取更多的科技项目经费；加大科技成果转化支持力度，使科研成果落地生根，完善成果转化收益分配制度。大力实施人才强院战略，加大对专业技术领军人才、拔尖人才、科技英才的选拔力度，激发科研人员的创新、创造热情。加强科研条件建设，积极申请国家和省部级重点实验室，强化科研硬件设施建设，为科研人员提供先进的科研创新环境。

课 题 组 组 长：王志斌
课题组副组长：申凤兰　席北斗
课 题 组 成 员：安　达　高如泰　党秋玲　崔东宇

深化风险防控管理　落实廉洁从业责任

——以中国科学院南京分院系统各单位为例

中国科学院南京分院

党的十八大以来，以习近平同志为核心的党中央按照“治国必先治党、治党务必从严”的基本思路，坚持“党要管党、从严治党”方针，把全面从严治党提到“四个全面”战略布局的高度。党风廉政建设和反腐败斗争是党的建设的重大任务，同样也是科研院所党建的重要工作。科研业务是科研院所的中心工作，因此，在研究所加强廉洁从业风险防控管理，构建惩治和预防腐败体系，是落实中央“把纪律和规矩挺在前面”，提升反腐倡廉建设科学化水平的有效手段，是落实全面从严治党责任的重要抓手。

本文以中国科学院南京分院（简称南京分院）系统 8 个单位为研究单元，在对各单位进行系统调研的基础上，对各单位开展廉洁从业风险防控管理情况进行了深入的分析，并结合信访案件中发现的制度漏洞，以期通过开展研究进一步总结廉洁从业风险防控的工作经验，创新廉洁从业风险防控的方式方法，及时补充和调整廉洁从业风险内容，完善风险防控措施，形成特色工作，在分院系统各单位乃至全院加以推广应用，推进廉洁从业风险防控工作的常态化和长效化，为研究所科技创新营造风清气正的政治生态。

一、风险防控工作的现状及存在问题

廉政风险防控是将风险管理理论和质量管理方法应用于反腐倡廉工作实际，针对党员干部日常工作和生活中可能出现或正在演化中的腐败问题，采取前期预防、中期控制、后期处置等措施，依托计划、执行、考核、修正的循环管理机制，对预防腐败工作实施科学管理的过程。通俗地讲，就是查找出日常工作生活中的廉政风险点，有针对性地制定防范措施，在权力运行的各个环节对廉政风险实施控制，对于可能发生腐败的领域和环节早发现、早预防、早解决，从而最大限度地降低腐败行为发生的可能性。

根据腐败案件诱发的原因，廉政风险可以归纳为思想道德风险、岗位职责风险、业务流程风险、制度机制风险、外部环境风险五种类型。

思想道德风险指因私欲、私利等自身思想道德偏误或因亲情请托等情节，可能造成个人行为规范或职业操守发生偏移，行政管理行为失控，或授意他人违反职业操守，导致行政行为结果不公正、不公平，行政行为对象利益受损或不当得益，构成“以权谋私”等严重后果的廉政风险。

岗位职责风险指由于岗位职责的特殊性，以及存在思想道德、外部环境和制度机制等方面的实际风险，可能造成在岗人员不能正确或不正确履行行政职责或不作为，构成失职渎职、“以权谋私”等严重后果的廉政风险。

业务流程风险指业务流程各环节缺乏有效的相互制约、制衡的监督内控机制，造成管理者易发生腐败行为的风险。

制度机制风险指由于缺乏工作制度的明确覆盖，工作程序的明确规定，工作时限、标准、质量的明确约定，造成个人自由裁量空间较大，缺乏有效制衡和监督制约，可能造成行使权力失控，行政行为失范，构成滥用职权、以权谋私等严重后果的廉政风险。

外部环境风险指为了达到行政结果有利于自身利益的目的，行政管理对象可能对相关行政人员进行利益诱惑或施加其他非正常影响，导致行政人员行为失范，构成失职渎职或“权钱交易”等严重后果的廉政风险。

针对以上所述廉政风险的五种类型，在科研院所有其特殊的行动对象和表现形式及防控特点。在科研院所特别是中国科学院所属的研究所中，能够行使一定职权的行政管理人员占比很小，一般为全体职工的 5% ～ 10%。即使如此，在学术自由、高度开放、民主意识强烈的研究所，这部分具有一定行政权力的人员在开展工作过程中，仍较好地在全体职工的监督之下；相对而言，掌握较多科研经费资源并能够自由处置这些资源的科研人员特别是高级科研人员，在他们开展科学研究工作过程中，存在着诸如经费使用、设备和物资采购、成果转移转化、科研诚信等方面的风险隐患。

有鉴于此，南京分院分党组在中国科学院党组的正确领导下，进一步深化全面从严治党责任，不断强化“两个责任”，深入落实《中共中国科学院党组关于全面推进廉洁从业风险防控的实施意见》，做好顶层设计和统筹协调，组织指导各研究所开展廉洁从业风险防控工作和体系建设。在南京分院分党组的有力指导下，各研究所针对科研工作特点和各自工作实际，以完善流程为基础、以防范风险为核心、以加强制度建设为重点，将风险防控的要求融入各单位主要业务活动和管理行为之中，按照每年至少推进 2 项业务领域的风险防控，逐步在科研经费管理、基本建设、设备和物资采购、人事管理、成果转移转化、科研诚信等工作领域构建起了流程规范、权责清晰、预警及时、防控有力的廉洁从业风险防控机制，为不断提高预防腐败工作水平，促进和推动研究所一流管理奠定了良好的工作基础。

与此同时，调研发现各单位在开展廉政风险防控过程中还存在系列问题。例如，部分职工存在思想认识上的误区，担心查找和公开廉政风险点就是公开工作中的腐败环节，会给本部门带来负面影响，也会给日后工作带来麻烦，存在敷衍应付态度，客观上影响了推动廉政风险点防范工作的自觉性、积极性和主动性；查找的风险点不够全面、深入，查找共性、原则性、普遍性的廉政风险点较多，查找个性、针对性、特殊性的风险点较少；防范措施复杂或不够科学，职工认可度不够，执行操作困难；部分职工认为只要管好自己，履行工作职责就好，廉政风险与自己不相干，未能准确认识权力与责任的辩证关系，未能树立正确的廉政风险观念，廉政风险意识有待进一步提高。上述问题的存在，致使部分重点业务监督领域风险防控措施推动不力，工作成效不够明显，风险隐患仍然存在，个别领域违规违纪问题仍呈易发多发态势。

二、加强重点监督领域的风险防控体系建设

如上所述，到目前为止，南京分院各所已各自组织开展了全领域各项工作的风险防控工作，初步形成了一套与研究所实际相结合的风险防控体系。在南京分院组织开展的风险防控工作专项排查工作中，发现一些共性的风险隐患仍然存在，一些个性的风险隐患比较隐蔽，防控措施不到位或执行不力等问题。针对这些情况，本文经过深入的研究探讨，先期在仪器设备和试剂耗材采购、外协合同管理、科技成果转移转化三个方面归纳总结出风险点，之后提出针对性的防控措施，供继续研究探讨或进一步完善防控体系。

（一）仪器设备和试剂耗材采购

经研究，在仪器设备采购方面主要存在的风险点如下。采购人多为课题组一般成员或研究生，在发起采购申请时存在随意性和盲目性，采购的设备不一定是科研业务所需，容易造成浪费；采购人员有时采取先采购进货，再报课题组组长审批、签字报销的办法，课题组组长往往未经充分市场调研，在不了解供货商、市场价格和合同内容情况下签字，审批易流于形式；各课题组自行联系的供货商资质良莠不齐，缺乏必要资质审查，容易给一些不规范经营的企业有可乘之机；在验收环节，没有统一的验收报告，特别是大型仪器没有对各种技术参数进行全面的技术验收，存在采购报销后仪器长期闲置的风险。

针对以上存在的风险点，拟在采购申请、供货商资质审查、验收等环节强化措施，加强对仪器设备采购业务的风险防控。规定采购人的资质，研究生等流动人员不得作为采购申请人，在职人员填写固定资产购置申请表需填写购置理由。按金额分段规定采购手续，3 万元以上的设备需要 3 位相关领域专家和课题组组长签字以确保采购必要性和技术适合性，需提供 3 家厂商参考型号和项目预算书相关内容供审验以保证资金来源可靠性和采购合理性，采购申请需财务资产处审核和分管所领导审批；50 万元以上的仪器设备由所技术委员会组织专家讨论决定是否购置。对供货商资质进行审核，首次供货的供货商须提供经营企业许可证、企业法人营业执照复印件及生产企业许可证到财务资产处备案，对非首次供货商采取不定期复查方式防止资质不良商家混入。对课题自行谈判采购的额度进行限制，由 5 万元减少为 3 万元，3 万～ 50 万元的设备在所内网站进行公开询价招标采购，50 万元以上的仪器设备委托有资质的招标公司进行公开招标采购。对验收环节进行相关规定，须提供格式统一的仪器设备验收表；低于 3 万元的仪器设备可由采购课题组进行验收，3 万元以上（含）的货品由课题组会同采购部门人员验收并签字确认，专业性强的大型仪器须邀请所内外专家对厂家投标书（和合同）承诺的重要参数指标进行技术验收；未验收的大型仪器设备不予报销；对外地发生金额较大的化肥、农药、农膜、PVC 板等没有条件实地验收的仪器设备，需要提供情况说明和交易真实发生的佐证（如现场的照片、出差同行人员证明等）。

（二）外协合同管理

结合可能存在的风险分析，在外协合同管理方面存在如下主要问题。①选择委托单位和询价环节。主要由课题组负责选择外协单位和洽谈价格，对受托方加工资质缺乏必要的审核；在供方选择时，存在利益关联方进入外协供方的现象；对价格的合理性缺少必要的论证，存在合同条款设置不合理、经费使用不合理等情况。②合同审核环节。管理部门形式审核多，实质性审核较难，对委托单位和价格往往缺乏足够了解，较难发现问题。③外协课题的验收环节。主要由课题组组织验收，管理部门缺乏参与，或难以完全把握课题完成质量。

为规范研究所外协合同管理和经费外拨，按照“以需定协、公开透明、明晰责任、规范管理”的原则，从源头控制风险，并优化外协工作流程，严格控制外协项目设置，明确审批权限，建立健全外协项目管理责任制。外协科技合同须附依托项目的合同书（协议）、承担单位资质材料等，并经科技处审核后，方可办理外协经费的审批和签章手续。明确审批权限，合同经费5万元以下（不含），由科技处审批；合同经费5万～20万元（不含），由科技处会同财务处等部门审核，由分管所领导审批；合同经费20万～50万元（不含），应进行网上公示，经公示后无异议的，由分管所领导审批实施。

（三）科技成果转移转化

加快科技成果转移转化，对促进大众创业、万众创新，提高发展质量和效益，具有重要意义。但在加快科技成果转移转化的同时，也要切实防范道德风险和廉政风险，加强对科技成果转移转化工作的监督。

研究所与企业间转移转化往来时容易形成利益输送，是研究的重要内容之一，要强调监督与制约措施。研究所与企业间转移转化往来事项要依法签订合同，明确双方的权利和义务，并督促合同的实施。重要合同应咨询法律顾问的意见；科技处要及时对企业委托研究合同进行验收，交付合同标的物，并依据合同及时核对、收取全部款项，财务处依据合同复印件监督合同款的到账情况，防止截留、挪用；研究所与企业共同从事项目科技攻关研究的，要考察、了解企业研究条件、研究人员、研究设备等基本情况，以真实的研究业务为基础，根据政府采购竞争性磋商程序选择企业伙伴，依据研究所、企业各自承担的工作量，合理分配研究经费和牵头单位。科技人员与投资企业或合作研究企业的法定代表人或负责人有夫妻、直系血亲、三代以内旁系血亲或近姻亲关系；本人、亲属持有被投资公司、被转化企业、合作研究企业及其上下级公司、关联公司的股份，科技人员要声明或回避，坚决杜绝研究所为成本中心、企业为利润中心的情形出现。

涉及投资审批、股权激励审批、投资作价、资产评估备案等政策的，因国家的改革举措目前尚在试点中，我们已充分考虑了改革后可能的变化情况，在有关条款中作了描述，待试点结束后按国家和院的新要求执行。

三、强化教育功能，筑牢廉洁从业思想防线

风险防控工作可以有效地预防违规违纪行为发生、减少腐败增量，但任何一项硬性的规定或工作必须由思想作引领，必须不断提高各类人员的自觉意识和工作积极性，形成人人认可、个个参与的良好局面。

廉洁从业教育机制是整个反腐倡廉机制中的一个重要组成部分，是做好廉洁从业的前提和基础。以“预防为主，分层次、分类别、全覆盖”为原则积极开展廉洁从业的宣传教育工作，对不断提高职工的思想政治素质和廉洁从业意识，切实做到秉公用权、廉洁勤业具有重要意义。

（一）抓住领导干部这个“关键少数”

领导干部虽然人数不多，但作为党风廉政建设的重要组织者、推动者、实践者，肩负着带领广大职工群众把廉洁从业各项部署落到实处、把风险防控工作推向深入的重任，毫无疑问属于“关键少数”，不断提高领导干部的理论水平、道德修养和拒腐能力尤为重要。

坚持中心组学习制度，组织领导干部学习党史、国史，通过学史看成败、鉴得失、知兴替；坚持不懈学习法律法规和党纪党规，引导广大干部树立正确的世界观、人生观、权力观、地位观、利益观，牢记全心全意为人民服务的宗旨，牢记手中的权力是人民赋予的，始终坚持廉洁奉公、执政为民，绝不能用来为个人或小团体捞取好处，严防死守基本底线。

坚持召开领导班子民主生活会，充分利用好批评与自我批评的武器，提高党内监督效果。

贯彻落实党风廉政建设责任制，签订党风廉政建设责任书，实施党风廉政建设述职和考核机制，不断强化领导干部的纪律意识和责任意识。对新任职的中层干部进行任前廉政谈话，敲响警钟，并不断重申责任内容，做到警钟长鸣。在传统节日等特殊时机，加强廉政提醒。对出现苗头性、倾向性或轻微违规违纪的党员干部要及时进行教育警示，促其认识纠正；对问题比较突出的情况进行诫勉谈话。进行案例警示教育，教育引导领导干部珍惜党和人民给予的荣誉和地位，珍惜名节，珍惜人生，在各种诱惑面前经得住考验，以实际行动落实好“为民、务实、清廉”。

（二）加强党员理想信念教育和作风建设

一个人的理想动摇，是最危险的动摇；信念滑坡，是最致命的滑坡。理想

信念教育是廉洁教育的核心、灵魂、方向、动力，抓住这个主线，也就抓住了廉洁从业教育的关键。要切实加强党员的理想信念教育，组织党员学党章、党史，参观红色历史纪念地，开展党的优良传统和作风教育，引导广大党员坚定共产主义远大理想；深入开展专题教育实践活动，不断改进工作作风和学术风气；组织党员学习先进典型事迹，加强道德修养教育；组织党员开展党性分析活动，通过排查问题、自我剖析、民主评议、落实整改，严肃党的政治纪律、组织纪律、工作纪律、廉洁纪律、群众纪律、生活纪律，强化党性观念和党员意识，带动研究所形成良好氛围。

（三）以科研人员为主体，以规范科研经费使用为重点开展教育

对于科研院所来说，科研经费是全所经费的主体，管好这个绝大多数，是反腐倡廉工作的主要任务。近年来，国家对科技创新的支持力度不断加大，科研经费快速增长，各级管理部门的监督和管理职能也更为严格和精细。与此不相适应的是，科研人员对经费使用和管理的重视程度还不够，而且对于研究所组织的一般性的文件学习不以为然，这给研究所的科研经费管理带来了风险。要将宣传教育融入日常业务管理工作之中，邀请财务、科研管理等日常执行管理的专业人员介绍科研经费管理与使用的各项制度，就工作中的困惑相互进行交流与沟通，增进对财务、科研管理规定及管理人员规范管理行为的理解与自觉遵守；及时传达国家和有关部门关于经费管理改革的精神，统一思想，保证经费管理的最新政策在全所顺利执行。

（四）重视对关键岗位人员的教育

人、财、物管理等权力行使部门、岗位，廉洁风险较大，要针对不同情况，加大对这些岗位工作人员的廉洁风险防范教育，强化责任意识和预防意识，防止腐败问题发生。利用审计等契机，组织相关管理人员参与全过程，通过与审计专家面对面的交流，进一步提高规范管理的意识和能力。重视对管理人员的职业道德教育，做到廉洁奉公，勤政敬业，遵纪守法，依法管理，树立良好的职业道德形象。由于科研秘书在减轻科研人员负担、统一承担报销工作中的重要作用，要注意对其进行警示教育，加强对规章制度的学习，提醒他们根据要求完善办事程序，防控廉洁风险。加强对纪监审干部的教育，提高其履职能力和责任意识。

（五）关口前移，向新入所人员宣讲规章制度与办事流程

新入所职工不了解所情所况，可能在办事过程中给后期管理带来问题，在

入所时组织集中培训会取得事半功倍的效果。进行管理规章制度和办事流程的宣讲教育，发放制度汇编；开展学风教育，倡导树立正确的科学理念和科学严谨、求真唯实的学术风气，为新入所人员尽快适应研究所的工作要求创造有利条件。

（六）宣传教育覆盖全所职工，营造反腐倡廉人人有责的氛围

十八大以来，中央反腐败工作进入了前所未有的阶段，很多新的规定和精神出台，宣传教育的任务尤其紧迫。广泛宣传中央八项规定、院党组 12 项要求等作风建设有关规定，及时通报一些典型案例，发挥警示作用；宣传社会主义核心价值观，学习先进典型事迹，通过学伦理知廉耻、懂荣辱、辨是非；抓住“12・4”全国法制宣传日开展普法教育；通过网站、公告栏、微信、各类会议等多渠道拓展反腐倡廉教育，并加强集中教育签到管理，强化各级领导干部履行督促管理范围内人员受教育的责任，在全所营造反腐倡廉人人有责的氛围，增强大家的自律意识和监督责任感。

四、强化监督，夯实廉洁从业基础

（一）科研经济业务真实性合法性审计监督全覆盖

科研经济业务真实性合法性审计是结合各自单位科研经费使用状况和管理环境，以科研活动单元为对象，从财务与项目管理信息入手，审计各项科研经济业务活动发生的全过程，着重检查科研经济业务和科研活动的相关性、科研经济业务的真实性、集体或个人是否存在违法舞弊行为，进而及时发现科研经济业务活动中存在的问题，查错纠弊，分析问题产生的原因，促进单位进一步规范科研经费管理，完善内部控制机制，加强廉洁从业风险防控体系建设。

南京分院系统各单位根据中国科学院《监察审计局关于院直属事业单位开展科研经济业务真实性合法性审计工作的通知》（纪监审字〔2013〕7 号）要求，深入落实全面覆盖科研活动涉及的所有经济业务领域、基本覆盖研究所主要科研团队“两个全覆盖”的工作目标，创新工作方式方法，确保审计监督实效，促进科研经费规范管理和合理使用。各单位研究制订年度审计工作计划；召开审计动员会，研究所所长亲自主持，现场利用电脑软件随机抽取被审计课题组；按照“一岗双责”要求，理清科研经济业务真实性报销签字责任，办事员为第一责任人，审批领导负领导责任，直接业务领导要对业务真实性负责；审计工程中发现问题，

直接找课题组组长核实了解情况。在研究所开展内审工作的基础上，南京分院纪检组组织纪检监察人员和内审工作人员一起成立了 2 个审计工作组，强化上级和外部监督。

（三）积极践行“四种形态”，强化监督执纪问责

强化审计结果的应用，通过审计发现问题，积极实践应用“四种形态”。坚持纪严于法，用纪律管住大多数，从源头上阻断不正之风和腐败滋生的通道，把党的纪律和规矩挺在法律前沿，抓早抓小，动辄则咎。推动“咬耳扯袖、红脸出汗”成为常态，将批评教育、诫勉谈话、约谈函询广泛应用于日常监督工作中，将审计监督与纪检监督有机结合，让所有人员讲清问题、认识错误、及时改正，发现苗头及时提醒，触犯纪律立即处理。

课 题 组 组 长：朱怀诚
课题组副组长：杨　涛
课 题 组 成 员：杨　绒　许　平　谢立华　吕　伟　任树林　罗耀珍

落实全面从严治党责任的探索与实践

中国科学院武汉分院

党的十八大以来，以习近平同志为核心的党中央把全面从严治党纳入“四个全面”战略布局，有力推进了党的建设新的伟大工程。全面从严治党，核心是加强党的领导，基础在全面，关键在严，要害在治。习近平同志指出，各级党组织要担负起全面从严治党主体责任。历史和现实都告诉我们，不明确责任，不落实责任，不追究责任，从严治党是做不到的。

分院分党组是中共中国科学院党组（简称院党组）设立的派出机构，它服从院党组的领导，负责指导分院机关和院属本地区研究所党组织的工作。分院系统直属单位党委与分院分党组合署办公，加强与地方党委的联系协调，领导和统筹直属单位党的建设各项工作。围绕分院分党组落实全面从严治党责任的要求是什么，如何按照要求寻求更切合工作实际的党建工作新思路等问题，中国科学院武汉分院（简称武汉分院）分党组在积极落实全面从严治党主体责任过程中做了有益的探索和深入的思考。

一、落实全面从严治党主体责任对分院分党组提出的新要求

（一）分院分党组落实全面从严治党责任的主要内容

1. 院党组对分院分党组落实全面从严治党责任的要求

2015 年 11 月，院党组出台《中国科学院关于落实全面从严治党要求实施

方案》，院党组对分院分党组贯彻落实全面从严治党责任的总体要求是，以全面从严治党要求为主线，结合科技创新工作特点，坚持围绕创新、服务创新、促进创新的工作定位，强化从严治党主体责任，认真研究解决党建工作中的问题，不断提高党的建设规范化和科学化水平，为履行国家战略科技力量职责、顺利实施“率先行动”计划提供思想、政治和组织保证。

分院分党组重点履行协助、推进、教育、监督和引领责任。协助责任，就是协助院党组加强基层党的建设。推进责任，就是推进党建责任落实，对职责范围内的党的建设进行规划和部署。教育责任，就是学习、宣传和执行党的路线方针政策，做好思想政治工作。监督责任，就是对党员和干部进行监督，严格执行党的纪律。引领责任，就是履行以党建带群建的责任，加强对统战和群众工作的领导。

2. 湖北省委对分院分党组落实全面从严治党责任的新要求

2016 年 2 月，湖北省委印发《中共湖北省委关于落实全面从严治党要求进一步加强省直机关党的建设的意见》，明确了党组落实全面从严治党的责任要求。

党组（党委）要切实加强对党的工作的领导和指导，落实组织领导、宣传教育、选人用人管人、源头防治标本兼治、支持纪检监察机构履行监督责任等职责。坚持党建工作与业务工作一起谋划、一起部署、一起考核，确保中央、省委决策部署在本部门本单位的全面贯彻落实。

（二）分院分党组落实全面从严治党责任的新任务

院党组的《中国科学院关于落实全面从严治党要求实施方案》和湖北省委的《中共湖北省委关于落实全面从严治党要求进一步加强省直机关党的建设的意见》，是院党组、湖北省委制定的党内规范性文件，是指导武汉分院分党组（直属单位党委）当前和今后一个时期党建工作的重要依据和遵循。

1. 思想政治建设要进一步创新教育方式、丰富教育内容

要坚持思想建党和制度建党紧密结合，做到教育和制度并重。要把学习贯彻习近平同志系列重要讲话精神作为首要政治任务，重点学习习近平同志关于科技工作的重要论述，引导广大党员补精神之“钙”，固思想之“元”，切实增强政治意识、大局意识、核心意识和看齐意识，把广大干部职工的思想认识统一到“三个面向”“四个率先”的办院方针上来。要丰富党员理论学习内容，创新形式，加强宣传教育工作，注重学习提能、党性锻炼，道德和法治教育、思想政治工作等方面。

2. 抓主体责任落实要更注重细化工作要求

要把建党、管党、治党责任细化分解、层层落实，不仅注重健全完善党委部门抓党建的工作格局，而且明晰分院分党组、各单位党委、支部的三级主体责任，实行党建工作责任清单制度，建立完善党建工作责任体系。要按照述职述党建、评议评党建、考核考党建、任用干部看党建的要求，积极探索符合各区域和单位特色的党建工作考核体系和工作形式。

3. 要进一步激发基层党组织活力

要围绕党组织战斗堡垒作用和党员先锋模范作用的发挥，建立基层党建工作联系点制度，着眼于加强各单位党委和党支部建设，深化“红旗党支部”创建，加强基层党组织基本组织、基本队伍、基本活动、基本制度和基本保障建设；强调立足岗位创先争优，加强党员干部能力建设，实现在服务中心中锻造队伍，在建强队伍中更好地服务发展；健全从严管理干部、从严教育管理党员制度；健全党内激励关怀帮扶机制；进一步强化对群团工作的领导。

4. 作风建设要进一步把纪律挺在前面

要围绕把纪律挺在前面、自觉运用好监督执纪“四种形态”的要求，强调纪在法前、纪严于法，强调要提高组织生活质量，抓早抓小，让“咬耳扯袖、红脸出汗”成为常态。强调加强党内监督和社会监督，严格贯彻中央八项规定精神和院党组“12 项要求”，践行“三严三实”要求，持之以恒纠正“四风”。要严格落实“两个责任”，加大纪律审查力度，加强反腐倡廉宣传教育和廉洁从业风险防控机制建设，建设反腐倡廉长效机制，推动形成不敢腐、不能腐、不想腐的体制机制，营造良好的政治生态。

5. 党建研究要进一步紧密结合科技创新实践

要充分发挥“两研会”作用，立足科技创新实践，研究落实全面从严治党的理论和实践问题。按照中央关于全面从严治党的新要求，紧密结合武汉分院科技创新的目标，以问题为导向，研究制约党建工作发展的深层次问题，研究落实从严治党责任制、严格党内政治生活、严明党的纪律、推进党风廉政建设、推进党建制度改革和实践创新等重要问题，不断提升武汉分院党建工作科学化水平。

6. 要进一步加强党务干部队伍建设

一是选优配强党务干部。注重把既懂业务又懂党务的优秀干部选拔到党务岗位，鼓励把优秀管理干部放到党务岗位锻炼考验，把经过党务岗位锻炼成熟的干部放到重要岗位使用。二是加强业务培训。要按照习近平同志关于“领导工作要有专业思维、专业素养、专业方法”的要求，加强党建业务学习，争做党建工作的“行家里手”。

二、武汉分院分党组落实全面从严治党责任的探索与实践

（一）细化管党治党责任，探索建立党建工作责任清单制

抓实分院分党组、各单位党委、支部的三级主体责任，实行党建工作责任清单制度，完善党建工作责任体系。

1. 健全完善分党组（直属单位党委）党建工作机制

建立健全工作研究部署、交流研讨、通报协调、督促检查、总结评比和表彰激励等六大党建工作机制，明确党建工作做什么、如何做、做出什么成效，形成分院系统较为规范的党建工作流程和工作规则。切实担负起分党组（直属单位党委）对所在地区党建工作的组织协调、指导服务、督促推动、考核评价等职责任务。

2. 推动牢固树立“书记抓、抓书记”的党建责任意识

明确党委书记抓党建的首位之责，推动聚焦主业、担负主责，把抓好党建作为最大的政绩。明确党委书记重点抓好五项工作：①抓好领导班子自身建设；②发挥党委一班人作用；③加强干部教育监督管理；④建章立制，规范工作流程，加强风险控制；⑤深化创新文化建设，促进党建工作与科研工作有效融合。

3. 构建研究所党建工作“明责、履责、查责”的工作链条

探索“党建工作责任清单制度”，坚持按年度和按季度下达“两个清单”（党建工作任务清单和问题清单），建立常态化督导管理机制，通过专项调研、专题研讨会、随机抽查等方式，突出问题导向，抓好责任落实。

4. 建立党委工作年度考评制度

制定《武汉分院党委工作考核细则》，开展党委工作、党建工作年度考评。采取党委、党办负责人组成考评组，各单位交叉互评的方式，实施书记述职、查阅资料、职工打分、考核组评分、分党组点评的考核流程。考核比重为：党委日常工作情况占 30%，对照《武汉分院党委工作考核细则》评分情况占 50%，年底现场述职情况占 20%。形成“三级联述联评”和考核倒逼机制，实现分院系统党建工作整体推进。

（二）坚持思想建党与制度建党紧密结合

1. 抓好“思想建党”阵地建设

其一，依托湖北省委党校理论教育主阵地，在党的十八大和十八届三中全会、四中全会、五中全会召开后，多次组织各单位处级以上领导干部进行“封闭式”集中培训。其二，建立中心组（扩大）学习研讨会、管理干部能力提升高级

研修班两大学习特色平台。坚持每年春、冬两次中心组（扩大）学习制度，各单位处级以上领导干部 100 多人参加，每次三天时间集中学习。其三，重点围绕学习习近平同志系列讲话、全面从严治党、“三型”党组织建设、党章党规、科技创新等主题，每年组织 10 余场学习辅导报告会。建立形成深受研究所欢迎的、定期与不定期相结合的学习教育品牌。

2. 把党建工作制度化作为落实全面从严治党要求的重要任务

先后制定印发了《关于落实党建工作主体责任的管理办法》《武汉分院分党组工作规则》《武汉分院直属单位党委工作制度》《武汉分院直属单位党委会议制度》，同时还编制了《武汉分院党建工作制度汇编》《武汉分院党委换届工作手册》《武汉分院党支部工作手册》《武汉分院纪委工作手册》，建立了分党组成员联系研究所工作制度。通过制度化建设，进一步明晰职责、照章办事，完善党建工作机制，推进分党组（直属单位党委）工作标准化、长效化管理。

（三）夯实基础、拓展载体，把基层党支部工作抓实抓好

1. 坚持“支部建在实验室”

按照科研组织构架和科技创新发展建立党支部，坚持支部设置在结合、渗透、融合上下功夫，凸显党建工作对科技创新的保障作用。在研究所确立“一三五”发展目标和组织构架后，支部设置与之相对应，及时做出调整。针对野外工作多、工程项目多的学科组，及时建立临时党支部和党小组，做到科研工作在哪里，党的工作就延伸到哪里。

2. 坚持选优配强党支部书记

推行“一岗双责”，让优秀室主任、学科组长、处长兼任党支部书记，把管人管事管党有机结合起来，实现党务与科研工作互相促进。不让党建工作处于边缘状态，而是围绕科技创新来开展，使党建工作成效更好地彰显和体现在完成重大科研任务之中。同时，也让支部书记岗位成为干部实践锻炼、能力培养的平台。同时，加强支部书记能力建设，每年定期举办支部工作培训班，通过专题报告、经验介绍、角色扮演、小组讨论、情景模拟、现场考察等多种形式，推进支部书记知晓党的工作、会做党的工作。

3. 建立“支部主题党日”经常性学习制度

每个支部根据实际固定每月一天为“支部主题党日”，每月确定一个主题，开展学习交流研讨。强化“4+X”的仪式感，即唱国歌、重温入党誓词、学一段习近平同志讲话、交纳党费四项规定仪式，再安排一项自选内容。在细化和落实学习教育，推动支部组织生活常态化、党员日常教育管理长效化的同时，

鼓励各支部运用党的创新理论指导“支部主题党日”活动，突出分类施策。结合研究所学科特点和科研工作实际，不断创新活动理念、活动思路、活动载体、活动品牌，创建适合科技人员需求和科研工作特点的“支部主题党日”品牌活动。

4. 抓好支部工作载体建设

坚持每年确立一个工作重点与抓手，采取试点先行、典型引路、全面推进的方式，推动支部工作和活动常态化。2015 年，开展“红旗党支部建设”创建活动，要求每个单位选择一个基础比较好的支部，先试先行、典型示范。武汉物理与数学研究所磁共振学科党支部以激发科研攻关精神动力为目标，创建了“老带新、党员带群众”，共同为科技创新做贡献的支部工作法，该支部从湖北省直机关 6000 多个党支部中脱颖而出，被评为“湖北省直机关红旗党支部”。2016 年，推进“红旗党支部”创建活动全覆盖。制定提出创建工作标准，要求各基层党支部按照组织队伍强、制度机制强、学用结合强、改革创新强、服务效能强、示范带动强“六强”标准开展对标创建，实现创建工作与“两学一做”的结合，与推进落实“率先行动”的结合，与提升支部工作水平的结合，努力把支部打造成“党员之家”。

（四）落实两个责任，扎实推进党风廉政建设

分党组认真履行管党治党主体责任，以营造良好的政治生态为目标，坚持抓认识、抓部署、抓教育、抓督促、抓关键少数，努力推进系统党风廉政建设“两个责任”落地生根。

1. 深化认识、多措并举，落实主体责任

要求党委书记把主体责任扛上肩，做到“四个亲自、四个带头”，党风廉政建设工作亲自部署、重大问题亲自过问、重点环节亲自协调、重要案件亲自督办；带头讲廉政党课、带头作出廉政承诺、带头参加民主生活会、带头参加责任制检查考核。党委书记要当好党风廉政建设的践行者、引领者、推动者和示范者。组织廉政报告会、专题教育党课、研讨交流会等，引导党委书记深刻认识党风廉政建设是一种政治责任。从党风廉政建设主体责任到全面从严治党主体责任是一个责任体系，党委书记必须全面担当起来。

2. 推动责任压力传导，完善责任体系

分党组书记、纪检组组长联合与新任所长、书记进行上岗谈话。规范谈话内容，定制谈话清单，细化主体责任第一责任人和主要责任人的职责任务，要求正确理解和处理相互之间的关系，共同担负全面责任、直接责任、首要责任。分院

院长、书记与新任正职领导签订个性化责任书，正职领导与分管所领导分别签订个性化责任书。完善一级抓一级、一级对一级负责的责任体系。

3. 加强制度建设

从组织编写《研究所纪监审工作手册》入手，规范纪委工作内容和程序，用以指导具体工作，落实研究所纪委监督责任，提升系统监审人员的监督执纪能力和履职能力。以创新机制为关键，强化重点领域审计监督。运用分院集中审计和参与研究所互助审计两种模式，建立常态化审计监督机制。

（五）着力构建作风建设长效机制

1. 抓好“关键少数”

以领导干部、科研骨干、关键岗位工作人员为主要对象开展廉政宣传月，编发《廉政手册》，转发省纪委通报、清风网、《廉政准则》和《纪律处分条例》学习报告会、知识竞赛等宣传教育，筑牢拒腐防变的思想道德防线。结合“两学一做”成立讲师团，15 名书记、副书记深入各单位、各支部讲党课，深化党纪党规教育。

2. 建立健全日常谈话提醒制度，着力在从严管理干部上下功夫

规范干部上岗谈话内容，抓好干部廉政谈话、提醒谈话和诫勉谈话，对一些苗头性问题和群众反映的问题及时提醒，形成对干部的严格约束。抓好领导班子换届、届中考核结果、党政正职述职述廉和年度工作考核结果的反馈，肯定成绩、指出不足、督促整改。

3. 狠抓作风建设

把加强领导干部作风建设作为落实党风廉政建设主体责任的着力点。推动领导班子制定和落实议事规则，建立“三重一大”决策制度。对各单位领导干部贯彻落实中央八项规定和院党组十二项规定情况进行督促检查，确保“三公”经费管理制度严格执行。要求新上岗干部对作风建设和廉洁自律进行公开承诺。通过多种平台，组织领导人员学习《廉政准则》《纪律处分条例》，宣讲各项从严管理干部的规定，让干部明白哪些能做、哪些不能做，做到明规矩、守规矩。

（六）积极开展党建研究工作

分院分党组充分发挥分院“两研会”作用，采取课题制的方式，每年年初设定重点课题并给予经费支持，对于当年研究成果被评为优秀论文的自选课题给予经费支持。充分调动各单位党委的积极性，结合分院分党组、各单位党委工作

实际，总结形成了一系列理论成果，推动分院党建研究工作的积极开展。其中，《关于研究所领导班子思想政治建设的思考》《紧扣创新发展，加强组织引领，扎实推动创先争优活动深入开展》《从“水生态修复”研究团队十五年历程，分析创新文化对科学研究的推动作用》《围绕科技创新探索新时期党支部建设工作》《新形势下科研院所基层服务型党组织建设思考》《以“红旗党支部”创建带动基层党组组织建设》等，在院内外党建刊物上发表，并多次获院“两研会”、全国党建研究会科研院所专委会奖励。

三、思考与建议

武汉分院分党组在落实全面从严治党责任，推动新时期党建工作方面虽然取得了一定的成效，但与中央、院、省全面从严治党的要求相比，还存在一些薄弱环节和突出问题。一是分党组、各单位党委、支部抓党建工作力度逐级递减现象在有些党委、支部还在一定程度上存在，党建工作还存在不够深入现象；二是党建工作的方式方法创新性不够、针对性不强，党建工作未能与科研工作有机融合现象普遍存在；三是各单位党务干部建设仍存在不均衡发展现象。

“十三五”期间，研究所改革创新发展过程中机遇与挑战并存，组织实施“率先行动”计划和“一三五”规划目标任务繁重，分党组需要进一步落实全面从严治党责任的各项要求，扎实推进党建各项重点工作，为深入实施“率先行动”计划提供强大的思想动力和坚强的政治保障。

（一）进一步压紧压实三级责任

建立健全党建工作责任制，是加强党的建设的重要举措，强化党建工作的责任意识是落实党建责任制和要求的基础。一是进一步推动全面从严治党责任向基层延伸，党委书记对本单位全面从严治党负第一责任，支部书记负责落实党建各项工作任务；二是要建立健全述职考评和党建工作问责机制，推行党建工作“项目化”，实现责任落实精确化；三是要探索建立党建工作的倒逼机制，用好党建考核“指挥棒”，加大党建工作权重，倒逼党委书记增强抓党建工作的责任感与自觉性。

（二）进一步抓常抓实思想政治工作

坚持把思想建设放在首位。一是充分发挥院、省党校和分党组中心组学习等学习平台作用，重点围绕中央、院、省重要会议精神和重大决策部署开展学习研究，丰富内容，创新学习形式。二是改进思想政治工作方法，定期开展党员思想状况分析，了解党员思想动态，提高思想政治工作针对性。三是利用好党建教育基地，开展形式多样、生动活泼的主体教育实践活动。四是利用微信、手机客户端等新媒体形式，拓宽党建工作渠道，把党组织建成温馨的“党员之家”，切实增强党员对事业的认同感、对组织的归属感。

（三）不断夯实基层党组织基础

党的建设，基础在基层，重点在支部。一是坚持选优配强党支部书记，推行研究室主任、学科组长、处长兼任党支部书记，落实“一岗双责”，实现党务与业务工作互相促进。把党支部书记作为所级党务、行政后备干部培养的重要岗位，让一批支部书记成长为后备干部，让一批后备干部在支部书记岗位上历练。二是把“红旗党支部”创建工作不断推向深入。认真总结、推广“支部工作法”，推动支部规范化建设，把“红旗党支部”创建过程作为落实建党管党、从严治党的过程，作为提升支部工作水平的过程，作为新形势下推进党建工作创新的过程。三是把支部工作纳入年度业务工作考评体系，规范支部书记津贴，对支部工作做得好的支部书记在年终绩效、职务职称晋升中加大权重，增强支部书记的责任感、荣誉感，促进兼而有责、兼而负责。

（四）落实两个责任，持续加强党风廉政建设

一是通过层层签订责任书、宣传教育、工作交流、约谈提醒、专项检查、内部审计、专项巡视与常规巡视、班子考核、述职述廉、反馈考核等各种形式，督促各级党组织落实好主体责任、党委书记落实好第一责任人或主要责任人的责任。二是积极推动建章立制，着力构建起反腐倡廉的制度体系和长效机制，采取有针对性的举措，坚决遏制这些高发、多发的问题出现。加强纪监审队伍的业务素质和业务能力建设，不断提高纪检监察队伍的政策理论水平和业务素质。三是建立健全问责追责制度，以责任追究倒逼责任落实。坚持问题导向，细化明确问责内容，实现问责内容、对象、事项、主体、程序、方式的制度化、程序化、规范化。

（五）进一步提升党务干部能力

针对党委书记、党办主任、支部书记等不同群体，通过专题报告、经验介绍、角色扮演、小组讨论、现场考察等多种形式开展培训教育，逐步建立较为完善的党务干部培训体系，促使党务干部政治素养、工作能力不断提升。

课题组组长：陈平平
课题组成员：李海波　尚纳新　洪成浩　宋海岚

新时期科研院所基层党组织考核评价机制研究

中国科学院测量与地球物理研究所

★★★

习近平同志于2014年10月8日在党的群众路线教育实践活动总结大会上讲话，向全党提出“治党三问”。一问是不是各级党委、各部门党委（党组）都做到了聚精会神抓党建？二问是不是各级党委书记、各部门党委（党组）书记都成为了从严治党的书记？三问是不是各级各部门党委（党组）成员都履行了分管领域从严治党责任？答好“治党三问”，首在责任落实，切实加强基层党建工作。评价基层党建工作做得是否扎实，需要建立健全基层党组织考核评价机制，它既是贯彻党要管党、从严治党要求的重要举措，也是保持基层党组织先进性、纯洁性的重要武器。它既是基层党建工作的重要组成部分和关键环节，更是基层党建工作的重要导向。以考核评价机制倒逼责任落实，为基层党组织书记抓好党建立下标杆，提供抓手。因而，建立责任明确、领导有力、运转有序、保障到位的党建工作考核评价机制，具有重要的理论意义和实践价值。研究人员通过大量调研，根据科研院所的特点，为增强研究的针对性，将本研究的范畴界定为科研院所基层党委考核评价机制。

一、构建考核评价机制的价值维度

（一）是党要管党、从严治党的“基本要求”

构建基层党建工作考核评价机制，是落实管党治党责任的具体体现和有效形式，是党建取得实效的有力保证。习近平同志强调，要把抓好党建作为最大的政绩，党委书记要履行好抓党建工作第一责任人的职责，述职要述党建、群众评议要评党建、年度考核要考核党建、选拔任用干部要看抓党建的情况。从严述职、从严评议、从严把关，成为一种新常态。

（二）是落实党建工作责任制的“重要杠杆”

考核评价就是导向，就是要求。通过考评，抓好责任制的纵向和横向管理，促进党建工作责任制落实。它作为推动党组织建设全面进步的“杠杆”，有利于发挥导向作用、倒逼作用，促使各级党组织和党组织书记将主业主责刻在心中、扛在肩上、落到实处，竖起管党“新标杆”，唱出党建“好声音”。

（三）是促进科研院所创新发展和发挥党组织政治核心与监督保障作用的“动力引擎”

作为科研院所的基层党组织，围绕创新抓党建，抓好党建促创新，全面从严推进院所党的“五大建设”，充分发挥基层党组织在推动发展、服务群众、凝聚人心、促进和谐的作用，切实发挥好政治核心和监督保证作用，是科研院所基层党组织肩负的重要职责和神圣使命。党建考核评价机制是基层党建工作的考核、评价、评先的依据，是检验基层党建工作成效的重要环节。实践证明，完善基层党建工作考核评价机制，有利于加强基层党的建设，从而有利于推动科研院所的改革创新发展。

（四）是党的基层组织保持先进性的“指挥棒”

健全党建工作考核评价机制，其目的就是进一步加强和推动党建工作。党建工作只有建立统一、规范、全面和涵盖基层党组织建设、党员队伍建设、作风建设等保持党组织先进性的长效考核评价机制，才能作为全面加强党建的总抓手，并借助它在实践中的刚性运用，促进党建工作水平的不断提升，实实在在地抓好党的执政能力建设和先进性建设。

二、考核评价机制现状审视

近年来，针对基层党组织考核评价工作，包括中国科学院在内的相关单位和部门已进行了有益探索和具体实践，并取得了一定成效，特别是各基层党委越来越重视这项工作，不断促进和完善党委工作的自我净化、自我革新、自我提高的能力建设。但由于主客观等方面的各种原因，现行的基层党建工作考核评价体系离从严治党的要求还有一定差距。特别是随着科技创新的快速发展和党的建设纵深推进，面对新形势、新任务、新挑战，科研院所基层党组织考核评价工作在理论和实践两方面尚有局限和不足，亟须改进。主要表现在以下几个方面。

（一）述评主体缺乏广泛性、代表性和公信度

谁来述职，谁来考评，是健全党建工作考核评价机制的首要问题。调查显示，当前述职主体较为单一，述职对象一般为基层党组织书记，虽有利于形成重视党建的导向，但往往把责任过多集中到党组织书记个人身上，各层级的责任合力不凸显。此外，考评主体单一，大多为上一级党委或党建工作领导小组，往往上级的主观印象占了主导，考评主体中，群众、党员评议的权重较弱，党外人士参与考核评价的监督作用未能有效发挥。

（二）考评指标缺乏导向性、针对性和关联度

考评考什么，是否能体现党建工作全貌，是全面客观评价基层党建工作的关键。但在实践中，考评内容描述较抽象，指标界定较模糊，不够规范，容易让述职对象选择性述职，不能反映党建工作全貌；一方面，考评的内容较抽象，如在具体述职时表现为述成绩多、述问题少；另一方面，考评指标的要求界定模糊，有的把党建看作一般性的单项或专项工作，孤立地看待党建工作，单纯就党建抓党建，脱离科研院所中心工作。在考评过程中，部分指标达不到量化细化的要求，考评标准缺乏刚性约束，有的凭主观喜好、平时印象和经验打分，导致评价主观、结论模糊、缺乏针对性和说服力，影响了考评的客观公正性。

（三）考评方法缺乏系统性、实践性和灵活度

一是重文字总结资料和 PPT 汇报，忽视工作轨迹资料检查。主要关注点往往停留在口头或者书面汇报层次上。二是重静态考核，忽视动态考核。表现为重事后、轻平时，重结果、轻过程。考评仅限于年度集中考评方法，但欠缺日常考核、常态考核，对党建工作不能做到全方位、多角度、跟踪式评估，容易造成突击式、运动式、应付式完成任务的“应考”导向，考核结果趋中效应依然存在。

（四）结果运用缺乏激励性、权威性和影响度

一是考核评价与结果运用在一定程度上还存在脱离现象。有的考评结束后只做简单通报，使党建考核评价有名无实。有的对党建实绩的考评结果不关注不关

心，难以形成震慑力，削弱了考核评价的权威性。二是在奖惩把握上缺乏刚性尺度，党建考评和干部评价“两张皮”现象依然存在。三是考核结果反馈整改情况不理想。缺乏问题意识，考评结果推动、改进工作的作用发挥得不够明显。

三、构建考核评价机制的原则

构建科研院所基层党组织考核评价机制，要以党中央一系列相关精神为根本，以院所实际情况为依据，涵盖党的“五大建设”，坚持责任清晰、目标明确、方法科学、运行有效的标准，关键是要体现科研院所特色、推动党建工作责任制落实、服务保障科技创新事业发展。在构建过程应体现以下五个基本原则。

（一）严格遵循职能定位的原则

坚持党要管党、从严治党，加强党的建设，是基层党组织的主要职责之一。“党要管党、从严治党”不是一个空洞的口号，而是对加强改进党的建设的全面要求，要贯彻和体现到“五大建设”之中。对科研院所基层党组织来说，考核评价机制要体现指标从严、考核从严，从而有利于促进科研院所基层党组织在全面从严管党治党上抓出新成效，在围绕中心、服务大局中展现新作为。

（二）科学性与可操作性相一致的原则

健全和完善党建工作考核评价机制，必须从战略全局的高度来考虑，把党建工作长远规划目标与现阶段目标任务相结合，不仅要在理论上进行科学论证，坚持高标准、严要求，更要结合实际情况，删繁就简，在考核评价办法、体系可操作性上下功夫。否则，党建考核评价机制只能是纸上谈兵，无法真正落到实处。

（三）系统性与公正性的原则

健全和完善党建工作考核评价机制，必须统一考虑、同步运作与之相配套的考核办法、奖励措施和监督机制。只有做到层层有责任、考核有标准、检查有依据、奖惩有办法，才能保证党建考核工作有效运行，发挥其应有的作用。

（四）定量与定性相结合的原则

把考核指标科学量化，是保证考核质量、拉开考核档次和公认程度的关键。客观上要求指标能够量化的必须量化，但党建工作中有很多内容都是无法量化的，因此，对这些难以量化的内容，必须辅之以定性分析，提炼出精练准确的质量要求，不定抽象或模糊的标准，把“软任务”变成“硬指标”，考核起来才能真正做到“有据可靠”。

（五）突出重点与简便易行的原则

党的建设工作内容丰富，头绪很多，因此，必须抓住能够客观反映科研院所党的建设的主流、本质和真实水平的关键项目，坚持全面考虑和简便操作的办法，针对不同阶段和不同考核内容，保证重点突出，防止党建工作考核指标设置“眉毛胡子一把抓”，不分主次，导致难以操作运用。

四、构建考核评价机制的路径和发展取向

建立健全科研院所基层党组织考核评价指标体系和运行机制，必须形成责任明确、领导有力、运转有序、保障到位的工作机制，充分发挥考评的导向、激励和监督作用。

（一）考评主体——明确参与主体，健全群众参与机制，实现考评主体多元化

科研院所基层党建工作开展得是否扎实有力、富有成效，不仅要看上级党委的评价好不好，更重要的是要看党员群众满不满意。因此，要推动考评主体向多维度、多层次、多角度方向发展，坚持上级总体评价与党员群众具体评价的有机结合，更加注重让群众参与、让群众受益、让群众满意，不断扩大基层党员、群众的知情权、参与权和监督权。

1. 从作用上，充分体现党员主体性

党员是基层党建工作的基础，也是党内生活的主体。党内民主的规范有序，是基层党组织生机和活动的原因所在。在考评工作中，只有充分发挥好党员的主体作用，党的生活和党内民主才会拥有坚实的基础，基层党建才会以点带面、凝心聚力。积极扩大基层党员的政治参与，尊重党员合理建议，引导党员参与党内事务，鼓励和保障党员讲真话、讲心里话，切实增强党员在基层党建工作及监督中的主体意识、参与意识和责任意识。

2. 从结构上，充分体现群众代表性

考评工作要把群众满意作为重要标准，注重拓展评价主体的数量和范围。从不同角度、不同群体进行考核评价，避免上级或考核组单方面考核评价带来的局限性。最大限度地提高考评主体的科学性、多元性，确保考评工作的民主化、透明化、多元化。

3. 从权重上，充分体现评价互补性

如果说考评主体决定着考评工作的范围和视角，那么对不同考评主体赋予科学合理的权重，一定程度上则决定着考评工作的方向和要求。要正确把握考评参与主体的权重，按照考评内容的重要程度，结合科研院所基层党组织的类型特点、工作重点等方面，注重把握“一主多元”、主次分明，不断拓展人员的层次和类型，对不同人群赋予相应的权重（表 1），实行“上下促动、左右互动、整体联动，横向到边、纵向到底、全面覆盖”的一体化评价，力求真实、全面、客观地反映出基层党建工作成绩和问题。

表 1　科研院所基层党组织考核评价主体权重（集中定量考评）

考评主体	上级考核组	本组织人员（党委成员）	下级组织（党支部）	相关代表性人员（群众、民主党派、无党派等）
权重	0.5	0.2	0.2	0.1

（二）考评体系指标的设计与权重确定——健全内容指标体系设置机制，实现考评标准导向化

考评指标对于基层党建工作具有导向作用。考评指标须体现严谨性、合理性和科学性，努力实现精准化、精细化和导向化。考评指标设计坚持共性与个性相结合，突出科研院所特点。由于工作任务、具体环境等不尽相同，要充分考虑科研院所基层党组织与党政机关党组织、高校党组织、企业党组织等相互之间的差异性，既有共性指标，也有分类区别。在设置基层党建工作考评指标时，从科研院所实际出发，找准基层党建工作的着力点、落脚点。

本研究按照《中国共产党章程》规定的基层党组织的“八项任务”，党的十八大报告提出的整体推进党的“五大建设”，结合《中国科学院综合管理条例》《中国科学院党的建设工作规则》《中国科学院关于落实全面从严治党要求实施方案》，以及科研院所的实际，遵循基层党组织考核评价指标体系构建基本原则，通过调查研究、征求意见、反复讨论，最后选取七个方面作为科研院所基层党组织考核评价一级指标（集中定量考评项目），再将一级指标深层细化，形成 16 个二级指标（表 2）。在实际实施过程中，突出日常工作规范及围绕中心工作重点，针对每一个考核指标，详细地说明其考核指标内容及衡量标准，以便使考核主体和被考核者能够准确地把握考核内涵，降低因考核指标抽象模糊而造成的行为偏差。

本研究用权值因子判断法、经验法确定各一级指标、二级指标的权重。为了

便于考核实际操作，将各指标权重转化为分值，以考核总分满分为100分计算，各一级指标、二级指标的分值、权重如表2所示。在实际工作，根据形势变化和工作任务，按照需要，适时调整具体考评内容。

表2　科研院所基层党组织考核评价指标权重体系（集中定量考评项目，总分100分）

一级指标（分值，权重）		二级指标（分值，权重）	
1.贯彻落实中央和上级党组织决策部署（10分）	0.1	1-1日常工作（4分）	0.4
		1-2工作责任制、工作计划与措施（6分）	0.6
2.领导班子和干部、人才队伍建设（15分）	0.15	2-1领导班子建设（9分）	0.6
		2-2干部和人才队伍建设（6分）	0.4
3.基层党组织和党员队伍建设（25分）	0.25	3-1党支部（党总支）建设（15分）	0.6
		3-2党员队伍建设（10分）	0.4
4.专题教育与主题活动（20分）	0.2	4-1规定动作（16分）	0.8
		4-2自选创新动作（4分）	0.2
5.思想政治工作和精神文明与创新文化建设（10分）	0.1	5-1思想政治工作（4分）	0.4
		5-2精神文明建设（3分）	0.3
		5-3创新文化建设（3分）	0.3
6.党风廉政建设主体责任落实（10分）	0.1	6-1领导部署与组织推动（4分）	0.4
		6-2宣传教育与规章制度（3分）	0.3
		6-3支持指导监督与惩治腐败（3分）	0.3
7.对群团、统战等工作的领导（10分）	0.1	7-1群团工作（3分）	0.3
		7-2统战工作（4分）	0.4
		7-3离退休工作（3分）	0.3

（三）考评程序与方法——科学设定程序，健全动态评价机制，实现考评手段立体化

为准确客观地评价基层党组织在党建工作方面取得的实绩，在评价方式上要改变传统静态的、集中的、定期的考评方式，实行集中考评与平时考评（平时定量项目，见表3）相结合，定量与定性相结合，开门考核与内部考核相结合。紧紧围绕基层党建考核评价的内容，通过听取汇报、查阅资料、实地查看、走访座谈和进行党员群众满意度测评（科研院所基层党建工作满意度测评指标体系，见

表4）等方式，对基层党建工作进行多层次、精细化评价，确保统筹兼顾。

表3　科研院所基层党组织考核评价指标权重体系（平时定量项目，总分100分）

指标	分值/分	权重
1.按照上级党组织要求提交材料完成情况	20	0.2
2.按照上级党组织专项交办的党建工作任务完成情况	20	0.2
3.单位问题清单和专项整改落实情况	30	0.3
4.党建工作轨迹材料临时检查情况	30	0.3

表4　科研院所基层党组织工作群众满意度测评指标体系（集中定性考评）

政治面貌：中共党员 □　　群众 □　　民主党派人士 □　　无党派人士 □

序号	测评内容	满意	比较满意	基本满意	不满意
1	领导班子好：领导班子讲政治、顾大局，责任心强、威信高，团结协作，堡垒作用发挥好				
2	党员队伍好：党员能力素质强，爱岗敬业，勇挑重担，党性觉悟高，发挥先锋模范作用好				
3	工作机制好：组织机构健全，制度措施完善，主动征求和听取党员群众意见建议				
4	工作业绩好：动员、引导广大党员、骨干，围绕中心，服务大局，攻坚克难，锐意创新，成效明显				
5	群众反映好：践行党的群众路线，党群干群关系密切，党组织和党员在群众中威信高、形象好，干部职工归属感强				
6	廉政教育好：组织廉政教育，落实党风廉政制度，积极开展主题教育活动，党员干部廉洁自律				
综合以上内容作总体评价					

具体考评程序如下：

（1）第一步：自评。各单位党委对一年来的工作情况进行回顾，写出书面总结，并对照“考评指标评分细则”进行自我评估，自评结果分为：“优秀”（A，90～100分）、“良好”（B，80～89分）、“合格”（C，60～79分）、“不合格”（D，60分以下）四档。

（2）第二步：集中考评（定量考评）。考核领导小组召开述职考评会议。首先由被考核单位党委负责人做工作总结和述职报告，考评组进行评价打分，统计计算，确定考核评价等次。然后计算出考核主体中每个评价小组打分平均值和加权平均值。

例如：考核主体之一，上级考核组，由 4 人组成。

上级组织打分平均值 =（4 人打分之和）/4

上级考核组打分加权平均值 = 权重（0.5）× 上级考核组打分平均值

用同样方法，根据表 1 赋分权重，计算出其他考核主体，即本组织人员、下级组织、相关代表性人员的评价人员打分平均值和加权平均值。

被考核基层组织最后的考核综合评分为各考核主体打分加权平均值之和。即被考核基层组织最后的集中评分 =0.5×上级考核组打分平均值 +0.2×本组织人员打分平均值 +0.2×下级组织打分平均值 +0.1×相关群众打分平均值。

依据综合评分情况，考核结果分为："优秀"（A，90 ～ 100 分）、"良好"（B，80 ～ 89 分）、"合格"（C，60 ～ 79 分）、"不合格"（D，60 分以下）四档。

被考评单位在党风廉政建设、科研安全生产、保卫保密工作等方面，出现重大失误或造成重大影响的，不得评定为"优秀"（A）档次。

（3）第三步：民主测评（定性考评）。民主测评的基本方法是，会议述职后，被考核单位组织党员、群众、民主党派和无党派人士等人员，填写民主测评表（表 4），民主测评表项目评价意见分为满意（A）、比较满意（B）、基本满意（C）、不满意（D）四个档次。

（4）第四步：形成综合考评报告。上级党组织综合自评、平时考核、集中考核、民主测评等方面情况，以及通过个别谈话、召开座谈会、征求意见后，客观公正地对被考评单位党建工作作出评价，形成被考评单位党建工作综合考评报告，分列自评（A、B、C、D 四档）、平时考核（A、B、C、D 四档）、集中考核（A、B、C、D 四档）、民主测评（A、B、C、D 四档）等四个项目考评档次，其中要注意的是集中考核结果与单位自评分出入较大时应慎重核实。

综合评价报告内容包括考评基本情况、成绩肯定、问题提醒、整改意见和建议等，以书面形式向评价对象反馈，从而达到"以评促建，以评促改，以评促学，重在实效"的目的。

创新申诉复议机制，建立结果反馈和申诉复议制。评价结果以书面形式向评价对象及时反馈。评价对象认为评价结果与事实有较大出入的，应允许其提出复议。

（四）考评结果运用——健全激励鞭策机制，实现考评奖惩权威化

基层党建考评结果的充分运用是考评工作的生命，运用好考评结果，是考评

工作的根本目的，也是开展好考评工作的保证。一考多用，有利于统揽全局，提高工作效能，增强考核评价的权威性、约束力和影响力。

1. 考评结果在研究所整体评价中的运用

充分运用、整合综合考评信息资源，辩证地分析看待研究所当前与长远、显绩与潜绩、近绩与远绩、个人与集体、主观努力与客观条件的关系，全面衡量研究所领导班子发挥的作用，有针对性地提出加强和改进领导班子、党员干部队伍建设意见。

2. 考评结果在优秀领导干部提拔使用中的运用

按照党管干部和党管人才的原则，把评价结果作为干部实绩评价和选拔任用的重要参考，发挥对优秀领导干部提拔使用的导向作用，抓住党员领导干部这个“关键少数”，严格坚持“信念坚定、为民服务、勤政务实、敢于担当、清正廉洁”的标准，把好选人用人关。

3. 考评结果在完善激励鞭策机制中的运用

要强化考评结果的激励性，对考评结果较好的，予以通报表扬、典型宣传、物质奖励、年度“两优一先”评选表彰名额分配倾斜激励措施。充分调动基层党组织抓基层党建工作的积极性和主动性，与推动党建工作责任制落实紧密挂钩。

4. 考评结果在跟踪整改督办机制中的运用

对考评结果不理想的，尤其是有薄弱环节和突出问题的单位，要加强跟踪巡访，督促党组织及党员领导干部积极整改，抓好落实。

5. 考评结果在解决重大问题中的运用

通过考评，充分发挥在解决重大问题上的核心作用，切实提高基层党组织的整体工作能力，尤其是运用组织优势解决急难险重问题，创新围绕中心、服务大局的好经验、好做法，以供学习、借鉴、推广。

6. 考评结果与教育培训挂钩

通过考评，校正考评对象的不足，本着“缺什么，补什么”的原则，可以有针对性地进行理论培训和实践锻炼，为培养和储备党务干部队伍打基础。

本文在理论研究和分析上虽然力求科学、力求完备，但是在研究中仍然存在许多的不足和局限，需要在后续实践中进一步完善和改进。例如，进一步完善党员群众民主测评的定性考评，测评项也实现按定量分值，以达到所有项目均实现量化评价的效果；进一步加大平时定量考评指标体系的设计，突出工作在平时、在经常；进一步创新加分项目体系指标的设计，激励基层党组织推进党建工作，树立典型，发挥示范引领作用；进一步研究综合考评结果确定的构成内容和计算方法，准确计算平时考评、集中考评、民主测评等各项因子汇总过程中的各部分权重和加权分值，从而更客观、科学、精准地评价科研院所基层党组织党建工作绩效。

课题组组长：冯　灿
课题组成员：熊小敏　程方升

科研基层党支部在“率先行动”计划中发挥战斗堡垒作用研究

中国科学院武汉病毒研究所

党的十八大提出创新驱动发展战略，强调科技创新是提高社会生产力和综合国力的战略支撑，必须摆在国家发展全局的核心位置。中国科学院作为科技创新国家队和先行者，2014 年启动以研究所分类改革为核心的“率先行动”计划，通过聚焦重点、协同创新，将科技创新工作做到面向世界科技前沿、面向国家重大需求、面向国民经济主战场，最终实现“四个率先”。

新形势下，研究所的党务工作应围绕科技创新中心，以服务“率先行动”计划大局作为出发点和落脚点，从而发挥其政治核心和保证监督作用。科研基层党支部是党在社会基层组织中的战斗堡垒，在“率先行动”计划实施关键时期，科研基层党支部要以服务群众、做群众工作为主要任务，通过凝心聚力，将研究所全体职工的思想和行动统一到“率先行动”计划中来，为研究所“率先行动”计划的实施保驾护航。

一、党政分工，有机融合是科研基层党支部工作的基础

党的工作核心是坚持以人为本，做好人的工作。针对研究所而言，就是各项业务活动的总和，通过对研究所科研工作的组织，实现研究所科技创新。研究所的党政工作不是孤立的“两张皮”，而是相互融合、相互促进，通过合理分工，

各司其职，共同推动研究所的创新发展。

（一）围绕科技创新中心，做好基层党支部的组织建设

统一的组织机构设置是实现科研与党支部工作有机融合的基础。“率先行动”计划强调协同创新，重视科研团队建设。以科研团队为单位设立党支部，通过发挥党支部的组织性与纪律性、党员先进性和代表性等优势，与行政机构实现有效互补，共同为科技创新工作提供保障。以中国科学院武汉病毒研究所（简称武汉病毒所）为例，为适应研究所“率先行动”计划的组织实施，该所以科技创新集群为单位设立了 5 个研究中心，所党委根据行政机构划分，对应建立了 5 个党支部，同时配备政治素质高、业务能力强、工作作风扎实的研究员党员为支部书记兼研究中心副主任，确保与业务工作的一致性，这对发挥党支部战斗堡垒作用，有效促进中心工作奠定了组织基础。

（二）做好工作对接，实现党建对科研的有效促进

确保党建工作与科研工作的目标一致性，是做实党建工作的关键。这就要求党建工作与科研工作要“同规划、同部署、同实施”，工作中各有侧重、各负其责，共同推动“率先行动”计划实施。

《中国科学院综合管理条例》规定，党委的主要职责之一是“参与研究所重大事项的决策，并积极推动各项决策的组织实施”。工作重心下移，作为基层的科研党支部而言，就是要为所党委参与决策提供意见和建议，同时确保研究所各项决策在基层的顺利实施，这都源于科研党支部所有党员的集体智慧。研究所在制订和实施“率先行动”计划时，科研党支部一是要发挥其思想政治优势，在基层广泛宣传国家、中国科学院及研究所各项政策，营造良好的舆论氛围；二是要深入基层调研，通过政策讨论会、工作推进会等形式集思广益，为研究所“率先行动”计划的制订和实施提供依据；三是要做好支部科研人员的思想工作，采取个别交谈、座谈会的方式，引导科研人员面向国家需求，将研究所发展方向与个人兴趣有机结合，勇于调整或转变研究方向。

（三）建立科研与党支部工作双重考核评价体系

在考核评价上，通过执行支部与科研工作“双考核”的评价体系，逐步实现支部工作与科研工作互相渗透、互相融合。一方面，要客观运用考核结果，既要把考核结果与党支部奖励挂钩，也要作为后备干部培养和遴选的有效手段，从而激发党员干部从事支部工作的积极性；另一方面，通过考核指标的相互渗透，有

利于营造从事党务工作光荣、受重视的良好氛围，也是对党支部工作的肯定。

二、上下通达，向下负责是科研基层党支部工作的要务

党的十八大提出，要加强基层服务型党组织建设，着力解决党员群众反映强烈的突出问题，提高做好新形势下群众工作的能力。这就要求科研党支部工作坚持群众路线，改变被动、应付完成上级党组织任务的局面，通过完善的支部工作制度，建立党支部上情下达、下情上传的双向通道，调动基层群众通过党支部参与研究所管理工作的积极性，逐步增强他们对研究所的认同感和归属感，增强基层群众参与支部工作的自觉性，从而实现科研党支部从“法制”到“法治”的转变。

（一）建立科研党支部制度，为工作开展提供行动指南

党支部制度为构建党支部工作载体、实现党支部工作目标提供保障，对严肃党内政治生活，从严治党至关重要。党支部的制度主要包括“三会一课”制度、民主生活会制度、党员民主评议制度、党费收缴制度、发展党员制度及党员联系群众制度等。科研党支部要强化制度执行力，通过思想教育、领导带头，严格执行各项制度，所党委要将制度执行情况作为对党支部工作考核的重要内容。通过不断坚持，逐步实现党支部工作从被动到主动的转变。

（二）坚持“群众路线”，科研党支部工作重在务实

党支部在所党委的领导和统一部署下，已经建立起上情下达的通道，通过组织政治理论学习、形势教育、研究所各类政策学习等，成为基层了解国家方针及院所政策的重要途径。坚持“群众路线”，要求科研党支部建立“自下而上，下情上传”的通道，该通道是研究所了解群众所需、聚合群众所想、激发群众智慧的重要途径。

一是“从群众中来，到群众中去”。“率先行动”计划是促进研究所发展的创新之举，其中对于研究所的发展方向和机制体制的改革都具有很强的探索性，这更需要集群众智慧，群策群力。“从群众中来”，就是党支部把研究所的决策拿到基层，直接听取群众的意见和建议。“到群众中去”，则是以集中起来的群众意见为依据进一步完善决策，再回到基层，与群众面对面，接受实践的检验。

二是把群众满意作为衡量干部工作成效的标杆。“政之所兴在顺民心，政之所废在逆民心。”只有时刻把群众感受放在心中，做群众满意的领导干部，才能

带领研究所不断前行。因此，科研党支部应将对领导干部的群众满意度测评作为重要的工作内容，并以此作为研究所考核和任用干部的重要依据。以武汉病毒所为例，自2010年至今，该所每年都会在领导班子民主生活会召开前，在全所范围内对领导班子、中层干部工作开展问卷调查和满意度测评，涉及干部分工负责工作的方方面面。调查结果作为班子成员和中层干部开展批评与自我批评的依据，也是评价干部自身工作的重要参考，直接影响其未来发展。通过这种方式，可以从最为客观的角度了解干部的工作情况，这不仅有利于干部能够及时了解自身不足进而改进完善，也成为研究所干部任用工作的重要参考。

三是做好基层群众服务，了解大家在工作中的实际问题。针对困难职工帮扶、职工子女入学、住房、医疗等问题，党支部要深入群众了解情况，并及时反映给研究所党委。

四是深入基层挖掘先进典型，真正选树群众评价好、科研业务好的基层党员，宣传事迹材料，发挥引领和示范作用。

科研党支部工作存在其特殊性，特别是支部委员都是兼职，如何有效深入群众，自下而上开展工作，是其面临的重要难题。可以通过进一步延伸党的组织结构，完善党员联系群众制度，以业务单元为单位建立党小组，由党小组长分担支部委员部分工作，从而构建党支部自下而上的工作网络。

三、思想引领，深化学习是科研基层党支部工作的重点

科研党支部通过开展学习型党支部建设工作，在研究所“率先行动”计划实施中发挥思想引领作用。

一是引领基层的政治思想工作。从群众路线教育实践、“三严三实”专题教育到“两学一做”学习教育，党的主题教育实践活动已从党员中的“关键少数”向广大党员拓展。特别是“两学一做”学习教育进一步明确了以党支部为主体进行，学习的内容从《中国共产党章程》、党规到习近平同志系列讲话精神，涵盖了党的基本制度及党中央治国理政思想，这对进一步增强党员的政治意识、大局意识、核心意识、看齐意识，保持党的先进性和纯洁性，有效指导工作指明了方向。

二是为研究所“率先行动”计划的实施提供必要知识储备。以武汉病毒所为例，在确立以建设高效率开放共享、高水平国际合作、高质量创新服务的生物安全大科学中心应该作为研究所“率先行动”计划组织实施的重点内容后，科研党总支的“党员科技论坛”集聚焦点，论坛的主题就开始紧密围绕大科学中心中的生物安全问题展开。研究所先后邀请所内专家作关于埃博拉病毒及生物安全与生

物安全实验室等专题报告，在党员中引起了强烈反响。

三是将党支部建立成为读书小组。在学习政治理论、专业知识的同时，开展以学习经典为主题的读书活动，并使之常态化。学习内容可以涵盖经济、文化、历史等各个方面，通过支部组织生活会交流读书体会，进一步拓展基层群众视野。

四、构建网络，提升活力是科研基层党支部工作的保障

实现基层党支部结构的扁平化，加强基层党支部之间、基层党支部与群团组织的沟通与联系，丰富党支部工作方式与内容，为党支部工作注入新活力。

武汉病毒所在加强基层党支部间的联系方面进行了探索，同时也取得了一定成效。为了进一步加强科研与管理人员之间的沟通与联系，确保研究所各项制度的科学性，研究所党委决定在“两学一做”学习教育中开展以科研党支部与机关党支部部门党小组结对的方式进行学习和讨论。5 个科研党支部与 5 个职能处室党小组结对，在共同学习党规的基础上，对研究所各项制度或工作中常见的问题进行讨论，包括研究所“十三五”规划、职工晋升晋级制度、财务管理条例及研究生文化建设等，取得了很好的效果。

例如，在新发传染病研究中心党支部与组织人事处结对中，重点对研究所拟执行的职工晋升晋级制度与支部党员进行了交流讨论，从修订制度的起因到制度具体修改的内容及依据，都使党员对该项制度有了深入了解，同时组织人事处也收集了大家对制度的意见和建议，对该项制度的进一步完善和顺利执行具有重要意义。学习内容从党的大政方针具体到与每位党员息息相关的研究所各项制度，党员们对这项活动给予了充分肯定，这为结对工作的常态化开了一个好头。

可以看出，加强党支部之间的联系，有利于产生思想上的碰撞，有利于拓展工作视野，有利于在工作中达成共识与谅解，进一步促进了研究所的科技创新工作。

群团组织需在党的领导下开展活动，基层党支部应加强与群团组织的联系，对群团组织重点工作给予指导。通过党支部与工会小组、团支部联合组织文化活动，丰富党支部活动形式和内容，增强凝聚力。例如，武汉病毒所为树立青年人员标杆，所团委每年都会开展青年年度人物的评选活动，而此项活动的具体开展正是在党支部的指导下完成的，从候选人的推荐到最后的评选，党支部全程参与，确保评选结果的权威性和说服力，有利于激发青年人员的工作热情。

“率先行动”计划的有效实施对于研究所而言将是一次严峻挑战，基层党支部作为党组织的基础单元，要强化组织基础和制度建设，明确职责，走群众路线。通过建立上下通达的双轨机制来推进基层党支部治理现代化，实现党支部的民主和法治建设，加强与党支部、群团组织的联系，充分调动广大基层群众的力量参与到支部工作中来，最大程度凝聚共识，形成基层治理合力，全面推进“率先行动”计划的顺利实施。

课题组组长：肖庚富
课题组成员：何长才　徐红革　李　莉